BIOLOGIE HEUTE 11
entdecken

Ein Lehr- und Arbeitsbuch

Schroedel

Biologie heute entdecken 11
Bayern

Herausgegeben und bearbeitet von
Dr. Wolfgang Jungbauer

In Teilen ist dieses Werk eine Bearbeitung von:
10501, 10508, 10560, 10562, 10603, 86137, 87302

© 2009 Bildungshaus Schulbuchverlage
Westermann Schroedel Diesterweg
Schöningh Winklers GmbH, Braunschweig
www.schroedel.de

Das Werk und seine Teile sind urheberrechtlich geschützt. Jede Nutzung in anderen als den gesetzlich zugelassenen Fällen bedarf der vorherigen schriftlichen Einwilligung des Verlages. Hinweis zu § 52a UrhG: Weder das Werk noch seine Teile dürfen ohne eine solche Einwilligung gescannt und in ein Netzwerk eingestellt werden. Dies gilt auch für Intranets von Schulen und sonstigen Bildungseinrichtungen.
Auf verschiedenen Seiten dieses Buches befinden sich Verweise (Links) auf Internet-Adressen. Haftungshinweis: Trotz sorgfältiger inhaltlicher Kontrolle wird die Haftung für die Inhalte der externen Seiten ausgeschlossen. Für den Inhalt dieser externen Seiten sind ausschließlich deren Betreiber verantwortlich. Sollten Sie bei dem angegebenen Inhalt des Anbieters dieser Seite auf kostenpflichtige, illegale oder anstößige Inhalte treffen, so bedauern wir dies ausdrücklich und bitten Sie, uns umgehend per E-Mail davon in Kenntnis zu setzen, damit beim Nachdruck der Verweis gelöscht wird.

Druck A[1] / Jahr 2009 P

Alle Drucke der Serie A sind im Unterricht parallel verwendbar.

Redaktion: Ulrike Wallek
Illustrationen:
Birgitt Biermann-Schickling, Brigitte Karnath, Liselotte Lüddecke, Karin Mall, Tom Menzel, Heike Möller
Layout: Jesse Konzept & Text GmbH
Einbandgestaltung: Janssen Kahlert Design & Kommunikation GmbH
Satz: Druckhaus „Thomas Müntzer" GmbH, Bad Langensalza
Druck und Bindung: westermann druck GmbH, Braunschweig

ISBN 978-3-507-10512-6

Biologie heute entdecken 11 – effektiv lernen und arbeiten

Biologie heute entdecken 11 entspricht in Konzeption und Aufbau dem gültigen Lehrplan für Biologie in Bayern. Das Buch knüpft nahtlos an die Unterrichtsreihe für Unter- und Mittelstufe „Netzwerk Biologie" an und ist in seinem Aufbau ähnlich strukturiert.
In einer Bildungslandschaft, in der Kompetenzen als Unterrichtsziele favorisiert werden, hat das Lernen eine Erweiterung seiner Dimension erfahren. Der Fokus richtet sich neben den fachlich-inhaltlichen auch auf methodische, soziale und personale Kompetenzen. Auf den **Informationsseiten** wird deshalb auf *maßgebliche Kontexte* und die *Umsetzung der Bildungsstandards* Wert gelegt.

Ein wesentlicher Bestandteil dieses Schülerbuches sind **Aufgaben** verschiedener Schwierigkeitsgrade. Sie regen zur Selbsttätigkeit an und sind im Lernprozess unverzichtbar. Die Aufgaben auf den Informationsseiten sind meist auf die Lernkontrolle, also auf die Überprüfung des unmittelbar erworbenen Wissens konzentriert. Dagegen finden sich am Schluss von Hauptkapiteln komplexere, zum Teil kapitel- oder fächerübergreifende materialgebundene Aufgaben. Diese zielen auf den Erwerb spezieller Lerntechniken und Lösungsstrategien. Um die Schülerinnen und Schüler mit den *einheitlichen Prüfungsanforderungen* vertraut zu machen, werden prinzipiell die maßgeblichen *Operatoren* in den Fragestellungen verwendet. So leistet das Buch auch einen wichtigen Beitrag zur Vorbereitung auf Klausuren und Abiturprüfungen.

Als Sonderseiten werden neben den materialgebundenen Aufgabenseiten **Exkurse** und **Praktika** angeboten. Sie bieten den Lernenden die Möglichkeit, ihre Kenntnisse, Fähigkeiten und methodischen Fertigkeiten zu erweitern und auf neuartige Sachverhalte anzuwenden.

Auf zwei Seiten am Schluss jedes Hauptkapitels findet man das **Grundwissen.** Dies dient der Wiederholung und der Vernetzung der Informationen. Es gibt die Inhalte in komprimierter Form wieder, die laut Lehrplan nachhaltig gelernt werden sollen.

Eine besondere Funktion haben die Seitenaufschläge **Basiskonzepte werden vernetzt.** Die Basiskonzepte sind der „rote Faden", der sich durch den gesamten Biologieunterricht zieht. Sie strukturieren die Sachverhalte und bringen Ordnung in die Vielfalt biologischer Informationen. Die ausgewählten Beispiele zeigen, dass wissenschaftliches Denken in der Vernetzung von Phänomenen und Lösungsansätzen besteht. Mehrere Phänomene, teils bekannt, teils unbekannt, sortieren sich zusammenhanglos um einen zentralen Begriff. Jedes Phänomen aber verknüpft sich mit Basiskonzepten, sodass ein Netzwerk, eine gedankliche Hyperstruktur, gebildet wird. Diese Struktur wird hier in der bekannten Form einer Mind-Map transparent gemacht. Die Schülerinnen und Schüler erfahren auf diese Weise Zusammenhänge zwischen biologischen und anderen naturwissenschaftlichen, bisweilen auch geisteswissenschaftlichen Teilgebieten.

Inhalt

Basiskonzepte – Überblick

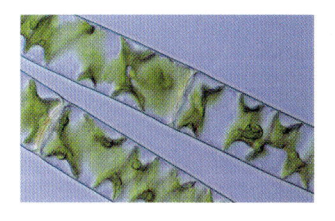

Strukturelle und energetische Grundlagen des Lebens

1	**Die Entwicklung der Zellbiologie**	8
2	**Untersuchungstechniken der Zellbiologie**	9
2.1	Lichtmikroskopie	9
2.2	Elektronenmikroskopie	10
	Exkurs: Rasterelektronenmikroskopie	11
	Exkurs: Trennung von Zellbestandteilen	14
	Exkurs: Trennung von Stoffgemischen	15
3	**Feinbau und Funktion der Zelle**	16
3.1	Prokaryoten und Eukaryoten	16
	Exkurs: Biomoleküle	18
3.2	Biomembranen	20
3.3	Diffusion und Osmose	22
3.4	Stofftransport durch Biomembranen	24
3.5	Bau und Funktion von Zellorganellen	26
	Praktikum: Untersuchungen zur Zellbiologie	30
	Basiskonzepte werden vernetzt: Grundlagen des Lebens – die Zelle	32
	Grundwissen: Grundlagen des Lebens – die Zelle	34
	Aufgaben: Grundlagen des Lebens – die Zelle	36
4	**Enzyme bewirken Stoffwechsel**	40
4.1	Enzyme als Biokatalysatoren	40
4.2	Enzymhemmung	42
	Exkurs: Enzymtechnik	43
	Praktikum: Enzyme	44
4.3	Cofaktoren	46
5	**Energie in Lebewesen und Technik**	48
5.1	Stoff- und Energieaustausch	48
	Exkurs: Thermodynamik	49
5.2	Energieübertragung in der Zelle	50
5.3	Energieträger in der Technik ★	51
6	**Energiebindung und Stoffaufbau durch Fotosynthese**	52
6.1	Bedeutung der Fotosynthese	52
6.2	Wichtige Experimente zur Aufklärung der Fotosynthese	54
6.3	Blattfarbstoffe: Absorptionsspektren und Wirkungsspektrum	56
	Exkurs: Blattfarbstoffe – chemisch-physikalisch betrachtet	57
	Praktikum: Versuche zur Fotosynthese	58
6.4	Feinbau der Chloroplasten	59
6.5	Fotosynthese – lichtabhängige Reaktionen	60
6.6	Fotosynthese – lichtunabhängige Reaktionen	62
	Exkurs: Kohlenstoffdioxid–Fixierung und –Reduktion	63

6.7	Die Weiterverarbeitung der Fotosyntheseprodukte	64
	Exkurs: Die Bedeutung nachwachsender Rohstoffe 66	
6.8	Abhängigkeit der Fotosynthese von Umweltfaktoren	67
7	**Energiefreisetzung durch Stoffabbau**	**68**
7.1	Anaerober und aerober Glucoseabbau 68	
	Exkurs: Glykolyse 70	
	Exkurs: Citratzyklus 72	
	Exkurs: Atmungskette 74	
7.2	Gärungen 76	
	Exkurs: Nutzung von Hefe – noch immer eine Herausforderung 77	
	Praktikum: Atmung und Gärung 78	
	Basiskonzepte werden vernetzt: Grundlagen des Lebens – Stoffwechsel 80	
	Grundwissen: Grundlagen des Lebens – Stoffwechsel 82	
	Aufgaben: Grundlagen des Lebens – Stoffwechsel 84	

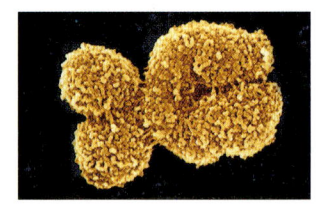

Genetik und Gentechnik

1	**Grundwissen zur Genetik**	**88**
2	**Molekulargenetik**	**89**
2.1	Molekularer Aufbau von DNA und RNA 89	
2.2	Replikation der DNA 90	
2.3	DNA-Replikation auf molekularer Ebene 91	
2.4	Der genetische Code 92	
2.5	Transkription 93	
2.6	Translation 94	
	Exkurs: Der Genbegriff in der Molekularbiologie 95	
2.7	Genregulation bei Prokaryoten 96	
2.8	Genregulation bei Eukaryoten 98	
2.9	Mutagenese und Gen-Reparatur 100	
	Exkurs: Mutationen 102	
2.10	Genetische Defekte und Krebsentstehung ★ 104	
	Praktikum: Chromosomen und DNA 105	
3	**Zytogenetik**	**106**
3.1	Zellzyklus und Mitose 106	
3.2	Meiotische Zellteilung 108	
3.3	Chromosomen des Menschen 110	
3.4	Numerische Chormosomenmutationen 112	
4	**Klassische Genetik**	**114**
4.1	Die MENDELschen Regeln 114	
	Exkurs: Chromosomentheorie der Vererbung 116	
	Exkurs: Drosophila – „Haustier" der Genetiker 117	
4.2	Genkopplung 118	
4.3	Kopplungsbruch 119	
4.4	Genkartierung bei *Drosophila* 120	
	Praktikum: Experimente zur Vererbung mit *Drosophila* 121	
4.5	Polygene Vererbung 122	
	Exkurs: Modifikation 123	
	Basiskonzepte werden vernetzt: Molekulargenetik, Zytogenetik und klassische Genetik 124	
	Grundwissen: Molekulargenetik, Zytogenetik und klassische Genetik 126	
	Aufgaben: Molekulargenetik, Zytogenetik und klassische Genetik 128	
5	**Ziele und Methoden in der Humangenetik**	**132**
	Exkurs: Genkartierung beim Menschen 133	
6	**Humangenetik**	**134**
6.1	Autosomale Vererbung beim Menschen 134	
6.2	X-Chromosom-gebundene Vererbung beim Menschen 136	

6.3 Vererbung von Bluteigenschaften 138
6.4 Polygene Vererbung beim Menschen 139
Exkurs: Kaspar HAUSER – Rätsel gelöst 140
6.5 Strukturelle Chromosomenmutationen 141
6.6 Genetische Beratung 142
6.7 Enzymmangelkrankheiten und der Heterozygotentest 144
Aufgaben: Humangenetik und Erbkrankheiten 145
6.8 Die ethische Diskussion um Eugenik und Euthanasie 146
Exkurs: „Rassenkunde" – Rassenwahn 147

7 Gentechnik 148
7.1 Genübertragung bei Bakterien und Viren 148
7.2 Methoden der Gentechnik 150
Exkurs: PCR – die Polymerase-Ketten-Reaktion 152
Exkurs: Sequenzierung – Lesen mit dem Alphabet des Lebens 153
Exkurs: Der genetische Fingerabdruck 154
Aufgaben: Methoden der Gentechnik 155
7.3 Transgene Pflanzen 156
7.4 Transgene Tiere 157
Exkurs: Methoden des Gentransfers 158
7.5 Gentechnik und Lebensmittel 159
7.6 Gendiagnose und Gentherapie beim Menschen 160
7.7 Ethische Fragen der Gentechnik 161
Praktikum: Protein-Fingerprinting 162
Aufgaben: Gentransfer 163
Basiskonzepte werden vernetzt: Humangenetik und Gentechnik 164
Grundwissen: Humangenetik und Gentechnik 166
Aufgaben: Humangenetik und Gentechnik 168

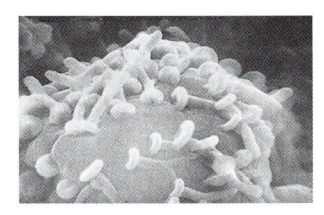

Neuronale Informationsverarbeitung

1 Struktur und Funktion von Neuronen und Synapsen 170
1.1 Bau von Nervenzellen 170
1.2 Entstehung und Aufrechterhaltung des Ruhepotenzials 172
1.3 Aktionspotenzial und Erregungsleitung 174
1.4 Erregungsübertragung an Synapsen 176
1.5 Wirkung von Nervengiften 178
Praktikum: Untersuchungen zur Nervenphysiologie 179
1.6 Medikamente und Suchtmittel 180

2 Lernen und Gedächtnis ★ 182
Exkurs: Aplysia – molekulare Grundlagen des Lernens ★ 184

3 Erkrankungen des Nervensystems und Möglichkeiten der Therapie ★ 185
Exkurs: PARKINSON-Krankheit ★ 187
Basiskonzepte werden vernetzt: Neuronale Informationsverarbeitung 188
Grundwissen: Neuronale Informationsverarbeitung 190
Aufgaben: Neuronale Informationsverarbeitung 192

Glossar 194
Hinweise zum sicheren Experimentieren 199
Stoffliste 200
Gefahrenhinweise und Sicherheitsratschläge 201
Register 202
Bildquellen 208

> Die fakultativen Inhalte aus dem Lehrplan sind mit einem Sternchen gekennzeichnet.

Basiskonzepte – Überblick

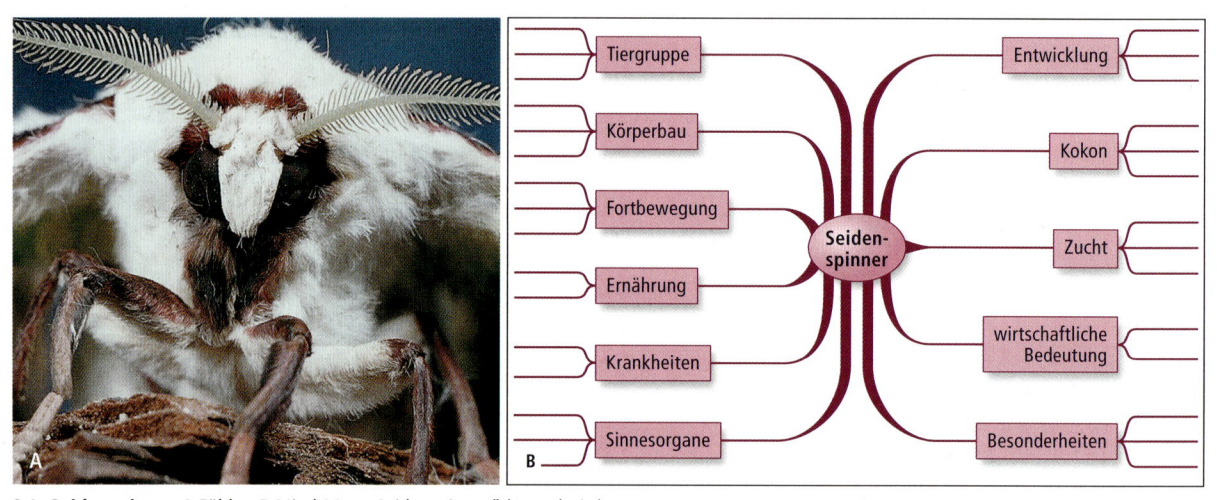

6.1 Seidenspinner. A Fühler; **B** Mind-Map „Seidenspinner" (Ausschnitt)

Ein Seidenspinner ist ein ziemlich unscheinbarer Nachtfalter. Jedoch eröffnen sich bei genauerer Betrachtung so viele wichtige Details, dass eine Strukturierung der Inhalte erforderlich ist. In einer *Mind-Map* können die Details gesammelt und anschließend geordnet werden. Auf diese Weise ist eine Vernetzung neuer Erkenntnisse mit schon vorhandenem Grundwissen und weiteren Wissensinhalten gelungen.

Besonders deutlich wird dies bei der Betrachtung des Verhaltens von Seidenspinnermännchen. Sie besitzen nämlich einen ausgeprägten Geruchssinn. Ein Seidenspinnerweibchen besitzt an seinem Hinterleibsende zwei Duftdrüsen, in denen der Duftstoff *Bombykol* gebildet wird. Bereits wenige Moleküle dieses Duftstoffes genügen, um auch weiter entfernt befindliche Seidenspinnermännchen anzulocken. Der Duftstoff ist ein Sexuallockstoff. Er wirkt als Signal, das die Annäherung und das Paarungsverhalten des Männchens auslöst. Bei anderen Tieren können die Signale zum Beispiel auch optischer oder akustischer Natur sein.

Der Wirkung von Signalen liegt ein allgemein anwendbares, übergeordnetes Konzept zugrunde. Es handelt sich um das **Basiskonzept „Information und Kommunikation"**.

Beim Vergleich der beiden Geschlechter des Seidenspinners fällt auf, dass die Fühler des Männchens größer und stärker gefiedert sind als die des Weibchens. Die Fühler sind nämlich Träger der Geruchssinneszellen. Durch die Fiederung der Fühler ist die Oberfläche stark vergrößert. Es ist somit mehr Platz für Geruchssinneszellen vorhanden. Hier zeigt sich das **Basiskonzept „Struktur und Funktion"**. Die Fühler der Männchen sind demnach wesentlich leistungsfähiger als die Fühler der Weibchen. So können zum Beispiel die Männchen den Sexuallockstoff Bombykol wahrnehmen, die Weibchen jedoch nicht. Dies wird durch das **Basiskonzept „Variabilität und Angepasstheit"** erklärt.

Nach der Paarung legt das Weibchen des Seidenspinners etwa 300 bis 500 Eier. Die Entwicklungszeit ist stark von der Außentemperatur abhängig. Nach dem Schlüpfen fressen die Larven von den Blättern des Maulbeerbaums. Sie häuten sich viermal. In dieser

Zeit nimmt ihre Körpermasse um etwa das 8000-fache zu. Am Ende der Larvenentwicklung spinnt die Raupe einen Kokon aus Seide, in dem sie geschützt das Puppenstadium durchmacht. Nach weiteren elf bis dreizehn Tagen schlüpft der erwachsene Schmetterling, der sich sofort nach dem Schlüpfen wieder paart. Hier sind gleich mehrere Basiskonzepte zu erkennen. Seide besteht aus reinem Protein, das in den Spinndrüsen am Kopf der Raupe in flüssiger Form gebildet wird und an der Luft schnell zu einem weißen, glänzenden Faden erstarrt. Etwa 50 Prozent ihres gespeicherten Proteins setzt die Raupe zur Bildung der Kokonseide ein. Alle Stoffwechselprozesse werden durch das **Basiskonzept „Stoff- und Energieumwandlung"** strukturiert.

Der Vorgang der Larvenentwicklung, beginnend mit der Embryonalentwicklung im Ei über die verschiedenen Larvenstadien bis zum erwachsenen Tier, wird durch das **Basiskonzept „Entwicklung"** beschrieben. Hierzu gehört aber auch die Tatsache, dass Seidenraupen schon seit mehr als 5000 Jahren in China zur Produktion von Seide genutzt wurden. Denn in dieser Zeit haben sich die Seidenspinner in vielen Eigenschaften verändert. Beispielsweise wurde die Flugfähigkeit dieser Schmetterlinge durch Zucht so beeinflusst, dass die Weibchen flugunfähig sind. Das Basiskonzept „Entwicklung" bezieht sich also nicht nur auf die *Individualentwicklung*, sondern auch auf die *evolutionäre Entwicklung*.

Die Larvenentwicklung und die Metamorphose, also die Umwandlung zum erwachsenen Schmetterling, werden durch Hormone reguliert und gesteuert. Hier trifft das **Basiskonzept „Steuerung und Regelung"** zu. Auf die geschlechtliche Fortpflanzung bezieht sich schließlich das **Basiskonzept „Reproduktion"**.

Ein Seidenspinner ist aus Milliarden von Zellen aufgebaut. Alle Zellen haben einen Grundbauplan, der aber entsprechend ihrer Funktion abgewandelt ist. So weisen die Geruchssinneszellen auf dem Fühler eines Seidenspinnermännchens Rezeptoren für den Geruchsstoff Bombykol auf. Treffen Moleküle des Geruchsstoffs auf diese Rezeptoren, werden elektrische Signale über Nervenzellen zum Gehirn des Schmetterlings geleitet. Dort wird dann das Paarungsverhalten ausgelöst und gesteuert.

Man kann also die Untersuchung eines Phänomens auf verschiedenen „Ebenen" durchführen: Die Moleküle bilden eine Ebene und die Zellen eine zweite Ebene. Organe, Organsysteme und Individuen bilden weitere Ebenen. Schließlich kann man auch die Wechselwirkungen von Lebewesen in ihren Ökosystemen in den Mittelpunkt der Betrachtung stellen. Alle diese Phänomene werden durch das **Basiskonzept „Organisationsebenen"** strukturiert.

Welche Bedeutung haben Basiskonzepte für die Biologie? Die Anzahl der biologischen Phänomene ist riesig. Mithilfe von Basiskonzepten können die Phänomene geordnet und strukturiert werden. Bei neuen Sachverhalten kann immer wieder auf die Basiskonzepte Bezug genommen werden. Dies erleichtert die Einsicht in komplexe biologische Sachverhalte und trägt dazu bei, erworbene Wissensinhalte miteinander zu vernetzen und ein fundiertes Naturverständnis aufzubauen.

Struktur und Funktion
Lebewesen und Lebensvorgänge sind an einen bestimmten Aufbau von Zellen, Organen, Körperteilen gebunden, der die Erfüllung bestimmter Aufgaben ermöglicht.
Organisationsebenen
Lebensphänomene können auf verschiedenen Ebenen, zum Beispiel der Ebene von Zellen, Organen, Lebewesen und Umweltbeziehungen, erklärt werden.
Stoff- und Energieumwandlung
Alle Lebewesen nehmen Stoffe aus der Umwelt auf und wandeln sie in ihrem Stoffwechsel um.
Information und Kommunikation
Alle Lebewesen senden Signale aus, die von anderen Lebewesen aufgenommen werden und die dann bestimmte Reaktionen auslösen können.
Steuerung und Regelung
Vorgänge im Körper werden stofflich und energetisch so reguliert, dass möglichst optimale Bedingungen angestrebt werden.
Reproduktion
Durch die Bildung von Geschlechtszellen oder auf ungeschlechtlichem Wege erfolgt eine Fortpflanzung. Dabei werden Erbinformationen weitergegeben.
Variabilität und Angepasstheit
Alle Lebewesen sind bezüglich Bau und Funktion an ihre Umwelt angepasst. Die Lebewesen einer Art unterscheiden sich geringfügig voneinander; auf dieser Variabilität beruht die Entstehung von Angepasstheiten an wechselnde Umweltverhältnisse.
Entwicklung
Individuen unterliegen im Lauf ihres Lebens Veränderungen (Individualentwicklung), Arten im Verlauf von Generationen (evolutionäre Entwicklung).

7.1 Kokon der Seidenspinnerraupe

7.2 Basiskonzepte – Überblick

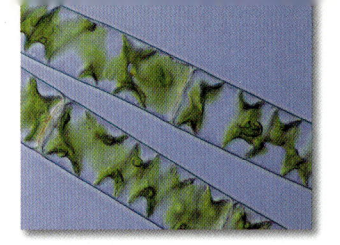

Strukturelle und energetische Grundlagen des Lebens

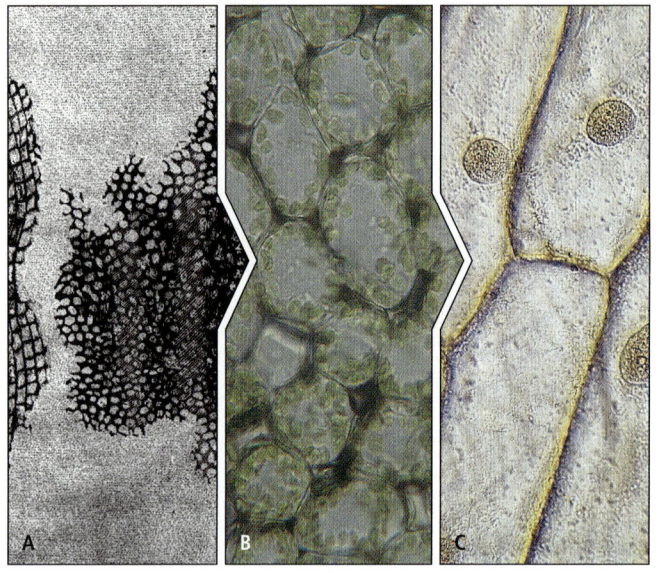

8.1 Entdeckung von Zellbestandteilen. A Zellwände in Korkzellen (1665); **B** Chloroplasten in Laubblattzellen (1700); **C** Zellkerne in Zwiebelzellen (1831)

1665	Beschreibung von „cells" als „little boxes" in Korkgewebe durch Robert HOOKE (1635–1703)
1831	Entdeckung von Zellkernen in Pflanzenzellen durch Robert BROWN (1773–1858)
1839	Begründung der „Zelltheorie" durch Theodor SCHWANN (1810–1882) und Matthias SCHLEIDEN (1804–1881)
1855	„omnis cellula e cellula" („Jede Zelle geht aus einer Zelle hervor.") durch Rudolf VIRCHOW (1821–1902)
1869/71	Entdeckung der Nucleinsäuren durch Friedrich MIESCHER (1844–1895)
1877	Beschreibung der Plasmolyse durch Wilhelm PFEFFER (1845–1920) und Hugo DE VRIES (1848–1935)
1925	Beschreibung von Biomembranen als Lipid-Bilayer durch E. GORTER und F. GRENDEL
1931	Bau des ersten Elektronenmikroskops durch Max KNOLL (1897–1969) und Ernst RUSKA (1906–1988)
1940/43	Zellfraktionierung durch Albert CLAUDE (1899–1983)

8.2 Zeittafel zur Zellbiologie

1 Die Entwicklung der Zellbiologie

Tiere, Pflanzen, Pilze, Einzeller und Bakterien zeigen eine äußerst große Vielgestaltigkeit und besiedeln unterschiedliche Lebensräume. Alle Lebewesen zeigen aber trotz der Vielfalt im äußeren Erscheinungsbild im mikroskopischen Bereich eine große Einheitlichkeit: Sie sind aus **Zellen** aufgebaut. Die *Kennzeichen des Lebendigen* wie Organisation und Individualität, Bewegung, Stoffwechsel, Reizbarkeit, Entwicklungsfähigkeit, Fortpflanzung und Vererbung lassen sich gemeinsam nur auf der Ebene der Zelle, nicht aber an Teilen einer Zelle nachweisen. Die Zelle stellt also die kleinste lebens- und vermehrungsfähige Einheit dar.

Die meisten Zellen sind mit bloßem Auge nicht erkennbar. Daher erfolgte ihre Entdeckung erst nach der Entwicklung leistungsfähiger optischer Geräte. Der Begriff „Zelle" stammt von dem englischen Naturforscher HOOKE (1665). Er untersuchte die Rinde von Korkeichen und hielt als Erster seine mikroskopischen Beobachtungen in Form von Zeichnungen fest. Weitere mikroskopische Entdeckungen und wesentliche Verbesserungen von Optik und Mechanik des Mikroskops führten zu der Vorstellung, dass alle Lebewesen aus Zellen aufgebaut sind. Diese von SCHLEIDEN und SCHWANN um 1840 aufgestellte allgemeine **Zelltheorie** wurde im Jahre 1855 durch VIRCHOW erweitert. Er beobachtete die Zellteilungsvorgänge und erkannte, dass Zellen immer nur wieder aus Zellen entstehen.

In den folgenden Jahrzehnten wurden nun Zellen und Zellbestandteile auf ihren Bau und ihre Funktion hin gründlich erforscht. Durch die Entwicklung der Elektronenmikroskopie gelang es, ab 1931 auch den Feinbau der Zellen zu untersuchen.

1. Nennen Sie mögliche Gründe für die zeitlich unterschiedliche Entdeckung von Zellbestandteilen!

2 Untersuchungstechniken der Zellbiologie

2.1 Lichtmikroskopie

Durch Annähern an das Auge kann ein Blatt der Wasserpest vergrößert betrachtet werden. Wird das Objekt näher als 25 Zentimeter herangeführt, sind keine weiteren Einzelheiten zu sehen. Je näher ein Objekt an das Auge rückt, desto größer wird das Netzhautbild, desto mehr Einzelheiten des Objektes sind erkennbar. Das Auge kann jedoch nur dann zwei Punkte eines Gegenstandes getrennt wahrnehmen, wenn die Bildpunkte auf verschiedene Sehzellen fallen. Dieser noch auflösbare Mindestabstand zweier Objektpunkte wird als **Auflösungsgrenze** bezeichnet. Sie entspricht bei einer Betrachtung aus 25 Zentimetern Entfernung einem Abstand der Punkte von 0,1 Millimetern.

Liegen die Objektpunkte dichter als 0,1 Millimeter zusammen, benötigt man optische Hilfsmittel wie **Lupen** oder **Lichtmikroskope** (LM). Die Vergrößerung erfolgt beim Lichtmikroskop mithilfe der Linsensysteme *Objektiv* und *Okular*. Das Objektiv erzeugt wie bei einem Projektionsapparat ein vergrößertes Bild des Objektes. Dieses „Zwischenbild" entsteht im oberen Teil des Tubus und wird mit dem Okular wie durch eine Lupe noch einmal vergrößert. Die **Gesamtvergrößerung** ergibt sich also aus dem Produkt der Vergrößerungen von Objektiv und Okular. Sie lässt sich nicht beliebig steigern. Man gelangt an die Auflösungsgrenze, die bei etwa 0,25 Mikrometern liegt. Das entspricht der Hälfte der durchschnittlichen Wellenlänge des Lichtes.

Damit Lichtwellen Objekte durchstrahlen können, müssen die Objekte für lichtmikroskopische Untersuchungen dünn und lichtdurchlässig sein. So lassen sich die durchscheinenden Blättchen der Wasserpest leicht untersuchen: Auf einen Objektträger pipettiert man einen Tropfen Wasser, gibt das Objekt hinzu und bedeckt es mit einem Deckgläschen. Den so vorbereiteten Objektträger nennt man **Präparat**. Da die Objekte unbehandelt, also „frisch" verwendet werden, spricht man auch von *Frischpräparaten*. Zur Herstellung von Schnitten gleicher Dicke verwendet man häufig ein Schneidegerät, ein *Mikrotom*. Es enthält eine Objekthalterung, die mit einer Mikrometerschraube gleichmäßig gehoben werden kann. Ein Metall-, Glas- oder Diamantmesser wird flach durch das Objekt geführt. Weiche Objekte müssen zuvor gefestigt werden. Dies erreicht man durch *Dauerpräparation*. Hierzu tötet man die Zellen durch geeignete chemische Fixierungsmittel ab. Danach wird das Objekt entwässert, in geschmolzenes Paraffin eingebettet, geschnitten, gefärbt, anschließend mit einem Einschlussmittel aus Kunstharz umgeben und mit einem Deckglas bedeckt.

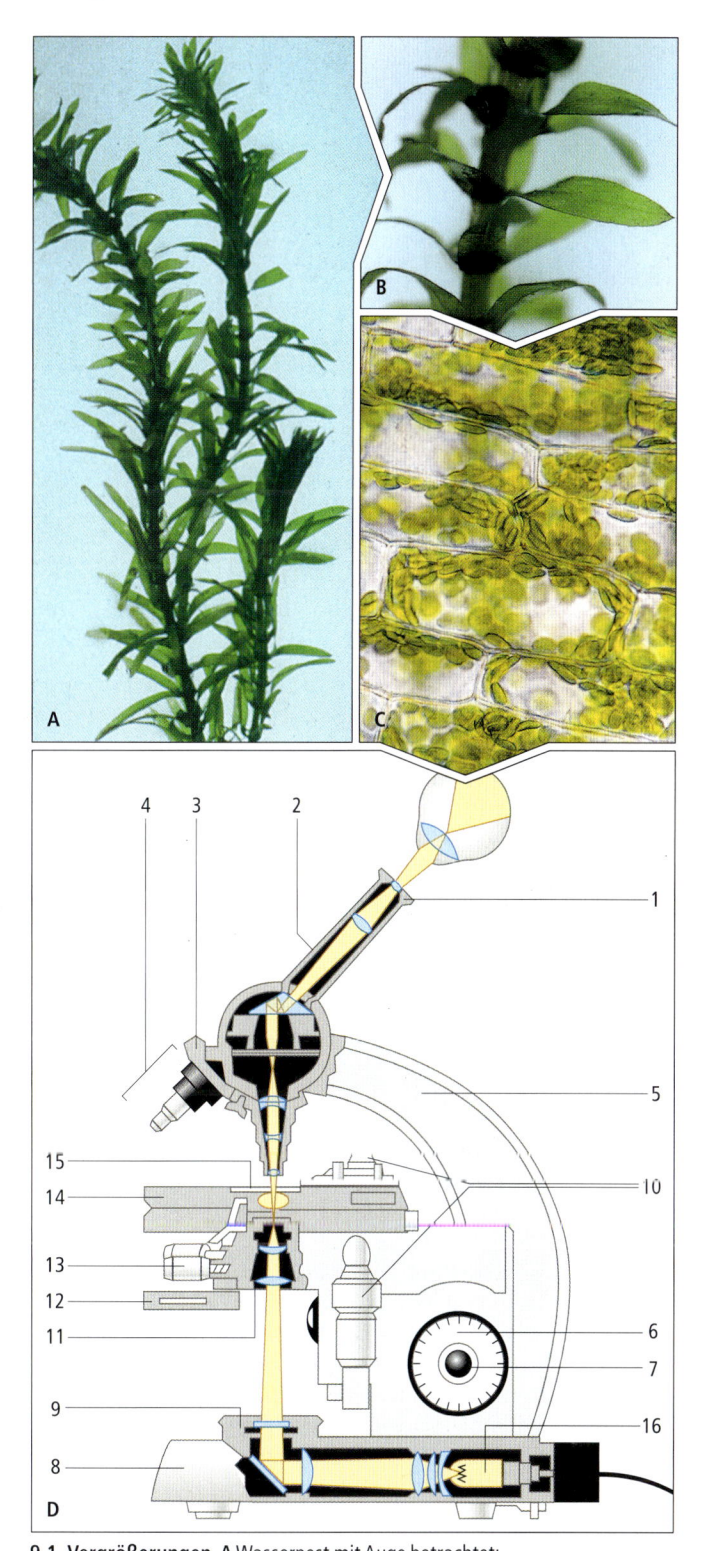

9.1 **Vergrößerungen. A** Wasserpest mit Auge betrachtet; **B** Wasserpest mit Lupe; **C** Wasserpest mit Mikroskop; **D** Lichtmikroskop mit Strahlengang: 1 Okular, 2 Tubus, 3 Objektivrevolver, 4 Objektiv, 5 Stativ, 6 Grobtrieb, 7 Feintrieb, 8 Fuß, 9 Kollektor, 10 Objektführer, 11 Kondensor, 12 Filterring, 13 Kondensorblende, 14 Objekttisch, 15 Präparat, 16 Lampe

Strukturelle und energetische Grundlagen des Lebens

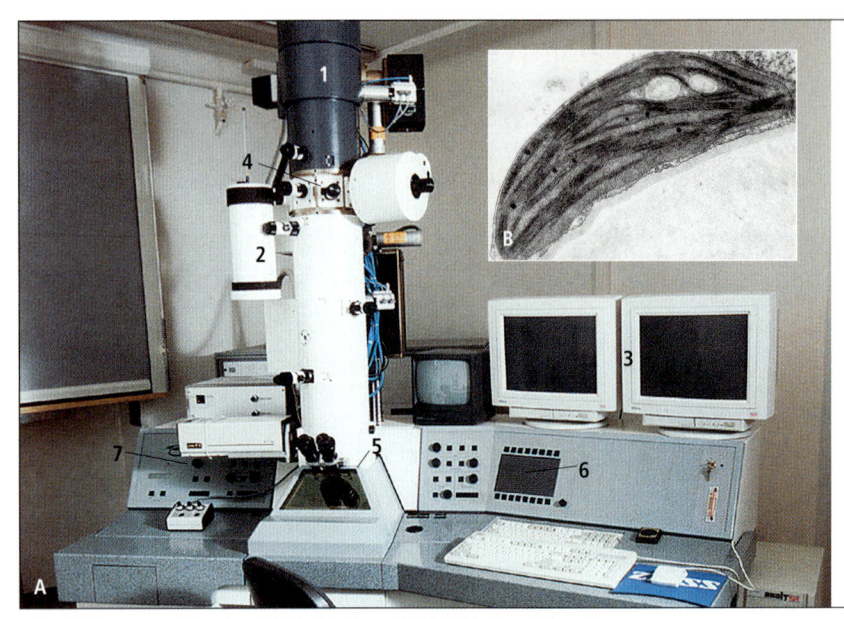

Mithilfe einer Fernsehkamera kann das Bild vom Fluoreszenzschirm auf einen Monitor übertragen werden.
1 Elektronenstrahlquelle mit Anode
2 Behälter für flüssigen Stickstoff (Objektraumkühlung)
3 Monitor
4 Objektschleuse
5 Einblickfenster auf Fluoreszenzschirm
6 Kamerasteuerung für Fotos
7 Bedienpult für die Elektronenstrahlquelle und Justierung des Elektronenstrahls

10.1 Elektronenmikroskop (EM). A Aufbau; B EM-Bild eines Chloroplasten

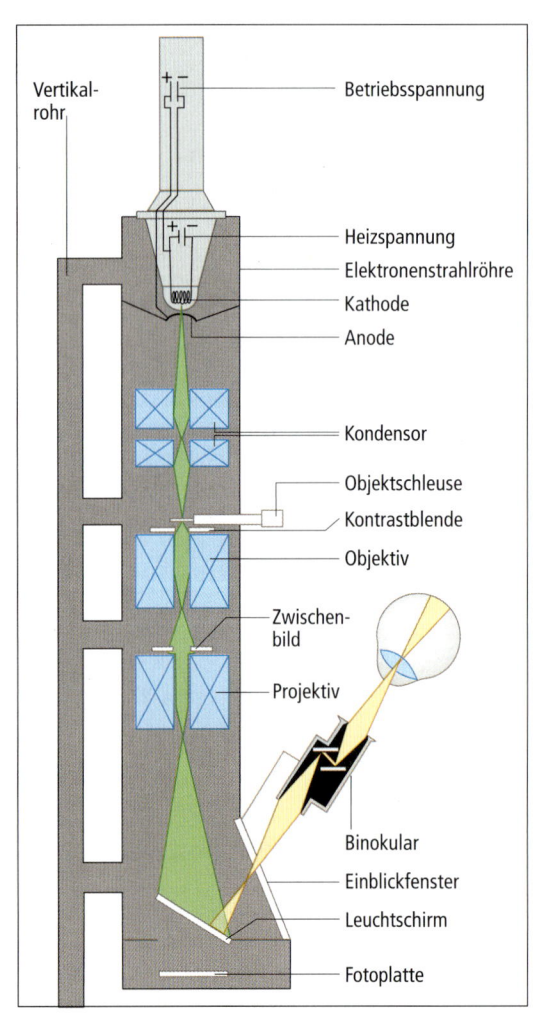

10.2 Bildentstehung im Elektronenmikroskop

2.2 Elektronenmikroskopie

Das Auflösungsvermögen des Lichtmikroskops wird durch die Eigenschaften der Glaslinsen sowie durch die Wellenlänge des Lichtes begrenzt. Zur Untersuchung des Feinbaus einer Zelle müssen daher Strahlen verwendet werden, die eine kürzere Wellenlänge als das Licht haben.

Im Jahre 1924 erkannte Louis DE BROGLIE, dass schnell bewegten Elementarteilchen wie Elektronen eine Wellenlänge zugeordnet werden kann. Bei dieser Teilchenstrahlung verhalten sich Elektronen ähnlich wie Lichtstrahlen extrem kurzer Wellenlänge. Dabei besteht folgende Beziehung: Je größer die Geschwindigkeit der Elektronen, desto kleiner ist die Wellenlänge des Elektronenstrahls. So lassen sich beispielsweise Wellenlängen von etwa 0,004 Nanometern erreichen. Elektronen werden hierbei durch elektrische Hochspannungsfelder von bis zu 100 000 Volt auf Geschwindigkeiten bis zu 200 000 Kilometern pro Sekunde beschleunigt. Dies erfolgt in einem luftleeren Raum, einem *Vakuum*, damit die Elektronen nicht durch Luftteilchen abgebremst werden. Elektronen können auch nicht durch Glas dringen. Sie können jedoch durch elektrische und magnetische Felder aus ihrer Bahn abgelenkt werden.

Besonders konstruierte Felder zeigen so eine Sammellinsenwirkung auf Elektronenstrahlen. Sie ist der von Glaslinsen so ähnlich, dass man von *elektromagnetischen Linsen* spricht.

Diese physikalischen Gegebenheiten sind im Elektronenmikroskop berücksichtigt. Als Elektronenquelle verwendet man Wolframdraht, der elektrisch

Strukturelle und energetische Grundlagen des Lebens

zum Glühen gebracht wird. Dabei entweichen Elektronen, die durch ein elektrisches Hochspannungsfeld im Vakuum einen *Elektronenstrahl* bilden. Dieser durchstrahlt das Objekt ähnlich wie Lichtstrahlen im Lichtmikroskop. Man spricht vom **Durchstrahlungselektronenmikroskop** (Transmissions-Elektronenmikroskop, TEM). Der Strahlengang wird durch *Kondensor, Objektiv* und *Projektionsokular* gesteuert.

Die Erzeugung des Elektronenstrahls erfordert eine lange Röhre, den *Tubus.* Daher ist der Strahlengang aus praktischen Erwägungen heraus umgekehrt zu dem im Lichtmikroskop. Man kann so das Bild bequem am unteren Ende des Tubus über einen Leuchtschirm beobachten. Dieser *Fluoreszenzschirm* wandelt die für das menschliche Auge unsichtbaren Elektronenstrahlen in sichtbare Lichtpunkte um. Elektronenstrahlen lassen sich durch die elektromagnetischen Linsen nicht so gut sammeln wie Lichtstrahlen im Lichtmikroskop. Daher wird die theoretisch zu erwartende Auflösungsgrenze der halben Wellenlänge, das heißt etwa 0,002 Nanometer, praktisch nicht erreicht. Gewöhnlich liegt sie für biologische Objekte bei ein bis drei Nanometern.

Das Vakuum im Tubus des Elektronenmikroskops sowie die Eigenschaften von Elektronenstrahlen schließen eine Beobachtung lebender Objekte aus. Zur elektronenmikroskopischen Untersuchung gibt es daher verschiedene Präparationstechniken.

1. Vergleichen und beurteilen Sie die Einsatzmöglichkeiten von LM und EM!

EXKURS: Rasterelektronenmikroskopie

Beim **Rasterelektronenmikroskop** (REM) werden die Objekte nicht von Elektronen *durch*strahlt, sondern nur *be*strahlt. Dabei trifft ein eng gebündelter Elektronenstrahl, der *Primärelektronenstrahl,* punktförmig auf die Oberfläche des Objektes. Von dem getroffenen Oberflächenpunkt werden sowohl die Primärelektronen teilweise reflektiert als auch neue Elektronen aus der Oberfläche herausgeschleudert. Diese herausgeschleuderten Elektronen heißen *Sekundärelektronen.* Ihre Anzahl ist abhängig vom Einfallswinkel des Primärelektronenstrahls sowie vom Material des Objektes. Die Sekundärelektronen sind energieärmer und leichter ablenkbar als die Primärelektronen. Sie können daher von einem *Detektor,* einer Anode (= positiv geladene Elektrode), „abgesaugt" werden. Die Sekundärelektronen eines Oberflächenpunktes steuern über eine elektronische Signalverarbeitung die Helligkeit eines entsprechenden Bildpunktes auf dem Fluoreszenzschirm einer Fernsehbildröhre. Um die gesamte Oberfläche des Objektes abzubilden, wird der Primärelektronenstrahl zeilenweise über die Oberfläche geführt (= Rasterung): Auf dem Bildschirm erscheint ein räumliches Bild von der Objektoberfläche.

Ein ebenfalls dreidimensionales Bild erhält man mit dem **Rastertunnelmikroskop** und dem daraus weiterentwickelten **Rasterkraftmikroskop**. Diesen Mikroskopen liegt ein völlig anderes Prinzip zugrunde als dem Lichtmikroskop und den Elektronenmikroskopen: Eine sehr feine Sondenspitze tastet die Oberfläche eines Objektes ab. Der Vorgang ist vergleichbar mit dem Abtasten des Rillenprofils einer Schallplatte durch die Nadel eines Plattenspielers. Die Spitze besteht aus wenigen Siliciumatomen, wodurch eine sehr hohe Auflösung erreicht werden kann. Die bei der Rasterung auftretenden elektrischen Wechselwirkungen zwischen der Sondenspitze und der Objektoberfläche werden über einen Laserstrahl von einer Fotodiode registriert. Ein Computer zeichnet diese Informationen auf und verarbeitet sie zu einem räumlichen Bild. Mithilfe des Rasterkraftmikroskops können Vorgänge an lebenden Zellen bei hoher Auflösung beobachtet werden.

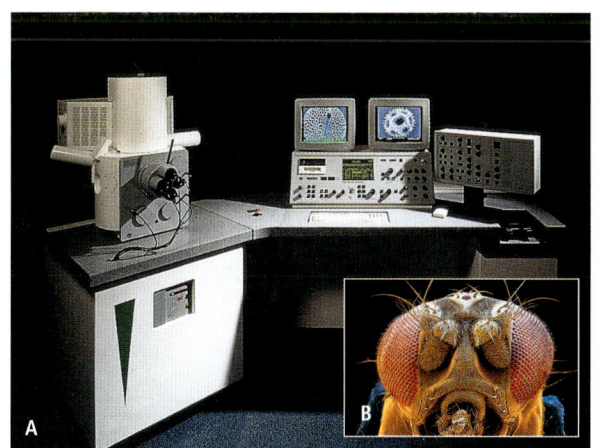

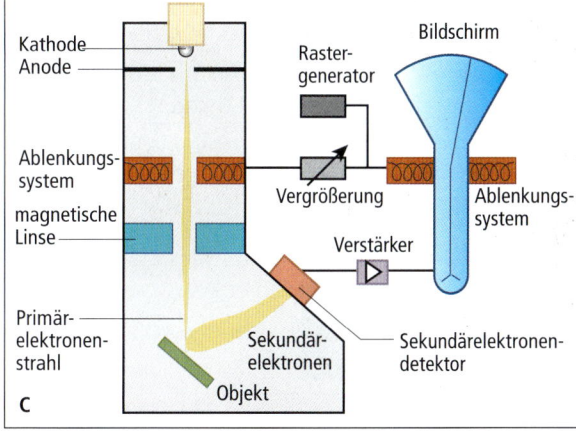

11.1 Rasterelektronenmikroskopie (REM). A Foto; **B** REM-Aufnahme einer Fruchtfliege (angefärbt); **C** Schema

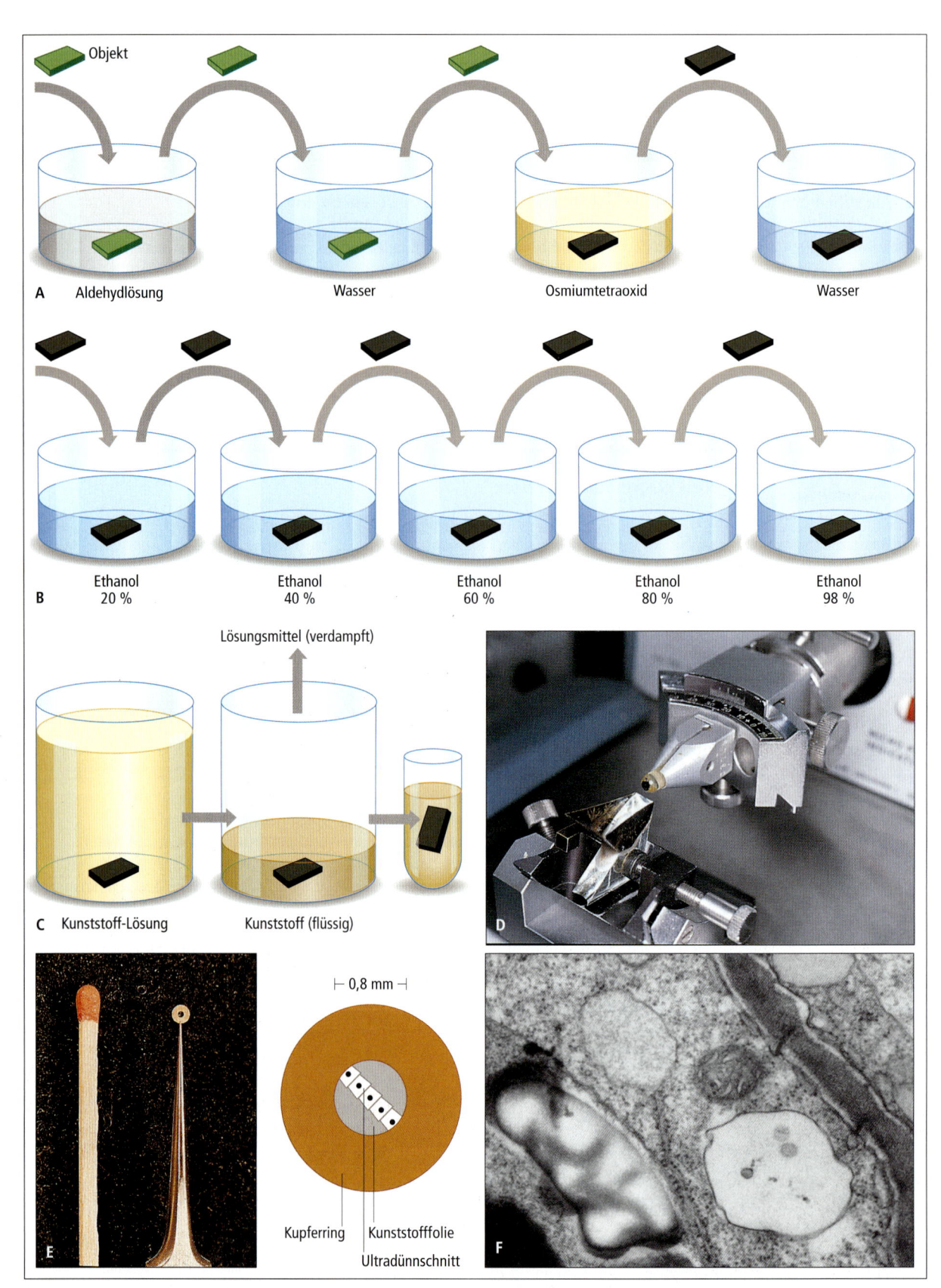

12.1 Ultradünnschnitt-Technik. **A** Fixierung; **B** Entwässerung; **C** Einbettung in Kunstharz; **D** Präparat- und Messerbereich an einem Ultramikrotom; **E** Präparat für die Elektronenmikroskopie (links Foto, rechts Schema); **F** EM-Bild einer Wurzelzelle (Ausschnitt)

12 Strukturelle und energetische Grundlagen des Lebens

Präparationstechniken. Bei der am häufigsten angewandten Präparationstechnik, der **Ultradünnschnitt-Technik**, werden die Objekte zunächst chemisch fixiert. Dies geschieht meist mit Aldehyd- und Osmiumtetraoxid-Lösungen. Anschließend werden die Objekte entwässert und in Kunstharze eingebettet. Die zunächst flüssigen Kunstharze diffundieren in das Objekt und erhärten anschließend. Da Elektronenstrahlen nicht tief in die Materie eindringen, müssen Dünnschnitte hergestellt werden. Eine Bakterienzelle von einem Mikrometer Durchmesser zum Beispiel erscheint auf dem Leuchtschirm im Elektronenmikroskop als schwarzer Fleck, das heißt, es werden keine Elektronen hindurchgelassen. Erst Scheiben von 10 bis 100 Nanometern Dicke (etwa $1/1000$ der Dicke dieser Buchseite) ermöglichen das Erkennen von Einzelheiten. Zur Herstellung solcher äußerst dünnen Schnitte, der *Ultradünnschnitte,* dient das *Ultramikrotom.* Dies ist ein Präzisionsschneidegerät mit Diamantmessern oder Glasmessern. Die Ultradünnschnitte werden dann auf Objektträger übertragen. Als Objektträger verwendet man kleine Kupfernetze oder Kupferringe, die mit einer hauchdünnen Kunststofffolie überzogen sind. Bei der chemischen Fixierung kann es zu Zellveränderungen kommen. Um diese *Artefakte* auszuschließen, müssen die Ergebnisse verschiedener Präparationsmethoden miteinander verglichen werden. Führen sie zu gleichen Ergebnissen, ist eine Artefaktbildung unwahrscheinlich.

Vor allem die **Kryofixierung** erlaubt eine Aussage über den ursprünglichen Lebenszustand der Zelle: Die lebenden Objekte werden extrem schnell auf sehr tiefe Temperaturen, zum Beispiel –196 °C, abgekühlt. Das in jeder Zelle vorhandene Wasser erstarrt hierdurch zu einer glasigen Eismasse, in der die Zellstrukturen eingepackt sind. Beim Gefrieren muss die Bildung von Eiskristallen verhindert werden, um Zellstrukturen nicht zu zerstören. Nach der Kryofixierung kommen die Lebensvorgänge zum Stillstand. Das tiefgefrorene Objekt wird dann im Vakuum mit einem tiefgekühlten Messer „aufgebrochen". Bei dieser *Gefrierbruchmethode* erhält man eine reliefähnliche Bruchfläche des Objekts. Hieran kann sich die Gefrierätzung anschließen: Von der Bruchfläche lässt man Eis sublimieren (man „ätzt"), sodass wasserärmere Strukturen als Relief stehen bleiben. Anschließend erfolgt das Aufdampfen einer Platin-Kohlenstoff-Schicht unter einem bestimmten Winkel. Der so entstandene Reliefabdruck wird vom Objekt gelöst und kann elektronenmikroskopisch untersucht werden. Durch die Schrägbedampfung entstehen „Schatten", die nahezu elektronendurchlässig sind. Das elektronenmikroskopische Bild vermittelt einen räumlichen Eindruck des Abdrucks der Objektoberfläche.

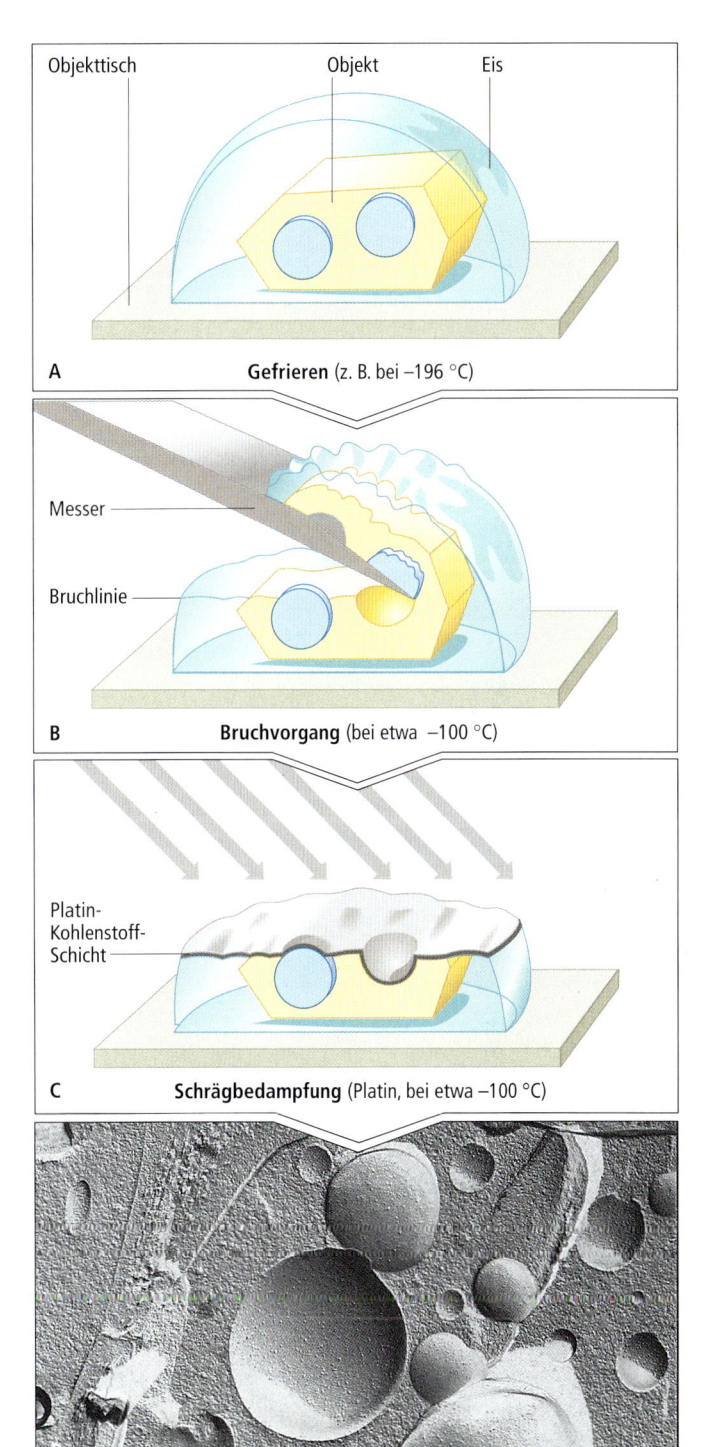

13.1 Gefrierbruchtechnik. A Gefrieren (bei –196 °C); **B** Bruchvorgang (bei etwa –100 °C). Anschließend kann die Bruchoberfläche von Eiskrümeln durch eine Vakuumsublimation des Eises („Gefrierätzung") befreit werden (Messer wird auf –196 °C gekühlt und über Objektrelief geführt).
C Schrägbedampfung mit Platindämpfen. Vor der Schrägbedampfung erfolgte eine Senkrechtbedampfung mit Kohlenstoff. Die Schatten entstehen durch die Schrägbedampfung. Diese sind weitgehend für Elektronen durchlässig.
D EM-Bild einer Wurzelzelle (Ausschnitt). Der Abdruck der Objektoberfläche erscheint im EM-Bild räumlich.

Strukturelle und energetische Grundlagen des Lebens

EXKURS: Trennung von Zellbestandteilen

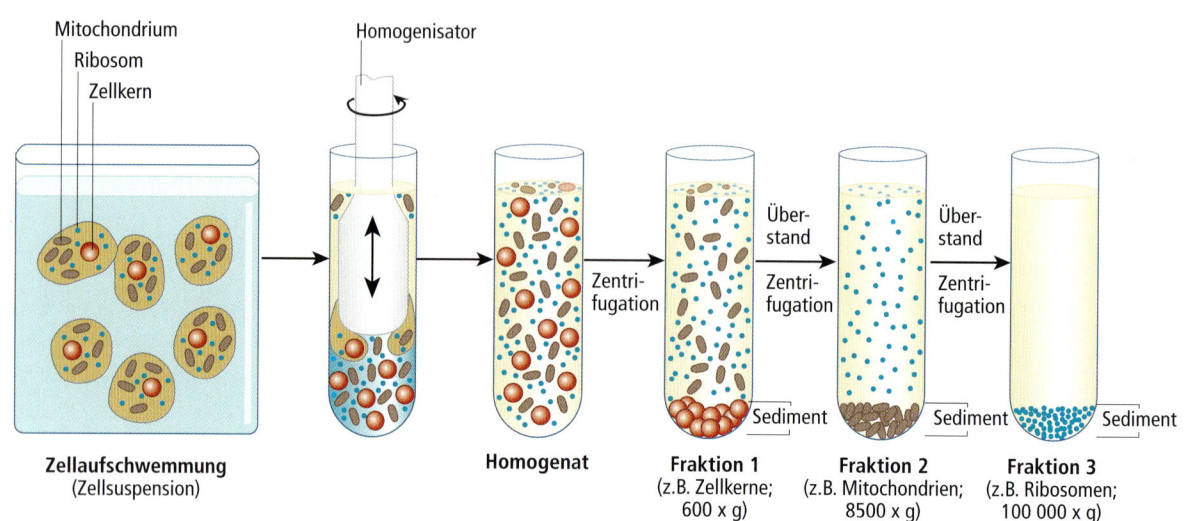

14.1 Differenzialzentrifugation

Bildbeschriftungen: Mitochondrium, Ribosom, Zellkern, Homogenisator, Zellaufschwemmung (Zellsuspension), Homogenat, Zentrifugation, Überstand, Sediment, Fraktion 1 (z.B. Zellkerne; 600 x g), Fraktion 2 (z.B. Mitochondrien; 8500 x g), Fraktion 3 (z.B. Ribosomen; 100 000 x g)

Mithilfe der Mikroskopie ist die Gestalt und Größe von Zellstrukturen erkennbar. Will man ihre chemische Zusammensetzung und die Funktion untersuchen, ist es erforderlich, die Zellbestandteile aus der Zelle zu isolieren. Hierzu müssen die Zellen „aufgebrochen" werden. Diesen Vorgang bezeichnet man als **Homogenisierung**. Zellwände von Pflanzenzellen und Bakterien werden oft vorher durch bestimmte Wirkstoffe (Enzyme) abgebaut. Die so entstandenen Protoplasten werden weiter verwendet.

Die Homogenisierung erfolgt auf verschiedenen Wegen. Durch Hinzufügen von destilliertem Wasser oder stark verdünnten Lösungen kommt es zum „Platzen" der tierischen Zellen beziehungsweise der Protoplasten bei pflanzlichen und bakteriellen Zellen. Auch durch Ultraschallbehandlung oder mechanisch mit einem Homogenisator können Zellen oder Protoplasten aufgebrochen werden. Ein Homogenisator ist ein Glasgefäß mit eng angepasstem Kolben. Durch drehende Auf- und Abbewegung des Kolbens werden die Zellen zum Platzen gebracht. Die entstehende Suspension von Zellbestandteilen, das *Homogenat*, ist ein Gemisch aus Zellbestandteilen, Membranstücken und Molekülen.

Die Trennung der Zellbestandteile des Homogenats erfolgt häufig mit der **Differenzialzentrifugation** in einer *Ultrazentrifuge*. Ultrazentrifugen können im Gegensatz zu herkömmlichen Zentrifugen sehr hohe Umdrehungsgeschwindigkeiten erreichen. Die dabei auftretenden Zentrifugalbeschleunigungen werden als Vielfaches der Erdbeschleunigung g ($g = 9{,}81\ m \cdot s^{-2}$) gemessen. So lassen sich Beschleunigungen bis zu 500 000 g erreichen, was einer Umdrehungszahl von etwa 70 000 pro Minute entspricht. Große und schwere Zellbestandteile setzen sich bei niedriger, kleine und leichte bei hoher Drehzahl auf dem Boden des Zentrifugenröhrchens ab. Diesen Bodensatz nennt man *Sediment*, die überstehende Flüssigkeit *Überstand*. Jedes Sediment einer bestimmten Umdrehungszahl bildet eine *Zellfraktion*. Das Homogenat wird in mehreren Zentrifugationsschritten fraktioniert. Nach jedem Zentrifugenlauf wird der Überstand abgegossen und bei höherer Geschwindigkeit erneut zentrifugiert. Anschließend kann man die Fraktionen mikroskopisch und chemisch untersuchen. Auf diese Art und Weise kann der Zusammenhang zwischen Struktur und Funktion von Zellbestandteilen aufgeklärt werden.

Mithilfe der **Dichtegradientenzentrifugation** kann man Zellbestandteile von gleicher Größe, aber mit geringem Dichteunterschied voneinander trennen. Dabei bringt man eine Probe des Zellhomogenats oder auch einer Zellfraktion auf einen *Dichtegradienten*. Ein Dichtegradient ist beispielsweise eine Lösung von Saccharose (Rohrzucker) mit ansteigender Konzentration: In einem Zentrifugenröhrchen befindet sich die Lösung geringster Dichte oben, die dichteste und damit konzentrierteste Lösung unten. Während der Zentrifugation wandern nun die Zellpartikel bis zu der Stelle, der ihrer Eigendichte entspricht. Die so entstandenen „Dichtebanden" können mit Spritze und Kanüle abgesaugt und zu Untersuchungen verwendet werden.

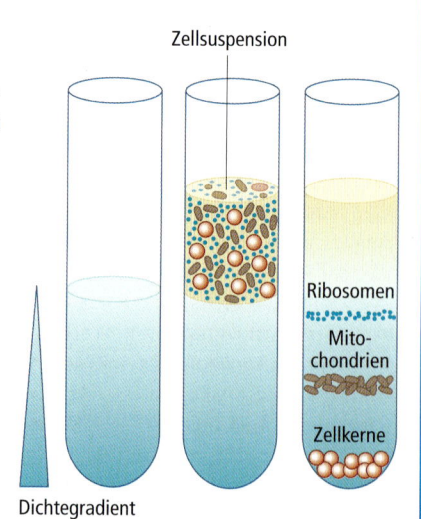

14.2 Dichtegradientenzentrifugation

Bildbeschriftungen: Dichtegradient, Zellsuspension, Ribosomen, Mitochondrien, Zellkerne

Strukturelle und energetische Grundlagen des Lebens

EXKURS Trennung von Stoffgemischen

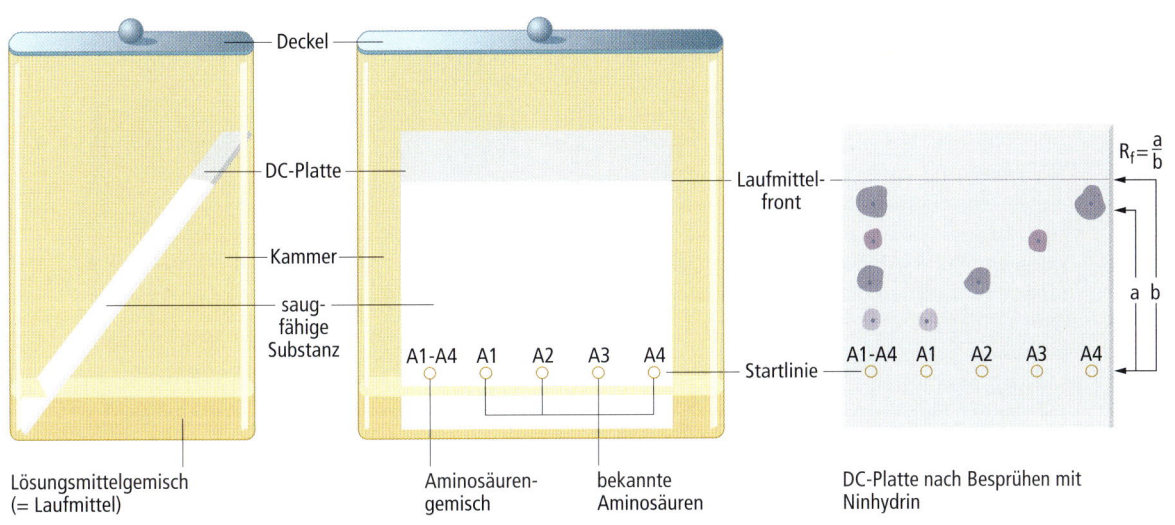

15.1 Dünnschichtchromatografie

Um die einzelnen Bau- und Inhaltsstoffe einer Zelle qualitativ und quantitativ genauer erfassen zu können, muss man sie voneinander trennen. Dazu stellt man sich zunächst ein *Zellhomogenat* her. Die Trennung verschiedener Aminosäuren zum Beispiel wird durch die **Chromatografie** ermöglicht. Bei der *Dünnschichtchromatografie* (DC) verwendet man Platten aus Glas oder Aluminiumfolie, die mit einer saugfähigen Substanz (z. B. Kieselgel) beschichtet sind. Auf eine DC-Platte wird an einem Ende das wässerige Aminosäuregemisch aufgetragen. Nach dem Trocknen wird die DC-Platte in einem verschließbaren Gefäß in ein Lösungsmittelgemisch (Fließmittel) gestellt. Dieses wird in der Schicht nach oben gesaugt. Dabei werden die Aminosäuremoleküle je nach Bau in der gleichen Zeit verschieden weit mitgenommen. Man erhält ein *Chromatogramm*. Zur Identifikation der Aminosäuren lässt man bekannte Aminosäuren parallel auf derselben DC-Platte mit dem Aminosäuregemisch den Trennungsvorgang durchlaufen. Die so getrennten Aminosäuren werden durch Besprühen der DC-Platte mit Ninhydrin sichtbar und können identifiziert werden.

Auch durch **Elektrophorese** lassen sich Stoffgemische trennen. Hierbei beruht die Trennung auf der unterschiedlich schnellen Wanderung von elektrisch geladenen Teilchen zwischen den Elektroden eines Gleichspannungsfeldes. Bei der *Papierelektrophorese* wird ein mit einer Pufferlösung von bestimmtem pH-Wert getränkter Papierstreifen zwischen die negativ geladene Elektrode, die Kathode, und die positiv geladene Elektrode, die Anode, gelegt. Auf diesen Träger wird die zu untersuchende Lösung aufgetragen. Nach Anlegen der Gleichspannung wandern die negativ geladenen Teilchen zur Anode, die positiv geladenen zur Kathode. Die Wanderungsgeschwindigkeit ist abhängig von der Gesamtladung, der Größe und der Gestalt der Teilchen. Auf diese Weise erfolgt die Trennung. Durch geeignete Farblösungen werden die Fraktionen anschließend als hintereinanderliegende Banden sichtbar. Verwendet man Agarose-Gel als Träger, spricht man von einer *Gel-Elektrophorese*.

Ein wichtiges Verfahren zur quantitativen Bestimmung eines gelösten Stoffes ist die **Fotometrie**. Bei der Fotometrie misst man Lichtintensitäten: Bringt man eine farbige Lösung in ein Glasgefäß, eine Küvette, und durchstrahlt sie mit Licht einer bestimmten Wellenlänge, so wird ein Teil des Lichtes absorbiert.
Die Absorption ist abhängig von der Stoffkonzentration sowie von der Schichtdicke der durchstrahlten Lösung. Das Ausmaß der Lichtschwächung wird über eine Fotozelle gemessen. Hieraus lässt sich dann die Konzentration bestimmen. Trägt man die Absorptionen von Lösungen bekannter Konzentrationen, von sogenannten *Eichlösungen*, in einem Koordinatensystem gegen die Konzentration auf, erhält man eine *Eichkurve*. Mit ihrer Hilfe lässt sich über die gemessene Absorption einer unbekannten Lösung deren Konzentration direkt ablesen.

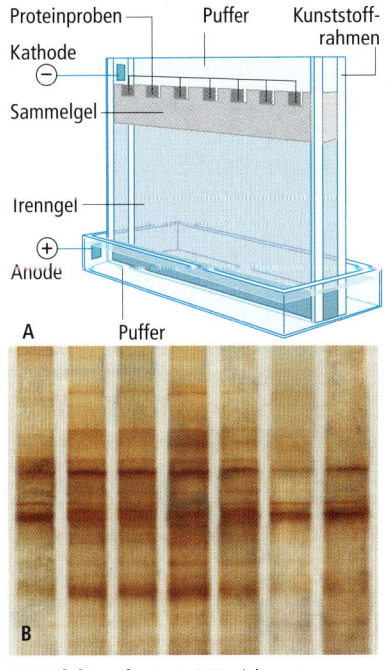

15.2 Elektrophorese. A Vorrichtung (Schema); **B** gefärbte Proteine im Gel

Strukturelle und energetische Grundlagen des Lebens **15**

3 Feinbau und Funktion der Zelle

3.1 Prokaryoten und Eukaryoten

Im Dickdarm von Vögeln und Säugetieren lebt das Bakterium *Escherichia coli*. Das EM-Bild zeigt eine stäbchenförmige Zelle von etwa einem Mikrometer (µm) Breite und etwa vier Mikrometern Länge. Bakterien sind *einzellige Lebewesen*, die neben Stäbchenform auch Kugel- oder Schraubenform aufweisen können. Manche Bakterienarten lagern sich zu zwei- oder mehrzelligen Verbänden zusammen. Zu den Bakterien gehören die kleinsten bisher gefundenen Zellen, die *Mycoplasmen*. Sie haben einen Durchmesser von nur 0,1 bis 0,25 Mikrometern. Eine Bakterienzelle wird nach außen hin begrenzt durch eine *Zellwand*. Diese besteht im Unterschied zur pflanzlichen Zellwand aus einer dicken Schicht eiweißhaltiger Polysaccharide, die auch als Mureinschicht bezeichnet wird. Bakterien, deren Zellwände sich mithilfe eines bestimmten Farbstoffes färben lassen, bezeichnet man als grampositiv, andere als gramnegativ. Viele Bakterien scheiden klebrige Stoffe (Schleim) aus, die die Zellwand schützend umhüllen. Mit solchen *Kapseln* können sich Bakterien an einem Untergrund festheften oder sich gegenseitig zusammenhalten. Eine andere Möglichkeit des Festhaltens sind fädige Oberflächenstrukturen, die *Pili* (Einzahl *Pilus*). Viele Bakterien besitzen *Geißeln* (Flagellen) zur Fortbewegung.

Das *Cytoplasma* der Bakterienzelle wird von einer *Zellmembran* begrenzt. Zwischen Zellmembran und Zellwand liegt ein schmaler periplasmatischer Raum. Die Zellmembran weist häufig ins Zellinnere ragende Einstülpungen auf. Bei den Fotosynthese betreibenden *Cyanobakterien*, auch Blaualgen genannt, gibt es Einfaltungen, die in ihren Membranen Chlorophyllmoleküle enthalten. Auffallend im Cytoplasma ist ein hell erscheinender Bereich aus faserigen Strukturen. Es handelt sich um die Erbsubstanz, die aus einem ringförmigen, stark geknäulten *Chromosom* besteht. Bakterien haben also keinen Zellkern mit Hülle, sondern ein Kernäquivalent, das *Nucleoid*. Sie werden daher als **Prokaryoten** (griech. *pro*, vor; griech. *karyon*, Kern) bezeichnet. Zusätzlich zum Chromosom können im Cytoplasma kleine Ringe aus DNA auftreten, die man *Plasmide* nennt. Neben den Bakterien gibt es noch eine zweite Gruppe prokaryotischer Einzeller, die *Archaeen*.

Die **Eukaryoten** (griech. *eu*, wahr, echt) besitzen dagegen einen „echten" Zellkern mit einer Kernhülle. Betrachtet man das EM-Bild einer pflanzlichen Zelle, erkennt man die begrenzende *Zellwand*, die *Zellmembran* und im *Cytoplasma* eine Vielzahl von

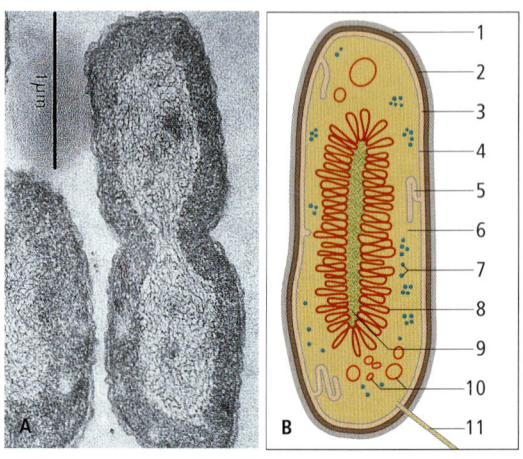

16.1 Bakterienzelle *(Escherichia coli).* **A** EM-Bild; **B** Schema:
1 äußere Zellmembran; 2 Zellwand (aus Murein);
3 periplasmatischer Raum; 4 innere Zellmembran;
5 Einstülpung; 6 Cytoplasma; 7 Ribosomen; 8 Nucleoid;
9 Protein; 10 Plasmide; 11 Pilus

Punkten und dunklen Linien. Die Punkte stellen Ribosomen dar, die dunklen Linien sind Membranen. Sie dienen innerhalb der Zelle dazu, Räume zu umschließen und gegeneinander abzugrenzen. Solche membranbegrenzten Räume in der Zelle heißen *Kompartimente*. Diese Zellbestandteile, die auch als Zellorganellen bezeichnet werden, erfüllen bestimmte Aufgaben im Zellstoffwechsel. Kompartimente sind also Reaktionsräume. So können innerhalb einer Zelle gegenläufige Stoffwechselvorgänge wie Oxidations- neben Reduktionsvorgängen gleichzeitig ablaufen. Außer den lichtoptisch sichtbaren Zellkompartimenten wie *Zellkern*, *Plastiden* und *Vakuolen* sind im EM-Bild des Cytoplasmas weitere Zellbestandteile zu erkennen: *Mitochondrien*, *Dictyosomen*, *Lysosomen*, *Peroxisomen* und das *Endoplasmatische Retikulum (ER)*. Es gibt auch Zellbestandteile ohne Membranbegrenzung. Zu ihnen gehören *Ribosomen*, *Oleosomen*, *Mikrotubuli* und *Mikrofilamente*.

Bei Einzellern finden sich Zellgrößen von 0,1 Mikrometern bis sogar 9 Zentimetern. Die Größe von Pflanzenzellen beträgt etwa 10 Mikrometer bis 100 Mikrometer, von tierischen Zellen etwa 10 Mikrometer bis 30 Mikrometer. Es gibt aber auch faserartige Pflanzenzellen von mehr als 250 Millimetern sowie pflanzliche Milchröhren von mehreren Metern Länge. Nervenzellen können mit ihren Fortsätzen mehr als einen Meter lang werden. Zellen werden jedoch nicht beliebig groß: Dies liegt vermutlich an einem bestimmten Verhältnis zwischen der Größe des Zellkerns und der Menge des von ihm zu kontrollierenden Zellplasmas.

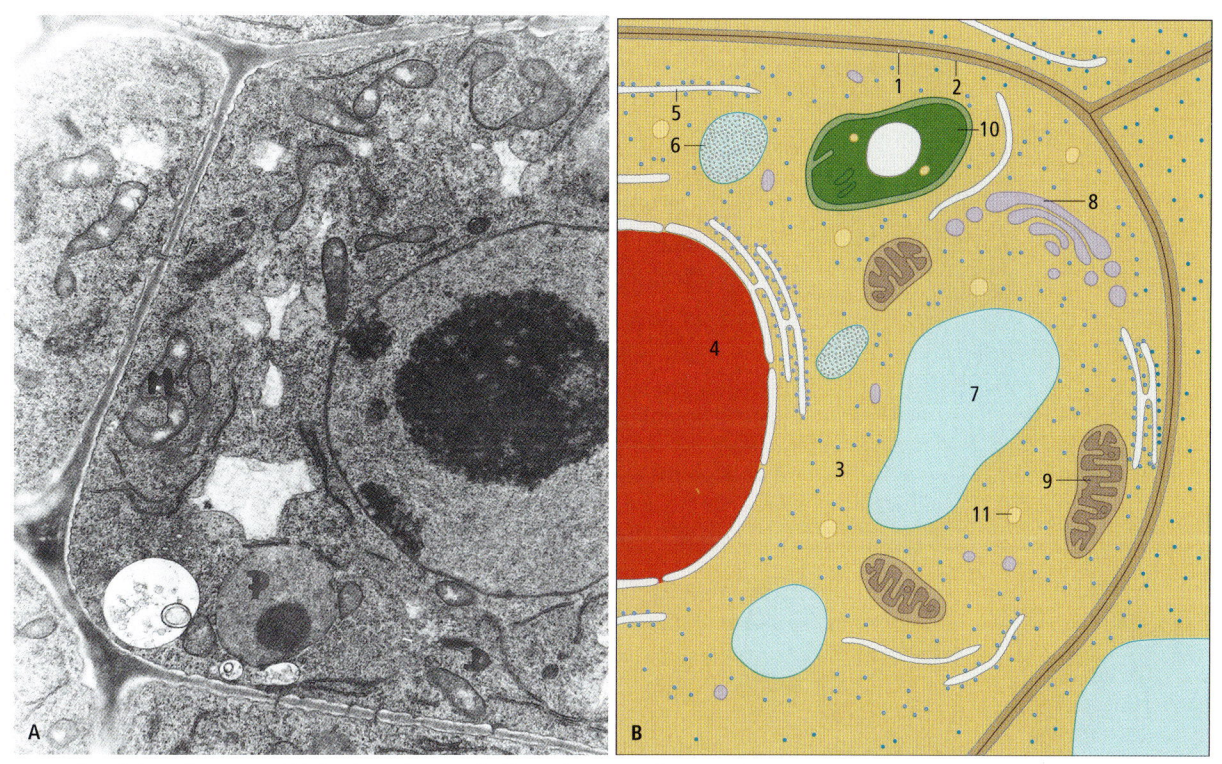

17.1 Pflanzliche Zelle. A EM-Bild (Ultradünnschnitt-Technik); **B** Schema: 1 Zellwand, 2 Plasmalemma, 3 Cytoplasma, 4 Zellkern, 5 Endoplasmatisches Retikulum (ER), 6 Peroxisom, 7 Vakuole, 8 Dictyosom, 9 Mitochondrium, 10 Plastid, 11 Oleosom

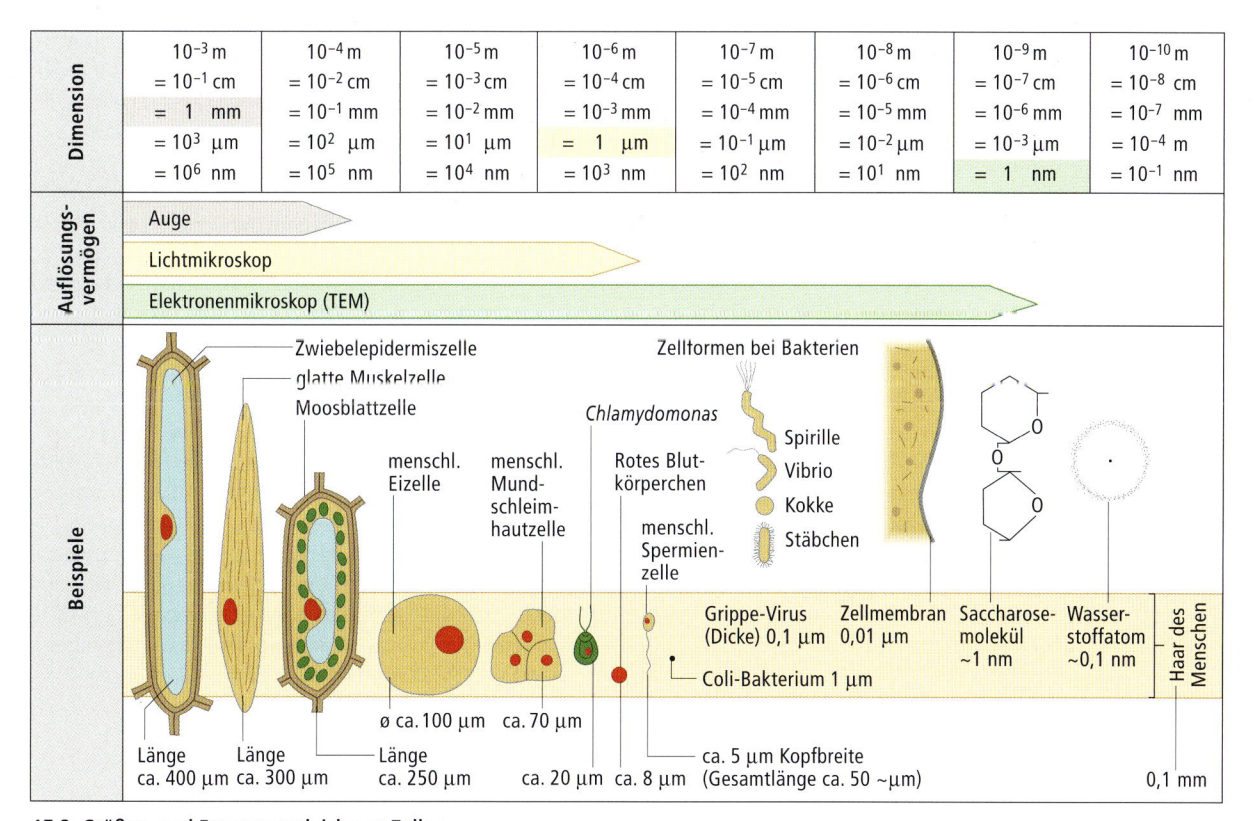

Dimension	10^{-3} m	10^{-4} m	10^{-5} m	10^{-6} m	10^{-7} m	10^{-8} m	10^{-9} m	10^{-10} m
	$= 10^{-1}$ cm	$= 10^{-2}$ cm	$= 10^{-3}$ cm	$= 10^{-4}$ cm	$= 10^{-5}$ cm	$= 10^{-6}$ cm	$= 10^{-7}$ cm	$= 10^{-8}$ cm
	= 1 mm	$= 10^{-1}$ mm	$= 10^{-2}$ mm	$= 10^{-3}$ mm	$= 10^{-4}$ mm	$= 10^{-5}$ mm	$= 10^{-6}$ mm	$= 10^{-7}$ mm
	$= 10^3$ μm	$= 10^2$ μm	$= 10^1$ μm	= 1 μm	$= 10^{-1}$ μm	$= 10^{-2}$ μm	$= 10^{-3}$ μm	$= 10^{-4}$ m
	$= 10^6$ nm	$= 10^5$ nm	$= 10^4$ nm	$= 10^3$ nm	$= 10^2$ nm	$= 10^1$ nm	= 1 nm	$= 10^{-1}$ nm

Auflösungsvermögen: Auge, Lichtmikroskop, Elektronenmikroskop (TEM)

Beispiele: Zwiebelepidermiszelle (Länge ca. 400 μm), glatte Muskelzelle (Länge ca. 300 μm), Moosblattzelle (Länge ca. 250 μm), menschl. Eizelle (ø ca. 100 μm), menschl. Mundschleimhautzelle (ca. 70 μm), Chlamydomonas (ca. 20 μm), Rotes Blutkörperchen (ca. 8 μm), menschl. Spermienzelle (ca. 5 μm Kopfbreite, Gesamtlänge ca. 50 μm), Zellformen bei Bakterien: Spirille, Vibrio, Kokke, Stäbchen, Coli-Bakterium 1 μm, Grippe-Virus (Dicke) 0,1 μm, Zellmembran 0,01 μm, Saccharosemolekül ~1 nm, Wasserstoffatom ~0,1 nm, Haar des Menschen 0,1 mm

17.2 Größen- und Formenvergleich von Zellen

Strukturelle und energetische Grundlagen des Lebens

EXKURS: Biomoleküle

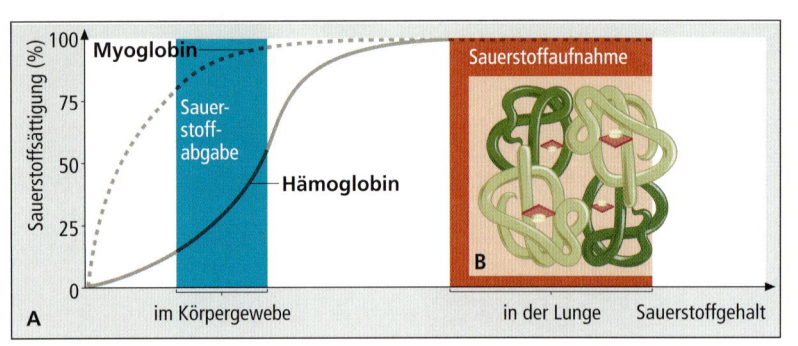

18.1 Hämoglobin. A Bindung von Sauerstoff; B Hämoglobinmolekül (Schema)

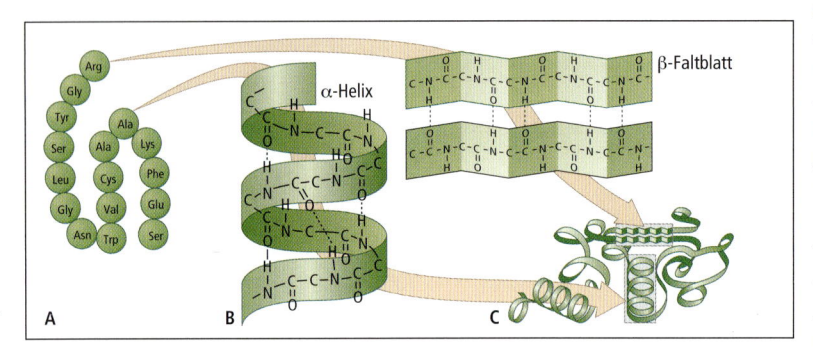

18.2 Proteinstrukturen. A Primärstruktur; B Sekundärstruktur; C Tertiärstruktur

Proteine sind am Aufbau aller Zellstrukturen und der Enzyme beteiligt. Neben den Elementen Kohlenstoff, Wasserstoff und Sauerstoff enthalten Proteinmoleküle stets Stickstoff. Molekülmassenbestimmungen ergeben Werte von 10 000 u bis 500 000 u. Deshalb bezeichnet man Proteinmoleküle als Makromoleküle.

Proteinmoleküle sind wie eine Perlenkette aus einzelnen „Bausteinen" zusammengesetzt. Diese Bausteine nennt man **Aminosäuren**. In der Natur kommen 20 verschiedene Aminosäuren vor, welche in einem Protein in einer willkürlich anmutenden, aber letztendlich sehr genau festgelegten Reihenfolge miteinander verknüpft sind. Jede Aminosäure trägt eine *Aminogruppe* ($-NH_2$), eine *Carboxylgruppe* ($-COOH$) und einen für die jeweilige Aminosäure typischen *organischen Rest* ($-R$). Die Carboxylgruppe einer Aminosäure kann mit der Aminogruppe einer anderen Aminosäure unter Wasserabspaltung reagieren. Dabei entsteht ein Dipeptid. Die Bindung bezeichnet man als *Peptidbindung*. Drei Aminosäuren verbinden sich zu einem Tripeptid. Durch Verbindung vieler Aminosäuren entstehen Polypeptidketten, die ab etwa 100 Bausteinen als Proteine bezeichnet werden. Die Proteine unterscheiden sich nicht nur in der Anzahl und Art, sondern vor allem in der Reihenfolge der Aminosäuren. Diese wird als *Aminosäuresequenz* oder als **Primärstruktur** bezeichnet.

Eine Polypeptidkette bildet eine bestimmte räumliche Anordnung, die *native Konformation*. So findet man in den Haaren der Säugetiere eine Schrauben- oder Helixstruktur der Proteinmoleküle. Sie kommt durch Wasserstoffbrückenbindungen zustande. In der Seidenfaser der Seidenraupe sind mehrere Peptidketten zickzackförmig nebeneinander angeordnet und bilden eine Faltblattstruktur. Diese Anordnungen werden als **Sekundärstruktur** bezeichnet.

Häufig sind die Sekundärstrukturen noch zusätzlich geschraubt, gefaltet oder anderweitig geformt. Eine solche Raumanordnung der Sekundärstruktur nennt man

Außer Wasser und den anorganischen Ionen sind alle anderen Stoffe in der Zelle Verbindungen des Elements *Kohlenstoff*, also organische Verbindungen. Die im Stoffwechsel einer Zelle vorkommenden organischen Verbindungen bezeichnet man als **Biomoleküle**. Besonders wichtige Biomoleküle sind die *Proteine* (Eiweißstoffe), die *Lipide* und die *Kohlenhydrate*. Ebenfalls zu den Biomolekülen zählt man die *Nucleinsäuren*, welche die stoffliche Grundlage der genetischen Information darstellen.

Der chemische Bau vieler Biomoleküle zeigt einen deutlichen Zusammenhang mit den jeweiligen biologischen Funktionen. Zum Beispiel hat das Hämoglobin, der rote Blutfarbstoff, die Aufgabe des Sauerstofftransports. In den Lungenbläschen ist die Sauerstoffkonzentration recht hoch. Hier bindet sich der Sauerstoff an das Hämoglobin. Dagegen ist zum Beispiel in einem Muskel die Sauerstoffkonzentration gering. Dort wird der Sauerstoff vom Hämoglobin abgegeben. Er diffundiert in die Muskelzellen und wird an ein anderes Protein, das Myoglobin, relativ fest gebunden. Das unterschiedliche Bindungsverhalten dieser beiden Proteine gegenüber Sauerstoff wird durch die Sauerstoffsättigungskurven angegeben. Hier wird deutlich, dass nur durch das spezielle Bindungsvermögen von Hämoglobin ein effektiver Sauerstofftransport ermöglicht wird. Diese Leistung ist auf den Aufbau des Hämoglobinmoleküls zurückzuführen. Das Hämoglobin ist ein Protein mit einer äußerst komplexen Raumstruktur. Es besteht aus vier Polypeptidketten, die sich gegenseitig beeinflussen und so die Aufnahme oder Abgabe der Sauerstoffmoleküle steuern können.

Der Name **Protein** bedeutet sinngemäß „an erster Stelle stehend" (griech. *protos*, zuerst). Damit wird die besondere Bedeutung der Proteine für pflanzliche und tierische Zellen zum Ausdruck gebracht. Sie bilden mengenmäßig den größten Anteil aller organischen Verbindungen im Cytoplasma. Vor allem sind sie durch die Vielfalt ihrer Funktionen gekennzeichnet.

Tertiärstruktur. Sie wird durch verschiedene Bindungsarten, vor allem durch Disulfidbrücken, stabilisiert. Schließlich können sich mehrere Polypeptidketten zu einer Funktionseinheit zusammenlagern. Diese bezeichnet man als **Quartärstruktur**. So bilden zwei α-Ketten und zwei β-Ketten gemeinsam ein Hämoglobinmolekül. Erst aufgrund dieser Struktur kann das Hämoglobin Sauerstoff in den Roten Blutzellen transportieren.

Unter dem Begriff **Lipide** fasst man Fette und fettähnliche Stoffe zusammen. Fette sind in organischen Lösungsmitteln wie Ether oder Chloroform sehr gut löslich, in Wasser dagegen kaum oder nicht löslich. Solche Verbindungen nennt man *lipophil* („fettliebend") oder *hydrophob* („wasserabweisend"). Fette werden sowohl in tierischen als auch in pflanzlichen Zellen als Reservestoffe gespeichert. Fettmoleküle sind aus *Glycerin*, einem Alkohol mit drei Hydroxylgruppen, und *langkettigen Fettsäuren* zusammengesetzt.
Alkohol und Säure reagieren unter Abspaltung von Wasser zu einem *Ester*. Fette sind also Ester aus Fettsäuren und Glycerin. Weil ein Glycerinmolekül mit drei Fettsäuren reagieren kann, sind Fette *Triglyceride*. Man spricht auch von Neutralfetten. Den Fetten ähnlich sind die **Phospholipide**. Hier ist ein Glycerinmolekül mit zwei Fettsäuremolekülen und einem Phosphorsäuremolekül verestert. Die Phosphorsäure ihrerseits ist noch einmal verestert, zum Beispiel mit Cholin. So entsteht das *Lecithin*. Die Phospholipide besitzen einen *hydrophilen* („wasserliebend") Teil und einen hydrophoben Teil. Aufgrund dieser Moleküleigenschaften lagern sie sich in Zellen nebeneinander und bilden geschlossene *Biomembranen*.

Kohlenhydrate sind als Nährstoffe von größter Bedeutung. Zum Beispiel enthalten Getreidekörner, Kartoffeln oder Bananen überwiegend das Kohlenhydrat *Amylose* (Stärke). Kocht man Stärke mit verdünnter Säure, wird sie in *Glucose* zerlegt. Stärke ist also ein Makromolekül aus Glucose-Bausteinen.

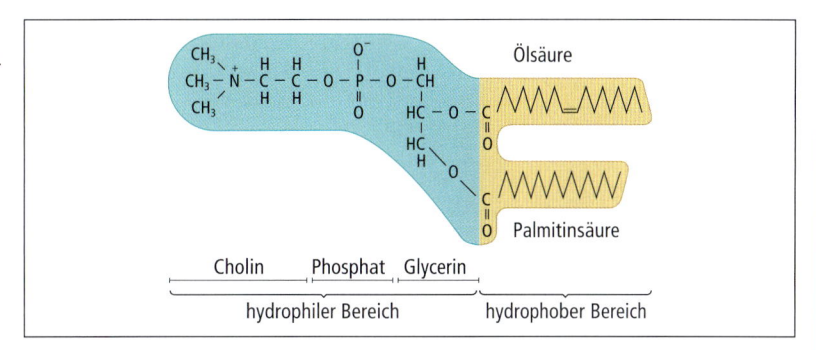

19.1 Phospholipid am Beispiel Lecithin

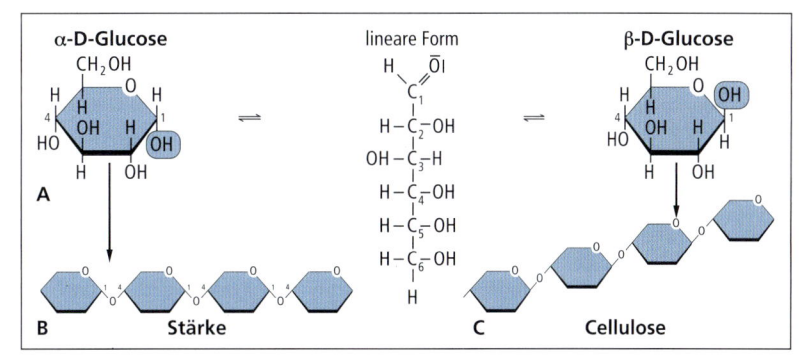

19.2 Kohlenhydrate. A Glucose; B Stärke; C Cellulose

Glucose gehört zu den Einfachzuckern oder *Monosacchariden*. Da Glucose sechs Kohlenstoffatome im Molekül aufweist, nennt man sie eine Hexose (griech. *hexa*, sechs). Andere Monosaccharide mit fünf Kohlenstoffatomen werden als Pentosen bezeichnet (griech. *penta*, fünf).
Glucose kommt in mehreren Strukturen vor. In der linearen Form trägt das C-1-Atom eine Aldehydgruppe (–CHO). Die anderen fünf C-Atome tragen jeweils eine Hydroxylgruppe (–OH). Die Aldehydgruppe reagiert meist mit der Hydroxylgruppe am C-5-Atom. So entsteht ein ringförmiges Molekül. Es gibt zwei Ringformen: Am C-1-Atom kann die neu entstehende Hydroxylgruppe nach unten oder oben gerichtet sein. Man spricht dann von α-Glucose oder β-Glucose.

Zwei Monosaccharid-Moleküle können unter Wasserbildung miteinander zu einem *Disaccharid* reagieren. Die entstehende Bindung nennt man *glykosidische Bindung*. Ein Disaccharid aus zwei Molekülen α-Glucose ist die *Maltose* (Malzzucker).

Verbindungen aus vielen Monosaccharid-Molekülen heißen *Polysaccharide* (Vielfachzucker). Stärke ist aus vielen Hunderten von α-Glucose-Bausteinen aufgebaut. Das Makromolekül ist schraubig geformt, in Wasser löslich und zeigt mit Iodmolekülen eine tiefe Blaufärbung. Genauso wie das ähnlich gebaute, aber stark verzweigte, in tierischen Zellen vorkommende *Glykogen* ist Stärke ein Reservestoff (Speicherstoff). Manche Polysaccharide wie *Cellulose* und *Chitin* haben eine Funktion als Strukturbildner.

1. Begründen Sie aus dem chemischen Bau die biologische Funktion von Amylose und Cellulose!
2. Vergleichen Sie den Kurvenverlauf der Sauerstoffsättigung bei Hämoglobin und Myoglobin! Wenden Sie das Basiskonzept „Struktur und Funktion" an!

Strukturelle und energetische Grundlagen des Lebens

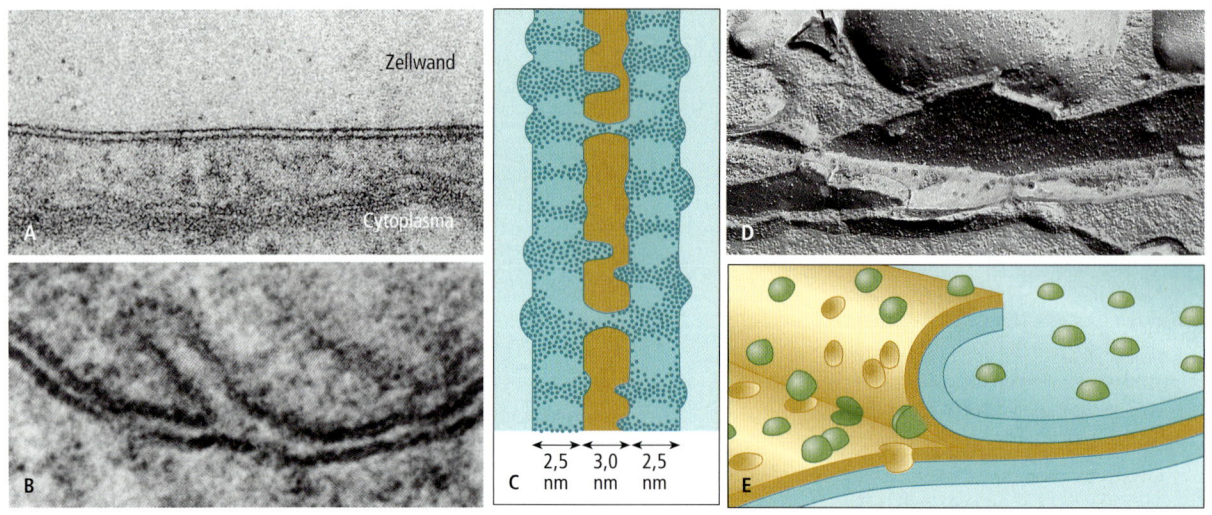

20.1 Biomembranen. A Zellmembran (EM-Bild); **B** Mitochondrium (EM-Bild, Ausschnitt); **C** Elementarmembran (Schema); **D** Plasmalemma (EM-Bild, Gefrierbruchtechnik); **E** Biomembran im Gefrierbruch (Modell)

3.2 Biomembranen

Untersucht man die begrenzenden Membranen der verschiedenen Zellbestandteile elektronenmikroskopisch, erhält man nach Anwendung der Ultradünnschnitt-Technik folgendes Bild: Zwei elektronendichte Linien von jeweils etwa 2,5 Nanometern (nm) Dicke begrenzen einen hellen Bereich von etwa drei Nanometern Dicke. Diesen dreischichtigen Aufbau kann man bei allen Biomembranen beobachten. Man spricht daher auch von der *Elementarmembran*. Biomembranen sind jedoch nicht einheitlich gebaut. Wegen der unterschiedlichen Aufgaben der Zellbestandteile müssen die Membranen unterschiedliche Eigenschaften haben. So werden je nach Art des Kompartiments bestimmte Stoffe durchgelassen oder zurückgehalten. Man sagt, die Membranen sind *selektiv permeabel* oder **semipermeabel**. Elektronenoptisch lässt sich ein unterschiedlicher Membranaufbau mithilfe der Gefrierbruchtechnik feststellen. Je nach Bruchvorgang zeigen Flächenabdrücke von Membranen kugelförmige Partikel sowie Vertiefungen. Die Membranen der verschiedenen Kompartimente unterscheiden sich in Größe und Verteilung solcher Erhebungen und Vertiefungen.

Chemische Analysen von Membranen ergeben, dass in allen Biomembranen vor allem Lipide und Proteine und in geringen Mengen Kohlenhydrate vorkommen. Unter den Membranlipiden bilden die Phospholipide den mengenmäßig größten Anteil. Trotz der chemischen Vielfalt der Membranlipide

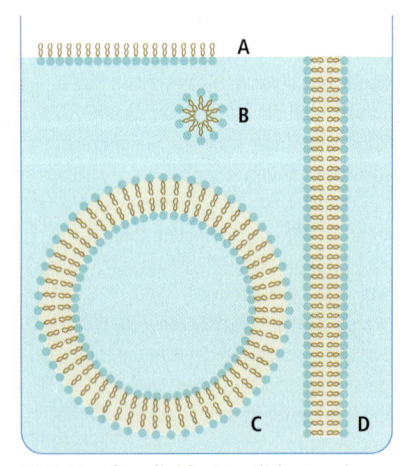

20.2 Membranlipide. Künstliche Anordnungen auf und im Wasser: **A** monomolekulare Schicht (Monolayer); **B** Micelle (Phospholipid-Tropfen); **C** Liposom (Vesikel); **D** Bilayer

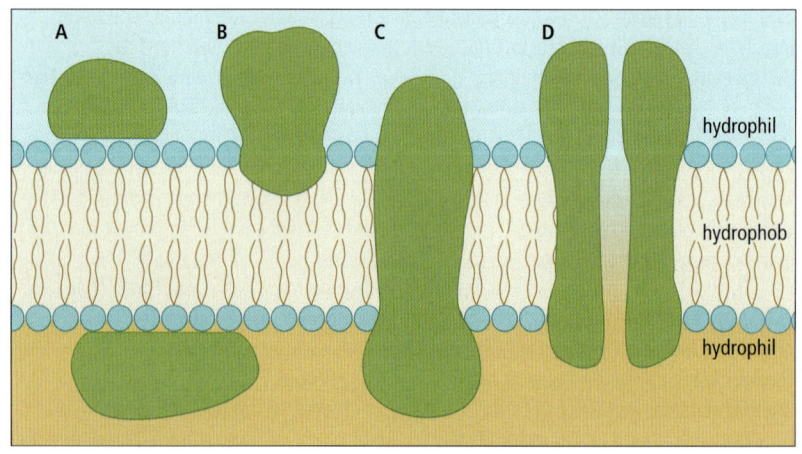

20.3 Membranproteine. A peripheres Protein (an der Lipidfläche liegendes Protein mit an der Oberfläche wirkenden Ladungen); **B** integrales Protein (in eine Monolayer tauchend); **C** Transmembran-Protein (durch die Bilayer dringend); **D** Tunnelprotein

Strukturelle und energetische Grundlagen des Lebens

Membranen	Lipide (%)	Proteine (%)
Kernhülle (Leberzelle)	17	70
ER (Leberzelle)	30	70
Zellmembran (Leberzelle)	30–50	50–70
Mitochondrium (Leberzelle) Außenmembran Innenmembran	48–59 20–30	41–51 70–80
Chloroplast Thylakoidmembran	50–56	44–50
Zellmembran (Erythrocyt des Menschen)	40	60

21.1 Zusammensetzung von Membranen verschiedener Zellbestandteile (in % der Gesamttrockenmasse)

sind diese einheitlich gebaut: Jedes Lipidmolekül besteht aus einem Wasser abweisenden (lipophilen) und einem Wasser anziehenden (hydrophilen) Bereich. Gibt man einen Tropfen eines solchen Lipids auf Wasser, so ordnen sich die Moleküle auf der Wasserfläche in einer monomolekularen Schicht (Monolayer) an. In diesem Lipidfilm stehen die hydrophilen Molekülbereiche mit dem Wasser in Berührung, während die lipophilen in die Luft ragen. GORTER und GRENDEL stellten 1925 fest, dass diese Filmfläche der Lipide aus Plasmamembranen menschlicher Erythrocyten etwa der doppelten Oberfläche dieser Roten Blutkörperchen entspricht. Die beiden Forscher schlossen daraus, dass die Lipide in Biomembranen zu einer Doppelschicht angeordnet sind. Solche **Lipiddoppelschichten** (Bilayer) lassen sich auch künstlich herstellen. In diesem Lipiddoppelschicht-Membran-Modell sind die Proteine noch nicht berücksichtigt. Die Anordnung der Membranproteine in Biomembranen stellt man sich heute so vor, dass Proteinmoleküle in und auf der mehr oder weniger flüssigen Lipiddoppelschicht „wie Eisberge in der See" frei beweglich sind. SINGER und NICOLSON haben ihr Membranmodell 1972 daher auch **Flüssigmosaikmodell** genannt.

Biomembranen können auch Kohlenhydrate enthalten. Dies ist nur beim *Plasmalemma* der Fall, der Zellmembran, die das Zellplasma begrenzt. Die extrazelluläre Plasmalemma-Oberfläche ist mit einer dünnen Lage aus Kohlenhydratmolekülen überzogen. Diese glykogenähnlichen Moleküle können an die Lipidmoleküle und an die Proteinmoleküle der Membran gebunden sein. Man spricht dann von Glykolipiden und von Glykoproteiden. Diese Schicht nennt man **Glykokalyx**. Die Glykokalyx kann bei Roten Blutkörperchen die Blutgruppen-Antigene ausbilden. Außerdem verleiht sie tierischen Zellen ihre mechanische Festigkeit.

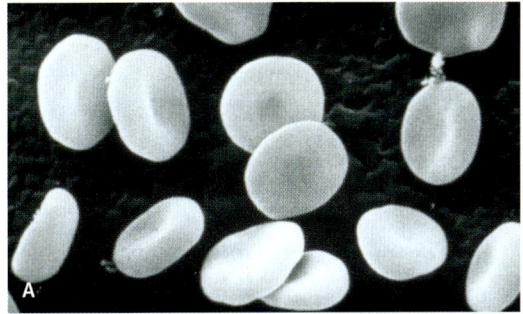

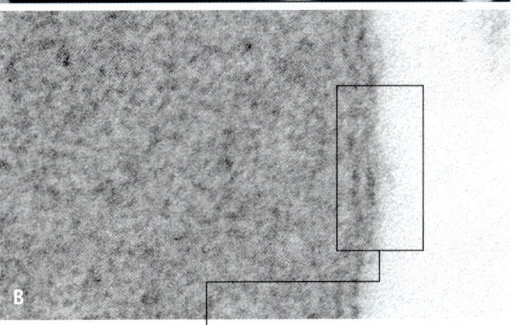

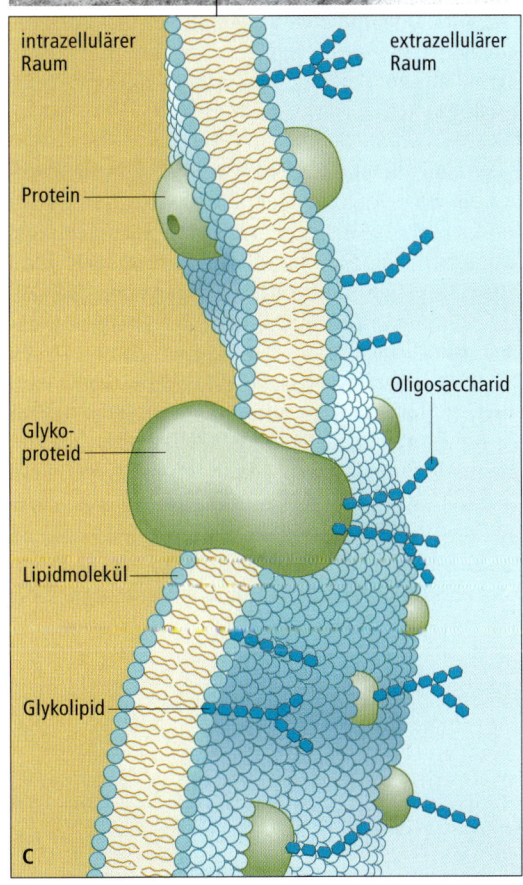

21.2 Zellmembran. **A** Erythrocyten (REM-Bild); **B** Erythrocyt (EM-Bild, Ausschnitt); **C** Modellvorstellung zur Erythrocyten-Zellmembran

1. Vergleichen und beurteilen Sie kritisch die beiden im Text beschriebenen Modellvorstellungen vom Bau von Biomembranen!

Strukturelle und energetische Grundlagen des Lebens

3.3 Diffusion und Osmose

Erhält eine Pflanze zu wenig Wasser, welkt sie. Die Gewebe werden schlaff. Im Lichtmikroskop erkennt man, dass das Cytoplasma der Zellen geschrumpft ist. Das Plasmalemma hat sich von den Zellwänden gelöst und die Vakuolen mit dem Zellsaft haben sich verkleinert. Führt man der Pflanze wieder Wasser zu, wird der Vorgang rückgängig gemacht. Die Vakuolen dehnen sich wieder aus, bis das Cytoplasma eng an der Zellwand anliegt. Dadurch wird das Gewebe wieder fest. Wenn Zellen absterben, verlieren sie diese Fähigkeit.

Entsprechendes ist zu beobachten, wenn zum Beispiel die Schuppenblätter der Roten Küchenzwiebel in salzhaltiger Salatsauce zubereitet werden. Auch hier tritt die Erschlaffung der Gewebe ein. In einer Versuchsreihe werden Frischpräparate der rot gefärbten unteren Epidermis eines Zwiebelschuppenblattes mit verschieden stark konzentrierten Kochsalz-(Natriumchlorid-)Lösungen behandelt. Bei Lösungen mit einem höheren Salzgehalt als 0,3 mol/l beginnt auch hier das Zellplasma zu schrumpfen. Man nennt diesen Vorgang **Plasmolyse** (griech. *lysis*, Lösung).

Gibt man zu plasmolysierten Zellen destilliertes Wasser oder Salzlösungen mit niedrigerem Gehalt als 0,3 mol/l, so dehnt sich das Cytoplasma mit den Vakuolen, der Protoplast, wieder aus und wird schließlich gegen die Zellwände gedrückt. Bei dieser **Deplasmolyse** verhindert die Festigkeit der Zellwände ein weiteres Ausdehnen. Diesen Druck des Protoplasten gegen die Zellwände nennt man **Turgor** (lat. *turgere*, aufschwellen). Der Turgor ist für die Festigkeit pflanzlicher Gewebe von großer Bedeutung. Offenbar sind die beobachtbaren Erscheinungen der Plasmolyse und Deplasmolyse auf die Verschiedenheit der Konzentrationen an Lösungen innerhalb und außerhalb der Zelle zurückzuführen. Welche Kräfte aber bewirken diese Veränderungen?

Diese Frage lässt sich mithilfe einiger grundlegender physikalisch-chemischer Vorgänge beantworten: Kaliumpermanganat ($KMnO_4$) ist ein dunkelviolett gefärbtes Salz, das sich gut in Wasser löst. Einen solchen Kristall gibt man auf Filtrierpapier, das die weite Öffnung einer Glasglocke mit langem Steigrohr begrenzt. Taucht man nun die Glocke mit dieser Seite in ein Glasgefäß mit destilliertem Wasser, entsteht im eingetauchten Bereich eine kräftig gefärbte Lösung. Die hindurchtretenden Wassermoleküle haben die Kaliumionen und die gefärbten Permanganationen aus dem festen Gitterverband gelöst und umhüllt (*hydratisiert*). Die gefärbte Lösung sinkt in Schlieren auf den Boden. Nach längerem Stehen zeigt sie im gesamten Glasgefäß sowie dem eingetauchten Bereich der Glasglocke die gleiche Farbe.

Diese Durchmischung beruht auf der ständigen, ungerichteten Bewegung von Wassermolekülen und gelösten Teilchen (hier hydratisierten Kalium- und Permanganationen). Die temperaturabhängige Eigenbewegung von Teilchen heißt nach ihrem Entdecker BROWNsche Bewegung. Dabei wird von den Teilchensorten eine Gleichverteilung in dem zur Verfügung stehenden Raum erreicht. Diese auf der Eigenbewegung von Teilchen beruhende gegenseitige Verteilung von Stoffen bis zum Konzentrationsausgleich bezeichnet man als **Diffusion** (lat. *diffundere*, sich ergießen). Eine Diffusion durch Grenzschichten heißt **Permeation** (lat. *permeare*, durchdringen). So können zum Beispiel Wassermoleküle sowie Kalium- und Permanganationen im obigen Versuch durch die Poren des Filtrierpapiers nahezu ungehindert permeiren. Eine solche Grenzschicht wird als *omnipermeabel* (lat. *omnis*, jeder) bezeichnet. Auch die pflanzliche Zellwand ist omnipermeabel.

Anders liegen die Verhältnisse bei Biomembranen wie der Zellmembran. Sie ist durchlässig für Wassermoleküle, nicht aber für gelöste Teilchen. Die Zellmembran ist also selektiv permeabel oder *semipermeabel*. Die Diffusion durch eine semipermeable Membran bezeichnet man als **Osmose**.

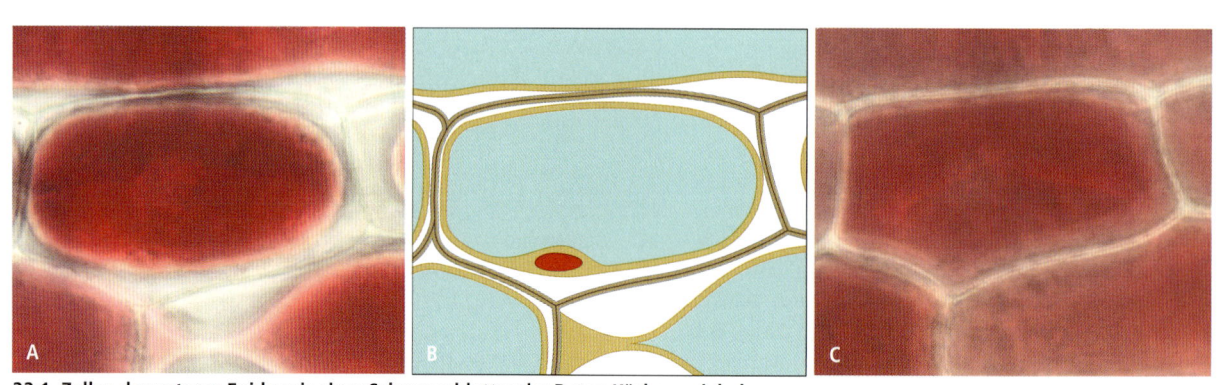

22.1 Zellen der unteren Epidermis eines Schuppenblattes der Roten Küchenzwiebel.
A Plasmolyse (LM-Bild); **B** Schema zu A; **C** Deplasmolyse

Bringt man eine wässerige Lösung von Kaliumpermanganat in eine Glasglocke mit Steigrohr, dessen weite Öffnung durch eine künstliche selektiv permeable Membran wie Cellophanfolie vom destillierten Wasser getrennt ist (*Osmometer*), beobachtet man ein Ansteigen der Flüssigkeit im Steigrohr. Da die hydratisierten Ionen nicht durch die Membran hindurchtreten können, diffundieren Wassermoleküle zunächst nur in Richtung der Salzlösung, um einen Konzentrationsausgleich zu erreichen. Hierdurch nimmt das Volumen der Salzlösung zu. Dies geschieht so lange, bis sich ein Gleichgewicht zwischen den osmotisch einströmenden und den durch den hydrostatischen Druck ausgepressten Wassermolekülen einstellt. Man bezeichnet diesen hydrostatischen Druck als den **osmotischen Druck** der Ausgangslösung.

Die Konzentration an gelösten Stoffen im Innern einer Zelle nennt man auch den *osmotischen Wert* der Zelle. Bei einer Kochsalz-Konzentration von etwa 0,3 mol/l in der obigen Versuchsreihe ist die Grenze zur Plasmolyse erreicht (*Grenzplasmolyse*): Die Konzentration außerhalb der Zelle entspricht dann der Konzentration im Zellinneren. Eine solche Lösung heißt **isotonisch** (griech. *isos*, gleich; *tonos*, Spannung). Die Salzlösung in der Salatsoße dagegen muss eine höhere Konzentration als das Zellinnere aufgewiesen haben. Sie ist **hypertonisch** (griech. *hyper*, über). Bei der Deplasmolyse ist die Flüssigkeit außerhalb der Zelle **hypotonisch** (griech. *hypo*, unter), das heißt, die umgebende Lösung ist geringer konzentriert gegenüber dem Zellinneren: Wassermoleküle diffundieren aus dem hypotonischen Außenmedium durch die Lipiddoppelschicht der Zellmembran in das hypertonische Zellinnere. Für diese **einfache Diffusion** muss die Zelle keine Energie aufwenden. Eine solche Diffusion durch eine Biomembran bezeichnet man daher als **passiven Transport**. Die Diffusion von kleinen hydrophilen Molekülen ist möglich durch Unregelmäßigkeiten in der Lipiddoppelschicht.

1. Eine künstliche Zelle enthält destilliertes Wasser. Sie ist von einer Membran umgeben, die für Wasser und hydratisierte Ionen durchlässig, für Zucker jedoch undurchlässig ist. Diese künstliche Zelle wird in eine wässrige Lösung von Kochsalz und Glucose gebracht. Begründen Sie die Veränderungen, die nun sowohl innerhalb der künstlichen Zelle als auch in der umgebenden Lösung eintreten!
2. Von einer Sumpfdotterblume, einer Ackerkratzdistel und einer Hauswurz wird je ein Laubblatt abgeschnitten und auf einem Teller offen liegen gelassen. Informieren Sie sich über die Lebensbedingungen der drei Pflanzenarten! Vergleichen Sie die Plasmolysegeschwindigkeit in den drei Blättern und begründen Sie!

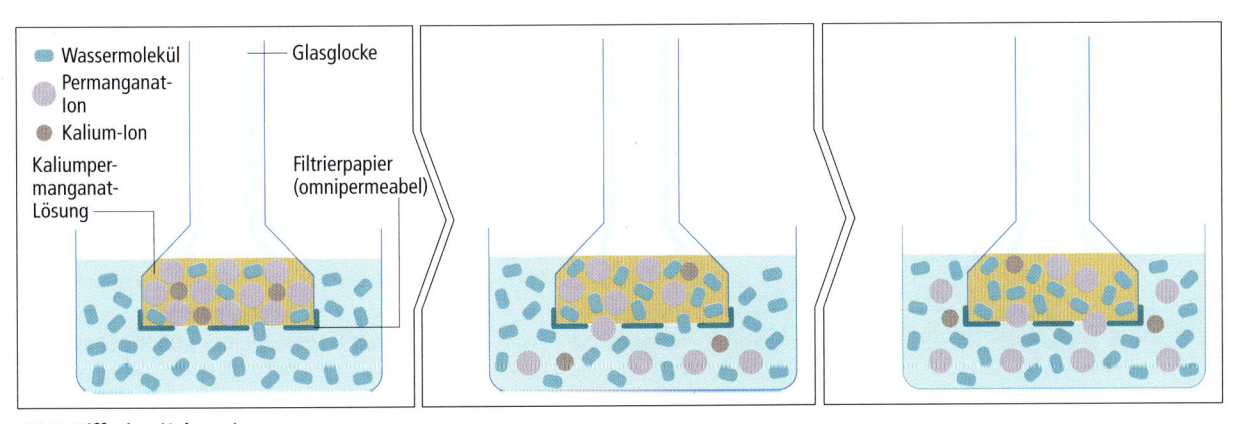

23.1 Diffusion (Schema)

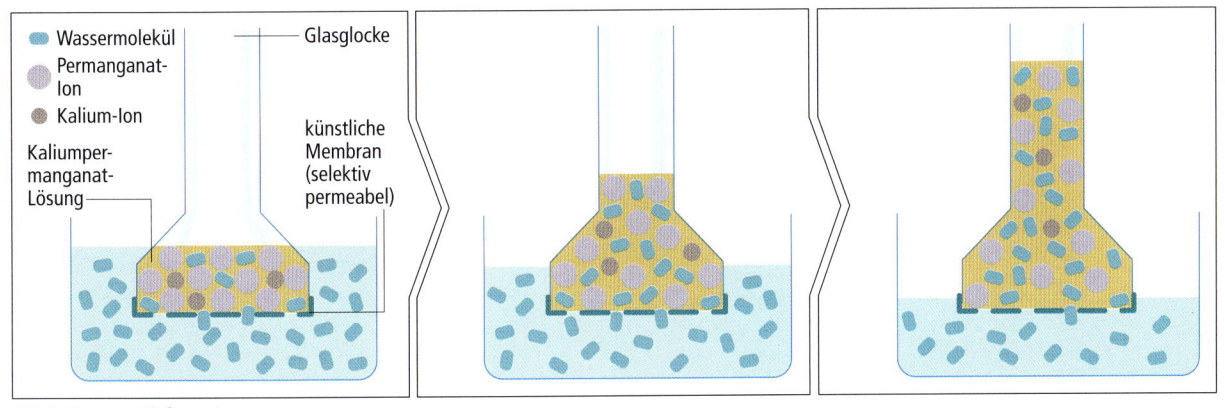

23.2 Osmose (Schema)

Strukturelle und energetische Grundlagen des Lebens

3.4 Stofftransport durch Biomembranen

Wasserlösliche Moleküle sowie hydratisierte Ionen können die Lipiddoppelschicht im Gegensatz zu hydrophoben Molekülen nicht frei passieren. Für den selektiv gesteuerten Stofftransport verfügt die Zelle über ein **spezifisches Transportsystem** mit spezifischen *Membran-Transport-Proteinen*. Dabei handelt es sich überwiegend um integrale Proteine. Eine Möglichkeit ist der Transport durch *Tunnel bildende Proteine*. An den Innenwänden eines solchen „Tunnels" tragen die Proteine polare Gruppen. Hierdurch können Wassermoleküle, hydrophile Moleküle und Ionen bestimmter Größe und Art die hydrophobe Lipiddoppelschicht passieren. Diese **tunnelvermittelte Diffusion** erfolgt häufig erst auf ein bestimmtes Signal hin. Durch Stoffe wie Hormone oder auch auf elektrischem Wege kann der Öffnungsgrad gesteuert werden. Da die Diffusion entsprechend dem Konzentrationsgefälle ohne Energiezufuhr erfolgt, bezeichnet man diesen passiven Transport als **erleichterte Diffusion**.

Bei einer anderen Form der erleichterten Diffusion binden die Transportproteine kurzfristig den zu transportierenden Stoff, das Substrat. Solche Membranproteine heißen daher Trägerproteine oder **Carrier**. Sie besitzen für die Substrate bestimmte Bindungsstellen. Das zu transportierende Substrat „passt" dabei wie ein „Schlüssel" in das „Schloss". Kommt es zu einem Carrier-Substrat-Komplex, ändert der Carrier seine Konformation: Das Substrat wird durch die Membran geschleust und auf der anderen Seite freigesetzt. Es gibt auch Carrier, die Bindungsstellen für zwei verschiedene Substrate haben *(Cotransport)*. Erst wenn beide Bindungsstellen besetzt sind, verändert sich die Konformation des Carrierproteins. Dabei kann der Transport auch in entgegengesetzter Richtung erfolgen.

Manche Carrier können Substrate auch gegen ein Konzentrationsgefälle transportieren. Sie arbeiten wie Pumpen unter Energieaufwand und müssen deshalb immer an einen Energie liefernden Prozess wie die Spaltung der energiereichen Verbindung *ATP* (*Adenosin-Tri-Phosphat*) gekoppelt sein. Man bezeichnet diese Transportform als **aktiven Transport**.

Alle tierischen Zellen, vor allem aber Nervenzellen, zeigen an der Zellmembran außen und innen eine ungleiche Verteilung von Natrium- und Kaliumionen. Diese Ionengradienten werden durch ein aktives Transportsystem, die **Natrium-Kalium-Ionenpumpe**, aufrechterhalten. Sie pumpt pro zerlegtem ATP-Molekül drei Natriumionen aus der Zelle hinaus und zwei Kaliumionen in die Zelle hinein. Dabei wird die Phosphatgruppe des ATP-Moleküls an den Carrier gebunden. Durch diese *Phosphory-*

24.1 Stofftransport. A tunnelvermittelte Diffusion;
B carriervermittelte Diffusion;
C aktiver Transport;
D Natrium-Kalium-Ionenpumpe

lierung wird die Konformation des Transportproteins verändert, wodurch die Natriumionen nach außen befördert und Kaliumionen gebunden werden. Durch die anschließende Dephosphorylierung werden die Kaliumionen transportiert. Die ursprüngliche Konformation wird wiederhergestellt.

Makromoleküle wie Proteine oder Polysaccharide gelangen in der Regel nicht über Transportproteine in die Zelle. Berührt beispielsweise die einzellige *Amöbe* mit ihrer Zellmembran ein Nahrungsteilchen, stülpt sich die Membran an dieser Stelle so weit ein, bis es „umflossen" ist. Dann schnürt sich dieses Vesikel (lat. *vesica*, Blase), das *Endosom* (griech. *endon*, innen; *soma*, Körper), mit dem Substrat ab. Die Aufnahme von Stoffen über Endosomen heißt **Endocytose** (griech. *kytos*, Zelle). Die Endocytose von festen Partikeln bezeichnet man als *Phagocytose*, die von Flüssigkeitstropfen als *Pinocytose*. Das Endosom wird in das Zellinnere transportiert. Hier fusioniert es mit einem *primären Lysosom*, das aus GOLGI-Vesikeln gebildet wurde und Verdauungsenzyme enthält. In diesem *sekundären Lysosom* werden die Partikel verdaut und die nicht verwertbaren Stoffe ausgeschieden: Das sekundäre Lysosom verschmilzt mit der Zellmembran, sodass eine Öffnung entsteht. Der Inhalt wird nach außen abgegeben. Diese Abgabe von Stoffen aus der Zelle heißt **Exocytose** (griech. *exo*, außerhalb). Das Ineinanderübergehen von Membranen nennt man **Membranfluss**.

Auch bei der Endocytose kennt man Vorgänge, die eine selektive Aufnahme von Makromolekülen aus der Zellumgebung erlauben. Ein Beispiel ist die Aufnahme von Cholesterin als Material für Biomembranen oder als Synthesevorstufe für Hormone: Die Zelle bildet Rezeptorproteine und baut diese an bestimmten Stellen in der Zellmembran ein. In der Regel liegen sie gehäuft in *coated pits* (engl. *coat*, überziehen; *pit*, Grube), die auf der Cytoplasmaseite mit einer Proteinschicht bedeckt sind („Stachelsaum"). An diese Rezeptoren bindet Cholesterin. Sind die Rezeptoren besetzt, stülpt sich die Membran ein: Es entstehen mit Proteinschicht ummantelte Vesikel, die *coated vesicles*. Mithilfe dieser **rezeptorvermittelten Endocytose** gelangt viel gebundenes Cholesterin aus dem Blut in die Zelle. Auf diese Weise kann die Zelle ganz bestimmte Stoffe in großen Mengen aufnehmen, auch wenn diese Stoffe im umgebenden Milieu nicht in besonders hoher Konzentration vorliegen.

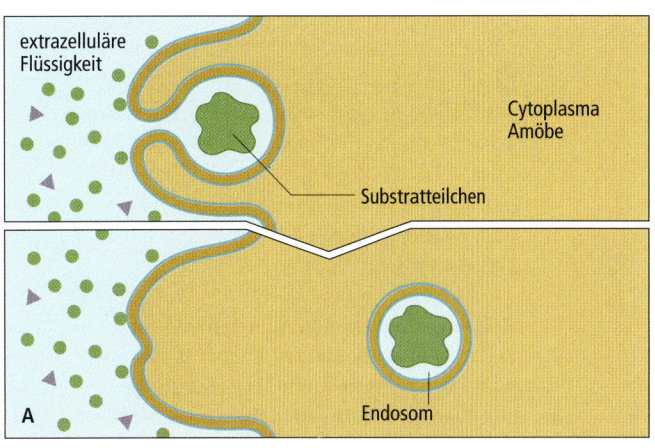

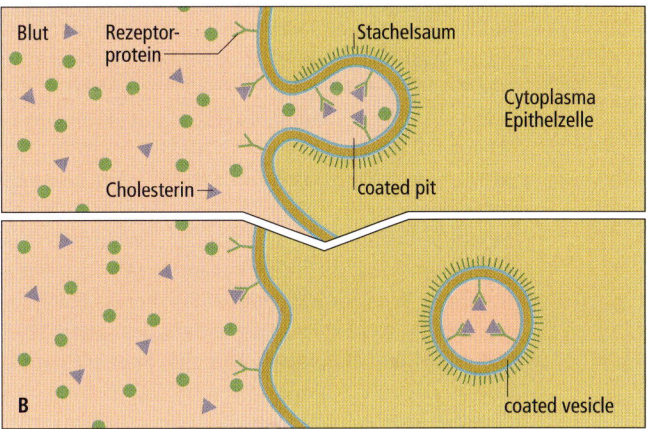

25.1 Endocytose. A Phagocytose; **B** rezeptorvermittelte Endocytose

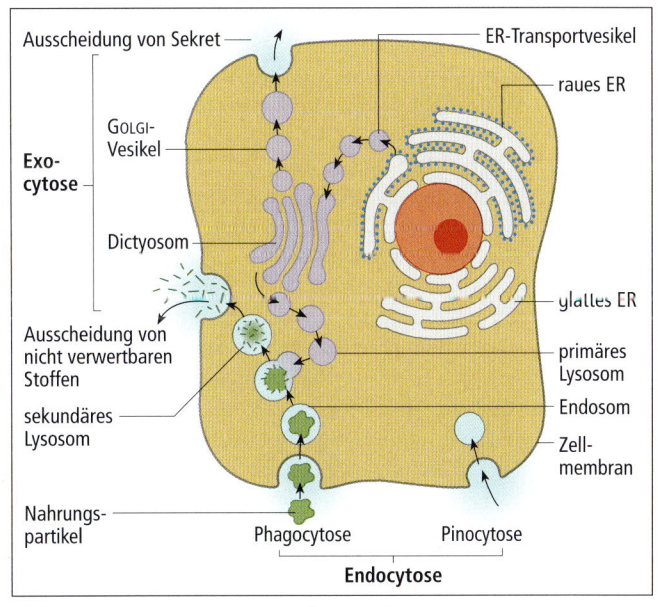

25.2 Endocytose und Exocytose (Übersicht)

1. Begründen Sie die Funktion der Rezeptorproteine bei der rezeptorvermittelten Endocytose! Wenden Sie das maßgebliche Basiskonzept an!

2. Skizzieren Sie in Anlehnung zur Abbildung 24.1 Schemata für einen gleich- und einen entgegengesetzt gerichteten Cotransport!

3.5 Bau und Funktion von Zellorganellen

Die Zelltheorie von Theodor SCHWANN und Matthias SCHLEIDEN (1839) besagt, dass alle Pflanzen und Tiere aus Zellen bestehen. In der weiteren Entwicklung der Zellbiologie führten chemische und physikalische Verfahren zur weiteren Aufklärung über den Bau von Zellen sowie die Funktion ihrer Zellbestandteile.

Zellwand. Zellwände sind typisch für pflanzliche Zellen. Bei jeder Zellteilung wird als erste Trennwand der entstehenden Tochterzellen eine Schicht aus langkettigen Kohlenhydratmolekülen, den *Pektinen*, angelegt: Diese *Mittellamelle* hält beide Zellen zusammen. Jede Tochterzelle beginnt nun, neues Wandmaterial aufzulagern. Die Auflagerung bildet die *Primärwand*. Sie enthält *Mikrofibrillen*, die regellos in einer Grundsubstanz aus Pektinen verstreut sind (*Streuungstextur*). Die Mikrofibrillen bestehen aus dem Polysaccharid *Cellulose*. Die fadenförmigen Cellulosemoleküle lagern sich zu *Mikrofibrillenbündeln* zusammen. Während des Wachstums der Tochterzellen muss sich auch die elastische Primärwand dehnen. Bei diesem Flächenwachstum werden ständig neue Schichten von Mikrofibrillen angelagert, die die *Sekundärwand* bilden. Da die Mikrofibrillen meist parallel angeordnet sind, spricht man von einer *Paralleltextur*. Während des Dickenwachstums können verschiedene Stoffe wie der Holzstoff *Lignin* oder der Korkstoff *Suberin* in die Sekundärwand eingelagert werden. Verholzte Zellwände halten hohen Druck- und Zugbelastungen stand. Die Sekundärwand wird zum Zellinneren hin meist durch eine dünne Schicht, die *Tertiärwand*, abgeschlossen.

Zellverbindungen. Die Zellwände sind an verschiedenen Stellen durch zylinderförmige Kanäle (Durchmesser 20 bis 40 Nanometer) unterbrochen. Durch diese **Plasmodesmen** (griech. *desmos*, Band) führen Membranstrukturen, die mit ER-Zisternen der Nachbarzellen verbunden sind. Plasmodesmen dienen dem gegenseitigen Stoffaustausch.

Auch tierische Gewebe enthalten Zellverbindungen, über die Stoffe ausgetauscht und auch chemische Signale weitergegeben werden. Solche Kommunikations-Kontaktstellen oder **gap junctions** (engl. *gap*, Lücke; *junction*, Verbindung) sind Bereiche, in denen die Zellmembranen zweier benachbarter Zellen durch eine einheitliche, etwa zwei bis vier Nanometer breite Lücke getrennt werden. Sie wird durch Poren bildende Proteinmoleküle überspannt. Durch diese Poren können Stoffe von einer in die andere Zelle gelangen.

Es gibt aber auch Verbindungen zwischen tierischen Zellen, die nicht dem Stoffaustausch dienen. Die Zellen eines Gewebes werden durch Haftpunkte oder **Desmosomen** mechanisch zusammengehalten. Ein Desmosom besteht aus proteinhaltigen Haftplatten (Plaques), an denen sich auf der Cytoplasmaseite Bündel von Filamenten anheften. Die Haftplatten benachbarter Zellen werden über Proteine durch die beiden Zellmembranen hindurch miteinander verbunden. Desmosomen sorgen für eine hohe mechanische Festigkeit tierischer Gewebe.

Eine weitere Verbindung sind die **tight junctions** (engl. *tight*, dicht), die man vor allem in Epithelien findet. Dabei werden zwei benachbarte Zellmembranen nicht nur durch Proteine zusammengehalten, sondern sie sorgen gleichzeitig für die Abdichtung der Zellen untereinander.

Cytoskelett. Das Cytoplasma ist von einem komplexen Geflecht aus verschiedenen Proteinstrukturen, den **Proteinfilamenten**, durchzogen. Sie bilden in ihrer Gesamtheit das Cytoskelett. Im Gegensatz zum Skelett aus Knochen ist das Cytoskelett jedoch eine sich ständig verändernde Struktur. Es sorgt für die mechanische Festigkeit der Zelle und ist verantwortlich für Bewegungsvorgänge wie Plasmaströmungen, Muskelkontraktionen oder Formveränderungen. Proteinfilamente können faden- oder röhrenförmig sein. Die röhrenförmigen, lang gestreckten **Mikrotubuli** (Durchmesser etwa 25 Nanometer) bestehen aus schraubig angeordneten Proteinpartikeln. Sie dienen der Versteifung von Plasmabereichen innerhalb von Zellen. Auch **Centriolen** setzen sich aus Mikrotubuli zusammen und sind in den Zellen der meisten Tiere sowie einiger Pflanzen zu finden. Sie spielen bei der Zellteilung eine Rolle.

Zellkern. Der häufig kugelförmige Zellkern oder *Nucleus* ist der größte Zellbestandteil in einer Zelle. Im EM-Bild erkennt man, dass die begrenzende *Kernhülle* ein flacher, membranumgrenzter Hohlraum ist. Sie ist von zahlreichen *Kernporen* unterbrochen. Durch diese Kernporen können Makromoleküle zwischen dem Cytoplasma und dem Inneren des Zellkerns, dem *Karyoplasma*, ausgetauscht werden. Das Karyoplasma enthält Proteine sowie die Kern- oder Nucleinsäuren RNA (Ribonucleinsäure) und DNA (Desoxyribonucleinsäure). Mithilfe der DNA steuert der Zellkern alle Lebensvorgänge innerhalb der Zelle. Die DNA-Bereiche lassen sich anfärben und sind dann bereits lichtoptisch als *Chromatin* zu erkennen. Besonders stark anfärbbare Einschlüsse des Karyoplasmas sind die Kernkörperchen (*Nucleoli*). Sie besitzen einen hohen RNA-Gehalt und sind an der Bildung der cytoplasmatischen Ribosomen beteiligt.

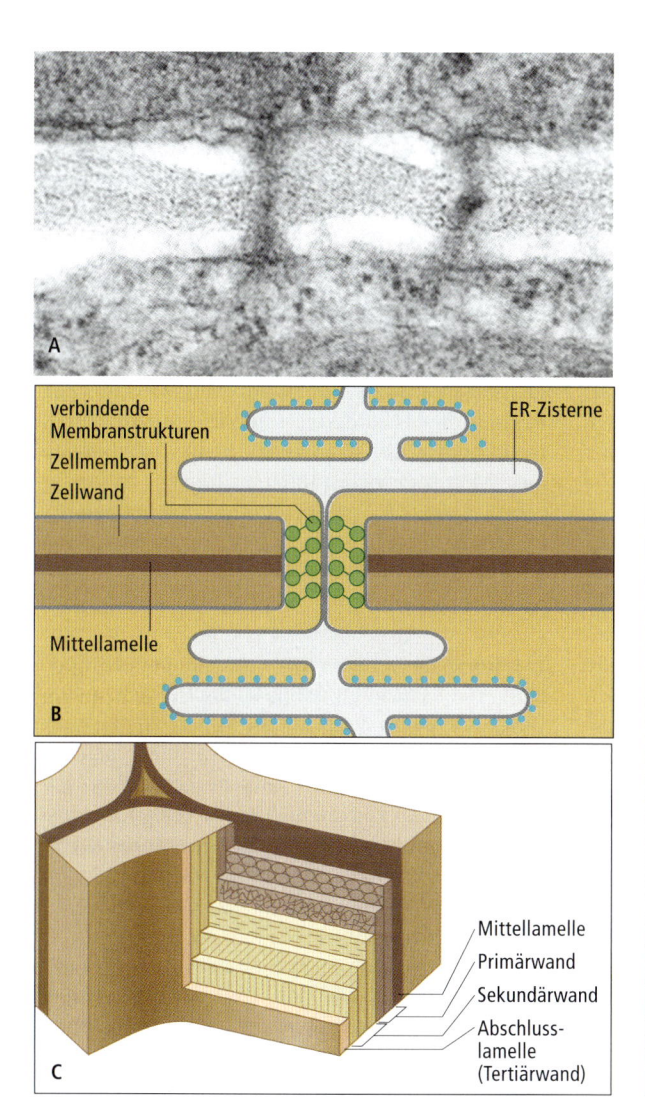

27.1 Zellwand und Zellverbindung bei pflanzlichen Zellen.
A EM-Bild; B Schema mit Plasmodesmos; C Schichtenbau (Schema)

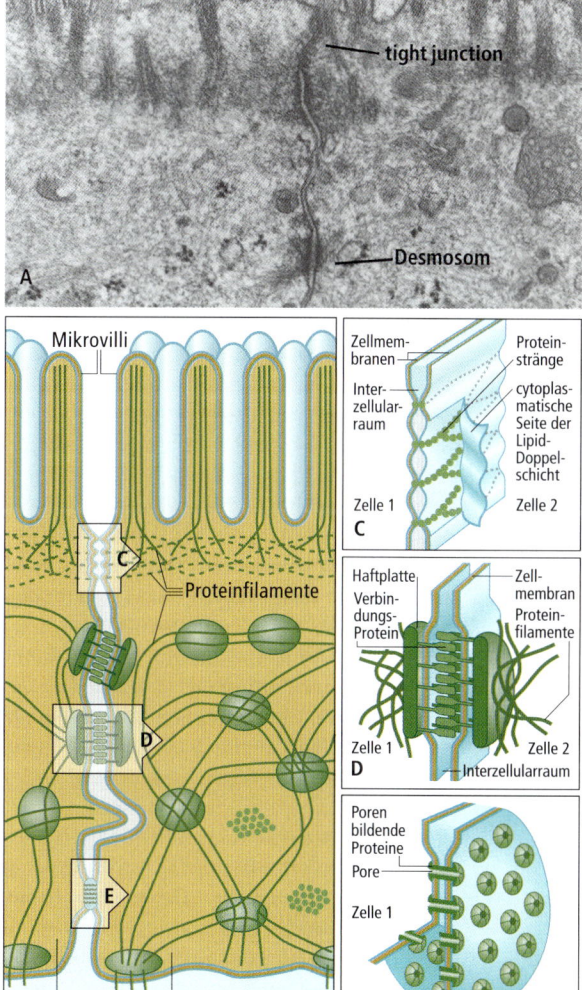

27.2 Zellverbindungen zwischen tierischen Zellen.
A Zellkontakte zwischen Epithelzellen des Dünndarms (EM-Bild);
B Schema zu A; C tight junction (Schema); D Desmosom (Schema);
E gap junction (Schema)

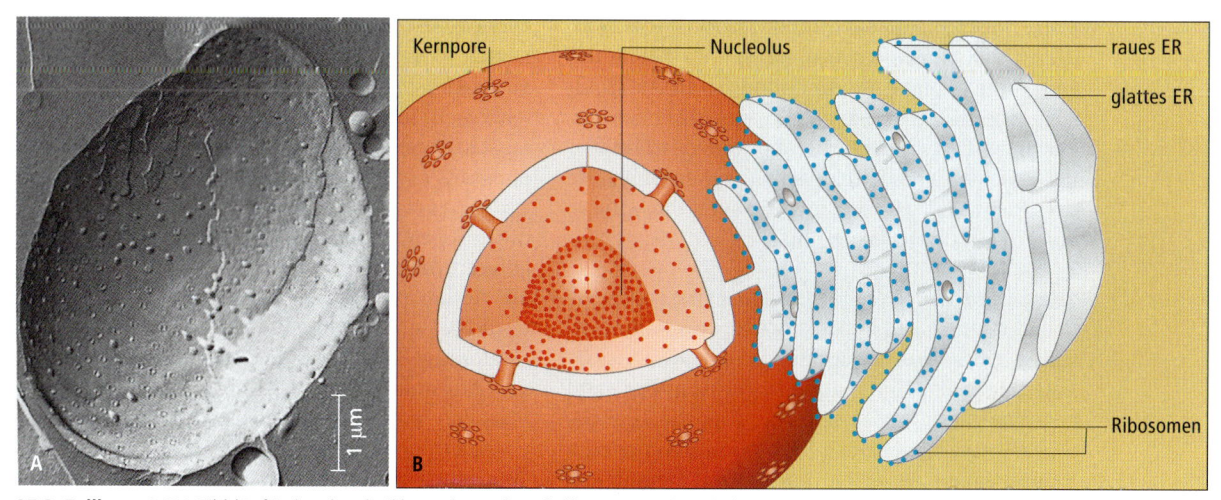

27.3 Zellkern. A EM-Bild (Gefrierbruchtechnik); B Schema (Kernhülle mit ER verbunden)

Strukturelle und energetische Grundlagen des Lebens

Endoplasmatisches Retikulum (ER). Das ER ist ein flaches, röhren- und bläschenförmiges Membransystem, das die gesamte Zelle durchzieht. Es steht zum Beispiel mit der Kernhülle in Verbindung. Die untereinander verbundenen, membranumgrenzten Hohlräume heißen *Zisternen*. Das ER tritt in zwei Formen auf: Das *raue ER* trägt auf seinen Membranflächen Ribosomen, das *glatte ER* ist ribosomenfrei. Bei den **Ribosomen** handelt es sich um etwa 25 Nanometer große kugelige Partikel. Sie bestehen aus Ribonucleinsäuren (40%) und Proteinen (60%) und sind Orte der Proteinbiosynthese. Die gebildeten Proteinmoleküle gelangen in die Zisternen und können nun wie in einem „Kanalsystem" ungehindert transportiert werden.

Vakuolen. In Pflanzenzellen kommt es im Verlaufe des Zellwachstums zum Zusammenfließen von Vesikeln. Es entstehen große, mit Flüssigkeit gefüllte Hohlräume, die Vakuolen (lat. *vacuus*, hohl). *Zentralvakuolen* füllen nahezu das gesamte Zellinnere aus. Sie sorgen für den Innendruck der Zelle, den Turgor. In Kronblattzellen von Blüten können die Zentralvakuolen Farbstoffe enthalten. In besonderen Vakuolen von Speichergewebszellen der Wurzeln oder Keimblätter können Eiweißstoffe als *Reservestoffe* gelagert werden.

Peroxisomen. In pflanzlichen und tierischen Zellen kommen Vesikel mit einem Durchmesser von 200 bis 500 Nanometern vor. Diese **Peroxisomen** enthalten verschiedene *Enzyme* wie zum Beispiel Katalase, mit dem sie das Zellgift Wasserstoffperoxid zerlegen.

Dictyosomen. Jede Zelle enthält kleine Stapel von Membranzisternen (Höhe 0,1 bis 0,5 Mikrometer, Durchmesser 1 bis 3 Mikrometer). Einen einzelnen Membranstapel bezeichnet man als Dictyosom (griech. *dictyon*, Netz), während die Gesamtheit aller Dictyosomen einer Zelle nach ihrem Entdecker den **GOLGI-Apparat** bildet. Am Rande des Dictyosoms kommt es zur Bildung und Abschnürung von *GOLGI-Vesikeln*. Die wesentlichen Aufgaben der Dictyosomen sind die Anreicherung und der Transport von verschiedenen Sekretstoffen wie in Drüsenzellen. Darüber hinaus sind sie am Aufbau von Zellwandmaterial beteiligt.

Mitochondrien. Mitochondrien sind lang gestreckte Zellbestandteile im Größenbereich von Bakterienzellen. Jedes Mitochondrium wird von zwei Membranen begrenzt. Durch diese *Doppelmembran* wird gegenüber dem Cytoplasma eine doppelte Kompartimentierung geschaffen: das nicht-plasmatische Kompartiment zwischen den beiden Membranen *(perimitochondrialer Raum)* und das plasmatische Kompartiment innerhalb der inneren Membran, die *Matrix*. Die innere Membran bildet Einstülpungen in die Matrix. Diese *Cristae* können flächig, röhrenförmig oder unregelmäßig ausgebildet sein.

Jede Zelle benötigt zur Aufrechterhaltung ihres Stoffwechsels Energie. Diese Energie, die aus der Zellatmung freigesetzt wird, wird in Form von Adenosintriphosphat (ATP) gespeichert. Die innere Mitochondrienmembran enthält auf der der Matrix zugewandten Fläche gestielte Partikel mit einem Durchmesser von etwa zehn Nanometern. An diesen Elementarpartikeln findet im Verlaufe der Zellatmung die *ATP-Bildung* statt. Die Mitochondrien werden daher als „Kraftwerke" in der Zelle bezeichnet. Mikroskopische Untersuchungen haben ergeben, dass sich Mitochondrien durch Teilung vermehren. Sie enthalten in ihrer Matrix neben Proteinen, Lipiden und Ribosomen auch eigene, ringförmige DNA.

Plastiden. In pflanzlichen Embryonalzellen findet man einen weiteren Zellbestandteil, der von einer Doppelmembran begrenzt ist, die *Proplastiden*. Sie können sich zu verschiedenen Plastidentypen entwickeln. So finden sich farblose *Leukoplasten* in unterirdischen Pflanzenteilen. Sie haben oft Speicherfunktion. Je nach Art des Speicherstoffes spricht man von *Amyloplasten* (Stärkespeicherung), *Proteinoplasten* (Proteinspeicherung) und *Elaioplasten* (Lipidspeicherung).

Bei der Entwicklung von Blattzellen wandeln sich die Proplastiden zu grünen, linsenförmigen *Chloroplasten* um. Durch Einwirkung von Licht kommt es dabei zu Einstülpungen der inneren Membran. Diese ins Innere, das *Stroma*, reichenden, flachen Membranzisternen heißen *Thylakoide*. An verschiedenen Stellen falten sie sich mehrfach und werden übereinandergeschichtet. Solche geldrollenartig dicht gestapelten Thylakoidbereiche nennt man *Grana*.

Biochemische Analysen ergaben, dass sich etwa ein Viertel der Thylakoidmembranlipide aus den Farbstoffen *Chlorophyll* und *Carotin* zusammensetzt. Diese Farbstoffe absorbieren Licht bestimmter Wellenlängen. In den Thylakoidmembranen läuft dann mit Lichtenergie die *Fotosynthese* ab. Dabei werden einerseits organische Stoffe aus anorganischen aufgebaut, andererseits wird Sauerstoff produziert. Die organischen Stoffe können als *Stärke* im Stroma gelagert werden. Diese Stärke in Chloroplasten wird als Assimilationsstärke bezeichnet. Neben Lipidtröpfchen und Ribosomen liegt im Stroma auch ringförmige DNA. Plastiden können sich daher wie die Mitochondrien durch Teilung vermehren.

Plastiden sind unter bestimmten Bedingungen ineinander umwandelbar. Beim Reifeprozess der Tomaten werden die Chloroplasten zu gelb-rot gefärbten *Chromoplasten* umgewandelt.

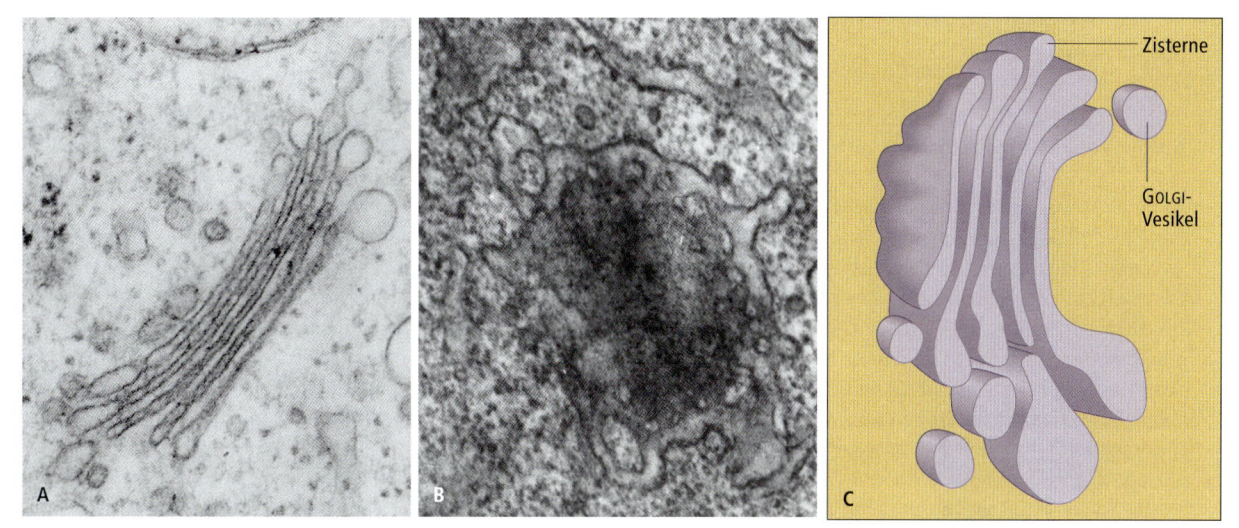

29.1 Dictyosom. A EM-Bild (Querschnitt); B EM-Bild (Flachschnitt); C Schema (räumlich)

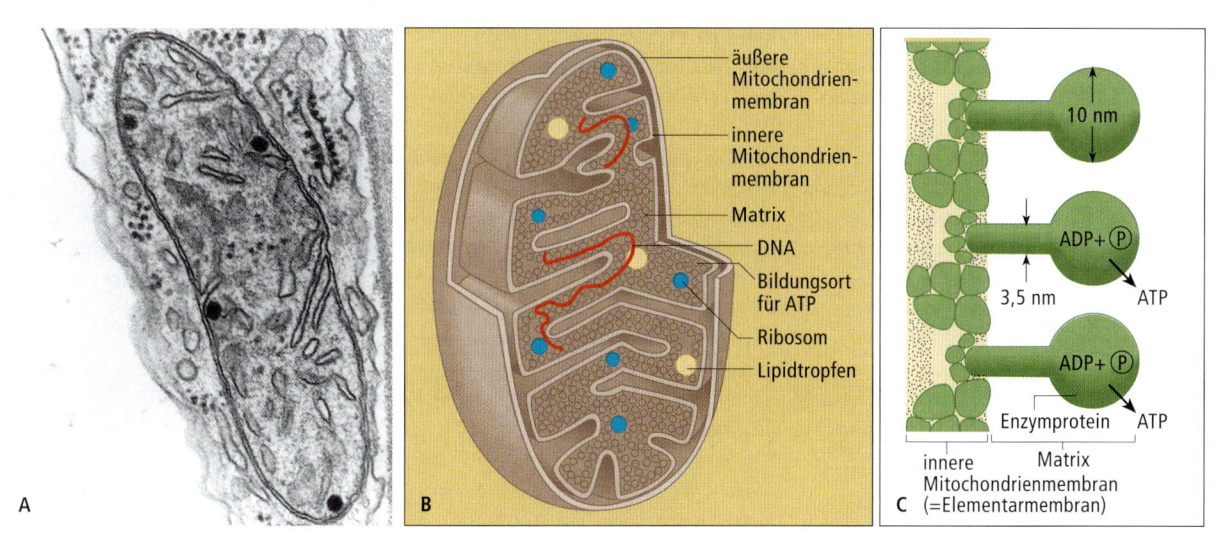

29.2 Mitochondrium. A EM-Bild; B Schema (räumlich); C Bildungsort von ATP

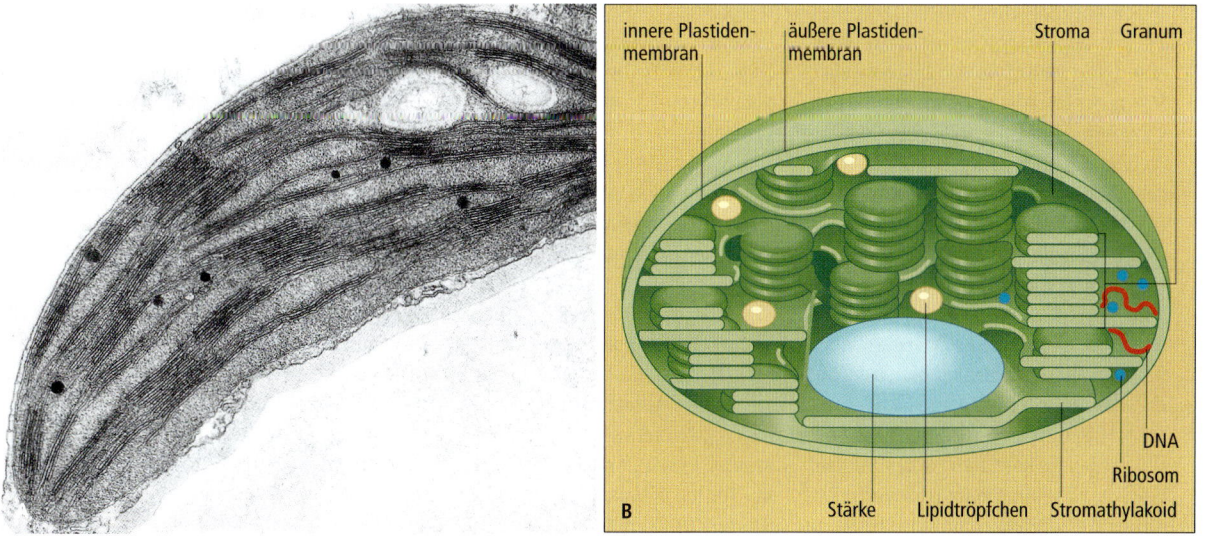

29.3 Chloroplast. A EM-Bild; B Schema (räumlich)

Strukturelle und energetische Grundlagen des Lebens

PRAKTIKUM: Untersuchungen zur Zellbiologie

1 Mikroskopie von Leberzellen

Material: Mikroskop und Zubehör; Becherglas (50 ml); Pipette; Messzylinder; Saccharose-(Rohrzucker-)Lösung (8%ig); kleines Stück frische Rinderleber; Zeichenmaterial

Durchführung: Geben Sie in das Becherglas mit etwa 5 ml Rohrzuckerlösung ein kleines Stück frische Rinderleber! Zerschneiden Sie das Leberstück mit einer spitzen Schere im Becherglas so lange, bis eine braunrote Suspension entsteht! Geben Sie einen Tropfen dieser Suspension auf einen Objektträger und legen Sie ein Deckglas auf!

Aufgaben:
a) Mikroskopieren Sie das Frischpräparat bei etwa 400-facher Vergrößerung! Zeichnen Sie mehrere Zellen und beschriften Sie Ihre Darstellung!
b) Leberzellen speichern tierische Stärke, das Glykogen, in Form intrazellulärer Granula. Vergleichen Sie den chemischen Aufbau von Glykogen und Stärke!

2 Mikroskopie von Epidermiszellen

Material: Mikroskop und Zubehör; Messer; Rasierklinge; Pipette; Zeichenmaterial; Wasser; Rote Küchenzwiebel

Durchführung: Schneiden Sie die Küchenzwiebel längs durch! Schneiden Sie dann eine Hälfte in zwei Viertel! Lösen Sie ein Schuppenblatt heraus! Schneiden Sie vorsichtig (!) mit der Rasierklinge in die rot gefärbte, nach außen gewölbte Haut ein Muster von vier kleinen Quadraten (Kantenlänge etwa 3 mm)!
Geben Sie in die Mitte eines Objektträgers einen Tropfen Wasser! Lösen Sie dann mit einer spitzen Pinzette vorsichtig ein quadratisches Stückchen der rot gefärbten Zwiebelhaut so ab, dass möglichst wenig darunterliegendes Blattmaterial mitgerissen wird!
Übertragen Sie das Objekt in den Tropfen Wasser und setzen Sie ein Deckglas seitlich an den Wassertropfen und legen Sie es vorsichtig auf!

Aufgaben:
a) Mikroskopieren Sie das Frischpräparat bei etwa 200-facher Vergrößerung! Fertigen Sie eine Zeichnung an und beschriften Sie sie!
b) Ordnen Sie das „Zwiebelhäutchen", das Schuppenblatt sowie die Zwiebel den jeweiligen Organisationsebenen zu! Erläutern Sie Ihre Zuordnung!

3 Plasmolyse bei der Küchenzwiebel

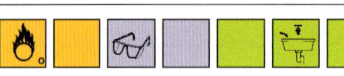

Material: Mikroskop und Zubehör; Messzylinder; Filtrierpapierstreifen; destilliertes Wasser; Kaliumnitrat-Lösung (1 mol/l: 10,1 g Kaliumnitrat (O) mit destilliertem Wasser auf 100 ml auffüllen); Frischpräparat der rot gefärbten Zwiebelhaut aus Versuch 2

Durchführung: Mikroskopieren Sie das Frischpräparat aus Versuch 2 und zeichnen Sie eine Zelle! Setzen Sie an den Rand des Deckgläschens einen Tropfen der Kaliumnitrat-Lösung (1 mol/l) und saugen Sie ihn mithilfe eines Filtrierpapierstreifens unter das Deckgläschen!
Beobachten Sie die Veränderungen in den Zellen und zeichnen Sie eine Zelle! Saugen Sie nach dem Zeichnen einen Tropfen destillierten Wassers durch das Präparat!

Aufgabe:
Erläutern Sie die Veränderungen in der Zelle nach dem Durchsaugen der Kaliumnitrat-Lösung und des destillierten Wassers!

4 Grenzplasmolyse in den Zellen der Küchenzwiebel

Material: Mikroskop und Zubehör; 9 Blockschälchen mit Deckel (Kunststoff-Petrischalen); Filzstift; Messzylinder; destilliertes Wasser; Saccharose-Lösungen (die in Klammern angegebenen Zuckermengen jeweils mit destilliertem Wasser auf 100 ml auffüllen):
0,1 mol/l [3,42 g], 0,2 mol/l [6,84 g], 0,3 mol/l [10,26 g], 0,35 mol/l [11,97 g], 0,4 mol/l [13,69 g], 0,5 mol/l [17,10 g], 0,6 mol/l [20,52 g], 0,8 mol/l [27,36 g], 1,0 mol/l [34,22 g];
Messer; Rasierklinge; Rote Küchenzwiebel

Durchführung: Geben Sie in die Blockschälchen die unterschiedlich konzentrierten Zuckerlösungen und markieren Sie mit dem Filzstift auf jedem Schälchen die jeweilige Konzentration! Isolieren Sie ein Viertel eines Schuppenblattes und schneiden Sie ein Muster von zehn kleinen Quadraten (Kantenlänge etwa 3 mm) in die rot gefärbte Außenhaut! Legen Sie jeweils ein quadratisches Stück in jedes Schälchen und verschließen Sie sie mit den Glasdeckeln! Belassen Sie die Zwiebelhautstücke etwa zehn Minuten lang in den jeweiligen Lösungen! Fertigen Sie dann Frischpräparate an und mikroskopieren Sie!

Aufgaben:
a) Protokollieren Sie den Versuchsablauf! Werten Sie die Versuchsdaten aus und interpretieren Sie das Versuchsergebnis!
b) Diskutieren Sie das Phänomen Grenzplasmolyse!

5 Stofftransport in Vakuolen

Sachinformation: Mit dem Farbstoff Neutralrot (NR) kann man Vakuolen in lebenden Zellen anfärben (= Vitalfärbung). In saurer Lösung kommt es zur Addition von H^+-Ionen an die lipophilen NR-Moleküle und damit zur Bildung von großen NRH^+-Ionen. Eine saure NR-Lösung ist kirschrot gefärbt, eine neutrale dagegen gelb-braunrot.

Material: Mikroskop und Zubehör; Messer; Rasierklinge; Pinzette; Pipette; Neutralrot-Lösung (0,1 g Neutralrot in 100 ml Leitungswasser lösen); Küchenzwiebel

Durchführung: Isolieren Sie ein Viertel eines Zwiebelschuppenblattes (siehe Versuch 2)! Schneiden Sie ein Muster von etwa vier kleinen Quadraten (Kantenlänge etwa 5 mm) in die nach innen gewölbte, matt aussehende, leicht ablösbare Haut des Blattes (obere Epidermis)! Lösen Sie dann mit einer spitzen Pinzette vorsichtig

Strukturelle und energetische Grundlagen des Lebens

zwei quadratische Stückchen des Zwiebelhäutchens ab! Legen Sie eines für etwa 15 Minuten in einen Tropfen neutraler Neutralrot-Lösung! Stellen Sie vom anderen ein Frischpräparat her (siehe Versuch 2) und mikroskopieren Sie bei etwa 200-facher Vergrößerung! Übertragen Sie dann das Objekt aus der Neutralrot-Lösung auf einen Objektträger in einen Tropfen Wasser und setzen Sie ein Deckglas seitlich an und legen Sie es vorsichtig auf! Mikroskopieren Sie bei etwa 200-facher Vergrößerung!

Aufgaben:
a) Vergleichen Sie die Zwiebelhautzellen ohne und mit Färbung durch Neutralrot-Lösung! Erläutern Sie Ihre Beobachtung der Vakuolenfärbung!
b) Der Farbstoff kann aus den Vakuolen nicht austreten („Ionenfalle"). Erläutern Sie diese Erscheinung!
c) Erörtern Sie mögliche Experimente, die Ihre Erläuterung bestätigen!

6 Modellversuch zur Schrägbedampfung bei der Gefrierbruchtechnik

Material: Farbsprühflasche; Zeitungspapier; Transparentfolie; Klebeband (beidseitig klebend); Petrischale mit Deckel (Kunststoff); Glasröhrchen; Arbeitsprojektor (Overhead-Projektor)

Durchführung: Kleben Sie auf eine Transparentfolie ein Glasröhrchen und die Hälften einer Petrischale, die einmal nach oben und einmal nach unten hin offen liegen! Legen Sie die Folie auf einen mit Zeitungspapier abgedeckten Tisch!
Sprühen Sie Farbe aus einer Sprühflasche in einem Winkel von 20° bis 30° und aus etwa 50 cm Entfernung gleichmäßig auf die Folie! Legen Sie die getrocknete Folie auf die Nutzfläche eines Arbeitsprojektors!

Aufgabe:
Betrachten Sie das Projektionsbild und vergleichen Sie es mit der Abbildung 13.1D!

7 Speicherung von Stärke

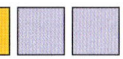

Material: Mikroskop und Zubehör; Zeichenmaterial; Pipette; Filtrierpapierstreifen; Iod-Kaliumiodid-Lösung (3%ig); Kartoffelknolle

Durchführung: Schneiden Sie eine Kartoffel in zwei Hälften! Schaben Sie mit dem Messer über eine Schnittfläche! Fertigen Sie von dem abgeschabten Kartoffelteilchen ein Frischpräparat an! Mikroskopieren Sie bei etwa 400-facher Vergrößerung! Setzen Sie an den Rand des Deckgläschens einen Tropfen der Iod-Kaliumiodid-Lösung und saugen Sie ihn mithilfe eines Filtrierpapierstreifens unter das Deckgläschen! Mikroskopieren Sie erneut!

Aufgabe:
Beschreiben Sie den Aufbau eines Stärkekorns! Erläutern Sie die Beobachtung nach Behandlung des Objekts mit Iod-Lösung!

8 Membranzusammensetzung

Material: Messer; 4 Bechergläser (100 ml); 3 Reagenzgläser mit passenden Stopfen; Bunsenbrenner; Dreifuß mit Drahtnetz; Wasser; Seifenlösung; Essigsäure (4%ig); Öl (z. B. Olivenöl); Hühnereiklar; Rote Rübe oder Blätter von Rotkohl

Durchführung: Rote Rübe oder Rotkohlblätter besitzen Zellen mit Zentralvakuolen, die Farbstoffe enthalten. Schneiden Sie die Pflanzenteile in etwa gleich große Streifen und wässern Sie sie so gründlich, bis kein Farbstoff mehr aus den Wundflächen austritt! Verteilen Sie die Streifen dann auf vier Bechergläser! Geben Sie in ein Becherglas kaltes, in das zweite kochendes Wasser, in das dritte Seifenlösung (schütteln Sie kräftig um!) und in das vierte Essigsäure! In das erste Reagenzglas geben Sie etwas Öl und Wasser, in das zweite Öl und Seifenlösung, verschließen Sie die Gläser und schütteln Sie kräftig um! In das dritte Reagenzglas gießen Sie zu etwas Eiklar Essigsäure!

Aufgabe:
Erläutern Sie die Beobachtungen zu den einzelnen Experimenten!

9 Modellversuch zu Membranlipiden

Material: Reagenzglas (verschlossen) mit einer Lösung von Stearinsäure in Benzin (0,6 g/l, F, Xn, N); Bärlappsporen im Pfefferstreuer (alternativ Schwefelpulver); runde Kunststoffschüssel (etwa 40 cm Durchmesser); Messpipette (1 ml); Lineal

Durchführung: Füllen Sie die Schüssel zur Hälfte mit Wasser! Vermeiden Sie Erschütterungen des Arbeitsplatzes sowie Luftzug! Streuen Sie gleichmäßig und möglichst dünn Bärlappsporen (Schwefelpulver) auf die Wasseroberfläche! Bestimmen Sie nun das Volumen eines Stearinsäure-Benzin-Tropfens, indem Sie 1 ml der Lösung tropfenweise auslaufen lassen und die Anzahl der Tropfen zählen!
Lassen Sie dann aus etwa 1 cm Höhe einen Tropfen des Stearinsäure-Benzin-Gemisches auf die Mitte der Wasseroberfläche fallen! Verschließen Sie danach sofort das Reagenzglas! Das Gemisch breitet sich kreisförmig aus, wobei das Benzin verdunstet. Wenn die Ausbreitung des Stearinsäurefilms abgeschlossen ist, messen Sie den Durchmesser des kreisförmigen Fettsäure-Films!

Aufgaben:
a) Berechnen Sie die Schichtdicke des Stearinsäure-Films! (Dichte$_{Stearinsäure}$ 0,94 mg/mm^3; Zylindervolumen-Formel $V_Z = \pi \cdot r^2 \cdot h$)
b) Auf ähnliche Weise ermittelten GORTER und GRENDEL 1925 die Dicke der Zellmembran von menschlichen Erythrocyten. Sie gingen von folgenden Ergebnissen aus: 1) 1 mm^3 menschliches Blut enthält $5,2 \cdot 10^6$ Erythrocyten. 2) Die Oberfläche eines Erythrocyten beträgt 145 µm^2. 3) Der Anteil der Membranlipide von Erythrocyten in 1 mm^3 Blut beträgt 0,007 mm^3. 4) Der Membranlipidanteil ergibt auf der Wasseroberfläche eine Kreisfläche mit einem durchschnittlichen Durchmesser von 4,4 cm. Berechnen Sie die Dicke der Schicht der Membranlipide! Vergleichen Sie die Fläche der Lipidschicht mit der Oberfläche der zugrunde liegenden Erythrocyten!

BASISKONZEPTE werden vernetzt: Grundlagen des Lebens – die Zelle

Durch die Verbesserung des Auflösungsvermögens von Lichtmikroskopen und die Entdeckung des Elektronenmikroskops wurden immer präzisere Aussagen über den Bau von Zellen möglich. Als besonders bedeutsam erwies sich die Aufklärung der Biomembranen. Diese Kenntnisse ermöglichten die Erforschung von **Struktur und Funktion** von Zellbestandteilen wie zum Beispiel von Zellkern oder Mitochondrien.

Die Gestalt der Zellen sowie ihre biochemische Ausstattung ist ihrer spezifischen Funktion angepasst. Beispielsweise ermöglicht der Bau von Nervenzellen die neuronale Verschaltung. Über die vielfach verzweigten Dendriten können Signale von vorgeschalteten Sinneszellen oder Nervenzellen aufgenommen werden. Dies ist eine Grundlage von **Information und Kommunikation**. Die Weiterleitung der Signale beruht auf elektrischen Vorgängen an den Zellmembranen. Hier findet **Stoff- und Energieumwandlung** statt.

Bei Prokaryoten und Eukaryoten stimmen die Enzyme für einen Teil des Zuckerabbaus, aber auch für viele weitere Stoffwechselprozesse überein. Untersuchungen haben ergeben, dass erste Prokaryoten auf der Erde vor etwa 3,5 Milliarden Jahren entstanden sind. Die **Entwicklung** der Eukaryoten erfolgte etwa zwei Milliarden Jahre später.

Neben dem Stoffaustausch zwischen der Zelle und ihrer Umgebung steuert die Zellmembran auch den Kontakt mit den Nachbarzellen in einem Lebewesen. Die extrazelluläre Oberfläche des Plasmalemmas ist mit Glykolipiden und Glykoproteiden besetzt. Diese Stoffe vermitteln die **Information und Kommunikation** der Zellen untereinander, indem sie als Rezeptoren für Hormone oder Neurotransmitter dienen.

ER, Dictyosomen, Lysosomen, Peroxisomen und Vakuolen sind Zellbestandteile, die von einer einfachen Membran umgeben sind. Zellkern, Mitochondrien und Plastiden hingegen besitzen Doppelmembranen. In allen Reaktionsräumen der Zelle findet **Stoff- und Energieumwandlung** statt. So erfolgt in den Chloroplasten grüner pflanzlicher Zellen die Fotosynthese, also der Aufbau energiereicher organischer Stoffe wie Glucose und Stärke mithilfe der Lichtenergie. Die Mitochondrien sind die „Kraftwerke" der eukaryotischen Zelle. In ihnen findet die Zellatmung statt, bei der letztendlich Glucose durch molekularen Sauerstoff oxidiert wird. Das dabei produzierte ATP liefert die Energie zur Aufrechterhaltung der Lebensvorgänge in der Zelle.

Der größte Zellbestandteil in einer eukaryotischen Zelle ist der Zellkern. Er enthält DNA, über die alle Lebensvorgänge gesteuert werden. Der chemische Bau der DNA ist somit die Grundlage für **Information und Kommunikation** innerhalb und zwischen den Zellen. Durch Verdoppelung der DNA findet die **Reproduktion** der Erbinformationen statt.

Die DNA der Prokaryoten ist ein ringförmiges Nucleoid. Zusätzlich zu diesem Bakterienchromosom können im Plasma kleine DNA-Ringe vorliegen, die Plasmide. Bei Eukaryoten ist ein Zellkern zu finden. Die DNA ist hier von einer membranumgrenzten und mit Poren versehenen Kernhülle umgeben. Die DNA dient der **Steuerung und Regelung** aller Lebensvorgänge einer Zelle.

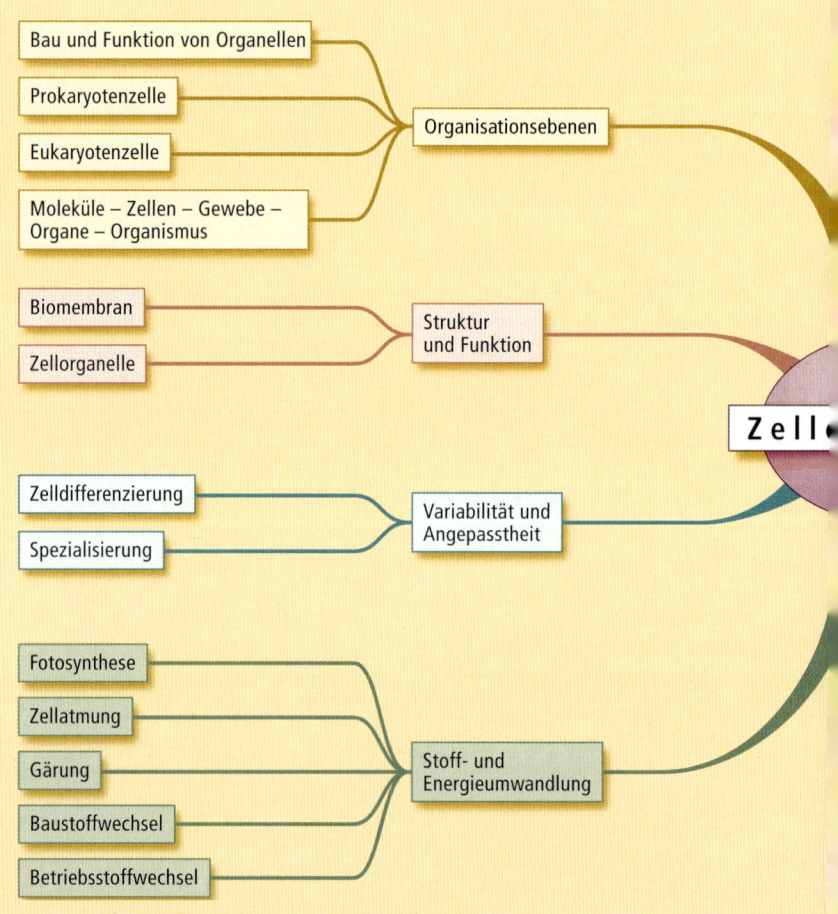

- Bau und Funktion von Organellen
- Prokaryotenzelle
- Eukaryotenzelle
- Moleküle – Zellen – Gewebe – Organe – Organismus

→ Organisationsebenen

- Biomembran
- Zellorganelle

→ Struktur und Funktion

- Zelldifferenzierung
- Spezialisierung

→ Variabilität und Angepasstheit

- Fotosynthese
- Zellatmung
- Gärung
- Baustoffwechsel
- Betriebsstoffwechsel

→ Stoff- und Energieumwandlung

→ Zelle

32.1 Basiskonzepte werden vernetzt: die Zelle

Die Lipiddoppelschicht der Zellmembran ist für die meisten Moleküle und Ionen undurchdringlich. Den kontrollierten Transport von Teilchen in die Zelle hinein und aus ihr heraus besorgen spezielle Proteine, die entweder Tunnel bilden oder als Carrier das Durchschleusen übernehmen. Bei diesem passiven Transport erfolgt der Stofftransport entsprechend einem Konzentrationsgefälle ohne Energiezufuhr. Bei der Diffusion gegen ein Konzentrationsgefälle, dem aktiven Transport, wird Energie aufgewendet, die aus der Spaltung der energiereichen Verbindung ATP freigesetzt wird.
Die Membran zeigt **Variabilität und Angepasstheit**. Sie erweist sich insgesamt als außerordentlich flexibel: Die Anzahl der Transportproteine kann nämlich dem jeweiligen Bedarf angepasst werden.

Der Stoffwechsel in den Zellen findet auf der molekularen Ebene statt. Zelltypen wie Nervenzellen oder Muskelzellen gehören der nächsthöheren **Organisationsebene**, nämlich der zellulären Ebene, an. Dann folgt die Organebene, die verschiedene zelluläre Ebenen umfasst. So findet man zum Beispiel in der Darmwand Drüsenzellen, Muskelzellen und Epithelzellen. Schließlich bilden Organismen, wie zum Beispiel ein Mensch, eine weitere Organisationsebene. Darüber hinaus können ganze Ökosysteme als Organisationsebene angesehen werden.

1. Zum biologischen Grundwissen gehört die Endosymbiontentheorie. Erläutern Sie kurz diese Theorie und stellen Sie begründete Überlegungen an, welche Basiskonzepte mit dieser Theorie verknüpft werden können!
2. Diskutieren Sie folgende Aussage: „Biologisches Denken erfordert vernetztes Denken." Überlegen Sie sich unter Verwendung der abgebildeten Mind-Map ein besonders überzeugendes Beispiel, welches diese Aussage stützt!
3. Spermien sind besonders bewegliche Zellen mit einer speziellen Aufgabe. Zeigen Sie an diesem Beispiel, wie die maßgeblichen Basiskonzepte helfen, den Sachverhalt zu strukturieren!
4. „Biologische Membranen sind strukturell und funktionell asymmetrisch aufgebaut. Bei den Glykoproteiden der Plasmamembranen befinden sich die Domänen, die Kohlenhydrate enthalten, immer auf der extrazellulären Oberfläche."
Erläutern und begründen Sie diese Aussagen!
5. Polare Substanzen können die Lipiddoppelschicht nicht durchdringen. Eine wichtige Ausnahme ist Wasser, das durch die Membran diffundieren kann. In manchen Geweben wie zum Beispiel in den Nierenkanälchen muss Wasser verstärkt durch die Membran hindurchgelangen können. Diese Zellen haben in ihren Membranen wasserspezifische Kanäle, die als Aquaporine bezeichnet werden. Bei Diabetes insipidus, einer relativ seltenen Krankheit des Menschen, führt ein genetischer Defekt im Aquaporin AQP-2 dazu, dass nicht genügend Wasser in der Niere resorbiert, also für den Körper aus dem Primärharn rückgewonnen wird. Als Folge davon werden große Mengen stark verdünnten Urins ausgeschieden.
a) Begründen Sie, weshalb in den Zellen der Nierenkanälchen zwei verschiedene Mechanismen des Wassertransports durch die Zellmembranen vorliegen!
b) Erläutern Sie die medizinischen Konsequenzen eines defekten AQP-2 für den betreffenden Menschen!

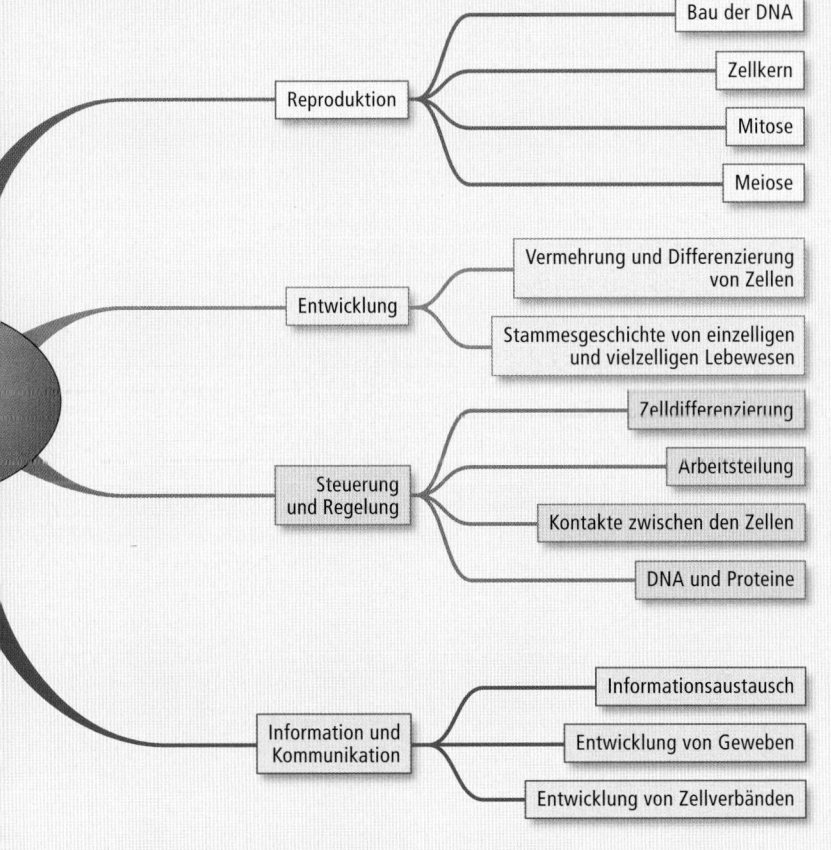

Reproduktion
- Bau der DNA
- Zellkern
- Mitose
- Meiose

Entwicklung
- Vermehrung und Differenzierung von Zellen
- Stammesgeschichte von einzelligen und vielzelligen Lebewesen

Steuerung und Regelung
- Zelldifferenzierung
- Arbeitsteilung
- Kontakte zwischen den Zellen
- DNA und Proteine

Information und Kommunikation
- Informationsaustausch
- Entwicklung von Geweben
- Entwicklung von Zellverbänden

GRUNDWISSEN: Grundlagen des Lebens – die Zelle

Alle Lebewesen bestehen aus Zellen

Kennzeichen der *prokaryotischen Zelle* ist das Fehlen membranumgrenzter Zellbestandteile. Es gibt also keinen Zellkern. Die ringförmige DNA liegt frei im Zellplasma. Die Zellmembran weist Einstülpungen und Falten auf. Diese vergrößerte Oberfläche bietet Platz für die Enzyme des Energiestoffwechsels.

Die *eukaryotische Zelle* weist dagegen eine vielfältige Kompartimentierung auf. Dadurch entstehen membranumgrenzte Reaktionsräume. Am auffälligsten ist der Zellkern. Er stellt das genetische Steuerzentrum der Zelle dar und enthält die Chromosomen mit der überwiegenden Anzahl der Gene. Durch die Kernhülle des Zellkerns werden die Prozesse der Transkription und der Translation räumlich getrennt. Auch andere Kompartimente wie Endoplasmatisches Retikulum, Mitochondrien, Chloroplasten, Lysosomen und GOLGI-Apparat sind von Membranen umhüllt. Nach der *Endosymbiontentheorie* sind Mitochondrien und Chloroplasten auf Prokaryotenzellen zurückzuführen, die von sehr einfach organisierten Eukaryotenzellen ins Plasma aufgenommen, aber nicht verdaut wurden. Im Lauf der Evolution entstand eine feste symbiotische Beziehung.

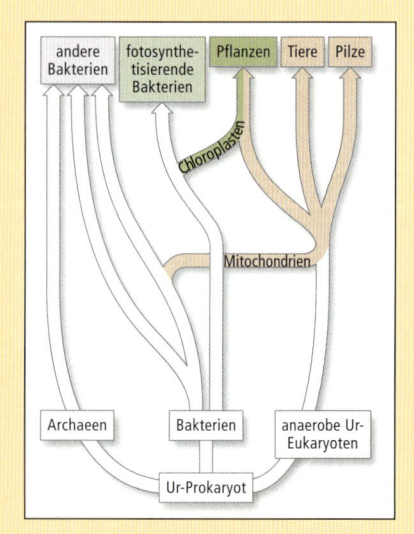

Die Zelle ist die grundlegende Bau- und Funktionseinheit der Lebewesen.

Zellen eines Tieres oder einer Pflanze unterscheiden sich in Form, Größe und Funktion. Jedoch sind alle diese Zellen aus einer einzigen befruchteten Eizelle hervorgegangen. Sie haben alle identische DNA-Kopien ihrer Spezies. Abhängig von den Signalen, die sie während der Embryonalentwicklung erhalten haben, werden verschiedene Informationen ihrer Gene übersetzt. So entsteht ein *Vielzeller*, der eine Differenzierung und Arbeitsteilung in verschiedene Gewebe, Organe und Organsysteme zeigt.

Der Mensch besitzt mehr als 200 verschiedene Zelltypen. Diese Zelltypen sind in Geweben zusammengefasst. Man unterscheidet zum Beispiel *Epithelgewebe*, die innere und äußere Oberflächen von Organen auskleiden. *Bindegewebe* füllen die Räume zwischen Organen und anderen Geweben. *Stützgewebe* bilden Knorpel und Knochen. *Muskelgewebe* erzeugen durch Kontraktion der Muskelzellen mechanische Kraft. *Nervengewebe* besteht aus einem Netz von Nervenzellen, die auf Signalübertragung spezialisiert sind. Die meisten Gewebe, Organe und Organsysteme enthalten eine Mischung vieler Zelltypen. Die Zusammenarbeit dieser Zellen erfordert, vor allem in tierischen Lebewesen, hochkomplizierte Steuerungssysteme. Die Regelung und Steuerung durch Hormone und neuronale Verknüpfung sind die Grundlage einer hohen Leistungsfähigkeit.

Die Funktionen der Zelle sind im Wesentlichen durch den Bau der Biomembran bedingt.

Eine *Lipiddoppelschicht* lässt kleine hydrophobe Moleküle wie Sauerstoff oder Kohlenstoffdioxid leicht hindurchdiffundieren. Dies ist zum Beispiel für die Vorgänge bei der Zellatmung sehr wichtig. Auch kleine, polare Moleküle wie Wasser gelangen schnell durch die Membran. Dagegen stellt eine Lipiddoppelschicht für Ionen, geladene Moleküle und hydrophile Stoffe eine undurchlässige Barriere dar. Da jedoch sowohl der Transport solcher Stoffe in die Zelle hinein als auch aus der Zelle heraus für die Funktion des Organismus notwendig ist, sind in den Biomembranen bestimmte Membranproteine eingebaut. Man unterscheidet zwischen dem *aktiven Transport* und dem *passiven Transport*. Die Transportproteine bezeichnet man als *Carrier*.

Das Elektronenmikroskop zeigt Zusammenhänge zwischen Struktur und Funktion der Zellorganellen.

Mit dem Elektronenmikroskop konnte der Feinbau von Zellorganellen wie *Mitochondrien* oder *Chloroplasten* aufgeklärt werden. Beide Organelltypen weisen eine stark gefaltete innere Membran auf. Hierbei handelt es sich um eine strukturelle Lösung für das Problem, eine relativ große Membranoberfläche auf kleinstem Raum unterzubringen. Diese innere Membran ist mit einer großen Zahl von Enzymmolekülen des Energiestoffwechsels besetzt. Die Oberflächenvergrößerung bewirkt eine Steigerung der Stoffwechselleistung der Organellen.

Auch bei Biomolekülen besteht ein Zusammenhang zwischen Struktur und Funktion.

In allen Organisationsebenen von Lebewesen haben sich Zusammenhänge zwischen Struktur und Funktion entwickelt. Dies gilt auch auf molekularer Ebene, also für die Biomoleküle. Die Beziehungen zwischen Struktur und Funktion sind die Folge von evolutionären Prozessen.

Beispiel Polysaccharide. Die Polysaccharide Amylose (Stärke), Glykogen und Cellulose sind aus dem gleichen „Baustein", nämlich *Glucose*, zusammengesetzt.

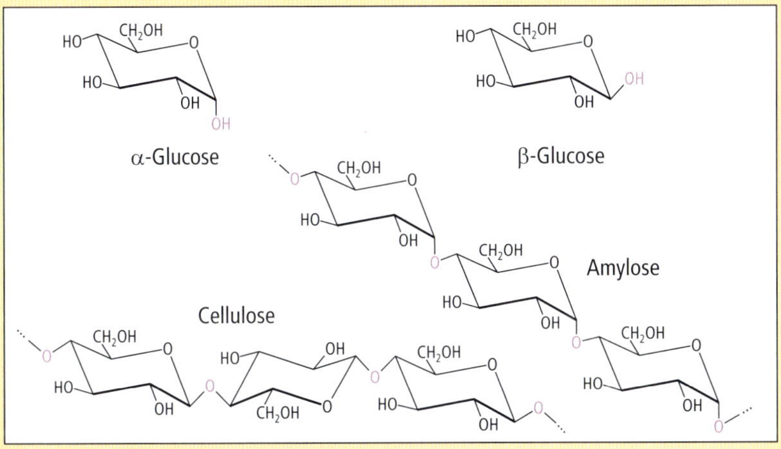

Jedoch sind Struktur und Funktion der Speicherstoffe Amylose und Glykogen deutlich verschieden von dem Gerüstbaustoff Cellulose. Die sehr unterschiedlichen chemischen, physikalischen und biologischen Eigenschaften dieser Biomoleküle gehen auf die Verknüpfung und die Anordnung der „Bausteine" im Raum zurück. In *Cellulose* liegen fadenförmig gestreckte Makromoleküle vor. Diese lagern sich parallel zueinander an und bilden bündelartige Strukturen. Diese Anordnung erklärt die mechanische Festigkeit und die biologische Funktion der Cellulose als Stützsubstanz der Zellwände im Pflanzenreich. Dagegen besteht *Stärke* aus schraubenförmig angeordneten Makromolekülen, wobei je sechs Glucose-Einheiten eine Schraubenwindung bilden. Durch diese Anordnung wird das Material dicht gepackt und ist somit als Speicherstoff besonders geeignet. Der tierische Speicherstoff *Glykogen* weist zusätzlich Verzweigungsstellen an vielen Glucose-Einheiten auf und ist deshalb noch dichter gepackt.

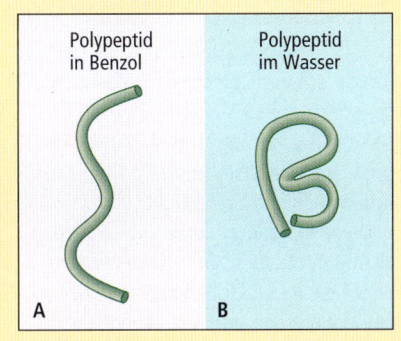

Beispiel Phospholipide. Das mengenmäßig häufigste Strukturlipid ist das Phospholipid *Lecithin*. Das Molekül Lecithin ist bipolar gebaut. Es besitzt einen hydrophilen Teil, den Phosphorsäureester, und einen hydrophoben Teil, die Fettsäurereste. Aufgrund dieser Eigenschaften bilden Lecithinmoleküle, sobald sie in wässrige Umgebung gelangen, geordnete Molekülverbände. Dabei ordnen sich die Moleküle stets so an, dass nur die hydrophilen Teile mit Wassermolekülen in Kontakt treten. Die unpolaren Teile weisen vom Wasser weg.

Diese Eigenschaft macht Phospholipide zu geeigneten Bausteinen für Biomembranen. Sie sind die Hauptkomponenten der Lipiddoppelschichten. Membranen dienen der Abgrenzung zum Beispiel zwischen der Zelle und ihrer Umwelt oder zur Kompartimentierung innerhalb der Zelle.

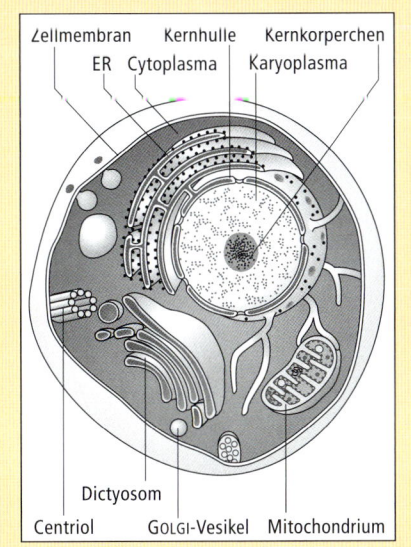

Beispiel Proteine. Der mengenmäßig größte Anteil an Biomolekülen im Zellplasma wird von den Proteinen gebildet. *Reservestoffe, Gerüstsubstanzen, Enzyme, Hormone* und viele weitere Verbindungen gehören zu dieser Stoffklasse, die auch als Eiweißstoffe bezeichnet wird. Alle Proteine bestehen aus unverzweigten Ketten von *Aminosäuren*, die über *Peptidbindungen* miteinander verknüpft sind. Die Aminosäuren besitzen einen organischen Rest, der entweder unpolar, polar, positiv oder negativ geladen ist. In natürlichen Proteinen kommen 20 verschiedene Aminosäuren vor. Die Reihenfolge dieser Aminosäure-Bausteine ist in der Struktur der DNA festgelegt und wird bei der Proteinbiosynthese in die *Aminosäuresequenz* übersetzt. Die Eigenschaften des organischen Restes legen die Raumstruktur und das chemische Verhalten des Proteins fest. Bereits der Ausfall oder der Ersatz einer einzigen Aminosäure in der ganzen Kette genügt, um dem Protein eine andere Struktur und somit andere Eigenschaften zu vermitteln.

Die Natrium-Kalium-Ionenpumpe transportiert Ionen unter ATP-Verbrauch.

In allen Tierzellen ist die Konzentration an Natriumionen geringer als im umgebenden Medium. Die Konzentration der Kaliumionen ist dagegen innerhalb der Zellen höher als außerhalb. Dieses Ungleichgewicht wird durch die Tätigkeit der Natrium-Kalium-Ionenpumpen in der Zellmembran erzeugt und aufrechterhalten. In diesem Carrier wird die Spaltung von ATP energetisch verwendet, um Natriumionen und Kaliumionen gegen ihr Konzentrationsgefälle zu transportieren. Weil gleichzeitig zwei Kaliumionen von außen nach innen, aber drei Natriumionen aus der Zelle heraus nach außen befördert werden, lädt sich die Außenseite der Zellmembran gegenüber der Innenseite positiv auf. Diese Ladungsdifferenz ist eine wesentliche Eigenschaft lebender Zellen.

Strukturelle und energetische Grundlagen des Lebens

AUFGABEN Grundlagen des Lebens – die Zelle

1 Licht- und Elektronenmikroskop

a) Erläutern Sie, weshalb das LM auf dem Kopf stehend abgebildet wurde!
b) Fassen Sie in einer Tabelle die wichtigsten Unterschiede zwischen dem Bau und der Arbeitsweise eines LMs und eines EMs zusammen!
c) Begründen Sie, weshalb eine Lebendbeobachtung von Objekten im EM nicht möglich ist!

2 Größenbereiche

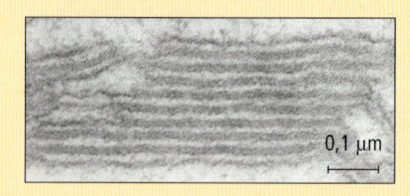

0,1 µm

In dem abgebildeten Membranstapel beträgt die Dicke einer „dunklen" Linie 1,2 mm. In dem Zellbestandteil ist sie tatsächlich 16 nm dick.
a) Berechnen Sie die Vergrößerung des EM-Bildes! Überprüfen Sie Ihr Ergebnis an dem angegebenen Maßstab!
b) Deuten Sie die abgebildete Struktur hinsichtlich ihrer Funktion in der Zelle!

3 Speicherzelle

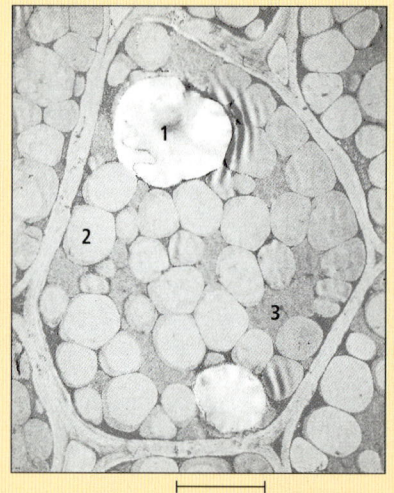

Das EM-Bild der Speicherzelle eines Keimblattes des Kakaosamens zeigt die Speicherorte für Kohlenhydrate, Lipide und Proteine. Ordnen Sie diese Nährstoffe den bezifferten Zellbestandteilen zu und benennen Sie sie! Schätzen Sie die Länge des Meßbalkens unter der Abbildung!

4 Milchdrüsenzelle

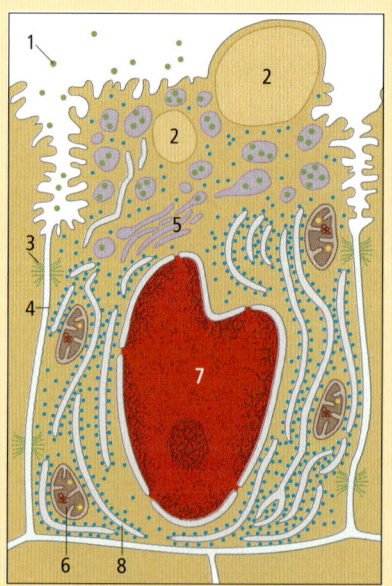

Ordnen Sie den Zahlen in der EM-Schemazeichnung einer Milchdrüsenzelle die entsprechenden Begriffe zu!

5 Zellbestandteile

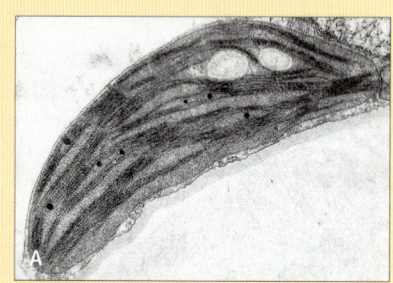

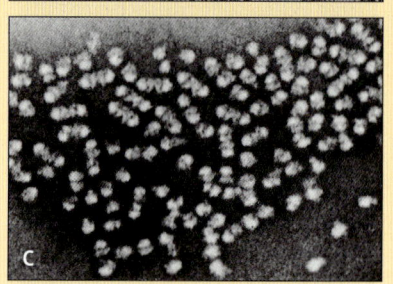

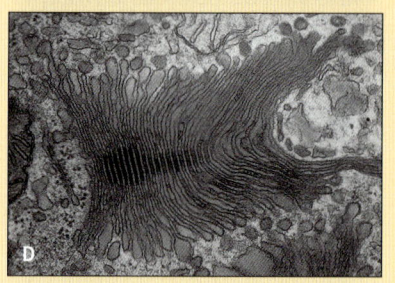

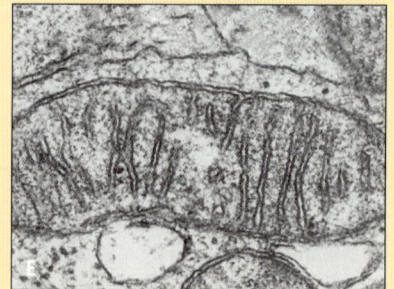

Nennen Sie die abgebildeten Zellbestandteile und beschreiben Sie ihre jeweilige Funktion in der Zelle!

Strukturelle und energetische Grundlagen des Lebens

6 Zellverbindungen in tierischen Zellen

a) Ordnen Sie den Zahlen der dargestellten Zellkontakte zwischen zwei tierischen Zellen (Ausschnitt) entsprechende Begriffe zu!
b) Erläutern Sie die Funktionen der bezifferten Teile!

7 Die Rote Küchenzwiebel

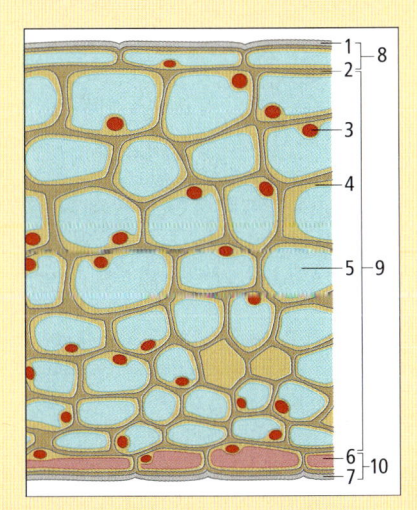

Die Schemazeichnung zeigt das LM-Bild eines Zwiebelschuppenblattes der Roten Küchenzwiebel im Querschnitt.
a) Ordnen Sie den Zahlen die richtigen Begriffe zu!
b) Zu welcher Organisationsebene gehört die Küchenzwiebel? Erläutern Sie!

8 Stofftransport durch Membranen

Innerhalb einer Sekunde werden etwa 10^8 Natrium (Na^+)-Ionen durch eine erregte Nervenzellmembran transportiert. Diese hohe Transportrate wird von Carriern erreicht, die Tunnel (Poren) durch die Bilayer der Membran bilden. Ein solcher Poren bildender Carrier ist beispielsweise das Gramicidin A. Dabei handelt es sich um ein Polypeptid, das aus 15 meist hydrophoben Aminosäuren aufgebaut ist.
Das Molekül bildet eine Schraube mit einer zentralen Pore von etwa 0,4 nm Durchmesser, durch die Alkali-Ionen gelangen können. Die Höhe eines Gramicidin A-Moleküls entspricht aber nur der Höhe einer monomolekularen Membranlipidschicht, also der Monolayer. Erst wenn sich zwei Gramicidin A-Moleküle übereinanderlagern und ein sogenanntes Dimer bilden, überbrückt der entstandene „Tunnel" die Bilayer.

1 Messgerät
2 Elektrode
3 Natriumchlorid-Lösung
4 undurchlässige Trennwand
5 bimolekulare Lipidschicht (künstliche Membran), die geringe Mengen Gramicidin A enthält

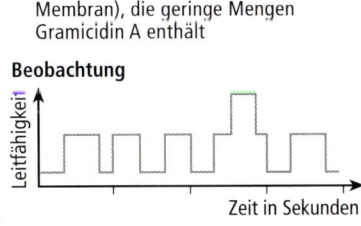

Mit dem dargestellten Versuch kann die Bildung und der Zerfall von Gramicidin-A-Dimeren nachgewiesen werden. Ohne Gramicidin A in der künstlichen Lipiddoppelschicht fließt bei vorgegebener Spannung kein Strom.
Erläutern Sie die Leitfähigkeitsmessung, wenn die Membran geringe Mengen Gramicidin A enthält!

9 Blutzellen

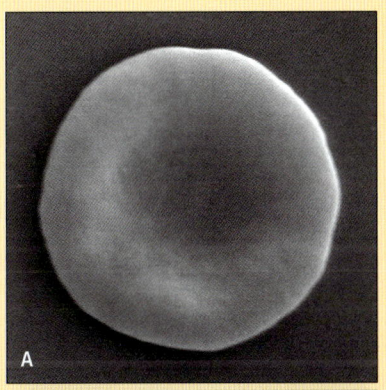

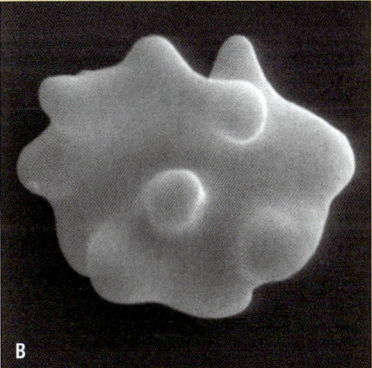

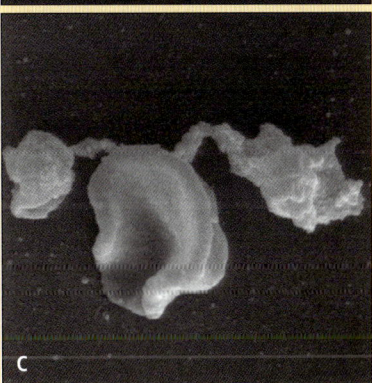

Die Abbildung A zeigt Rote Blutkörperchen (Erythrocyten, REM-Bild) aus einem isotonischen Medium.
a) Welchen Außenmedien wurden die Erythrocyten in B und C ausgesetzt? Erläutern Sie!
b) Zellen der unteren Epidermis von Schuppenblättern der Roten Küchenzwiebel werden in Medien von B und C gegeben. Erläutern Sie die Beobachtungen im Vergleich zu den Blutzellen!

Strukturelle und energetische Grundlagen des Lebens

AUFGABEN — Grundlagen des Lebens – die Zelle

10 Die Natrium-Kalium-Ionenpumpe

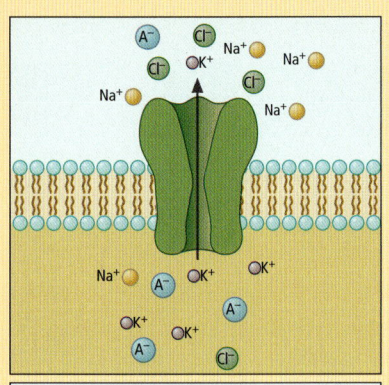

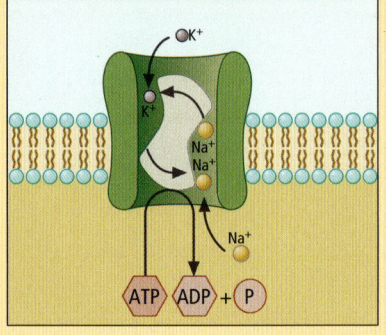

Die Natrium-Kalium-Ionenpumpe ist ein aktiver Carrier in der Membran tierischer Zellen, vor allem von Nervenzellen. Sie befördert Natriumionen, die aufgrund der Konzentrationsunterschiede in die Zelle hineindiffundieren, wieder hinaus. Im Gegenzug werden Kaliumionen von außen nach innen befördert. Gleichzeitig verhindert die Natrium-Kalium-Ionenpumpe den Eintritt von negativ geladenen Chloridionen in das Zellplasma.

a) Erläutern Sie anhand der Abbildung die Wirkungsweise einer Ionenpumpe!
b) Begründen Sie, weshalb die Natrium-Kalium-Ionenpumpe ständig in Aktion ist! Wenden Sie das Basiskonzept „Steuerung und Regelung" an!
c) Beschreiben Sie die Folgen für tierische Zellen, wenn der ATP-Vorrat in der Zelle durch andere Stoffwechselreaktionen verbraucht wird!
d) Quabain ist ein Hemmstoff, mit dem die Ionenpumpe blockiert werden kann. Entwickeln Sie eine Hypothese, welche Wirkungen der Einsatz von Quabain auf tierische Zellen hat! Begründen Sie Ihre Hypothese!

11 Vergleich von Säuger-Insulin

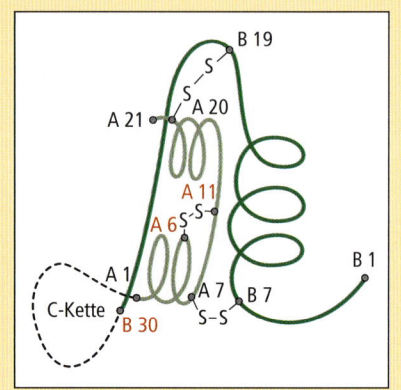

	6	7	8	9	10	11
Mensch	– Cys	– Cys	– Thr	– Ser	– Ile	– Cys –
Wal	– Cys	– Cys	– Thr	– Ser	– Ile	– Cys –
Schwein	– Cys	– Cys	– Thr	– Ser	– Ile	– Cys –
Pferd	– Cys	– Cys	– Thr	–(Gly)	– Ile	– Cys –
Rind	– Cys	– Cys	–(Ala)	– Ser	–(Val)	– Cys –
Schaf	– Cys	– Cys	–(Ala)	–(Gly)	–(Val)	– Cys –

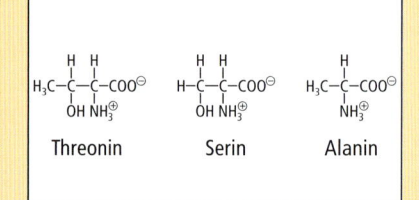

Threonin: $H_3C-\underset{OH}{\overset{H}{C}}-\underset{NH_3^\oplus}{\overset{H}{C}}-COO^\ominus$

Serin: $H-\underset{OH}{\overset{H}{C}}-\underset{NH_3^\oplus}{\overset{H}{C}}-COO^\ominus$

Alanin: $H_3C-\overset{H}{C}-\underset{NH_3^\oplus}{\overset{H}{C}}-COO^\ominus$

Die Primärstrukturen der Säuger-Insuline stimmen weitgehend überein. Unterschiede treten vorwiegend zwischen den Positionen 6 und 11 der A-Kette und in der Position 30 der B-Kette auf.

a) Entwickeln Sie eine begründete Hypothese, weshalb im Bereich zwischen Position 6 und 11 der A-Kette häufiger als in den anderen Bereichen Unterschiede in der Abfolge der Aminosäuren festzustellen sind!
b) Im Insulin des Menschen sitzt in Position 30 der B-Kette Threonin, bei Schwein, Rind, Schaf, Pferd und Hund jedoch Alanin und bei Kaninchen und Ratte Serin. Begründen Sie diesen Sachverhalt unter Verwendung der Strukturformeln der betreffenden Aminosäuren!

12 Biosynthese von Insulin

Die Biosynthese des Insulins erfolgt in den Inselzellen (lat. *insula*, Insel), den LANGERHANSschen Inseln, in der Wand der Bauchspeicheldrüse. Die Synthese findet in drei Schritten statt. Zuerst wird eine durchgehende Kette aus 114 Aminosäuren aufgebaut. Diese Vorstufe nennt man Prä-Proinsulin. Durch die Abspaltung eines endständigen Peptids wird dieses in das Proinsulin, eine durchgehende Kette aus 84 Aminosäuren, umgewandelt. In dieser Phase liegen bereits die Disulfidbrücken des späteren Insulinmoleküls vor. Durch ein Enzym wird ein Teil der Kette, die C-Kette mit 33 Aminosäuren, herausgeschnitten. Die beiden Reststücke bilden die A- und B-Kette.

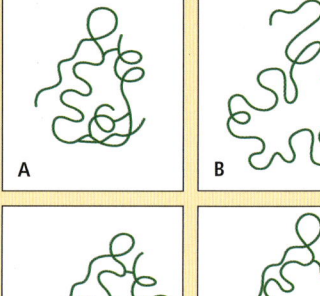

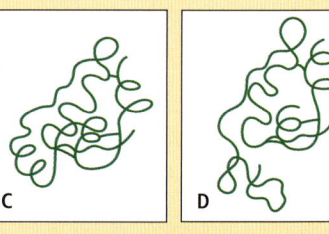

a) Ordnen Sie die Teilabbildungen A–D in die richtige Reihenfolge und begründen Sie Ihre Entscheidungen!
b) Erklären Sie, weshalb die Biosynthese von Insulin zuerst über ein Proinsulin verläuft, aus dem dann ein Kettenstück herausgeschnitten wird!
Greifen Sie in Ihrer Begründung auf ein Experiment des amerikanischen Nobelpreisträgers ANFINSEN zurück, der ein Verfahren zur reduktiven Spaltung der Disulfidbrücken mit anschließender Re-Oxidation entwickelt hat: Behandelt man Insulin auf diese Weise, wird die biologische Aktivität zu weniger als 4 Prozent zurückgewonnen. Proinsulin dagegen wird zu fast 100 Prozent wiederhergestellt.

13 Membranfluss bei der Exocytose

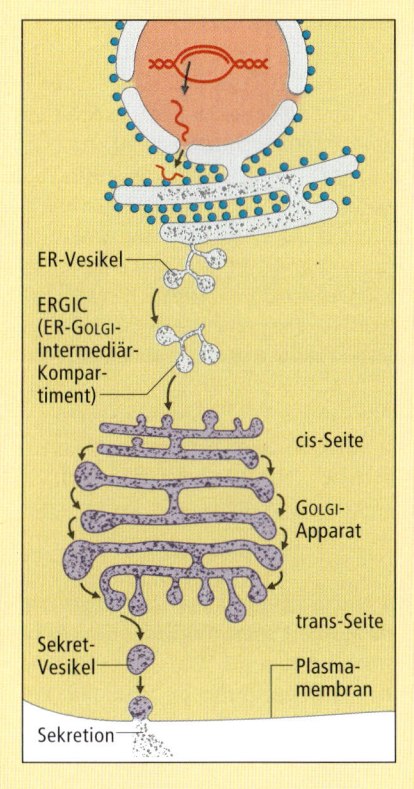

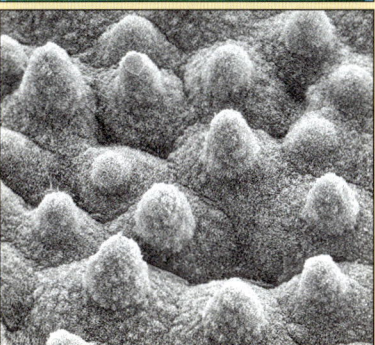

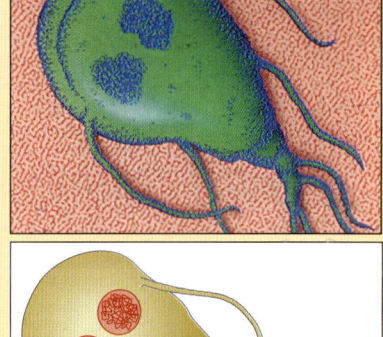

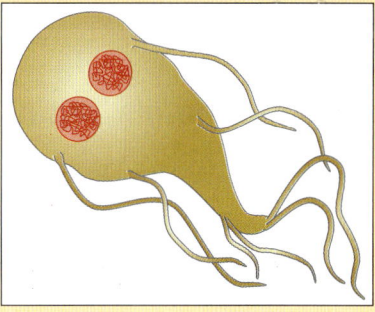

- ER-Vesikel
- ERGIC (ER-GOLGI-Intermediär-Kompartiment)
- cis-Seite
- GOLGI-Apparat
- trans-Seite
- Sekret-Vesikel
- Plasmamembran
- Sekretion

Die Membransysteme der Zelle stehen – mit Ausnahme der Mitochondrien- und Plastidenmembranen – in stetigen Austauschprozessen. Der Austausch erfolgt über membranumschlossene Bläschen, die Vesikel.
Die Abbildung zeigt am Beispiel einer Schleimhautzelle, wie Sekretstoffe (hier der Schleimstoff Mucin) in Zellen gebildet und dann nach außen abgeschieden werden. (Hinweis: Mucine sind Mucoproteine, also Eiweißstoffe mit Polysaccharidkomponenten.)

a) Beschreiben und erläutern Sie den Vorgang der Exocytose von Mucin! Beginnen Sie Ihre Darstellung an der DNA des Zellkerns!
b) Erläutern Sie an dem Beispiel der Mucin-Bildung die Funktion des GOLGI-Apparates in einer Zelle!
c) Beschreiben Sie, auf welche Weise das am Ribosom (und damit auf der Cytosol-Seite der ER-Membran) gebildete Protein in den Innenraum der ER-Zisterne gelangt!

14 Der Lotus-Effekt

Die Blätter der in Asien heimischen Lotusblume sind nach jedem Regenschauer blitzblank sauber. Als Ursache dieses „Lotus-Effekts" erkannte man die mit Wachskristallen dicht besetzte Oberfläche der Lotusblätter. Aufgrund dieser Beschichtung laufen Wassertropfen auf der Oberfläche ab und reißen Schmutzteilchen mit sich. Dieser Aufbau und der damit zusammenhängende Selbstreinigungseffekt waren in der Technik die Voraussetzung zur Entwicklung selbstreinigender Oberflächen als besonders markantes Beispiel für ein Produkt der Bionik.

a) Führen Sie eine Internetrecherche zur Struktur von tierischen und pflanzlichen Wachsen durch! Vergleichen Sie mit der Struktur weiterer Lipide wie zum Beispiel von Neutralfetten!
b) Überlegen Sie, auf welche Weise die Wachsmoleküle auf der Oberfläche des Lotusblattes angeordnet sein müssen, um einen optimalen Selbstreinigungseffekt zu ermöglichen! Begründen Sie Ihre Überlegungen!

15 *Lamblia intestinalis* – ein Darmparasit

Im Dünndarm vieler Menschen lebt ein Flagellat (Geißeltierchen). Er heißt *Lamblia intestinalis* oder auch *Giardia intestinalis* und kann die Krankheit Lambliasis, die durch blutige Durchfälle gekennzeichnet ist, auslösen. *Lamblia* besitzt zwei identische haploide Zellkerne, aber keine Mitochondrien und kein Endoplasmatisches Retikulum. Der Flagellat ist mit zwei Vierergruppen (also acht) Geißeln ausgestattet, von denen je eine als rückwärtsgerichtete Schleppgeißel ausgebildet ist und ein kurzes Stück unterhalb der Zellmembran verläuft.

a) Entwickeln Sie zwei Hypothesen, wie das Fehlen von Mitochondrien erklärt werden könnte! Beurteilen Sie aufgrund Ihrer Kenntnisse über Pro- und Eukaryoten, welche Hypothese plausibler ist!
b) Manche Biologen sind der Meinung, in *Lamblia* sei die Verschmelzung zweier Prokaryotenzellen zu einem sehr einfachen Eukaryoten genetisch fixiert worden, andere dagegen sehen in *Lamblia* den Zustand einer unvollständigen Zellteilung. Tragen Sie Argumente vor, die diese Meinungen stützen oder widerlegen!

Strukturelle und energetische Grundlagen des Lebens

40.1 Stoff-Wechsel

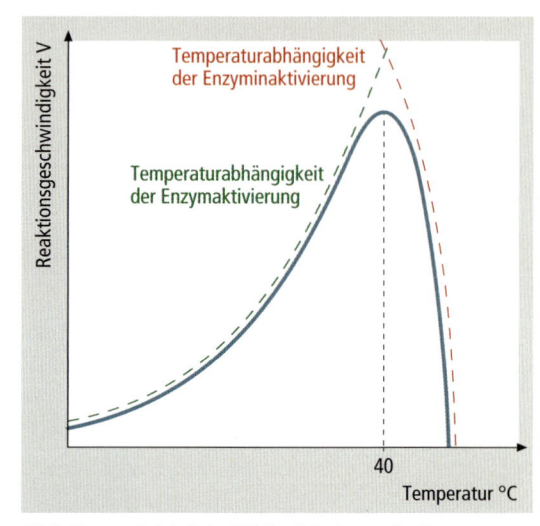

40.2 Enzymaktivität in Abhängigkeit von der Temperatur

4 Enzyme bewirken Stoffwechsel

4.1 Enzyme als Biokatalysatoren

Der Mensch in der Karikatur nimmt Nahrung auf. Die in der Nahrung enthaltenen Stoffe werden im Körper einerseits zu körpereigenen Substanzen umgewandelt *(Assimilation)* und andererseits zu körperfremden oder nicht weiter verwertbaren Stoffen abgebaut *(Dissimilation)*. Körperfremde oder unverwertbare Stoffe werden ausgeschieden. Solche **Stoffwechsel-Vorgänge** erfordern entweder Energie oder es wird Energie freigesetzt. Dieser Energieumsatz ist zur Aufrechterhaltung der Lebensvorgänge eines jeden Lebewesens erforderlich.

Stoffwechselvorgänge sind chemische Reaktionen, die außerhalb des Körpers, zum Beispiel im Reagenzglas, extrem langsam ablaufen würden. Verfolgt man aber die vom Menschen mit der Nahrung aufgenommene Stärke, stellt man fest, dass sie recht schnell in Maltosemoleküle zerlegt wird. Im Reagenzglas gelingt die Zerlegung von gelöster Stärke in Maltose nur unter erhöhter Energiezufuhr: Die Stärkemoleküle und die Wassermoleküle der Lösung müssen erst aktiviert werden, um zu Maltose zu reagieren. Gibt man allerdings einen Wirkstoff aus dem Speichel des Menschen, die α-Amylase, in die Lösung, läuft die Reaktion schnell und ohne zusätzliche **Aktivierungsenergie** ab.

Die α-Amylase hat die Aktivierungsenergie herabgesetzt und damit die Reaktion beschleunigt. Nach der Reaktion liegt die α-Amylase unverändert vor. Wirkstoffe wie die α-Amylase, die eine chemische Reaktion durch Absenken der Aktivierungsenergie beschleunigen und nach der Reaktion unverändert sind, nennt man *Katalysatoren*. Die in lebenden Zellen wirkenden *Biokatalysatoren* heißen **Enzyme**.

Im Magen, bei einem pH-Wert von 2, verliert das Enzym α-Amylase sofort seine Wirkung. Die Aktivität von Enzymen ist vom pH-Wert abhängig. Die α-Amylase hat ihr **pH-Optimum** im neutralen Bereich bei einem pH-Wert von etwa 7, entsprechend dem Milieu im Speichel.

Wie auch bei anderen chemischen Reaktionen nimmt die Reaktionsgeschwindigkeit bei Enzymreaktionen mit ansteigender Temperatur zu. Gewöhnlich verdoppelt bis verdreifacht sich die Reaktionsgeschwindigkeit bei einer Temperaturerhöhung von 10 °C *(Reaktionsgeschwindigkeits-Temperatur(RGT)-Regel)*. Bei hohen Temperaturen fällt die Reaktionsgeschwindigkeit allerdings wieder ab. Das **Temperaturoptimum** der meisten menschlichen Enzyme liegt nahe der Körpertemperatur von 37 °C. Die Zunahme der Reaktionsgeschwindigkeit mit der Temperatur unterhalb des Optimums ist vor allem auf die schneller werdenden Molekülbewegungen zurückzuführen. Die Enzymmoleküle treffen dann häufiger auf die umzusetzenden Moleküle, die als **Substrat** bezeichnet werden. Außerdem beeinflusst die Temperatur die dreidimensionale Gestalt der Enzyme. Enzyme bestehen ganz oder zum großen Teil aus Eiweißstoffen. Eiweißstoffe nehmen als Tertiärstruktur eine bestimmte Konformation ein. Diese Konformation wird durch Energiezufuhr verändert. Oberhalb des Temperaturoptimums eines Enzyms wird dessen Konformation so verändert, dass seine Wirksamkeit nachlässt. Die Konformationsänderung eines Eiweißstoffes kann irreversibel sein. Man spricht dann von *Denaturierung*.

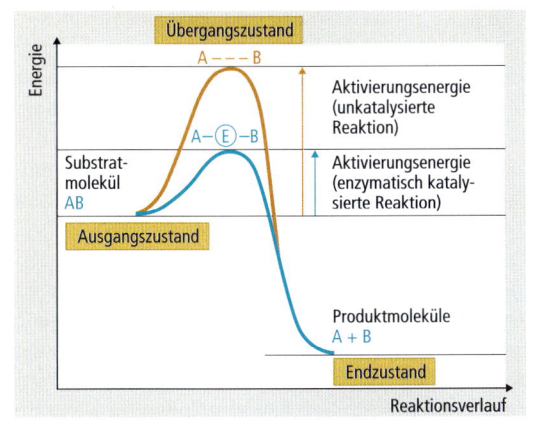

41.1 Aktivierungsenergie bei unkatalysierter und katalysierter Reaktion

Offenbar hängt die Konformation eines Enzyms eng mit seiner Wirkungsweise zusammen. Enzyme binden ganz spezifisch nur an solche Substrate, die in ihren Raumstrukturen und Ladungsverteilungen wie Schlüssel und Schloss zum Enzym passen. Enzyme sind **substratspezifisch.** Nach diesem **Schlüssel-Schloss-Prinzip** vereinigen sich Enzym und Substrat vorübergehend zum Enzym-Substrat-Komplex. Hierbei zeigen beide Reaktionspartner häufig Konformationsänderungen. Die Bindung des Substrates an das Enzym erfolgt durch eine Vielzahl schwacher chemischer Wechselwirkungen. Sie beschränkt sich auf einen eng umgrenzten Enzymbereich, das *aktive Zentrum,* in dem die Reaktion stattfindet. Der Rest des Enzyms dient vor allem dazu, die an der Bildung des aktiven Zentrums beteiligten Strukturen in die richtige Lage zueinander zu bringen. Das aktive Zentrum lässt nur bestimmte chemische Reaktionen zu. Enzyme sind daher auch **reaktionsspezifisch (wirkungsspezifisch).**

Die Substratspezifität der α-Amylase zeigt sich darin, dass sie nur Stärke und Glykogen abbaut. Beide Makromoleküle setzen sich aus Ketten von α-Glucosemolekulen zusammen. Auch Cellulose ist aus Ketten von Glucosemolekülen aufgebaut. Allerdings handelt es sich dabei um β-Glucosemoleküle. Cellulose wird daher von der α-Amylase nicht zerlegt. Die spezifischen von der α-Amylase katalysierten Reaktionen sind Spaltungen der Bindungen zwischen den Glucosemolekülen im Inneren der Stärkemoleküle und des Glykogens. Dabei spaltet sie jeweils eine Einheit aus zwei Glucosemolekülen ab. Das Endprodukt der Reaktion ist daher der Zweifachzucker Maltose.

1. Das Nervengas DFP lagert sich irreversibel an das aktive Zentrum des Enzyms Acetylcholinesterase an. Dieses Enzym spielt bei der Weiterleitung von Nervenimpulsen eine wichtige Rolle. Entwickeln Sie eine Hypothese, welche Folgen eine DFP-Vergiftung hat!

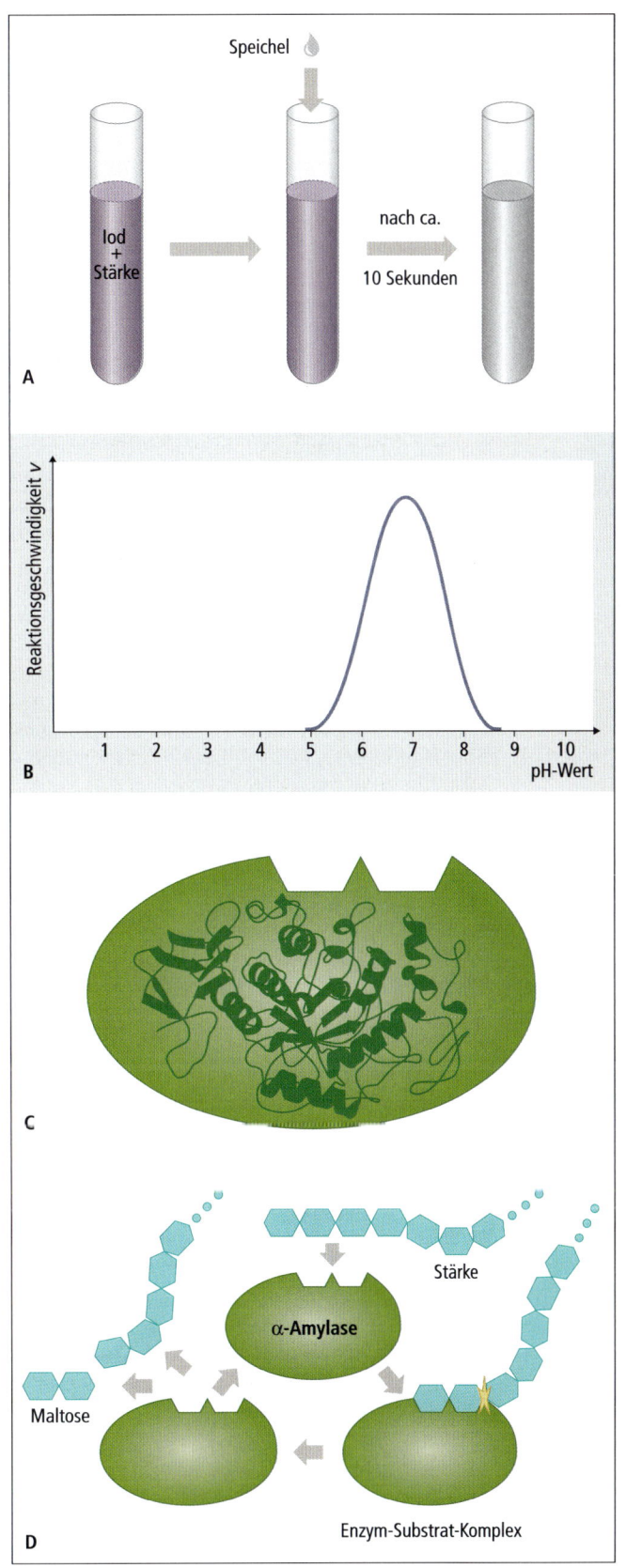

41.2 Enzymatische Zerlegung der Stärke. A Experiment; **B** pH-Abhängigkeit; **C** Bändermodell der α-Amylase; **D** Enzymzyklus

Strukturelle und energetische Grundlagen des Lebens

4.2 Enzymhemmung

Das Enzym Bernsteinsäure-Dehydrogenase wandelt durch Abspaltung von zwei Wasserstoffatomen Bernsteinsäure in Fumarsäure um. Die Reaktionsgeschwindigkeit, das heißt die pro Zeiteinheit umgewandelte Anzahl von Substratmolekülen, ist umso größer, je höher die Konzentration der Bernsteinsäure ist. Bei höherer Substratkonzentration ist nämlich die Wahrscheinlichkeit des Aufeinandertreffens von Enzym- und Substratmolekülen höher. Dann werden mehr Enzym-Substrat-Komplexe pro Zeiteinheit gebildet und entsprechend mehr Substratmoleküle pro Zeiteinheit umgesetzt. Mit einer höheren Substratkonzentration wird es wahrscheinlicher, dass ein Substratmolekül auf ein bereits besetztes Enzym trifft. Die Reaktionsgeschwindigkeit nähert sich daher mit zunehmender Substratkonzentration asymptotisch einem Maximalwert (v_{max}). Dies wird als **Substratsättigung** bezeichnet.

In Gegenwart von Malonsäure verringert sich die Geschwindigkeit der Umwandlung von Bernsteinsäure. Malonsäure wirkt als Hemmstoff oder **Inhibitor.** Ein Molekül Malonsäure ist chemisch ähnlich gebaut wie ein Molekül Bernsteinsäure. Es kann daher kurzzeitig das aktive Zentrum der Bernsteinsäure-Dehydrogenase besetzen und es somit blockieren. Entsprechend sinkt die Reaktionsgeschwindigkeit umso mehr, je höher die Konzentration der Malonsäure ist. Diese Form der Enzymhemmung, bei der Substrat und Inhibitor in Konkurrenz um das aktive Zentrum stehen, heißt **kompetitive Hemmung.** Durch Erhöhung der Substratkonzentration kann sie wieder rückgängig gemacht werden.

Es gibt auch Inhibitoren, die die enzymatische Reaktion behindern, indem sie außerhalb des aktiven Zentrums am Enzym binden. Diese Bindungsstelle heißt allosterisches Zentrum. Durch die Bindung des Inhibitors wird die Konformation des aktiven Zentrums so verändert, dass das Enzym unwirksam wird. Dabei wird die Bindung des Substrates an das aktive Zentrum zwar nicht verhindert, aber das Substrat geht keine Reaktion ein. Bei einer solchen **nichtkompetitiven Hemmung** (früher allosterische Hemmung) wird somit ein Teil der Enzyme deaktiviert, ohne dass die Hemmung durch eine Erhöhung der Substratkonzentration aufgehoben werden könnte. Die Bindung des Inhibitors ist aber wie bei der kompetitiven Hemmung reversibel. Durch einen Entzug des Inhibitors aus der Lösung kann sie rückgängig gemacht werden. Hierdurch ist die katalytische Wirkung solcher Enzyme regulierbar.

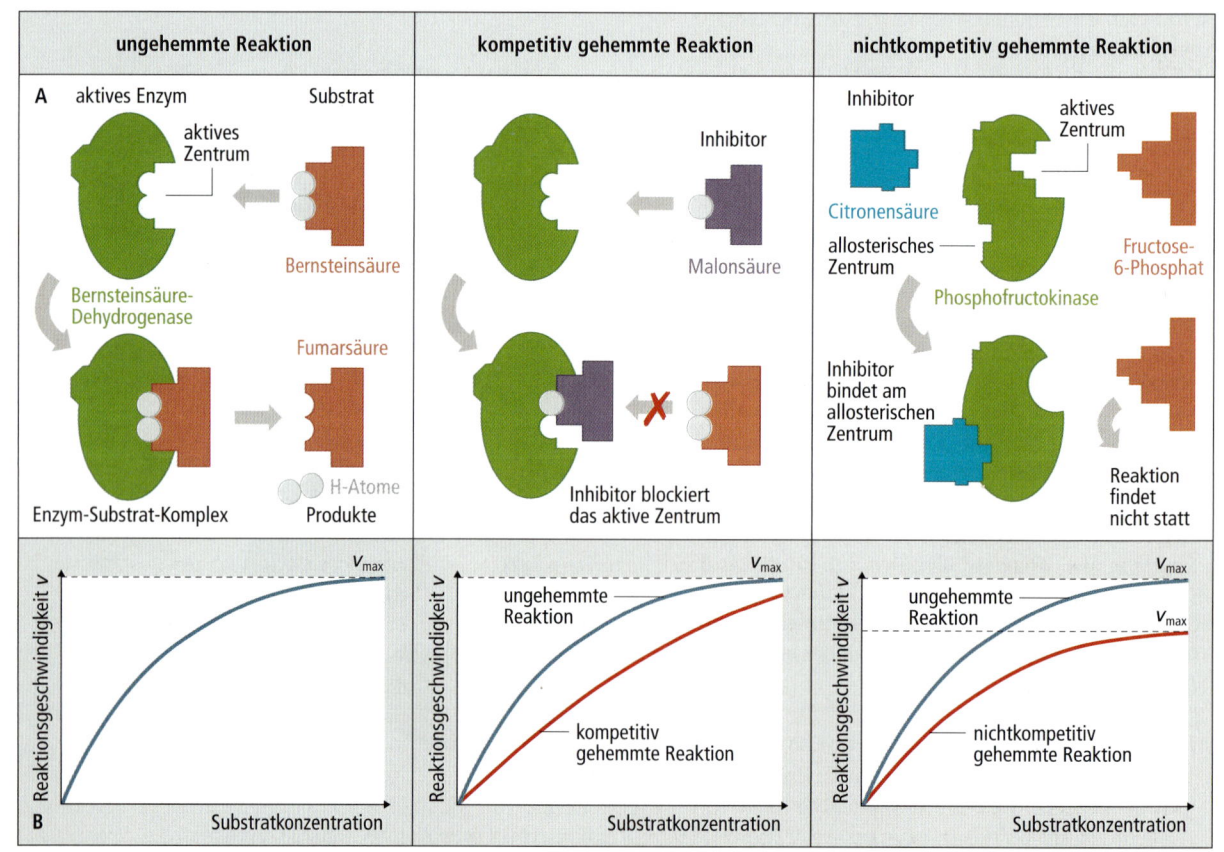

42.1 Ungehemmte und gehemmte Enzymreaktion. A Schema; **B** Reaktionsgeschwindigkeit in Abhängigkeit von der Substratkonzentration

Das Enzym Phosphofructokinase katalysiert die Umwandlung von Fructose-6-Phosphat zu Fructose-1,6-bisphosphat. Über weitere Umwandlungsschritte entsteht im Stoffwechsel Citronensäure. Die Citronensäure kann an das allosterische Zentrum der Phosphofructokinase binden und sie dadurch hemmen. Eine hohe Konzentration von Citronensäure in der Zelle wirkt daher der Bildung von weiterer Citronensäure entgegen (**Rückkopplungshemmung**). Man bezeichnet ein Enzym wie die Phosphofructokinase, das von zentraler Bedeutung für die Regulierung einer ganzen Reaktionssequenz ist, als **regulatorisches Enzym**.

Ein weiteres Beispiel für eine Rückkopplungshemmung stellt die bakterielle Umwandlung von Threonin in Isoleucin dar. Dieser Prozess wird nacheinander von fünf verschiedenen Enzymen katalysiert. Isoleucin, das Endprodukt der Reaktionsabfolge, wirkt hemmend auf das erste an der Reaktionskette beteiligte Enzym. Hier spricht man von einer **Endprodukthemmung**.

1. Begründen Sie die Notwendigkeit regulatorischer Enzyme im Stoffwechsel!

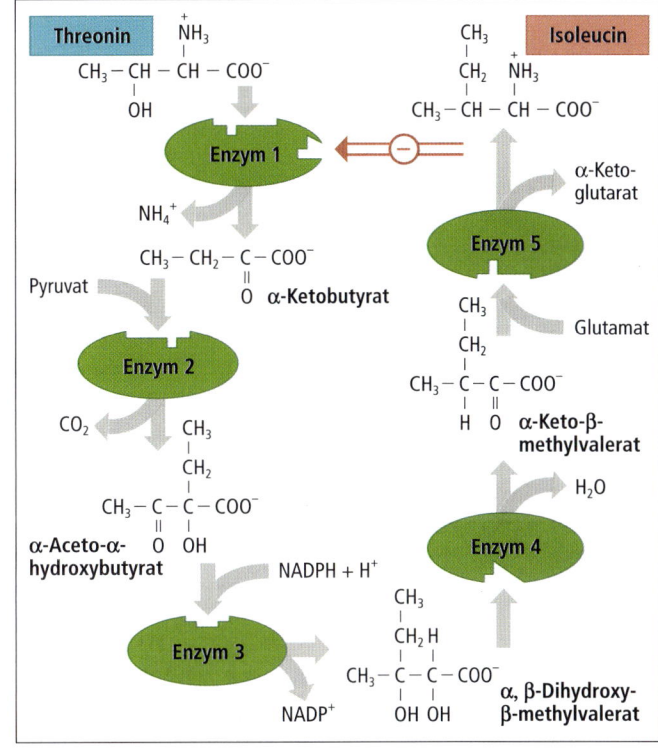

43.1 Endprodukthemmung

EXKURS Enzymtechnik

Die katalytischen Eigenschaften von Enzymen werden auch im Haushalt und in vielen industriellen Verfahren nutzbar gemacht.

Viele **Waschmittel** und Geschirrspülmittel enthalten Enzyme zum schonenden Abbau von Speiseresten und anderen organischen Substanzen: *Proteasen* zur Zersetzung von Eiweißstoffen, *Lipasen* zum Fettabbau und *Amylasen* zur Spaltung von Kohlenhydraten.

In der **Lebensmittelindustrie** werden Enzyme zur Herstellung von Bier, Wein, Fruchtsaft, Molkereiprodukten oder Backwaren eingesetzt. So beruht die *Käseherstellung* auf der Gerinnung von Milch durch eine Spaltung des Milcheiweißes Kasein. Kasein wird durch das Enzym Chymosin gespalten. Chymosin wurde früher aus den Labmägen von Kälbern gewonnen (Labenzym), heute kann Chymosin industriell hergestellt werden. In der Backwarenindustrie werden Amylasen eingesetzt, um langkettige Stärkemoleküle zu kürzeren Ketten abzubauen. Dadurch hält sich die Feuchtigkeit länger in Backwaren, die somit länger frisch bleiben. Im Brot sorgen weitere Enzyme für eine besonders luftige Konsistenz des Teiges und für eine knusprige Kruste.

In der **Textilindustrie** werden Enzyme zur Enthaarung von Tierfellen, zum Beizen und zum Entfetten eingesetzt. Bluejeans können mithilfe von Peroxidasen umweltschonend gebleicht werden.

In der **Medizin** kommen auch Enzymhemmer beispielsweise als *Antibiotika* zum Einsatz. Folsäure ist ein Vitamin, das von Bakterien hergestellt wird. Der Mensch kann Folsäure nicht selbst produzieren, sondern muss sie mit der Nahrung aufnehmen. Sulfonamide blockieren durch kompetitive Hemmung eines Enzyms die Folsäuresynthese von Bakterien. Bakterien, die keine Folsäure mehr bilden, wachsen und vermehren sich nicht mehr. Da menschliche Zellen keine Folsäuresynthese durchführen, sind Sulfonamide für den Menschen weitgehend ungiftig. *Penicillin* hemmt irreversibel ein Enzym, das viele Bakterien zum Aufbau ihrer Zellwand benötigen.

Krebserkrankungen sind durch unkontrollierte und starke Vermehrung von Zellen gekennzeichnet. Diese Zellen können in verschiedene Gewebe einwandern und dort Zellansammlungen (Tumore) bilden. Vor der Teilung einer Zelle muss zunächst das Kernmaterial (DNA) verdoppelt werden. In einem wachsenden Tumor ist daher die DNA-Produktionsrate sehr hoch. Zur Bildung von DNA-Bausteinen wird die Verbindung Tetrahydrofolsäure benötigt, die enzymatisch aus Folsäure gebildet wird. Hemmt man nun dieses Enzym durch chemisch leicht veränderte Folsäuremoleküle, so genannte Folsäureantagonisten, so wird die Synthese von DNA-Bausteinen gestört. Die Tumorzellen können sich nicht mehr teilen.

Strukturelle und energetische Grundlagen des Lebens

PRAKTIKUM Enzyme

1 Urease und Harnstoff

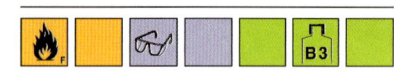

Hinweis: Bromthymolblau ist ein Säure-Base-Indikator, der im sauren Bereich eine gelbe Farbe und im alkalischen Bereich eine blaue Farbe ausbildet. Zur Herstellung gibt man 0,1 g Bromthymolblau in 100 ml 20%igen Ethanol (F).

Material: Harnstoff; Harnstoff-Lösung (2%ig); Urease-Lösung (0,2%ig); Bromthymolblau-Lösung; pH-Universalindikatorpapier; Reagenzglasständer; 3 Reagenzgläser mit passenden Stopfen; Gasbrenner; Reagenzglasklammer; Spatel; Pipetten; Essigsäure (0,2%ig)

Durchführung:

A Füllen Sie in ein Reagenzglas zwei Spatelspitzen Harnstoff! Erhitzen Sie das Reagenzglas mithilfe der Reagenzglasklammer über dem Gasbrenner bis zum Sieden! Prüfen Sie vorsichtig den entstandenen Geruch! Befeuchten Sie ein Stück Indikatorpapier, knicken Sie es und befestigen Sie es mithilfe eines Stopfens am Rand des Reagenzglases!

B Füllen Sie in ein Reagenzglas 4 ml der Harnstoff-Lösung! Erhitzen Sie sie mithilfe der Reagenzglasklammer über dem Gasbrenner bis zum Sieden! Prüfen Sie den entstandenen Geruch! Befeuchten Sie ein Stück Indikatorpapier und befestigen Sie es mithilfe eines Stopfens!

C Füllen Sie in ein Reagenzglas 3 ml der Harnstoff-Lösung! Tropfen Sie 5 Tropfen der Bromthymolblau-Lösung hinzu! Geben Sie nun 1 ml der Urease-Lösung hinzu! Mischen Sie die Lösung!

D Fügen Sie nach Beendigung von Versuch C tropfenweise Essigsäure zu dem Gemisch, bis die Indikatorfärbung eine saure Lösung ausweist! Pipettieren Sie nun erneut 3 ml der Harnstoff-Lösung in das Reagenzglas und mischen Sie gut durch! Dieser Versuch kann wiederholt werden, solange die Zeit reicht.

Aufgaben:

a) Protokollieren Sie Ihre Beobachtungen!
b) Deuten Sie die Versuche, indem Sie folgende Teilaufgaben bearbeiten:
– Welche chemische Reaktion findet in allen vier Reagenzgläsern statt? Stellen Sie das Reaktionsschema dieser Reaktion auf!
– Weshalb verfärbt sich das feuchte Indikatorpapier bei den Versuchen A und B? Stellen Sie das Reaktionsschema dieser Reaktion auf!
– Weshalb verfärbt sich der Indikator Bromthymolblau bei den Versuchen C und D? Stellen Sie das Reaktionsschema auf!
– Erläutern Sie, weshalb die Versuchsansätze bei den Versuchen C und D nicht erhitzt werden müssen wie in den Versuchen A und B!
– Erläutern Sie, weshalb der Versuch D oft wiederholt werden kann!

2 Wasserstoffperoxid und Katalase

Hinweis: Mit der Glimmspanprobe wird Sauerstoff nachgewiesen.

Material: Kartoffel; Kartoffelreibe; Becherglas (250 ml); kleines Haushaltssieb; Reagenzglasständer; 4 Reagenzgläser; Reagenzglasklammer; Pipetten; Gasbrenner; Glimmspäne; Wasserstoffperoxid-Lösung (3%ig); Zigarettenasche; Spatel

Durchführung:

A Reiben Sie die Kartoffel auf der Kartoffelreibe und fangen Sie den Brei in dem kleinen Haushaltssieb auf! Legen Sie das Sieb dabei auf das Becherglas! Drücken Sie den Kartoffelbrei anschließend auf dem Sieb aus, sodass die Flüssigkeit in das Becherglas tropft!

B Füllen Sie in ein Reagenzglas 5 ml Wasserstoffperoxid-Lösung und führen Sie die Glimmspanprobe durch!

C Füllen Sie in ein Reagenzglas 5 ml Wasserstoffperoxid-Lösung sowie eine Spatelspitze Zigarettenasche und führen Sie die Glimmspanprobe durch!

D Füllen Sie in ein Reagenzglas 5 ml Wasserstoffperoxid-Lösung sowie 1 ml des Kartoffelpresssaftes und führen Sie die Glimmspanprobe durch!

E Erhitzen Sie in einem Reagenzglas mithilfe der Reagenzglasklammer 2 ml des Kartoffelpresssaftes bis zum Sieden! Füllen Sie nun in ein Reagenzglas 5 ml Wasserstoffperoxid-Lösung sowie 1 ml des abgekochten Kartoffelpresssaftes und führen Sie die Glimmspanprobe durch!

Aufgaben:

a) Protokollieren Sie Ihre Beobachtungen!
b) Deuten Sie die Versuche, indem Sie folgende Teilaufgaben bearbeiten:
– Erläutern Sie, welche Schlussfolgerungen sich aus der Glimmspanprobe ziehen lassen!
– Welche chemische Reaktion findet in den Reagenzgläsern C und D statt? Stellen Sie das Reaktionsschema dieser Reaktion auf!
– Erläutern Sie, wie sich die Wirkung der Zigarettenasche und des Kartoffelpresssaftes in den Versuchen C und D erklären lässt!
– Erläutern Sie, wie sich die Beobachtung des Versuches E erklären lässt!

3 Harnstoff und Thioharnstoff

Hinweis: Thioharnstoff unterscheidet sich chemisch vom Harnstoff nur dadurch, dass im Molekül statt des Sauerstoffatoms ein Schwefelatom mit dem Kohlenstoffatom verbunden ist.

Material: Harnstoff-Lösung (2%ig); Thioharnstoff-Lösung (2%ig, Xn, N); Urease-Lösung (0,2%ig); Bromthymolblau-Lösung; 2 Petrischalen; Pipetten

Durchführung: Geben Sie in eine der Petrischalen 8 ml Harnstoff-Lösung, in die andere Petrischale 8 ml der Thioharnstoff-Lösung! Der Boden der Petrischalen muss bedeckt sein. In beide Petrischalen werden 10 Tropfen Bromthymolblau-Lösung pipettiert. Geben Sie nun jeweils 2 ml Urease-Lösung in beide Petrischalen und mischen Sie die Lösungen gut durch!

Aufgaben:

a) Protokollieren Sie Ihre Beobachtungen!
b) Deuten Sie Ihre Beobachtungen! Informieren Sie sich über die Stellung der Elemente Sauerstoff und Schwefel im Periodensystem und ziehen Sie Schlussfolgerungen für Ihre Deutung!
c) Wenden Sie für dieses Beispiel das Basiskonzept „Struktur und Funktion" an!

4 Enzyme und Temperatur

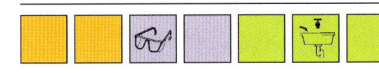

Hinweis: Die Bäckerhefe ist ein einzelliger Pilz, der Glucose abbauen kann. Dabei entsteht gasförmiges Kohlenstoffdioxid (CO_2), das von den Hefepilzen abgegeben wird. Der Abbau erfolgt im Inneren der Hefezellen in einer Reaktionskette, bei der jede einzelne Reaktion durch ein bestimmtes Enzym katalysiert wird.

Material: Heizrührgerät mit Rührkern; Becherglas (250 ml); 2 Erlenmeyerkolben (250 ml); Gärröhrchen; Eiswürfel; Thermometer; Waage; Pipetten; Bäckerhefe; Glucose-Lösung (10%ig)

Durchführung: Stellen Sie in einem Erlenmeyerkolben 100 ml einer 10%igen Glucose-Lösung her! Vermischen Sie in dem zweiten Erlenmeyerkolben etwa die Hälfte einer Packung Bäckerhefe mit 100 ml Wasser! Füllen Sie das Becherglas mit etwa 200 ml Wasser! Es dient als Wasserbad. Pipettieren Sie 8 ml der Glucose-Lösung und 8 ml der Hefesuspension in das Gärröhrchen und mischen Sie gut durch! Der Ansatz wird sofort in das Wasserbad gestellt. Es wird bei folgenden Temperaturen gemessen: 10 °C (Eis!), Zimmertemperatur, 30 °C, 40 °C, 60 °C, 80 °C. Alle Temperaturen, die höher als die Zimmertemperatur liegen, müssen zunächst mithilfe des Heizrührers im Wasserbad eingestellt werden. Erst dann kann der jeweilige Versuch gestartet werden. Nach jeweils 10 Minuten wird an der Kalibrierung des Gärröhrchens die gebildete Gasmenge abgelesen. Nach jedem Versuch wird das verwendete Gärröhrchen gut mit Wasser ausgespült.

Aufgaben:
a) Protokollieren Sie Ihre Beobachtungen!
b) Stellen Sie die gemessenen Daten in einem Koordinatensystem dar!
c) Deuten Sie die Kurve mithilfe Ihrer Kenntnisse über den Bau von Enzymen!
d) Entwickeln Sie eine Hypothese, wie sich die Kurve verändert, wenn statt der 10%igen Glucose-Lösung eine 20%ige Lösung eingesetzt wird! Begründen Sie Ihre Hypothese! Entwickeln Sie auch sinnvolle Alternativ-Hypothesen und erklären Sie!

5 Enzyme und Konzentration

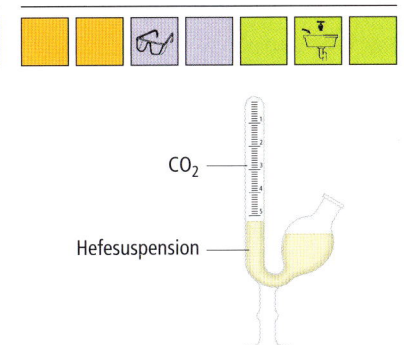

Material: Reagenzglasständer; 10 Reagenzgläser; Gärröhrchen; Waage; Glucose-Lösung (0,01%ig, 0,05%ig, 0,1%ig, 0,5%ig, 1%ig, 2%ig, 3%ig, 5%ig, 10%ig, 15%ig); Hefesuspension (aus Versuch 4); Pipetten; Spatel

Durchführung: Stellen Sie zunächst mithilfe der Waage 10 ml der Glucose-Lösungen in den verschiedenen Konzentrationen in den 10 Reagenzgläsern her! In einem Gärröhrchen werden anschließend jeweils 8 ml einer Glucose-Lösung und 8 ml der Hefesuspension gemischt. Lesen Sie jeweils nach 10 Minuten die gebildete Gasmenge an der Kalibrierung des Gärröhrchens ab!

Aufgaben:
a) Protokollieren Sie Ihre Beobachtungen!
b) Stellen Sie die gemessenen Daten grafisch in einem Koordinatensystem dar (Ordinate: Kohlenstoffdioxidmenge; Abszisse: Temperatur)!
c) Deuten Sie die entstandene Kurve mithilfe Ihrer Kenntnisse über die Funktion des aktiven Zentrums von Enzymen!

6 Enzyme in Waschmitteln

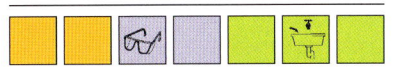

Material: 4 Bechergläser (100 ml); 3 Bechergläser (250 ml); Gasbrenner mit Dreifuß und Keramikdrahtnetz; Teelöffel; Puddingpulver; Gelatine; Vollwaschmittel; Kühlschrank

Durchführung:
A Mithilfe eines Gasbrenners werden in einem Becherglas (250 ml) etwa 200 ml Wasser erhitzt. Füllen Sie in das heiße Wasser unter Rühren den Inhalt einer Packung Puddingpulver ein! Verteilen Sie den noch warmen Inhalt auf zwei weitere Bechergläser (100 ml)!
B Setzen Sie in einem Becherglas (250 ml) eine Mischung aus 150 ml Wasser und 3 Teelöffeln Vollwaschmittel an! Mischen Sie gut durch!
C Ein Becherglas mit Pudding wird mit der Vollwaschmittel-Lösung überschichtet. Stellen Sie beide Bechergläser in den Kühlschrank!
D In ein Becherglas (250 ml) werden etwa 200 ml Wasser gefüllt und mithilfe des Gasbrenners erhitzt. Rühren Sie in das warme Wasser etwa die Hälfte des Inhalts einer Gelatinepackung ein! Verteilen Sie den Inhalt auf zwei weitere Bechergläser (100 ml)!
E Ein Becherglas mit Gelatine wird mit Vollwaschmittel-Lösung überschichtet. Stellen Sie beide Bechergläser in den Kühlschrank!

Aufgaben:
a) Protokollieren Sie Ihre Beobachtungen!
b) Deuten Sie Ihre Beobachtungen!
c) Erläutern Sie die Bedeutung der Enzyme in Vollwaschmitteln!

7 Enzyme und Schwermetalle

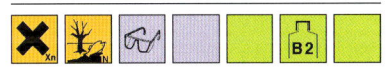

Material: Harnstoff-Lösung (2%ig); Urease-Lösung (0,2%ig); Bromthymolblau-Lösung; Kupfersulfat-Lösung (10^{-3} mol/l, Xn, N); Reagenzglasständer mit 2 Reagenzgläsern; Pipetten

Durchführung: Pipettieren Sie in die beiden Reagenzgläser je 5 ml Harnstoff-Lösung und einige Tropfen Bromthymolblau-Lösung! Geben Sie zum ersten Reagenzglas 1 ml der Kupfersulfat-Lösung und zum zweiten Reagenzglas 1 ml Wasser! Starten Sie den Versuch durch die Zugabe von je 1 ml Urease-Lösung zu den beiden Versuchsansätzen! Schütteln Sie gut durch!

Aufgaben:
a) Protokollieren Sie Ihre Beobachtungen!
b) Deuten Sie Ihre Beobachtungen!

Strukturelle und energetische Grundlagen des Lebens

4.3 Cofaktoren

Einige Enzyme, wie die Ribonuclease, bestehen ausschließlich aus Proteinen. Viele Enzyme haben jedoch neben dem Proteinanteil, dem **Apoenzym**, noch andere chemische Bestandteile, die man **Cofaktoren** nennt. Dabei handelt es sich um verglichen mit dem Proteinanteil niedermolekulare Verbindungen *(Coenzyme)* oder um Metallionen. So ist im aktiven Zentrum des Enzyms Katalase eine Nichtproteinverbindung (Häm-Gruppe), die ein Eisenion (Fe^{3+}) enthält, mit dem Proteinanteil verbunden. Die Katalase zerlegt das für die Zelle giftige Wasserstoffperoxid (H_2O_2). Viele Coenzyme oder deren Vorstufen können nicht selbst vom Körper hergestellt werden. Solche lebensnotwendigen Verbindungen, die mit der Nahrung aufgenommen werden müssen, nennt man *Vitamine*.

Cofaktoren, die fest mit dem Apoenzym verbunden sind wie bei der Katalase, bezeichnet man als **prosthetische Gruppen.** Hingegen sind bei dem Enzym Lactat-Dehydrogenase, das Brenztraubensäure zu Milchsäure umwandelt, das Apoenzym und das Coenzym zunächst voneinander getrennt. Das Apoenzym ist allein nicht funktionsfähig. Erst wenn Apoenzym und Coenzym miteinander verbunden sind **(Holoenzym),** ist das Enzym aktiv. Als Coenzym benötigt die Lactat-Dehydrogenase das **Nicotinamidadenindinucleotid** (NAD^+ bzw. $NADH + H^+$). Die Übertragung des Wasserstoffs (H) von $NADH + H^+$ auf die Brenztraubensäure erfolgt durch den gleichzeitigen Transfer von einem Elektron. Das entspricht der Übertragung eines Hydrid-Ions (H^-). Das noch fehlende Proton wird aus der umgebenden Lösung entnommen. Also wird $NADH + H^+$ bei diesem Vorgang zu NAD^+ oxidiert. Um dem Stoffwechsel erneut als $NADH + H^+$ zur Verfügung zu stehen, muss das NAD^+ von einem anderen Enzym (Apoenzym) reduziert werden. Das Coenzym geht also jedes Mal verändert aus der Reaktion hervor. Es hat sich damit wie ein Substrat verhalten. Daher spricht man besser von **Cosubstraten** als von Coenzymen.

Auch das **Adenosintriphosphat (ATP)** ist ein solches Cosubstrat. In den Zellen sämtlicher Lebewesen dient ATP als universelles Speicher- und Transportmittel für Energie. Die Energie, die das ATP speichert, liegt in den chemischen Bindungen von zwei Phosphatresten Ⓟ. Aufgrund der Ladungsverteilung und der Konformation im ATP wird zum Beispiel beim Abspalten des äußeren Phosphatrestes sehr viel Energie freigesetzt (30,5 kJ/Mol). Man kennzeichnet diese „energiereiche Bindung" mit einer gewellten Linie. Durch Hydrolyse von ATP zu Adenosindiphosphat **(ADP)** und Ⓟ wird also Energie frei, die für verschiedene Vorgänge in der Zelle benötigt wird. ATP muss ständig aus ADP regeneriert werden. Ein Mensch setzt täglich ungefähr sein Körpergewicht an ATP um.

1. Erläutern Sie die Begriffe Holoenzym, Apoenzym, Cosubstrat, prosthetische Gruppe und Cofaktor!
2. Begründen Sie anhand des ATPs, weshalb sich die Bezeichnung Cosubstrat besser eignet als Coenzym!
3. Erläutern Sie das Schema zur Überträgerfunktion von Cofaktoren in Abbildung 47.1C!

Metallionen/ -atome als Cofaktoren	Beispiele von Enzymen mit diesen Cofaktoren	Cosubstrate als Cofaktoren	Beispiele für übertragene chemische Gruppen	mit der Nahrung aufgenommene Vorstufen
Fe^{2+}/Fe^{3+}	Cytochrom-Oxidase Katalase Peroxidase	Nicotinamidadenin-dinucleotid (NAD^+)	Wasserstoff	Nicotinsäure (Niacin)
Cu^{2+}	Cytochrom-Oxidase	Flavinadenin-dinucleotid (FAD)	Wasserstoff	Riboflavin (Vitamin B_2)
Zn^{2+}	Alkohol-Dehydrogenase	Coenzym A	Acylgruppen	Panthothensäure
Mg^{2+}	Hexokinase Glucose-6-Phosphatase	Coenzym B_{12}	H-Atome und Alkyl-Gruppen	Vitamin B_{12}
Mn^{2+}	Ribonucleotid-Reductase	Thiaminpyro-phosphat	Aldehyde	Thiamin (Vitamin B_1)
K^+	Pyruvat-Kinase	Biocytin	CO_2	Biotin
Ni^{2+}	Urease	Tetrahydrofolat	C_1-Gruppen	Folat
Mo	Dinitrogenase	Pyridoxalphosphat	Aminogruppe	Pyridoxin (Vitamin B_6)
Se	Glutathion-Peroxidase			

46.1 Cofaktoren

Strukturelle und energetische Grundlagen des Lebens

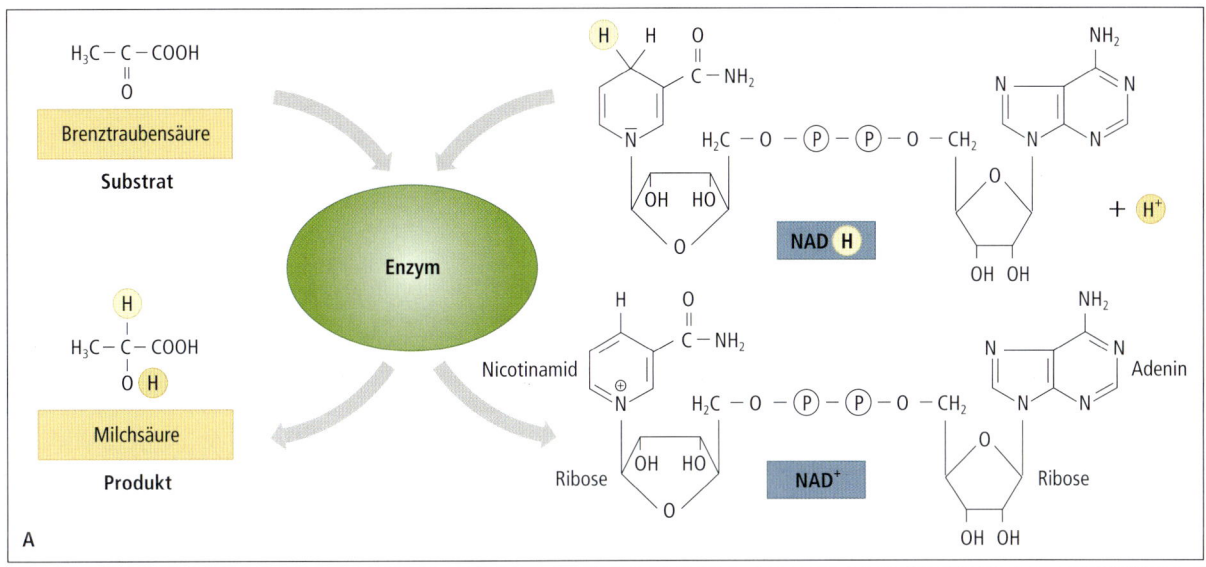

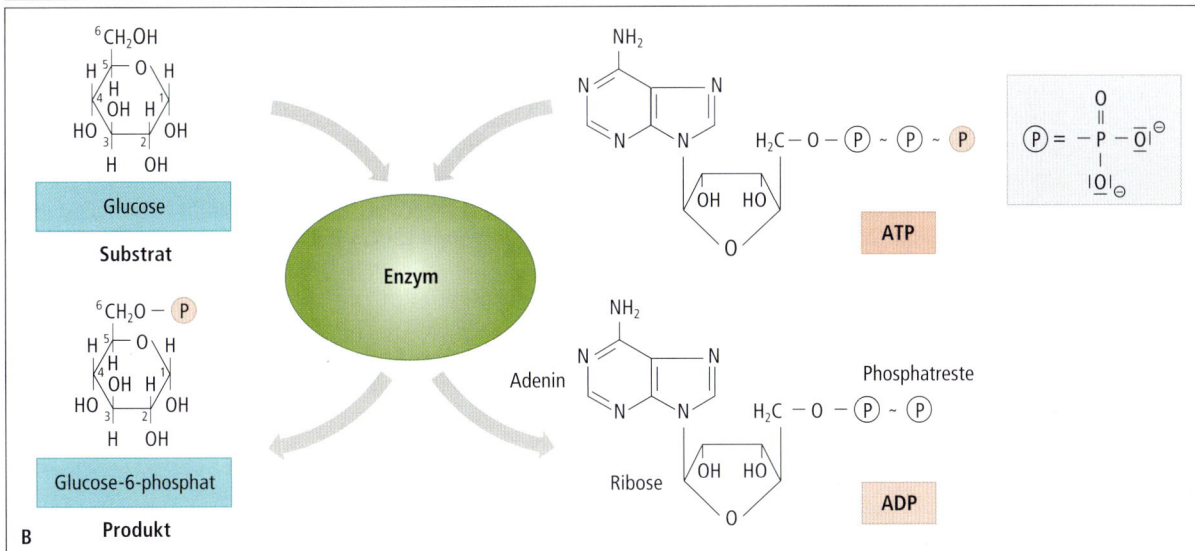

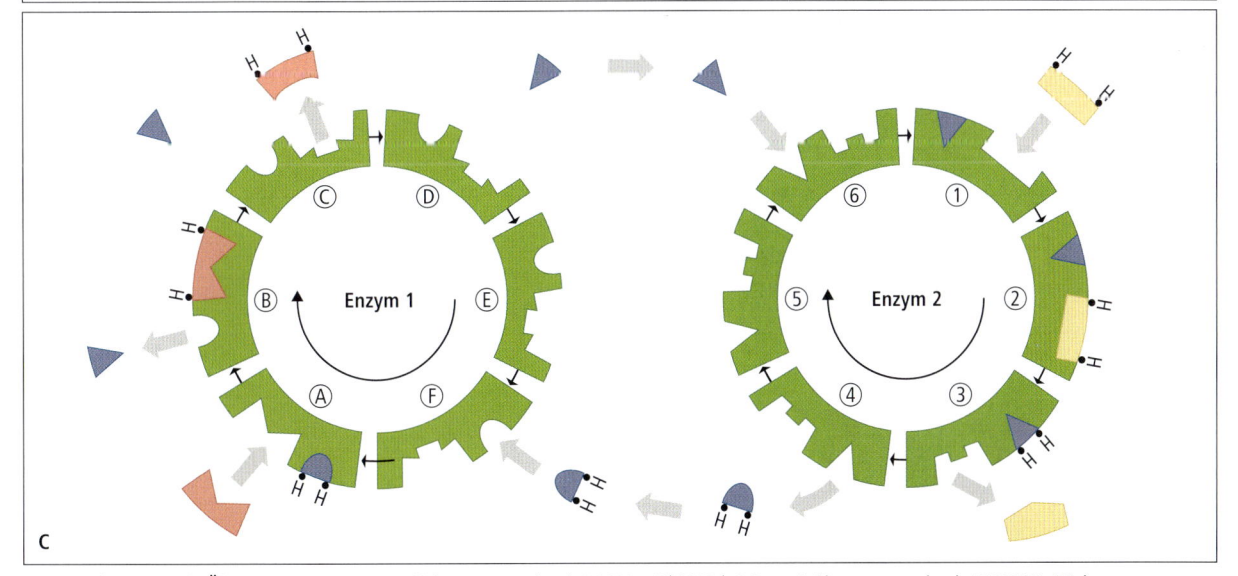

47.1 Cofaktoren als Überträger. A Wasserstoffübertragung durch NADH + H$^+$/NAD$^+$; **B** Energieübertragung durch ATP/ADP; **C** Schema

5 Energie in Lebewesen und Technik

5.1 Stoff- und Energieaustausch

Lebewesen existieren nicht im luftleeren Raum, sondern tauschen Stoffe und Energie mit ihrer Umgebung aus. Darüber hinaus stehen sie mit anderen Organismen in Beziehung. Man kann Organismen in ihrer Umwelt als System betrachten. Ein System definiert sich aus Systemelementen (Stoffe, Energie), Systemgrenzen (Membranen, Haut) und Wechselwirkungen (Stoffflüsse).

Organismen und damit auch die Zelle als kleinste Baueinheit stehen mit ihrer Umwelt in Wechselwirkung und sind daher **offene Systeme.** Sie können nur durch ständige Energieaufnahme existieren. Pflanzen und fotosynthetische Bakterien verwenden hierfür als Energiequelle Lichtenergie sowie Kohlenstoffdioxid und weitere anorganische Stoffe. Menschen und Tiere erhalten chemische Energie durch den Verzehr von Pflanzen oder Tieren. Mit einem Teil der Energie werden lebenswichtige Funktionen wie Wachstum und Vermehrung ausgeführt. Der Rest der Energie geht als Wärme verloren. Dabei betreibt jede Zelle einen Kreislauf chemischer Reaktionen, den *Stoffwechsel*.

Zellen nehmen notwendige Stoffe auf, bauen diese in körpereigene organische Stoffe um und geben auch Zellprodukte ab. Im **katabolischen** (gr. *katabolein*, abbauen) Stoffwechsel werden Nährstoffmoleküle in kleinere Moleküle, Bausteine für die Biosynthese, zerlegt. Damit einher geht ein Energiegewinn. Demgegenüber werden im **anabolischen** (gr. *anabolein*, aufbauen) Stoffwechsel unter Energieaufwand Makromoleküle – zum Beispiel Proteine, Kohlenhydrate, Fette – produziert, aus denen die Zelle besteht.

Eine ausdifferenzierte Zelle, die sich nicht teilt oder wächst, nimmt je Zeiteinheit etwa die gleiche Menge an Stoffen auf, wie abgegeben wird. Auch der Zufluss von Lichtenergie in einer pflanzlichen oder chemischer Energie in einer tierischen Zelle entspricht dem Abfluss von Wärme oder chemischer Energie aus diesen Zellen an die Umwelt. Jeder zelluläre Stoff- und Energiewechsel und damit auch jede einzelne Zelle befinden sich deswegen in einem **Fließgleichgewicht.** Dabei bestimmt die langsamste Zwischenreaktion in der Zelle die Durchflussrate durch dieses offene System. Gesteuert und kontrolliert wird der Zu- und Abfluss von Stoffen selektiv durch die *Zellmembran*. Die Zelle ist in der Lage, auf Störungen wie Nährstoff- oder Energiemangel zu reagieren. Dieses geschieht in der Zelle durch Regelung der Enzymaktivität oder Enzymsynthese. Die Zelle ändert dabei ihre Membrandurchlässigkeit oder steuert Transportvorgänge um. Mit dem Tod des Organismus endet dieses Fließgleichgewicht und die Zelle stirbt.

1. Zeichnen Sie entsprechend 48.2 ein Schema des Fließgleichgewichts in einer grünen Pflanzenzelle und erklären Sie!

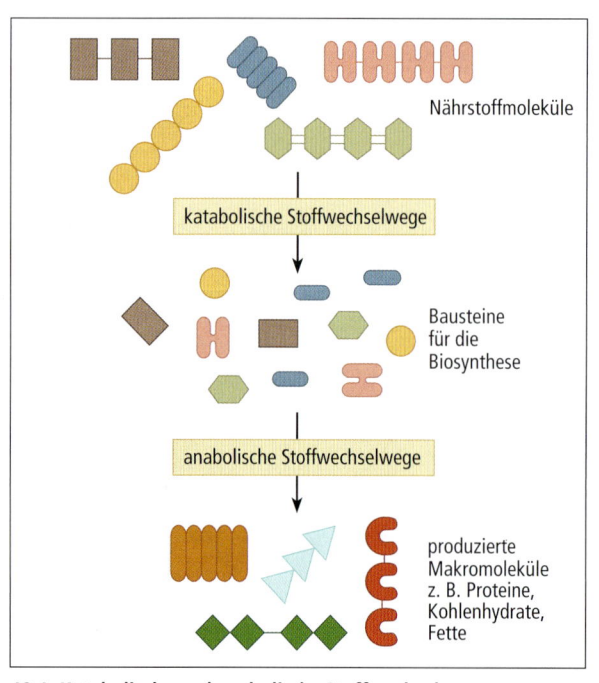

48.1 Katabolische und anabolische Stoffwechselwege

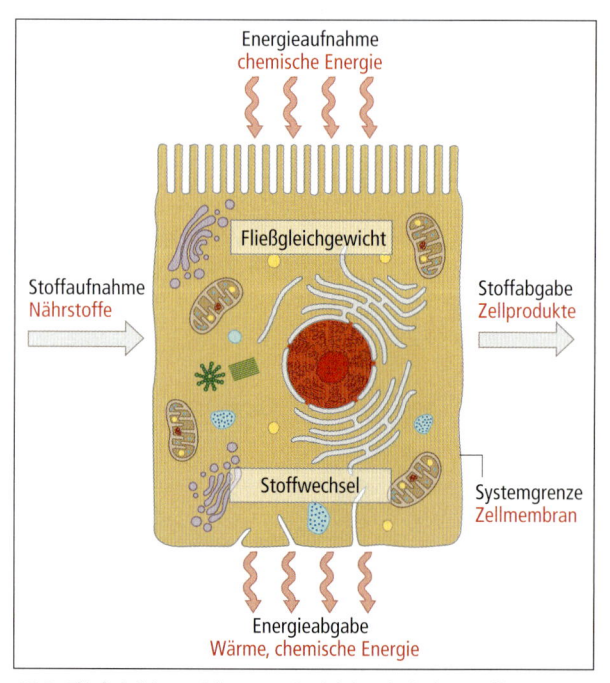

48.2 Fließgleichgewicht am Beispiel der tierischen Zelle

Strukturelle und energetische Grundlagen des Lebens

EXKURS: Thermodynamik

Überlässt man leblose Dinge sich selbst, so geraten sie spontan in Unordnung: ein altes Haus zerfällt, tote Lebewesen verwesen. Um dieser Unordnung entgegenzuwirken, ist ein ständiger Energieinput notwendig. Im Kühlschrank zum Beispiel wird elektrische Energie aufgewendet, um den spontanen Prozess der Verwesung von Lebensmitteln zu verlangsamen. Das Fachgebiet, das sich mit der Energieumwandlung beschäftigt, ist die **Thermodynamik**.

Der **erste Hauptsatz der Thermodynamik** sagt, dass Energie weder geschaffen noch vernichtet werden kann. Eine Energieform kann nur in eine andere umgewandelt werden. So sind chemisch gebundene Energie, elektrische Energie, Bewegungsenergie, Lageenergie und Wärmeenergie ineinander überführbar. Der **zweite Hauptsatz der Thermodynamik** besagt, dass in einem System ohne Energiezufuhr der Grad der Unordnung stets zunimmt. Dies ist ein spontaner Prozess.

Das Maß der Unordnung eines Systems ist die **Entropie.** Die Entropie ist umso größer, je größer die Unordnung ist. Lebende Zellen erzeugen molekulare Ordnung, indem sie zum Beispiel aus kleineren Molekülen größere synthetisieren. Dies steht scheinbar im Widerspruch zum zweiten Hauptsatz. Wie kann das funktionieren?

Eine Zelle ist ein offenes System, das nur mit andauerndem energetischem Aufwand die innere Ordnung aufrechterhalten kann. Sie nimmt Energie in Form von Lichtenergie oder Nährstoffen aus ihrer Umgebung auf und verwendet diese, um Ordnung zu schaffen. Dabei wird ein Teil der aufgewendeten Energie in Wärme umgewandelt. Die Wärme wird an die Umgebung der Zelle abgegeben. Die molekulare Teilchenbewegung nimmt zu und bringt die Umgebung in Unordnung. Damit nimmt die gesamte Entropie, die der Zelle und der Umgebung, zu, so wie es der zweite Hauptsatz der Thermodynamik verlangt.

Eine Größe, aus der man ableiten kann, ob eine Reaktion spontan abläuft, ist die **Freie Energie G.** Sie ist die Triebkraft der Stoffwechselreaktionen. Ihre Veränderung beim Übergang eines Systems von einem Ausgangs- in einen Endzustand wird als Delta G (ΔG) bezeichnet. Spontan ablaufende Reaktionen sind solche, die ein negatives ΔG aufweisen. Man nennt sie **exergonische Reaktionen.** Damit ein Vorgang exergonisch ablaufen kann, muss das System entweder Energie abgeben, seine Ordnung verringern oder beides. Reaktionen mit positivem ΔG, **endergonische Reaktionen,** schaffen Ordnung im System. Diese Reaktionen können nur stattfinden, wenn sie an eine zweite Reaktion gekoppelt sind, deren negatives ΔG so groß ist, dass auch das ΔG der Gesamtreaktion negativ ist. Sind exergonische und endergonische Reaktionen räumlich oder zeitlich getrennt, übermitteln *Trägermoleküle*, wie zum Beispiel **ATP**, die Energie. ATP-Moleküle können so Energie verbrauchende Zellvorgänge, wie Transportarbeit in den Membranen oder mechanische Arbeit in den Muskeln, ermöglichen.

1. Formulieren Sie die beiden Hauptsätze der Thermodynamik in eigenen Worten!
2. Erläutern Sie die Bedeutung der beiden Hauptsätze der Thermodynamik für die Funktion einer lebenden Zelle!
3. Erklären Sie, wodurch die abgegebene Wärmeenergie einer Zelle zu einer Zunahme der Entropie in ihrer Umgebung führt!

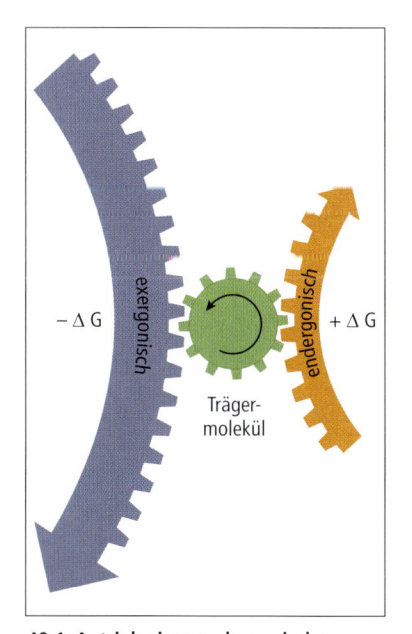

49.1 Antrieb einer endergonischen Reaktion durch Kopplung mit einer exergonischen

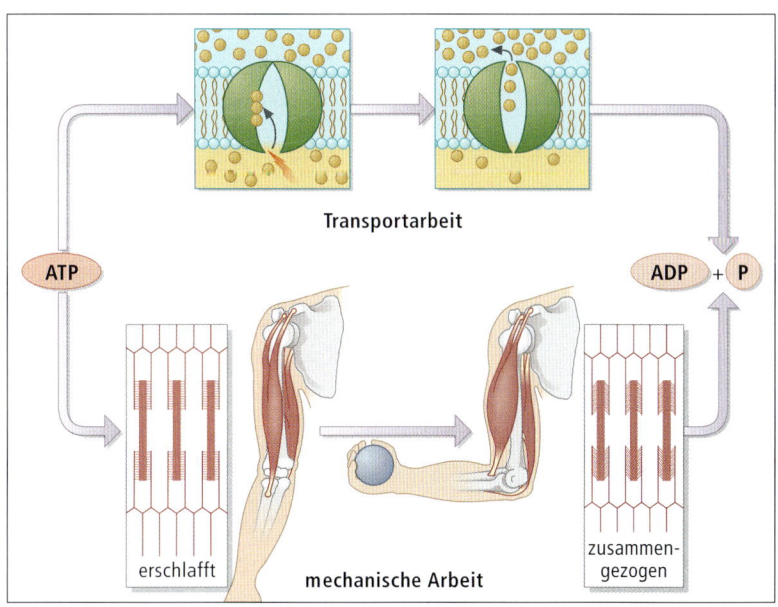

49.2 ATP als universeller Energieträger

5.2 Energieübertragung in der Zelle

Alle Lebewesen müssen Arbeit leisten. Dabei tauschen sie als offene Systeme Stoffe und Energie mit ihrer Umgebung aus. Dieser Austausch dient auf molekularer Ebene chemischer Arbeit wie bei der Synthese von DNA oder Proteinen. Auf zellulärer Ebene findet Transportarbeit statt, mit der Konzentrationsgradienten aufrechterhalten oder Ionen über die Membran aufgenommen werden. Auch die Bewegung der Chromosomen durch Spindelfasern gehört dazu. Auf organischer Ebene ist mechanische Arbeit zu leisten, wenn beispielsweise Muskelzellen kontrahieren.

Solche Energie verbrauchenden, endergonischen Reaktionen können nur stattfinden, wenn der Energiebedarf durch Kopplung mit Energie liefernden, exergonischen Reaktionen gedeckt wird. Läuft eine exergonische Reaktion ab, soll die frei werdende Energie nicht als Wärme an die Umgebung verschwendet, sondern eine endergonische Reaktion angetrieben werden. Man bezeichnet diesen Prozess, bei dem sich Energie liefernde und Energie verbrauchende Reaktionen wechselseitig antreiben, als **Energiekopplung.**

Ort und Zeitpunkt der Energiebildung und des Energieverbrauchs können unterschiedlich sein. Zu diesem Zweck wird in der Zelle Energie von Reaktionen, die diese freisetzen, wie zum Beispiel der Abbau von Nährstoffmolekülen, zeitweise gespeichert. Zu einem späteren Zeitpunkt und an anderer Stelle kann diese Energie dann beispielsweise zum Aufbau von Makromolekülen verwendet werden. In den meisten Fällen erfolgt die Speicherung der Energie als chemische Bindungsenergie in *Trägermolekü-*

len. Diese lagern Energie in einer leicht austauschbaren Form zwischen, entweder als übertragbare chemische Gruppen in Form von **ATP** oder als Elektronen etwa in Form von reduziertem **NADH + H$^+$** und **NADPH + H$^+$**. Solche Energieträger diffundieren sehr schnell durch die Zelle und tragen die gebundene Energie von dem Ort der Energieerzeugung zu den Stellen, an denen energieerfordernde Zellaktivitäten ablaufen.

Das wichtigste und am vielseitigsten einsetzbare Trägermolekül für Energie in der Zelle ist ATP. Die drei Phosphatgruppen (P_i oder Ⓟ) des ATPs stoßen sich durch vier negative Ladungen auf engstem Raum stark ab, vergleichbar mit einer gespannten Feder. Deshalb kann die endständige Phosphatgruppe des ATPs leicht abgespalten werden, die Feder entspannt sich. Dabei entsteht durch Zufuhr von Wasser ADP und anorganisches Phosphat. Bei dieser Reaktion wird Energie in der Größenordnung von etwa 30 Kilojoule pro Mol frei, womit Energie verbrauchende Reaktionen angetrieben werden können. Das dabei gebildete ADP wird in einer endergonischen Phosphorylierungsreaktion durch Anlagerung einer Phosphatgruppe unter Wasserabspaltung in ATP zurückverwandelt.

Die ATP-Regeneration muss mit einer exergonischen Reaktion gekoppelt sein. Beispiele für Vorgänge, die genügend Energie zur Regeneration von ATP liefern, sind die Glykolyse, die Atmungskette, der Fettabbau und die lichtabhängige Reaktion der Fotosynthese.

ATP ist somit ein *universelles Speicher- und Transportmittel für Energie* und kann für chemische Reaktionen eingesetzt werden, die sonst nicht stattfinden könnten.

A exergonisch; $\Delta G = -30{,}5$ kJ/mol

B endergonisch; $\Delta G = +13{,}8$ kJ/mol

C $ATP^{4-} + Glucose \rightarrow ADP^{3-} + (Glucose\text{-}6\text{-}phosphat)^{2-} + H^+$ exergonisch; $\Delta G = -16{,}7$ kJ/mol

50.1 Phosphorylierung von Glucose. A Übertragung von Phosphat von ATP auf Wasser; **B** Übertragung von Phosphat von Wasser auf Glucose; **C** Gesamtreaktion

5.3 Energieträger in der Technik

In Deutschland werden immer mehr Autos zugelassen, die nicht mit Benzin oder Dieselkraftstoff, sondern mit regenerativem Treibstoff wie Biogas, Bioethanol oder Biodiesel fahren. Biogas entsteht bei der Vergärung von Biomasse wie zum Beispiel Gülle oder Stroh. Bioethanol wird aus Mais oder Zuckerrohr gewonnen und Biodiesel vorwiegend aus Raps und Palmöl. Der Vorteil dieser Treibstoffe ist die gegenüber fossilen Brennstoffen höhere Umweltverträglichkeit sowie die Nachhaltigkeit. Ausgangspunkt der regenerativen, also *nachhaltigen Treibstoffe* ist die Fotosynthese von zurzeit lebenden Pflanzen. Das von den Pflanzen gebundene Kohlenstoffdioxid kehrt bei der Verbrennung wieder in die Atmosphäre zurück. Es liegt ein natürlicher Stoffkreislauf vor.

Trotzdem sind auch diese Treibstoffe nicht ganz ohne Probleme. Für viele Landwirte ist die Produktion von Energiepflanzen wirtschaftlich lohnender als der Anbau von Lebensmittelpflanzen. Dies führt zu einer Verknappung von Nahrung. Ganz extrem ist die Situation in den Tropen wie zum Beispiel in Indonesien. Dort wird tropischer Regenwald gerodet, um Platz für Plantagen von Ölpalmen zu schaffen. Damit ist der ökologische Schaden gewaltig.

Herkömmliche Treibstoffe wie Benzin und Dieselkraftstoff werden aus Erdöl hergestellt. Auch eine Herstellung aus Kohle ist technisch machbar, wenn auch zurzeit nicht rentabel. Bei der Verbrennung dieser *fossilen Brennstoffe* wird die Energie genutzt, die vor vielen Millionen Jahren durch die Fotosynthese der damals lebenden Pflanzen gebunden wurde. Wenn heute diese Stoffe verbrannt werden, wird der gebundene Kohlenstoff in Form von Kohlenstoffdioxid freigesetzt und belastet die Umwelt. So sind sich Klimaforscher sicher, dass tiefgreifende Veränderungen des globalen Klimas eintreten werden. Als Konsequenz müsste das Verbrennen fossiler Energieträger eingestellt werden. Aber welche Alternativen gibt es? Die *Kernenergie* produziert keine Abgase. Jedoch ist die Entsorgung der radioaktiven Abfälle noch immer nicht geklärt. Deshalb ist Kernenergie in der Bevölkerung heftig umstritten. Zeitlich unbegrenzt verfügbar und abgasfrei sind *alternative Energien* wie Solarenergie, Wasserkraft und Windenergie. Problematisch sind der große Flächenbedarf sowie die hohen Kosten bei der Erstellung der Anlagen. Diese und andere Probleme müssen gelöst werden, wenn alternative Energien in Zukunft eine größere Rolle spielen sollen.

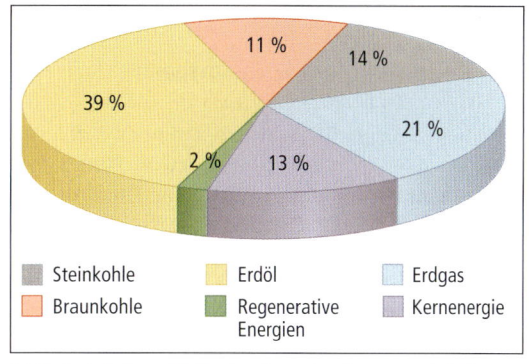

51.2 Anteil der wichtigsten Energieträger am globalen Energiebedarf im Jahr 2008

1. Stellen Sie Vor- und Nachteile der wichtigsten technischen Energieträger in einer Tabelle zusammen!
2. Diskutieren und bewerten Sie diese Energieträger!

51.1 Die wichtigsten Energieträger

Strukturelle und energetische Grundlagen des Lebens

6 Energiebindung und Stoffaufbau durch Fotosynthese

6.1 Bedeutung der Fotosynthese

An einem einzigen Tag im Hochsommer werden von einem großen Laubbaum etwa zwölf Kilogramm Kohlenhydrate, vor allem in Form von *Cellulose* und dem Holzstoff *Lignin*, gebildet. Dabei verarbeitet der Baum rund 6700 Liter Kohlenstoffdioxidgas und setzt mehr als 9000 Liter Sauerstoffgas frei. Alle grünen Pflanzen zusammen auf der Erde nehmen jährlich etwa 200 Milliarden Tonnen Kohlenstoff aus der Atmosphäre auf und erzeugen daraus Zucker, Holz, Fette, Eiweißstoffe und viele weitere organische Substanzen. Diese Stoffe werden als **Biomasse** bezeichnet. Sie würden jährlich einen Güterzug füllen, der etwa 2000 mal um die Erde reicht.

Zum Aufbau von Biomasse wird neben Kohlenstoffdioxid und Wasser auch Energie gebraucht. Als Energiequelle nutzen die Pflanzen die Sonne. Sie strahlt ständig riesige Energiemengen in den Weltraum ab. Davon gelangt nur ein winziger Bruchteil auf die Erde. Beim Durchdringen der Atmosphäre werden die extrem kurzwelligen und langwelligen Strahlungsanteile absorbiert oder reflektiert. Deshalb trifft vorwiegend Strahlung mit Wellenlängen zwischen 280 und 3000 nm auf die Erdoberfläche. Besonders intensiv ist der Strahlungsanteil des *sichtbaren Lichtes* mit Wellenlängen von 400 bis 700 nm.

Die Energie dieser Strahlung wird von den grünen Pflanzen in erster Linie zur Herstellung von Traubenzucker (Glucose) genutzt. Weil die Energie für den Zuckeraufbau aus dem Licht stammt, nennt man den Vorgang **Fotosynthese.** Vereinfacht kann man diese als chemische Reaktion auffassen, bei der **Kohlenstoffdioxid** mit **Wasser** zu **Kohlenhydrat** reagiert. Dabei wird **Sauerstoffgas** als „Abfallprodukt" freigesetzt. Jedoch würde sich in Mineralwasser, einer Lösung von Kohlenstoffdioxid in Wasser, auch bei lang dauernder, intensiver Belichtung kein Zucker bilden. Die Fotosynthese kann nämlich nur an den Biomembranen im Inneren der grünen Chloroplasten in lebenden Pflanzenzellen ablaufen. Hier sind sowohl die Farbstoffe zur Bindung der Lichtenergie als auch die notwendigen chemischen Voraussetzungen vorhanden. Dabei wird die Lichtenergie vom Blattgrün, dem Chlorophyll, absorbiert und in chemisch gebundene Energie umgewandelt.

Bei Versuchen mit Wassermolekülen, markiert mit „schweren" Sauerstoffisotopen ^{18}O, stellte man fest, dass alle freigesetzten Sauerstoffmoleküle markiert waren und daher aus der Zerlegung von Wassermolekülen stammen mussten. Aus diesem Grund kann der gesamte Fotosynthesevorgang folgendermaßen dargestellt werden:

$$6\,CO_2 + 12\,H_2^{18}O \xrightarrow[\text{Chlorophyll}]{\text{Lichtenergie}} C_6H_{12}O_6 + 6\,H_2O + 6\,^{18}O_2$$

$$\Delta G^{0'} = +2870\,kJ/mol$$

Die Energieverwertung der Sonneneinstrahlung ist unter natürlichen Bedingungen schwierig zu messen. Eine Untersuchung an einem See hat ergeben, dass von schätzungsweise 7,1 Millionen Kilojoule Energieeinstrahlung pro Quadratmeter der Seeoberfläche etwa 87 000 Kilojoule durch die Fotosynthese der Wasserpflanzen und des Phytoplanktons gebunden werden. Davon wird rund ein Sechstel in Biomasse festgelegt. Dies entspricht weniger als 0,2 Prozent der eingestrahlten Energiemenge.

52.1 Stoffwechselleistung eines Laubbaums an einem Sommertag

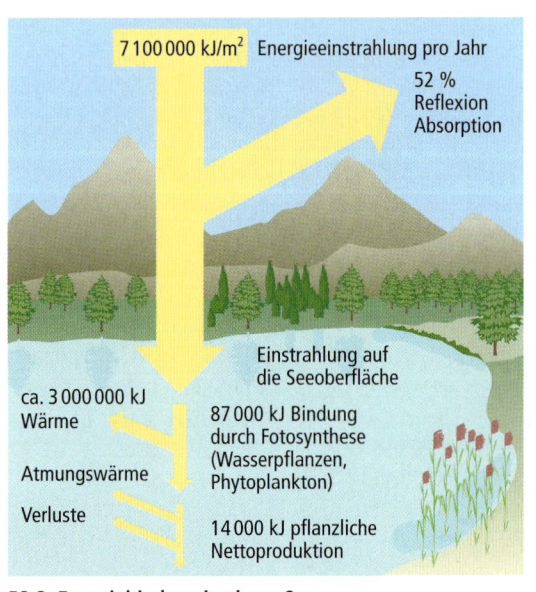

Höhe	25 m
Kronenbreite	14 m
Blattfläche	1500 m²
Fotosyntheseleistung pro Tag	12 kg Kohlenhydrate
Bindung von Kohlenstoffdioxid pro Tag	6700 l
Sauerstofferzeugung pro Tag	9400 l
Wasserverdunstung pro Tag	400 l
Holzproduktion	15 m³ Lebensleistung

52.2 Energiebindung in einem See

- 7 100 000 kJ/m² Energieeinstrahlung pro Jahr
- 52 % Reflexion Absorption
- ca. 3 000 000 kJ Wärme
- Atmungswärme
- Verluste
- Einstrahlung auf die Seeoberfläche
- 87 000 kJ Bindung durch Fotosynthese (Wasserpflanzen, Phytoplankton)
- 14 000 kJ pflanzliche Nettoproduktion

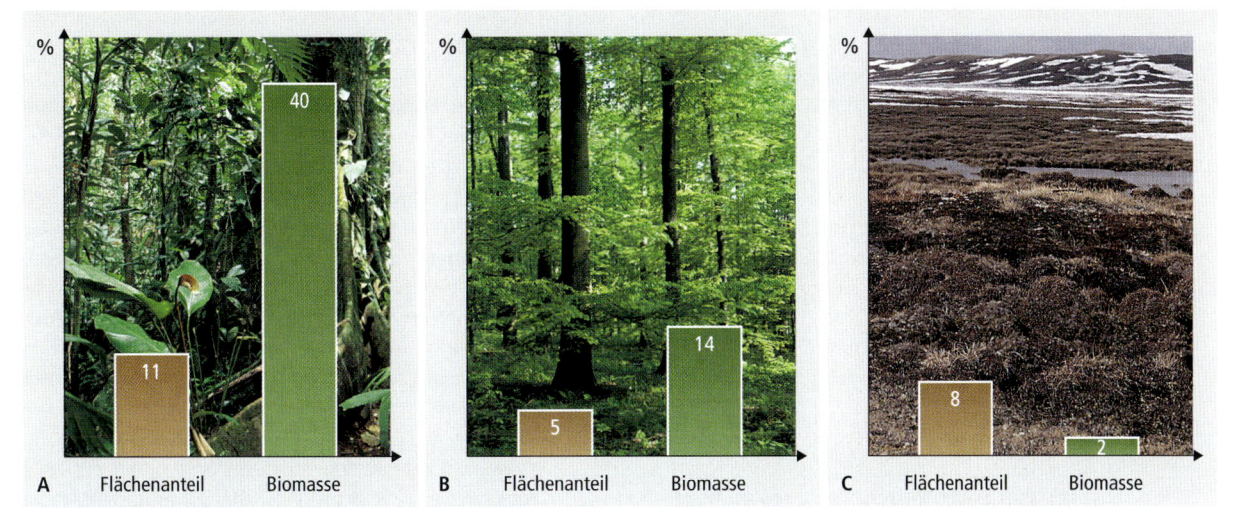

53.1 Flächenanteil und Biomasseproduktion in verschiedenen Vegetationszonen. A tropischer Regenwald; B Laubwald, C Tundra

Die Biomasseproduktion ist deshalb so schwierig zu messen, weil sie von vielen geografischen und ökologischen Faktoren abhängig ist. Die Meere bedecken etwa 70 Prozent der Erdoberfläche, liefern aber jährlich nur etwa halb so viel Biomasse wie die Landpflanzen. Im Meer ist vor allem das Phytoplankton im Bereich der Wasseroberfläche fotosynthetisch aktiv. Seine Menge ist von der Wassertemperatur und dem Mineralstoffangebot abhängig. Deshalb wird in den großen ozeanischen Räumen weit weniger Biomasse erzeugt als in küstennahen Bereichen. In tieferen Wasserschichten ist aufgrund des Lichtmangels kein pflanzliches Leben mehr möglich. Hier wird keine Biomasse mehr gebildet, stattdessen werden absinkende und abgestorbene Algen von Bakterien und anderen Kleinstlebewesen abgebaut. Sie liefern in der Nahrungskette die lebensnotwendigen Nährsalze und die Energie.

Auch auf dem Land ist die von den Pflanzen durch Fotosynthese gebildete Biomasse die Grundlage allen Lebens. Es besteht ein direkter Zusammenhang zwischen Vielfalt und Besiedelungsdichte von Lebewesen und der Biomasseproduktion in den verschiedenen Vegetationszonen. Der größte Teil der Biomasse wird in den Wäldern, besonders im tropischen Regenwald, gebildet. Man schätzt, dass im tropischen Regenwald ebenso viele Pflanzen- und Tierarten beheimatet sind wie in allen übrigen Landlebensräumen zusammen. Auf einer Fläche von 10 000 m² kann man bis zu 300 Baumarten, manche davon 60 Meter hoch, finden. Ein Laubwald ist deutlich niedriger und offener; auch die Biomasseproduktion ist wesentlich geringer. Eine arktische Tundra bildet aufgrund des kalten Klimas die Grenze des pflanzlichen Lebens. Die wenigen Gräser und niedrigen Sträucher erzeugen nur wenig Biomasse, die einige spezialisierte Tierarten nutzen.

In der Biomasse aller heute auf der Erde vorkommenden Lebewesen sind etwa 500 bis 1000 Milliarden Tonnen Kohlenstoff festgelegt. Um ein Vielfaches höher sind die Mengen an Kohlenstoff, die in vergangenen Erdzeitaltern durch die Fotosynthese der damals lebenden Pflanzen gebunden wurden. Ein Teil dieser Biomasse wurde unter entsprechenden klimatischen und geologischen Bedingungen in die fossilen Brennstoffe *Kohle, Erdöl* und *Erdgas* umgewandelt. Schätzungsweise wurden so im Lauf von etwa drei Milliarden Jahren rund 10^{16} Tonnen Kohlenstoff festgelegt. In der Atmosphäre befinden sich heute nur mehr etwa 0,03 Prozent Kohlenstoffdioxid. Diese Menge reicht aber völlig aus, um die Fotosynthese aller autotrophen Organismen zu ermöglichen, denn über Atmung und biologischen Abbau kehrt etwa gleich viel Kohlenstoffdioxid in die Atmosphäre zurück, wie bei der Fotosynthese verbraucht wird. Der Kohlenstoff befindet sich also in einem *Kreislauf,* der heute zunehmend gestört wird. Denn bei der Verbrennung von fossilen Brennstoffen wird ein Teil des in der Erdgeschichte gebundenen Kohlenstoffdioxids wieder freigesetzt. So erhöht sich seit Beginn der Industrialisierung weltweit der Kohlenstoffdioxidgehalt der Luft, wobei die ökologischen Konsequenzen noch kaum abgeschätzt werden können.

1. Werten Sie die Daten in Abbildung 53.1 kritisch aus! Wenden Sie das Basiskonzept „Struktur und Funktion" an!
2. „Ohne Pflanzen kein Leben." Erläutern Sie diese Aussage!
3. Vorgänge, die eine Absenkung der Kohlenstoffdioxidkonzentration in der Atmosphäre bewirken, nennt man „Kohlenstoffsenken". Oft wird das Wachstum von Wäldern als Kohlenstoffsenke bezeichnet. Nehmen Sie zu dieser Aussage begründend Stellung!

Strukturelle und energetische Grundlagen des Lebens

54.1 Der „Baum-Versuch" von J. VAN HELMONT

54.2 J. PRIESTLEYs Labor im Jahr 1775

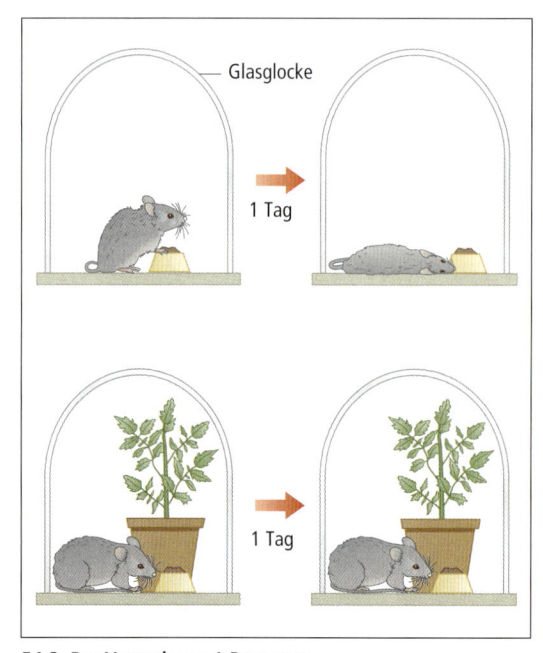

54.3 Der Versuch von J. PRIESTLEY

6.2 Wichtige Experimente zur Aufklärung der Fotosynthese

Nehmen Pflanzen die Nährstoffe, die sie zum Leben brauchen, aus der Erde, in der sie wachsen? Bis zum Beginn des 19. Jahrhunderts war man dieser Meinung, obwohl bereits um 1600 n. Chr. der belgische Arzt und Naturforscher Johan VAN HELMONT mit seinem „Baum-Experiment" einen wichtigen Beitrag zur Lösung dieser Frage geliefert hatte. Er wog eine junge Weide und ein Gefäß mit trockener Erde genau ab. Dann pflanzte er die Weide in den Pflanzenkübel ein, goss regelmäßig den Baum mit Regenwasser und wiederholte nach fünf Jahren die Wägung. Inzwischen war nach heutigen Maßen die Weide 75 Kilogramm schwerer geworden, die Erde aber nur um 57 Gramm leichter. Er folgerte daraus, dass die Pflanze ihre Nahrung nur aus dem täglich zugeführten Gießwasser und nicht aus der Erde entnommen habe.

Die Vermutung VAN HELMONTs wurde heftig angegriffen, vor allem als erkannt wurde, dass die Gase der Luft eine wichtige Rolle spielen. Mit seinem berühmten „Maus-Pflanze-Experiment" von 1771 zeigte Joseph PRIESTLEY, dass grüne Pflanzen Sauerstoff abgeben und dadurch die Luft verbessern.
Der Einfluss des Lichts war zwar bekannt, denn im Dunkeln gehaltene Pflanzen werden gelb, verändern ihre Wuchsform und gehen schließlich ein. Aber eine Begründung konnte man damals noch nicht geben.

Gegen Ende des 19. Jahrhunderts verlagerte sich das Interesse auf die Untersuchung der an der Fotosynthese beteiligten Farbstoffe. So wurde die Bedeutung der Lichtabsorption durch Chlorophyll und die Bildung von Traubenzucker und Stärke in den Chloroplasten bewiesen. Außerdem wurde erkannt, dass die Fotosynthese aus einer Reihe von Teilschritten besteht.

Eine ganz wichtige Erkenntnis ergab sich, als Anfang des 20. Jahrhunderts die Fotosynthese systematisch bei unterschiedlichen experimentellen Bedingungen untersucht wurde. Dabei griff man auf folgende Beobachtungen zurück: Beim Fotografieren kann man einen Film sowohl im Sommer als auch im Winter mit gleicher Intensität belichten. Es macht hier offenbar keinen Unterschied, bei welchen Temperaturverhältnissen man arbeitet. Fotochemische Vorgänge verlaufen nämlich weitgehend temperaturunabhängig. Sie sind aber lichtabhängig.
Dagegen sind biochemische Reaktionen, wie zum Beispiel enzymgesteuerte Umsetzungen, temperaturabhängig. Hier werden chemische Bindungen gespalten oder geknüpft, und diese Vorgänge unter-

Strukturelle und energetische Grundlagen des Lebens

liegen der *RGT-Regel*. Nach dieser Regel steigt bei einer Temperaturerhöhung um zehn Grad Celsius die Reaktionsgeschwindigkeit etwa um das Doppelte. Solche Reaktionen sind lichtunabhängig.

Bei steigender Temperatur erhöht sich die Fotosyntheseleistung bis zu einem Optimum. Dies gilt jedoch nur bei ausreichender Lichtmenge, also bei starker Belichtung. Im Schwachlicht hat eine Temperaturerhöhung keinen Einfluss. Aus der unterschiedlichen Fotosyntheseleistung bei Starklicht oder Schwachlicht wurde gefolgert, dass die Fotosynthese aus zwei Reaktionsfolgen besteht. Ein Abschnitt besteht aus einer fotochemischen und damit temperaturunabhängigen beziehungsweise lichtabhängigen Reaktionsfolge. Der andere Abschnitt besteht dagegen aus einer biochemischen, lichtunabhängigen, aber temperaturabhängigen Reaktionsfolge. Die fotochemischen Reaktionen nennt man **Primärprozesse** oder **lichtabhängige Reaktionen**, den zweiten Teil die **Sekundärprozesse** oder **lichtunabhängigen Reaktionen**. In den fotochemischen Reaktionen werden Stoffe gebildet, die in den biochemischen Reaktionen verarbeitet werden. Im Starklicht liefern die fotochemischen Reaktionen so viel Substanz, dass davon ausreichend für die Sekundärprozesse zur Verfügung steht. Die Gesamtreaktion ist dann temperaturabhängig. Im Schwachlicht wird jedoch nur wenig Substanz geliefert. Diese Menge begrenzt den Umsatz der Sekundärprozesse. So kann auch eine Temperaturerhöhung keine höhere Fotosyntheseleistung bewirken.

Ein erster experimenteller Beweis dafür, dass auch in isolierten Chloroplasten wenigstens Teilreaktionen der Fotosynthese stattfinden können, erfolgte 1937 durch den englischen Botaniker Robert HILL. Er isolierte durch Zerstörung der Zellwände von Pflanzenzellen die Chloroplasten. Dann setzte er dieser grünen Suspension bestimmte chemische Verbindungen wie zum Beispiel Eisensalze mit dreiwertigen Eisenionen zu. Bei Belichtung setzten nun die Chloroplasten Sauerstoff frei und es bildeten sich zweiwertige Eisenionen.

$$2\,H_2O + 4\,Fe^{3+} \xrightarrow[\text{Chloroplasten}]{\text{Licht}} 4\,Fe^{2+} + O_2 + 4\,H^+$$

Mit dieser **HILL-Reaktion** konnte bewiesen werden, dass der bei der Fotosynthese gebildete Sauerstoff aus der Spaltung von Wassermolekülen stammt.

Die Entschlüsselung von Stoffwechselwegen ist meist sehr schwierig und zeitaufwendig. Mit einem besonderen Verfahren kann man diese Arbeit erleichtern. Man verwendet „markierte" Atome bestimmter Elemente, die in einen Stoffwechselprozess eingeschleust und dann auf ihrem Weg verfolgt werden.

55.1 Keimende Bohnenpflanzen. A im Licht; B im Dunkeln

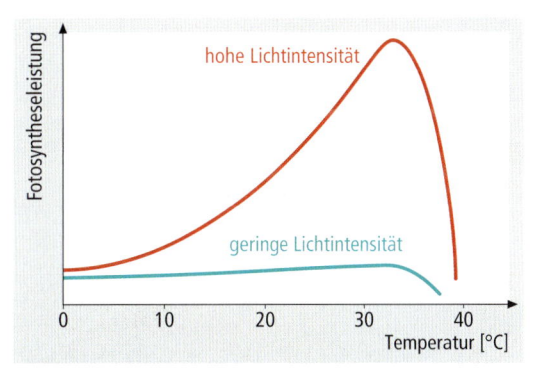

55.2 Fotosyntheseleistung bei Stark- und Schwachlicht

Dazu werden *Isotope* eingesetzt. Dies sind Atome, die sich in ihrem Atombau von den anderen Atomen desselben Elements unterscheiden. Durch ihren unterschiedlichen Atombau weichen Isotope in ihrer Masse von den anderen Atomen des Elements ab. So weisen fast alle Sauerstoffatome die relative Atommasse 16 u (u ist die Einheit der relativen Atommasse) auf. Einige wenige Sauerstoffatome haben jedoch die Masse 18 u. Man nennt diese Atome das schwere Isotop ^{18}O. Solche Isotope können zum Beispiel in Sauerstoffmoleküle eingebaut werden, die dann von Lebewesen in der Zellatmung umgesetzt werden. Durch ihre größere Masse können sie dann in bestimmten Verbindungen, die im Stoffwechsel entstehen, nachgewiesen werden. Ein besonders häufig verwendetes Isotop ist das radioaktiv strahlende ^{14}C, ein Kohlenstoff-Isotop. Dieses Isotop kann aufgrund seiner Strahlung identifiziert werden. Durch die Isotope wird also eine Spur gelegt, die zur Aufdeckung eines Stoffwechselweges dienen kann. Deshalb nennt man dieses Verfahren **Tracer-Verfahren** (engl. *trace*, Spur). Mit diesem Verfahren konnte Melvin CALVIN etwa um 1940 die lichtunabhängigen Reaktionen der Fotosynthese aufdecken. Er erhielt 1961 den Chemie-Nobelpreis.

1. Diskutieren Sie aus heutiger Sicht wesentliche Kritikpunkte an den Schlussfolgerungen VAN HELMONTS aus seinem „Baum-Experiment"!

6.3 Blattfarbstoffe: Absorptionsspektren und Wirkungsspektrum

Belichtet man die grünen Algenfäden der Schraubenalge, sammeln sich in ihrer Umgebung sauerstoffbedürftige *(aerobe)* Bakterien. Die Algen bilden nämlich in der Fotosynthese Sauerstoffgas und geben dieses an die Umgebung ab. Besonders wirksam ist das weiße Sonnenlicht. Weißes Licht kann jedoch durch ein Glasprisma in ein *Lichtspektrum* mit den Regenbogenfarben zerlegt werden. Die Farben entsprechen verschiedenen Wellenlängen der Strahlung. Violettes Licht ist mit etwa 400 Nanometer besonders kurzwellig, während rotes Licht den Bereich von 600 bis 700 Nanometern umfasst. Theodor Wilhelm ENGELMANN projizierte 1882 ein solches farbiges Lichtspektrum auf einen Faden der Schraubenalge. Daraufhin sammelten sich die Bakterien vorwiegend an den Stellen der Alge, die mit blauem oder rotem Licht bestrahlt wurden. Dieses Licht bewirkt eine besonders hohe Fotosyntheseleistung, während grünes Licht kaum wirksam ist.

Extrahiert man aus Schraubenalgen die Farbstoffe, erhält man eine grüne Farbstofflösung. Durchstrahlt man diese Lösung mit weißem Licht und erzeugt auf einem Bildschirm ein Spektrum, fehlen die Bereiche Violett, Blau und Hellrot. Beim Durchdringen der Farbstofflösung sind demnach diese Wellenlängenbereiche des weißen Lichts von den Algenfarbstoffen aufgenommen (absorbiert) worden. Diesen Vorgang nennt man **Lichtabsorption**. Die Farben Grün und Gelb werden kaum absorbiert.

Grünalgen, aber auch die Laubblätter von höheren Pflanzen, enthalten ein Gemisch meist grüner und gelber Farbstoffe. Diese **Blattfarbstoffe** wie das dunkelgrüne *Chlorophyll a* und das orangerote *β-Carotin* können durch Chromatografie getrennt werden. Mit einem Spektralfotometer kann man die Absorption der einzelnen Farbstoffe bei jeder Wellenlänge des Lichtes messen. Die grafische Darstellung der Messwerte ergibt jeweils ein **Absorptionsspektrum.**

Das **Wirkungsspektrum** dagegen wird an der lebenden Pflanze gemessen. Bestrahlt man grüne Pflanzen mit einfarbigem Licht, also Lichtstrahlung von einer bestimmten Wellenlänge, kann man aus der entstehenden Sauerstoffmenge die Fotosyntheseleistung bestimmen. Das Licht der einzelnen Wellenlängen ist unterschiedlich wirksam. Die grafische Darstellung dieser Messwerte ergibt das Wirkungsspektrum. Vergleicht man dieses mit den Absorptionsspektren der einzelnen Farbstoffe aus der Farbstofflösung, fällt die weitgehende Übereinstimmung mit dem Chlorophyll-a-Spektrum auf. Dies bedeutet, dass die für die Fotosynthese benötigte Lichtenergie hauptsächlich vom Chlorophyll absorbiert wird.

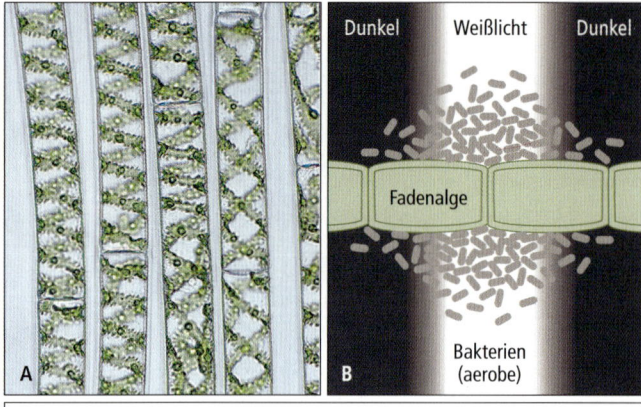

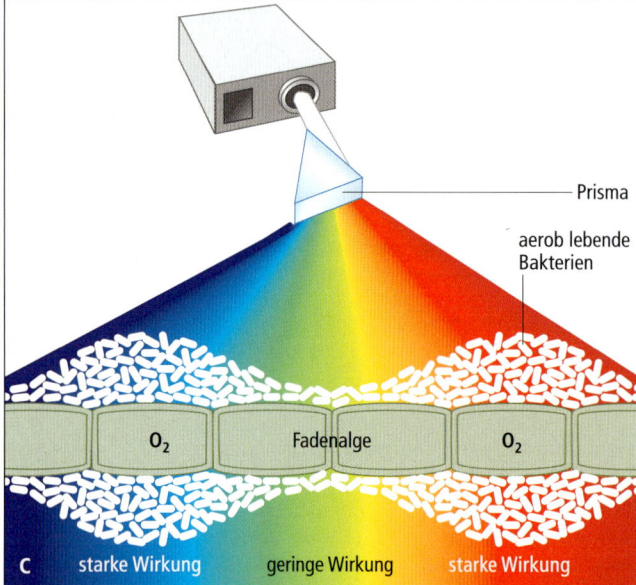

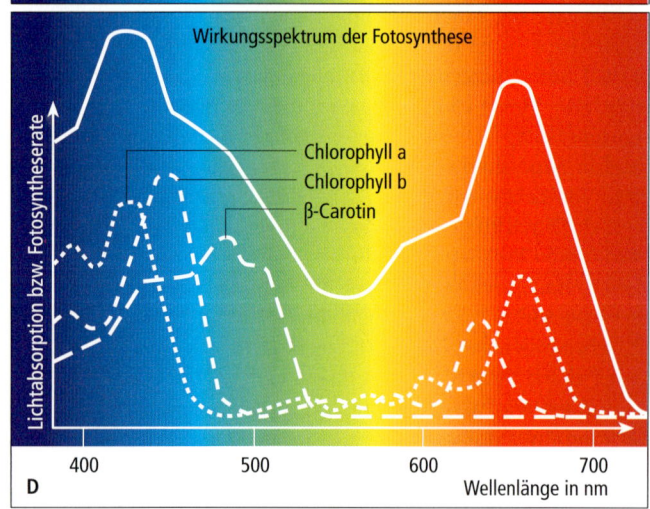

56.1 Wirkung von Licht auf Grünalgen. A *Spirogyra* (Schraubenalgen); **B** Wirkung von Weißlicht; **C** ENGELMANN-Versuch (1882); **D** Absorptionsspektren und Wirkungsspektrum

1. Welches Ergebnis ist zu erwarten, wenn in der Versuchsanordnung des ENGELMANN-Versuchs die Schraubenalge mit einfarbigem Licht der Wellenlänge 520 nm bestrahlt wird? Erläutern Sie!

EXKURS: Blattfarbstoffe – chemisch-physikalisch betrachtet

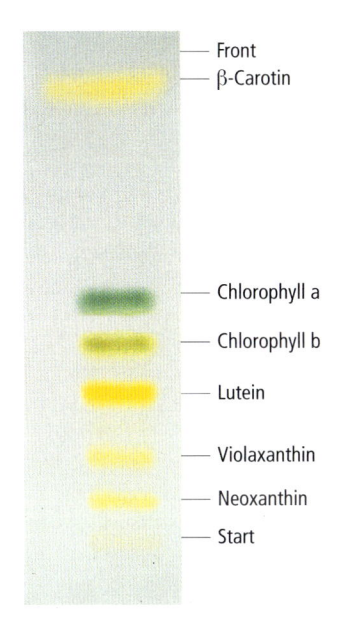

57.1 Trennung der Blattfarbstoffe durch Dünnschichtchromatografie

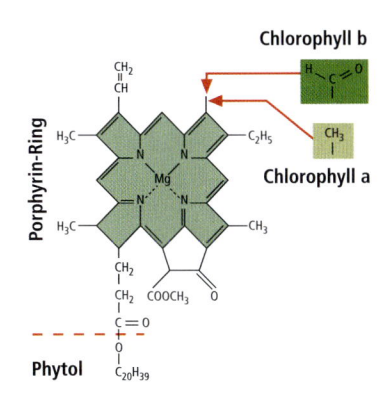

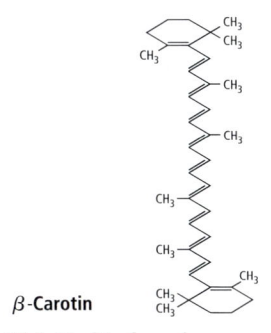

(Banden von oben nach unten: Front, β-Carotin, Chlorophyll a, Chlorophyll b, Lutein, Violaxanthin, Neoxanthin, Start)

57.2 Strukturformeln von Blattfarbstoffen
(Chlorophyll a / Chlorophyll b mit Porphyrin-Ring, Mg-Zentrum und Phytol-Rest $C_{20}H_{39}$; β-Carotin)

Aus grünen Laubblättern können die Blattfarbstoffe mit Ethanol extrahiert werden. Anschließend kann man diese durch Chromatografie trennen. Deutlich sind zwei grüne Farbstoffe, das blaugrüne Chlorophyll a und das gelbgrüne Chlorophyll b, zu erkennen. Daneben erhält man gelb- und orangefarbene Banden, die durch Carotinoide verursacht werden. Hier unterscheidet man die sauerstoffhaltigen Xanthophylle von den sauerstofffreien Carotinen. Die Trennbarkeit der Blattfarbstoffe beruht auf ihrer Molekülstruktur. Carotine sind aufgrund ihrer Struktur unpolar, Xanthophylle und Chlorophylle polar. Polare Stoffe sind in polaren Lösungsmitteln wie Wasser und Ethanol löslich, während unpolare Stoffe in unpolaren Lösungsmitteln wie Benzin löslich sind.

In grünen Blättern werden die gelben und roten Carotinoide von den grünen Chlorophyllen überdeckt. Wenn die Blätter im Herbst absterben, ändert sich ihre Farbe, weil Chlorophyll abgebaut wird. Dadurch kann vor dem Laubfall das wichtige Spurenelement Magnesium, das im Zentrum des komplexen Moleküls sitzt, in die Sprossachse zurückgeholt werden. Es steht dann im Frühjahr wieder für den Neuaufbau von Chlorophyll in den Blättern zur Verfügung.

Die wichtigste chemisch-physikalische Eigenschaft der Blattfarbstoffe ist die Absorption von Licht. Dabei nehmen Elektronen der Farbstoffmoleküle die Energie auf und werden so aus dem *Grundzustand* in einen *Anregungszustand* gehoben.

Besonders leicht können Elektronen aus umfangreichen Systemen von Doppelbindungen – wie sie auch in den Farbstoffmolekülen vorliegen – angeregt werden. Ein Elektron kann nur die Energiemenge aufnehmen, die der Differenz von Grund- und Anregungszustand entspricht. Jeder Wellenlänge im Spektrum des weißen Lichtes entspricht eine bestimmte Energiemenge und damit eine bestimmte Farbe. Bei Anregung von Elektronen werden dem weißen Licht einzelne Wellenlängen entnommen. Das Restlicht ist nicht mehr weiß, sondern farbig.

In einem Chlorophyll-Molekül gibt es zwei Anregungszustände. Durch Absorption von Lichtenergie aus dem langwelligen roten Bereich werden Elektronen in den ersten Anregungszustand, durch Lichtenergie aus dem kurzwelligen blauen Bereich in den energiereicheren zweiten Anregungszustand gehoben. Elektronen verbleiben aber nur kurze Zeit in einem Anregungszustand. Sie kehren wieder in den Grundzustand zurück. Dabei wird die Energie meist als Wärme oder Licht (Fluoreszenzlicht) wieder frei.

Für die Fotosynthese ist jedoch eine dritte Möglichkeit entscheidend: Ein angeregtes Elektron des Chlorophyll-Moleküls kann nämlich auch aus dem ersten Anregungszustand auf ein angekoppeltes Protein übertragen werden und dieses reduzieren. Chlorophyll kann also nach einer Lichtanregung fotochemische Arbeit leisten.

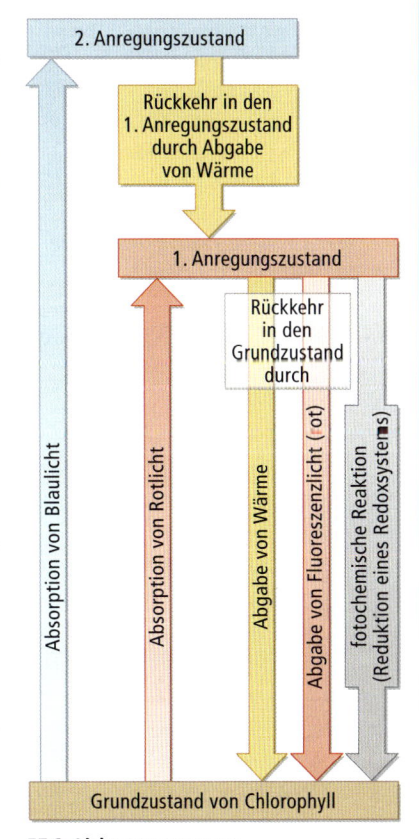

57.3 Lichtanregung von Chlorophyll

PRAKTIKUM Versuche zur Fotosynthese

1 Nachweis der Sauerstoffabgabe bei der Fotosynthese

Material: Sprosse der Wasserpest; 2 Weithals-Erlenmeyerkolben (500 ml) mit Schliffverschluss (oder auch Rundkolben); Indigosulfonat; Vaseline; Natriumdithionit (Xn)

Durchführung: Füllen Sie beide Erlenmeyerkolben bis zum Rand mit Wasser! Geben Sie dann je eine Messerspitze Indigosulfonat dazu, sodass eine blaue Lösung entsteht! Tropfen sie nun unter ständigem Rühren Natriumdithionitlösung dazu, bis eine Umfärbung der Lösung zu Blassgelb eintritt! Bringen Sie nun in einen Kolben ein Sprossstück der Wasserpest und verschließen Sie beide Kolben mit den Glasstopfen (mit Vaseline einfetten), wobei keine Luftblasen eingeschlossen werden dürfen! Stellen Sie die Kolben ins Licht!

Aufgaben:
a) Beschreiben Sie Ihre Beobachtungen! Erläutern Sie die Funktion des zweiten Erlenmeyerkolbens!
b) Kochen Sie einen Liter Wasser ab, lassen Sie ihn abkühlen und wiederholen Sie den Versuch, wobei Sie in die Erlenmeyerkolben das abgekochte Wasser einfüllen! Vergleichen Sie die Ergebnisse von a) und b)!

2 Herstellung einer Blattfarbstofflösung

Material: grüne Blätter (z. B. Brennnessel); Brennspiritus (F); Reibschale mit Pistill; Quarzsand; Filtrierpapier; Trichter; Reagenzglas mit Stopfen; Schere

Durchführung: Zerschneiden Sie die Blätter in kleine Stückchen und zerreiben Sie diese mithilfe von etwas Quarzsand unter Zusetzen von Brennspiritus in der Reibschale! Filtrieren Sie die grüne Suspension und fangen Sie die abfiltrierte Blattfarbstofflösung in einem Reagenzglas auf! Die Lösung kann im Dunkeln einige Stunden aufbewahrt werden.

Aufgabe:
Erläutern Sie die Schritte zur Herstellung einer Blattfarbstofflösung!

3 Lichtabsorption einer Blattfarbstofflösung

Material: Diaprojektor; Sammellinse; Bildschirm; flache Glasküvette; Schlitzblende; Grünfilter; Prisma; grüne Blattfarbstofflösung aus Versuch 2

Durchführung: Füllen Sie die Küvette zur Hälfte mit der Blattfarbstofflösung und bauen Sie entsprechend der Abbildung die Versuchsanordnung auf! Auf dem Bildschirm ist das volle Lichtspektrum und das Absorptionsspektrum der Blattfarbstofflösung zu erkennen.

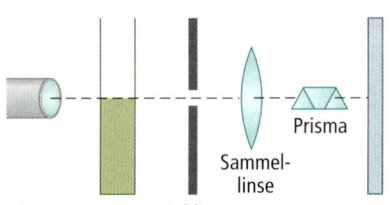

Aufgaben:
a) Erläutern Sie das Versuchsergebnis!
b) Wiederholen Sie den Versuch mit einem Grünfilter! Vergleichen Sie mit dem Spektrum der Blattfarbstofflösung und erläutern Sie!

4 Dünnschichtchromatografie (DC) einer Blattfarbstofflösung

Material: DC-Platte und DC-Küvette; Kapillarröhrchen; Fließmittel (Gemisch aus Benzin (F, Xn, N) und Isopropanol (F, Xi) im Volumenverhältnis 10 : 1); Blattfarbstofflösung aus Versuch 2

Durchführung: Tragen Sie mit der Kapillare einen schmalen Streifen der Blattfarbstofflösung etwa 2 cm über dem unteren Rand der DC-Platte auf! Wiederholen Sie den Vorgang nach dem Trocknen einige Male! Füllen Sie das Fließmittel etwa 5 mm hoch in die Küvette und stellen Sie die Platte hinein! Decken sie die Küvette ab und warten Sie, bis das aufsteigende Fließmittel fast die Oberkante der Platte erreicht hat!

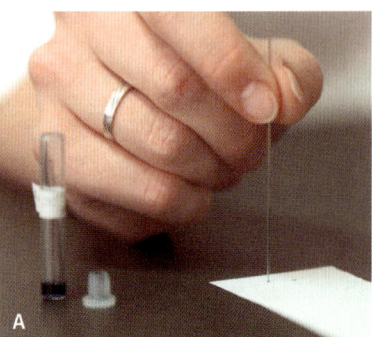

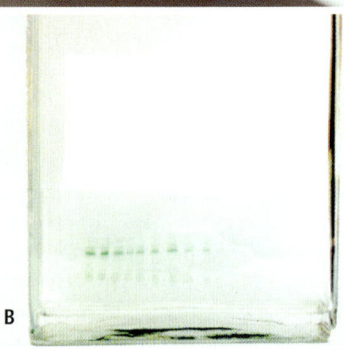

Aufgaben:
a) Beschreiben und erläutern Sie das Versuchsergebnis!
b) Welches Ergebnis ist zu erwarten, wenn die Platte erst nach mehreren Stunden aus der Küvette mit dem Fließmittel genommen wird? Erläutern Sie!

6.4 Feinbau der Chloroplasten

In den Mesophyllzellen von Laubblättern liegen die grünen **Chloroplasten.** Im Elektronenmikroskop erkennt man, dass ein Chloroplast von einer Doppelmembran umschlossen ist. Der Innenraum wird von flachen Doppelmembranen, den **Thylakoiden,** durchzogen. Besonders auffällig sind Bereiche, in denen Thylakoide geldrollenartig dicht gestapelt sind. Diese Bereiche werden als *Grana* (Einzahl: *Granum*) bezeichnet. In den dazwischenliegenden Bereichen, dem *Stroma*, sind die Thylakoide als einzeln liegende Stromathylakoide angeordnet. Grana- und Stromathylakoide bilden ein zusammenhängendes Membransystem, das den Innenraum eines Chloroplasten in zwei komplett getrennte Reaktionsräume gliedert. Diese Gliederung ist der Grund, weshalb Fotosynthese nur in völlig intakten Chloroplasten erfolgen kann.

In ihrem Feinbau besteht eine Thylakoidmembran aus einer Lipiddoppelschicht mit auf- und eingelagerten Eiweißstoffen. Diese sind im Wesentlichen Enzyme und Komplexe aus Protein- und Farbstoffmolekülen. Chlorophylle und Carotinoide sind in der Membran mit bestimmten Proteinen zu Funktionseinheiten zusammengefasst, die als **Fotosysteme** bezeichnet werden. Man hat zwei etwas unterschiedlich gebaute Fotosysteme gefunden, die man *Fotosystem I und II* nennt. In unmittelbarer Nachbarschaft zu den Fotosystemen finden sich die *Antennenkomplexe (LHC: light harvesting complex)*. Diese kann man sich modellhaft als einen aus Hunderten von Farbstoffmolekülen bestehenden „Energie einfangenden Sammeltrichter" vorstellen. Das Licht trifft auf die obersten Farbstoffmoleküle und regt sie an. Von hier wird die Energie auf die daneben- und darunterliegenden Farbstoffmoleküle übertragen und weitergeleitet. Die Lichtenergie wird also auf einer größeren Fläche eingefangen und zum Zentrum der „Lichtsammelfalle" transportiert. In diesem *Reaktionszentrum* sitzt jeweils ein spezielles Paar von Chlorophyll-a-Molekülen. Im Fotosystem I absorbiert dieses Paar vorwiegend Licht der Wellenlänge 700 nm und wird deshalb als P700 bezeichnet. Im Fotosystem II sind etwas andere Proteine eingebaut. Das Chlorophyll-a-Paar im Reaktionszentrum absorbiert hier besonders Licht der Wellenlänge 680 nm und wird deshalb P680 genannt. Von dem Reaktionszentrum werden als Folge der Lichtanregung Elektronen an einen *primären Elektronenakzeptor* abgegeben. Dieses Protein wird somit reduziert. Hier wird also die Lichtenergie in chemisch gebundene Energie umgewandelt. Die Nähe und die geordnete Aufeinanderfolge aller dieser Moleküle in der Thylakoidmembran bildet die Voraussetzung für den geordneten Ablauf der Fotosynthese.

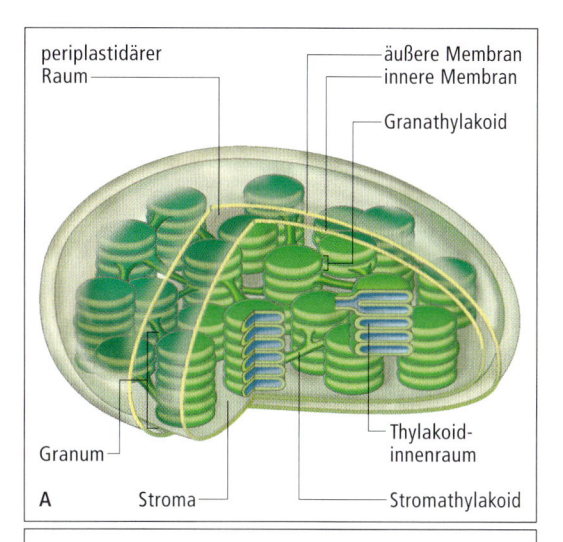

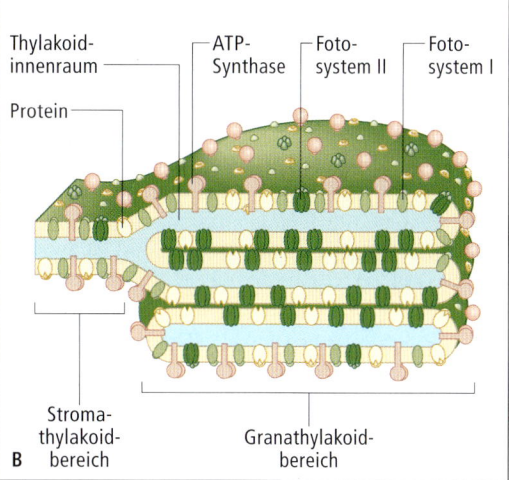

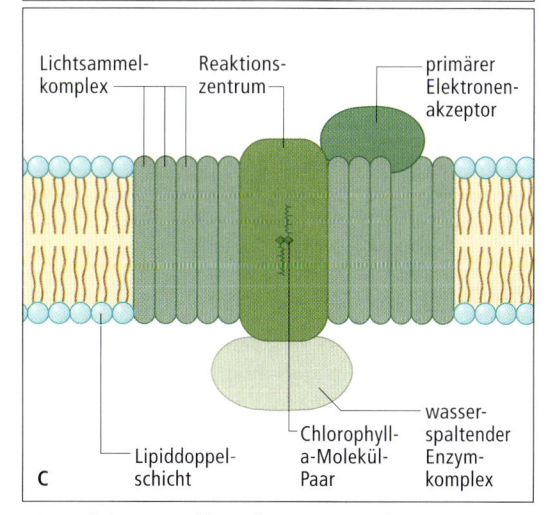

59.1 **Feinbau von Chloroplasten. A** EM-Schema; **B** Bau von Granathylakoiden (Schema); **C** Lichtsammelkomplex (Schema)

1. Die lichtunabhängigen Reaktionen der Fotosynthese wurden früher oft als „Dunkelreaktion" bezeichnet. Erläutern Sie, warum dieser Begriff nicht richtig ist!

6.5 Fotosynthese – lichtabhängige Reaktionen

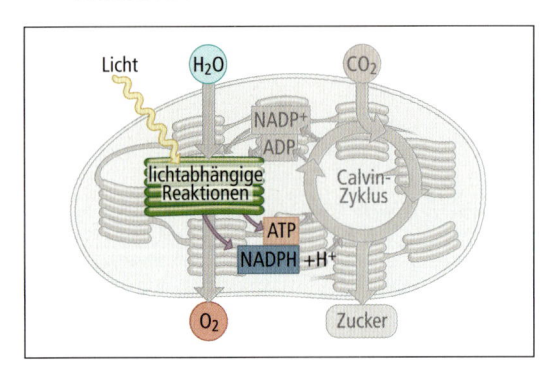

60.1 Schema der Fotosynthese

Die **lichtabhängigen Reaktionen** beginnen mit der Absorption von Lichtenergie am Fotosystem II. Durch die Energieaufnahme wird das P680 angeregt. Es werden zwei Elektronen abgespalten und auf ein direkt daneben liegendes Protein, den *primären Elektronenakzeptor*, übertragen. Dieser wird durch die Elektronenaufnahme reduziert, gibt aber sofort die Elektronen an ein anderes Protein ab. Der Akzeptor wird also wieder oxidiert und ist zur Aufnahme weiterer Elektronen bereit. Ein Protein, das ständig zwischen oxidiertem und reduziertem Zustand wechselt, nennt man ein **Redoxsystem**.

Das Fotosystem II ist mit einer Reihe von solchen Redoxsystemen, die in der Membran nebeneinander liegen, verbunden. Weil in dieser Kette Elektronen transportiert werden, spricht man von einer *Elektronentransportkette*.

Der Elektronentransport wirft zwei Fragen auf:
1. Durch die Abgabe der Elektronen am P680 ist dort eine „Elektronenlücke" entstanden. Diese muss wieder aufgefüllt werden, damit eine erneute Lichtanregung erfolgen kann. Woher kommen die Elektronen für diese Auffüllung?
2. Wohin werden die Elektronen der Transportkette geliefert?

Auf der Innenseite der Thylakoidmembran hat man ein Enzym gefunden, das aus Wassermolekülen je zwei Elektronen abspalten kann. Die Elektronen werden dann von dem Enzym auf das P680 übertragen, sodass die „Elektronenlücken" wieder aufgefüllt werden. Bei diesem Prozess werden die Wassermoleküle in Sauerstoffatome und Protonen gespalten. Die Sauerstoffatome verbinden sich zu Sauerstoffmolekülen. Die Protonen sammeln sich an der Innenseite der Membran. Der „Motor" für diesen Vorgang ist die Lichtanregung im Fotosystem II. Die Zerlegung des Wassers durch die Lichtenergie bezeichnet man als **Fotolyse des Wassers**.

In der Nähe des Fotosystems II liegt auf der Thylakoidmembran das Fotosystem I. Dieses wird ebenfalls durch Lichtenergie angeregt und spaltet Elektronen ab, die durch Elektronen aus der Elektronentransportkette ersetzt werden.

Die vom angeregten Fotosystem I stammenden Elektronen werden auf das eisenhaltige Protein Ferredoxin und von dort auf das Enzym NADP-Reduktase übertragen. Dieses Enzym führt Elektronen und Protonen zu Wasserstoffatomen zusammen und reduziert damit das Coenzym $NADP^+$ zu $NADPH + H^+$.

In den lichtabhängigen Reaktionen fließen also ständig Elektronen von Wasser zu $NADP^+$. Es entsteht das energiereiche $NADPH + H^+$. Ein Teil der Energie wird aber auch direkt zur Bildung von ATP verwendet. Eines der Redoxsysteme in der Elektronentransportkette ist der *Cytochrom-bf-Komplex*. Er reicht durch die ganze Thylakoidmembran hindurch und pumpt Protonen von der einen Seite der Membran zur anderen Seite. So entsteht an der Membran eine ungleiche Protonenkonzentration, ein **Protonengradient**. Die dazu notwendige Energie wird von den Elektronen der Transportkette geliefert.

Nach der MITCHELL-Hypothese wird der Protonengradient zur Energiebindung genutzt. Die Protonen wandern nämlich – jetzt im Konzentrationsgefälle – durch Tunnelproteine in der Membran zurück. An diese Kanäle ist das Enzym **ATP-Synthase** gekoppelt. Hier wird die Energie der Protonen zur ATP-Synthese genutzt. Man nennt diesen Vorgang **Fotophosphorylierung**.

Der Stoffumsatz im gesamten Abschnitt der lichtabhängigen Reaktionen kann in Form einer chemischen Gleichung als **Bruttogleichung** zusammengefasst werden. In dieser wird auf die Darstellung einzelner Reaktionsschritte verzichtet. Es erscheinen aber alle am Gesamtumsatz beteiligten Reaktionspartner.

Die ATP-Synthese, die während des Elektronentransports vom Wasser zum $NADP^+$ stattfindet, wird als *nichtzyklische Fotophosphorylierung* bezeichnet. Daneben gibt es noch eine *zyklische Fotophosphorylierung*, die nur der ATP-Synthase dient. Die angeregten Elektronen können nämlich vom Ferredoxin auf den Cytochrom-bf-Komplex übertragen werden und von dort zum P700 zurückkehren. Dabei wird die Energie ebenfalls zum Aufbau des Protonengradienten genutzt und ATP gebildet.

1. „Der Thylakoidinnenraum eines Chloroplasten entspricht in seiner Funktion dem Intermembranraum eines Mitochondriums." Diskutieren Sie diese Aussage! Gehen Sie in diesem Zusammenhang auch auf die MITCHELL-Hypothese ein!

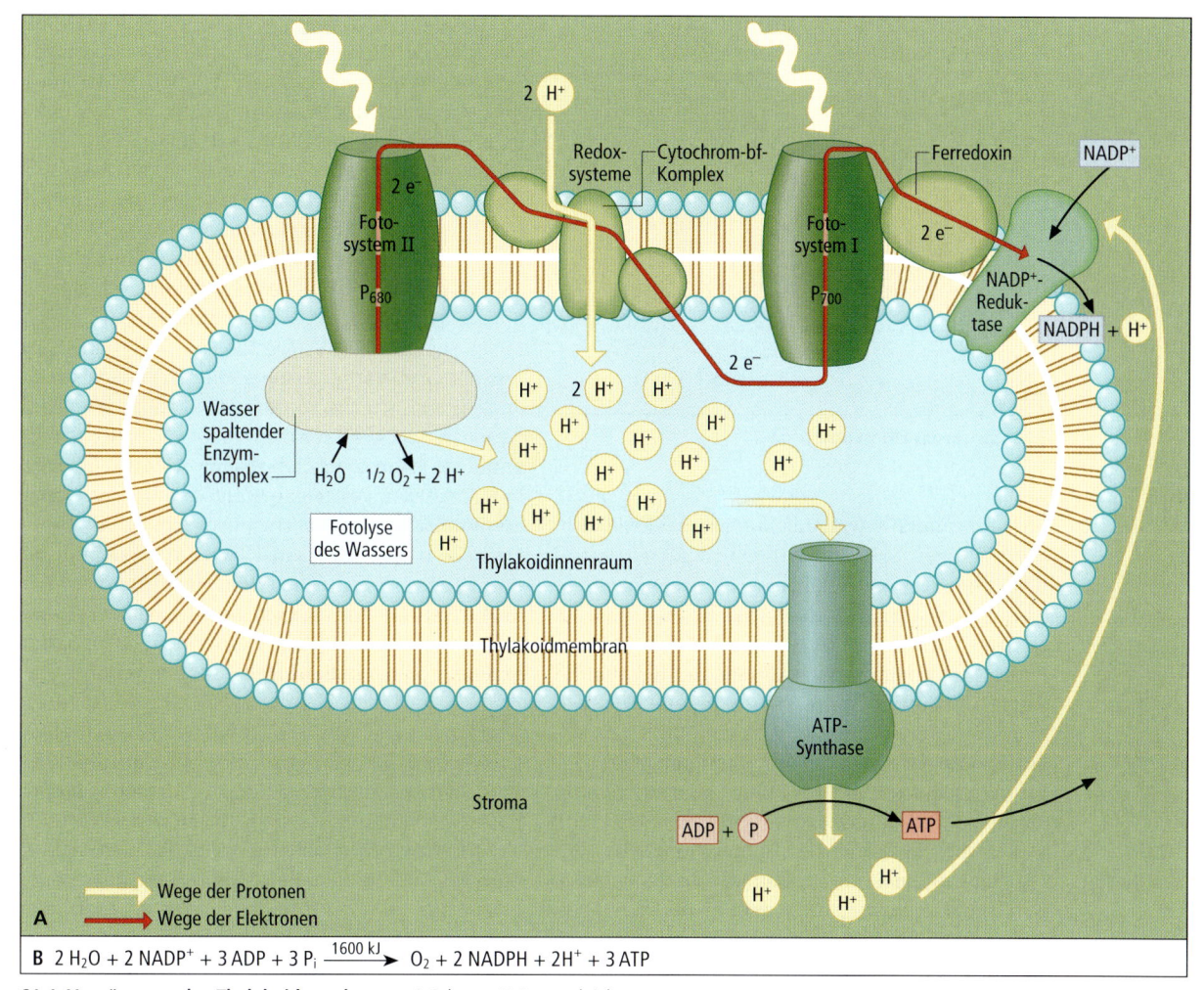

61.1 Vorgänge an den Thylakoidmembranen. A Schema; B Bruttogleichung

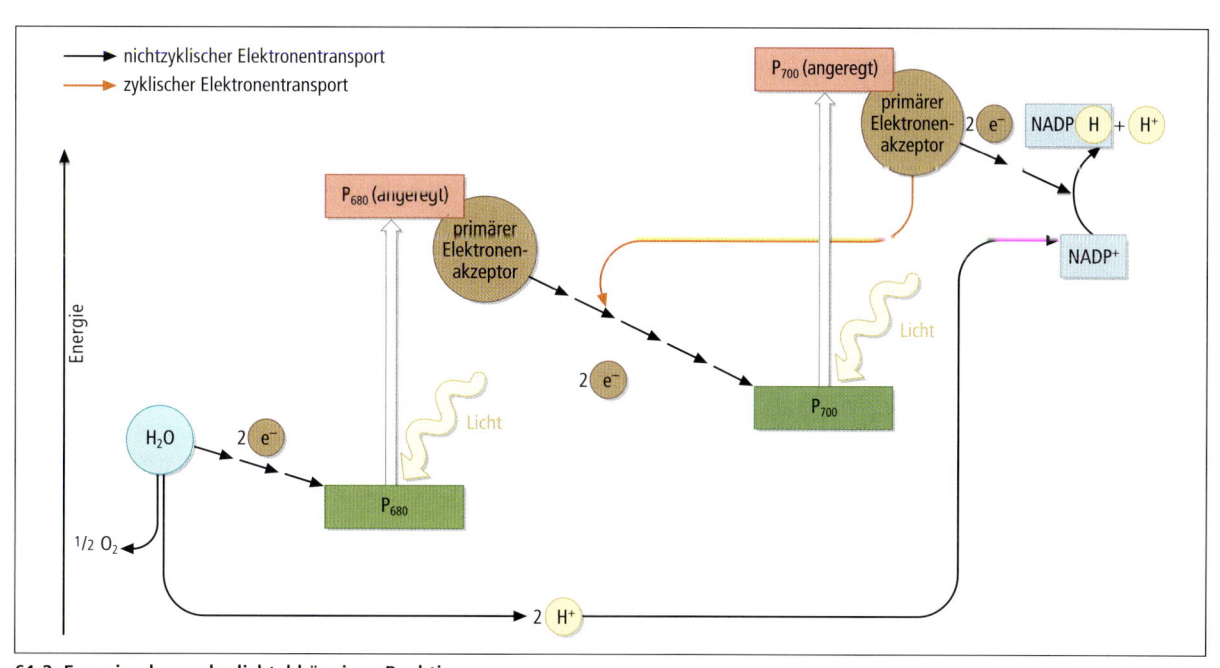

A: Wege der Protonen; Wege der Elektronen

B $\quad 2\,H_2O + 2\,NADP^+ + 3\,ADP + 3\,P_i \xrightarrow{1600\,kJ} O_2 + 2\,NADPH + 2\,H^+ + 3\,ATP$

61.2 Energieschema der lichtabhängigen Reaktionen

Strukturelle und energetische Grundlagen des Lebens

6.6 Fotosynthese – lichtunabhängige Reaktionen

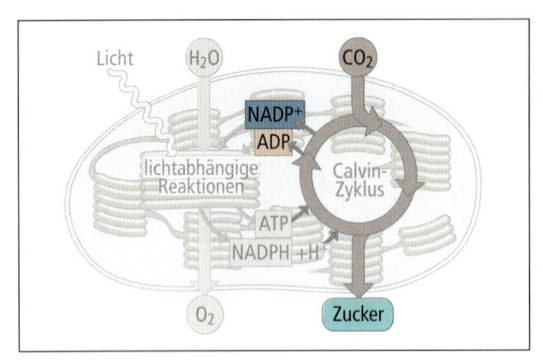

62.1 Schema der Fotosynthese

In der Fotosynthese wird aus Kohlenstoffdioxid und Wasser Traubenzucker, ein Kohlenhydrat, aufgebaut. Im Verhältnis zu CO_2 enthält ein Kohlenhydrat weniger Sauerstoff, aber zusätzlich Wasserstoff. Chemisch gesehen ist deshalb die Fotosynthese eine Reduktion von Kohlenstoffdioxid, die während der **lichtunabhängigen Reaktionen** der Fotosynthese erfolgt.

Diese Vorgänge wurden von dem amerikanischen Biochemiker Melvin CALVIN mithilfe einer eigens entwickelten Methode, der *Autoradiografie*, untersucht. CALVIN baute das radioaktive Kohlenstoffisotop ^{14}C in Kohlenstoffdioxid ein und leitete dieses Gas durch eine Grünalgenkultur. Dann wurden die Algen belichtet. Nach jeweils einigen Sekunden entnahm CALVIN Proben aus der Zellkultur, stellte Zellextrakte dieser Algen her und trennte die Substanzen chromatografisch. Auf das Chromatogramm wurde eine für radioaktive Strahlung besonders empfindliche Fotoplatte gelegt. Hier erzeugten nur die Substanzen, die das radioaktiv strahlende Kohlenstoffisotop enthielten, schwarze Flecken. Die Stoffe wurden chemisch identifiziert. Als erste Substanz, in der ^{14}C unmittelbar nach der Aufnahme gefunden werden konnte, wurde 3-Phosphoglycerat nachgewiesen. So konnte CALVIN den gesamten Vorgang aufklären. Nach ihm werden diese Reaktionen als **CALVIN-Zyklus** bezeichnet.

Die lichtunabhängigen Reaktionen der Fotosynthese können in drei Abschnitte gegliedert werden.
Der 1. Abschnitt ist die **Fixierung von Kohlenstoffdioxid**. Das CO_2-Molekül wird an ein Kohlenhydrat mit fünf Kohlenstoffatomen, einen C_5-Körper, gebunden. Dieses Molekül ist also der *Akzeptor* für CO_2. Seine chemische Bezeichnung ist *Ribulose-1,5-bisphosphat*. Durch die Anlagerung von Kohlenstoffdioxid an den Akzeptor sollte eigentlich ein Molekül mit sechs Kohlenstoffatomen entstehen. CALVIN fand aber als erstes Produkt das *3-Phosphoglycerat* (*3-Phosphoglycerinsäure, 3-PGS*), einen C_3-Körper. Der durch die CO_2-Bindung entstehende C_6-Körper ist nämlich instabil und zerfällt sofort nach seiner Entstehung in zwei Moleküle 3-PGS.

Im 2. Abschnitt erfolgt die **Reduktion** von 3-PGS. Unter Verarbeitung von $NADPH + H^+$ und ATP aus den lichtabhängigen Reaktionen entsteht *Glycerinaldehyd-3-phosphat* (*3-Phosphoglycerinaldehyd, 3-PGA*). Dies ist eine *Triose*, ein Kohlenhydrat mit drei Kohlenstoffatomen. Anschließend vereinigen sich zwei Moleküle Triose zu einem Molekül Hexose. Zuerst bildet sich *Fructose-1,6-bisphophat*, das sich dann unter Phosphatabspaltung in Glucose umlagert. Jedoch gehen nur zwei von zwölf Triose-Molekülen diesen Weg. Ein kontinuierlicher Ablauf der Glucosebildung kann nämlich nur dann stattfinden, wenn immer wieder genügend Ribulose-1,5-bisphosphat als CO_2-Akzeptor zur Verfügung gestellt wird.

Deshalb erfolgt im 3. Abschnitt die **Rückbildung des Akzeptors** aus den verbleibenden zehn Triose-Molekülen. In einer komplizierten Folge von Reaktionen werden unter ATP-Verbrauch wieder sechs Moleküle Ribulose-1,5-bisphosphat aufgebaut.

Nun kann man eine **Gesamtbilanz der Fotosynthese** erstellen. Für die Synthese eines Glucose-Moleküls werden sechs Moleküle CO_2 benötigt, die an sechs Moleküle des Akzeptors gebunden werden. Es entstehen sechs instabile C_6-Moleküle, die in zwölf Moleküle 3-PGS zerfallen. Diese werden mithilfe von je sechs Molekülen $NADPH + H^+$ und ATP zu zwölf Molekülen 3-PGA reduziert. Zehn dieser Triose-Moleküle werden unter Zerlegung von sechs ATP-Molekülen zur Rückbildung des Akzeptors verwendet. Aus den verbleibenden beiden Triose-Molekülen entsteht ein Glucose-Molekül. Für die lichtabhängigen Reaktionen gilt demnach: Um zwölf Moleküle $NADPH + H^+$ und 18 Moleküle ATP herzustellen, müssen 24 Wassermoleküle durch Fotolyse zerlegt werden und 24 Elektronen über die Fotosysteme fließen. Dies erfordert insgesamt 48 Lichtanregungsprozesse. Aus deren Energieinhalt kann man den **Wirkungsgrad** der Fotosynthese berechnen. Die Lichtanregung eines Elektrons in einem der beiden Fotosysteme erfordert etwa 200 kJ. Daraus berechnet sich eine absorbierte Energiemenge von 9600 kJ pro Mol Glucose. Beim Abbau von einem Mol Glucose in der Zellatmung werden dagegen 2870 kJ freigesetzt. Der Vergleich der Energiemengen zeigt, dass etwa 30 Prozent der von den Fotosystemen aufgenommenen Lichtenergie in Glucose gebunden wird.

1. Ein Biologe plant, Kohlenstoffdioxid mit schweren ^{18}O-Isotopen zu markieren und den Weg dieser Isotope in der Fotosynthese zu verfolgen. Stellen Sie eine begründete Hypothese auf, in welchen Verbindungen diese Isotope schließlich zu finden sind!

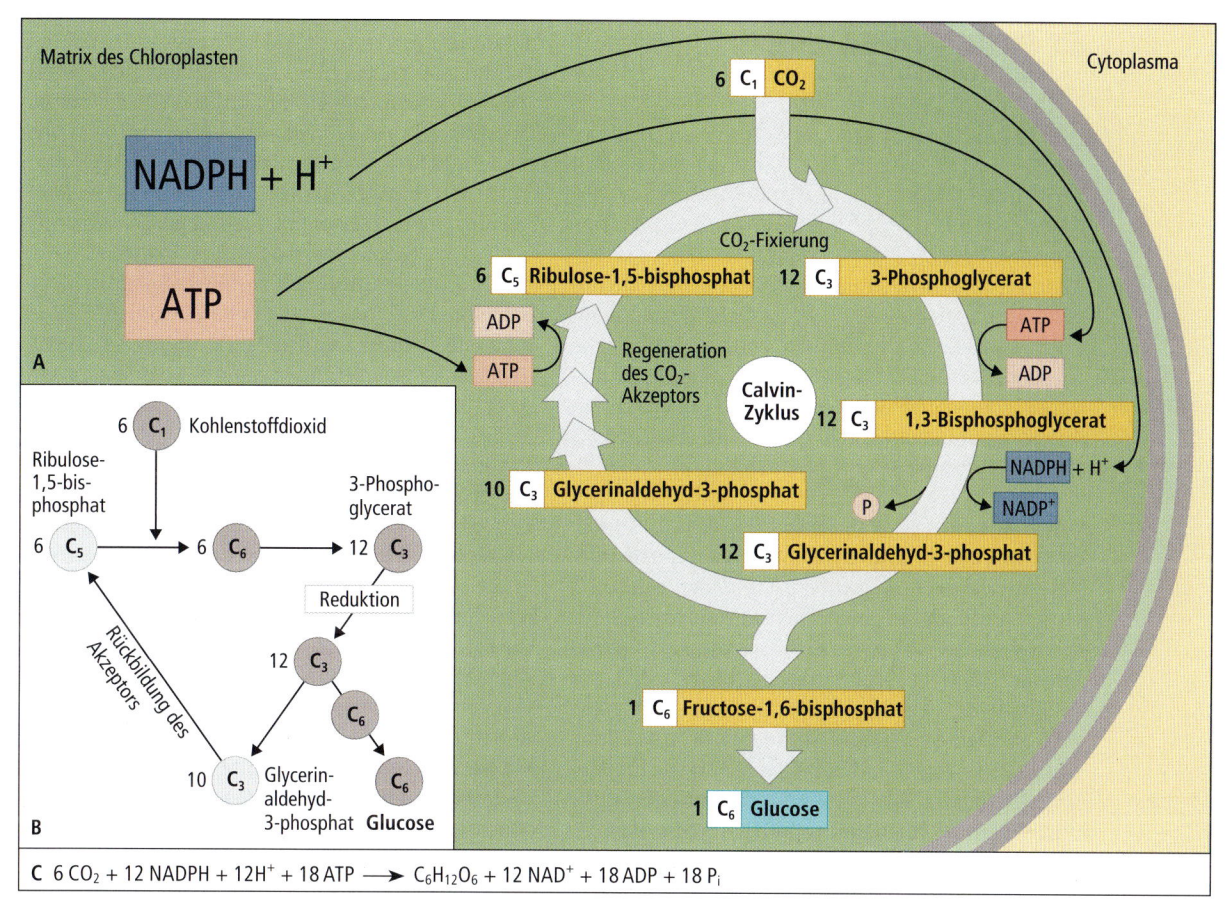

63.1 CALVIN-Zyklus. A Ablauf; B Schema; C Bruttogleichung

C: $6\ CO_2 + 12\ NADPH + 12\ H^+ + 18\ ATP \longrightarrow C_6H_{12}O_6 + 12\ NAD^+ + 18\ ADP + 18\ P_i$

EXKURS: Kohlenstoffdioxid-Fixierung und -Reduktion

Ein entscheidender Schritt in der Fotosynthese ist die Reduktion von Kohlenstoffdioxid zu Kohlenhydrat. Dieser endergonische Vorgang wird durch die Spaltung von ATP und Oxidation von NADPH + H$^+$, beides Produkte der lichtabhängigen Reaktionen, ermöglicht.

Ribulose-1,5-bisphosphat → instabiles Zwischenprodukt → 3-Phosphoglycerat → 1,3-Bisphosphoglycerat → Glycerinaldehyd-3-phosphat

Strukturelle und energetische Grundlagen des Lebens

6.7 Die Weiterverarbeitung der Fotosyntheseprodukte

Die Beeren einer Weintraube enthalten mehrere Mono- und Disaccharide wie Glucose, Fructose und Saccharose. Diese Stoffe dienen der Anlockung von Tieren, welche die Früchte fressen und so für die Verbreitung der Samen sorgen. Dagegen ist die in vielen Pflanzensamen wie zum Beispiel Mais- oder Getreidekörnern enthaltene Stärke ein Speicherstoff. Beim Keimen der Samen nimmt der Pflanzenembryo die für sein Wachstum nötigen Stoffe aus seinem Stärkevorrat. Sojabohnen dagegen sind reich an Proteinen, aus Sonnenblumenkernen presst man ein Gemisch flüssiger Fette, das Sonnenblumenöl.

Pflanzen speichern Nährstoffe nicht nur in Samen, sondern auch in Wurzeln, Sprossachsen und Blättern. Ausgangspunkt für die Bildung der Nährstoffe ist die Fotosynthese. Den Aufbau von Stoffen im Stoffwechsel nennt man auch *Assimilation* oder **Anabolismus**. Zuerst entsteht in den Chloroplasten der grünen Blätter das Polysaccharid Stärke. Dies ist die *primäre Stärke* oder *Assimilationsstärke*. Am frühen Morgen kann man in den Blättern keine Assimilationsstärke mehr nachweisen. Nachts wird die Stärke also wieder abgebaut und abtransportiert.

Der Transport der Assimilate konnte durch den Einsatz radioaktiver Substanzen genauer untersucht werden. Wenn eine Pflanze das radioaktiv strahlende Kohlenstoffisotop ^{14}C in Zucker einbaut, kann man den Weg des Zuckers in der Pflanze verfolgen. So konnte man nachweisen, dass der Transport der Assimilate in den Leitbündeln erfolgt. Ein Leitbündel enthält zwei Gruppen von Leitungsröhren: Im *Xylem* erfolgt der Transport von Wasser aus der Wurzel in die Blätter, im *Phloem* findet der Transport der Assimilate von den Blättern in die übrigen Pflanzenteile statt. Die Röhren des Phloems enthalten siebartig durchbrochene Querwände und werden deshalb als *Siebröhren* bezeichnet. Während der Fruchtbildung wird fast der gesamte Assimilatstrom in die Früchte und Samen gelenkt. Auch die Geschwindigkeit des Assimilattransports konnte mit der *Tracer-Methode* gemessen werden. Sie beträgt etwa 50 bis 100 Zentimeter in der Stunde.

Im Assimilatstrom wird Saccharose transportiert. Dieser Transport wird durch aktive Stofftransportvorgänge an der Membran der Phloemzellen angetrieben. Zuerst werden Saccharosemoleküle aktiv über Carrier aus den Zellen des Blattinnengewebes in die Geleitzellen der Phloemröhren gebracht. Von dort wandert der Zucker über die zahlreichen Plasmodesmen in die Siebröhren ein. Hier erhöht sich also die Zuckerkonzentration. Das führt in den Siebröhren zu einem osmotischen Wassereinstrom aus den Nachbargeweben, vor allem aus den Xylemröhren. In der Wurzel zum Beispiel ist die Zuckerkonzentration niedrig: Hier wird der Siebröhrensaft wieder entladen. Die Saccharosemoleküle diffundieren aus den Siebröhren in die Geleitzellen. Von dort werden die Moleküle durch aktiven Stofftransport in die Wurzelzellen abgegeben und Wasser folgt auf osmotischem Weg nach. So strömt der Siebröhrensaft langsam von den grünen Blättern durch die Leitbündel der Pflanzen in Wurzeln, Knollen, Früchte und Samen. Dort wird die Saccharose oft wieder in Stärke umgewandelt. Diese lagert sich als *sekundäre Stärke* oder *Speicherstärke* in den farblosen Amyloplasten ab. Bei der Keimung oder beim Austreiben im Frühjahr greifen die Pflanzen auf diese Vorräte zurück. Ein wichtiges Produkt ist die Cellulose, der Baustoff pflanzlicher Zellwände. Auch Fette, Proteine, Farbstoffe, Giftstoffe, Harze und Duftstoffe sind im Stoffwechsel auf Glucose zurückzuführen.

Die in der Glucose gebundene Energie kann im Stoffwechsel durch Abbauvorgänge wieder verfügbar gemacht werden. Aber auch Fette und Proteine können im Betriebsstoffwechsel von Pflanzen wieder in Glucose umgewandelt und dann abgebaut werden. Diese Stoffwechselvorgänge werden als *Dissimilation* oder **Katabolismus** bezeichnet.

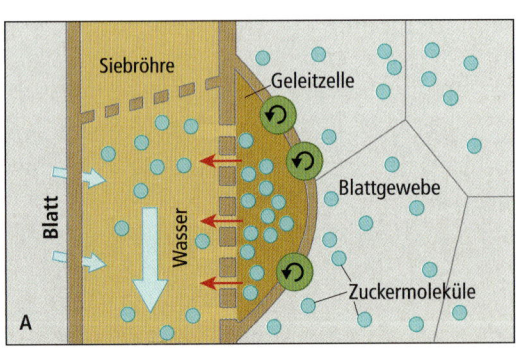

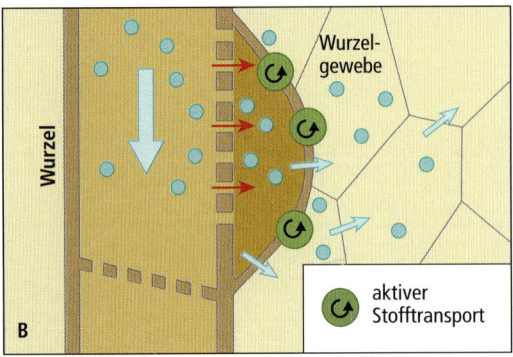

64.1 Phloemtransport. **A** im Blatt; **B** in der Wurzel

1. Erläutern Sie, weshalb eine klare Trennung von anabolen und katabolen Vorgängen im Stoffwechsel der Pflanze nicht möglich ist!

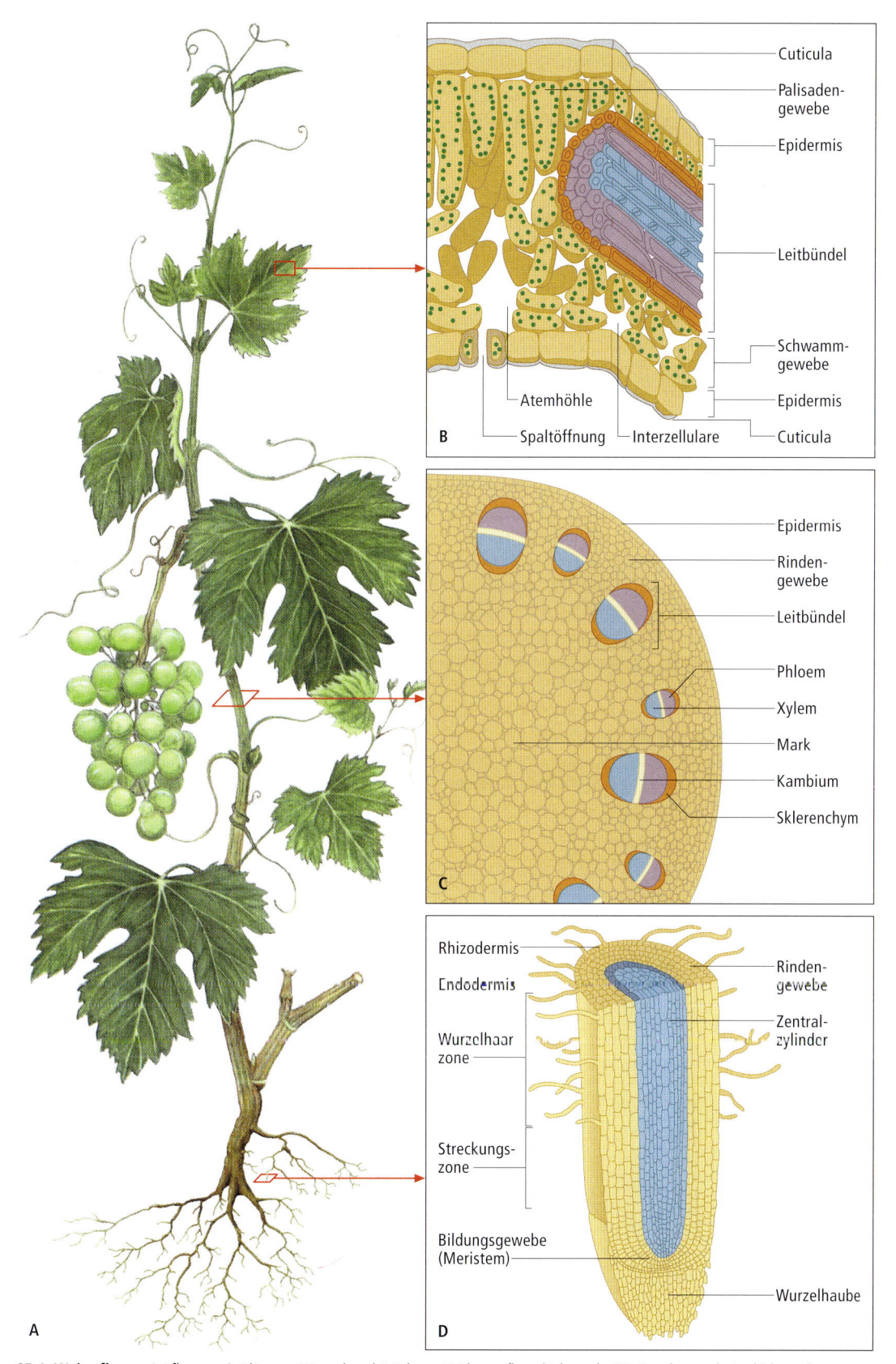

65.1 Weinpflanze. A Pflanze mit Blättern, Wurzel und Früchten; B Blattaufbau (Schema); C Stängelquerschnitt (Schema); D Wurzelspitze (Schema)

Strukturelle und energetische Grundlagen des Lebens 65

EXKURS: Die Bedeutung nachwachsender Rohstoffe

66.1 Blühendes Rapsfeld

Nachwachsende Rohstoffe sind Stoffe, die aus Holz und Faserpflanzen sowie aus öl-, zucker- oder stärkehaltigen Pflanzen wie Raps und Rüben gewonnen werden. Man unterscheidet dabei **Energiepflanzen**, aus denen insbesondere Kraftstoffe gewonnen werden, und **Industriepflanzen**, die zur Erzeugung von Rohstoffen für die Industrie dienen.

Nachwachsende Rohstoffe können fossile Rohstoffe wie Kohle, Erdöl und Erdgas zum Teil ersetzen.

Pflanzen wachsen nach, während der Vorrat an fossilen Rohstoffen durch den ständigen Verbrauch immer mehr abnimmt. Sie erzeugen durch die Fotosynthese Glucose, die anschließend von ihnen zu Stärke, Öl, Cellulose und Holz umgewandelt werden kann.

Pflanzen nehmen im Verlauf ihres Lebens bei der Fotosynthese so viel Kohlenstoffdioxid aus der Atmosphäre auf, wie später bei ihrer Verbrennung oder Zersetzung wieder an sie abgegeben wird. Deshalb wird die Atmosphäre bei der Verwendung von nachwachsenden Rohstoffen nicht zusätzlich mit Kohlenstoffdioxid angereichert. Beim Verbrennen fossiler Rohstoffe wird dagegen Kohlenstoffdioxid in großen Mengen in die Atmosphäre abgegeben. Infolgedessen hat das zunehmende Verbrennen fossiler Rohstoffe seit der industriellen Revolution zu einem Anstieg der Kohlenstoffdioxidkonzentration in der Atmosphäre geführt. Dieser gilt als eine der Ursachen für die globale Erwärmung der Erde mit ihren Folgen wie Klimaveränderungen, Gletscherabschmelzungen und steigende Meeresspiegel.

Die Verwendung von nachwachsenden Rohstoffen anstelle fossiler Rohstoffe dient einer **nachhaltigen Entwicklung**. Damit ist eine Entwicklung gemeint, bei der die Bedürfnisse der heute lebenden Menschen erfüllt werden, ohne dass die Grundlagen des Lebens für die nachfolgenden Generationen gefährdet werden.

Für den Anbau der Pflanzen, aus denen nachhaltige Rohstoffe gewonnen werden, benötigt man große Anbauflächen. Auch beim Anbau dieser Pflanzen ist das Gebot der Nachhaltigkeit zu beachten. Zum Beispiel darf kein Raubbau, wie etwa das Abholzen von Regenwald, betrieben werden, um Anbauflächen zu gewinnen. Auch darf der Anbau von Lebensmitteln dadurch nicht verdrängt und so die Nahrungsknappheit der Erde vergrößert werden. Außerdem sollte der Anbau unter ökologischen Gesichtspunkten erfolgen. Monokulturen, in denen durch intensive Düngung und Schädlingsbekämpfung Boden, Luft und Wasser belastet werden, gefährden die Grundlagen des Lebens für die heutigen und nachfolgenden Generationen.

Energiepflanzen	Rohstoffe	Verwendungszweck
Zuckerrüben, Kartoffeln, Getreide	Zucker, Stärke	Bioethanol (Kraftstoff)
Raps	Rapsöl	Biodiesel (Kraftstoff), Rapsöl (Brennstoff)
Holz, Getreidepflanzen	Holzstücke, Stroh	Strom, Wärme
Industriepflanzen		
Raps, Rüben, Senf, Sonnenblumen, Lein	Pflanzenöle	Kosmetika, Schmierstoffe, Hydrauliköl, Getriebeöl, Motoröl, Lösungsmittel
Lein	Leinöl	Farben, Lacke, Lasuren, Linoleum
Mais, Weizen, Erbsen	Stärke	Papier, Pappe, Verpackungen
Kartoffeln	Stärke	Folien, Waschmittel
Zuckerrübe, Topinambur, Zichorie, Zuckerhirse	Zucker	Folien, Waschmittel, Kosmetika, Kunststoffe, Arzneien
Arznei- und Gewürzpflanzen	Extrakte	Pharmaka, ätherische Öle
Flachs, Hanf, Jute, Lein	Fasern	Zellstoff, Textilien, Dämmstoffe, Papier, Garne
Waid, Krapp, Wau, Saflor	Farbstoffe	Farben, Lacke
Holz	Cellulosefasern, Holz	Papier, Pappe, Zellstoff, Bauholz, Möbel

66.2 Einige Quellen für nachwachsende Rohstoffe und ihre Verwendungszwecke

6.8 Abhängigkeit der Fotosynthese von Umweltfaktoren

Der Wiesensalbei ist bevorzugt an Standorten mit hoher Sonnenbestrahlung, wie an Wegrändern und auf Trockenwiesen, zu finden. Er weist bei intensiver Bestrahlung eine besonders hohe Fotosyntheseleistung auf. Solche Pflanzen nennt man **Sonnenpflanzen.** Auf den stark beschatteten Böden von Laubwäldern wächst dagegen oft der Hasenlattich. Diese Pflanze kann niedrige Lichtintensitäten gut nutzen und erreicht schon bei etwa zehn Prozent des vollen Sonnenlichtes eine maximale Fotosyntheseleistung. Sie wird deshalb als **Schattenpflanze** bezeichnet.

Experimentell kann man die Abhängigkeit der Fotosyntheseleistung von der **Lichtintensität** über die *Fotosyntheserate* messen. Dabei ist zu berücksichtigen, dass lebende Zellen ständig Zucker aufgrund der Zellatmung abbauen. Man kann deshalb die Fotosyntheseleistung nicht direkt über den CO_2-Verbrauch oder die O_2-Produktion bestimmen. Man erhält immer nur die *apparente* (scheinbare) Fotosyntheseleistung. Zur Bestimmung der *reellen* (wirklichen) Fotosyntheseleistung muss der Stoffumsatz bei der Atmung berücksichtigt werden. Die Lichtintensität, bei der genauso viel Kohlenhydrat durch Atmung verbraucht wie durch Fotosynthese erzeugt wird, nennt man *Lichtkompensationspunkt*. Bei geringerer Lichtintensität werden weniger Nährstoffe erzeugt, als gleichzeitig durch Atmung verbraucht werden. Auf Dauer gesehen stirbt die Pflanze ab. Andererseits lässt sich die Fotosyntheseleistung nicht beliebig durch Steigerung der Belichtung erhöhen. Bei einer bestimmten Lichtintensität, der *Lichtsättigung*, wird ein Maximum der Fotosyntheseleistung erreicht.

Auch die **Temperatur** beeinflusst die Fotosyntheseleistung erheblich. Die volle Leistung wird nur in einem engen Temperaturbereich, dem *Optimum*, erzielt. Als Angepasstheit an die Bedingungen der natürlichen Standorte kann dieses Optimum ganz unterschiedlich liegen. Außerhalb des Optimums fällt die Fotosyntheseleistung stark ab. Bei Kälte laufen alle chemischen Reaktionen, auch diejenigen der Fotosynthese, langsamer ab. Bei zu hoher Temperatur werden Enzyme der Fotosynthese geschädigt.

Im Experiment kann man die Fotosyntheseleistung auch durch Erhöhung des **Kohlenstoffdioxidgehalts** der Luft deutlich steigern. In der Atmosphärenluft beträgt die CO_2-Konzentration 0,03 Prozent. Weil dieser Wert deutlich unter dem für Pflanzen optimalen Wert von etwa 0,1 Prozent liegt, wird im Allgemeinen die Fotosyntheseleistung durch diesen Umweltfaktor begrenzt.

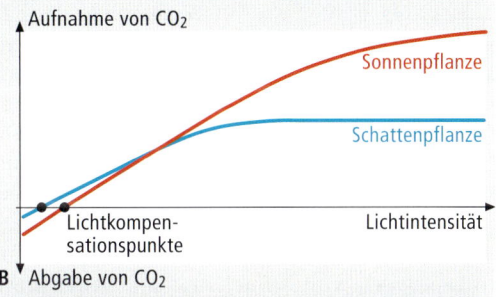

67.1 Abhängigkeit der Fotosynthese von der Lichtintensität. A Wiesensalbei (Sonnenpflanze); **B** Sonnenpflanzen und Schattenpflanzen im Vergleich; **C** Hasenlattich (Schattenpflanze)

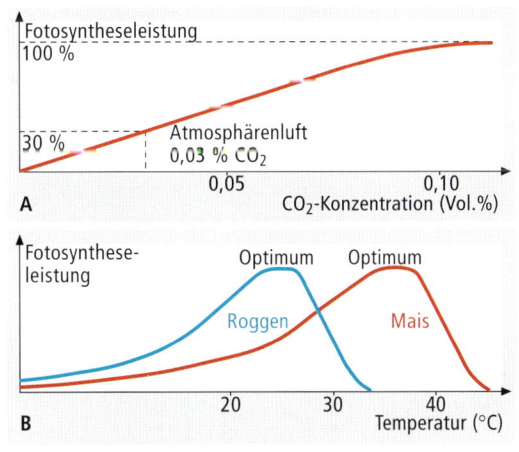

67.2 Abhängigkeit der Fotosynthese von Umweltfaktoren. A Kohlenstoffdioxidkonzentration; **B** Temperatur

1. Wenden Sie auf Sonnen- und Schattenpflanzen das Basiskonzept „Variabilität und Angepasstheit" an!

Strukturelle und energetische Grundlagen des Lebens

7 Energiefreisetzung durch Stoffabbau

7.1 Anaerober und aerober Glucoseabbau

Verbrennt man Traubenzucker in reinem Sauerstoff vollständig, entstehen Kohlenstoffdioxid und Wasser. Dabei wird Energie freigesetzt, die mit einem Kalorimeter gemessen werden kann. Ein Kalorimeter ist ein wärmeisoliertes, dickwandiges Gefäß. Die bei der Verbrennung freigesetzte Wärmeenergie erwärmt das umgebende Kühlwasser. Mit einem Thermometer wird die Erwärmung des Wassers gemessen. Mithilfe des Messwertes kann dann die Reaktionswärme berechnet werden. Dieser Vorgang ist chemisch eine Oxidation der Glucose und es gilt folgende Reaktionsgleichung:

$$C_6H_{12}O_6 + 6\,O_2 \longrightarrow 6\,CO_2 + 6\,H_2O$$
$$\Delta G = -2870 \text{ kJ/mol}$$

In Lebewesen wird bei der Atmung ebenfalls Glucose oxidiert. Diese Oxidation verläuft jedoch nicht als Verbrennung mit offener Flamme. Stattdessen werden im Stoffwechsel der Abbau der Glucose und die Umsetzung zu Kohlenstoffdioxid und Wasser schrittweise durchgeführt. Die Einzelschritte werden durch Enzyme katalysiert. So ist die Zelle in der Lage, den Zuckerabbau zu steuern und die bei der Oxidation freigesetzte Energie kontrolliert zu nutzen. In der Gesamtbilanz zeigt sich aber, dass die insgesamt freigesetzte Energie gleich hoch ist, unabhängig, auf welchem Weg dies erfolgt.

Der erste Abschnitt des Glucoseabbaus findet im Zellplasma statt. Aus Glucose, einer Verbindung mit sechs Kohlenstoffatomen, wird in zehn Einzelschritten eine Verbindung mit drei Kohlenstoffatomen gebildet, die *Brenztraubensäure*. Im wässrigen Milieu einer Zelle liegen Säuren vorwiegend dissoziert, also in Ionen gespalten, vor. Ein Brenztraubensäure-Molekül dissoziiert daher in ein Wasserstoff-Ion und in ein Säurerest-Anion, das als *Pyruvat-Ion* bezeichnet wird. Den Stoffwechselweg, der von der Glucose zum Pyruvat führt, nennt man **Glykolyse** (griech. *glycos*, süß; *lysis*, Auflösung).

Die beim Abbau der Glucose freigesetzte Energie kann auf zweierlei Weise verfügbar gemacht werden. Entweder dient sie zum Aufbau des *Energieüberträgers* ATP aus ADP und Phosphat oder sie wird zur Reduktion des *Wasserstoffüberträgers* Nicotinamid-adenin-dinucleotid, abgekürzt NAD^+, verwendet. Die in ATP festgelegte Energie kann von der Zelle unmittelbar genutzt werden. Die im reduzierten Wasserstoffüberträger NADH gebundene Energie wird dagegen erst infolge einer Oxidation dieses Cosubstrates verfügbar.

In der Glykolyse wird nur ein geringer Teil der in der Glucose steckenden Energie herausgeholt. Pro Mol Glucose werden nur zwei Mol ATP gebildet. Dies entspricht rund 60 kJ/mol, also etwa zwei Prozent der in der Glucose steckenden Energie. Trotzdem beziehen manche Lebewesen ihre gesamte Energie allein aus der Glykolyse. Sie leben ohne Sauerstoff, also *anaerob* (griech. *an*, ohne; *aer*, Luft). Um die Anhäufung von Pyruvat zu vermeiden, wird dieses zu Milchsäure oder Alkohol umgesetzt. Man bezeichnet diese Vorgänge als *Gärungen*.

Erst mithilfe von Sauerstoff können Lebewesen die Energieausbeute beim Abbau von Glucose deutlich erhöhen. Lebewesen, die zum Leben Sauerstoff benötigen, nennt man *aerob*. Die Zellen dieser Lebewesen enthalten Mitochondrien, in denen Pyruvat weiter abgebaut wird. Der Abbau erfolgt in einem komplizierten Kreisprozess, dem **Citratzyklus** oder Citronensäurezyklus. Im Endeffekt wird der gesamte Kohlenstoff des Ausgangsstoffes Glucose zu Kohlenstoffdioxid oxidiert. Auch im Citratzyklus wird nur wenig Energie von Energieüberträgern gebunden. Aber es wird bei mehreren Teilschritten Wasserstoff zur Reduktion von Wasserstoffüberträgern wie dem NAD^+ verwendet.

In der **Atmungskette** wird schließlich dieser Wasserstoff mithilfe des Luftsauerstoffs zu Wasser oxidiert. Bei der Oxidation eines Mols $NADH + H^+$ werden zum Beispiel drei Mol ATP gebildet. So wird der Hauptanteil der in Glucose gebundenen Energie erst in der Atmungskette verfügbar gemacht. Der Abbau von Glucose mit Luftsauerstoff wird als *Zellatmung* oder *Dissimilation* bezeichnet.

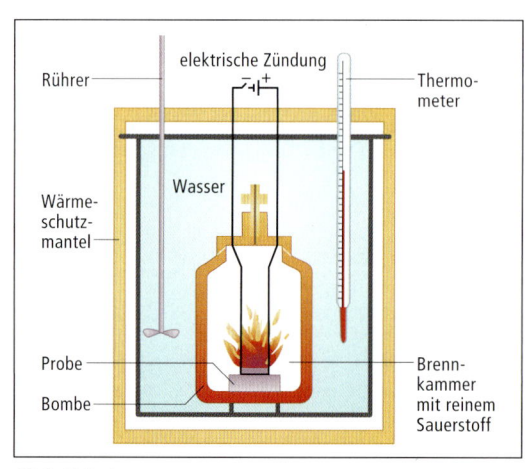

68.1 Kalorimeter

1. Beurteilen Sie den Einsatz von radioaktiven Isotopen bei der Aufklärung von Stoffwechselprozessen am Beispiel der Glykolyse!

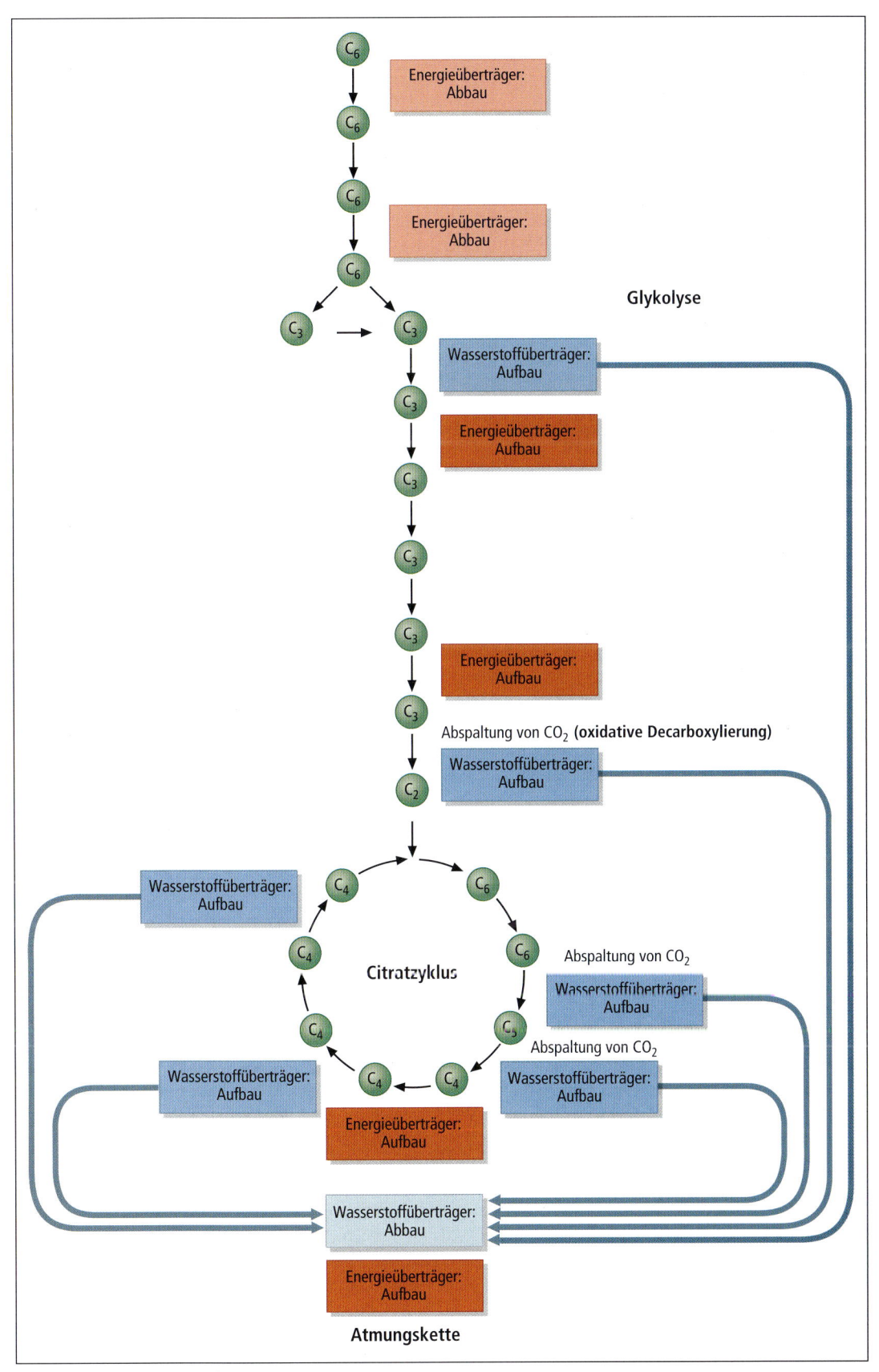

69.1 Glucoseabbau (Schema)

EXKURS: Glykolyse

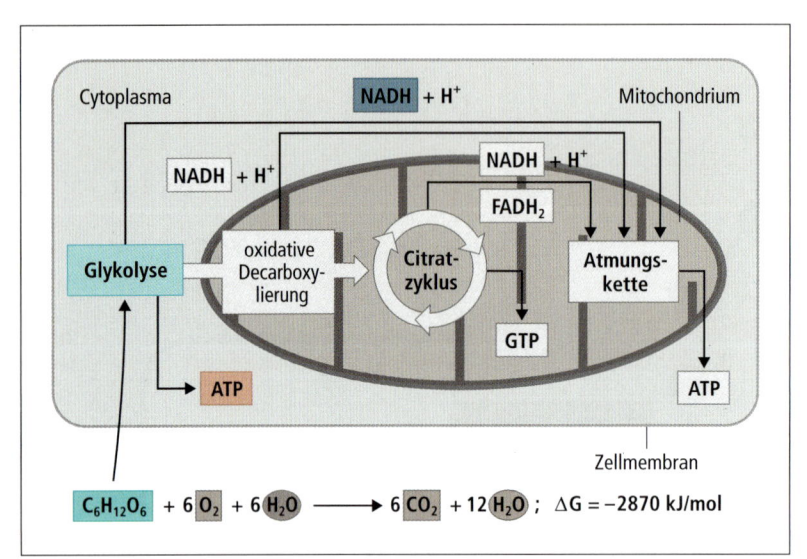

70.1 Dissimilation: Glykolyse

$C_6H_{12}O_6 + 6\,O_2 + 6\,H_2O \longrightarrow 6\,CO_2 + 12\,H_2O$; $\Delta G = -2870$ kJ/mol

Ein Glucose-Molekül ist sehr energiereich. Trotzdem erfordert seine chemische Umsetzung einen zusätzlichen Energieschub, also eine *Aktivierung*. Bei der Verbrennung im Kalorimeter erfolgt dies durch die Zündung mit einem elektrisch heizbaren Glühdraht. In der Zelle werden dagegen die Glucose-Moleküle durch Reaktion mit dem Energieüberträger ATP aktiviert. Mithilfe des Enzyms *Hexokinase* überträgt ATP eine Phosphatgruppe auf das sechste Kohlenstoffatom der Glucose. Es entsteht Glucose-6-phosphat. Dieses wird anschließend durch das Enzym *Glucose-6-phosphat-isomerase* zu Fructose-6-phosphat umgelagert.

Im nächsten Schritt überträgt ein weiteres ATP-Molekül Energie auf das Zuckermolekül. Dieser Schritt wird durch das Enzym *Phosphofructokinase*, abgekürzt PFK, katalysiert. Dieses Enzym verknüpft eine zweite Phosphatgruppe mit Fructose-6-phosphat, und zwar am ersten Kohlenstoffatom. Die PFK-Reaktion ist aber nicht nur als Aktivierungsschritt von großer Bedeutung. Das Enzym PFK kann durch unterschiedliche Inhibitoren in seiner Wirksamkeit beeinflusst werden. Sowohl Citronensäure als auch ATP können das Enzym nichtkompetitiv hemmen. Nun sind beide Stoffe Produkte, die im weiteren Glucoseabbau gebildet werden. Häuft sich also Citronensäure infolge eines hohen Glucoseabbaus in den Mitochondrien an, diffundiert der Stoff in das Zellplasma. Dort bindet sich Citronensäure an die PFK, und zwar nicht am aktiven Zentrum des Enzyms, sondern an einer anderen Bindungsstelle im Molekül. Durch die räumliche Umlagerung des aktiven Zentrums wird die PFK gehemmt und der Glucoseabbau stoppt. Ähnliches gilt bei Anhäufung von ATP, während durch ADP die PFK-Tätigkeit gefördert wird. Die PFK spielt also im Glucoseabbau eine ganz entscheidende Rolle: Ihre Hemmung oder Aktivierung ermöglicht eine *Rückkopplung* und somit die *Regulation der Zellatmung*.

Das Produkt der PFK-Reaktion heißt Fructose-1,6-bisphosphat. Dieses Molekül ist durch die beiden Phosphatgruppen so aktiviert, dass es nun in der Mitte gespalten werden kann. Mithilfe des Enzyms *Aldolase* entstehen zwei Verbindungen mit je drei Kohlenstoffatomen, die man kurz als C_3-Verbindungen bezeichnet. Es handelt sich um Glyceral-3-phosphat (Glycerinaldehyd-3-phosphat) und Glyceron-3-phosphat (Dihydroxyacetonphosphat). Das Enzym *Triosephosphat-Isomerase* wandelt Glyceron-3-phosphat in Glyceral-3-phosphat um.

Von nun an verläuft jeder Schritt, bezogen auf ein Ausgangsmolekül Glucose, doppelt.

Im nächsten Schritt wird eine weitere Phosphatgruppe auf Glyceral-3-phosphat übertragen. Eine solche Übertragung nennt man eine Phosphorylierung. Es entsteht 1,3-Bisphosphoglycerat. Dieser Reaktionsschritt wird durch das Enzym *Glycerinaldehyd-3-phosphat-Dehydrogenase* katalysiert. Die Bezeichnung Dehydrogenase weist auf die Abspaltung von zwei Wasserstoffatomen, die zur Reduktion des Cosubstrates NAD^+ verwendet werden. Es entsteht das $NADH + H^+$. Außerdem wird hier eine anorganische Phosphatgruppe aus dem Cytoplasma auf den Zuckerrest übertragen.

1,3-Bisphosphoglycerat reagiert weiter über drei Zwischenstufen bis zum Pyruvat. Dabei werden nacheinander die beiden Phosphatgruppen abgespalten und zum Aufbau von ATP verwendet. Damit wird die zur Aktivierung der Glucose aufgewendete Energie zurückgewonnen. Darüber hinaus wird ein Teil der in der Glucose gespeicherten Energie in Form von ATP sowie von reduziertem Cosubstrat $NADH + H^+$ freigesetzt.

In der Bilanz der Glykolyse werden also pro Mol Glucose neben zwei Mol Pyruvat auch zwei Mol ATP und zwei Mol $NADH + H^+$ gebildet.

1. Begründen Sie die zentrale Bedeutung der Phosphofructokinase für die Regulation der Zellatmung! Verwenden Sie auch Abbildung 42.1!
2. Die Glykolyse wird manchmal in eine Energieinvestitionsphase und eine Energiegewinnungsphase gegliedert. Erläutern Sie diese Begriffe und ordnen Sie die Schritte der Glykolyse begründend zu!
3. In den meisten tierischen Geweben wird Glucose in erster Linie durch Glykolyse abgebaut. Es gibt jedoch noch einen anderen Weg, den Pentosephosphat-Weg. Dieser Abbau geht von Glucose-6-phosphat aus und führt über einige Zwischenstufen zu Ribose-5-phosphat. Auf diesem Weg wird $NADPH + H^+$ gebildet. Erläutern Sie die Bedeutung dieses Abbauweges in den Zellen!

Strukturelle und energetische Grundlagen des Lebens

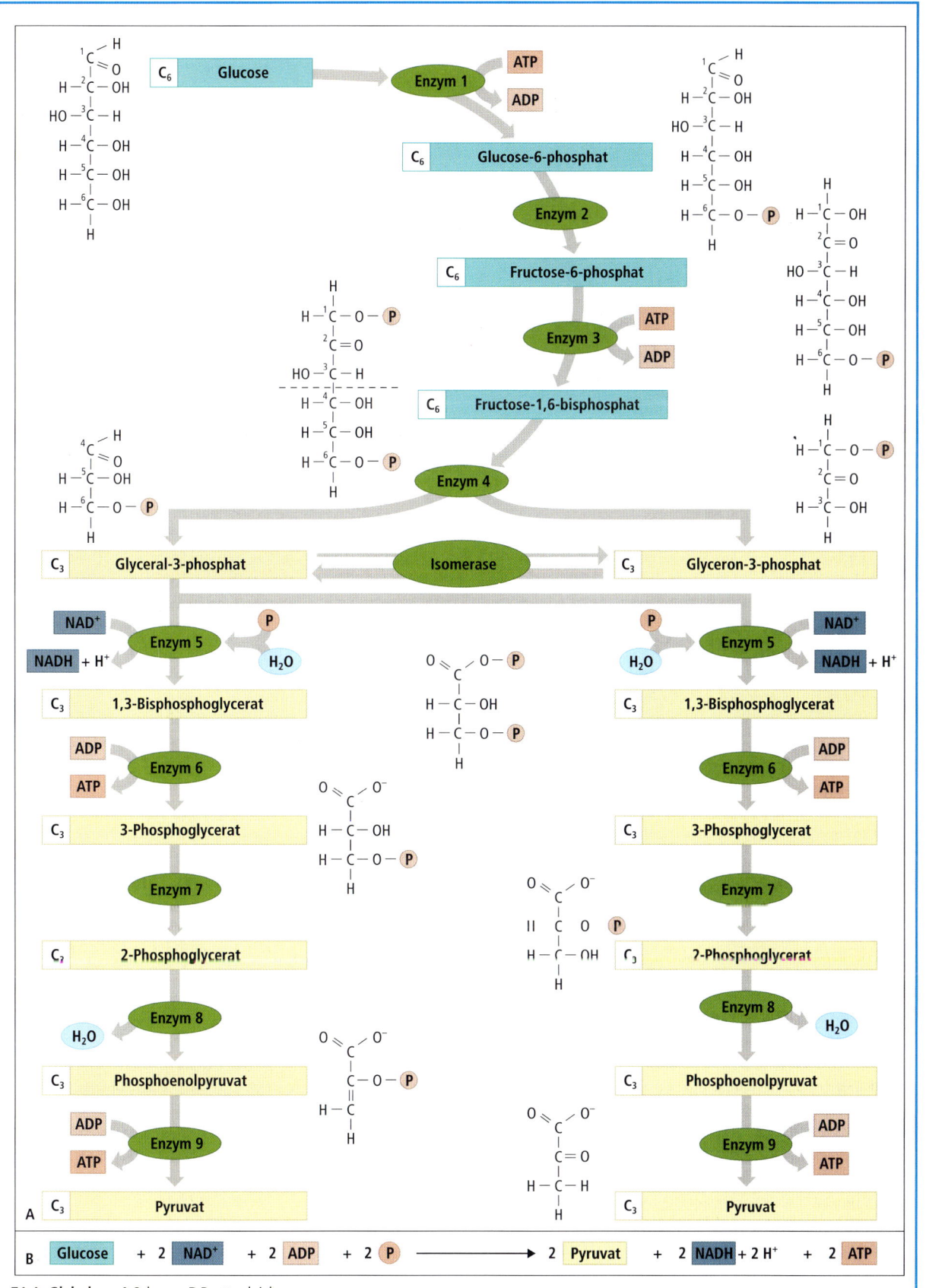

71.1 Glykolyse. A Schema; B Bruttogleichung

EXKURS: Citratzyklus

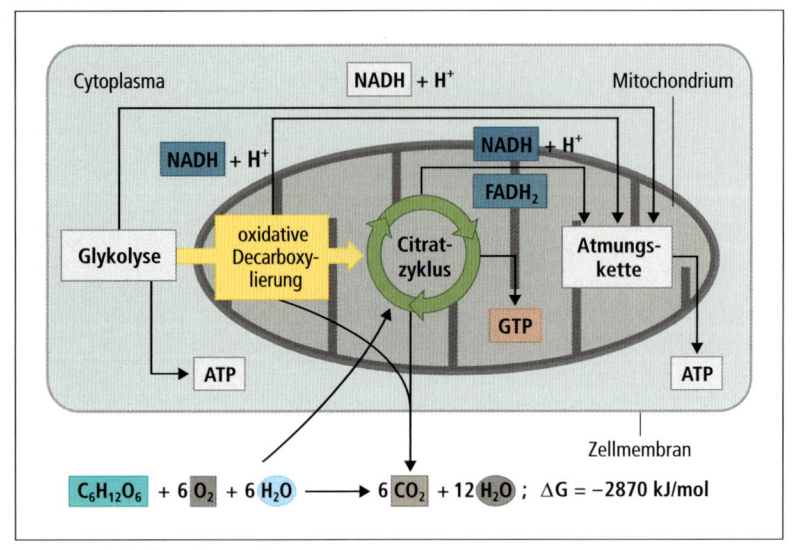

72.1 Dissimilation: Citratzyklus

Diagramm-Beschriftungen: Cytoplasma — Mitochondrium — NADH + H⁺ — FADH₂ — Glykolyse — oxidative Decarboxylierung — Citratzyklus — Atmungskette — GTP — ATP — Zellmembran

$$C_6H_{12}O_6 + 6\,O_2 + 6\,H_2O \longrightarrow 6\,CO_2 + 12\,H_2O\,;\ \Delta G = -2870\ \text{kJ/mol}$$

Ersetzt man in Glucose die Kohlenstoffatome durch ^{14}C-Isotope, lässt sich der weitere Abbau des Zuckers in der Zelle aufgrund der radioaktiven Strahlung der Isotope verfolgen. Man findet sie nach einiger Zeit in der Matrix der Mitochondrien. Offenbar wird das Produkt der Glykolyse, das Pyruvat, in die Mitochondrien eingeschleust. Dies geschieht mithilfe von Transportproteinen, den Carriern.

Schon kurz nachdem die Pyruvat-Ionen in die Mitochondrien gelangt sind, wird aus der Carboxylgruppe des Pyruvats Kohlenstoffdioxid freigesetzt. Gleichzeitig mit dieser Decarboxylierung wird auch NAD⁺ zu NADH + H⁺ reduziert. Man nennt diesen Vorgang eine **oxidative Decarboxylierung**. Der entstandene Molekülrest leitet sich chemisch von der Essigsäure ab und wird als Acetyl bezeichnet. Er wird auf ein Cosubstrat, das Coenzym A, kurz: CoA, übertragen und dadurch aktiviert. Die entstandene Verbindung bezeichnet man als Acetyl-CoA. Diese wird nun in den Citratzyklus eingeschleust. Zuerst wird Acetyl-CoA an ein Ion mit vier Kohlenstoffatomen, das Oxalacetat, geknüpft. Da gleichzeitig das Coenzym A wieder abgespalten wird, entsteht ein Ion mit sechs Kohlenstoffatomen, das Citrat. Dies ist das Säurerest-Anion der Citronensäure. Nach dieser Verbindung wurde der ganze Kreisprozess benannt.

Das Citrat wird durch ein Enzym in eine isomere Verbindung, das Isocitrat, umgewandelt. Dies wird unter Abspaltung von Kohlenstoffdioxid und Reduktion von NAD⁺ zu NADH + H⁺ zu α-Ketoglutarat, einem C_5-Körper, oxidiert. Das α-Ketoglutarat wird weiter decarboxyliert unter Bildung von Kohlenstoffdioxid und Reduktion von NAD⁺ zu NADH + H⁺. Das Produkt dieser Reaktion wird an ein Coenzym A geknüpft, sodass schließlich Succinyl-CoA entsteht. Das Coenzym A wird dann von einer Phosphatgruppe ersetzt, die anschließend auf Guanosindiphosphat (GDP) übertragen wird. – GDP ist ähnlich gebaut wie ADP und speichert bei der Phosphorylierung zu GTP etwa die gleiche Energiemenge wie ATP. – Es bildet sich Succinat, das Anion der Bernsteinsäure. Dies ist eine C_4-Verbindung. Nun schließen sich mehrere Umlagerungsschritte an, bei denen sich die Zahl der Kohlenstoffatome in dem Molekül nicht mehr ändert. Zuerst wird aus Succinat das Fumarat gebildet, wobei ein weiterer Wasserstoffüberträger, nämlich Flavinadenindinucleotid (FAD), zu FADH₂ reduziert wird. Dann entsteht Malat, das Säurerest-Anion der Äpfelsäure. Schließlich wird das Malat, ebenfalls unter Enzymkatalyse, zu Oxalacetat oxidiert. Bei diesem Schritt wird wiederum NADH + H⁺ gebildet, aber letztlich wird auch Oxalacetat als der Akzeptor für Acetyl-CoA regeneriert. Damit kann der Kreisprozess von Neuem beginnen.

Neben zwei Mol Kohlenstoffdioxid entstehen pro Umlauf des Citratzyklus, also pro eingeschleustem Acetyl-CoA, insgesamt drei Mol NADH + H⁺ und ein Mol FADH₂. Außerdem wird ein Mol GTP gebildet.

Der Citratzyklus steht mit vielen anderen Stoffwechselwegen direkt oder indirekt in Verbindung. Man kann ihn geradezu als Drehscheibe des Stoffwechsels bezeichnen. So können etwa Aminosäuren an verschiedenen Stellen in den Zyklus eingeschleust werden oder durch Umwandlungen aus Zwischenstufen des Citratzyklus hergestellt werden. Auch der Abbau von Fetten ist eng mit dem Glucoseabbau verknüpft. Der Fettabbau beginnt im Cytoplasma mit der Spaltung der Fettmoleküle in Glycerin und Fettsäuren. Das Glycerin wird in Glycerinaldehyd-3-phosphat umgewandelt und in der Glykolyse weiter verarbeitet. Die Fettsäuren werden schrittweise in Acetyl-CoA zerlegt. Dieses wird dann in den Citratzyklus eingeschleust.

1. Beurteilen Sie kritisch den Begriff Kreisprozess für den Citratzyklus!
2. Stellen Sie eine begründete Hypothese auf, weshalb die Reaktionsschritte des Citratzyklus in der richtigen Reihenfolge ablaufen, obwohl die beteiligten Verbindungen frei in der Matrix der Mitochondrien beweglich sind!
3. Der Pyruvat-Abbau wird von einem Multienzymkomplex durchgeführt. Beteiligt sind zum Beispiel die Pyruvat-Dehydrogenase und die Pyruvat-Decarboxylase. Letztere ist mit dem Cosubstrat TPP, Thiaminpyrophosphat, verbunden. Das Thiamin kann vom Körper des Menschen nicht selbst synthetisiert werden und wird als Vitamin B1 mit der Nahrung aufgenommen. Ein ernährungsbedingter Thiaminmangel hat schwerwiegende Folgen. Recherchieren Sie diese Folgen im Internet! Verwenden Sie als Suchwort den Namen der Krankheit „Beriberi".

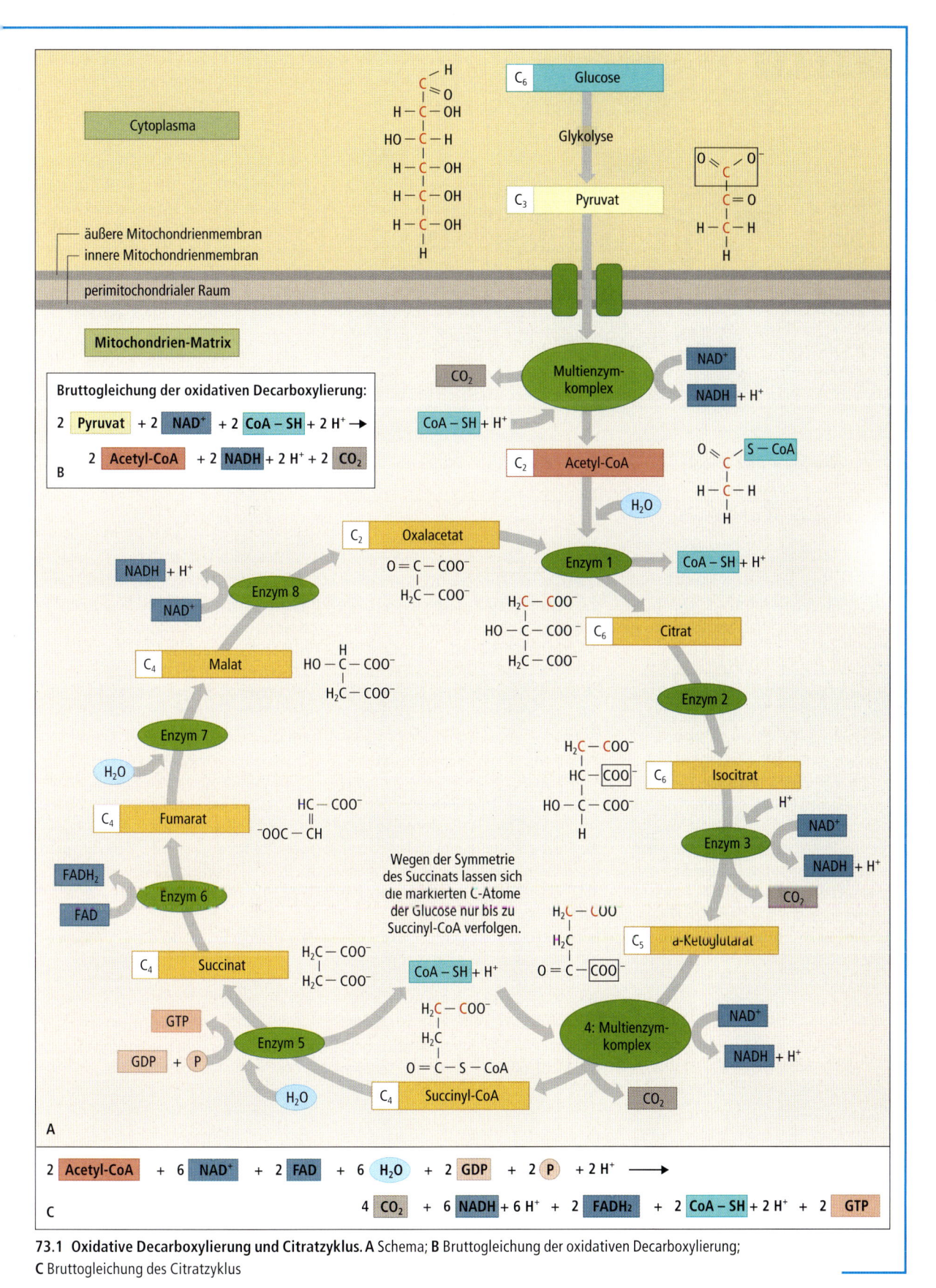

Cytoplasma

C_6 Glucose

Glykolyse

C_3 Pyruvat

äußere Mitochondrienmembran
innere Mitochondrienmembran
perimitochondrialer Raum

Mitochondrien-Matrix

Bruttogleichung der oxidativen Decarboxylierung:

2 Pyruvat + 2 NAD^+ + 2 CoA–SH + 2 H^+ →

2 Acetyl-CoA + 2 NADH + 2 H^+ + 2 CO_2

B

Multienzymkomplex

CO_2 — NAD^+ — NADH + H^+ — CoA–SH + H^+

C_2 Acetyl-CoA

H_2O

Enzym 1 — CoA–SH + H^+

C_2 Oxalacetat

NADH + H^+ — Enzym 8 — NAD^+

C_4 Malat

Enzym 7 — H_2O

C_4 Fumarat

$FADH_2$ — FAD — Enzym 6

C_4 Succinat

GTP — GDP + P — Enzym 5 — H_2O

C_4 Succinyl-CoA — CoA–SH + H^+

C_6 Citrat

Enzym 2

C_6 Isocitrat

Enzym 3 — NAD^+ — NADH + H^+ — CO_2

C_5 α-Ketoglutarat

4: Multienzymkomplex — NAD^+ — NADH + H^+ — CO_2

Wegen der Symmetrie des Succinats lassen sich die markierten C-Atome der Glucose nur bis zu Succinyl-CoA verfolgen.

A

2 Acetyl-CoA + 6 NAD^+ + 2 FAD + 6 H_2O + 2 GDP + 2 P + 2 H^+ ⟶

4 CO_2 + 6 NADH + 6 H^+ + 2 $FADH_2$ + 2 CoA–SH + 2 H^+ + 2 GTP

C

73.1 Oxidative Decarboxylierung und Citratzyklus. A Schema; **B** Bruttogleichung der oxidativen Decarboxylierung; **C** Bruttogleichung des Citratzyklus

Strukturelle und energetische Grundlagen des Lebens

EXKURS: Atmungskette

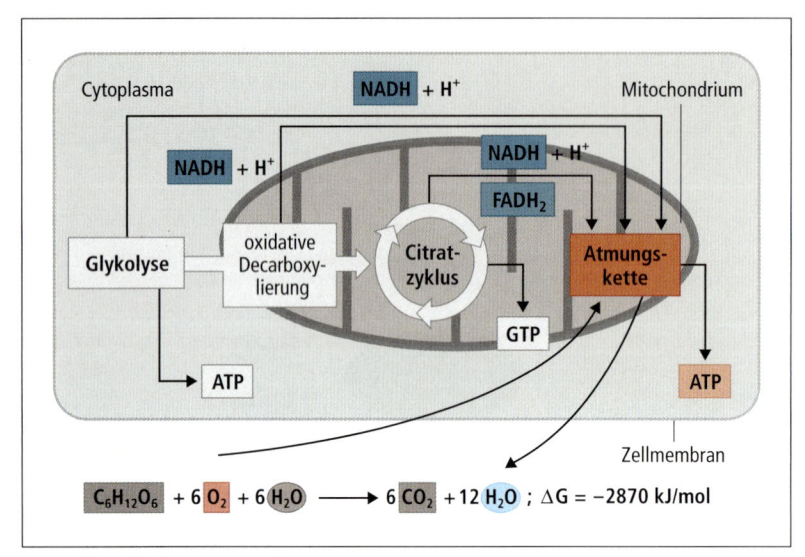

74.1 Dissimilation: Atmungskette

$$C_6H_{12}O_6 + 6\,O_2 + 6\,H_2O \longrightarrow 6\,CO_2 + 12\,H_2O\,;\ \Delta G = -2870\ \text{kJ/mol}$$

Glykolyse und Atmungskette können nur dann ständig weiterlaufen, wenn die Wasserstoffüberträger NADH + H⁺ und FADH$_2$ wieder oxidiert werden, also ihren Wasserstoff abgeben.

Im Raum zwischen der äußeren und der inneren Membran eines Mitochondriums, dem *perimitochondrialen Raum*, häufen sich Protonen (H⁺-Ionen) an. Sie stammen aus der Oxidation von FADH$_2$ und NADH + H⁺ zu FAD und NAD⁺. Die dabei abgegebenen Elektronen werden getrennt von den Protonen auf Sauerstoff übertragen. Formal entspricht diese Reaktion einer Knallgasreaktion, bei der Wasserstoff und Sauerstoff explosionsartig zu Wasser reagieren. In den Mitochondrien erfolgt die Bildung von Wasser aus der Reaktion von Wasserstoff mit Sauerstoff schrittweise in einer Reaktionskette, der **Atmungskette**. Auf diese Weise wird die Zelle bei der Energiefreisetzung nicht geschädigt.

An der Atmungskette sind einige Proteine wie die NADH-Dehydrogenase (FMN) und verschiedene Cytochrome sowie eine lipidartige Verbindung, das Ubichinon, beteiligt. Abgesehen von Ubichinon und Cytochrom c sind diese Verbindungen in vier Enzymkomplexen in die innere Mitochondrienmembran eingelagert. Die Moleküle der Atmungskette sind Elektronentransporter, die durch abwechselnde Aufnahme und Abgabe von Elektronen zwischen einem oxidierten und einem reduzierten Zustand wechseln. Bei den Cytochromen sind Eisenionen für die Reduktions- und Oxidationsvorgänge verantwortlich. Solche gekoppelten Reduktions- und Oxidationsreaktionen bezeichnet man als **Redoxreaktionen**. Zwischen der reduzierten und der oxidierten Form eines Redoxpaares lässt sich eine Spannung messen, das **Redoxpotenzial**. Verschiedene Redoxsysteme haben unterschiedliche Redoxpotenziale, zwischen denen eine Potenzialdifferenz besteht. Die Elektronen fließen vom niedrigeren (negativeren) zum höheren (positiveren) Redoxpotenzial und erhalten dabei einen Energiebetrag, der proportional zur Potenzialdifferenz ist.

In der Atmungskette werden Elektronen von FADH$_2$ und NADH + H⁺ nacheinander an Redoxpaare mit positiveren Redoxpotenzialen weitergegeben. Schließlich werden sie auf Sauerstoff übertragen, der dann mit Protonen zu Wasser reagiert. Bei diesem Elektronentransport wird portionsweise Energie abgegeben. Diese Energie wird zum Pumpen von Protonen durch die innere Mitochondrienmembran in den perimitochondrialen Raum verwendet. Die Protonenpumpen sind die Enzymkomplexe I, III und IV der Atmungskette. Es resultiert ein Protonengradient an der inneren Mitochondrienmembran. In diesem *elektrochemischen Gradienten* ist Energie gespeichert. Protonen, die entlang des Gradienten zurück in die Matrix fließen, setzen dabei Energie frei. Diese wird genutzt, um aus ADP und Ⓟ das ATP zu bilden. Ort der *ATP-Synthese* ist der Enzymkomplex ATP-Synthase. Da dieser Vorgang durch Oxidationen angetrieben wird, spricht man von einer **oxidativen Phosphorylierung**. Ein Mol NADH + H⁺ liefert höchstens drei Mol ATP. Ein Mol FADH$_2$ liefert maximal zwei Mol ATP, da es über den Enzymkomplex II später in die Atmungskette gelangt.

Die Energiebilanz der Zellatmung ergibt sich also wie folgt: Bei der Glykolyse eines Mols Glucose fallen zwei Mol ATP an. Im Citratzyklus kommen zwei Mol des energetisch gleichwertigen GTPs hinzu. Die Atmungskette liefert bis zu 34 Mol ATP. Zwei Mol ATP gehen allerdings beim Transport der energiereichen Elektronen in das Mitochondrium verloren, die das NADH + H⁺ aus der Glykolyse trägt. Netto verbleibt Energie im Gegenwert von maximal 36 Mol ATP. Bei der Phosphorylierung von ADP zu ATP werden rund 30,5 kJ/mol gespeichert. Insgesamt werden pro Mol Glucose somit maximal 1098 kJ in Form von chemischer Bindungsenergie gespeichert. Bei der Oxidation von Glucose zu Wasser und Kohlenstoffdioxid werden aber insgesamt 2870 kJ/mol frei. Derjenige Anteil, der für weitere Stoffwechselprozesse nutzbar gemacht werden kann, der **Wirkungsgrad**, beträgt also höchstens 38 Prozent. Der Rest wird als Wärme abgeführt.

1. Erklären Sie den Aufbau des Protonengradienten in Mitochondrien und Chloroplasten entsprechend der chemiosmotischen Theorie von MITCHELL! Vergleichen Sie die beiden Organellen in dieser Hinsicht und erläutern Sie den wesentlichen Unterschied!
2. Das Protein Thermogenin macht im braunen Fettgewebe vieler Säuger, einschließlich menschlicher Babys, die Mitochondrienmembran für Protonen durchlässig. Überraschenderweise ist dies von biologischem Nutzen, denn es wird dadurch Wärme erzeugt. Erläutern Sie den Zusammenhang zwischen der Wirkung des Thermogenins und der Wärmeproduktion!

Strukturelle und energetische Grundlagen des Lebens

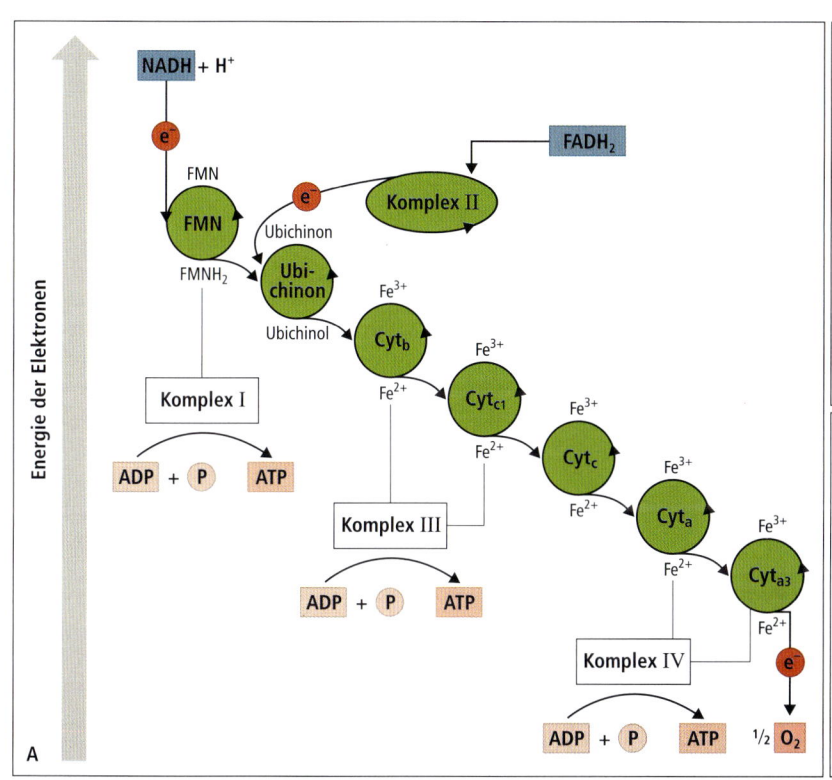

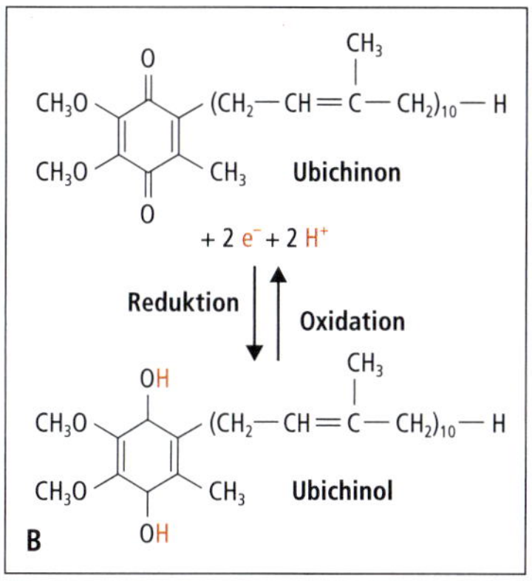

75.1 Atmungskette. A Elektronentransport von NADH + H⁺ und FADH₂ bis zum Sauerstoff; **B** Redoxpaar am Beispiel von Ubichinon/Ubichinol; **C** Redoxpotenziale (FMN = NADH-Dehydrogenase, Cyt = Cytochrom)

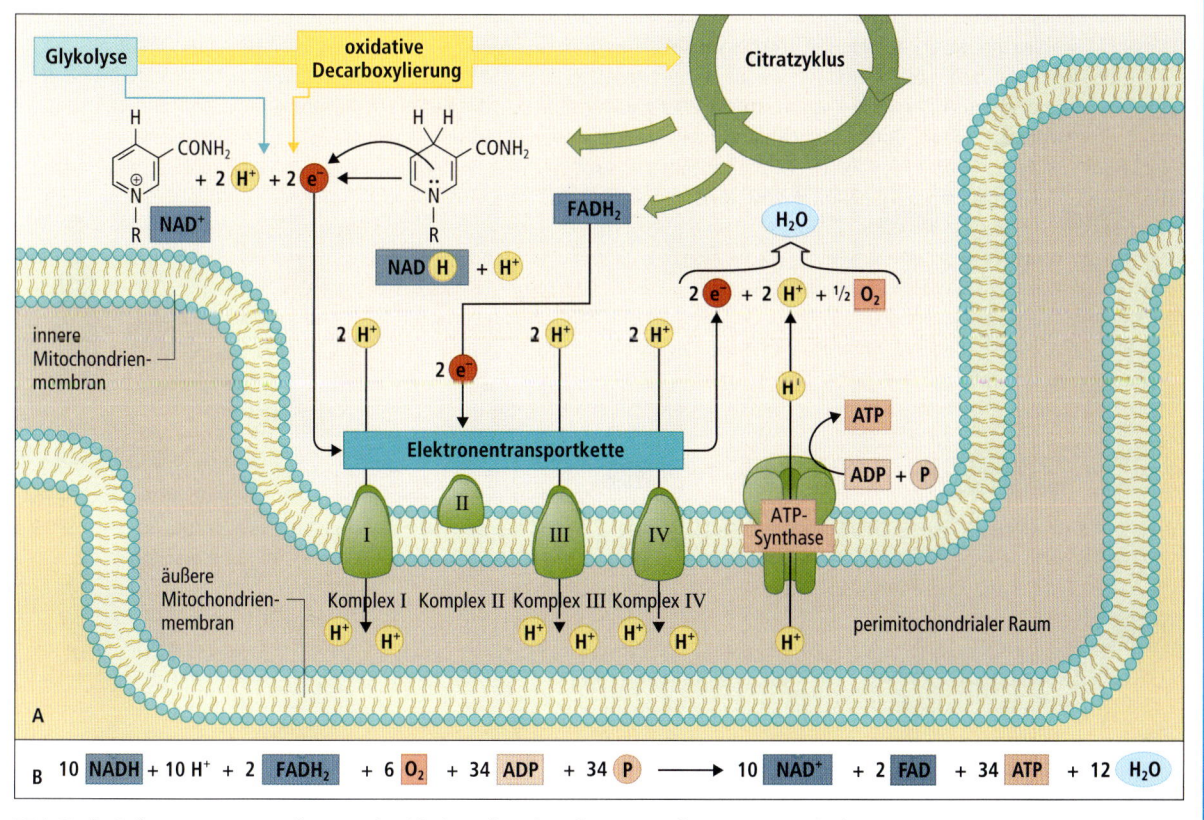

Redoxpotenziale (25 °C, pH 7)	
Redoxpaar	E^0 (V)
NAD⁺/NADH	−0,320
FAD/FADH₂	−0,219
FMN/FMNH₂	−0,190
Ubichinon/Ubichinol	0,045
$Cyt_b(Fe^{3+})/Cyt_b(Fe^{2+})$	0,077
$Cyt_{c1}(Fe^{3+})/Cyt_{c1}(Fe^{2+})$	0,220
$Cyt_c(Fe^{3+})/Cyt_c(Fe^{2+})$	0,254
$Cyt_a(Fe^{3+})/Cyt_a(Fe^{2+})$	0,290
$Cyt_{a3}(Fe^{3+})/Cyt_{a3}(Fe^{2+})$	0,385
½ O_2/H_2O	0,816

B 10 NADH + 10 H⁺ + 2 FADH₂ + 6 O_2 + 34 ADP + 34 P ⟶ 10 NAD⁺ + 2 FAD + 34 ATP + 12 H_2O

75.2 Verknüpfung von Atmungskette und oxidativer Phosphorylierung. A Schema; **B** Bruttogleichung

Strukturelle und energetische Grundlagen des Lebens

7.2 Gärungen

Den meisten Lebewesen steht Sauerstoff als Oxidationsmittel zur Verfügung. Unter solchen aeroben Bedingungen kann Glucose vollständig zu Wasser und Kohlenstoffdioxid oxidiert werden. Einige Lebewesen kommen jedoch dauernd oder zeitweilig mit sehr wenig oder ganz ohne Sauerstoff aus. Unter solchen *anaeroben* Bedingungen leben beispielsweise Bakterien im Faulschlamm von Gewässern, Spulwürmer im Darm von Säugetieren und einige Tiere der Gezeitenzonen wie Muscheln, manche Schnecken und Würmer, die sich während der Ebbe luftdicht einkapseln oder tief in den Boden zurückziehen. Einige Lebewesen wie Hefen und manche Bakterien, aber auch unsere Muskelzellen, können ihren Energiebedarf sowohl unter aeroben als auch unter anaeroben Bedingungen decken. Ohne Sauerstoff ist nur eine unvollständige Oxidation der Nährstoffe möglich. Stoffwechselwege, bei denen ATP durch unvollständige Oxidationen von Nährstoffen gewonnen wird, bezeichnet man als **Gärungen.**

Glucose kann auf verschiedenen Wegen vergoren werden. Jeder Weg beginnt mit der Glykolyse. Dabei werden pro Mol Glucose zwei Mol *Pyruvat* und zwei Mol ATP gebildet. Diese zwei Mol ATP stellen die gesamte Energieausbeute der Gärung dar, ein Achtzehntel der Ausbeute bei der Zellatmung. Die hohe Energie der Elektronen, die im Verlaufe der Glykolyse auf NAD^+-Ionen übertragen werden, kann in Abwesenheit von Sauerstoff nicht weiter genutzt werden. Die Glykolyse kommt zum Erliegen, wenn sämtliche NAD^+-Ionen zu $NADH + H^+$ reduziert worden sind. Daher müssen bei der Gärung die NAD^+-Ionen wieder regeneriert werden. In der Art, wie das geschieht, unterscheiden sich die Gärungen. Bei der **alkoholischen Gärung** wird das Pyruvat unter Abspaltung von Kohlenstoffdioxid zunächst in das giftige *Acetaldehyd* umgewandelt. Dieses reagiert sofort mit dem $NADH + H^+$ zu Ethanol. Bei der **Milchsäuregärung** wird das Pyruvat durch $NADH + H^+$ direkt zu *Milchsäure* reduziert.

Gärungen spielen eine wichtige Rolle bei der Herstellung von Lebensmitteln. Vermutlich haben bereits in vorgeschichtlicher Zeit viele Völker entdeckt, dass süße Früchte oder Säfte den Geschmack verändern und berauschend wirken können, wenn man sie eine Weile stehen lässt. In Mesopotamien, im vorderen Orient, nutzten die Sumerer bereits im vierten vorchristlichen Jahrtausend die alkoholische Gärung zur Herstellung verschiedener Biersorten. Auch das Backen von Brot mit porösem Teig anstelle von festem Fladenbrot wurde bereits von den frühen Hochkulturen im vorderen Orient erfunden. Die Milchsäuregärung dient in der Lebensmittelindustrie zur Herstellung von Sauerkraut, Joghurt, Sauermilch und bestimmten Käsesorten. Milchsäuregärung findet bei Sauerstoffmangel auch in menschlichen Muskelzellen statt.

1. Ein mit Hefe versetzter Teig muss vor dem Backen „treiben", während ein mit Backpulver versetzter Teig erst während des Backvorgangs „treibt". Stellen Sie jeweils eine begründete Vermutung an, wie die Volumenvergrößerung („Treiben") des Teigs zustande kommt!

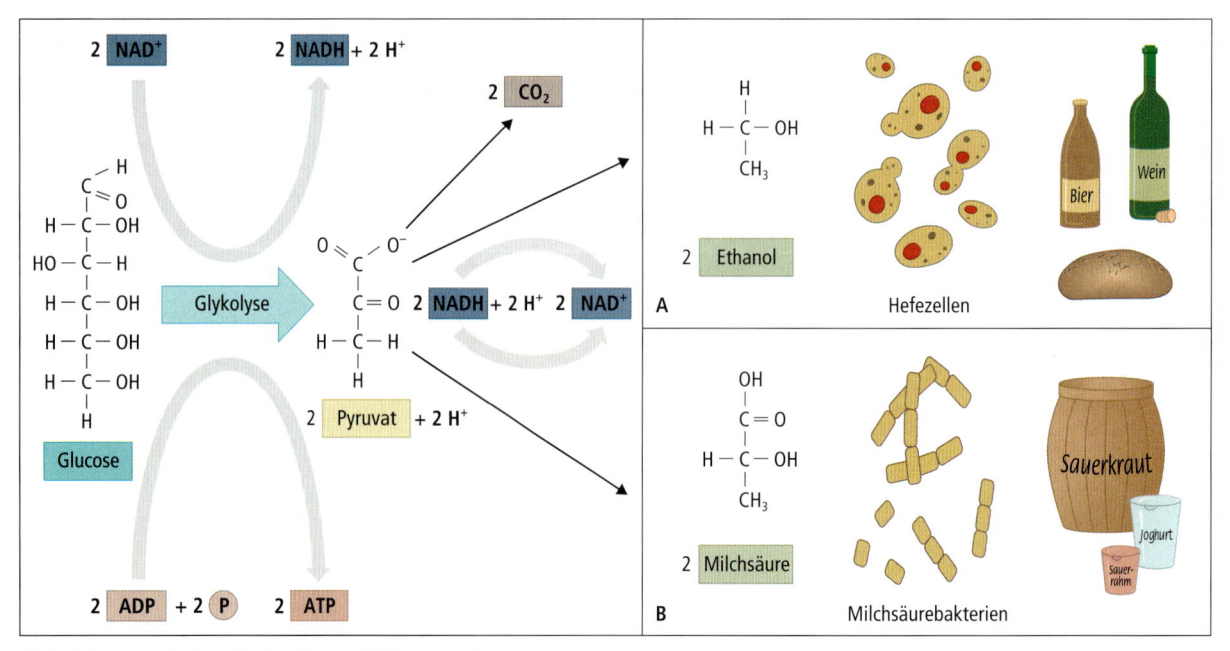

76.1 **Gärungen.** A alkoholische Gärung; B Milchsäuregärung

EXKURS: Nutzung von Hefe – noch immer eine Herausforderung

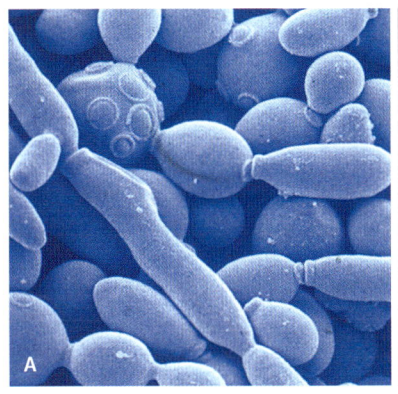

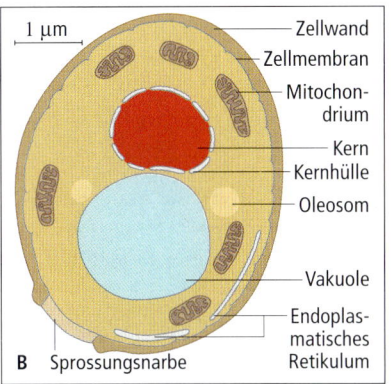

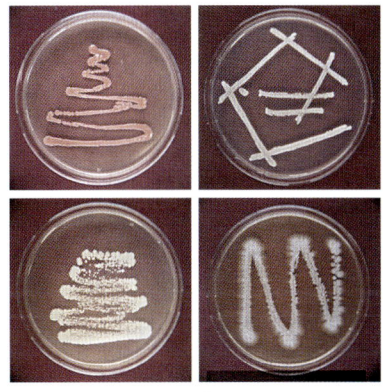

77.1 Hefezellen. A REM-Bild (gefärbt); B Schema eines EM-Bildes

77.2 Verschiedene Hefepilzarten

Hefen sind einzellige Eukaryoten, die sich geschlechtlich durch Paarung und ungeschlechtlich durch Sprossung fortpflanzen können. Sie dienen aufgrund ihres einfachen Aufbaus und ihrer leichten Kultivierung oft als *Modellsystem* für genetische Studien. Ihre Erbinformation ist als erstes Eukaryotengenom vollständig sequenziert worden.

Daneben sind Hefen von großer wirtschaftlicher Bedeutung. In der Biotechnologie besonders verbreitet sind die Arten *Saccharomyces cerevisiae* und *S. carlsbergensis* (Bier), *S. panis* (Brot) und *S. ellipsoideus* (Wein). Seit dem Altertum werden sie gezielt gezüchtet und auf bestimmte Eigenschaften selektiert. Ihr bevorzugter Lebensraum sind nährstoffhaltige Flüssigkeiten wie zuckerhaltige Fruchtsäfte. Hefen sind *fakultativ aerob*: In Gegenwart von Sauerstoff wandeln sie Glucose vollständig zu Kohlenstoffdioxid und Wasser um.

Unter *anaeroben* Bedingungen hingegen schlagen sie den Stoffwechselweg der *Gärung* ein, bei der als Abfallprodukt neben Kohlenstoffdioxid auch Ethanol entsteht. Übersteigt der Alkoholgehalt eine bestimmte Konzentration, wirkt er als Zellgift, und die Kultur stirbt ab. Hierin liegt eine besondere Herausforderung für die biotechnische Produktion von Hefe.

Lebende Hefezellen finden Verwendung etwa als Bäckerhefe für die Brotherstellung. Sie dienen auch als Lebensmittelzusatz oder als Futterhefe in der Landwirtschaft, da sie reich an Proteinen und Vitamin B sind. Um eine möglichst große Biomasse zu produzieren, bedarf es einer genau abgestimmten Zufuhr von Glucose und Sauerstoff. Ein zu hoher Nährstoffspiegel führt zu einer Vergärung der überschüssigen Glucose zu Ethanol und Kohlenstoffdioxid mit nachteiligen Folgen für das Wachstum der Kultur. Auch ein Mangel an Sauerstoff führt zu einer Vergärung des Zuckers mit Alkohol als unerwünschtem Nebenprodukt. Die Prozesssteuerung ist daher von großer Bedeutung.

Als besonders günstig hat es sich erwiesen, über eine Abluftanalytik den *Respirationsquotienten* (RQ) zu ermitteln. Als RQ bezeichnet man das Verhältnis der von den Hefezellen abgegebenen Kohlenstoffdioxidmenge zur aufgenommenen Sauerstoffmenge. Eine Prozessführung mit optimaler Ausbeute an Hefezellen hält durch eine computergesteuerte Regulation der einzelnen Stellglieder den RQ konstant auf einem Wert knapp über eins.

Soll hingegen in erster Linie Alkohol produziert werden, muss der Vorgang natürlich ganz anders gesteuert werden. Aber auch bei diesem anaeroben Prozess ist die Regulation der Sauerstoffzufuhr wichtig, denn ganz ohne Sauerstoff verläuft die großtechnische Gärung ebenfalls nicht optimal.

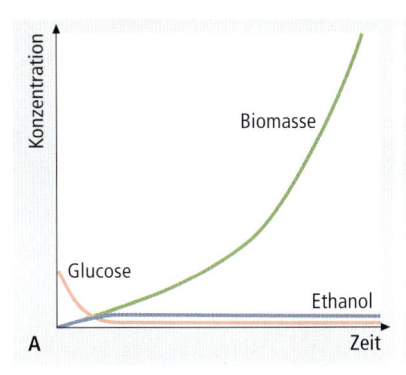

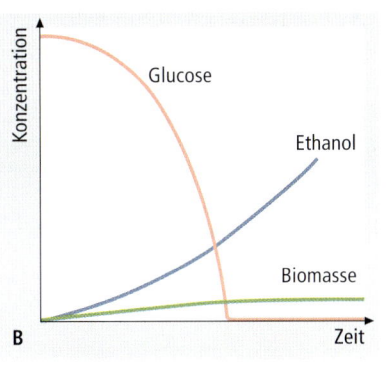

77.3 Wachstumskurve einer Hefekultur. A aerob (RQ-gesteuert); B anaerob

77.4 Produkte aus Hefezellen

Strukturelle und energetische Grundlagen des Lebens

PRAKTIKUM Atmung und Gärung

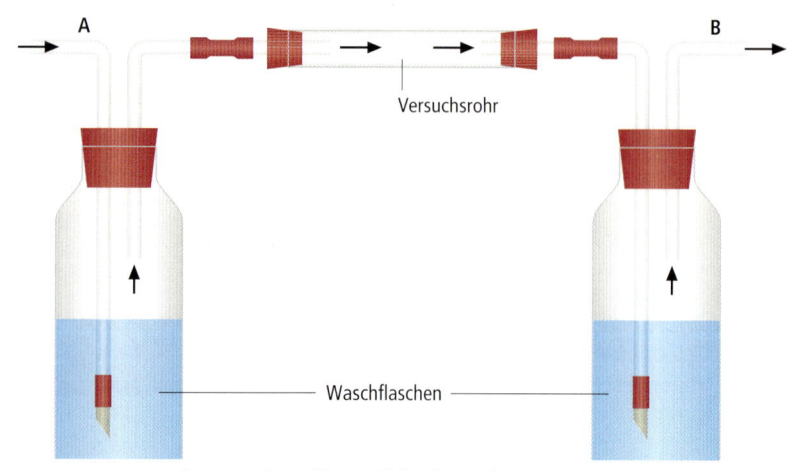

Apparatur zur Bestimmung der Kohlenstoffdioxid-Produktion

(A ... Versuchsrohr ... B, Waschflaschen)

1 Atmung einer Maus

Material: Waage; Stativ mit Klemmvorrichtung; 2 Waschflaschen; Glasrohr (Durchmesser ca. 4 cm; Länge ca. 30 cm); 2 durchbohrte Gummistopfen; 2 kurze gerade Glasröhrchen; dünner Gummischlauch; 2 Zerstäuber; Wasserstrahlpumpe (oder alternativ ein Handgebläse); Stoppuhr; Pipette; Maus; Natronlauge (0,1 $\frac{mol}{\ell}$, C); Phenolphthalein (F); Aqua dest.

Durchführung: Bauen Sie die Apparatur entsprechend der Abbildung auf! Füllen Sie die Waschflaschen zu zwei Dritteln mit destilliertem Wasser! Geben Sie anschließend in jede Waschflasche 1 ml Natronlauge und einige Tropfen Phenolphthalein! Die wässrige Lösung in den Waschflaschen färbt sich daraufhin dunkelrot. Schließen Sie bei A ein Handgebläse oder bei B eine Wasserstrahlpumpe an!
Wiegen Sie die Maus und setzen Sie sie in das Glasrohr! Unmittelbar nachdem Sie dieses mit den Gummistopfen verschlossen haben, erzeugen Sie mittels Wasserstrahlpumpe (oder Handgebläse) einen Luftstrom gemäß den eingezeichneten Pfeilen!

Aufgaben:
a) Messen Sie mithilfe der Stoppuhr die Zeit vom Einsetzen des Luftstroms bis zur Entfärbung der Lösung in der zweiten Waschflasche!
b) Berechnen Sie die Kohlenstoffdioxidproduktion der Maus pro Gramm Körpergewicht (1 ml 0,1 $\frac{mol}{\ell}$ Natronlauge reagiert mit 4,4 mg Kohlenstoffdioxid)!
c) Ist mit der Berechnung aus b) auch geklärt, wie viel Sauerstoff die Maus pro Gramm Körpergewicht verbraucht? Begründen Sie Ihre Entscheidung!

2 Keimende Samen atmen

Material: wie Versuch 1, nur die Maus ersetzen durch lufttrockene Erbsen
Durchführung: Weichen Sie 20 g lufttrockene Erbsen zehn Stunden lang zum Quellen in Wasser ein! Bauen Sie die Apparatur wie in Versuch 1 zusammen! Bringen Sie dann die gequollenen Erbsen in das Glasrohr ein! Unmittelbar nach dem Verschließen des Rohrs durch die Gummistopfen erzeugen Sie wie in Versuch 1 einen Luftstrom!

Aufgaben:
a) Messen Sie mithilfe der Stoppuhr die Zeit vom Einsetzen des Luftstroms bis zur Entfärbung der Lösung in der zweiten Waschflasche!
b) Berechnen Sie die Kohlenstoffdioxidproduktion der Samen pro Gramm Gewicht!
c) Wiederholen Sie den Versuch mit trockenen oder nur kurz eingeweichten Erbsen und vergleichen Sie!

3 Bäckerhefe kann Glucose vergären

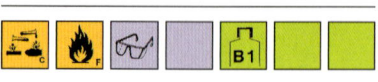

Material: Waage; Wasserbad; Waschflasche; 2 Erlenmeyerkolben (500 ml); Messzylinder; Pipette; rechtwinklig gebogenes Glasröhrchen; durchbohrter Gummistopfen; dünner Gummischlauch; Stoppuhr; Bäckerhefe; Natronlauge (0,1 $\frac{mol}{\ell}$, C); Phenolphthalein (F); Aqua dest.; Leitungswasser; Glucose; Mikroskop mit Zubehör

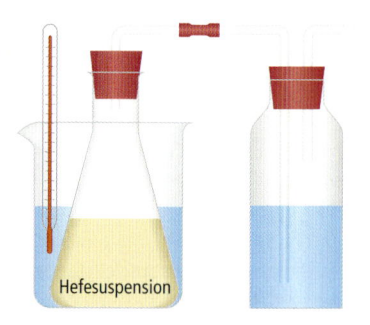

Durchführung: Schwemmen Sie 20 g Bäckerhefe in einem Erlenmeyerkolben in 100 ml lauwarmem Leitungswasser auf und erwärmen Sie die Suspension etwa eine Stunde bei 30 °C im Wasserbad! Lösen Sie im zweiten Erlenmeyerkolben 20 g Glucose in 100 ml Leitungswasser! Bereiten Sie die Waschflasche wie in Versuch 1 vor! Mischen Sie Hefesuspension und Zuckerlösung! Dann verschließen Sie den Kolben gemäß der Abbildung und verbinden ihn mit der Waschflasche! Halten Sie mittels Wasserbad den Gäransatz auf einer Temperatur von etwa 30 °C!

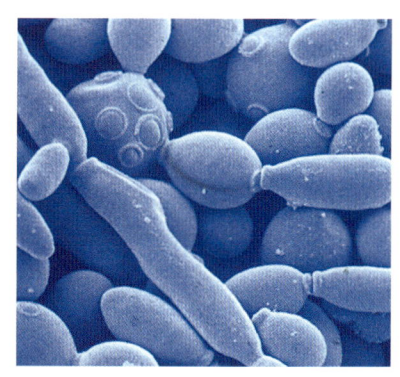

Zellen der Bäckerhefe

Aufgaben:
a) Beobachten Sie den Versuchsansatz! Notieren Sie! Messen Sie mithilfe der Stoppuhr die Zeit vom Einsetzen des Luftstroms bis zur Entfärbung der Lösung in der zweiten Waschflasche!
b) Öffnen Sie nach einigen Tagen den Erlenmeyerkolben und führen Sie eine Riechprobe durch! Protokollieren Sie!
c) Mikroskopieren Sie eine Probe der Hefe, die sich am Boden des Kolbens abgesetzt hat!
d) Erläutern Sie Ihre Beobachtungen und begründen Sie die Versuchsergebnisse!

4 Vergleich Atmung – Gärung

Material: Waage; Wasserbad; Stativ mit Klemmvorrichtung; 3 Waschflaschen; dünner Gummischlauch; 3 Zerstäuber; Wasserstrahlpumpe; Messzylinder; Pipette; Stoppuhr; Bäckerhefe; Glucose; Natronlauge (0,1 $\frac{mol}{\ell}$, C); Phenolphthalein (F); Aqua dest.; Leitungswasser

Durchführung: Füllen Sie in eine der Waschflaschen eine Hefe-Zucker-Lösung, die Sie wie in Versuch 3 angesetzt haben! Die übrigen Waschflaschen bereiten Sie wie in Versuch 1 vor!
Bauen Sie die Apparatur entsprechend Versuch 1 zusammen, ersetzen Sie dabei das Glasrohr durch die Waschflasche mit der Hefesuspension!
Erzeugen Sie wie in Versuch 1 einen Luftstrom und erwärmen Sie die Hefesuspension wie in Versuch 3!

Aufgaben:
a) Beobachten Sie den Versuchsansatz über mehrere Stunden! Messen Sie die Zeit bis zur Entfärbung der Lösung in der zweiten Waschflasche! Notieren Sie!
b) Vergleichen Sie das Versuchsergebnis mit dem Ergebnis aus Versuch 3! Stellen Sie wesentliche Unterschiede fest und begründen Sie diese!

5 Zucker ist nicht gleich Zucker

Material: 5 Gärröhrchen; 6 Erlenmeyerkolben (50 ml); Messzylinder; Waage; Bäckerhefe; Glucose; Fructose; Saccharose; Maltose; Lactose; Leitungswasser; eventuell: Brutschrank

Durchführung: Schwemmen Sie in einem der Erlenmeyerkolben 10 g Bäckerhefe in 50 ml lauwarmem Leitungswasser auf! Stellen Sie die Suspension für etwa eine Stunde an einen warmen Ort, gegebenenfalls bei 30 °C in den Brutschrank! Stellen Sie in den anderen Erlenmeyerkolben 10%ige Lösungen der verschiedenen Zucker her (eventuell für mehrere Arbeitsgruppen)!
Geben Sie in jedes Gärröhrchen 6 ml der Hefesuspension und 6 ml jeweils einer Zuckerlösung, und zwar so, dass der oben geschlossene Schenkel ganz gefüllt ist! Im offenen Schenkel steht dann die Flüssigkeit bis etwa zum unteren Rand der kugelförmigen Erweiterung.
Beschriften Sie die Gärröhrchen und stellen Sie sie an einen warmen Ort!

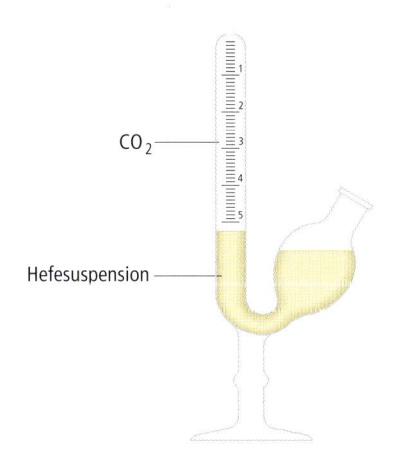

Aufgaben:
a) Lesen Sie eine Stunde lang alle zehn Minuten ab, wie viel Kohlenstoffdioxid sich in den einzelnen Gärröhrchen gebildet hat! Protokollieren Sie!
b) Stellen Sie das Versuchsergebnis grafisch dar!
c) Erklären Sie eventuelle Unterschiede in den verschiedenen Ansätzen! Informieren Sie sich über den molekularen Aufbau der verwendeten Kohlenhydrate!

6 Herstellung von Sauerkraut

Material: Standzylinder; durchbohrter Gummistopfen; rechtwinklig gebogenes Glasröhrchen; Dreiwegehahn; Kolbenprober; dünner Gummischlauch; fein zerhackter Weißkohl; Kochsalz; pH-Papier; Mikroskop mit Zubehör

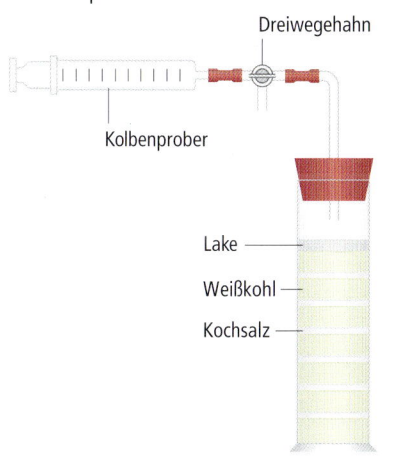

Durchführung: Füllen Sie in den Standzylinder abwechselnd 3 cm dicke Schichten von Weißkohl und 1 mm dicke Schichten von Kochsalz!
Ergänzen Sie die Apparatur dann gemäß der Abbildung und stellen Sie sie an einen warmen Ort (optimal: 18 bis 20 °C)!

Aufgaben:
a) Protokollieren Sie während der nächsten beiden Wochen Veränderungen!
b) Bestimmen Sie täglich den pH-Wert im Kolben! Führen Sie dabei auch eine Geruchsprobe durch! Verschließen Sie nachher den Kolben wieder sorgfältig!
c) Untersuchen Sie nach einigen Tagen die Lake mikroskopisch! Werten Sie die Versuche aus!

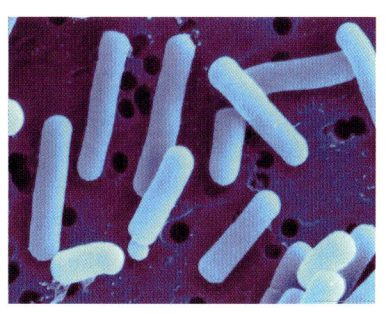

Milchsäurebakterien

BASISKONZEPTE werden vernetzt: Grundlagen des Lebens – Stoffwechsel

Die Uratmosphäre der Erde enthielt neben anderen Gasen vorwiegend Wasserdampf, Kohlenstoffdioxid und Schwefelwasserstoffgas (H_2S). Sauerstoffgas war nicht vorhanden. Zu jener Zeit existierten in den Urmeeren fotosynthetisierende Purpurbakterien. Sie nutzten aber eine andere Form der **Stoff- und Energieumwandlung** als die aerobe Fotosynthese. Bei Bestrahlung mit Sonnenlicht produzierten die Bakterien Glucose und elementaren Schwefel.

Keimende Kartoffeln bilden lange, weiß bis rötlich gefärbte Sprosse mit winzigen Schuppenblättern. Werden diese Sprosse belichtet, stellt sich der Stoffwechsel um. Die farblosen Proplastiden weisen eigene DNA auf und teilen sich. Es findet eine **Reproduktion** statt. Sie differenzieren zu Chloroplasten, worauf Stängel und Blätter grün werden. Die Blätter wachsen und entfalten sich. Die Umstellung wird als Fotomorphogenese bezeichnet. Sie beruht auf der Aktivierung bestimmter Proteine, der Fototropine. Diese Eiweißstoffe sind mit Flavin-Farbstoffen gekoppelt. Durch die Lichtanregung erfolgt eine **Steuerung und Regelung**. Es wird eine Reaktionskaskade ausgelöst, welche letztlich auf den Zellkern wirkt. Die **Information und Kommunikation** zwischen den Pflanzengeweben beruht auf der Bildung von wachstumsfördernden Stoffen. Der biologische Sinn besteht darin, dass die Keimlinge im Dunkeln alle verfügbaren Reserven nutzen, um ans Licht zu gelangen.

Bereits in einem frühen Abschnitt der Erdgeschichte entstand bei sehr urtümlichen Prokaryoten die aerobe Fotosynthese. Infolge dieser **Entwicklung** reicherte sich Sauerstoff in der Atmosphäre an. Die **Stoff- und Energieumwandlung** erfolgt mit Sauerstoff, also unter aeroben Bedingungen, viel effektiver als unter anaeroben Bedingungen. Durch Zusammenschluss von Prokaryoten in Form von Endosymbiosen konnte die **Organisationsebene** der Eukaryoten entstehen.

Fotosystem I, Cytochrom-bf-Komplex und ATP-Synthase liegen nur auf den Stromathylakoiden und auf der Außenseite von Granastapeln. Fotosystem II und Lichtsammelkomplex sind in den gestapelten Bereichen der Granathylakoide zu finden. Dies kennzeichnet die **Organisationsebene** der Chloroplasten: Durch die geordnete Verteilung von Proteinen und Farbstoffen finden die lichtabhängigen Reaktionen der Fotosynthese mit maximaler Geschwindigkeit statt und ermöglichen eine optimale Ausbeute.

Die Absorption der Strahlungsenergie erfolgt bei den Cyanobakterien und den grünen Pflanzen vor allem durch Chlorophyll a. Die Grünen Bakterien und die Purpurbakterien betreiben anaerobe Fotosynthese und enthalten verschiedene Arten von Bakteriochlorophyll. Die Ähnlichkeit in **Struktur und Funktion** der Chlorophylle lässt die **Entwicklung** aus einem gemeinsamen Vorläufer erkennen. Die für die weitere **Stoff- und Energieumwandlung** notwendigen Enzyme wie zum Beispiel die Cytochrome oder die ATP-Synthase stimmen ebenfalls bei Prokaryoten und Eukaryoten weitgehend überein.

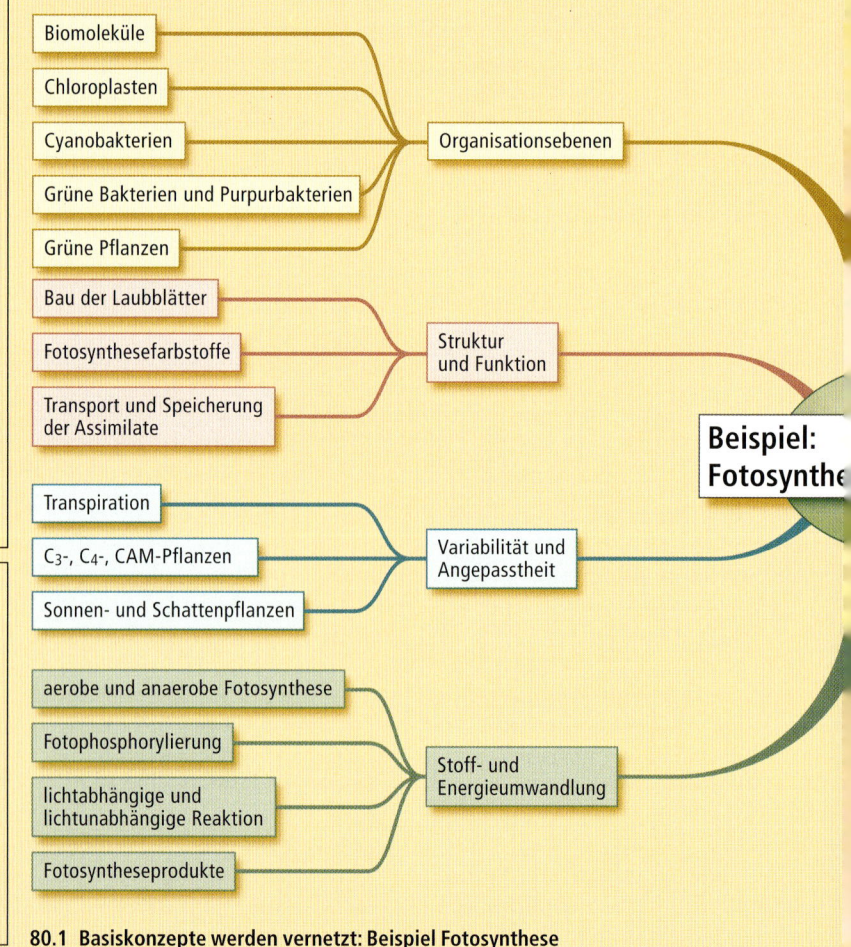

80.1 Basiskonzepte werden vernetzt: Beispiel Fotosynthese

Im Hochsommer erscheinen Weizen- oder Roggenfelder gelb, weil die Getreidepflanzen ausgereift und abgestorben sind. Ein danebenliegendes Maisfeld ist jedoch saftig grün. In dieser Zeit weisen die Maispflanzen einen deutlichen Zuwachs durch Fotosynthese auf. Mais gehört nämlich zu den C_4-Pflanzen, deren Stoffwechsel durch **Variabilität und Angepasstheit** an trockene Standorte gekennzeichnet ist. Diese Pflanzen besitzen ein Enzym, das eine ausreichende Versorgung mit Kohlenstoffdioxid bei geschlossenen Spaltöffnungen ermöglicht. Noch effektiver sind die CAM-Pflanzen wie zum Beispiel Kakteen, die ihre Spaltöffnungen nur nachts öffnen und dann das aufgenommene Kohlenstoffdioxid für die tagsüber stattfindende Fotosynthese speichern. Durch beide Stoffwechselmechanismen wird der Wasserverlust durch Transpiration eingeschränkt.

In Trockengebieten ist der Wassermangel das größte Problem für die Pflanzen. Im Lauf ihrer stammesgeschichtlichen **Entwicklung** haben sich die hier lebenden Pflanzenarten an die extremen Lebensbedingungen angepasst. Man findet in mehreren Pflanzenfamilien derartige Beispiele für **Variabilität und Angepasstheit**. So weisen nicht nur Kakteen, sondern zum Beispiel auch bestimmte Wolfsmilchgewächse eine wesentliche Einschränkung der Transpiration auf. Die Blätter sind zu Dornen umgewandelt, und die verdickte Sprossachse dient zur Wasserspeicherung und zur Fotosynthese.

1. Die autotrophen Grünen Schwefelbakterien verarbeiten als Wasserstoffdonator den Schwefelwasserstoff H_2S. Sie besitzen nur ein Fotosystem mit dem Reaktionszentrum P840. Dieses enthält Bakteriochlorophyll a. Es gibt einen zyklischen Elektronentransport zum Aufbau von ATP sowie einen nichtzyklischen Elektronentransport, dessen Elektronen zur Reduktion von $NADH + H^+$ verwendet werden. Vergleichen Sie die lichtabhängigen Reaktionen von Grünen Schwefelbakterien und grünen Pflanzen! Stellen Sie für beide Fälle die Gesamtgleichung der Fotosynthese auf und begründen Sie!

2. In der Brandungszone der Atlantikküste lebt ein dunkelgrün gefärbter Wurm. Die grüne Farbe ist im Wesentlichen auf Chlorophyll a zurückzuführen. Dieses befindet sich in grünen Kugeln, den Zoochlorellen, in den Hautzellen des Wurms. Bei ruhigem Seegang kriechen die Würmer bis knapp unter die Wasseroberfläche und lassen sich vom Sonnenlicht bestrahlen.
Stellen Sie eine begründete Hypothese über die biologische Bedeutung dieses Verhaltens auf! Erläutern Sie an diesem Beispiel die Aussage: „Biologische Phänomene erfordern eine ganzheitliche Betrachtungsweise!"

3. In der Thylakoidmembran der Grana liegen zahlreiche Moleküle des Enzyms ATP-Synthase. Vergleichen Sie die Wirkungsweise dieses Enzyms mit der einer ATPase, wie zum Beispiel der Natrium-Kalium-Ionenpumpe!

4. In zwei Versuchsreihen werden Wasserpflanzen bei 0 °C, 10 °C, 20 °C, 30 °C und 50 °C belichtet. In der ersten Versuchsreihe verwendet man helles, weißes Licht, in der zweiten sehr gedämpftes Licht. Es wird jeweils die Fotosyntheseleistung gemessen. Vergleichen Sie die Versuchsergebnisse und begründen Sie!

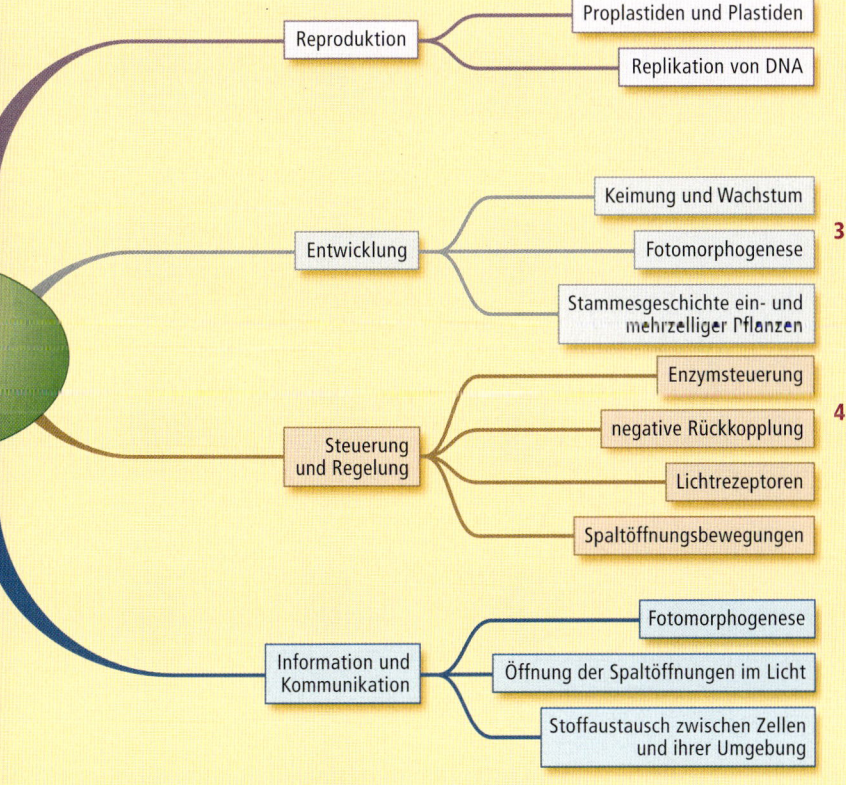

- **Reproduktion**
  - Proplastiden und Plastiden
  - Replikation von DNA

- **Entwicklung**
  - Keimung und Wachstum
  - Fotomorphogenese
  - Stammesgeschichte ein- und mehrzelliger Pflanzen

- **Steuerung und Regelung**
  - Enzymsteuerung
  - negative Rückkopplung
  - Lichtrezeptoren
  - Spaltöffnungsbewegungen

- **Information und Kommunikation**
  - Fotomorphogenese
  - Öffnung der Spaltöffnungen im Licht
  - Stoffaustausch zwischen Zellen und ihrer Umgebung

GRUNDWISSEN Grundlagen des Lebens – Stoffwechsel

Die molekulare Struktur von Enzymen bestimmt die Funktion.

Enzyme sind *Biokatalysatoren*. Sie senken die Aktivierungsenergie von bestimmten Reaktionen, sodass diese bei Körpertemperatur genügend schnell ablaufen können. Diese Aufgabe können Enzyme durchführen, weil sie als Proteine über eine komplexe Raumstruktur verfügen, mit der sie aus der Vielzahl von möglichen Substraten ein oder wenige Substrate auswählen und umsetzen können. Nach dem Schlüssel-Schloss-Prinzip wird das Substrat in das aktive Zentrum eingelagert. Dies wird als *Substratspezifität* bezeichnet. Auch die Art der Umsetzung ist spezifisch. Unter mehreren möglichen Reaktionen wird nur eine ganz bestimmte Reaktion durchgeführt. Dies bezeichnet man als *Wirkungsspezifität*. Zwischen dem Substrat und den Seitenketten der am aktiven Zentrum beteiligten Aminosäuren finden Wechselwirkungen statt, durch welche die Spezifität gesichert wird. Deshalb kann der Austausch oder der Wegfall einer einzigen Aminosäure, je nachdem, welche Funktion dieser Molekülteil bei der Enzymreaktion hat, unterschiedliche Folgen haben. Das Enzym kann seine Wirkung vollständig, teilweise oder überhaupt nicht verlieren.

Viele Enzyme weisen neben dem Proteinanteil noch einen Cofaktor oder ein Cosubstrat auf. *Cofaktoren* sind zum Beispiel manche Metallionen. Besonders wichtige *Cosubstrate* sind das Wasserstoff (und mit den Elektronen auch Energie) übertragende NAD^+ sowie der universelle Energieträger ATP.

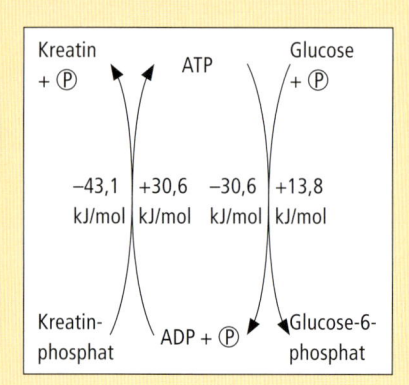

Kreatin + Ⓟ → ATP → Glucose + Ⓟ
−43,1 kJ/mol   +30,6 kJ/mol   −30,6 kJ/mol   +13,8 kJ/mol
Kreatinphosphat   ADP + Ⓟ   Glucose-6-phosphat

Die Enzymaktivität ist von Außenfaktoren und Regulationsprozessen abhängig.

Die Substratmenge, die von einer bestimmten Enzymmenge in einer bestimmten Zeit umgesetzt wird, ist von mehreren Außenfaktoren abhängig. Die wichtigsten sind die Substratmenge, die Versuchstemperatur, der pH-Wert der Lösung und die Anwesenheit von Aktivatoren beziehungsweise Inhibitoren.

- Bei steigender Substratkonzentration wird eine maximale Reaktionsgeschwindigkeit erreicht. Dies wird als Substratsättigung bezeichnet.
- Enzymreaktionen sind stark temperaturabhängig. Bei steigender Temperatur gilt die RGT-Regel. Diese besagt, dass die Reaktionsgeschwindigkeit sich bei einer Temperaturerhöhung von 10 Grad Celsius etwa um das Doppelte bis Dreifache erhöht. Bei Temperaturen ab etwa 40 Grad Celsius überwiegt die Denaturierung des Proteins und es tritt eine Inaktivierung des Enzyms ein.
- Die Abhängigkeit vom pH-Wert (Konzentration an Wasserstoffionen in der Lösung) ergibt bei den meisten Enzymen eine „Glockenkurve" mit einem pH-Optimum.

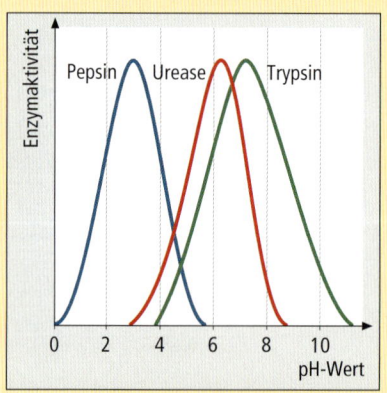

Enzymaktivität: Pepsin, Urease, Trypsin (pH-Wert 0–10)

- Die Aktivität vieler Enzyme kann durch bestimmte Stoffe angeregt oder gehemmt werden. Zum Beispiel wirken manche Metallionen oder bestimmte Moleküle als Aktivator. Andere Stoffe dagegen hemmen die Enzymaktivität. Sie wirken als Inhibitor. Man unterscheidet verschiedene Formen der Hemmung: die *kompetitive Hemmung* und die *nichtkompetitive Hemmung*. Mithilfe von Aktivierung und Hemmung werden im Stoffwechsel wichtige Teilreaktionen beeinflusst und damit ganze Stoffwechselwege reguliert. Beispielsweise wird die Aktivität der Phosphofructokinase (PFK) durch ADP erhöht, jedoch durch ATP gehemmt. Die PFK katalysiert einen wichtigen Teilschritt in der Glykolyse, nämlich die Phosphorylierung von Fructose-6-phosphat zu Fructose-1,6-bisphosphat. Wenn genügend Glucose abgebaut wird, entsteht ATP in größerer Menge. Durch eine negative Rückkopplung wird dann der Glucoseabbau gehemmt.

Bei der Fotosynthese wird Lichtenergie in chemischen Verbindungen gespeichert.

Bei der Fotosynthese wird Kohlenstoffdioxid und Wasser mithilfe von Lichtenergie in chemische Energie umgewandelt. Der Aufbau von Glucose erfolgt in den Chloroplasten der grünen Pflanzen in zwei Reaktionsschritten. In der *lichtabhängigen Reaktion* wird Wasser gespalten und der Wasserstoff zum Aufbau des Reduktionsmittels (= Reduktionsäquivalent) $NADPH + H^+$ verwendet. Gleichzeitig wird an der inneren Chloroplastenmembran nach der MITCHELL-Hypothese ein Protonengradient, also ein Konzentrationsunterschied von Wasserstoffionen, aufgebaut. Beim Rückstrom dieser Ionen durch die Membran wird mithilfe des Enzyms ATP-Synthase ATP als Energieträger gebildet. Der bei der Wasserspaltung frei werdende Sauerstoff wird als Abfallprodukt an die Atmosphäre abgegeben. An die lichtabhängige Reaktion schließt die *lichtunabhängige Reaktion* an. Hier wird zuerst Kohlenstoffdioxid an einen Akzeptor mit fünf Kohlenstoffatomen, Ribulose-1,5-bisphosphat, gebunden. Das entstehende Produkt wird durch das in der lichtabhängigen Reaktion gebildete $NADPH + H^+$ und ATP zur Bildung von Kohlenhydrat verwendet. Da der Akzeptor wieder regeneriert wird, liegt ein Kreisprozess, der CALVIN-Zyklus, vor.

Die Fotosynthese entstand viel früher als die Zellatmung.

Die ursprünglichsten Prokaryoten lebten von energiereichen Substanzen, die in dem umgebenden Urozean in großer Menge vorhanden waren. Als diese Substanzen allmählich versiegten, wurde von den Urlebewesen als Kohlenstoffquelle das in der Uratmosphäre reichlich vorhandene Kohlenstoffdioxid genutzt. Für die Reduktion von Kohlenstoffdioxid zu Kohlenhydrat war ein *Reduktionsmittel* mit hohem Redoxpotenzial, zum Beispiel NADPH + H$^+$, erforderlich. Der Wasserstoff für dieses Reduktionsmittel wurde zuerst dem Schwefelwasserstoff H$_2$S, später dem Wasser H$_2$O entnommen. Die Energie für den Aufbau des Reduktionsmittels stammte aus dem Sonnenlicht. Der bei der Wasserspaltung frei werdende Sauerstoff wirkte auf die ursprünglichen Lebewesen giftig. Jedoch entwickelten bereits damals bestimmte Bakterien die Enzyme zur Entgiftung des Sauerstoffs. In den Eukaryotenzellen fanden sich schließlich Symbionten mit der Fähigkeit zur Fotosynthese und zur Zellatmung zusammen. Im Lauf der weiteren Evolution entstanden aus diesen *Endosymbionten* Chloroplasten und Mitochondrien.

Organische Kohlenstoffverbindungen sind die Energieträger in Natur und Technik.

Für die Vielzahl von Stoffwechselreaktionen benötigt eine lebende Zelle sowohl Stoffe als auch Energie aus der Umwelt. Autotrophe Lebewesen verwenden als Kohlenstoffquelle für die Fotosynthese das Kohlenstoffdioxid. Mithilfe der Lichtenergie wird dieses zu Glucose reduziert. Aus dieser werden dann die verschiedenen Bau- und Betriebsstoffe gebildet. Heterotrophe Organismen nehmen dagegen energiereiche Kohlenstoffverbindungen, wie zum Beispiel Kohlenhydrate, Fette und Proteine, mit der Nahrung auf. Deshalb stehen in allen Ökosystemen die Produzenten am Anfang der Nahrungsketten.

Auch der Mensch ist in diese ökologischen Beziehungen eingebunden. Er benötigt ebenfalls Biomasse, also energiereiche organische Kohlenstoffverbindungen, als Nahrung. Darüber hinaus greift er auf verschiedene *Energieträger* wie Kohle, Erdöl und Erdgas zurück. Dies sind Überreste von Lebewesen aus früheren Epochen der Erdgeschichte, also das Ergebnis der Fotosyntheseleistung der damals lebenden Pflanzen. Durch *nachhaltige Rohstoffe* wie Holz und Pflanzenöle wird die Fotosyntheseleistung heutiger Pflanzen genutzt.

Zusammenfassende Betrachtung der Atmungs- und Gärungsprozesse.

Der ursprüngliche Weg des Glucoseabbaus ist die *Glykolyse*. Sie verläuft im Cytoplasma auch von Bakterienzellen und ist nicht an die Membransysteme von Mitochondrien gebunden. Die Energieausbeute ist mit 2 Mol ATP pro Mol Glucose recht gering. Als Endprodukte dieser *Gärungen* entstehen zum Beispiel Milchsäure oder Ethanol. Beim aeroben Zuckerabbau, der *Zellatmung*, wird das entstandene Pyruvat mithilfe eines Carriers durch die Mitochondrienmembran in den Matrixraum eines Mitochondriums transportiert und dort zu Acetyl-CoA umgewandelt. Dann schließt der *Citratzyklus* an. In diesem wird Acetyl-CoA zu Kohlenstoffdioxid abgebaut. Einige Schritte beim Zuckerabbau sind Redoxreaktionen, in denen Elektronen und Protonen auf NAD$^+$ beziehungsweise FAD übertragen werden. Dadurch entstehen die Reduktionsäquivalente NADH + H$^+$ und FADH$_2$. Im letzten Abschnitt der Zellatmung, der *Atmungskette*, wird der in den Reduktionsäquivalenten gebundene Wasserstoff auf Luftsauerstoff übertragen. Die in den Stufen der Atmungskette freigesetzte Energie wird nach der MITCHELL-Hypothese zum Aufbau eines Protonengradienten und zur Synthese von ATP verwendet.

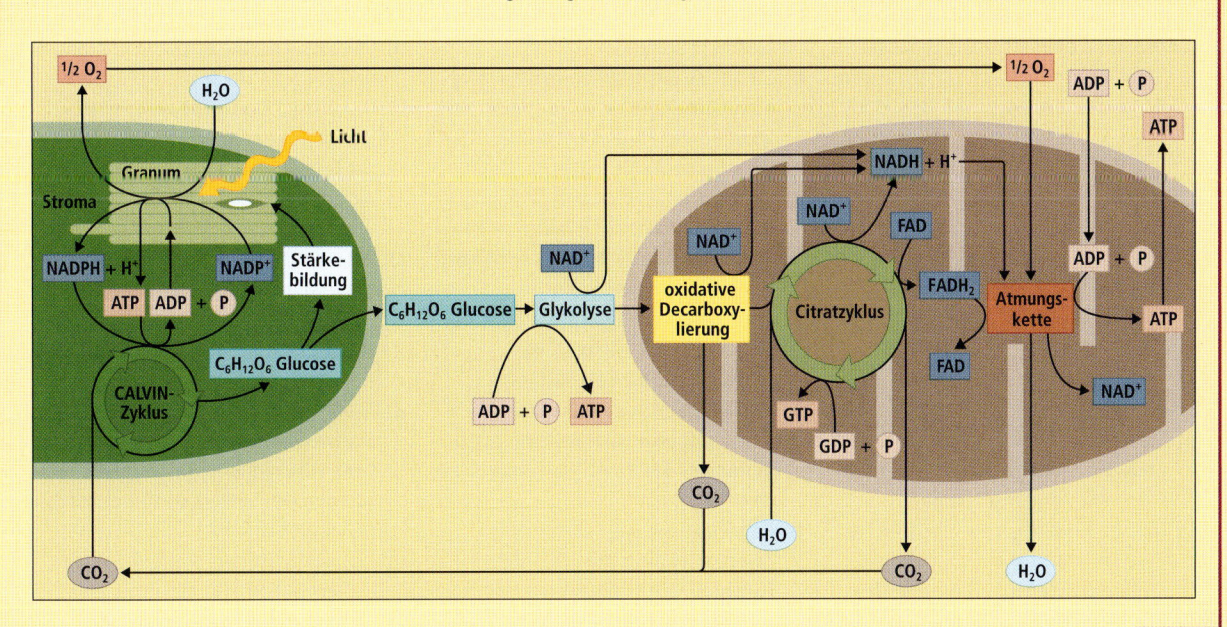

Strukturelle und energetische Grundlagen des Lebens

AUFGABEN: Grundlagen des Lebens – Stoffwechsel

1 Enzymaktivität

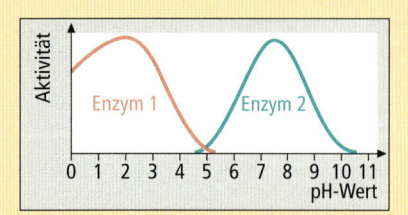

Enzym 1 und Enzym 2 stammen aus verschiedenen Abschnitten des menschlichen Verdauungstraktes.

a) Beschreiben Sie den Verlauf der Aktivitätskurven und vergleichen Sie die pH-Abhängigkeit beider Enzyme!
b) Im Magen herrschen saure Bedingungen, während im Darm alkalische Bedingungen vorliegen. Nennen Sie die Abschnitte des Verdauungstraktes, in denen die Enzyme 1 und 2 jeweils wirken!
c) Begründen Sie die Abhängigkeit der Enzymaktivität vom pH-Wert!
d) Nennen Sie weitere Faktoren, die die Enzymaktivität beeinflussen!

2 Enzymhemmung

Die Geschwindigkeit v einer enzymatischen Reaktion wird für verschiedene Substratkonzentrationen [S] ohne Inhibitor I und in Anwesenheit eines Inhibitors gemessen.

[S] in µmol/l	v in µmol/(l · min) ohne I	mit I
5	16	10,7
10	24	16
15	28,8	19,2
20	32	21,3
25	34,3	22,9
30	36	24

a) Stellen Sie die Abhängigkeit der Reaktionsgeschwindigkeit von der Substratkonzentration grafisch dar!
b) Nennen Sie den hier vorliegenden Typ einer Enzymhemmung und begründen Sie Ihre Zuordnung! Erklären Sie den Kurvenverlauf!
c) Welchen anderen Typ der Enzymhemmung kennen Sie? Beschreiben und erklären Sie die Unterschiede im Mechanismus und im Kurvenverlauf!

3 Enzymaktivität in Abhängigkeit von der Substratkonzentration

Das Enzym Katalase zersetzt das Zellgift Wasserstoffperoxid (H_2O_2) in Sauerstoff und Wasser.
In einem Experiment zur Untersuchung der Aktivität der Katalase erhalten Sie die folgenden Messergebnisse:

Substratkonzentration (mg H_2O_2/100 ml Lösung)	Reaktionsgeschwindigkeit (ml O_2/5 min)
1	3,2
2	5,0
3	6,1
4	6,9
5	7,4
6	7,9
8	8,4
25	8,5
30	8,5

a) Formulieren Sie die Reaktionsgleichung für die Zersetzung von Wasserstoffperoxid mit Katalase!
b) Stellen Sie die Reaktionsgeschwindigkeit in Abhängigkeit von der Substratkonzentration in einem Diagramm dar!
c) Diskutieren Sie die Kurve!
d) Weshalb hat eine weitere Erhöhung der Substratkonzentration keinen weiteren Einfluss auf die Reaktionsgeschwindigkeit? Erläutern Sie!
e) Ein Maß für die Enzymaktivität ist die MICHAELIS-MENTEN-Konstante (K_M-Wert). Sie wird als Substratkonzentration bei halbmaximaler Reaktionsgeschwindigkeit gemessen. Bestimmen Sie diesen Wert grafisch aus dem Diagramm!
f) Begründen Sie, weshalb für diesen Zweck nicht die maximale, sondern die halbmaximale Reaktionsgeschwindigkeit herangezogen wird!

4 Die PFK ist ein allosterisches Enzym

Die Phosphofructokinase (PFK) katalysiert die Phosphorylierung von Fructose-6-phosphat zu Fructose-1,6-bisphosphat während der Glykolyse. Die PFK besteht aus Protein-Untereinheiten. Bildet eine Untereinheit einen Enzym-Substrat-Komplex aus, aktiviert dieser Vorgang die weiteren Untereinheiten und beschleunigt die Bildung weiterer Enzym-Substrat-Komplexe. Ein solches Enzym wird als *allosterisches Enzym* bezeichnet.
In einer Versuchsreihe wird der Einfluss der Substratkonzentration auf die Enzymaktivität untersucht. In einer zweiten Versuchsreihe wird den Ansätzen jeweils die gleiche Menge an Natriumcitrat (Salz der Zitronensäure) zugesetzt.

c_S	50	100	200	300	400	500
V	5	12	30	34	36	36
V_C	1	4	17	20	21	21

c_S = Konzentration an Glucose (mg) in einer Hefesuspension
V = Volumen des entstandenen Kohlenstoffdioxids im untersuchten Zeitabschnitt
V_C = Volumen des entstandenen Kohlenstoffdioxids bei Zusatz von Citrat

a) Stellen Sie die Messergebnisse grafisch dar!
b) Diskutieren Sie die Kurvenform! Begründen Sie aufgrund der Grafik und des Textes die Abhängigkeit der PFK-Aktivität von der Substratkonzentration!
c) Erläutern Sie anhand der Grafik, welchen Einfluss Natriumcitrat auf die Enzymaktivität der PFK hat! Stellen Sie diesen Einfluss schematisch mit einer einfachen Skizze dar!
d) Erklären Sie die Bedeutung der PFK im Stoffwechselgeschehen einer Zelle! Gehen Sie in diesem Zusammenhang auch auf den Einfluss von Citrat auf die Enzymaktivität ein!
e) Nennen Sie weitere Stoffe, die einen Einfluss auf die PFK-Aktivität haben, und begründen Sie diese Einflüsse!

5 Einfluss von Malonat auf die Succinat-Dehydrogenase-Aktivität

Die Succinat-Dehydrogenase katalysiert folgende Reaktion:

```
    COO⁻                    COO⁻
    |                       |
H – C – H                 H – C
    |       + A   Enzym      ||    + AH₂  (= reduzierter
H – C – H   (= Akzeptor) →  H – C           Akzeptor)
    |                       |
    COO⁻                    COO⁻
    Succinat                Fumarat
```

Als Inhibitor der Succinat-Dehydrogenase wirkt Malonat.

Struktur von Malonat:

```
    COO⁻
    |
H – C – H
    |
    COO⁻        Malonat
```

Man stellt Succinat-Lösungen unterschiedlicher Konzentration her. In einer ersten Versuchsreihe versetzt man die Succinat-Lösungen mit gleichen Mengen an Succinat-Dehydrogenase. In einer zweiten Versuchsreihe fertigt man die gleichen Ansätze wie in der ersten Versuchsreihe an, fügt aber jedem Ansatz die gleiche Menge an Malonat zu. Nach einer bestimmter Zeit misst man jeweils die entstandene Menge des reduzierten Akzeptors AH₂. Diese Werte können als Ausdruck der Reaktionsgeschwindigkeit (c_A/t) in einem Reaktionsgeschwindigkeits-Konzentrations-Diagramm grafisch dargestellt werden.

Wertetabelle:

c_S	0,5	1	2	3	5	10	15	20
c_{A1}	1,8	2,8	4,0	4,8	5,7	6,5	6,7	6,8
c_{A2}	0,4	0,8	1,3	1,9	3,0	4,7	5,6	6,7

c_S = Konzentration an Succinat in mMol/l
c_{A1} = Konzentration an reduziertem Akzeptor in mMol/l im untersuchten Zeitabschnitt ohne Zusatz von Malonat
c_{A2} = Konzentration an reduziertem Akzeptor mit Zusatz von Malonat

Hinweis: Malonat ist das Salz der Malonsäure, Succinat das Salz der Bernsteinsäure.

a) Stellen Sie die Versuchsergebnisse grafisch dar!
b) Entwickeln Sie eine begründete Hypothese, weshalb der Stoffumsatz nicht über die Menge an gebildetem Fumarat, sondern über den Zusatz eines Akzeptors wie zum Beispiel Methylenblau ermittelt wird!
c) Begründen Sie den Kurvenverlauf für beide Versuchsreihen! Ziehen Sie aus den chemischen Strukturen von Succinat und Malonat Schlussfolgerungen! Leiten Sie aus Ihrer grafischen Darstellung die MICHAELIS-MENTEN-Konstanten für beide Ansätze ab! Nutzen Sie die Informationen in Aufgabe 3 auf Seite 84!

6 K_M-Werte der Hexokinase

Das Enzym Hexokinase ist eine ATP-Hexose-Phospho-Transferase. Dies bedeutet, dass es die Übertragung einer Phosphatgruppe von ATP auf ein Kohlenhydrat mit sechs C-Atomen katalysiert:

ATP + Hexose ⟶ ADP + Hexosephosphat

Die MICHAELIS-MENTEN-Konstante (erklärt auf Seite 84, Aufgabe 3) beträgt bei der Hexokinasereaktion mit Glucose K_M = 0,15 Mol/l, mit Fructose dagegen K_M = 1,5 Mol/l.

a) Zur grafischen Darstellung der Substratsättigungskurven genügt bei der Hexokinase mathematisch der K_M-Wert der Enzymreaktion. Begründen Sie dies!
b) Vergleichen Sie die Hexokinasereaktion mit Glucose beziehungsweise mit Fructose! Ziehen Sie aus dem Vergleich der K_M-Werte Schlussfolgerungen und begründen Sie diese!

7 ATP-Umsatz im Körper

Im Körper eines erwachsenen Menschen werden täglich rund 50 Kilogramm ATP gebildet. Die Konzentration an ATP beträgt in den Geweben zwischen 0,5 und 2,5 mg/cm³. Hieraus hat man berechnet, dass der menschliche Körper zu jedem Zeitpunkt nur etwa 35 Gramm ATP enthält. Erklären Sie diesen scheinbaren Widerspruch!

8 Vergiftung durch Ethylenglykol (1,2-Ethandiol)

Text 1:
Jährlich sterben etwa 50 Menschen an einer Vergiftung durch Ethylenglykol, das zum Beispiel in Frostschutzmitteln von Kraftfahrzeugen enthalten ist. Ethylenglykol selbst ist nicht tödlich, aber im Körper wird Ethylenglykol zu Oxalsäure oxidiert. Diese allerdings bewirkt so schwere Nierenschädigungen, dass die Betroffenen sterben. Die Oxidation von Ethylenglykol wird vom Enzym Alkohol-Dehydrogenase katalysiert. Dieses Enzym oxidiert die Spuren von Ethanol, die normalerweise im Stoffwechsel entstehen (und auch den mit alkoholischen Getränken zugeführten Alkohol).

Text 2:
Vor einiger Zeit wurde in der Presse über den Fall zweier junger Männer berichtet, die in der Sahara mit ihrem Auto eine Panne hatten und dem Verdursten nahe waren. In ihrer Verzweiflung tranken sie das Kühlwasser ihres Autos. Sie wurden noch rechtzeitig gefunden, in ein Krankenhaus gebracht und dort mit einer ungewöhnlichen Behandlung gerettet: Sie mussten große Mengen Alkohol trinken.

a) Alkohol wird im Körper zu Essigsäure (= Ethansäure) oxidiert. Erstellen Sie ein Formelschema!
b) Die ungewöhnliche Methode, bei Vergiftung mit Ethylenglykol die Betroffenen stockbetrunken zu machen, beruht darauf, dass Ethanol die Bildung von Oxalsäure im Körper behindert. Ethylenglykol wird in diesem Fall unverändert ausgeschieden.
Entwickeln Sie eine Hypothese, die diese beschriebene Wirkung des Ethanols erklären kann! Begründen Sie!
c) Die Oxidation von Ethanol zu Ethansäure wird auch von einigen Bakterien durchgeführt. Man spricht von "Essigsäuregärung". Diskutieren Sie diesen Begriff kritisch!

AUFGABEN Grundlagen des Lebens – Stoffwechsel

9 Fleischzartmacher

Im Lebensmittelhandel werden Fleischzartmacher angeboten. Diese enthalten das Enzym Papain, welches aus dem Milchsaft des Melonenbaums *Carica papaya* gewonnen wird. Papain spaltet Eiweißfasern im Muskelfleisch und macht so das Fleisch zart.

Fleischzartmacher:
Damit Fleisch auf natürliche Weise zart und mürbe wird: Anstatt mit Salz reiben Sie das Fleisch von allen Seiten mit Fleischzartmacher ein und lassen es 1/2 Stunde ruhen.
Zutaten: Salz, Saccharose, Lactose, Stärke, Papain, Gewürze, pflanzliches Öl, Aroma.

Aufdruck auf einem Gefäß von Fleischzartmacher

Text 1:
Papain ist eine Endopeptidase mit breiter Spezifität. Es spaltet vorwiegend Peptidbindungen, an denen die basischen Aminosäuren Lysin, Arginin und Histidin beteiligt sind.

Text 2:
Papain wird vielfach in der Medizin und in der Industrie, aber auch im Haushalt angewendet. Unter anderem wird es in der Proteinchemie zur Peptidanalyse eingesetzt. Es ist in verschiedenen Verdauungspräparaten zur Unterstützung der enzymatischen Verdauung enthalten. Weiter wird es zur enzymatischen Wundreinigung angewendet, dient als Zusatz zu Reinigungsmitteln und in der Lebensmittelindustrie zum „Weichmachen" von Fleisch. In der Textilindustrie verhindert Papain das Schrumpfen und Verfilzen von Wolle und Seide, wird in der Gerberei zur Enthaarung und zum Gerben von Häuten verwendet und befreit bei der Bierherstellung das Bier von trübenden Proteinspuren.

a) Schreiben Sie einen willkürlichen Abschnitt von etwa 20 Aminosäuren aus einem Polypeptid auf! Verwenden Sie für die Kennzeichnung der Aminosäuren Abbildung 92.2! Zeigen Sie dann an diesem Abschnitt, ob und an welchen Stellen Papain als Endopeptidase wirksam werden kann! Begründen Sie Ihre Aussagen!
b) Stellen Sie die verschiedenen Anwendungen von Papain tabellarisch dar! Tragen Sie in eine Tabellenspalte ein, auf welche Weise Papain bei der jeweiligen Anwendung wirksam ist!
c) Führen Sie eine Internetrecherche durch, welche weiteren Anwendungen noch mit Papain durchgeführt werden! Vervollständigen Sie Ihre Tabelle!

10 Verdauungstabletten unterstützen die Verdauung

Für die Verdauung — Tabletten

Zusammensetzung
1 magensaftresistente Filmtablette enthält:
Pankreatin (aus Schweinepankreas) mit
Lipase 20 000 E.
Amylase 12 000 E.
Proteasen 900 E.
(E.: Einheiten nach dem europäischen Arzneibuch)

Aufdruck auf einer Verpackung von Verdauungstabletten

a) Beschreiben Sie die Funktion der auf der Verpackung angegebenen Substanzen!
b) Erläutern Sie anhand von selbst gewählten Strukturformeln beziehungsweise Strukturformelausschnitten, an welchen Stellen der betreffenden Substratmoleküle die angegebenen Substanzen wirksam sind!
c) Diese Substanzen werden nicht als Pulver angeboten, das man zum Beispiel mit Wasser trinken könnte, sondern in einer Kapsel verpackt. Begründen Sie dies und überlegen Sie dabei, welche Anforderungen an das Kapselmaterial gestellt werden müssen!

11 Redoxsysteme in der Zelle

Redoxpaar	Redoxpotenzial
$NAD^+/NADH+H^+$	$-0{,}32\,V$
Pyruvat/Lactat	$-0{,}19\,V$

a) Formulieren Sie die Reaktionsgleichung zwischen den beiden Redoxpaaren! Nennen Sie dabei Reduktionsmittel und Oxidationsmittel!
b) Erläutern Sie die Bedeutung der beiden Redoxpotenziale für die Richtung der Reaktion!

12 Alkoholische Getränke

Noch heute stellen manche Völker alkoholische Getränke folgendermaßen her: Sie setzen sich um ein großes Gefäß mit Wasser. Alle kauen stärkehaltige Wurzelstücke oder Früchte und spucken das Ganze anschließend in einen Topf. Nach einigen Tagen ist ein alkoholisches Getränk entstanden, das abfiltriert werden kann. Erklären Sie die Bildung des alkoholischen Getränkes!

13 Bakteriochlorophyll

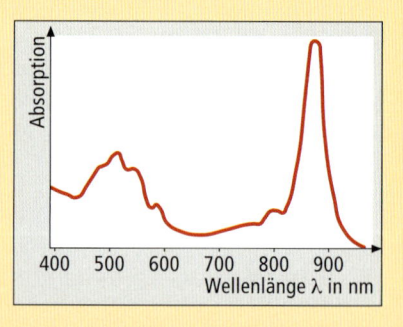

Der Farbstoff des Bakteriums *Rhodospirillum rubrum* hat das abgebildete Absorptionsspektrum.
a) Begründen Sie aufgrund des Absorptionsspektrums, welche Farbe das Bakterium hat!
b) Vergleichen Sie die Absorptionsspektren dieses Farbstoffs und des Chlorophylls grüner Pflanzen! Nennen Sie auffällige Gemeinsamkeiten und Unterschiede!

14 Vergleich zwischen Chloroplast und Mitochondrium

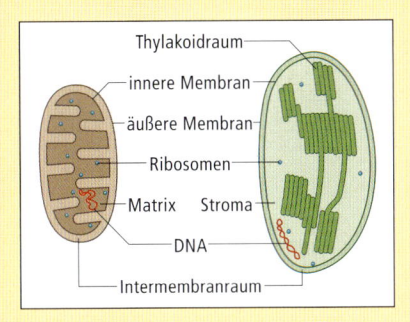

a) Stellen Sie Chloroplast und Mitochondrium vergleichend gegenüber! Gehen Sie auf Bau und Funktion ein und wenden Sie auch das entsprechende Basiskonzept an!
b) Nehmen Sie begründend Stellung zu der Aussage: „Chloroplasten haben ein drittes inneres Kompartiment, den Thylakoidraum."

15 Absorptionsspektrum eines Laubblatts

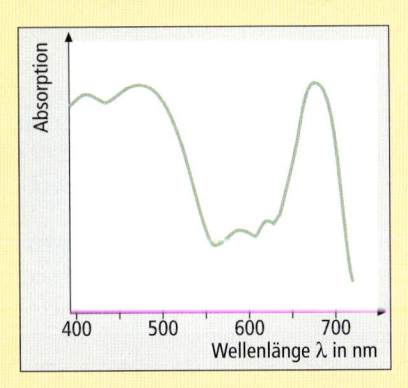

Aus einem grünen Blatt eines Laubbaums wurden die Blattfarbstoffe extrahiert. Mit einem Spektralfotometer wurde dann das Absorptionsspektrum der Farbstofflösung bestimmt.
a) Übertragen Sie das abgebildete Absorptionsspektrum in Ihr Arbeitsheft und erläutern Sie den Kurvenverlauf!
b) Welche Kurve erwarten Sie für ein gelb gefärbtes Herbstblatt dieses Baums? Tragen Sie die Kurve in Ihr Arbeitsheft ein und erläutern Sie!

16 Modelldarstellung der lichtabhängigen Reaktionen

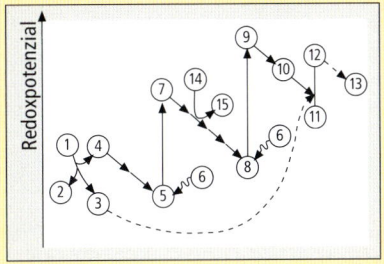

Die lichtabhängigen Reaktionen der Fotosynthese werden oft durch das abgebildete Schema veranschaulicht.
a) Ordnen Sie den Zahlen die richtigen Begriffe zu!
b) Erläutern Sie anhand dieses Schemas den „zyklischen" und den „nichtzyklischen" Elektronentransport!

17 Autoradiografie

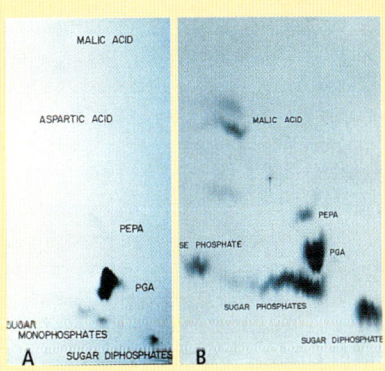

Autoradiogramme **A** Abtötung der Algen zwei Sekunden nach der Einwirkung von $^{14}CO_2$; **B** Abtötung der Algen fünf Sekunden nach Einwirkung von $^{14}CO_2$

Melvin CALVIN entwickelte zur Untersuchung der lichtunabhängigen Reaktionen der Fotosynthese die Methode der Autoradiografie. Er verfolgte den Weg von radioaktiv markiertem Kohlenstoff in den Fotosynthesereaktionen in Grünalgen.
a) Beschreiben Sie die Herstellung eines Autoradiogramms!
b) Vergleichen Sie die beiden abgebildeten Autoradiogramme und erläutern Sie die Ergebnisse!

18 Einfluss eines Kohlenstoffdioxidstopps auf die Bildung von Stoffen

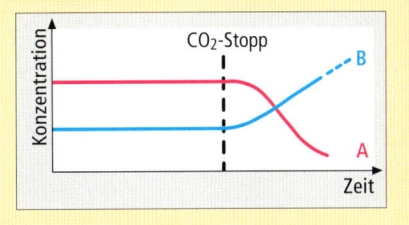

In einem Versuch wird eine Grünalgensuspension unter gleichmäßigen Bedingungen belichtet. In zeitlichen Abständen werden Proben der Algen entnommen und analysiert. Man kann feststellen, dass sich die Konzentrationen der untersuchten Verbindungen nicht ändern.
Nun wird die Kohlenstoffdioxidzufuhr unterbrochen. Die Untersuchung der Stoffkonzentrationen ergibt für zwei Stoffe (A und B) das dargestellte Versuchsergebnis.
a) Beschreiben und begründen Sie das Versuchsergebnis für die Stoffe A und B!
b) Benennen Sie beide Stoffe! Erläutern Sie deren Funktion im Stoffwechsel der Pflanze!
c) Welchen weiteren Verlauf nimmt die Kurve B? Begründen Sie Ihre Antwort!

19 ATP-Synthese in isolierten Chloroplasten

André JAGENDORF führte 1966 folgende Versuche durch.
1) Aus Pflanzenzellen isolierte er vorsichtig Chloroplasten.
2) Dann brachte er die Chloroplasten in eine Pufferlösung mit dem pH-Wert 4. Der Puffer drang langsam in die Chloroplasten ein und senkte dort in allen Reaktionsräumen den pH-Wert ab.
3) Dann gab JAGENDORF im Dunkeln zu der Chloroplasten-Suspension ADP und Phosphat und erhöhte schlagartig im äußeren Medium den pH-Wert auf pH 8.
JAGENDORF stellte fest, dass die Chloroplasten im Dunkeln ATP bildeten.
a) Zeichnen Sie eine beschriftete Schemadarstellung eines Chloroplasten!
b) Erläutern Sie das Ergebnis des JAGENDORF-Experiments!

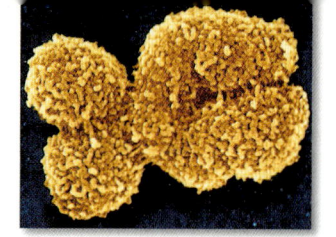

Genetik und Gentechnik

88.1 Vererbung von Merkmalen

1 Grundwissen zur Genetik

Die Nachkommen einer Art zeigen neben individuellen Unterschieden auch Merkmale ihrer Eltern. Die **Erbinformation** für übereinstimmende und unterschiedliche Merkmale wird von einer Generation zur nächsten weitergegeben. Diesen Vorgang bezeichnet man als **Vererbung.** So ist beim Menschen die Fähigkeit zum Rollen der Zunge größtenteils abhängig von dem Vorhandensein einer bestimmten **Erbanlage,** eines **Gens.** Die Weitergabe dieses Gens innerhalb einer Familie lässt sich anhand des Auftretens des Merkmales „Zungenroller" in Form eines **Stammbaumes** zeigen. Obwohl sich die Menschen bereits seit dem Altertum mit der Klärung von Familienähnlichkeiten beschäftigt haben, erfolgte erst im 19. Jahrhundert eine wissenschaftliche Erforschung als **Vererbungslehre** oder **Genetik.** Der Augustinerpater Gregor MENDEL veröffentlichte 1866 seine Schrift „Versuche über Pflanzenhybriden". Aus systematischen Kreuzungsversuchen bei Saaterbsen ermittelte er exakte Zahlenverhältnisse, die später zu der Formulierung von **Vererbungsregeln** führten. MENDELs Arbeit bildet heute die Grundlage der **Klassischen Genetik.** Da Züchtungsversuche beim Menschen aus ethischen Gründen ausgeschlossen sind, werden die Erkenntnisse der klassischen **Humangenetik** neben Stammbaumanalysen vor allem aus Zwillingsstudien und massenstatistischen Untersuchungen gewonnen.

Die Gene eines Lebewesens befinden sich auf den **Chromosomen** einer jeden Zelle. In einem **Karyogramm** menschlicher Körperzellen lassen sie sich nach Größe und Aussehen paarweise ordnen. Die Chromosomen eines Paares heißen **homologe Chromosomen,** wobei ein Chromosom von der Mutter stammt und das andere vom Vater. Jedes Gen liegt dadurch in zwei Zustandsformen oder **Allelen** vor. Diese liegen auf gleichen Genorten der homologen Chromosomen. Homologe Chromosomen sind also einander entsprechend, aber nicht identisch. Der Kern einer Körperzelle enthält je einen Chromosomensatz von Mutter und Vater, er ist **diploid.** Die Gesamtheit der Gene eines Zellkerns bildet das **Genom.** Man spricht auch vom **Genotyp** eines Lebewesens.

Manche Merkmale wie die Blutgruppen des AB0-Systems werden durch ein einziges Allelenpaar festgelegt. Dann sind aufgrund der **MENDELschen Regeln** Aussagen über Verwandtschaftsverhältnisse möglich. In den meisten Fällen wirken aber mehrere Gene und verschiedene Umweltfaktoren bei der Ausprägung eines Merkmals zusammen. Dann legt der Genotyp nur den Rahmen fest, innerhalb dessen sich das Erscheinungsbild, der **Phänotyp,** herausbildet. Das Zungenrollen etwa ist zwar erblich, aber auch für viele „Nichtroller" erlernbar.

Mit der stofflichen Natur der Gene befasst sich die **Molekulargenetik.** Jedes Chromosom besteht aus Nucleinsäure (engl. **DNA,** *deoxyribonucleic acid*; dt. **DNS,** *Desoxyribonucleinsäure*) und Proteinen. Die DNA ist ein langes, fadenförmiges Molekül. Die Gene werden durch hintereinanderliegende DNA-Abschnitte gebildet.

2 Molekulargenetik

2.1 Molekularer Aufbau von DNA und RNA

Man unterscheidet zwei verschiedene Arten von Nucleinsäuren im Zellkern (Nucleus): die **DNA** und die **RNA** (engl. *ribonucleic acid*). Grundeinheit beider Nucleinsäuren ist das *Nucleotid*. Jedes Nucleotid besteht aus einem Phosphatrest, einer stickstoffhaltigen organischen Base und einem Zuckerrest. Der Zucker der RNA ist die *Ribose*, der Zucker der DNA die *Desoxyribose*. Diese trägt am C_2-Atom anstelle einer OH-Gruppe lediglich ein H-Atom (*desoxy* = ohne Sauerstoff). Die DNA enthält vier verschiedene Basen. Die Basen **Adenin** (A) und **Guanin** (G) leiten sich vom *Purin* ab, einem Doppelringsystem mit insgesamt vier N-Atomen. **Cytosin** (C) und **Thymin** (T) sind Derivate des *Pyrimidins*, einem Sechsring mit zwei N-Atomen. Anstelle des Thymins besitzt die RNA die Base **Uracil** (U).

Das Mengenverhältnis von Adenin zu Thymin und von Guanin zu Cytosin beträgt immer 1:1. Auf der Grundlage dieser Ergebnisse und den Daten anderer Wissenschaftler entwickelten James D. WATSON und Francis CRICK 1953 das **Doppelhelix-Modell** der DNA. Danach liegt die DNA als Doppelstrang aus zwei langen, fadenförmigen Molekülen vor, die um eine gemeinsame Längsachse geschraubt sind. Jeder Einzelstrang besteht aus einer Kette von Nucleotiden mit regelmäßig abwechselnden Zucker-Phosphat Verbindungen. Die Verbindung der Stränge erfolgt durch Wasserstoffbrücken zwischen gegenüberliegenden Basen. Aus räumlichen Gründen können sich die Wasserstoffbrücken aber nur zwischen je einer bestimmten Purin- und einer Pyrimidinbase bilden *(spezifische Basenpaarung)*: Adenin paart mit Thymin, Guanin paart mit Cytosin. Die Basenfolge des einen Stranges bestimmt daher die Basenfolge des anderen Stranges. Beide Stränge sind **komplementär**.

Jeder Strang endet in der einen Richtung mit einem Phosphatrest am C_5-Atom der endständigen Desoxyribose. Man bezeichnet dies als das **5'-Ende** (sprich: Fünf-Strich-Ende). In der entgegengesetzten Richtung befindet sich am C_3-Atom der endständigen Desoxyribose eine freie OH-Gruppe. Dies ist das **3'-Ende**. Im Doppelstrang verläuft ein Strang von 5' nach 3', der komplementäre Strang aber von 3' nach 5'. Die Einzelstränge der Doppelhelix sind also gegenläufig *(antiparallel)*. Nur in dieser Anordnung ist wegen der Raumstruktur der Basen eine spezifische Basenpaarung möglich.

Der Aufbau der DNA ist in allen Lebewesen gleich. Lebewesen unterscheiden sich aber erheblich in der Anzahl ihrer Basenpaare und der Basensequenz. Die Sequenz der etwa drei Milliarden Basenpaare des menschlichen Genoms wurde im Frühjahr 2001 nach über zehnjähriger Arbeit einer weltweiten Forschergemeinschaft erstmals aufgelistet.

1. Ergänzen Sie komplementär zum Doppelstrang: 5'-AATTGTGAGCGGATAACAATT-3'! Erläutern Sie!

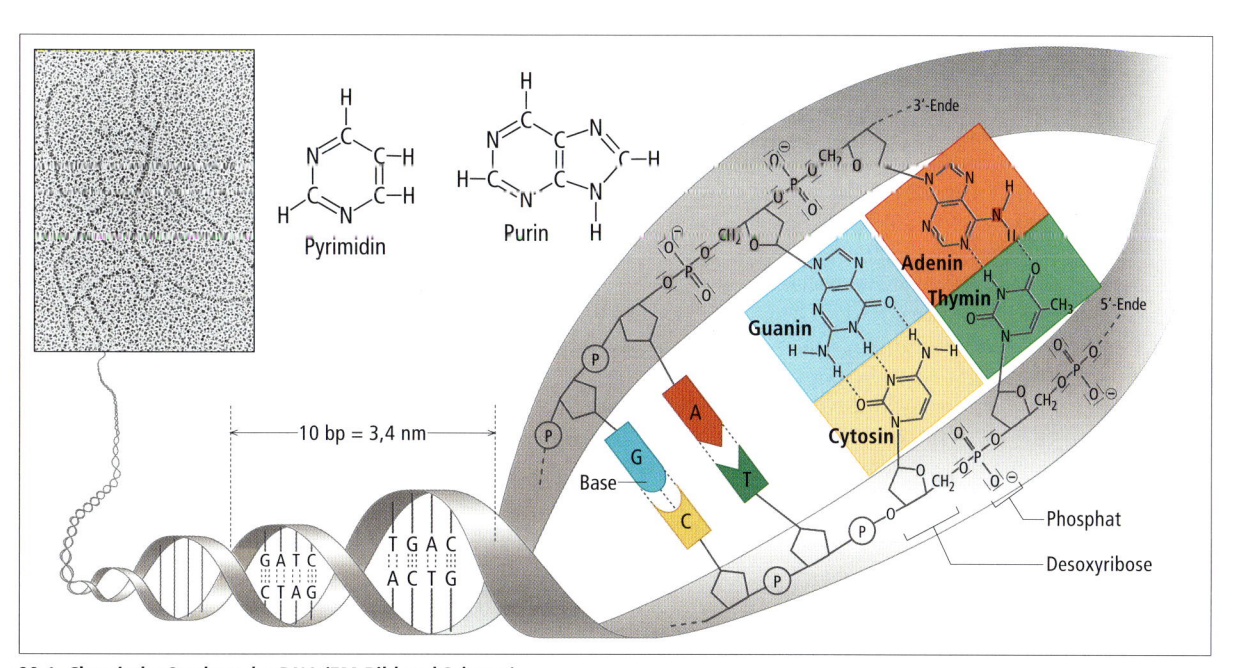

89.1 Chemische Struktur der DNA (EM-Bild und Schema)

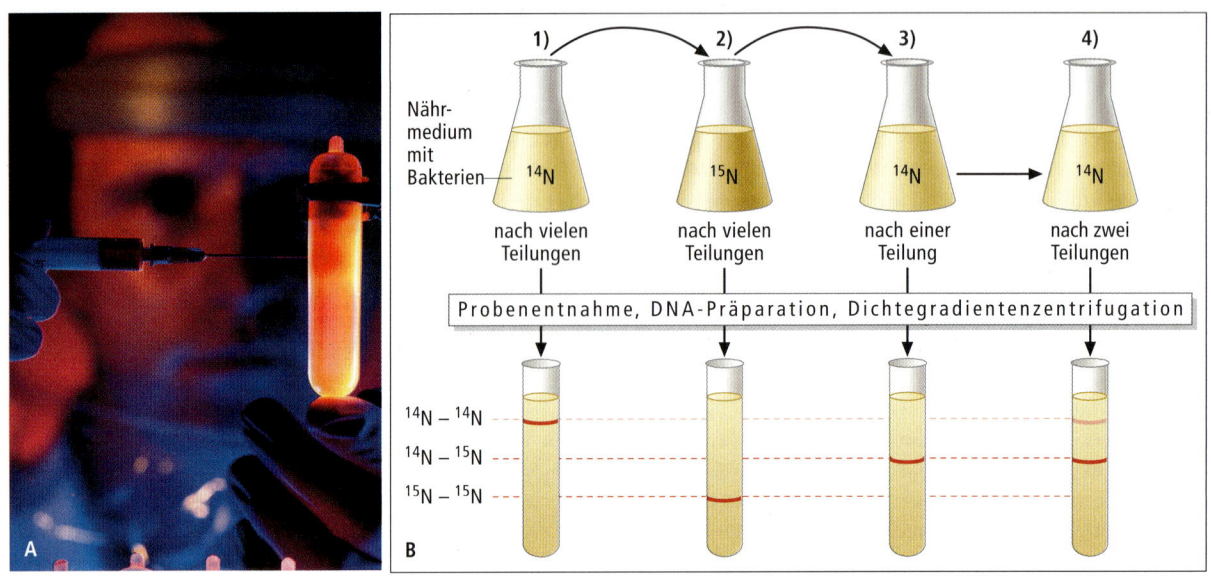

90.1 MESELSON-STAHL-Experiment. A DNA-Banden im UV-Feld; **B** Versuchsdurchführung

2.2 Replikation der DNA

Vor jeder Mitose wird die DNA im Zellkern identisch verdoppelt. Diesen Vorgang nennt man **Replikation.** Der doppelsträngige Aufbau der DNA bietet dafür einen einfachen Mechanismus: Die Einzelstränge der Doppelhelix werden wie ein Reißverschluss getrennt. Jeder der beiden Stränge dient als Vorlage für die Anlagerung von DNA-Nucleotiden, die zu der jeweiligen Originalsequenz komplementär sind. Durch die Verknüpfung der Nucleotide entstehen so zwei identische Doppelstränge. In jedem Doppelstrang besteht ein Strang aus elterlicher und ein Strang aus neusynthetisierter Tochter-DNA. Eine solche **semikonservative** DNA-Replikation schlugen bereits WATSON und CRICK mit ihrer Veröffentlichung der DNA-Struktur vor. Die Richtigkeit dieser Modellvorstellung wurde 1958 von Matthew MESELSON und Franklin STAHL durch Isotopen-Markierungsversuche und der neu entwickelten *Dichtegradientenzentrifugation* bestätigt. Wird DNA bei sehr hoher Drehzahl in stark konzentrierter Cäsiumchloridlösung ausreichend lange (oft über 24 Stunden!) zentrifugiert, bildet sich ein Konzentrationsgefälle, bei dem die Dichte der Cäsiumchloridlösung zum Boden des Zentrifugenröhrchens hin kontinuierlich ansteigt. Die zugesetzte DNA sammelt sich bandenförmig in dem Bereich des Dichtegradienten, der ihrer eigenen Dichte entspricht. Nach Abschluss der Zentrifugation ist die DNA-Bande unter UV-Strahlung sichtbar.

MESELSON und STAHL ließen Darmbakterien *(Escherichia coli)* in einem Nährmedium wachsen, das als einzige Stickstoffquelle Ammoniumchlorid mit dem schweren ^{15}N-Isotop enthielt. Dieses Isotop ist nicht radioaktiv, besitzt aber eine höhere Atommasse als normaler Stickstoff (^{14}N). Bakterien, die sich in ^{15}N-haltigem Medium vermehren, besitzen daher schließlich „schwere" DNA, da bei jeder Zellteilung ^{15}N-haltige Nucleotide zur DNA-Synthese verwendet werden.

Mithilfe der Dichtegradientenzentrifugation lässt sich „schwere" ^{15}N-haltige DNA von normaler „leichter" DNA mit ^{14}N-Stickstoff unterscheiden: Die DNA mit dem schweren Isotop besitzt eine höhere Dichte und sedimentiert deshalb weiter zum Gefäßboden hin. Bakterien mit „schwerer" DNA wurden nun in ein Nährmedium mit normalem ^{14}N-Stickstoff überführt. Nach einer Zellteilung wurde eine Bakterienprobe entnommen, die DNA isoliert und durch Dichtegradientenzentrifugation untersucht. Die Dichte dieser DNA lag zwischen der „schweren" ^{15}N-DNA und der „leichten" ^{14}N-DNA, sie war „mittelschwer". Nach der Replikation enthielt also jedes DNA-Molekül gleiche Mengen von ^{15}N- und ^{14}N-Nucleotiden. Nach einer weiteren Zellteilung wurde abermals eine Bakterienprobe entnommen und deren DNA untersucht. Nun waren zwei DNA-Banden zu beobachten: Die untere Bande stellte die „mittelschwere" DNA dar, die obere entsprach reiner ^{14}N-DNA.

Für die DNA von Eukaryoten wurde der gleiche Mechanismus der Replikation nachgewiesen.

1. Begründen Sie das zu erwartende Versuchsergebnis, wenn das in Abbildung 90.1B dargestellte Experiment noch um zwei weitere Teilungsschritte fortgeführt wird! Wenden Sie das Basiskonzept „Reproduktion" an!

2.3 DNA-Replikation auf molekularer Ebene

Die molekularen Vorgänge bei der Replikation wurden vor allem an Prokaryoten untersucht. Die Replikation lässt sich durch **Autoradiografie** im Elektronenmikroskop erkennen. Dazu gibt man zu Bakterien Tritium-(^{3}H-)markierte radioaktive Nucleotide, die in die neusynthetisierte DNA eingebaut werden. Die radioaktive Strahlung bewirkt überall dort die Belichtung eines aufgelegten Films, wo radioaktive Nucleotide eingebaut worden sind. So wurde gezeigt, dass *Escherichia coli* nur ein einziges, ringförmiges Chromosom besitzt. Dieses hat einen festgelegten Startpunkt (Ursprung) der Replikation, von dem aus die Replikation in Gestalt einer **Replikationsblase** in beide Richtungen voranschreitet.

Die zur DNA-Replikation benötigten Proteine lagern sich zunächst am Replikationsursprung an. Hier wird als Erstes die Doppelhelix durch das Enzym *Helicase* entwunden und in die Einzelstränge aufgetrennt. In den beiden so entstandenen **Replikationsgabeln** liegen nun je zwei Einzelstränge vor. An diesen katalysiert eine RNA-Polymerase, die *Primase*, jeweils die Synthese eines kurzen komplementären RNA-Stückes. Diese *RNA-Primer* dienen nun der **DNA-Polymerase III** als Startmolekül zur Synthese neuer komplementärer DNA aus einzelnen Nucleotiden. Allerdings kann das Enzym die Nucleotide nur in **5′ → 3′-Richtung** verknüpfen, das heißt, sie kann nur 3′-Enden verlängern. Da die beiden DNA-Stränge antiparallel sind, kann die Polymerisation daher nur am 3′ → 5′-Strang *kontinuierlich* erfolgen. Den hier synthetisierten Strang nennt man den *Leitstrang*. Die Replikation des 5′ → 3′-Stranges wirft ein Problem auf, da die DNA-Polymerase-III nicht in 3′ → 5′-Richtung arbeiten kann. Hier stellt die Primase zunächst an mehreren Stellen RNA-Primer her, die dann von der DNA-Polymerase III in 5′ → 3′-Richtung zu kurzen DNA-Stücken, den OKAZAKI-**Fragmenten**, verlängert werden. Die *diskontinuierliche* Synthese ermöglicht also trotz einer 5′ → 3′-DNA-Synthese ein Wachstum des sogenannten *Folgestranges* in 3′ → 5′-Richtung. Die RNA-Nucleotide der Primer auf beiden Strängen werden durch die **DNA-Polymerase I** entfernt und durch DNA-Nucleotide ersetzt. Anschließend werden die aufeinanderfolgenden OKAZAKI-Fragmente durch das Enzym **DNA-Ligase** kovalent miteinander verbunden.

Die Replikation der linearen eukaryotischen Chromosomen verläuft ähnlich wie die der Prokaryoten. Allerdings sind auf jedem Chromosom zahlreiche Startpunkte der DNA-Replikation verteilt. Auf diese Weise kann das größte Chromosom der Fruchtfliege Drosophila mit 62 Millionen Basenpaaren in nur drei Minuten repliziert werden.

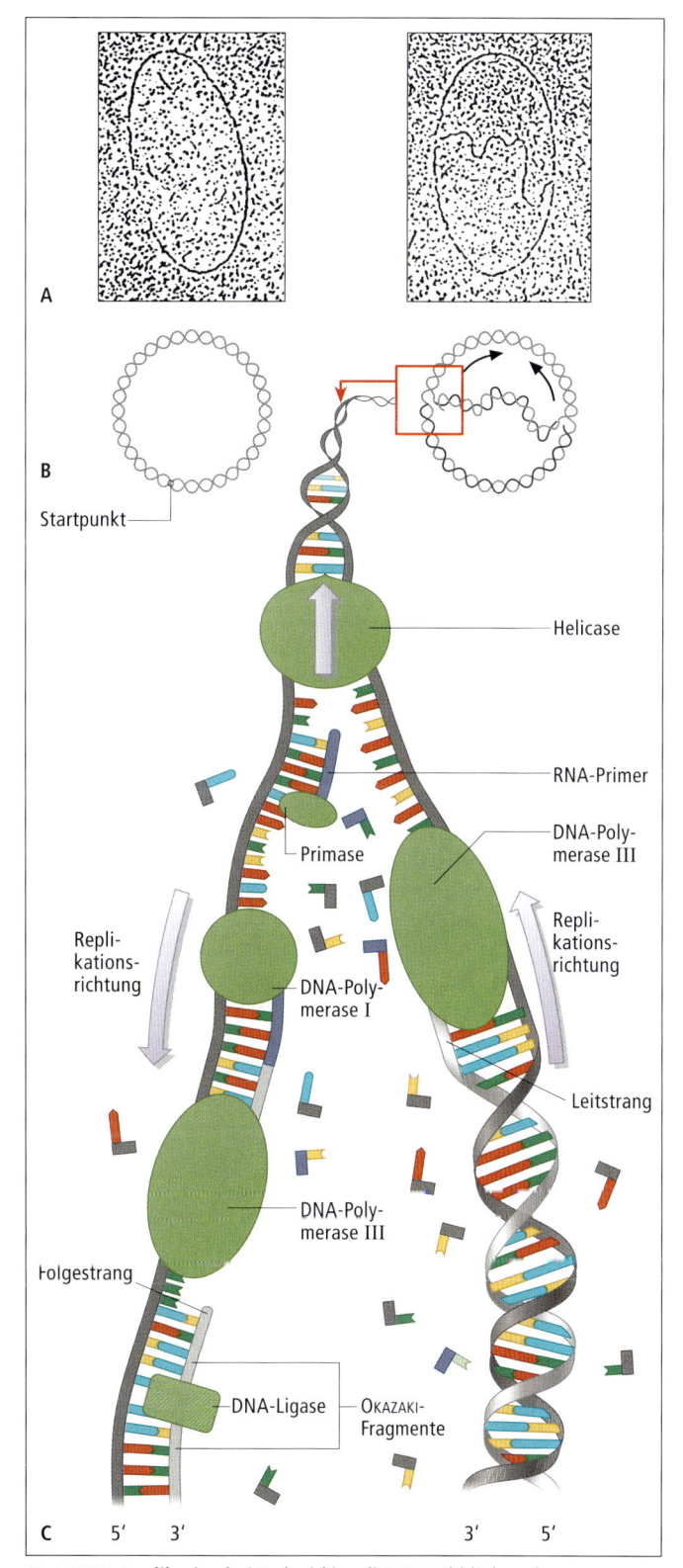

91.1 DNA-Replikation bei *Escherichia coli*. A EM-Bild (Schema); **B** Schema zu A; **C** Replikationsgabel

1. Fassen Sie die an der Replikation beteiligten Enzyme und ihre Funktion tabellarisch zusammen!

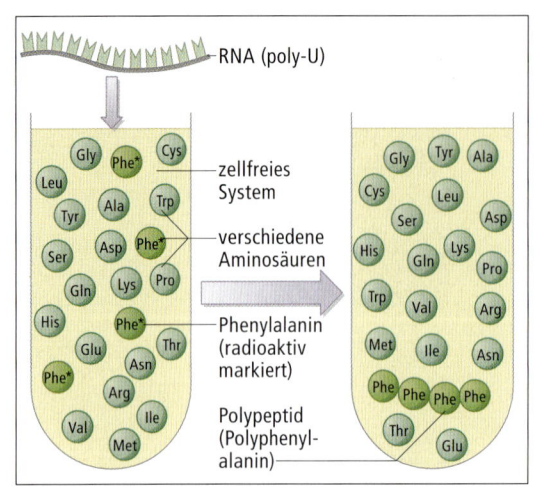

92.1 NIRENBERG-MATTHAEI-Experiment

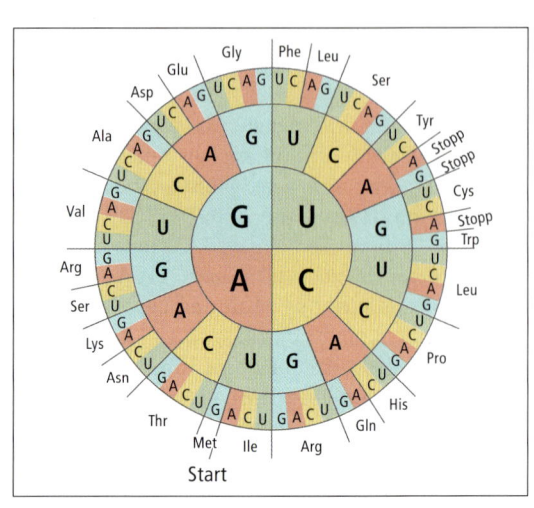

92.2 „Codesonne" – der genetische Code

2.4 Der genetische Code

Die Ausprägung der Merkmale eines Lebewesens beruht auf der Tätigkeit zahlreicher Proteine. Die Information zu deren Synthese wiederum ist in der DNA enthalten. Alle DNA-Moleküle besitzen das gleiche Zucker-Phosphat-Rückgrat, unterscheiden sich aber in ihrer Basensequenz. Der **genetische Code** muss also in der Basenabfolge der DNA enthalten sein. Um 20 Aminosäuren zu codieren, stehen nur vier verschiedene Basen zu Verfügung. Daher kann der Code nicht aus einzelnen Basen bestehen, denn so könnten nur vier Aminosäuren codiert werden. Auch eine Codewortlänge von zwei Basen reicht mit 16 (4 · 4) möglichen Kombinationen nicht aus. Erst durch einen Drei-Basen-Code, ein Basentriplett oder **Codon,** ergeben sich mit 64 (4 · 4 · 4 = 4^3) Kombinationsmöglichkeiten genügend Codewörter, um alle 20 Aminosäuren zu verschlüsseln.

Den Molekularbiologen NIRENBERG und MATTHAEI gelang es 1961, erstmals einer Basenfolge eine bestimmte Aminosäure zuzuordnen. Für ihre Experimente verwendeten sie nicht DNA, sondern RNA, die während der Proteinbiosynthese als Kopie der DNA hergestellt wird. Um die Reaktionsbedingungen möglichst genau bestimmen zu können, stellten die beiden aus Bakterien ein *zellfreies System* her. Dieses enthielt zwar die zur Proteinbiosynthese notwendigen Bestandteile wie Ribosomen, Membranfragmente und Salze, aber keine zelluläre DNA oder RNA mehr. Nun fügten die Wissenschaftler dem Extrakt eine künstlich hergestellte RNA hinzu, deren Sequenz einförmig UUUUUU… lautete (poly-U). In 20 verschiedenen Versuchsansätzen wurde dann ein Quantum je einer radioaktiv markierten Aminosäure zugesetzt. Nur in dem Ansatz, der die markierte Aminosäure *Phenylalanin* enthielt, konnte ein radioaktives Polypeptid isoliert werden. Dieses bestand ausschließlich aus Phenylalanin (poly-Phe). Damit war nachgewiesen, dass die Basenfolge UUU… den Code für die Aminosäure Phenylalanin enthält. In weiteren Experimenten mit künstlicher RNA wurde der genetische Code vollständig entschlüsselt. Folgende Eigenschaften konnten ermittelt werden:

1. Der Code besteht aus **Tripletts.** Immer drei Basen (ein Codon) codieren eine Aminosäure.
2. Der Code ist **eindeutig.** Ein Codon codiert stets nur eine einzige Aminosäure.
3. Der Code ist **degeneriert.** Fast alle Aminosäuren werden von mehreren Tripletts codiert.
4. Der Code ist **kommafrei** und **nicht überlappend.** Die Tripletts folgen lückenlos aufeinander. Durch Wegfall oder Einfügen einer Base wird das Leseraster verschoben und der Informationsgehalt verändert. Die Basen eines Tripletts können nicht gleichzeitig Bestandteil eines benachbarten Codons sein.
5. Der Code ist **universell.** Alle Lebewesen (Ausnahme: wenige Einzeller) benutzen dieselbe „Sprache".

Der genetische Code wird als RNA-Sequenz stets in 5′ → 3′-Richtung angegeben. Das Triplett AUG signalisiert den *Start* der Proteinbiosynthese. Gleichzeitig steht es für die Aminosäure Methionin. Die Tripletts UAA, UAG und UGA codieren keine Aminosäure, sondern sind *Stoppsignale* zur Beendigung der Proteinbiosynthese.

1. Erläutern Sie, weshalb das hier geschilderte Experiment alleine noch keinen Aufschluss über den Triplettcharakter des genetischen Codes liefert!
2. Übersetzen Sie die folgende RNA in ein Peptid: AAUCAUGAAACCGUGCGGACCAUAACA!

Genetik und Gentechnik

2.5 Transkription

Radioaktive Markierungsexperimente ergaben, dass die *Proteinbiosynthese* an den Ribosomen im Cytoplasma abläuft. Die genetische Information für diesen Vorgang befindet sich aber in Form der DNA im Zellkern. Wie wird diese Information ins Cytoplasma übertragen?

Da Prokaryoten sehr viel einfacher aufgebaut sind als Eukaryoten, wurde die Frage nach dem Informationsübermittler zwischen DNA und Protein zunächst an Bakterien untersucht. Radioaktiv markierte RNA-Nucleotide, die man *Eschericha-coli*-Zellen anbietet, lassen sich in einem Autoradiogramm als perlschnurartige „Fransen" nachweisen, die an einen Zentralfaden angehängt erscheinen. Bei Letzterem handelt es sich um den DNA-Doppelstrang, während die „Fransen" RNA-Polynucleotide sind. Diese einzelsträngigen Makromoleküle stellen den gesuchten „Boten" für die Übermittlung der genetischen Information von der DNA zu den Ribosomen dar und heißen deshalb *messenger-RNA* oder **mRNA**. Sie werden durch „Abschreiben" der DNA gebildet. Diesen Prozess bezeichnet man als **Transkription**.

Dabei erfolgt die Übertragung der genetischen Information von der doppelsträngigen DNA auf eine einzelsträngige mRNA durch das Enzym **RNA-Polymerase**. Prinzipiell ähnelt dieser Vorgang der Replikation von DNA durch die DNA-Polymerase. Die RNA-Polymerase benötigt aber keinen Primer, sondern erkennt eine spezifische Basensequenz auf der DNA, den sogenannten *Promotor*.

Nach der Bindung an den Promotor startet die Transkription, indem die DNA-Doppelhelix blasenartig in ihre Einzelstränge aufgetrennt wird. An einen der beiden DNA-Einzelstränge, den **codogenen Strang**, lagern sich komplementäre RNA-Nucleotide an (in der RNA steht Uracil anstelle von Thymin und Ribose anstelle von Desoxyribose). Die RNA-Polymerase wandert weiter und verknüpft dabei die RNA-Nucleotide in 5' → 3'-Richtung. Die wachsende RNA-Kette löst sich von der DNA-Matrize und der abgelesene Bereich windet sich in die Doppelhelix-Form zurück. Die Transkription der DNA erfolgt nur über einen abzulesenden Bereich bestimmter Länge. Dessen Ende wird durch eine weitere spezifische Basensequenz markiert, die man *Terminator* nennt. Mit Erreichen dieses Endsignals löst sich die RNA-Polymerase vom codogenen Strang, und die Transkription ist beendet.

EM-Aufnahmen bei *Escherichia coli* zeigen, dass oft mehrere RNA-Polymerasen zugleich den abzulesenden DNA-Bereich transkribieren. An die so entstehenden mRNA-Moleküle können sich bereits vor Abschluss der Transkription Ribosomen anlagern und sofort mit der Proteinbiosynthese beginnen.

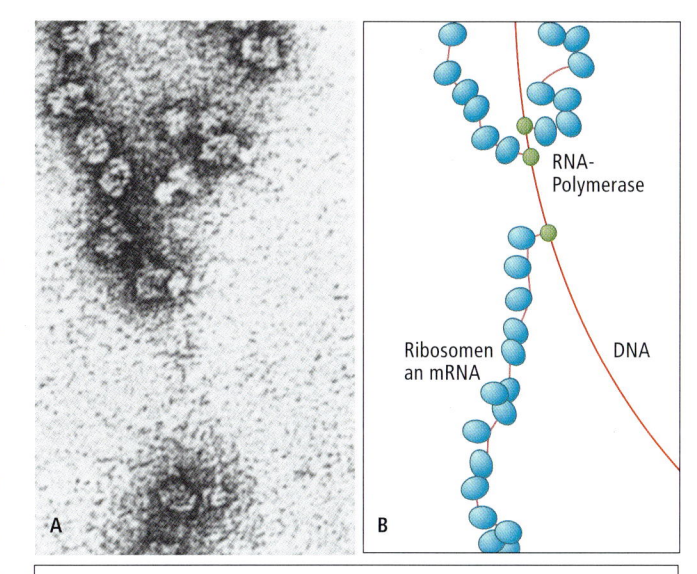

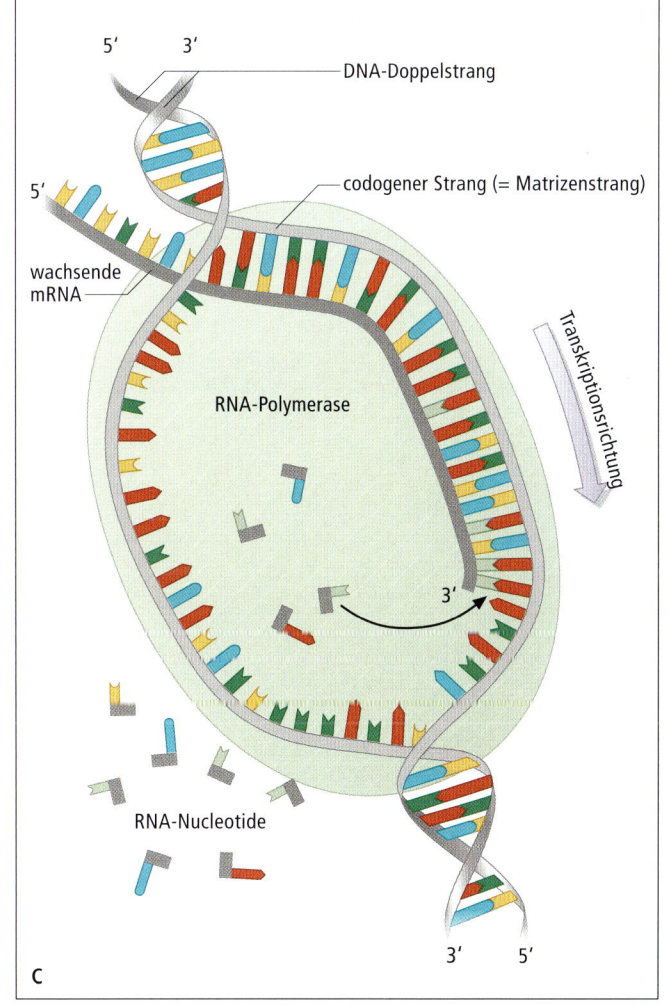

93.1 Transkription. **A** EM-Bild; **B** Schema; **C** Schema einer Transkriptionsblase

1. Transkribieren Sie die folgende DNA-Sequenz:
   5'-AAATGTGAGCGAGTAACAACC-3'!

Genetik und Gentechnik

2.6 Translation

Die „Übersetzung" der in der mRNA enthaltenen Basensequenz in die Aminosäuresequenz eines Proteins an den Ribosomen heißt **Translation.** Dazu werden außer einer mRNA noch mehrere Moleküle eines weiteren RNA-Typs, der **transfer-RNA (tRNA)**, benötigt. Sie ist für den Transport von Aminosäuren zu den Ribosomen zuständig. Jede Aminosäure wird von einer eigenen, für sie spezifischen tRNA transportiert.

Ein tRNA-Molekül besteht aus etwa 80 Nucleotiden. Durch komplementäre Basenpaarung bilden sich doppelsträngige Bereiche und dazwischenliegende einzelsträngige Schleifen aus. Auf diese Weise wird eine L-förmige Raumstruktur stabilisiert. Von besonderer Bedeutung ist die einzelsträngige Schleife am Ende des langen L-Arms, die ein für die jeweilige tRNA charakteristisches Triplett trägt, das **Anticodon.** Dieses erkennt durch spezifische Basenpaarung sein komplementäres Codon auf der mRNA. Ein weiterer wichtiger Bereich ist die Aminosäure-Akzeptorregion am 3'-Ende, das am kurzen L-Arm liegt und stets mit den Basen CCA endet.

Die *Initiation* der Translation beginnt mit der Anlagerung der kleineren Untereinheit des Ribosoms an einer spezifischen Bindungsstelle am 5'-Ende der mRNA. Gleichzeitig bindet die Start-tRNA, die stets die Aminosäure Methionin trägt (Met-tRNA), mit ihrem entsprechenden Anticodon an das Startcodon AUG. Zu diesem Startkomplex tritt die große Untereinheit des Ribosoms hinzu. Das zusammengesetzte Ribosom ist nun funktionsbereit. Es hat drei benachbarte Bindungsstellen für tRNA-Moleküle. Die Start-tRNA besetzt zu Beginn die P-Stelle, das folgende freie Triplett liegt in der A-Stelle. Hier lagert sich nun eine dazu komplementäre tRNA an, die mit einer entsprechenden Aminosäure beladen ist. Das Methionin der Start-tRNA wird mit der Aminosäure der zweiten tRNA enzymatisch zu einem Peptid verknüpft. Nun wird die in der A-Stelle befindliche tRNA, die das Peptid trägt, in die P-Stelle verlagert. Gleichzeitig wird die unbeladene tRNA von der P-Stelle zur E-Stelle bewegt und von dort freigesetzt. Anschließend rückt das Ribosom auf der mRNA um ein Triplett weiter. Durch Wiederholung dieser Vorgänge wird die ganze mRNA abgelesen, wobei die Peptidkette ständig wächst *(Elongation)*.

Mit Erreichen eines Stoppcodons – UAA, UGA oder UAG – wird die Proteinsynthese beendet *(Termination)*. Das Ribosom zerfällt in seine Untereinheiten, und das synthetisierte Polypeptid sowie die abgelesene mRNA werden freigesetzt.

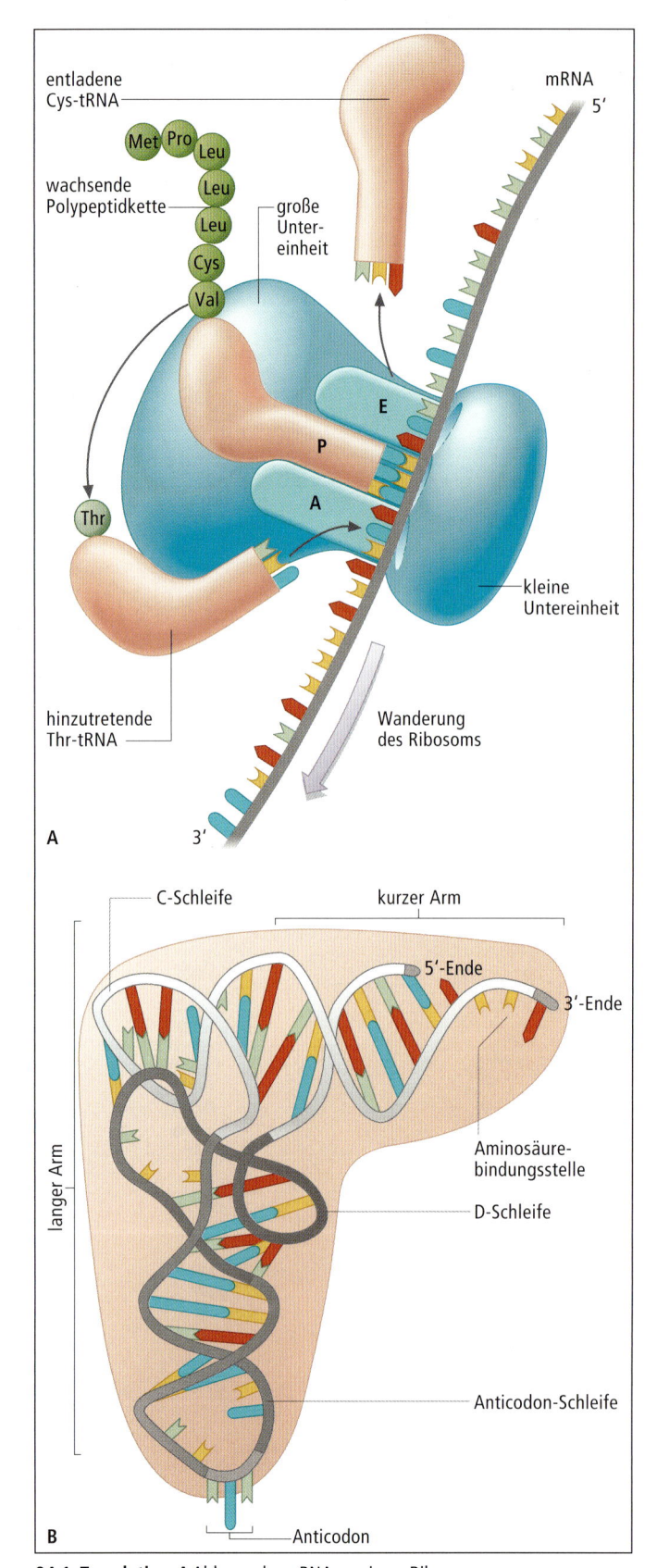

94.1 **Translation. A** Ablesen der mRNA an einem Ribosom; **B** Raumstruktur der tRNA

EXKURS: Der Genbegriff in der Molekularbiologie

Wachstum auf Minimalmedium				
	ohne Zusatz	mit Ornithin	mit Citrullin	mit Arginin
Wildtyp	+	+	+	+
Mutante I	−	+	+	+
Mutante II	−	−	+	+
Mutante III	−	−	−	+

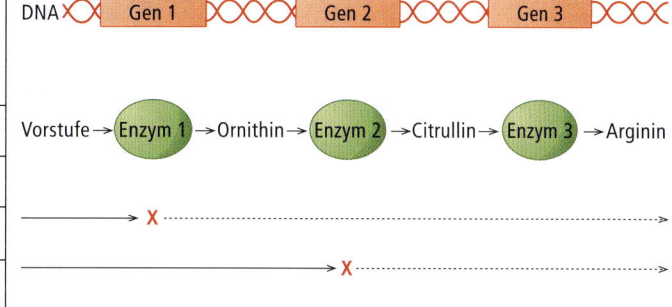

95.1 Ein-Gen-ein-Enzym-Hypothese. Stoffwechselmutanten von *Neurospora crassa*

Ein Gen ist eine Funktionseinheit. Doch worin besteht seine Funktion? Man nahm zunächst an, dass ein einzelnes Gen für ein ganz bestimmtes sichtbares Merkmal, beispielsweise die Augenfarbe einer Fliege, verantwortlich sei; dementsprechend sprach man von der **Ein-Gen-ein-Merkmal**-Hypothese. Zahlreiche Experimente ließen später vermuten, dass die Ausprägung vieler Merkmale auf die Tätigkeit von Enzymen zurückzuführen ist, also auf molekularer Ebene stattfindet.

George BEADLE und Edward TATUM bestrahlten den Schimmelpilz *Neurospora crassa* mit UV-Strahlung. Dadurch wird die DNA geschädigt, und es entstehen unter anderem sogenannte *Mangelmutanten*. Eine dieser Mutanten etwa wuchs nur, wenn dem verwendeten Nährmedium die Aminosäure Arginin zugegeben wurde. Offenbar konnte sie Arginin nicht mehr selber herstellen. In einer Versuchsreihe wurde dem Nährmedium Ornithin oder Citrullin, Vorstufen der Argininsynthese, zugesetzt und das Pilzwachstum beobachtet. Als Ergebnis ließen sich drei Klassen von Mangelmutanten unterscheiden, deren Argininmangel durch den Zusatz von jeweils einem anderen Stoff aufgehoben werden konnte. Daraus folgerte man, dass diese Mutanten in unterschiedlichen Schritten der Argininsynthese einen Enzymdefekt aufwiesen, weil der entsprechende DNA-Abschnitt beschädigt wurde. Diese Resultate führten zur Formulierung der **Ein-Gen-ein-Enzym**-Hypothese: Ein Gen ist für die Produktion eines bestimmten Enzyms verantwortlich.

Neben den Enzymen sind aber ebenso andere Proteine ohne eine katalytische Funktion das Produkt von Genen. So wurde die **Ein-Gen-ein-Protein**-Hypothese aufgestellt.

Zahlreiche Proteine sind allerdings aus mehreren verschiedenen Untereinheiten aufgebaut. So besteht das Sauerstoff transportierende Hämoglobin A im Blut Erwachsener aus vier Polypeptidketten, von denen je zwei identisch sind. Diese beiden Polypeptide werden α- und β-Kette genannt. Sie werden von verschiedenen Genen codiert. Bei einer als *Sichelzellanämie* bezeichneten Erbkrankheit führt ein einzelner Basenaustausch im Gen der β-Kette zum Ersatz der Aminosäure Glutaminsäure durch Valin in diesem Polypeptid; die α-Kette ist nicht betroffen. Die Folgen dieser Genmutation sind schwerwiegend: Die Roten Blutkörperchen im Blut homozygot Kranker nehmen bei Sauerstoffmangel eine charakteristische Sichelform an. Die Bindungsfähigkeit für Sauerstoff ist vermindert, die Lebenserwartung Betroffener deutlich herabgesetzt.

Da also jedes Polypeptid das Produkt eines anderen Gens ist, erweiterte man die Theorie erneut zur **Ein-Gen-ein-Polypeptid**-Hypothese. Es gibt jedoch auch Gene, bei denen die RNA selbst das Genprodukt ist, wie im Fall der tRNA. Daher wird heute auch von der **Ein-Gen-eine-RNA**-Hypothese gesprochen. Wie man inzwischen aber weiß, dienen zahlreiche Gene als Matrize für mehr als nur eine einzige mRNA. Noch immer also ist der Genbegriff im Wandel!

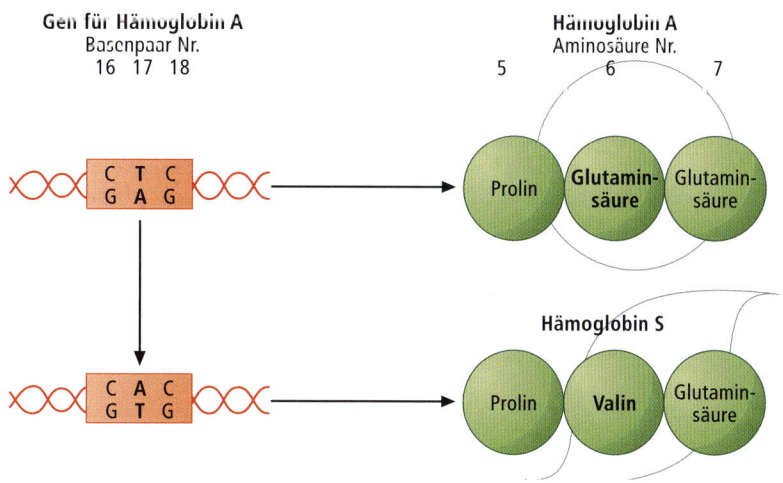

95.2 Ein-Gen-ein-Polypeptid-Hypothese. Sichelzellanämie durch Basenaustausch im β-Globin-Gen

Genetik und Gentechnik

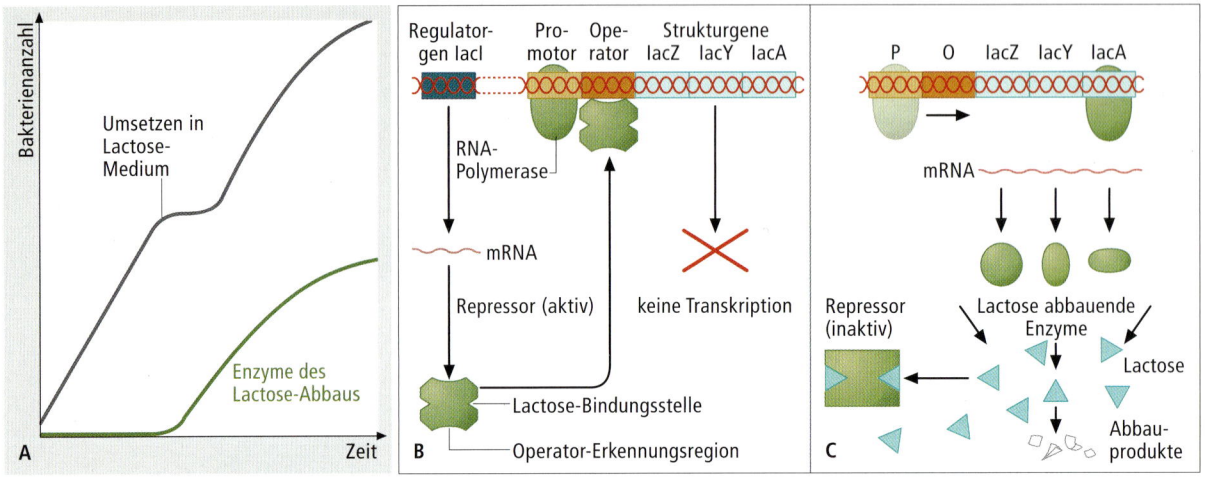

96.1 *lac*-Operon bei *Escherichia coli*. **A** Diauxie; **B** Operon reprimiert; **C** Operon induziert

2.7 Genregulation bei Prokaryoten

Für ein einzelliges Lebewesen wie das Bakterium *Escherichia coli* bietet eine hohe Wachstums- und Teilungsgeschwindigkeit einen wichtigen Selektionsvorteil. Im Sinne eines ökonomischen Stoffwechsels ist es vorteilhaft, wenn die Zelle nur diejenigen Gene exprimiert, die sie zur Bewältigung der jeweiligen Umweltsituation auch benötigt, etwa zur Ausnutzung einer bestimmten Nahrungsquelle. *Escherichia coli* vermehrt sich sehr gut in einem Nährmedium, das Glucose enthält. Überführt man es in ein Nährmedium, in dem die Glucose durch den Milchzucker Lactose ersetzt wurde, so tritt zunächst ein Vermehrungsstillstand ein. Nach einigen Minuten jedoch beginnen sich die Bakterien wieder zu vermehren. Die Bakterienkultur zeigt unter diesen Bedingungen also ein zweiphasiges Wachstum (*Diauxie*).

Während der ersten Wachstumsphase lassen sich nur die für den Abbau von Glucose nötigen Enzyme nachweisen. Erst nach dem Umsetzen in das Lactose-Medium treten mit einiger Verzögerung auch die Enzyme des Lactoseabbaus auf. Offenbar wird also die Synthese dieser Enzyme erst durch die Anwesenheit ihres Substrates Lactose bewirkt (induziert). Dieses Phänomen bezeichnet man daher als **Substratinduktion**.

Der Abbau von Lactose erfolgt durch drei Enzyme. Die Lactose-Permease transportiert Lactose vom Außenmedium ins Cytoplasma. Dort wird das Disaccharid Lactose durch die β-Galactosidase in die Monosaccharide Glucose und Galactose gespalten. Die Transacetylase überträgt eine Acetylgruppe auf Zuckermoleküle. In Abwesenheit von Lactose enthält eine *Escherichia-coli*-Zelle nur je fünf bis zehn Moleküle dieser Enzyme. Nach Induktion durch Lactose erhöht sich diese Zahl bereits nach zwei bis drei Minuten und erreicht schließlich eine über tausendfache Menge. Ist im Medium kein Substrat mehr vorhanden, nimmt die Enzymmenge sehr schnell wieder ab.

Gene, die Proteine mit enzymatischer oder struktureller Funktion codieren, heißen **Strukturgene**. Manche Strukturgene, wie die für den Glucoseabbau, werden immer transkribiert. Man bezeichnet solche dauerhaft aktiven Gene als konstitutive Gene. Die Aktivierung der Gene für die die Lactose abbauenden Enzyme hingegen erfolgt nur bei Bedarf, sie wird reguliert. Auf dem Bakterienchromosom liegen die drei Gene unmittelbar hintereinander und werden von zwei vorgeschalteten DNA-Regionen, dem **Promotor** und dem **Operator**, gemeinsam kontrolliert. Eine solche Einheit aus Strukturgenen und Kontrollregionen bezeichnet man als **Operon**. Im vorliegenden Fall spricht man vom Lactose- oder kurz *lac*-Operon. Dieses Modell der Genregulation wurde erstmals 1961 von den Franzosen JACOB und MONOD vorgeschlagen.

Der Promotor genannte DNA-Abschnitt dient als Bindungsstelle für die RNA-Polymerase und ist die Startstelle für die Transkription. Der Promotor grenzt unmittelbar an den Operator. Dieser DNA-Bereich kann von einem spezifischen Protein, dem **Repressor**, gebunden werden. Ist der Operator durch ein Repressor-Protein besetzt, kann die RNA-Polymerase nicht weiterwandern; das *lac*-Operon ist *reprimiert*. Der Lactose- oder Lac-Repressor wird durch ein außerhalb des *lac*-Operons gelegenes **Regulatorgen** (*lacI*) codiert, dessen Expression die Synthese einer Polypeptidkette bewirkt. Das fertige Lac-Repressor-Protein besteht aus vier identischen Polypeptidketten, von denen jeweils zwei eine funktionelle Untereinheit bilden. Jede dieser beiden Untereinheiten besitzt je eine Bindungsstelle

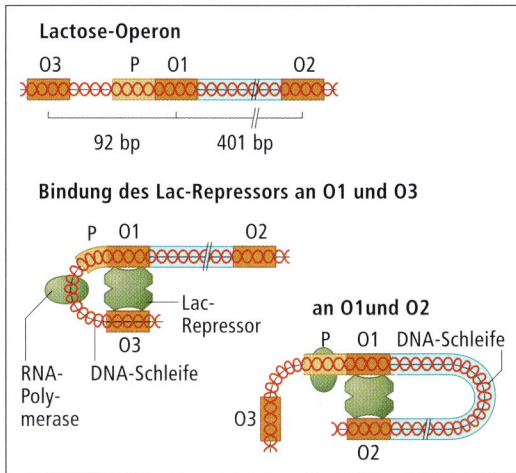

97.1 Alternative DNA-Schleifen (Schema)

97.2 Bindung eines Lac-Repressors an O1 und O3

für den Operator und für ein Lactosemolekül. Im aktiven Zustand ist die Bindungsstelle für Lactose unbesetzt, und der Repressor bindet an den Operator. Gelangt Lactose in die Zelle, lagert sie sich an die Bindungsstelle im Lac-Repressor an. Dadurch ändert sich dessen Raumstruktur reversibel, und er verliert die Fähigkeit der DNA-Bindung. In dieser inaktiven Form gibt er den Operator frei, die Blockade der RNA-Polymerase ist aufgehoben, und die Transkription der Strukturgene wird *induziert*. Ihre Transkription erfolgt also nur dann, wenn Lactose tatsächlich als Substrat vorhanden ist.

Außer dem bereits genannten Operator, der direkt neben dem Promotor liegt, sind zwei weitere Bindungsstellen für den Lac-Repressor bekannt. Diese werden als Hilfsoperatoren O2 und O3 bezeichnet, da das Repressor-Protein an diese DNA-Abschnitte weniger fest bindet als an den zuerst entdeckten Hauptoperator O1. Die Erkennung und Bindung der Operatorsequenzen erfolgt durch spezifische Wechselwirkungen zwischen den Aminosäuren des Repressor-Proteins und den Basen der Operator-DNA.

Der Hilfsoperator O2 liegt 401 Basenpaare vom Hauptoperator O1 entfernt im Gen für die β-Galactosidase, und der O3 befindet sich in einer Distanz von 92 Basenpaaren zum O1 in der Nachbarschaft des Gens für das Repressor-Protein. Da der Lac-Repressor zwei Bindungsstellen für DNA besitzt, kann er an zwei Operatoren zugleich binden. Die zwischen den beiden gebundenen Operatorsequenzen liegende DNA wird dabei zu einer Schleife gebogen, während der Repressor gewissermaßen eine Brücke zwischen den Operatoren bildet. Da der Lac-Repressor bevorzugt an den Hauptoperator O1 bindet, entstehen zwei alternative DNA-Schleifen zwischen O1 und dem Hilfsoperator O2 oder O1 und dem Hilfsoperator O3.

Auch die Synthese von Enzymen, die den Aufbau von Stoffen katalysieren, kann durch Operons reguliert werden. Das Tryptophan-Operon von *Escherichia coli* beispielsweise umfasst fünf Strukturgene. Diese codieren für Enzyme, die einen Ausgangsstoff über mehrere Zwischenstufen in die Aminosäure Tryptophan (Trp) umwandeln. Im Gegensatz zum *lac*-Operon ist der Repressor des *trp*-Operons aber zunächst inaktiv, kann also nicht an den *trp*-Operator binden. Bindet aber Tryptophan an den TRP-Repressor, wird dieser aktiv und blockiert die Transkription der Gene, die für die Tryptophan-Synthese zuständig sind. Da hier das Endprodukt eines Syntheseweges seine eigene Herstellung stoppt, wenn es in genügend großer Menge vorhanden ist, nennt man diese Art der Genregulation **Endproduktrepression**.

Nach mehr als 40 Jahren Forschung ist das *lac*-Operon das am gründlichsten untersuchte System der Genregulation. Die Konzeption der Operon-Hypothese durch JACOB und MONOD und die Isolation des Lac-Repressors durch MÜLLER-HILL stellen Meilensteine der molekulargenetischen Grundlagenforschung dar. Die hier gewonnenen Erkenntnisse lassen sich auf nahezu alle Aspekte der Genregulation und der Protein-DNA-Wechselwirkung übertragen. Viele wichtige Gene in *Escherichia coli* und anderen Bakterien sind in Form von Operons organisiert. Aber auch in Eukaryoten lassen sich zahlreiche Parallelen finden. Insbesondere das Zusammenwirken mehrerer regulatorischer Elemente und die Ausbildung von DNA-Schleifen gelten inzwischen als Erklärungsmodell für die komplizierte Regulation etwa der Immunglobulin-Gene des Menschen.

1. Erklären Sie den vorübergehenden Wachstumsstillstand nach Umsetzen von *Escherichia coli* in Lactose-Medium!

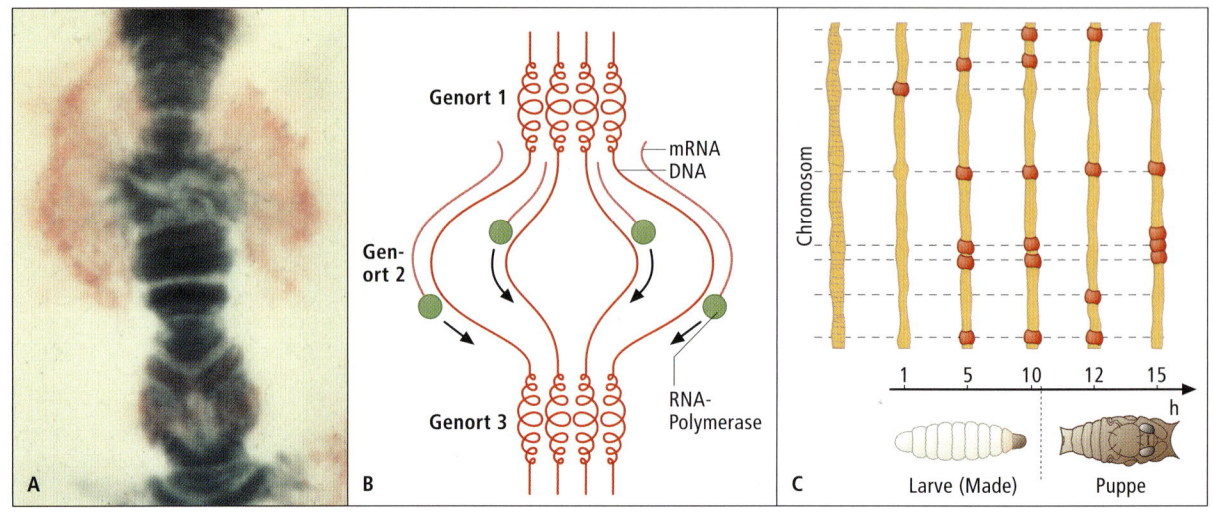

98.1 Puffbildung. A LM-Aufnahme, gefärbt; B Schema; C Puffmuster während der Verpuppung

2.8 Genregulation bei Eukaryoten

Das Genom einer eukaryotischen Zelle enthält erheblich mehr Information als das einer Bakterienzelle. Zudem sind die meisten Eukaryoten Vielzeller; jede Zelle muss innerhalb eines Gewebeverbandes eine genau festgelegte Funktion zu einem ganz bestimmten Zeitpunkt erfüllen. Entsprechend kompliziert ist auch die Regulation der Umsetzung dieser Information.

Der menschliche Körper besteht aus etwa 100 Billionen (10^{14}) Zellen, die alle durch Zellteilung aus einer einzigen befruchteten Eizelle hervorgegangen sind. Obwohl also alle Zellen über die gleiche genetische Information verfügen, lassen sich rund 250 verschiedene Zelltypen mit jeweils ganz spezifischen Aufgaben unterscheiden. Untersucht man die Proteinausstattung der Zellen verschiedener Organe wie Herz, Niere oder Leber, stellt man erhebliche Unterschiede fest. Diese Differenzen zeigen sich nicht nur zwischen verschiedenen Zelltypen, sondern auch während verschiedener Entwicklungsphasen desselben Zelltypes. So besitzen die Sauerstoff transportierenden Hämoglobin-Moleküle der Roten Blutkörperchen eines Menschen bei einem Embryo, Fetus oder Erwachsenen eine jeweils unterschiedliche Zusammensetzung der Globin-Polypeptidketten. Da die Synthese von Polypeptiden der genetischen Kontrolle unterliegt, müssen in einer Zelle ganz bestimmte Gene aktiv, andere hingegen blockiert sein. Die Zellen zeigen also eine **differenzielle Genaktivität:** Bestimmte Gene werden zu festgelegten Zeitpunkten an- oder abgeschaltet.

Dieses Phänomen kann man indirekt an Riesenchromosomen beobachten, die man in Speicheldrüsen verschiedener Insektenlarven findet. Die Riesenchromosomen zeigen ein charakteristisches Querbandenmuster. Einige der Querbanden erscheinen zeitweise wie aufgebläht und werden *Puffs* genannt (engl. *to puff*, sich aufblähen). Im Gegensatz zu den übrigen, kondensierten Chromosomenabschnitten sind die Puffs entschraubte, aufgelockerte Bereiche, die sich nach außen stülpen. Mithilfe der Autoradiografie lässt sich an den Puffs durch Markierung der neusynthetisierten RNA eine hohe Transkriptionsaktivität nachweisen. Das Puffmuster ein und desselben Chromosoms und damit die Genaktivität wechselt in Abhängigkeit von dem jeweiligen Entwicklungsstadium. Dagegen findet sich zu einem bestimmten Zeitpunkt der Individualentwicklung stets das gleiche Muster. So treten bestimmte Puffs immer zur Häutungszeit der Larve auf. Die gleichen Puffs sind zu beobachten, wenn die Häutung durch Zugabe des Hormons *Ecdyson* künstlich ausgelöst wird.

Anders als bei Bakterien sind eukaryotische Gene nicht in Form von Operons organisiert. Doch auch hier spielen Wechselwirkungen zwischen regulatorischen Proteinen und Kontrollsequenzen auf der DNA eine entscheidende Rolle auf der Ebene der Transkription. Ähnlich wie bei *Escherichia coli* erkennt die eukaryotische RNA-Polymerase eine **Promotor**-Region, die vor dem Transkriptionsstartpunkt angeordnet ist und die Initiation der Transkription bewirkt. Bei Sequenzvergleichen hat sich herausgestellt, dass eukaryotische Promotoren stets an der gleichen Stelle eine typische **t**hymin- und **a**deninreiche Basensequenz besitzen. Die Sequenz dieser sogenannten **TATA-Box** stimmt in allen Eukaryoten je nach betrachteter Base zu 80 bis 97 Prozent überein. Mutationen in dieser *hochkonservierten* Region haben immer große Wirkung auf die Promotorfunktion.

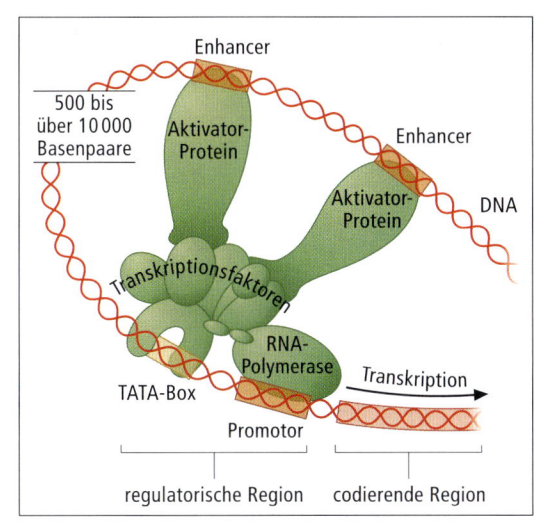

99.1 Transkriptionskontrolle bei Eukaryoten

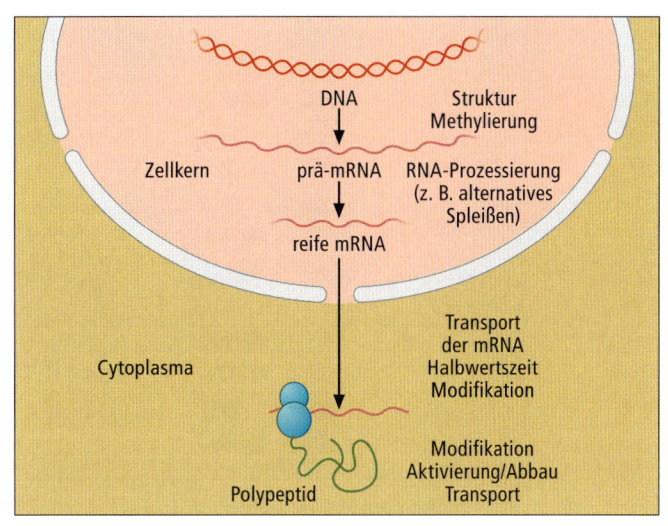

99.2 Kontrollmöglichkeiten der Genexpression

Neben einer intakten TATA-Box sind zusätzliche Kontrollelemente für die Aktivierung eines Gens erforderlich. So befinden sich noch andere Signalsequenzen im Promotorbereich der DNA, an die weitere Proteine (allgemein als **Transkriptionsfaktoren** bezeichnet) binden können, die dadurch auch untereinander in Kontakt treten können.

Auch wird die Aktivität vieler Promotoren durch Sequenzen erhöht, die man **Enhancer** nennt (engl., Verstärker). Enhancer können ihre aktivierende Wirkung über Tausende von Basenpaaren entfernt auf den Transkriptionsstart ausüben. Die Entdeckung von DNA-Schleifen zwischen den Operatoren des *lac*-Operons stimulierte die Suche nach ähnlichen Strukturen bei Eukaryoten. Inzwischen konnte man zeigen, dass Enhancer Bindungsstellen für Aktivator-Proteine sind, die mit einer zweiten DNA-Bindungsstelle oder einer spezifischen Protein-Bindungsstelle in Kontakt mit dem Promotor oder dort bereits gebundenen Transkriptionsfaktoren treten.

Eine weitere Form der Transkriptionskontrolle ist die **Methylierung** von Basen. Große DNA-Bereiche werden durch spezifische DNA-Methylasen gleichsam „maskiert", indem auf Cytosinreste Methylgruppen übertragen werden. Dadurch ergibt sich ein charakteristisches, entwicklungs- und gewebespezifisches Methylierungsmuster der DNA, das die Aktivität der Transkription in hohem Maße beeinflusst.

Nach erfolgter Transkription wird die mRNA stark verändert. An ihrem 5'-Ende wird eine sogenannte *cap-Sequenz* angeheftet (engl., Kappe), während am 3'-Ende eine aus 100 bis 200 Adenin-Nucleotiden bestehende Poly-A-Sequenz (Poly-A-Schwanz) angehängt wird. Diese **RNA-Prozessierung** hat großen Einfluss auf die Umsetzung der genetischen Information: Die cap-Sequenz erleichtert die Anlagerung an das Ribosom, während der Poly-A-Schwanz den vorzeitigen Abbau der mRNA verhindert.

Die codierenden Abschnitte fast aller eukaryotischen Gene werden von DNA-Sequenzen unterbrochen, die für die Codierung des Genproduktes nicht erforderlich sind. Diese Sequenzen heißen **Introns,** während die codierenden Bereiche **Exons** genannt werden. Die meisten eukaryotischen Gene sind also mosaikartig zusammengesetzt. Sie werden als **Mosaikgene** bezeichnet.

Bei der Transkription wird zunächst die vollständige DNA-Sequenz einschließlich aller Introns abgeschrieben. Es entsteht eine Vorstufe der endgültigen mRNA, die *prä-mRNA*. Anschließend werden die Introns aus der prä-mRNA herausgeschnitten. Dieser Vorgang heißt **Spleißen,** sein Produkt ist die *reife mRNA*. Dabei kann das Spleißmuster variiert werden, indem Exons in verschiedener Anordnung miteinander verknüpft werden. Dieses *alternative Spleißen* vergrößert das Protein-Repertoire, zum Beispiel bei der Synthese von Antikörpern des Immunsystems. Schließlich kann ein Polypeptid auch nach der Translation weiter modifiziert werden.

Die räumliche und zeitliche Trennung von Transkription und Translation bei Eukaryoten ermöglicht also eine sehr differenzierte Kontrolle der Genexpression auf verschiedenen Ebenen. Sie trägt dadurch entscheidend zur Komplexität und Vielfalt eukaryotischer Lebensformen bei.

1. Fassen Sie die verschiedenen Möglichkeiten zur Kontrolle der Genexpression bei Eukaryoten in einer Tabelle zusammen!

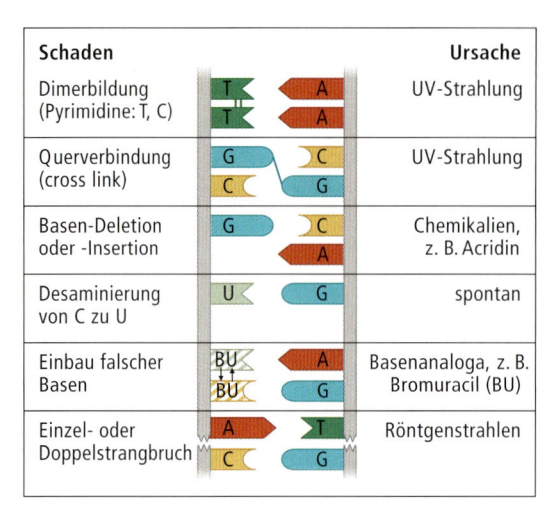

Schaden			Ursache
Dimerbildung (Pyrimidine: T, C)	T T	A A	UV-Strahlung
Querverbindung (cross link)	G C	C G	UV-Strahlung
Basen-Deletion oder -Insertion	G	C A	Chemikalien, z. B. Acridin
Desaminierung von C zu U	U	G	spontan
Einbau falscher Basen	BU ↕ BU	A G	Basenanaloga, z. B. Bromuracil (BU)
Einzel- oder Doppelstrangbruch	A C	T G	Röntgenstrahlen

100.1 Mutationen und Mutagene

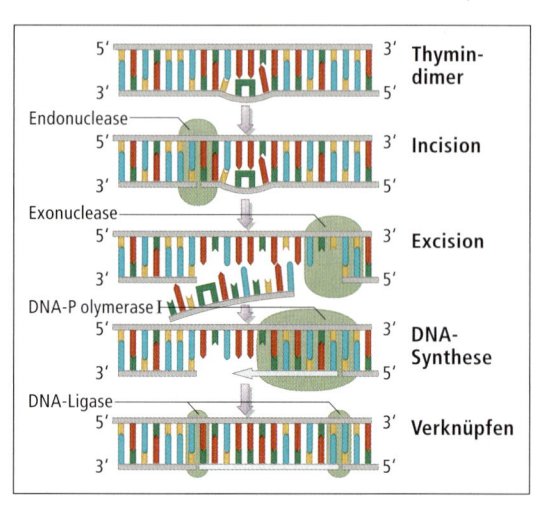

100.2 Ausschnittsreparatur der DNA

2.9 Mutagenese und Gen-Reparatur

Bei der Replikation werden von der DNA-Polymerase III mit einer relativ großen Häufigkeit nicht komplementäre Nucleotide eingebaut. Die Fehlerrate liegt bei etwa einem Fehler pro 10^5 replizierten Nucleotiden. Bliebe dies unkorrigiert, so würde ein großer Teil der replizierten Gene Veränderungen in der Basensequenz, also *Mutationen* aufweisen. Die DNA-Polymerase III verfügt jedoch über eine eigene **Korrekturlese-Aktivität.** Sie erkennt die meisten dieser Fehlerstellen im neu synthetisierten Strang und korrigiert sie unmittelbar. Dadurch sinkt die Häufigkeit von Replikationsfehlern auf etwa einen Fehler pro 10^9 replizierten Basenpaaren. Immerhin findet dadurch bei *E. coli* in jedem Replikationszyklus etwa achtmal in einem Gen ein **Basenaustausch** statt.

Eine solche Genmutation kann unterschiedliche Auswirkungen haben. Betrifft der Basenaustausch die dritte Base eines Codons, so ist er wegen der Degeneriertheit des genetischen Codes häufig ohne Konsequenz für das codierte Protein: Das neue Codon wird in dieselbe Aminosäure übersetzt wie das ursprüngliche. Man spricht von einer stummen Mutation (engl. *silent mutation*). Meist führt aber der Austausch einer Base zu einem Triplett, das eine andere Aminosäure codiert (engl. *missense mutation*). Dies führt dann zu einem Aminosäure-Austausch im betreffenden Protein. Das codierte Protein wird dadurch verändert, möglicherweise unbrauchbar. Ist das veränderte Codon ein Stoppsignal, so bricht bei der Exprimierung des Gens die Translation vorzeitig ab (*Kettenabbruch-Mutation,* engl. *nonsense mutation*). Es entsteht ein meist funktionsloses Bruchstück des ursprünglichen Proteins. Trifft ein Basenaustausch ein Stoppcodon und wandelt es in ein Codon um, das eine Aminosäure codiert, so ist eine *Kettenverlängerung* die Folge. Das betreffende Protein wird in seinem Aufbau völlig verändert und damit in der Regel unbrauchbar.

Mutationen ereignen sich nicht nur bei der Replikation. Manche Basen der DNA sind instabil. So verliert beispielsweise Cytosin gelegentlich spontan seine Aminogruppe. Durch diese **Desaminierung** wird es zu Uracil. Da Uracil in der DNA nicht vorkommt, wird es im Allgemeinen enzymatisch entfernt. Nur wenn die Desaminierung unmittelbar vor oder während der Replikation erfolgt, führt sie zu einem Basenaustausch: Im neuen Strang wird das ursprüngliche Guanin durch Adenin ersetzt.

Die DNA kann auch durch physikalische und chemische Faktoren, sogenannte **Mutagene,** in verschiedener Weise beschädigt werden.
Große Bedeutung als mutagener Faktor hat **ultraviolette Strahlung.** Da sie direkt auf die DNA einwirkt, kann sie nur bei Einzellern und in Zellen an der Oberfläche von Vielzellern Schäden hervorrufen. Durch den Einfluss von UV-Strahlung können zwei benachbarte Pyrimidin-Basen eines DNA-Stranges kovalent miteinander verknüpft werden. Dabei entstehen so genannte *Dimere,* die sich nicht in die Doppelhelixstruktur einfügen und dadurch die DNA-Polymerase blockieren.
Mutagenese durch UV-Strahlung spielt in der Natur eine so wichtige Rolle, dass sich in der Evolution spezielle Reparaturmechanismen zur Reduzierung der hervorgerufenen Schäden entwickelten. Ein besonders gut untersuchter Reparaturmechanismus ist die **Ausschnittsreparatur** von Thymin-Dimeren. In einem ersten Schritt erkennt ein Enzymkomplex die Schadensstelle anhand ihrer räumlichen Verformung. Ein Enzym, eine *Endonuclease,* schneidet dann den beschädigten Strang vor und hinter dem Dimer *(Incision).* Nachdem der herausgeschnittene

Bereich durch eine *Exonuclease* entfernt worden ist *(Excision)*, wird die entstandene einzelsträngige Lücke durch die DNA-Polymerase I aufgefüllt. Dabei dient der intakte komplementäre Strang als Kopiervorlage. Hier ist von entscheidendem Vorteil, dass die genetische Information in beiden Strängen der Doppelhelix gespeichert ist. So kann die in einem Strang verfälschte Information aufgrund der Sequenz des intakten anderen Stranges wiederhergestellt werden. Anschließend wird das neu synthetisierte DNA-Stück mit dem restlichen Teil des Stranges durch die DNA-Ligase verknüpft. Der Doppelstrang mit seiner ursprünglichen Basensequenz ist wiederhergestellt.

Viele Lebewesen verfügen nicht nur über ein **DNA-Reparatursystem**, sondern auch über Schutzmechanismen gegen UV-Strahlung. Ein Beispiel dafür ist die Pigmentierung der menschlichen Haut. Solche Mechanismen sind durch die Evolution auf das jeweils notwendige Maß eingestellt worden. Nun hat aber in jüngster Zeit die Intensität der UV-Strahlung durch die Zerstörung der schützenden Ozonschicht stark zugenommen. Daher muss mit einer erhöhten Rate an UV-induzierten Schäden der DNA gerechnet werden. Da die Schutz- und Reparaturmechanismen auf die hohe Strahlungsintensität nicht eingestellt sind, können nicht alle UV-Schäden entfernt werden, sodass Zellen mit unkontrollierter Teilungsaktivität entstehen. In Ländern mit starker Sonnenlichteinstrahlung ist es daher bereits zu einem erhöhten Auftreten von **Hautkrebserkrankungen** gekommen.

Die Bedeutung der Reparaturmechanismen wird bei Menschen deutlich, die an der seltenen Hautkrankheit *Xeroderma pigmentosum* leiden. Sie sterben oft noch vor dem dreißigsten Lebensjahr an den Metastasen eines schweren Hautkrebses. Versuche mit Zellkulturen zeigen, dass bei den Betroffenen Thymin-Dimere nicht entfernt werden. Der Grund liegt in einem Defekt des Gens für die Endonuclease, die für das Ausschneiden des DNA-Schadens zuständig ist.

Ein weiterer physikalischer Faktor mit hohem mutagenen Potenzial ist energiereiche kurzwellige Strahlung, zum Beispiel Röntgenstrahlung oder γ-Strahlung. Diese kann tief in das Lebewesen eindringen und verursacht in der DNA Einzel- oder auch Doppelstrangbrüche.

Zu den chemischen Mutagenen gehören **Basenanaloga.** Dies sind Moleküle, die in ihrer Struktur Basen ähneln und daher bei der Replikation in die DNA eingebaut werden können. Ein solches Basenanalogon ist *5-Bromuracil*, das dem Thymin ähnelt. In seiner stabilen Form, der Ketoform, paart es wie

101.1 Das Basenanalogon 5-Bromuracil

Thymin mit Adenin. In der gelegentlich auftretenden Enolform ist es zu Guanin komplementär. Wird es in seiner Ketoform in die DNA eingebaut, so kann es viele Replikationszyklen lang dort das Thymin ersetzen. Liegt es aber während einer Replikation zufällig einmal in der Enolform vor, so wird es mit Guanin gepaart. Dadurch wird das ursprüngliche Basenpaar Thymin-Adenin letztendlich durch das Basenpaar Cytosin-Guanin ersetzt.

Wird 5-Bromuracil bei einer Replikation in der instabilen Enolform in die DNA eingebaut, so ersetzt es dort Cytosin. Mit hoher Wahrscheinlichkeit hat es bei anschließenden Replikationen die Ketoform angenommen. Dadurch paart es mit Adenin, sodass das ursprüngliche Basenpaar Cytosin-Guanin zu einem Thymin-Adenin-Basenpaar mutiert. Einmal eingebaut, führt folglich 5-Bromuracil mit einer konstanten Wahrscheinlichkeit zu Mutationen in späteren Zellgenerationen.

Eine völlig andere Art von Mutation wird durch sogenannte **interkalierende Verbindungen,** beispielsweise Acridin-Farbstoffe, hervorgerufen. Diese Verbindungen können sich aufgrund ihrer flachen Molekülstruktur zwischen die Basenpaare der DNA schieben. Dadurch wird diese lokal verformt, sodass es zu Replikationsfehlern kommt. Dabei werden meist Basen zusätzlich eingebaut *(Basen-Insertion)* oder es fallen Basen weg *(Basen-Deletion)*. In beiden Fällen sind die Folgen für das betroffene Gen gravierend. Da der genetische Code kommafrei ist, wird durch Deletion oder Insertion einer Base das Leseraster verschoben. Man spricht daher von einer **Leseraster-Mutation** (engl. *frameshift mutation*). Von der betroffenen Stelle an werden alle ursprünglichen Codons falsch abgelesen. Das zugehörige Protein ist daher meist unbrauchbar.

EXKURS Mutationen

Bei verschiedenen Tierarten wie Amseln und Tigern treten gelegentlich weiße Nachkommen auf. Diese *Albinos* haben neben den fast weißen Federn oder Haaren und der blassen Haut schwachblaue oder rötliche Augen, da die Blutkapillaren der Aderhaut durch die farbstofffreie Iris durchscheinen. Albinos fehlt der Farbstoff Melanin. Der Melaninmangel entsteht, wenn die Epithelzellen das Enzym Tyrosinase nicht bilden können, das die Synthese von Melanin ermöglicht. Tyrosinase wird von einem einzigen Gen codiert. Eine Veränderung dieses Gens kann zum Ausfall der Tyrosinase und damit zum Albinismus führen. Eine solche Veränderung der Erbsubstanz nennt man **Mutation**. Mutationen entstehen durch chemische Veränderung sowie durch Verminderung oder Vermehrung der DNA. Sie werden an die Nachkommen vererbt, wenn sie in der Erbsubstanz der Geschlechtszellen stattgefunden haben. Die Träger von Mutationen heißen **Mutanten**.

Ein Beispiel für eine durch Mutation ausgelöste Krankheit beim Menschen ist die *Sichelzellanämie.* Menschen mit Sichelzellanämie besitzen sichelförmige, schnell zerfallende Erythrocyten. Solche Blutzellen besitzen eine verminderte Sauerstofftransportfähigkeit. Die Mutation geht zurück auf die Veränderung eines einzigen Gens, das für die β-Kette des Hämoglobins codiert. Diese Mutation führt bei der Synthese der β-Kette an einer Stelle zum Einbau der Aminosäure Valin statt Glutaminsäure. Durch den Austausch dieser einen Aminosäure verändert sich die Konformation des Hämoglobins und es kommt zu der sichelförmigen Struktur der Erythrocyten. Es gibt pflanzliche Mutanten bei Buche, Hasel und Ahorn, die rot gefärbte Laubblätter ausbilden. Diese Erscheinung bezeichnet man als *Blutblättrigkeit.* Sie entsteht durch das vermehrte Vorhandensein rot-violetter Farbstoffe, der Anthocyane. Sie sind in den Vakuolen der Zellen gelöst und überdecken das Chlorophyll der Chloroplasten, wodurch die rote Blattfärbung entsteht.

Albinismus, Sichelzellanämie oder Blutblättrigkeit sind auf die Mutation eines einzelnen Gens zurückzuführen. Man spricht von einer **Genmutation.** Sie beruht auf einer molekularen Veränderung der DNA, ohne dass eine mikroskopisch sichtbare Strukturveränderung des Chromosoms vorliegt.

Das schlitzförmige Bar-Auge von *Drosophila* hingegen geht auf eine Mutation eines Chromosoms zurück, bei der ein ganzer Abschnitt verdoppelt ist. Diese Strukturveränderung bezeichnet man als *Duplikation*. Sie ist mikroskopisch sichtbar und wird in die Gruppe der **Chromosomenmutationen** eingeordnet. Ein besonders in seinen Konsequenzen für betroffene Individuen gravierender Typ von Chromosomenmutationen sind die *Deletionen*. Hier gehen endständige Chromosomenstücke, aber auch Zwischenstücke mit ihren Genen und damit ihrer Funktion verloren. Dies führt häufig zum Tod der Mutante. Bei einem weiteren Typ werden Drehungen von Chromosomenabschnitten um 180° beobachtet *(Inversion)*. Dabei bleibt zwar die Zahl der Gene erhalten, aber ihre Reihenfolge ändert sich. Die Lageveränderung der betroffenen Gene kann ihre Funktion beeinflussen, was dann den Phänotyp verändert. Man nennt dies den *Positionseffekt*. Von diesem Effekt sind auch Mutanten betroffen, bei denen eine Verlagerung von Chromosomenabschnitten auf nichthomologe Chromosomen *(Translokation)* erfolgt.

Züchter sind bei Kulturpflanzen an großen Früchten und hohen Erträgen interessiert. Ein Beispiel sind der Hartweizen und Dinkel. Beide liefern im Vergleich zur Stammform, dem wilden Einkorn, deutlich festere Ähren und etwa die dreifache Menge an zusätzlich größeren Körnern. Untersuchungen am Erbgut dieser neuen

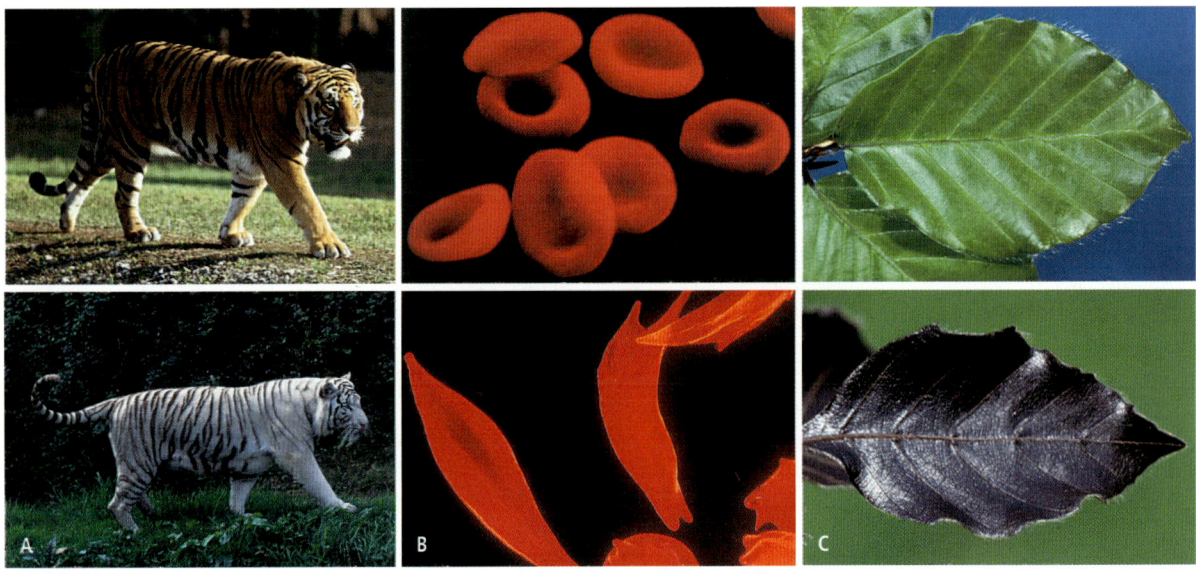

102.1 Genmutationen. A Tiger (normal, Albino); **B** Erythrocyten (normal, Sichelzellen); **C** Buchenblatt (normal, Blutblatt)

Arten zeigen, dass der Hartweizen gegenüber dem haploiden Chromosomensatz des wilden Einkorns mit 2n = 14 einen vervierfachten (tetraploiden) und damit 2n = 28 und der Dinkel einen versechsfachten (hexaploiden) Chromosomensatz und damit 2n = 42 besitzen. Auch bei der Gartenform der Erdbeerpflanze findet man deutlich größere Früchte als bei der Wildform und einen verachtfachten (oktoploiden) Chromosomensatz im Erbgut. Offensichtlich kann eine Vervielfachung des gesamten Erbgutes *(Polyploidie)* zu ertragreicheren Pflanzen führen. Die Veränderungen der Gesamtzahl der Chromosomen im Zellkern, dem Genom, bezeichnet man als **Genommutation**.

Mutationen sind zufällige und ungerichtete Veränderungen der DNA. Sie sind damit nicht auf einen möglichen Vor- oder Nachteil für das Individuum ausgerichtet. Sie können in jeder Zelle eines Lebewesens erfolgen. In den Zellen gibt es allerdings Enzymkomplexe, die sehr effektiv Veränderungen der DNA erkennen und reparieren. Diese *DNA-Reparatursysteme* beseitigen einen erheblichen Teil neuer Mutationen wieder. Die Häufigkeit der Mutationen wird durch die **Mutationsrate** ausgedrückt. Sie ist durch die Reparaturmechanismen für ein einzelnes Gen relativ klein und liegt im Mittel bei 10^{-6} je Zellgeneration. Das heißt, dass nur eine Zelle unter einer Million Zellen im betreffenden Gen eine Mutation aufweist. Dies scheint nicht viel zu sein. Berücksichtigt man allerdings, dass ungefähr 10^{14} Zellen aus einer befruchteten Eizelle des Menschen entstehen, bedeutet dies schon eine Million mutierte Körperzellen. Bezogen auf die Gene eines Lebewesens – beim Menschen vermutet man etwa 30 000 Gene – trägt schon eine unter 25 Keimzellen in irgendeinem Gen eine neue Mutation.

Die Mutationsrate lässt sich künstlich erhöhen, indem man DNA einer energiereichen UV-, Röntgen- oder radioaktiven Strahlung, hohen Temperaturen oder bestimmten Chemikalien aussetzt. Die mit diesen Faktoren experimentell ausgelösten Mutationen sind zufällig und erlauben keine gezielte Veränderung der DNA.

1. Eine Deletion hat für das betroffene Individuum wesentlich weitreichendere Konsequenzen als eine Inversion. Begründen Sie dies!
2. Entwickeln Sie eine Hypothese, wie aus einer diploiden Wildform eine polyploide Kulturpflanze entstehen kann! Begründen Sie Ihre Hypothese und erläutern Sie mögliche Konsequenzen!
3. Ein Chromosom hat die Abschnitte ABCDE. Benennen und beschreiben Sie die Mutationstypen!
   a) ACBDE   b) ABD
   c) ABCNODE   d) ABCCDE

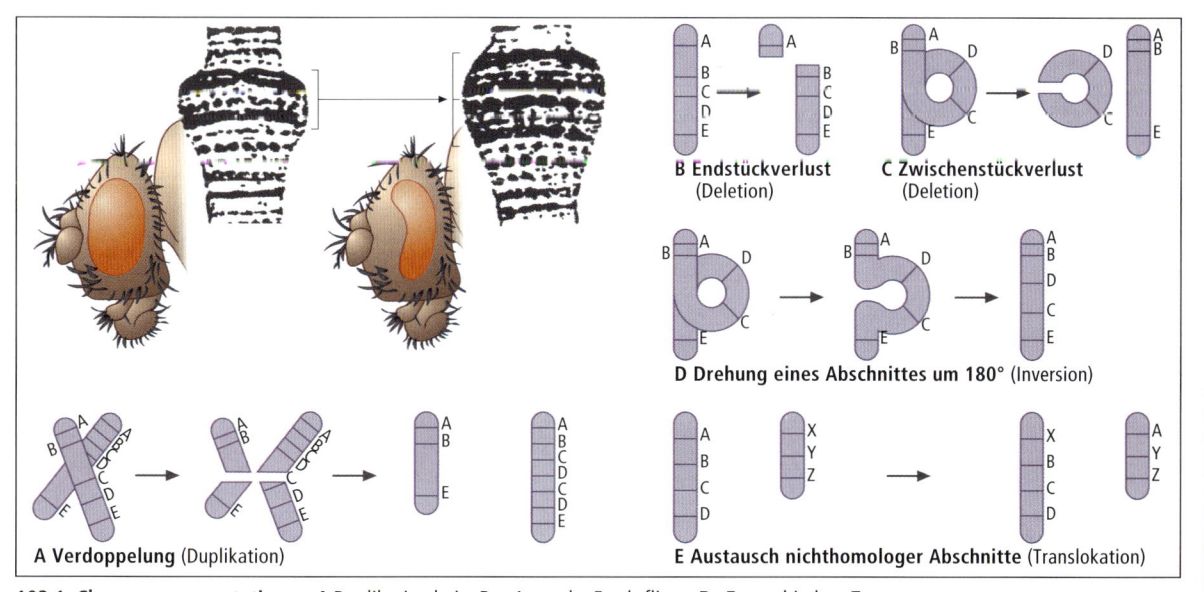

103.2 Genmutation bei der Erdbeerpflanze. A Wildform; **B** oktoploide Gartenform

103.1 Chromosomenmutationen. A Duplikation beim Bar-Auge-der Fruchtfliege, **B – E** verschiedene Typen

A Verdoppelung (Duplikation)
B Endstückverlust (Deletion)
C Zwischenstückverlust (Deletion)
D Drehung eines Abschnittes um 180° (Inversion)
E Austausch nichthomologer Abschnitte (Translokation)

2.10 Genetische Defekte und Krebsentstehung

In nahezu allen Geweben können sich Zellen plötzlich unkontrolliert vermehren. Sie bilden dann einen Tumor. Man unterscheidet je nach Gefährlichkeit gutartige oder benigne und bösartige oder maligne Tumoren.

Gutartige Tumoren sind meist nicht lebensbedrohend. Zu ihnen gehören die *Myome*, Muskelgeschwülste der Gebärmutter, des Magens und des Dünndarms, sowie die *Polypen* der Nasenschleimhaut. Sie schädigen den Körper nur durch ihre Ausdehnung und den Druck auf benachbarte Organe. Sie wachsen aber nicht in das angrenzende Gewebe hinein und sind durch langsames Wachstum gekennzeichnet.

Bösartige Tumoren dagegen, die man auch Krebsgeschwülste oder **Karzinome** nennt, weisen ein rasches Wachstum auf. Die Zellen teilen sich ohne Kontrolle und verlieren ihre Differenzierung. Die Tumoren breiten sich in das umliegende Gewebe hinein aus, durchsetzen und zerstören es. Dann greifen sie auf benachbarte Organe und Blutgefäße über. Einige Tumorzellen können über die Blutbahnen oder die Lymphgefäße in andere Organe des Körpers geschwemmt werden und bilden dort neue Tumoren, die man *Metastasen* nennt. Aus diesem Grund schließt sich an eine operative Entfernung eines Tumors manchmal eine *Chemotherapie* an. Hier werden Medikamente eingesetzt, welche die Zellteilung hemmen. Diese *Cytostatika* blockieren besonders die Zellteilungen im Tumor. Da jedoch auch die Zellteilungsaktivität in anderen Geweben gehemmt wird, sind die Nebenwirkungen beträchtlich. Die Hemmung der Blutzellbildung führt zu einer Immunschwäche, auch fallen die Haare aus und wachsen erst am Ende der Chemotherapie wieder nach.

Die äußeren Ursachen der Krebsentstehung nennt man **Karzinogene**. Dabei kann es sich zum Beispiel um Stoffe im Tabakrauch oder im Asbeststaub handeln. Karzinogen wirken auch radioaktive und UV-Strahlen. Die Wahrscheinlichkeit, dass ein bösartiger Tumor hervorgerufen wird, ist umso kleiner, je niedriger die Dosis und je kürzer die Zeit der Einwirkung ist.

Unabhängig von der Ursache ist jedoch ein Tumor im Wesentlichen eine genetische Krankheit. Die Entwicklung einer normalen Körperzelle zu einer Krebszelle erfolgt nämlich nicht in einem Schritt, sondern durch mehrere Mutationsereignisse. Im ersten Schritt wird die DNA einer normalen Körperzelle zum Beispiel durch einen krebsauslösenden Stoff verändert. Die ausgelösten Veränderungen führen oft zum Zelltod. Manchmal können sie durch *DNA-Reparatursysteme* völlig repariert werden. Viele dieser veränderten Zellen werden durch die Immunabwehr zerstört. Versagen jedoch diese Mechanismen, überlebt die mutierte Zelle. Meist ist ihre Zellteilungsaktivität gesteigert und es bildet sich eine gutartige Geschwulst. Treten jetzt weitere Mutationen auf, kann sich ein bösartiger Tumor entwickeln. Nach dem *Mehrschrittmodell* wird die Kontrolle der Zellteilungen zunehmend gestört. Dies erfolgt zum Beispiel durch Mutation von wachstumsregelnden Genen, den *Proto-Onkogenen*. Es entstehen die tumorauslösenden *Onkogene* einer Krebszelle. Eine andere Gengruppe sind die *Tumor-Suppressor-Gene*. Deren Proteine kontrollieren ebenfalls die Zellteilung. Wenn diese Gene zum Beispiel durch eine Verlustmutation ausfallen, geht die Kontrolle verloren.

1. Als Auslöser des BURKITT-Lymphoms, einer in den Tropen auftretenden, sehr seltenen Tumorerkrankung von Jugendlichen, wurde eine Mutation an einem Proto-Onkogen durch ein onkogenes Virus nachgewiesen. Führen Sie eine Recherche zu Entstehung, Ausprägung, Therapie und Überlebenschancen durch!

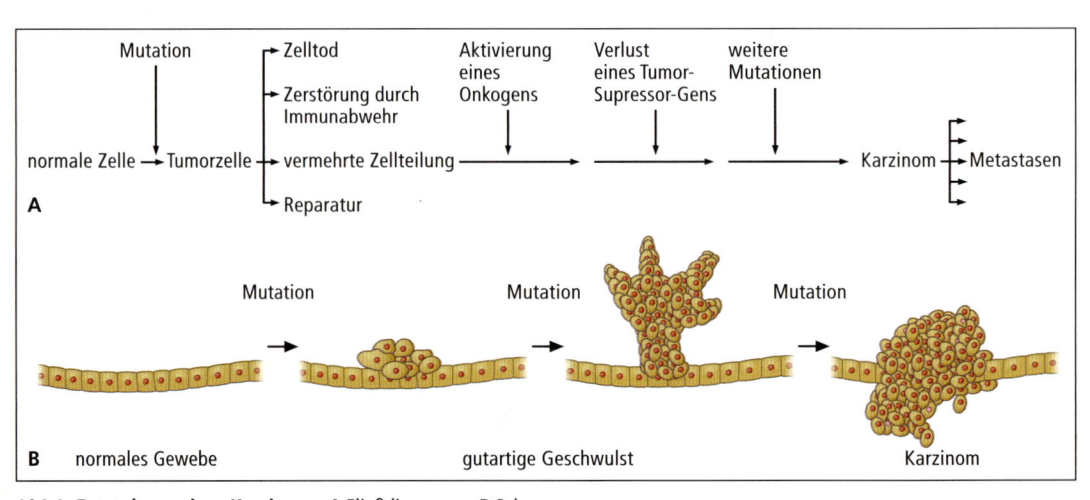

104.1 Entstehung eines Karzinoms. A Fließdiagramm; B Schema

Genetik und Gentechnik

PRAKTIKUM — Chromosomen und DNA

1 Bau von Chromosomenmodellen

Material: Klingeldrahtstücke oder „Pfeifenputzer", je zwei 50 cm lange sowie je zwei 25 cm lange Stücke; 4 Druckknöpfe; Stift

Durchführung: Ziehen Sie jedes Drahtstück so durch zwei benachbarte Löcher einer Druckknopfhälfte, dass ungleich lange Abschnitte entstehen! Verbinden Sie die Drahtstücke über den Druckknopf miteinander! Schrauben Sie die Drahtstücke mithilfe des Stiftes auf!

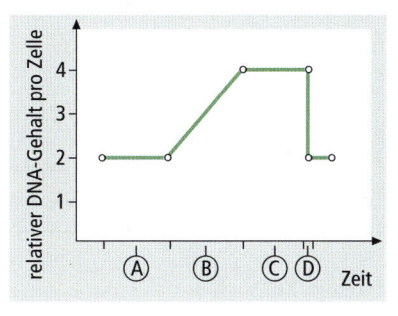

Aufgaben:
a) Vergleichen Sie das Modell mit dem Bau eines realen Chromosoms!
b) Zeigen Sie anhand vier verschiedenfarbiger Chromosomenmodelle die wesentlichen Vorgänge im Verlauf der Mitose!
c) Nach der Bildung von Tochterzellen soll eine davon einen weiteren Zellzyklus durchlaufen. Führen Sie einen entsprechenden Modellversuch durch!
d) Veranschaulichen Sie in einem Modellversuch den Meioseverlauf einer Spermienmutterzelle!
e) Auf welche Länge müsste ein 50 cm langes Drahtstück verkürzt werden, um einen der Metaphase entsprechenden Kondensationszustand zu erreichen?

f) Beschreiben Sie den abgebildeten Graphen und ordnen Sie die Abschnitte A bis D begründet zellbiologischen Vorgängen zu!

2 DNA-Extrakt aus Zwiebeln

Sachinformation: Selektiv permeable Membranen der Zelle werden durch Spülmittel zerstört, während die omnipermeablen Zellwände intakt bleiben. Diese können aber mechanisch aufgebrochen werden. DNA liegt in einem Komplex mit Proteinen (Histonen) vor. Sowohl Histone als auch Enzyme sind hitzeempfindlich und werden durch das Enzym Protease abgebaut (z. B. in Waschmittel zur Entfernung von Eiweißflecken vorhanden). Salze und Alkohol vermindern die Löslichkeit von DNA und Proteinen erheblich.

Material: 2 Bechergläser (250 ml); Reagenzglas; 2 Wasserbäder (Eiswasser und 60 °C); Küchenmesser; Mörser oder Stabmixer; Teesieb oder Kaffeefilter; Holzstäbchen; kleine Zwiebel; Kochsalz; Wasser; Spülmittel (kein Konzentrat!); Feinwaschmittel oder Fleckentferner für Eiweiß; tiefgekühlter Brennspiritus (F)

Durchführung: Lösen Sie im Becherglas 3 g Kochsalz in einem Gemisch aus 50 ml Wasser und 5 ml Spülmittel (Schaumbildung vermeiden)! Würfeln Sie die Zwiebel und geben Sie sie hinzu! Pürieren Sie das Gemisch im Mörser oder mit dem Stabmixer (fünf Sekunden, niedrigste Stufe) zu grobkörnigem Mus! Erhitzen Sie das Becherglas für 15 Minuten auf 60 °C; kühlen Sie es anschließend fünf Minuten in Eiswasser! Filtrieren Sie die Zellsuspension durch das Sieb oder den Filter in ein frisches Becherglas! Füllen Sie etwa 15 ml des Filtrats in das Reagenzglas! Geben Sie eine Messerspitze Feinwaschmittel zu, mischen Sie gut und lassen Sie das Reagenzglas zehn Minuten stehen! Überschichten Sie sehr vorsichtig den Zwiebelextrakt mit 15 ml tiefgekühltem Spiritus (das Reagenzglas dabei schräg halten)! Wickeln Sie mit dem Holzstäbchen die an der Grenzschicht sichtbaren weißen Schlieren auf und ziehen Sie sie hoch! Den DNA-Extrakt können Sie für weitere Versuche an der Luft trocknen und in destilliertem Wasser wieder lösen.

Aufgabe:
Deuten Sie die einzelnen Versuchsschritte!

3 Hydrolyse und Nachweis der DNA

Sachinformation: Desoxyribose kann mit Diphenylamin durch die DISCHE-Reaktion quantitativ nachgewiesen werden, wobei in saurem Milieu ein blauer Farbstoff entsteht.

Sicherheitshinweis: Vorsicht, sehr stark ätzend! Kittel und Schutzbrille verwenden!

Material: Schutzbrille; Kittel; 6 Reagenzgläser; Pipetten (5 ml); Spatel; Wasserbad (100 °C); verdünnte Schwefelsäure (2 mol/l, Xi, B1); DISCHE-Reagenz (1 g Diphenylamin (T, N, B3) in 2,5 ml konzentrierte Schwefelsäure (C, B1)); Eisessig 100 ml; DNA-Extrakt aus Zwiebeln; käufliche DNA; käufliche RNA

Durchführung: Geben Sie die Hälfte der Zwiebel-DNA aus Versuch 2 in ein Reagenzglas und versetzen Sie sie mit 5 ml verdünnter Schwefelsäure! Stellen Sie das Reagenzglas für 15 Minuten in das siedende Wasserbad! Verfahren Sie ebenso mit einer Spatelspitze käuflicher DNA und RNA! Versetzen Sie je 1 ml der Hydrolysate in einem frischen Reagenzglas mit 2 ml DISCHE-Reagenz und stellen Sie sie in das siedende Wasserbad!

Aufgaben:
a) Erläutern Sie die einzelnen Schritte!
b) Werten Sie Ihre Beobachtungen aus!

Genetik und Gentechnik

3 Zytogenetik

3.1 Zellzyklus und Mitose

Vielzellige Lebewesen entstehen durch fortgesetzte **Zellteilung** aus einer einzigen befruchteten Eizelle, der *Zygote*. Aber auch in ausgewachsenen Lebewesen finden ständig Zellteilungen statt, um abgestorbene Zellen zu ersetzen.

Vor der Teilung einer Zelle erfolgt zunächst die **Zellkernteilung,** die **Mitose.** In Zeitraffer-Filmaufnahmen erscheint die Mitose als kontinuierlicher Prozess, der aber der besseren Übersichtlichkeit wegen in mehrere Phasen unterteilt werden kann.

In der **Prophase** liegen die Chromosomen in Form einer leicht färbbaren, fädigen und verknäuelt erscheinenden Struktur vor, die als *Chromatin* bezeichnet wird. Es handelt sich um **Zwei-Chromatiden-Chromosomen,** die sich im weiteren Verlauf durch Auffaltung und Aufschraubung verkürzen. Dieser Vorgang heißt *Kondensation*. Die Kernhülle zerfällt, und von den beiden Polregionen der Zelle aus bildet sich ein *Spindelapparat* aus zahlreichen Proteinfasern *(Mikrotubuli)*.

In der anschließenden **Metaphase** erreichen die Zwei-Chromatiden-Chromosomen ihren höchsten Kondensationsgrad. Nun lässt sich die Anzahl der Chromosomen einer Zelle im Lichtmikroskop leicht bestimmen: Bei der Zwiebel liegen 16 Zwei-Chromatiden-Chromosomen vor. Die kondensierten Zwei-Chromatiden-Chromosomen ordnen sich in der Zellmitte zwischen den Zellpolen zur *Äquatorialplatte*. Jedes Zwei-Chromatiden-Chromosom setzt sich aus zwei **Ein-Chromatid-Chromosomen** zusammen, die an einer gemeinsamen Einschnürungsstelle, dem *Centromer*, zusammengehalten werden. Das Centromer jedes Zwei-Chromatiden-Chromosoms ist der Ansatzpunkt für die Mikrotubuli, die dadurch die Ein-Chromatid-Chromosomen mit den Zellpolen verbinden.

In der folgenden **Anaphase** verkürzen sich die Mikrotubuli. Dadurch werden die Ein-Chromatid-Chromosomen voneinander getrennt und auseinandergezogen. Jedes Ein-Chromatid-Chromosom wandert zu einem der entgegengesetzten Zellpole, sodass jeder Zellpol schließlich einen vollständigen diploiden Satz von Ein-Chromatid-Chromosomen erhält.

Nachdem die Erbsubstanz gleichmäßig auf die beiden künftigen Zellkerne verteilt worden ist, beginnen sich in der **Telophase** die Ein-Chromatid-Chromosomen zu dekondensieren. Neue Kernhüllen werden gebildet, es sind zwei neue Zwiebel-Zellkerne mit je 16 Ein-Chromatid-Chromosomen entstanden.

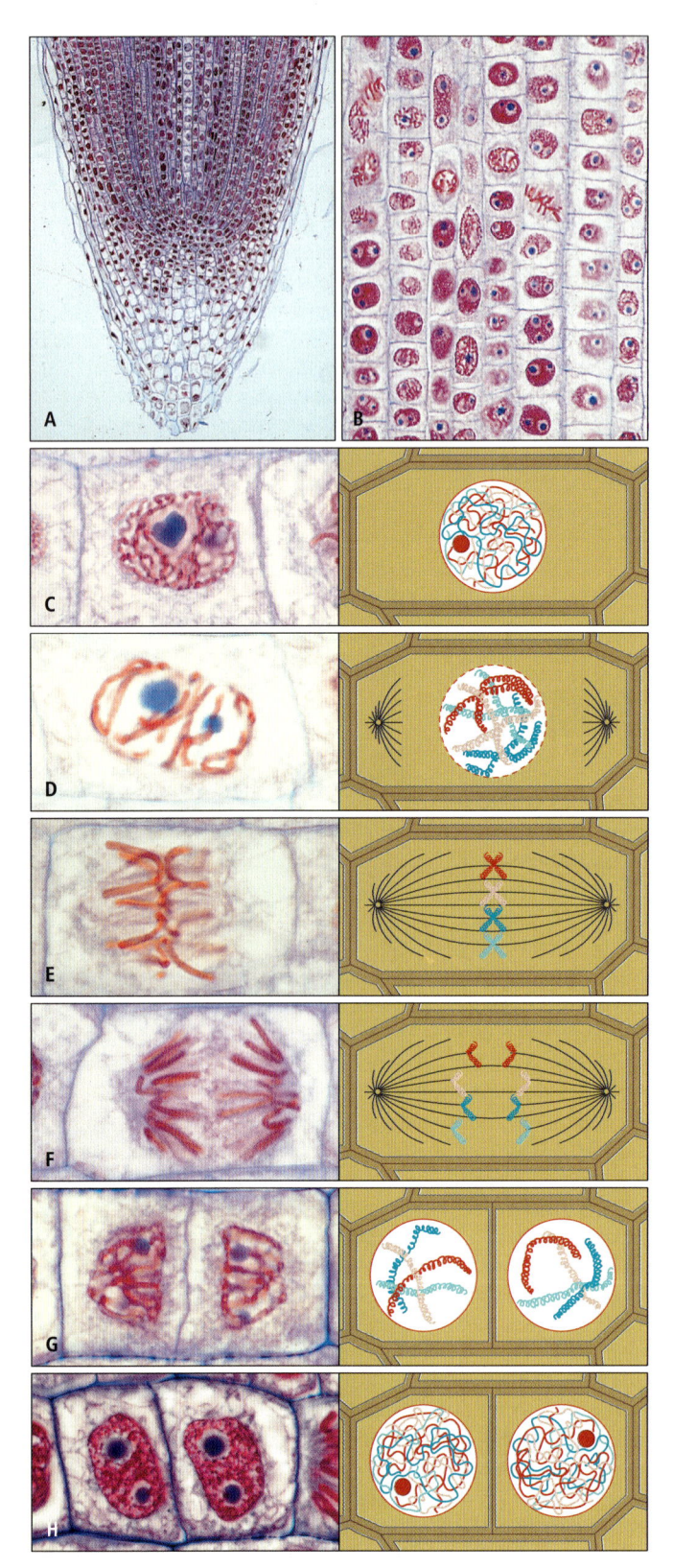

106.1 Mitotische Zellteilung bei Pflanzenzellen (LM-Bilder und Schemata).
A Längsschnitt einer Wurzelspitze; **B** vergrößerter Ausschnitt aus A; **C, D** Prophase; **E** Metaphase; **F** Anaphase; **G** Telophase; **H** Interphase

Genetik und Gentechnik

Nach der Mitose erfolgt die **Zellteilung.** Bereits in der späten Anaphase hat die Teilung des Cytoplasmas, die *Cytokinese,* und die Verteilung der Zellbestandteile auf die künftigen Tochterzellen begonnen. Zwischen den beiden neuen Zellkernen werden zwei Zellmembranen hergestellt, bei Pflanzen zusätzlich eine Zellwand.

Die Vorbereitung auf eine Zellteilung der Tochterzellen geschieht in der **Interphase.** Sie läuft in drei Schritten ab. In der G_1-*Phase* (engl. *gap*, Lücke) wächst die Zelle. Außerdem werden die Bedingungen für eine Zellteilung überprüft. Sind diese ungünstig, so bleibt die Zelle in der G_1-Phase oder geht in die G_0-*Phase* über. Dort kann sie längere Zeit verharren und schließlich in die G_1-*Phase* zurückkehren. Sie kann sich aber auch differenzieren und damit endgültig in G_0 verbleiben. Sind die Bedingungen für eine Zellteilung gegeben, so bereitet sich die Zelle auf die Verdoppelung der Ein-Chromatid-Chromosomen vor. Diese erfolgt dann in der *S-Phase* (Synthese). In der G_2-*Phase* werden die Vorbereitungen zur Kern- und Zellteilung abgeschlossen. Den gesamten Zeitraum von der Entstehung zweier Zellen aus einer Mutterzelle bis zur Teilung der Tochterzellen bezeichnet man als **Zellzyklus.**

Die Steuerung des Zellzyklus hängt von zahlreichen inneren und äußeren Faktoren wie Zellgröße oder Nährstoffangebot ab. Auch die Anzahl der Nachbarzellen ist offenbar von Bedeutung. Bei einer zu hohen Zelldichte kommt es zu einer Hemmung weiterer Zellteilungen. Zudem spielen Regulationssubstanzen, die *Wachstumsfaktoren*, eine wichtige Rolle. Regulationsstörungen im Zellzyklus gelten als mögliche Ursache für die Entstehung von *Krebs*.

Während der maximalen Verkürzung in der Metaphase besitzt das größte Chromosom beim Menschen eine Länge von nur 10 µm, gegenüber einer Länge von 7,3 cm im dekondensierten Zustand während der Interphase. Wie kommt es zu dieser über 7000-fachen Verkürzung? Die DNA windet sich um kugelförmige Proteine, die als *Histone* bezeichnet werden. Den DNA-Histon-Komplex nennt man *Nucleosom*. Die Nucleosomen sind aufgereiht wie eine Perlenkette und bilden das *Nucleofilament*. Dieses wird durch andere Proteine zu der *Chromatinfaser* aufgewunden. Durch weitere Aufwindung und Faltung wird schließlich die extrem hoch verdichtete Transportform des Chromosoms erreicht.

1. Begründen Sie die Notwendigkeit der Kondensation der DNA bei der Mitose!
2. Der Zellkern in der Interphase wurde früher als „Ruhekern" bezeichnet. Begründen Sie, weshalb dieser Begriff falsch gewählt war!

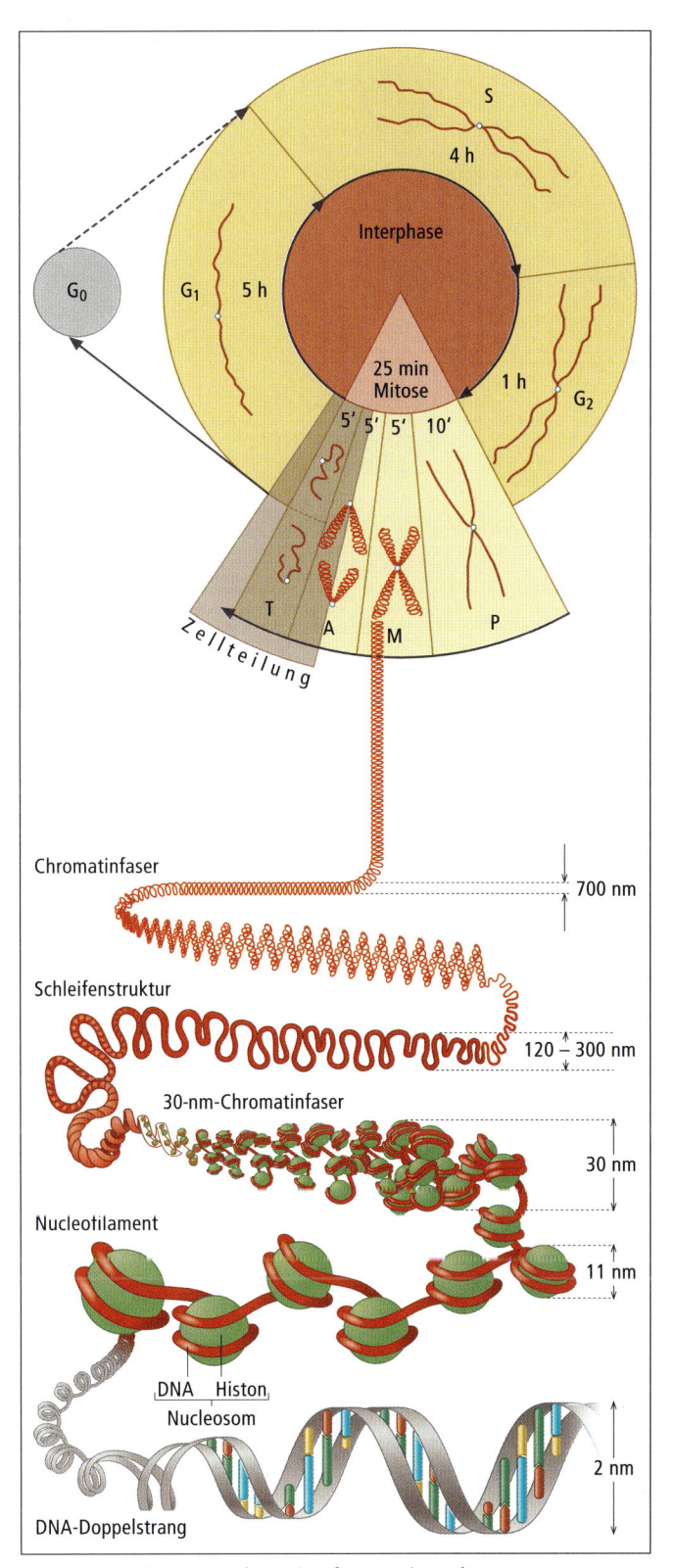

107.1 Zellzyklus mit Kondensationsformen eines Chromosoms.
G_0, G_1, G_2 gap-Phasen, S Synthese-Phase, P Prophase, M Metaphase, A Anaphase, T Telophase. Es handelt sich um ungefähre Zeitangaben (Wurzelzellen von Zwiebel, 30 °C). Je nach Art des Lebewesens beträgt die Mitose zwischen wenigen Minuten bis vielen Stunden.

Genetik und Gentechnik

3.2 Meiotische Zellteilung

Menschliche Körperzellen enthalten stets 46 Chromosomen, also 23 Chromosomenpaare. Körperzellen sind *diploid*, da sie zwei Chromosomensätze (2n) besitzen. Bei der sexuellen Fortpflanzung verschmelzen die *Geschlechtszellen* (auch Gameten genannt) der beiden Geschlechter zur *Zygote*, aus der sich durch mitotische Zellteilungen das Tochterindividuum entwickelt. Dennoch kommt es nicht zu einer Verdoppelung der Chromosomenanzahl. Der Grund dafür liegt in einer reduzierten Chromosomenanzahl in den Gameten. Diese besitzen beim Menschen nur einen einfachen Chromosomensatz (n) von 23 Chromosomen, sie sind *haploid*.

Die Reduktion vom diploiden zum haploiden Chromosomensatz erfolgt während der Reifung der Gameten in zwei hintereinander ablaufenden **Reifeteilungen**, die man zusammen als **Meiose** bezeichnet. Vor der Meiose findet wie vor der Mitose eine Verdopplung der Ein-Chromatid-Chromosomen statt. Die **1. Reifeteilung (Reduktionsteilung)** beginnt mit einer *Prophase I*, die aber im Gegensatz zur mitotischen Prophase wochenlang dauern kann. Ebenfalls abweichend zur Mitose ordnen sich die beiden homologen Zwei-Chromatiden-Chromosomen parallel an (*Tetrade*) und können sich dabei überschneiden. Jedes Chromosomenpaar besteht aus einem „mütterlichen" und einem „väterlichen" Zwei-Chromatiden-Chromosom. In der *Metaphase I* ordnen sich die homologen Chromosomenpaare in der Äquatorialebene an. Während der *Anaphase I* werden diese homologen Zwei-Chromatiden-Chromosomen voneinander getrennt und zu den entgegengesetzten Zellpolen gezogen. Im Unterschied zur Mitose sammelt sich also in der *Telophase I* jeweils ein kompletter Satz von Zwei-Chromatiden-Chromosomen an den Zellpolen. Es sind nun aus einer diploiden Zelle mit 46 Ein-Chromatid-Chromosomen zwei haploide Zellen mit jeweils 23 Zwei-Chromatiden-Chromosomen hervorgegangen.

Anschließend erfolgt die **2. Reifeteilung (Äquationsteilung)**, die in ihrem Verlauf einer normalen Mitose entspricht. Dabei werden in der *Anaphase II* die Ein-Chromatid-Chromosomen der einzelnen Zwei-Chromatiden-Chromosomen getrennt, sodass insgesamt vier haploide Zellen mit jeweils 23 Ein-Chromatid-Chromosomen entstanden sind.

Durch die Mitose entstehen Tochterzellen, die genetisch mit der Mutterzelle identisch sind. Bei der Meiose kommt es dagegen zu einer *Neuverteilung* der elterlichen Erbinformation, die man als **Rekombination** bezeichnet.

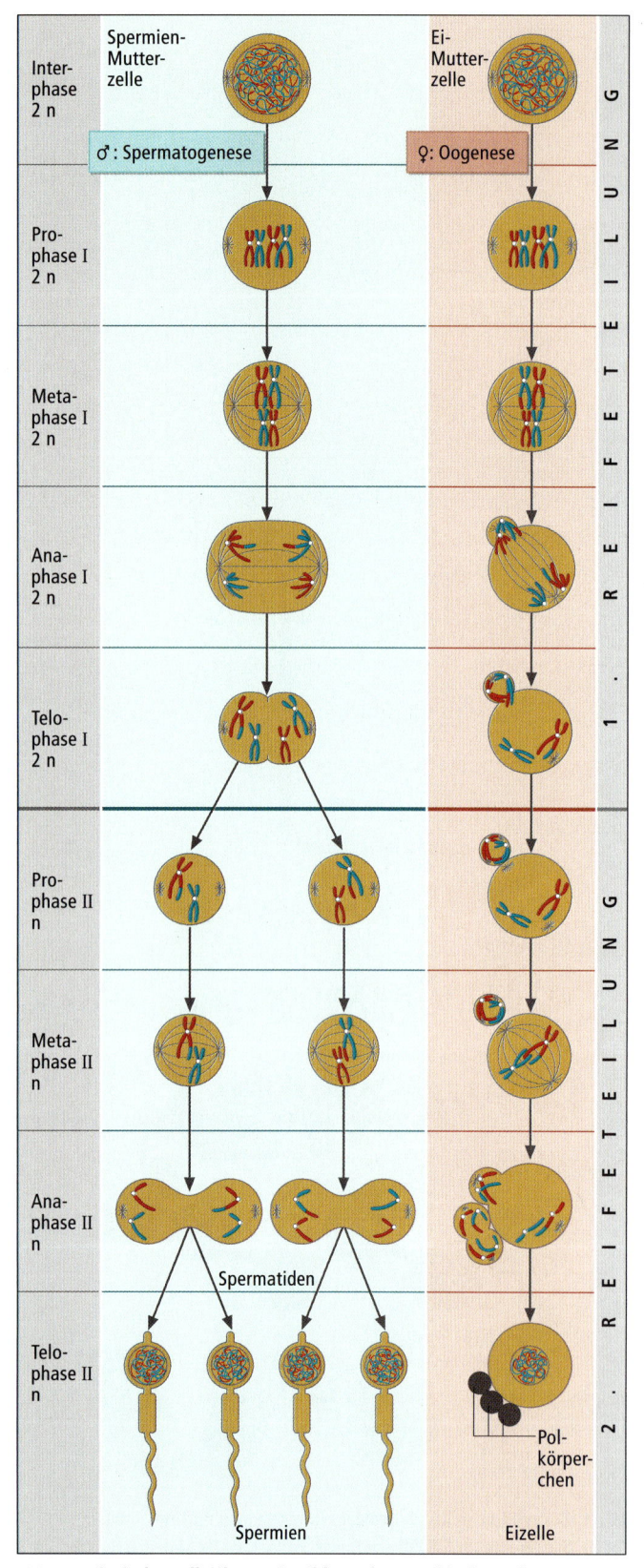

108.1 Meiotische Zellteilung mit Bildung der Geschlechtszellen (Schema). Zur besseren Übersicht sind nur zwei homologe Chromosomenpaare gezeigt.

Die Verteilung der homologen Chromosomen einer Tetrade auf die Zellpole geschieht in Abhängigkeit von ihrer Position in der Äquatorialebene. Das Zwei-Chromatiden-Chromosom oberhalb dieser Ebene wandert zum oberen Pol, das andere zum unteren Pol. Die Anordnung der „mütterlichen" und „väterlichen" Homologen während der Metaphase I erfolgt zufallsbestimmt, sodass es für jedes Paar zwei gleichberechtigte Möglichkeiten der Anordnung gibt, vergleichbar mit dem Ergebnis beim Werfen einer Münze. Es ergibt sich dadurch für eine Tochterzelle eine Wahrscheinlichkeit von 0,5, das „mütterliche" oder „väterliche" Chromosom eines bestimmten Homologenpaares zu bekommen. Da für jedes homologe Paar die Verteilung auf die Tochterzellen unabhängig von der Verteilung der übrigen Paare erfolgt, ergibt sich eine rein zufällige Kombination von Chromosomen mütterlicher und väterlicher Herkunft in einer bestimmten Tochterzelle zu einem neuen haploiden Chromosomensatz. Diesen Vorgang bezeichnet man als **interchromosomale Rekombination**.

Es gibt abhängig von der Anzahl n der homologen Paare 2^n Möglichkeiten der Kombination. So können aus zwei (n = 2) homologen Paaren vier (2^2) verschiedene Gameten entstehen. Auch das Aufeinandertreffen einer bestimmten weiblichen Geschlechtszelle mit einem bestimmten männlichen Gameten erfolgt nach dem Zufallsprinzip, sodass sich für die Bildung der Zygote die Kombinationsmöglichkeiten zu $2^2 \cdot 2^2 = 16$ multiplizieren. Für die 23 Chromosomenpaare des Menschen errechnen sich so über acht Millionen (2^{23}) mögliche „mütterliche" bzw. „väterliche" Gametensorten.

Bei benachbarten Ein-Chromatid-Chromosomen der homologen Zwei-Chromatiden-Chromosomen einer Tetrade kommt es häufig zu Überkreuzungen, die *Chiasmata* genannt werden. Dabei katalysieren hierfür spezifische Enzyme, die *Rekombinasen*, einen Bruch der jeweiligen DNA-Stränge mütterlicher und väterlicher Herkunft, die dann „über Kreuz" wieder verknüpft werden. So kommt es zu einem Stückaustausch zwischen „mütterlichen" und „väterlichen" Ein-Chromatid-Chromosomen. Dieser Prozess wird als *Crossing-over* bezeichnet und führt zu einer **intrachromosomalen Rekombination**.

1. Der DNA-Gehalt in Kernen menschlicher Körperzellen beträgt etwa $5{,}8 \cdot 10^{-12}$ Gramm, in Spermien und Eizellen dagegen nur etwa $2{,}9 \cdot 10^{-12}$ Gramm. Beurteilen Sie diesen Sachverhalt!
2. Vergleichen Sie den Ablauf von Oogenese und Spermatogenese tabellarisch!
3. Berechnen Sie die möglichen Kombinationen zur Bildung von Gameten bzw. einer Zygote bei drei homologen Chromosomenpaaren!

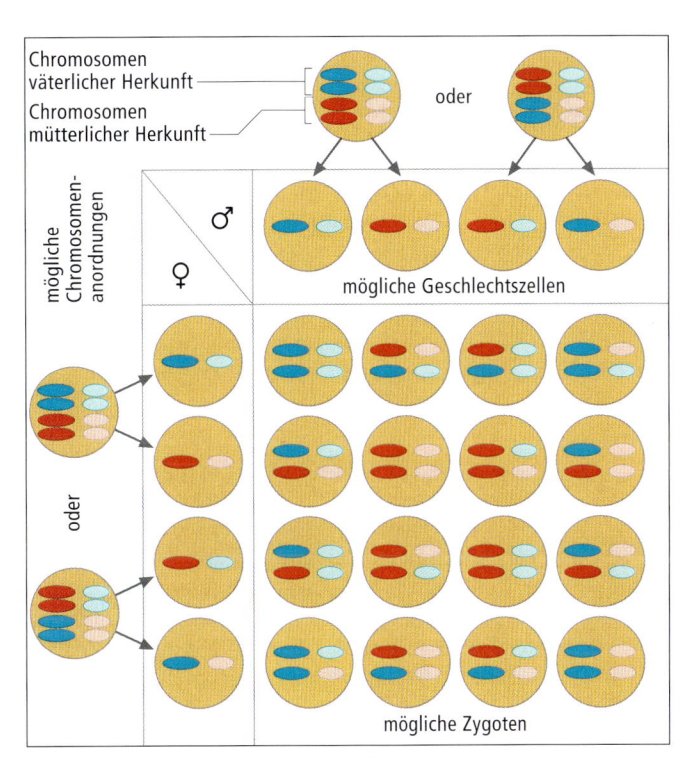

109.1 Interchromosomale Rekombination

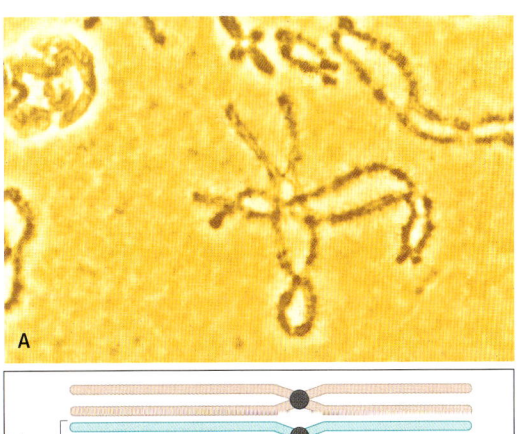

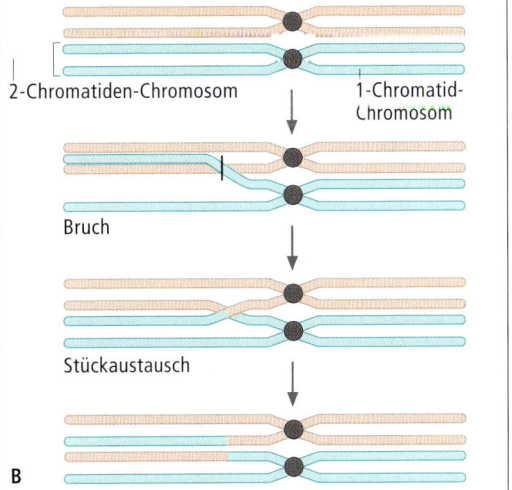

109.2 **Intrachromosomale Rekombination.**
A Chiasmata (LM-Bild); **B** Crossing-over (Schema)

3.3 Chromosomen des Menschen

Die Chromosomen wurden schon Mitte des 19. Jahrhunderts mit dem Lichtmikroskop entdeckt, wurden damals aber weder in ihrem Bau noch in ihrer Funktion richtig erkannt. Durch bestimmte Farbstoffe konnten sie hervorgehoben werden, was dann auch den Namen bedingte (griech. *chroma*, Farbe). Aber noch um 1950 war nicht einmal die genaue Zahl der Chromosomen des Menschen bekannt. Erst mithilfe einer geeigneten Präparationsmethode konnten 46 Chromosomen für den Menschen bestimmt werden.

Die Zahl der Chromosomen ist für eine Art typisch, hängt aber weder mit der Größe noch mit der Entwicklungsstufe eines Lebewesens zusammen. Auch die Zugehörigkeit zu Tier- oder Pflanzenreich spielt keine Rolle. So weist die Gerste 14, der Regenwurm 32, die Hauskatze 38, die Hausmaus 40, die Kartoffel 48, der Schimpanse 48, das Rind 60, der Hund 78 und der Adlerfarn 104 Chromosomen auf.

Heute gehören Chromosomenpräparationen zu den Standardmethoden in einem genetischen Labor. Zur Untersuchung von menschlichen Chromosomen, zum Beispiel bei Verdacht auf bestimmte Erbkrankheiten, werden häufig Lymphocyten verwendet. Diese liegen nicht in einem Gewebeverbund, sondern voneinander getrennt vor. Dadurch eignen sie sich gut zur Untersuchung ihrer Chromosomen. Besonders deutlich lassen sich die Chromosomen am Ende der Metaphase erkennen.
Sie werden zuerst durch eine Präparation voneinander isoliert. Dann fotografiert man sie durch das Lichtmikroskop oder bildet sie auf dem Bildschirm eines Computers ab. Anschließend sortiert man sie nach Größe, Form und Aussehen.

So erhält man ein **Karyogramm** (griech. *karyon*, Kern; griech. *gramma*, Schriftstück). Die Chromosomen werden nach internationaler Vereinbarung nummeriert und in Gruppen zusammengefasst. Bei jedem Chromosom erkennt man eine Längsteilung. Die beiden Hälften stellen die beiden identischen **Chromatiden** dar, die durch die Verdoppelung der DNA in der vorangegangenen Interphase entstanden sind. Die beiden Chromatiden werden durch eine Proteinstruktur, das *Centromer*, zusammengehalten. In der Anaphase setzen die Spindelfasern am Centromer an und die Verbindung wird getrennt. Jetzt ist die Chromosomenstruktur maximal verdichtet, um die ordnungsgemäße Verteilung zu sichern. Deshalb wird diese Struktur als *Transportform* bezeichnet. Dagegen ist die Struktur der Chromosomen in der Interphase aufgelockert und entschraubt. In dieser *Arbeitsform* kann die Erbinformation der DNA abgelesen werden.

Die Chromosomen des Karyogramms können je nach Lage des Centromers unterschiedlich aussehen. Liegt es in der Mitte des Chromosoms, erscheint dieses X-förmig. Meist sind ein kürzerer und ein längerer Abschnitt zu unterscheiden. Der kürzere Abschnitt des Chromosoms wird als p-Arm, der längere Abschnitt als q-Arm bezeichnet. Durch die Färbung mit der violetten GIEMSA-Lösung lassen sich auf den Chromosomen dunkler gefärbte G-Banden erkennen. Die Bänderung ist auf unterschiedliche Verdichtung der Chromatinfasern während der Bildung der Chromosomen zurückzuführen. Diese *Kondensation* erfolgt jedoch nicht zufällig, sondern folgt einem genau festgelegten Prinzip. So haben nicht nur alle Individuen derselben Art die gleichen Bandenmuster auf den Chromosomen, sondern auch verwandte Arten weisen bestimmte übereinstimmende Chromosomenmuster auf. Besonders wichtig ist die Unter-

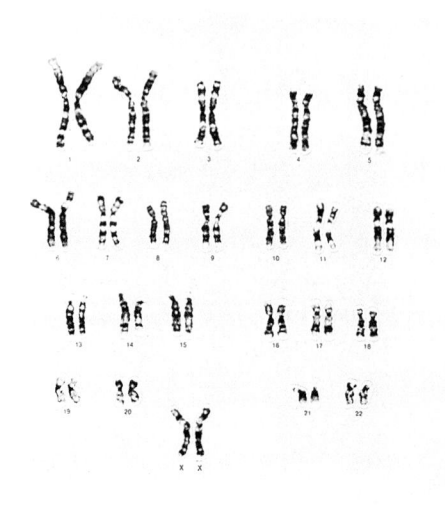

110.1 Karyogramm einer Frau

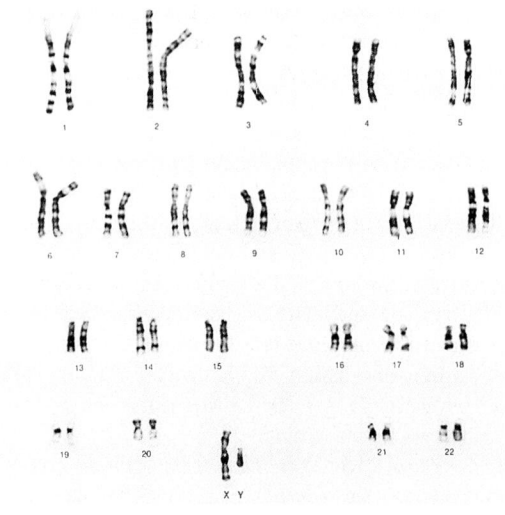

110.2 Karyogramm eines Mannes

Genetik und Gentechnik

suchung der Bandenmuster in der Humangenetik bei der Suche nach chromosomalen Defekten, die bestimmte Erbkrankheiten bewirken.

Die Enden der Chromosomen sind besonders strukturiert und heißen *Telomere*. Sie schützen die Chromosomen vor DNA-abbauenden Enzymen. Außerdem verhindert die besondere Struktur der Telomere, dass sich die Chromosomen miteinander verbinden. An den Chromosomen 13, 14, 15, 21 und 22 lassen sich am äußeren Ende der p-Arme Einschnürungen beobachten. Diese Nucleolus-Organisator-Regionen tragen Gene für die ribosomale RNA. In der Interphase bilden diese Regionen den Nucleolus, das Kernkörperchen des Zellkerns.

Mit den modernen Untersuchungsmethoden lassen sich die Chromosomen des Menschen eindeutig identifizieren. Bei der standardisierten Untersuchung in genetischen Labors werden Computerprogramme eingesetzt, welche die Strukturmerkmale der Chromosomen gespeichert haben. Nach dem Scannen des Fotos von präparierten Chromosomen einer Person können auf diesem Wege schnell das Geschlecht und Besonderheiten der Chromosomen, zum Beispiel Veränderungen im Bau, untersucht werden.

Von den 23 homologen Chromosomenpaaren des Menschen stimmen 22 Paare bei Mann und Frau überein. Diese Chromosomen werden als **Autosomen** bezeichnet. Das 23. Paar besteht bei Frauen aus zwei relativ großen X-Chromosomen, bei Männern dagegen aus einem X-Chromosom und einem sehr kleinen Y-Chromosom. Durch ihren Einfluss auf die Ausprägung des Geschlechts werden sie *Geschlechtschromosomen* oder **Gonosomen** genannt.

Während der 1. Reifeteilung der Meiose werden die homologen Chromosomenpaare getrennt. Deshalb enthalten alle Eizellen einen haploiden Autosomensatz und ein X-Chromosom. Dagegen enthält die Hälfte der Spermien neben dem haploiden Autosomensatz ein X-Chromosom, die andere Hälfte ein Y-Chromosom. Je nachdem, ob ein X- oder ein Y-Chromosom-tragendes Spermium zur Befruchtung gelangt, entwickelt sich aus der Zygote ein Mädchen oder ein Junge. Auf dem X-Chromosom liegen viele Gene, die für beide Geschlechter maßgebliche Eigenschaften bestimmen, wie zum Beispiel Blutgerinnungsfaktoren. Das Y-Chromosom dagegen weist nur einige Gene auf, die für die Ausprägung des Geschlechts eine Rolle spielen. Allele auf dem X-Chromosom haben also bei Männern keinen Gegenpart auf dem Y-Chromosom, ein Zustand, der *hemizygot* genannt wird.

Das einzige, sicher nachgewiesene Y-chromosomale Gen ist TDF (engl. *testis determining factor*). Dieses Gen hat entscheidende Bedeutung für die männliche

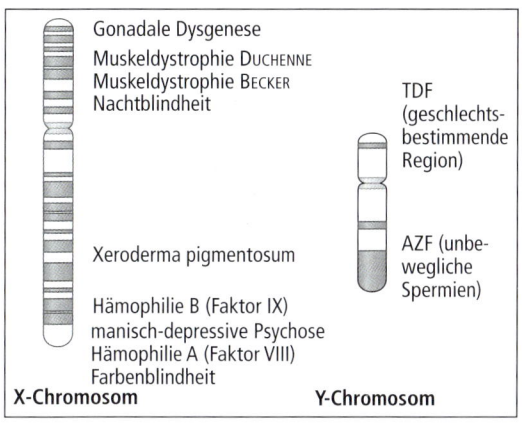

111.1 Geschlechtschromosomen des Menschen mit einigen Genorten

Geschlechtsbestimmung. Es ist nur in der frühen Embryonalentwicklung aktiv und bildet ein Hormon, das die Entwicklung der ursprünglich geschlechtlich nicht festgelegten Geschlechtsdrüsenanlagen zu Hoden fördert.

Die Genprodukte der Gene auf dem X-Chromosom sollten bei Frauen im Vergleich zu Männern in doppelter Menge gebildet werden. Dies hätte schwere Störungen in der Genbalance zur Folge. Ein besonderer Mechanismus, die *Dosiskompensation*, sorgt für einen Ausgleich. In allen Körperzellen von Frauen wird eines der beiden X-Chromosomen inaktiviert. Dadurch weisen Frauen und Männer jeweils nur ein aktives X-Chromosom in ihren Zellen auf. Dieses X-Chromosom erzeugt besonders viel Genprodukte, es ist *hyperaktiv*. So wird das Verhältnis Gonosomen zu Autosomen nicht gestört.

1. Bei *Drosophila* wurde eine Mutation nachgewiesen, die zu einer Hyperaktivität beider X-Chromosomen führt. Entwickeln Sie eine begründete Hypothese, welche Konsequenz zu erwarten ist!

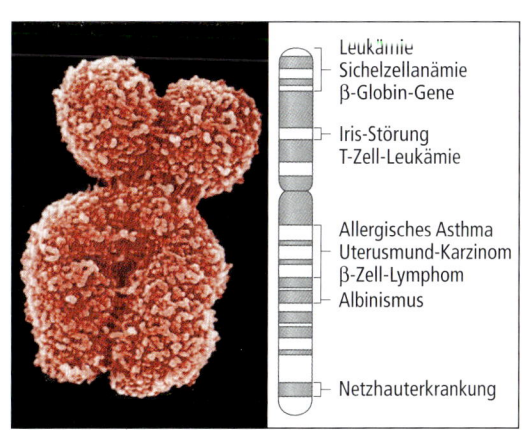

111.2 Chromosom 11 aus dem menschlichen Karyogramm mit einigen Genorten

3.4 Numerische Chromosomenmutationen

Mit durchschnittlich einer unter 700 Geburten tritt die **Trisomie 21,** auch *DOWN-Syndrom* genannt, recht häufig auf. Das Erscheinungsbild eines Menschen mit Trisomie 21 ist durch Minderwuchs, kurzen Hals, einen Schädel mit flachem Hinterkopf und schmale Lidspalten gekennzeichnet. Bei vielen Betroffenen sind innere Organe wie Herz und Darm fehlgebildet und die Lebenserwartung herabgesetzt. Intensive Therapieformen können eine geistige Behinderung abschwächen und zu einem relativ guten Gesundheitszustand führen, wie die Karriere des Schauspielers Bobby BREDERLOW zeigt.

Die Chromosomenanzahl der Körperzellen des Menschen wurde erst 1956 mit 46 Chromosomen richtig bestimmt. Drei Jahre später entdeckte man bei einem Menschen mit Trisomie 21 nun 47 Chromosomen mit einem zusätzlichen Chromosom 21. Liegt wie hier ein Chromosom dreifach vor, spricht man von einer **Trisomie.** Heute sind eine Reihe von Chromosomenanomalien bekannt, bei denen Menschen statt der 46 Chromosomen 47 oder nur 45 Chromosomen besitzen.

Diese **numerischen Chromosomenmutationen** sind zwar angeboren, werden aber nur selten weiter vererbt, weil Betroffene mit 47 Chromosomen meistens steril sind. Das bedeutet, dass die Veränderung der Chromosomenanzahl auf eine Neumutation zurückgeht. Dabei kann es passieren, dass in der ersten Reifeteilung der Meiose, der Reduktionsteilung, die homologen Chromosomen nicht getrennt werden. Als Folge entstehen haploide Geschlechtszellen mit 24 beziehungsweise 22 Chromosomen. Solche Geschlechtszellen können auch entstehen, wenn in der zweiten Reifeteilung der Meiose die beiden Ein-Chromatid-Chromosomen nicht in verschiedene, sondern in dieselbe Geschlechtszelle verteilt werden. Beide Möglichkeiten des Nichttrennens werden **Nondisjunction** genannt.

Bei der Verschmelzung einer Geschlechtszelle mit 23 Chromosomen mit einer mit 24 Chromosomen entstehen Zygoten mit 47 Chromosomen. Es liegt eine Trisomie vor. Kommt eine Geschlechtszelle mit 23 Chromosomen mit einer mit 22 Chromosomen zur Befruchtung, entstehen Zygoten mit 45 Chromosomen, bei denen ein Chromosom nur einfach vorliegt. Solch eine Chromosomenunterzahl heißt **Monosomie.**

Nondisjunction in der Meiose ist kein seltenes Ereignis. Vielmehr weist ein hoher Prozentsatz befruchteter Eizellen des Menschen numerische Chromosomenmutationen auf. Die Mehrzahl dieser Embryonen geht nach sehr kurzer Zeit unbemerkt zugrunde. Aber nicht jede numerische Chromosomenmutation führt zum Absterben des Embryos.

112.1 Bobby BREDERLOW, Schauspieler mit Trisomie 21 (DOWN-Syndrom)

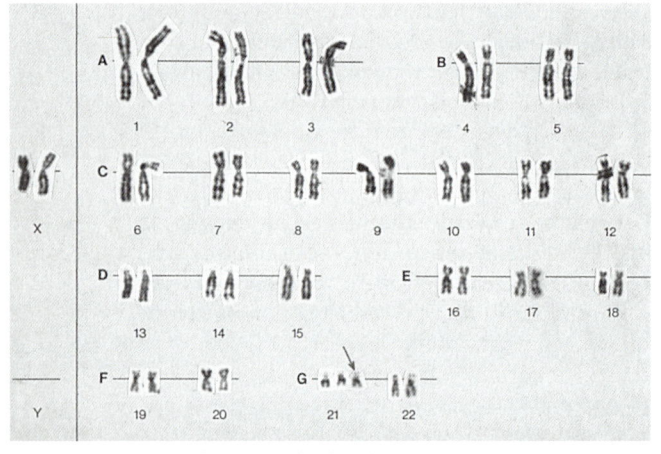

112.2 Karyogramm einer Frau mit Trisomie 21

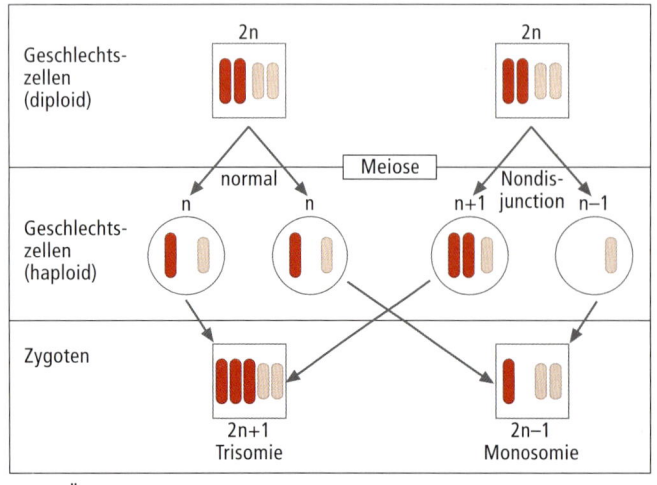

112.3 Änderung der Chromosomenanzahl in der Meiose

Genetik und Gentechnik

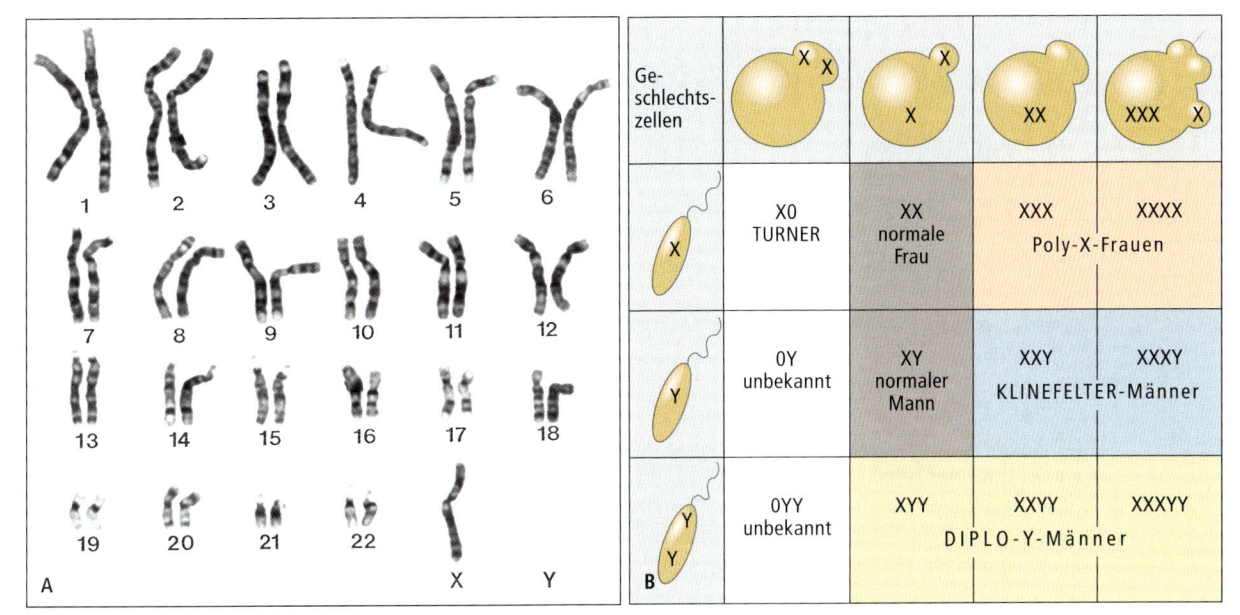

113.1 Numerische Chromosomenmutationen bei Gonosomen. A TURNER-Syndrom (Karyogramm); B verschiedene Anomalien

Molekulargenetische Untersuchungen haben ergeben, dass das zusätzliche Chromosom 21 bei der Trisomie 21 zu 95 Prozent auf eine Nondisjunction in der Meiose der Mutter zurückzuführen ist. Dies wird auf die besonderen Bedingungen der Reifung der Eizellen zurückgeführt. Die Eimutterzellen treten im Fetus in die Meiose ein, unterbrechen dann aber ihre Entwicklung in der Prophase der ersten Reifeteilung. Erst mit der Pubertät reift periodisch eine Eizelle unter Beendigung der Meiose heran. Es wird vermutet, dass sich der Zusammenhalt der homologen Chromosomen durch Chiasmata, die in der Prophase bestehen, mit zunehmenden Alter der Mutter lockern. Durch den verminderten Zusammenhalt der homologen Chromosomenpaare wird eine Fehlverteilung begünstigt.

Weitere autosomale Trisomien, die zu lebensfähigen, wenn auch schwerkranken Menschen führen, sind das **PÄTAU-Syndrom (Trisomie 13)** und das **EDWARDS-Syndrom (Trisomie 18)**. Trisomie 13 führt zu geistiger Behinderung und Defekten an nahezu allen Organen. Häufige Symptome der Trisomie 18 sind Gaumenspalte, Taubheit, Missbildungen an Herz, Nieren und Gehirn und eine geringe Lebenserwartung. Für die Entwicklungsanomalien wird die erhöhte Menge der Genprodukte in den Feten verantwortlich gemacht. Die Lebensfähigkeit von Menschen mit Trisomie 13, 18 oder 21 wird damit erklärt, dass die drei entsprechenden Chromosomen im Vergleich zu anderen menschlichen Chromosomen relativ genarm sind.

Etwas mehr als die Hälfte aller numerischen Chromosomenmutationen betreffen die Gonosomen. So fehlt Menschen mit X0-Monosomie, dem **TURNER-Syndrom,** das zweite X-Chromosom oder das Y-Chromosom. Betroffene sind phänotypisch weiblich, jedoch unterbleibt die Ausbildung funktionsfähiger Eierstöcke und sekundärer Geschlechtsmerkmale. Außerdem ist das Körperwachstum beeinträchtigt. Das TURNER-Syndrom ist die einzige numerische Chromosomenmutation, bei der Menschen mit 45 Chromosomen leben können. Obgleich 98 Prozent der Feten vor der Geburt sterben und Fehlbildungen der inneren Organe auftreten können, sind manche TURNER-Patienten klinisch so unauffällig, dass die Diagnose erst später bei einer Untersuchung auf Minderwuchs gestellt wird.

Beim **Triple-X-Syndrom** liegt eine Trisomie des X-Chromosoms vor. Triple-X-Frauen sind trotz ihrer 47 Chromosomen körperlich meist unauffällig, gelegentlich treten Sprachstörungen, leichte motorische Ungeschicklichkeiten und etwas unterdurchschnittliche geistige Fähigkeiten auf. Triple X Frauen sind fruchtbar. Überraschenderweise treten numerische Chromosomenmutationen der Gonosomen bei Kindern von Triple-X-Frauen nicht häufiger auf als bei normalen Frauen.

Beim **KLINEFELTER-Syndrom** liegen sogar zwei oder drei X-Chromosomen und zusätzlich ein Y-Chromosom vor. Betroffene sind Männer, die etwas größer werden als der Durchschnitt. Häufig fallen die Patienten erst in der Pubertät auf, wenn die Ausbildung der sekundären Geschlechtsmerkmale ausbleibt. Manchmal wird die Diagnose aber auch erst dann gestellt, wenn nach der Ursache für das Ausbleiben von Kindern gesucht wird.

4 Klassische Genetik

4.1 Die MENDELschen Regeln

Der Augustinermönch Johann Gregor MENDEL experimentierte ab 1854 vierzehn Jahre in seinem Klostergarten in Brünn mit der Saaterbse. Dabei wählte er Pflanzen, die sich in Merkmalen wie Samenform, Samenfarbe oder Blattachselzeichnung unterschieden.

MENDEL nahm Erbsenpflanzen, die bezüglich des Gens zur Ausbildung der Blattachselzeichnung reinerbig oder **homozygot** waren. Die zwei Allele des Gens für die Blattachselzeichnung waren also gleich. MENDEL kreuzte eine homozygote Erbsenpflanze mit roter Blattachsel mit einer homozygoten Erbsenpflanze mit weißer Blattachsel. Die Pflanzen der nächsten Generation waren alle rot gezeichnet. Das Erscheinungsbild oder der **Phänotyp** „rot" setzt sich gegenüber „weiß" durch und ist damit **dominant**. Das entsprechende Allel wird durch einen großen Buchstaben (R) gekennzeichnet. Die weiße Blattachsel tritt im Phänotyp zurück und ist damit **rezessiv**. Die Kennzeichnung des Allels erfolgt mit dem entsprechendem kleinen Buchstaben (r). Die Ausgangspflanzen sind die Eltern- oder **Parentalgeneration** (P). Da sie sich nur in einem Merkmal, der Blattachselzeichnung, unterscheiden, ist der Erbgang **monohybrid**. Die Nachkommen der P-Generation werden als 1. Tochtergeneration oder **1. Filialgeneration** (F_1) bezeichnet.

Die Gleichartigkeit oder **Uniformität** der Individuen der F_1-Generation beobachtete MENDEL bei seinen Kreuzungen mit Erbsenpflanzen an vielen Merkmalen. Kreuzungen bei anderen Pflanzen- und Tierarten zeigen das gleiche Ergebnis. Die von MENDEL entdeckte Gesetzmäßigkeit wird als 1. MENDELsche Regel oder **Uniformitätsregel** bezeichnet: *Kreuzt man zwei Individuen einer Art, die sich in einem Merkmal unterscheiden, für das sie reinerbig sind, so sind ihre Nachkommen (F_1) in Bezug auf dieses Merkmal untereinander gleich, uniform.*

Kreuzt man die Erbsenpflanzen mit roter Blattachselzeichnung der F_1-Generation untereinander, so treten in der 2. Filialgeneration (F_2) neben rot gezeichneten auch weiß gezeichnete Pflanzen auf. Die F_1-Pflanzen haben also zwei verschiedene Allele für das Gen Blattachselzeichnung. Sie sind mischerbig oder **heterozygot**.

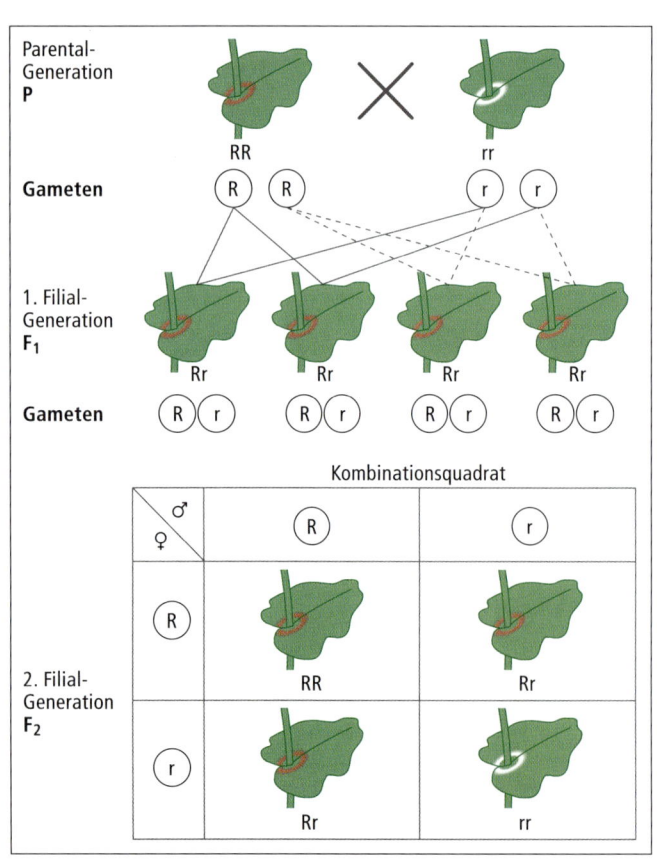

114.1 Dominant-rezessiver Erbgang bei der Erbsenpflanze

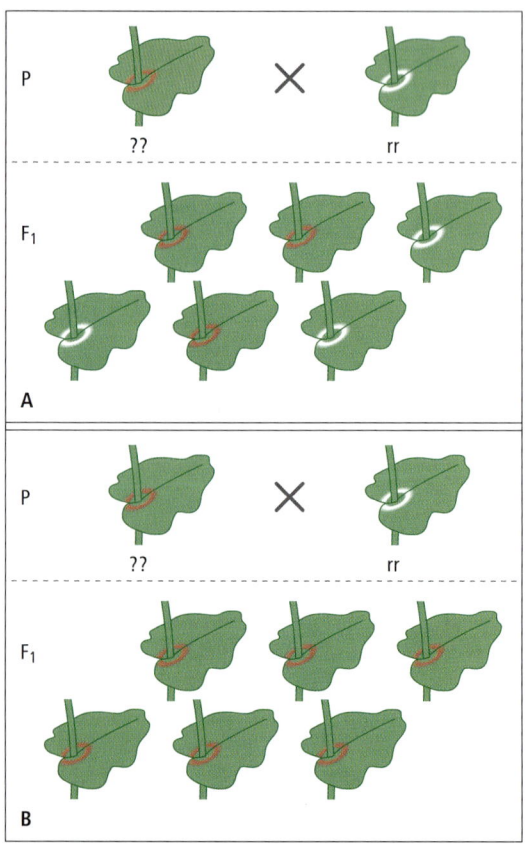

114.2 Rückkreuzung von Erbsenpflanzen mit roter Blattachselzeichnung. **A** Genotyp Rr; **B** Genotyp RR

Um die genetische Ausstattung, den **Genotyp**, der F_2-Pflanzen mit roter Blattachselzeichnung zu untersuchen, führt man eine **Rückkreuzung** mit dem homozygoten weiß gezeichneten Elter durch. Liefert sie Pflanzen mit roter und weißer Blattachselzeichnung im Verhältnis 1:1, war die rot gezeichnete F_2-Pflanze heterozygot. Treten nur Pflanzen mit roter Blattachselzeichnung auf (Uniformitätsregel), so war die untersuchte F_2-Pflanze homozygot. Die Rückkreuzung mit dem homozygot-rezessiven Elter ist deshalb eine Möglichkeit, um Homozygotie und Heterozygotie eines Gens bei einem beliebigen Individuum festzustellen; sie ist eine Testkreuzung.

Bei der Auszählung sehr großer Individuenzahlen von F_2-Pflanzen fand MENDEL folgende Aufspaltung: $3/4$ (75 %) der Individuen zeigten das dominante Merkmal, $1/4$ (25 %) zeigten das rezessive Merkmal. Als MENDEL die F_2-Pflanzen einer Rückkreuzung unterzog, stellte er fest, dass von diesen 25 % homozygot rote, 50 % heterozygot rote und 25 % homozygot weiße Individuen waren. Daraus leitet sich die 2. MENDELsche Regel, die **Spaltungsregel**, ab: *Kreuzt man die Individuen der 1. Filialgeneration untereinander, die sich in einem Merkmal unterscheiden, so spaltet die F_2-Generation beim dominant-rezessiven Erbgang in einem bestimmten Anzahlenverhältnis auf, für den Phänotyp 3:1 (75 % : 25 %), für den Genotyp 1:2:1 (25 % : 50 % : 25 %).*

Unterscheiden sich die Eltern in zwei Merkmalen, so heißt der Erbgang **dihybrid**. Auch für den dihybriden Erbgang gelten Uniformitätsregel und Spaltungsregel. Dies zeigt sich zum Beispiel im Erbgang von Erbsenpflanzen, die sich in der Samenfarbe (gelb/grün) und der Samenform (rund/kantig) unterscheiden. Das Kombinationsquadrat der F_2-Generation zeigt vier verschiedene Phänotypen: gelb/rund, gelb/kantig, grün/rund und grün/kantig im Verhältnis $9/16 : 3/16 : 3/16 : 1/16$.
Die vier Gametensorten beider Geschlechter der F_1-Generation führen frei kombiniert zu neun verschiedenen Genotypen in der F_2-Generation. Die Diagonale des Kombinationsquadrats enthält von oben links nach unten rechts vier reinerbige Phänotypen. Zwei davon sind neu entstanden: gelb/kantig und grün/rund. Diese Neukombination von Genen beinhaltet die 3. MENDELsche Regel, die **Unabhängigkeitsregel**: *Kreuzt man Individuen einer Art, die sich in mehreren Merkmalen reinerbig unterscheiden, so sind die einzelnen Gene unabhängig bzw. frei miteinander kombinierbar, das heißt, es treten in der F_2-Generation neue Merkmalskombinationen auf.*

Die MENDELschen Regeln machen Aussagen über Anzahlenverhältnisse, die Erwartungen ausdrücken, die vom Zufall abhängen und sich erst beim Auszählen von sehr vielen Nachkommen einstellen.

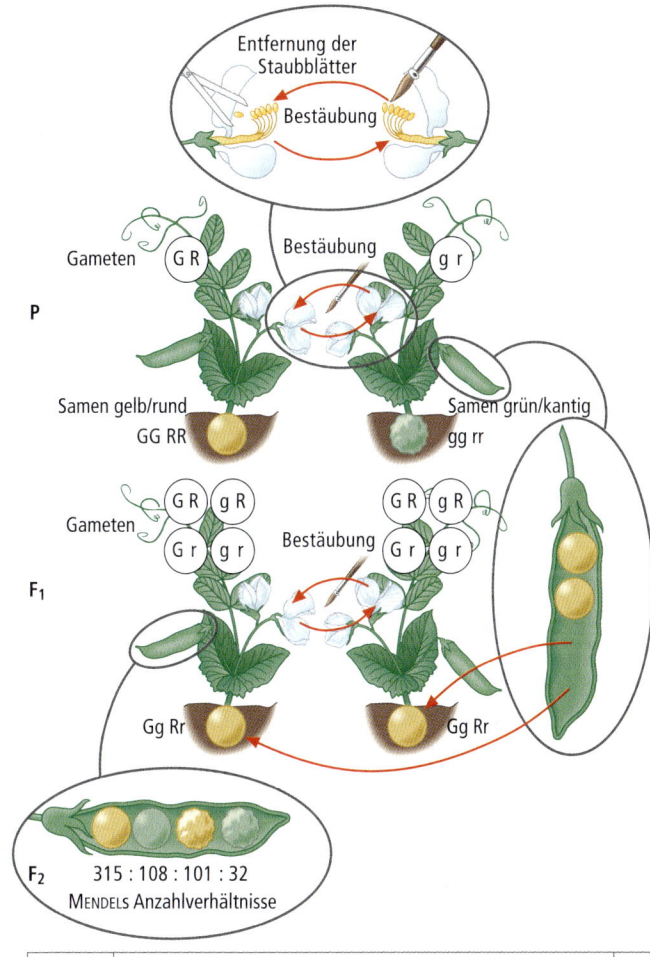

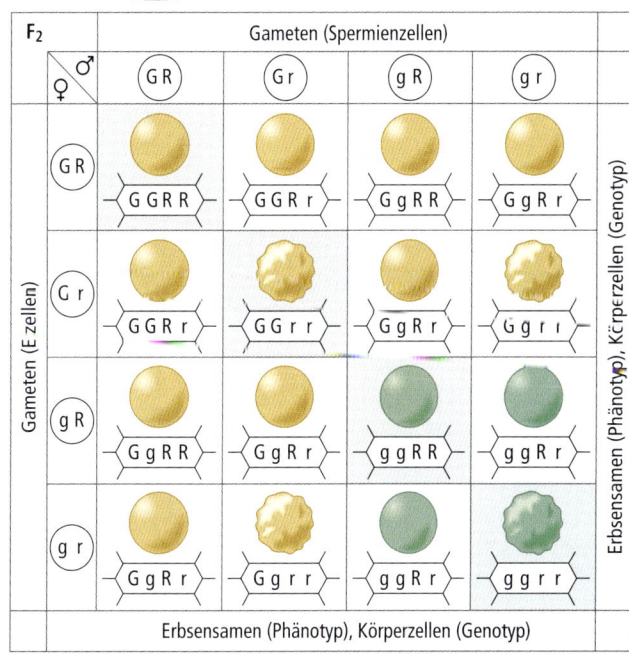

115.1 Dihybrider Erbgang bei der Erbsenpflanze

1. Stellen Sie für einen trihybriden Erbgang (Erbgang mit drei Merkmalen) die F_1- und F_2-Generation (Kombinationsquadrat) auf!

EXKURS Chromosomentheorie der Vererbung

MENDELs Vorstellungen über das unterschiedliche Aussehen von Nachkommen und den dominanten und rezessiven Charakter der untersuchten Merkmale beruhten 1865 nach seinen eigenen Worten auf „Elementen". Eine genauere Vorstellung über die stoffliche Natur der „Elemente" und damit der genetischen Eigenschaften hatte MENDEL nicht. Er wusste nicht, dass Cytologen zu seiner Zeit bereits diese „Elemente" gesehen hatten und „Kernschleifen" nannten. Zu einer Verknüpfung der beiden Ergebnisse kam es nicht, denn der Zellkern stand noch nicht im Mittelpunkt des genetischen Interesses. MENDELs Ergebnisse gerieten zunächst in Vergessenheit.

1875 beobachtete Oskar HERTWIG, dass bei der Befruchtung nur der Zellkern des Spermiums in die Eizelle eindringt und anschließend beide Zellkerne miteinander verschmelzen. Diese Beobachtung führte zu der Hypothese, dass die Erbanlagen in den Zellkernen zu finden sein müssten. Walther FLEMMING konnte 1882 an befruchteten Salamandereiern die „Spaltung der Kernfäden" verfolgen und feststellen, dass ihr Aussehen und ihre Anzahl während der Mitose immer konstant blieb.

Man begann zu vermuten, dass die Kernfäden oder Chromosomen – eine Bezeichnung, die 1888 eingeführt wurde – die Träger der Erbanlagen sein könnten. 1884 wurde erkannt, dass Spermien des Spulwurms nur den einfachen Chromosomensatz enthalten. Mit den mittlerweile wesentlich verbesserten optischen Eigenschaften der Mikroskope konnte Theodor BOVERI diesen Sachverhalt zwei Jahre später mit der Reduktion der Chromosomenzahl bei der Meiose erklären, deren Vorgänge 1890 HERTWIG als Erster vollständig beschrieb. Damit war eine Erklärung für diese Konstanz der Chromosomenanzahl gefunden.

Eine endgültige Vorstellung über die chromosomale Grundlage der Vererbung konnte erst nach der Wiederentdeckung der MENDELschen Regeln um 1900 entwickelt werden. Unabhängig voneinander stießen die Genetiker Hugo DE VRIES, Carl Erich CORRENS und Erich von TSCHERMAK-SEYSENEGG wieder auf MENDELs Gesetzmäßigkeiten und fassten sie ihm zu Ehren in den drei MENDELschen Regeln zusammen. Die Ergebnisse der Kreuzungsversuche ließen sich widerspruchslos mit den Erkenntnissen der cytologischen Befunde vereinen. So formulierten BOVERI und Walter S. SUTTON unabhängig voneinander 1904 die *Chromosomentheorie der Vererbung*. Sie besagt, dass die Chromosomen die Träger der Gene sind. Während der Gametenbildung sowie der Befruchtung werden die Chromosomen und mit ihnen die Gene frei kombiniert.

Als Folge dieser Erkenntnis erlangte die Chromosomenforschung eine herausragende Rolle. Dem amerikanischen Biologen Thomas Hunt MORGAN gelang es 1910 als Erstem in der Geschichte der Genetik, ein Gen einem bestimmten Chromosom zuzuordnen. Bei der Fruchtfliege *Drosophila melanogaster* lokalisierte er durch die Verbindung aus Kreuzung und mikroskopischer Analyse der Chromosomen das „white"-Gen auf dem X-Chromosom. Es ist für die Ausbildung der Augenfarbe bei *Drosophila* zuständig. Mit der experimentellen Bestätigung der Chromosomentheorie der Vererbung durch MORGAN und seine Mitarbeiter hat die Erforschung der Gene auf den Chromosomen begonnen, deren Entwicklung zurzeit in der Sequenzierung ganzer Genome mündet.

Ergebnisse der Kreuzungsversuche		Ergebnisse der mikroskopischen Untersuchungen der Zelle
Die Erbanlagen werden als selbstständige Einheiten weitergegeben.	w (white) vg (vestigial)	Die Chromosomen werden als selbstständige Einheiten weitergegeben.
Die Erbanlagen liegen in den Körperzellen paarig vor.	w w vg vg⁺	Die Chromosomen liegen in den Körperzellen paarig vor.
Die Gameten tragen nur einen einfachen Anlagensatz.	w vg	Bei der Reduktionsteilung gelangt nur jeweils ein Chromosom jedes Paares in die Gameten.
Die Erbanlagen werden frei kombiniert.	w vg⁺	Die homologen Chromosomen mütterlicher und väterlicher Herkunft werden frei kombiniert.

116.1 Ergebnisse der Erb- und Zellforschung im Vergleich. Mit white (w, mit weißen Augen) und vestigial (vg, mit Stummelflügeln) werden Gene von *Drosophila melanogaster* benannt.

EXKURS: Drosophila – "Haustier" der Genetiker

Drosophila melanogaster, auch Tau-, Essig- oder Fruchtfliege genannt, wurde durch den amerikanischen Biologen Thomas Hunt MORGAN in die genetische Forschung eingeführt. 1933 erhielt er für die Bestimmung der Lagebeziehungen Hunderter von *Drosophila*-Genen aus klassischen Kreuzungsversuchen mit der Fruchtfliege den Nobelpreis. Ebenfalls für Forschungsergebnisse mit *Drosophila,* diesmal zur Erzeugung von Mutanten, erhielt 1946 Hermann J. MULLER den Nobelpreis. *Drosophila*-Forschung ist bis in die heutige Zeit aktuell, wie die Würdigung durch den Nobelpreis 1995 für Edward B. LEWIS, Christiane NÜSSLEIN-VOLLHARD und Eric F. WIESCHAUS zeigt. Sie hatten die molekularbiologischen Beziehungen entwicklungssteuernder, sich gegenseitig kontrollierender Gene entdeckt.

Die Fruchtfliege wurde durch MORGANs Arbeiten zum "Haustier" der Genetiker. Sie eignet sich vorzüglich zum Experimentieren. Die kleinen, leicht zu züchtenden Fliegen benötigen in ihren Zuchtgläsern wenig Platz und einen preiswerten Nahrungsbrei. Viele bekannte *Drosophila*-Mutanten, also Tiere, die durch Mutationen veränderte Merkmale besitzen, lassen sich nach ihrer Narkotisierung durch Ether mit der Lupe oder sogar bloßem Auge unterscheiden. Für genetische Untersuchungen bedeutsam sind die geringe Anzahl von Chromosomen (2 n = 8), der kurze Generationszyklus von etwa zwölf Tagen bei 25 °C sowie für statistische Auswertungen die hohen Individuenzahlen mit bis zu 300 Nachkommen pro Weibchen.

Drosophila-Weibchen legen in der Natur ihre Eier auf überreifem Obst ab, im Labor auf den Nährbrei im Zuchtglas. Dies geschieht etwa einen Tag nach der Begattung. Bereits einen Tag nach der Eiablage schlüpft eine Larve. Sie häutet sich zweimal. Ungefähr am siebten Tag nach der Begattung verpuppt sich die fünf Millimeter große Larve an der Wand des Zuchtglases. Aus der Puppe schlüpft nach einer vier bis fünf Tage dauernden Metamorphose die Fliege. Frisch geschlüpfte Weibchen, soge-

Imagines ♀ ♂

befruchtetes Ei	1. Tag
Schlüpfen der Larve	
Larve (Made)	2. Tag
zwei Häutungen	
spätes Larvenstadium	5. Tag
Verpuppung	
Puppe	7. Tag
Schlüpfen der Fliege	
Imago Wildtyp	12. Tag

117.1 Entwicklungszyklus der Fruchtfliege

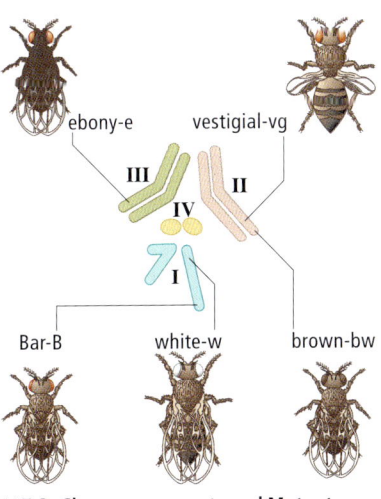

ebony-e — III
vestigial-vg — II
IV
I
Bar-B — white-w — brown-bw

117.2 Chromosomensatz und Mutanten der Fruchtfliege

nannte "Jungfrauen", sind zwölf Stunden später befruchtungsfähig. Die Eier werden aus einem bläschenförmigen Organ, einer Spermientasche, befruchtet. Dort werden die Spermien des Männchens nach der Begattung abgelegt. Ein einmal begattetes Weibchen befruchtet zeitlebens seine Eier mit den in der Spermientasche gelagerten Spermien der ersten Begattung.

Für kontrollierte Kreuzungen muss eine unkontrollierte Begattung der Weibchen verhindert werden. Dazu müssen die größeren Jungfrauen spätestens zwölf Stunden nach dem Schlüpfen von den kleineren Männchen getrennt werden.

Für Kreuzungsversuche werden häufig Mutanten mit auffälligen Merkmalen eingesetzt: ebony (e) oder black (b) mit schwarzer Körperfarbe, vestigial (vg) mit Stummelflügeln, brown (bw) mit braunen Augen, white (w) mit weißen Augen und Bar (B) mit schlitzförmigen Augen. Man kreuzt die Mutanten entweder untereinander oder mit dem Wildtyp. Der Wildtyp ist die Form einer Art, die in der Natur am häufigsten auftritt. Der Wildtyp hat rotbraune, rundliche Augen (w^+, bw^+, B^+), lange, über den Körper hinausreichende Flügel (vg^+) und eine braungraue Körperfarbe (e^+, b^+).

Die bei *Drosophila* benutzte Symbolik weicht von der sonst üblichen in Erbschemata ab. Hier zeigen kleine Buchstaben ein rezessives, große Buchstaben ein dominantes Mutantenallel an. Durch ein am Buchstaben hochgestelltes Pluszeichen, wie w^+, oder ein alleinstehendes Pluszeichen „+" wird das Allel des Wildtyps symbolisiert. So bedeutet $\frac{vg^+}{vg^+} \times \frac{vg}{vg}$ oder $\frac{+}{+} \times \frac{vg}{vg}$: Ein reinerbig langflügeliges Weibchen wird mit einem reinerbig stummelflügeligen Männchen gekreuzt. Das Weibchen steht immer vor, das Männchen hinter dem Kreuzungssymbol. Allele über dem Strich sind mütterlicher, unter dem Strich väterlicher Herkunft.

1. Begründen Sie, weshalb der Wildtyp in der Regel keine Mutantenallele besitzt!

4.2 Genkopplung

Bei seinen Untersuchungen entdeckte MORGAN eine viel größere Anzahl verschiedener Gene, als es Chromosomen bei *Drosophila* gibt (n = 4). Demnach mussten viele Gene gemeinsam auf einem Chromosom liegen. Der Nachweis einer solchen **Genkopplung** gelang MORGAN und seinen Mitarbeitern an *Drosophila*. Dazu kreuzte er eine reinerbige *Drosophila*-Doppelmutante, die eine schwarze Körperfarbe besaß (b, black) und Stummelflügel hatte (vg, vestigial), mit dem reinerbigen Wildtyp. Der Wildtyp besaß eine braungraue Körperfarbe (+) und hatte lange Flügel (+). Alle Nachkommen in der F_1-Generation dieses dihybriden Erbgangs waren entsprechend der ersten MENDELschen Regel uniform. Sie entsprachen im Phänotyp dem Wildtyp, besaßen braungraue Körper und hatten lange Flügel. Demnach war die braungraue Körperfarbe dominant über die schwarze Färbung und lange Flügel dominant über Stummelflügel.

Die Rückkreuzung eines Männchens aus der F_1 mit einem doppelt rezessiven Weibchen mit schwarzem Körper und Stummelflügeln ließ, entsprechend der Regel von der freien Kombinierbarkeit der Gene, vier verschiedene Phänotypen erwarten: braungraue Körper mit langen Flügeln, braungraue Körper mit Stummelflügeln, schwarze Körper mit langen Flügeln und schwarze Körper mit Stummelflügeln.
MORGAN erhielt entgegen dieser Erwartung nur zwei Phänotypen, die denen der Elterngeneration entsprachen, also braungraue Körperfarbe mit langen Flügeln und schwarze Fliegenkörper mit Stummelflügeln. Das F_1-Männchen bildete also nicht – wie beim dihybriden Erbgang zu erwarten – vier, sondern nur zwei Gametensorten aus. Während MORGAN bei anderen Genen der Fruchtfliege die freie Kombinierbarkeit beobachten konnte, galt die dritte MENDELsche Regel in diesem Fall offenbar nicht. MORGAN deutete diese Abweichung mit der Annahme, dass die Gene für black und vestigial auf dem gleichen Chromosom liegen. Er bezeichnete sie als gekoppelt. Alle auf einem Chromosom liegenden Gene bilden zusammen eine **Kopplungsgruppe.**

Die weitergehende Überprüfung sehr vieler Gene in Kreuzungsexperimenten ergab bei *Drosophila* vier Kopplungsgruppen, was der Anzahl der Chromosomen im haploiden Satz entspricht. Interessant war dabei, dass die vierte Kopplungsgruppe im Vergleich zu den drei anderen wenig Gene enthielt. Dies stimmte mit dem cytologischen Befund überein, wonach die vierte Kopplungsgruppe einem sehr kleinen punktförmigen Chromosom zuzuordnen war. Diese Befunde mit *Drosophila* waren eine experimentelle Bestätigung der *Chromosomentheorie der Vererbung*.
Auch für andere Organismen wurde die Übereinstimmung der Anzahl der Chromosomen im haploiden Satz mit der Anzahl der Kopplungsgruppen nachgewiesen. Zum Beispiel stimmten bei der Gartenerbse mit 7 und beim Menschen mit 23 Kopplungsgruppen die Zahlen mit der jeweiligen Anzahl der Chromosomen im haploiden Satz überein.
Für gekoppelte Erbanlagen gilt die dritte MENDELsche Regel von der freien Kombinierbarkeit der Gene nicht. Allgemeingültigkeit erhält die Regel wieder, wenn man hinzufügt, dass die freie Kombinierbarkeit nur für solche Gene gilt, die nicht derselben Kopplungsgruppe angehören, die also auf verschiedenen Chromosomen liegen.

118.1 Genkopplung bei Drosophila. b = schwarze Körperfarbe, + = braungraue Körperfarbe, vg = Stummelflügel, + = lange Flügel

4.3 Kopplungsbruch

MORGAN hatte bei der Rückkreuzung der F_1-Individuen nicht nur männliche F_1-Nachkommen mit ihren gekoppelten Genen für Körperfarbe und Flügelform eingesetzt, sondern auch reziprok braungraue, langflügelige F_1-Weibchen mit schwarzen, stummelflügeligen Männchen rückgekreuzt. Überraschenderweise tauchten hier die vier Phänotypenklassen auf und nicht nur zwei, wie bei Kopplung zu erwarten gewesen wäre. Dabei waren die beiden Elterntypen, also braungraue, langflügelige und schwarze, stummelflügelige Fliegen, mit jeweils beinahe 41 % wesentlich häufiger vertreten als die schwarzen, langflügeligen und braungrauen, stummelflügeligen Fliegen mit jeweils nur gut 9 %. Diese neuen Typen werden **Rekombinanten** (Austauschtypen) genannt.

Da die Gene für Körperfarbe und Flügelform beim Männchen und Weibchen auf den homologen Chromosomen liegen, konnten die Rekombinanten nur aus Eizellen entstanden sein, bei denen die gekoppelten Allele dieser Gene „entkoppelt" worden waren. Solch ein **Kopplungsbruch** musste bei insgesamt 18,5 % der weiblichen Gameten geschehen sein. Der Prozentsatz der Entkopplungen zweier Allele ist der **Austauschwert** der entsprechenden Gene. Er wird in MORGAN-Einheiten (ME) beschrieben. Die Gene black und vestigial besitzen demnach einen Austauschwert von 18,5 ME. Hier zeigt sich, dass der Aspekt der Kombinierbarkeit von Genen aus der dritten MENDELschen Regel auch für gekoppelte Gene zutreffen kann.

MORGAN versuchte den Kopplungsbruch mit einem Prozess zu erklären, den er **Crossing-over** nannte: Er vermutete, dass sich homologe Zwei-Chromatiden-Chromosomen bei der Paarung umschlingen und überkreuzen. Unter dem Einfluss von Enzymen kann an bestimmten Stellen ein Öffnen und genaues Überkreuzverbinden zweier homologer Ein-Chromatid-Chromosomen erfolgen. Diese Überkreuz-Neuverknüpfung von Teilen der Ein-Chromatid-Chromosomen lässt neu kombinierte Ein-Chromatid-Chromosomen entstehen. Dabei werden Allele aus Kopplungsgruppen gegeneinander ausgetauscht.

Das Crossing-over ist aus den Ergebnissen von Kreuzungsversuchen abgeleitet worden. Es lässt sich nicht beobachten. Mikroskopisch nachweisen lassen sich aber Überkreuzungen von homologen Zwei-Chromatiden-Chromosomen während der Meiose. Eine sichtbare Überkreuzungsstelle heißt **Chiasma**. Zwischen homologen Zwei-Chromatiden-Chromosomen kann es mehrere Chiasmata geben. Die unterschiedlichen Ergebnisse der reziproken Rückkreuzungen bei Drosophila mit der vollständigen Kopplung der Allele beim Einsatz von F_1-Männchen und den auftretenden Rekombinanten beim Einsatz von F_1-Weibchen lassen den Schluss zu, dass Crossing-over nur während der Eizellenbildung in weiblichen Fliegen, nicht aber bei der Bildung von Spermien vorkommt. Die mikroskopischen Befunde bestätigten, dass bei Zweiflüglern, zu denen Drosophila gehört, Chiasmata nur bei der Meiose weiblicher Fliegen vorkommen.

Durch die zufällige Verteilung der homologen Chromosomen in der Meiose besteht bereits eine große Variabilität in der genetischen Ausstattung der Gameten. Durch das Crossing-over wird diese Verschiedenartigkeit noch um ein Vielfaches gesteigert. Dabei liefert das Crossing-over neue, sonst nicht mögliche Allelkombinationen.

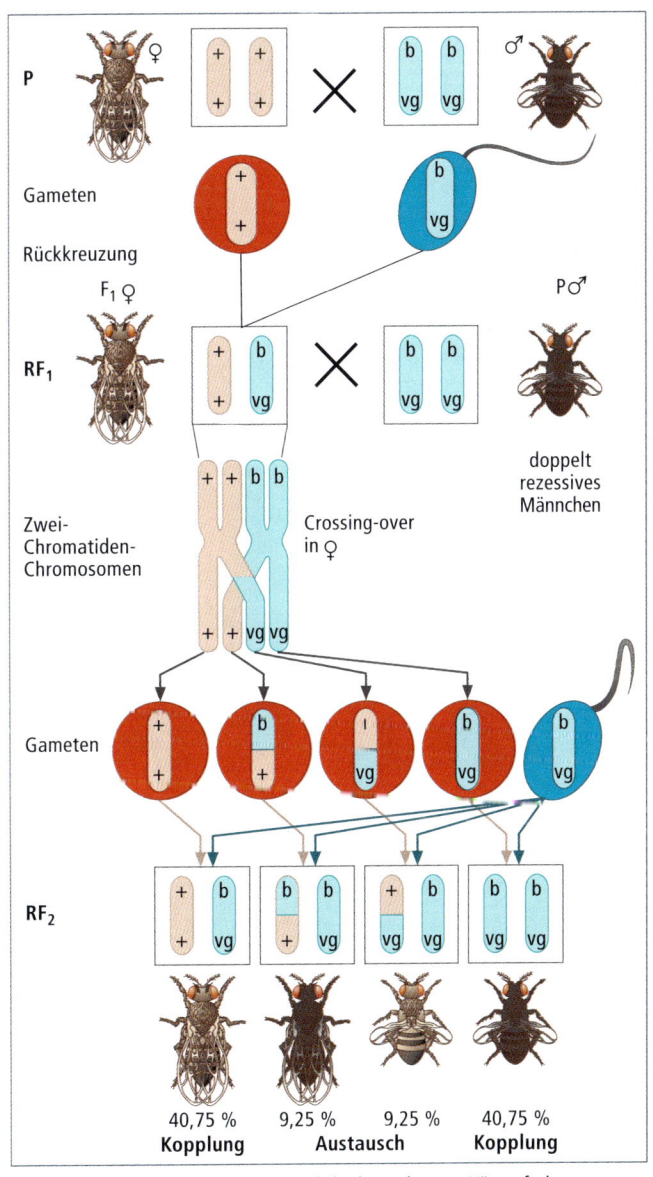

119.1 Kopplungsbruch bei Drosophila. b = schwarze Körperfarbe, + = braungraue Körperfarbe, vg = Stummelflügel, + = lange Flügel

Genetik und Gentechnik

4.4 Genkartierung bei *Drosophila*

Aus seinen Ergebnissen schloss MORGAN, dass Gene auf den Chromosomen linear hintereinander angeordnet sind. Die Häufigkeit der Trennung gekoppelter Allele müsste vom Abstand der Gene auf einem Chromosom abhängen, denn weite Abstände erhöhen die Wahrscheinlichkeit für ein Crossing-over zwischen den gekoppelten Genen. Die Allele zweier an den entgegengesetzten Enden eines Chromosoms liegenden Gene würden durch jedes Crossing-over getrennt. Zwei dicht beieinanderliegende Gene hingegen werden nur durch die Crossing-over getrennt, die unmittelbar zwischen ihnen ablaufen.

Mit der **Dreipunktanalyse** ermittelte MORGAN die Reihenfolgen und Austauschwerte vieler Gene auf den Chromosomen von *Drosophila*. Durch Kreuzung erhielt er weibliche Fliegen, die in drei auf dem X-Chromosom gekoppelten Genen, hier white (w), singed (sn, verbrannte Borsten) und Bar (B), heterozygot waren. Mit diesen Weibchen führte er eine Rückkreuzung durch und ordnete die männlichen Nachkommen der Klasse der Elterntypen oder einer der drei Rekombinanten „w", „sn" und „B" zu. Der Vergleich mit dem Genotyp der Mutter zeigte, dass in jeder Rekombinantenklasse nur das namengebende Allel am w-, sn- oder B-Gen ausgetauscht wurde.

Die Reihenfolge der drei Gene auf dem X-Chromosom wird wie folgt bestimmt: Die Rekombinantenklasse mit der niedrigsten Individuenanzahl („sn", 27 Nachkommen) weist das mittlere Gen aus. Diese Klasse hat die wenigsten Nachkommen, weil ein Austausch im mittleren Gen zwei Crossing-over – zwischen dem mittleren und jedem äußeren Gen – erforderlich macht. Das passiert seltener als der Austausch in einem äußeren Gen, der nur ein einfaches Crossing-over erfordert. Die Reihenfolge der Gene ist danach w–sn–B.

Um Austauschwerte zwischen Genen, wie w und sn, zu berechnen, werden die Individuenzahlen der Klassen addiert, bei denen es ein Crossing-over zwischen den Genen w und sn gab (Klasse „w" und „sn", 85 Nachkommen). Die Summe wird prozentual auf die Gesamtzahl aller Nachkommen (400) bezogen. Damit ergibt sich als Austauschwert zwischen w–sn 21,25 ME. Austauschwerte stellen relative und keine absoluten Abstände der Gene auf dem Chromosom dar. Dies liegt unter anderem daran, dass Crossing-over in Centromernähe wesentlich seltener erfolgen als in anderen Bereichen des Chromosoms. Damit kommt es in Centromernähe relativ selten zu Kopplungsbrüchen zwischen absolut weit entfernten Genen. Mit der Dreipunktanalyse gelang es, Genkarten von *Drosophila* zu erstellen, die die lineare Anordnung der untersuchten Gene in MORGAN-Einheiten angeben.

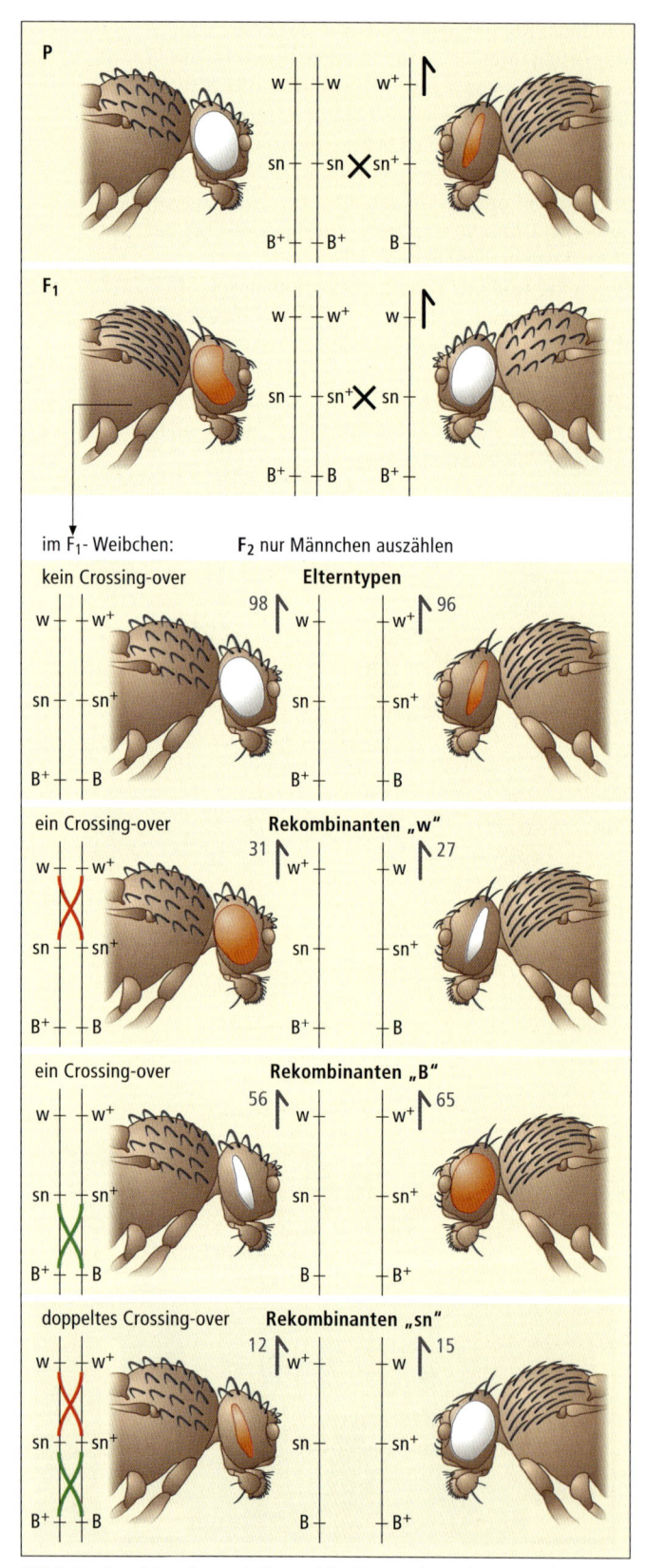

120.1 Dreipunktanalyse mit *Drosophila*. Untersuchung der Gene white (w), singed (sn, verbrannte Borsten) und Bar (B) mit Angabe von Nachkommenanzahlen in der F₂ (Ergebnisse eines Experiments)

PRAKTIKUM: Experimente zur Vererbung mit *Drosophila*

1 Arbeiten mit *Drosophila*

Material: Weizengrieß; Agar; Trockenhefe; Propionsäure (C); Nipagin (Xn, B3); Ether (F+, Xn); Watte; Spatel; Waage; Messzylinder; weiteres Zubehör siehe Abb. 121.1; Binokular; *Drosophila*-Stämme

Durchführung: a) Futterbreiherstellung: Kochen Sie unter Rühren 1500 ml Wasser, 150 g Weizengrieß, 15 g Agar und 5 g Trockenhefe 20 Minuten! Nach dem Abkühlen auf 70 °C geben Sie zur Verhinderung von Pilz- und Bakterienwuchs 4 ml Propionsäure und eine Spatelspitze Nipagin zu! Füllen Sie den Brei jeweils 2 cm hoch in die Gläser!

b) Geben Sie auf einen Wattebausch in einem luftdicht verschließbaren Glas einige Tropfen Ether! Klopfen Sie die Fliegen im Zuchtglas vorsichtig auf den Boden! Öffnen Sie den Deckel und schütten Sie die Fliegen schnell in einen Trichter mit einer Gaze, die ein Hindurchfallen der Fliegen verhindert! Betäuben Sie die Fliegen über der mit Ether beträufelten Watte so lange, bis sich die Fliegen nicht mehr bewegen! Langes Betäuben tötet die Fliegen, was am Abspreizen der Flügel erkannt wird.

Aufgabe:
Sortieren Sie die betäubten Fliegen nach dem Geschlecht (siehe Abb. 121.2)! Dies geht besonders gut mit einem feinen Pinsel aus der Falte einer geknickten Karteikarte und zur besseren Erkennung unter einem Binokular.

2 Kultivieren von *Drosophila*

Material: Zuchtglas mit Futterbrei; *Drosophila*-Wildtyp

Durchführung: Bringen Sie fünf Paare des Wildtyps in ein frisches Zuchtglas! Die Haltungstemperatur sollte bei 25 °C liegen. Entfernen Sie nach fünf Tagen alle Fliegen!

Aufgabe:
Beobachten und protokollieren Sie 14 Tage lang! Setzen Sie die neu geschlüpfte Generation in ein frisches Zuchtglas um!

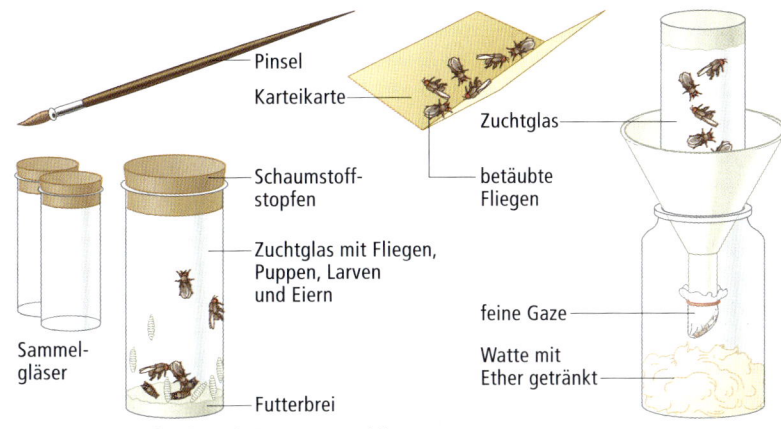

121.1 Zubehör für die Arbeit mit *Drosophila*

3 *Drosophila*-Erbgang (P, F_1)

Material: Zubehör siehe Abb. 121.1; Binokular; Wildtyp und Mutante (z. B. Einfachmutante mit Stummelflügeln (vg))

Durchführung: Fünf Tage vor Versuchsbeginn werden „Jungfrauen" (vgl. S. 117) gesammelt. Betäuben Sie dazu alle zwölf Stunden die Fliegen aus den Zuchtgläsern des Wildtyps und der Mutante! Trennen Sie die Fliegen nach ihrem Geschlecht und sammeln Sie diese bis zum Versuchsbeginn in separaten Zuchtgläsern! Das Auffüllen mit weiteren, noch betäubten Fliegen ist bei leicht geöffnetem Deckel durch wiederholtes, vorsichtiges Aufstampfen des Zuchtglases möglich.

Zum Versuchsbeginn setzen Sie in zwei Ansätzen reziproke Kreuzungen an: Bestücken Sie dazu jedes Kreuzungsglas mit fünf Paaren aus Wildtyp-Weibchen und Mutanten-Männchen bzw. umgekehrt! Beschriften Sie die Gläser sofort mit Datum, Kreuzung und einem „P" für Parentalgeneration! Entfernen Sie nach fünf Tagen alle Fliegen aus den Kreuzungsgläsern!

Aufgabe:
Werten Sie spätestens am 9. Tag nach dem Schlüpfen der ersten Fliegen die F_1-Generation aus! Überprüfen Sie den Phänotyp der Nachkommen auf Uniformität und zählen Sie die Fliegen nach dem Geschlecht aus! Setzen Sie danach fünf Paare der F_1-Generation in ein frisches Kreuzungsglas um!

4 *Drosophila*-Erbgang (F_1, F_2)

Material: Zubehör siehe Abb. 121.1; Binokular; Fliegen aus Versuch 3

Durchführung: Beschriften Sie das Kreuzungsglas, in das Sie fünf Paare der F_1 aus Versuch 3 gesetzt haben, mit Datum, Kreuzung und einem „F_1" für F_1-Generation! Entfernen Sie nach fünf Tagen alle Fliegen!

Aufgaben:
a) Werten Sie spätestens am 9. Tag nach dem Schlüpfen der ersten Fliegen die F_2-Generation aus! Halten Sie die Individuenzahlen der verschiedenen Phänotypen innerhalb jeder Kreuzung tabellarisch fest!

b) Begründen Sie, weshalb die Fliegen nach fünf Tagen aus den Kreuzungsgläsern entfernt werden!

c) Begründen Sie, weshalb man die Kreuzungsgläser spätestens am 9. Tag nach dem Schlüpfen der ersten Fliegen auswerten soll!

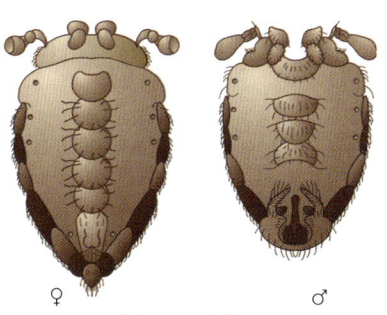

121.2 *Drosophila*-Hinterleib

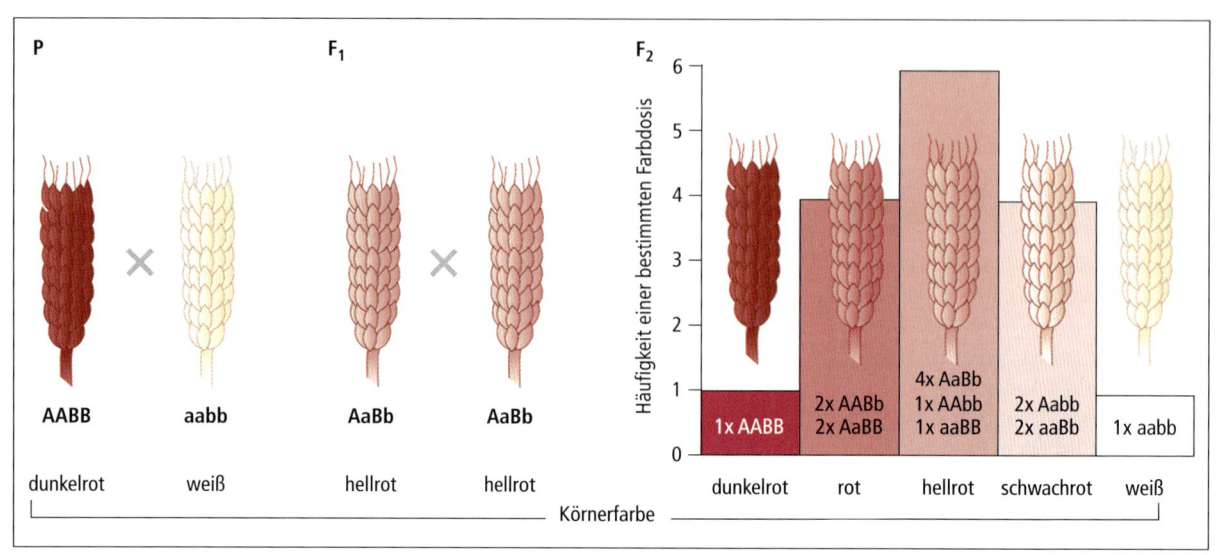

122.1 Polygene Farbentwicklung bei Weizenkörnern. Kreuzungsschema des Erbgangs bis zur F_2

4.5 Polygene Vererbung

Es gibt viele Merkmale, deren Erbgänge nicht leicht zu verfolgen sind. Dazu gehört die Körnerfärbung beim Weizen, die der Pflanzengenetiker Hermann NILSSON-EHLE 1909 sehr gründlich untersuchte. Aus der Kreuzung von Weizen mit dunkelroter Körnerfarbe und Weizen mit sehr heller Körnerfarbe erhielt er in der F_1 eine uniforme, hellrote Körnerfarbe, die zwischen den beiden Elternsorten lag. Eine solche Merkmalsausprägung nennt man **intermediär** oder **unvollständige Dominanz**.

NILSSON-EHLE kreuzte die F_1 untereinander. In der F_2-Generation fand er Ähren mit fünf verschiedenen Körnerfarben in einer relativen Häufigkeit von $^1/_{16} : ^4/_{16} : ^6/_{16} : ^4/_{16} : ^1/_{16}$. Offensichtlich wurde dieses Merkmal nicht von einem einzigen Gen bestimmt, also nicht *monogen* vererbt. Aber auch bei der Annahme eines dihybriden Erbgangs hätte man normalerweise statt der fünf nur vier verschiedene Phänotypen in der charakteristischen F_2-Aufspaltung von $^9/_{16} : ^3/_{16} : ^3/_{16} : ^1/_{16}$ erwartet.

Und doch konnte NILSSON-EHLE seine Ergebnisse auf einen dihybriden Erbgang zurückführen, bei dem zwei Gene (A und B) auf dasselbe Merkmal – die Körnerfarbe – einwirken. Das gefundene Zahlenverhältnis lässt sich erklären, wenn man davon ausgeht, dass die Gene A und B gleichermaßen zur Bildung einer bestimmten Pigmentmenge beitragen. Offenbar addieren sich die Wirkungen der vier Allele der beiden Gene. Die Färbung nimmt mit der Anzahl dominanter Allele zu. Dementsprechend lautet der Genotyp für dunkelrote Körner AABB und für weiße aabb. Die anderen Mischfarben entstehen beim Vorhandensein von ein bis drei Allelen, die für die Pigmentbildung verantwortlich sind. Ein solches gemeinsames Wirken zweier oder noch weiterer Gene auf die Ausprägung eines Merkmals nennt man **Polygenie**.

Bei der Körnerfärbung kann jedes der zwei Gene A und B die Ausbildung der Färbung hervorrufen. Das Zusammenwirken beider Gene führt zur kräftigsten Körnerfärbung, nämlich dunkelrot. Wegen dieser ergänzenden Wirkung der beteiligten Gene spricht man hier von **additiver Polygenie**.

Ein anderes Beispiel für Polygenie findet man bei der Synthese von Hämoglobin. Hierbei handelt es sich um ein Protein, das in mehreren Schritten aufgebaut wird. Für jeden Syntheseschritt werden unterschiedliche Enzyme benötigt, die von verschiedenen Genen codiert werden. Der Ausfall eines einzigen Enzyms unterbricht bereits die Synthese des Proteins und führt dann zum vollständigen Fehlen von Hämoglobin (Anämie). Die für die Bildung der Enzyme verantwortlichen Allele der verschiedenen Gene müssen also alle gemeinsam vorliegen, damit das Hämoglobin gebildet werden kann. Ist die Ausprägung eines Merkmals nur dann gewährleistet, wenn alle beteiligten Genprodukte vorliegen, spricht man von **komplementärer Polygenie**.

In den seltensten Fällen werden Merkmale von nur einem Gen bestimmt, meistens wirken bei der Ausprägung eines Merkmals mehrere Gene zusammen. Dazu gehören die Körpergestalt und Größe eines Menschen, seine Augen-, Haar- und Hautfarbe oder die Fellfarbe von Mäusen. Auch Krankheiten wie Krebs lassen sich auf Störungen in einem Wirkungsgefüge vieler Gene zurückführen. Dabei fällt es schwer, die komplexen polygenen Wirkungen zu verstehen, weil viele Ausprägungen zusätzlich von Umwelteinflüssen abhängen.

EXKURS Modifikation

An einer Rotbuche lassen sich im Sommer Sonnen- und Schattenblätter unterscheiden. Diese Unterschiede treten auf, obwohl alle Blätter dieser Rotbuche das gleiche Erbgut besitzen. In einer Population von Pantoffeltierchen, die durch fortgesetzte Zweiteilung aus einem Ausgangsindividuum entstanden ist, variieren die Körperlängen der Einzeller beträchtlich. Dabei besteht die Population aus genetisch identischen Einzellern. Auch beim Menschen unterscheiden sich eineiige Zwillinge in verschiedenen Merkmalen. Es zeigt sich, dass trotz gleicher genetischer Ausstattung offensichtlich Unterschiede im Erscheinungsbild auftreten können.

Lebewesen mit gleichem Erbgut stimmen also nicht in allen äußeren Merkmalen überein. Damit können nicht nur die Gene allein für die Merkmalsausbildung verantwortlich sein. Die Lebewesen sind in bestimmten Perioden ihrer Entwicklung durch Umweltfaktoren, wie Nahrung, Wasser, Temperatur, Licht, Tageslänge und biotische Faktoren, veränderbar. Diese Fähigkeit, auf Umwelteinflüsse mit Veränderungen ihrer Entwicklung zu reagieren, nennt man *Modifikabilität*. Der Vorgang heißt **Modifikation**.

Die Wirkung von Umwelteinflüssen kann man experimentell an genetisch gleichen Lebewesen untersuchen. Bohnenpflanzen eignen sich dafür als Selbstbestäuber gut. Nimmt man eine reinerbige, selbstbestäubte Bohnenpflanze, dann besitzen alle Bohnen dieser Pflanze die gleiche genetische Ausstattung. Misst man die Länge aller Bohnen dieser Pflanze, erhält man Werte von 10 bis 18 Millimeter. Die Mehrzahl der Bohnen hat eine Länge um den Mittelwert von etwa 14 Millimeter. Die Anzahl der Bohnen, die länger oder kürzer als der Mittelwert sind, nimmt zu den Extremwerten hin kontinuierlich ab.

Die Erklärung liegt in den unterschiedlichen Wachstumsbedingungen der Bohnen in den Hülsen. Sie werden unterschiedlich mit Nährstoffen, Mineralstoffen oder Wasser versorgt. Aber auch unterschiedliche Licht- und Wärmeverhältnisse nehmen Einfluss auf das Wachstum jeder Bohne. Die meisten Bohnen sind dabei sowohl günstigen als auch ungünstigen Umwelteinflüssen ausgesetzt. Es kommt selten vor, dass nur günstige oder nur ungünstige Einflüsse wirken. Deshalb sind extrem lange oder kurze Bohnen rar und die von mittlerer Länge am häufigsten. Um zu belegen, dass Umwelteinflüsse und nicht Unterschiede im Erbgut für die Längenunterschiede verantwortlich sind, zieht man aus den jeweils kürzesten und längsten Bohnen Pflanzen heran. Die Längen der Bohnen dieser Pflanzen variieren wieder. Stellt man die Ergebnisse in einem Diagramm dar, entsteht eine **Variationskurve**. Wie sich zeigt, gleichen sich die Variationskurven der Bohnenlängen von Pflanzen, die aus langen und kurzen Bohnen angezogen wurden. Damit ist die Länge der Bohnen auf Modifikation zurückzuführen. Sie verändert den Phänotyp, nicht aber den Genotyp.

Es konnte gezeigt werden, dass die Gene nicht die millimetergenaue Bohnenlänge bestimmen. Sie geben allerdings einen Bereich vor, innerhalb dessen die Merkmalsausbildung erfolgen kann. Diesen erblich festgelegten Bereich bezeichnet man als **Reaktionsnorm**. Der Phänotyp entsteht also aus einer Wechselbeziehung zwischen Genen und Umweltfaktoren. Diese Wechselbeziehung führt innerhalb der Reaktionsnorm zum Ablauf unterschiedlicher genetischer Programme und damit zur individuellen Länge jeder Bohne. Da stufenlos alle Längen von Bohnen auftreten, spricht man von **fließender Modifikation**.

Ein anderes Beispiel ist die Fellfärbung beim Himalaya-Kaninchen. Hier katalysiert ein Enzym im Syntheseweg der Melaninbildung nur unter 34 °C Körpertemperatur die schwarze Fellfarbe. Bei einer Lufttemperatur bis 30 °C liegt die Körpertemperatur an Ohren, Schwanzspitze und Extremitäten unter 34 °C, also werden diese schwarz. Bei einer Lufttemperatur über 30 °C steigt an Ohren, Schwanzspitze und Extremitäten die Körpertemperatur über den kritischen Wert von 34 °C. Das Fell bleibt weiß. Hier zeigt sich eine **umschlagende Modifikation**. Das temperaturabhängige Enzym verliert bei 34 °C schlagartig seine Wirkung und kann somit nicht mehr zur Ausbildung eines Farbstoffs beitragen.

Auch das Geschlecht kann von äußeren Faktoren bestimmt werden. Bei dem im Meer lebenden Ringelwurm *Ophryotrocha* hängt dies von der Zahl seiner Körpersegmente ab. Junge Tiere mit bis zu 20 Segmenten sind männlich, größere Tiere wandeln sich in Weibchen um. Kürzt man große Tiere wieder auf zehn Segmente, werden sie nochmals zu Männchen. Diese Entfaltung des Geschlechts, die nicht von einem Geschlechtschromosom, sondern von äußeren Faktoren bestimmt wird, nennt man **modifikatorische Geschlechtsbestimmung**.

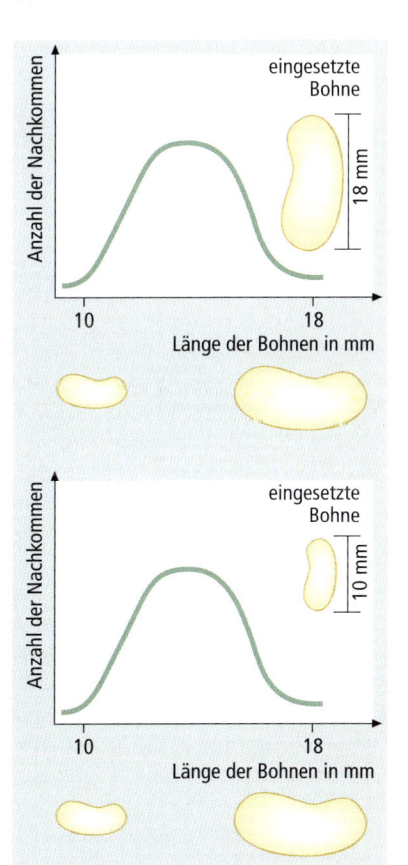

123.1 Variationskurven bei Bohnen

BASISKONZEPTE werden vernetzt: Molekulargenetik, Zytogenetik und klassische Genetik

Honigbienen haben ein gutes Gedächtnis und verfügen über eine hohe Leistungsfähigkeit in Bezug auf **Information und Kommunikation**. Beispielsweise führt ein wiederholt erfolgreicher Besuch einer bestimmten Blütensorte zu einer Blütenstetigkeit. Hierunter versteht man eine zeitlich begrenzte „Blütentreue" und intensive Sammeltätigkeit. Das gezielte Anfliegen der Blüten erfolgt aufgrund visueller Reize. Zwischen Blüte und Insekt liegt eine symbiotische Beziehung vor, die auf **Variabilität und Angepasstheit** beruht. Die Spezialisierung der Blüten steht in engem Zusammenhang mit der Leistungsfähigkeit der Sinnesorgane bei den Bestäubern. Eine derartig innige Wechselbeziehung kann nur durch gemeinsame evolutive **Entwicklung** erklärt werden: Koevolution.

Blütenfarbstoffe sind sekundäre Pflanzenstoffe. Diese Stoffgruppe umfasst eine Vielzahl von Verbindungen, deren Synthese vom Primärstoffwechsel abzweigt. Sie besitzen vielfach ökochemische Funktionen, zum Beispiel als Schreckstoffe, Bitterstoffe oder Giftstoffe zur Abwehr von Tieren oder als Farbstoffe, Geruchs- und Geschmacksstoffe zur Anlockung von Tieren im Dienste der Fortpflanzung. Auf dieser **Organisationsebene** kennt man heute weit über 200 000 verschiedene, von Pflanzen produzierte Stoffe des Sekundärstoffwechsels. Damit sind die Stoffwechselleistungen von Pflanzen wesentlich umfassender als die der Tiere.

Sehr viele Blütenfarbstoffe werden chemisch den Anthocyanen zugeordnet. Die **Struktur und Funktion** dieser Farbstoffe sind gut bekannt. Sie sind wasserlöslich und werden in den Vakuolen der Blütenblätter gespeichert. Ihre Farben reichen von Zartrosa (z. B. Geranie) über Tiefrot (z. B. Rose) bis zu Tiefblau (z. B. Kornblume). Die Synthese der Farbstoffe ist eine schrittweise erfolgende **Stoff- und Energieumwandlung**. Jeder einzelne Schritt wird von einem Gen gesteuert. Fällt eines der Gene durch Mutation aus, kann das betreffende Enzym nicht gebildet werden. Damit ist der Syntheseweg des Farbstoffs unterbrochen und es entstehen weiße Blüten.

Die **Variabilität und Angepasstheit** von Getreidepflanzen wie zum Beispiel Weizen ist für die Lebensmitteltechnologie von großem Interesse. Bereits 1909 wurde festgestellt, dass die Vererbung der Körnerfarbe beim Weizen nicht den MENDELschen Regeln folgt. Kreuzt man eine Weizensorte mit dunkelroten Körnern mit einer anderen Sorte mit sehr hellen Körnern, so ist die F_1 zwar uniform mit einer ziemlich in der Mitte liegenden Farbe. Kreuzt man jedoch die F_1 weiter, erhält man in der F_2 fünf Körnerfarben in einer Häufigkeit von 1 : 4 : 6 : 4 : 1. Dieses Ergebnis lässt sich durch Polygenie erklären.

An den Blütenfarbstoffen wurden viele Grundlagen der Genetik erarbeitet. Ausgangspunkt waren die Entdeckungen Gregor MENDELs. Bei der **Reproduktion** von Erbsen mit unterschiedlichen Merkmalen wie zum Beispiel der Blütenfarbe oder der Form und Farbe der Samen wurden die MENDELschen Regeln entdeckt. Mithilfe der Chromosomentheorie der Vererbung konnte man später die unterschiedlichen Erbgänge erklären.

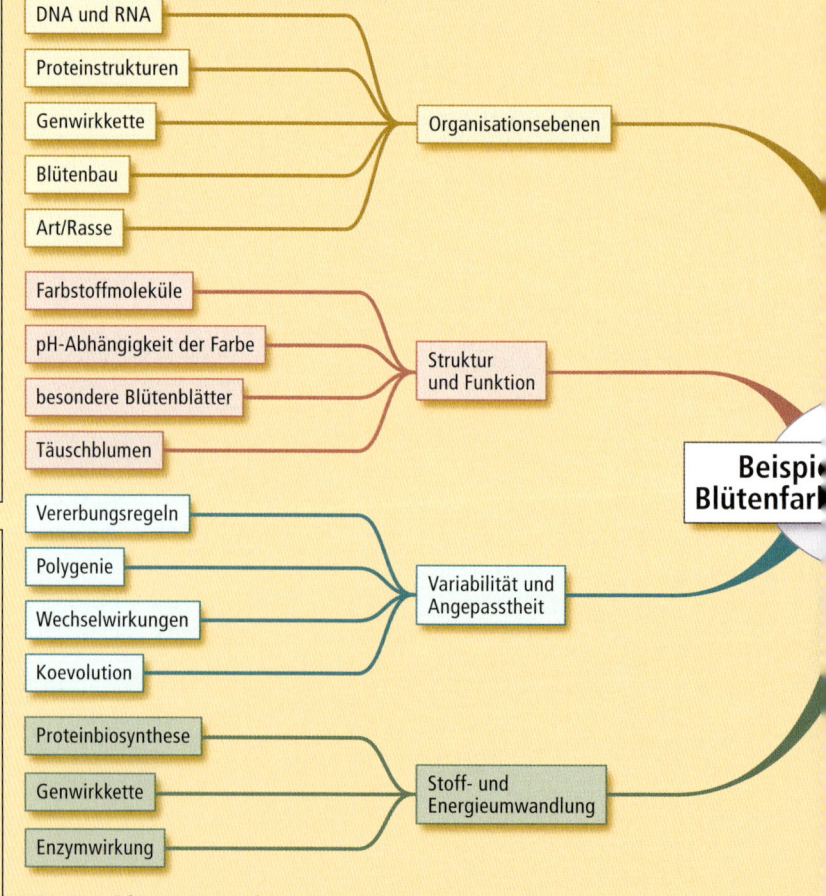

- DNA und RNA
- Proteinstrukturen
- Genwirkkette
- Blütenbau
- Art/Rasse
→ Organisationsebenen

- Farbstoffmoleküle
- pH-Abhängigkeit der Farbe
- besondere Blütenblätter
- Täuschblumen
→ Struktur und Funktion

- Vererbungsregeln
- Polygenie
- Wechselwirkungen
- Koevolution
→ Variabilität und Angepasstheit

- Proteinbiosynthese
- Genwirkkette
- Enzymwirkung
→ Stoff- und Energieumwandlung

→ Beispiel Blütenfarbe

124.1 Basiskonzepte werden vernetzt: Beispiel Blütenfarbe

Genetik und Gentechnik

In der **Entwicklung** mancher Blüten ist eine Farbveränderung zu beobachten. Häufig sind wie beim Natterkopf *Echium* die noch unreifen Blüten rot gefärbt. Dann erfolgt eine Umfärbung nach blau. Ursache ist eine zunehmende Bindung von Aluminiumionen, eine **Stoff- und Energieumwandlung.** Durch die Komplexbindung der Anthocyane mit Aluminiumionen verändert sich die Lichtabsorption der Farbstoffe und damit deren Farbe. Es greift auch das Basiskonzept **Struktur und Funktion,** denn die Farbänderung kann als Signal an potenzielle Bestäuber wie Bienen interpretiert werden, die die Farbe Rot kaum wahrnehmen. Erst die auffällig blauen, reifen Blüten locken die Bestäuber an.

Die Krabbenspinne *Misumena* lauert in Blüten auf Beute, meist Bienen und andere fliegende Insekten. *Misumena* hat in weißen Blüten eine weiße Farbe, in gelben Blüten ist sie jedoch gelb. Beim Umsetzen von einer weißen in eine gelbe Blüte oder umgekehrt ändert sie in wenigen Minuten ihre Farbe. Diese Umwandlung unterliegt einer **Steuerung und Regelung.** Die Gelbfärbung entsteht durch Einlagerung eines gelben Farbstoffes in die Zellen der Haut, die Weißfärbung durch Verlagerung des Farbstoffes in tiefere Zellschichten. Die Steuerung des Farbwechsels erfolgt über die Augen, wie man durch Abdecken der Augen nachweisen konnte.

1. Die Blüten von Tulpen können durch verschiedene Farbstoffe, die meist in den Vakuolen der Blütenblätter gelöst sind, unterschiedlich gefärbt sein. Als Farbstoffe findet man Anthocyane (blau, violett, rot), Anthoxanthine (gelb), Betalaine (rot, violett, gelb), Chalcone (gelb, UV) und Aurone (gelb, UV). Weiße Blütenfarbe kann durch Totalreflexion von Licht vor allem an den mit Luft gefüllten Interzellularen entstehen. Man hat nachgewiesen, dass die Synthese von Farbstoffen durch verschiedene Genmutationen gestört werden kann.
Erstellen Sie eine begründete Hypothese, welche Farbe die Blütenblätter derartiger Mutanten aufweisen!

2. Das Madagaskar-Immergrün ist in den Tropen weit verbreitet und wird bei uns gerne als Zierpflanze verwendet. Die Pflanze enthält in allen Pflanzenteilen mehrere Giftstoffe, darunter das Alkaloid Vinblastin. Dieses wirkt als Mitosehemmer, ähnlich dem Colchicin, nur etwa zehnmal stärker. Diese Wirkung beruht auf der Destabilisierung der Mitosespindel.
a) Begründen Sie die allgemeine Bedeutung von giftigen Inhaltsstoffen in Pflanzen!
b) Das Vinblastin wird trotz erheblicher Nebenwirkungen zur Bekämpfung von Leukämie eingesetzt. Begründen Sie dies!

3. Das Farbsehvermögen vieler Insekten, wie zum Beispiel von Bienen, umfasst den Spektralbereich von 300 bis 600 nm. Sie besitzen in ihren Ommatidien drei Sehzelltypen mit UV-, blau- und grün-gelb-empfindlichen Sehfarbstoffen. Die Absorptionsmaxima dieser Farbstoffe liegen bei 330 bis 360 nm, 430 bis 470 nm und 520 bis 560 nm.
a) Erläutern Sie unter Verwendung Ihres Grundwissens das Farbsehvermögen des Menschen!
b) Vergleichen Sie das Farbsehvermögen von Mensch und Honigbiene!
c) Entwickeln Sie eine Hypothese, weshalb das Farbsehvermögen der Bienen diesen speziellen Teil des Spektrums umfasst!

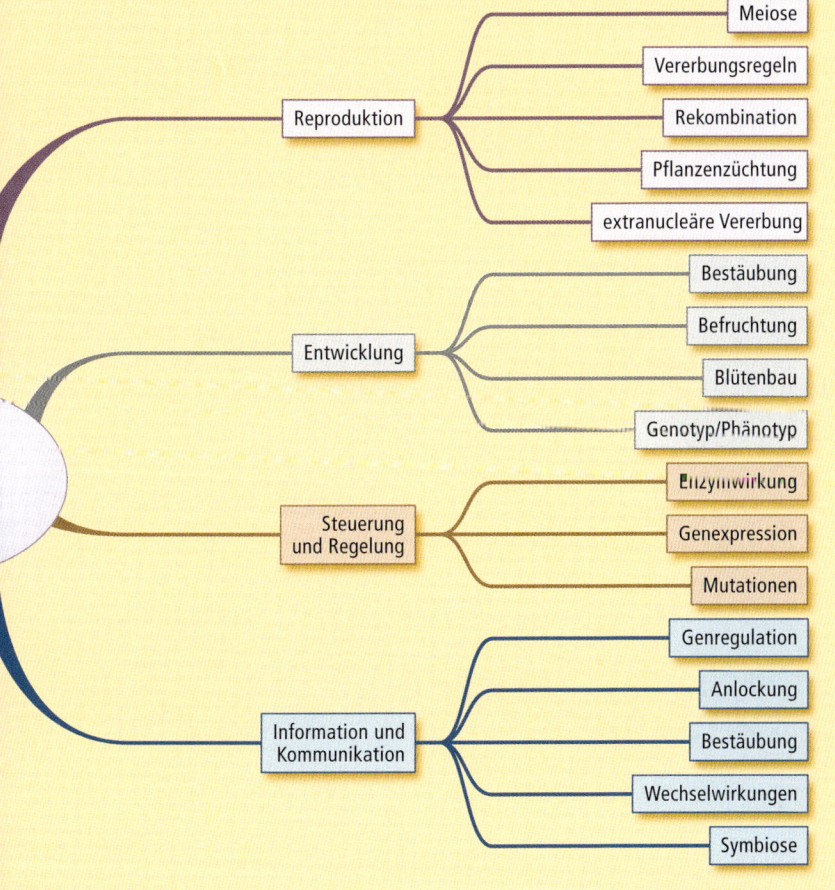

Reproduktion
- Meiose
- Vererbungsregeln
- Rekombination
- Pflanzenzüchtung
- extranucleäre Vererbung

Entwicklung
- Bestäubung
- Befruchtung
- Blütenbau
- Genotyp/Phänotyp

Steuerung und Regelung
- Enzymwirkung
- Genexpression
- Mutationen

Information und Kommunikation
- Genregulation
- Anlockung
- Bestäubung
- Wechselwirkungen
- Symbiose

GRUNDWISSEN Molekulargenetik, Zytogenetik und klassische Genetik

Die DNA ist der Speicher genetischer Information.

Der Bau der DNA legt die genetische Information fest. Die DNA ist ein fadenförmiges Makromolekül, dessen Bausteine *Nucleotide* sind. Jedes Nucleotid ist zusammengesetzt aus je einem Molekülrest Phosphorsäure, Desoxyribose und einem Molekülrest der vier Basen Adenin, Thymin, Cytosin und Guanin. Das *Prinzip der Basenpaarung* zwischen A/T und C/G aufgrund von Wasserstoffbrückenbindungen erklärt die dreidimensionale Helixstruktur der DNA, die 1953 von WATSON und CRICK veröffentlicht wurde. Dieses DNA-Modell erklärt auch den Mechanismus der *semikonservativen Replikation*, die von MESELSON und STAHL 1958 bewiesen wurde. Ein weiterer Beweis für diese Struktur ist das „Schmelzen" der DNA bei etwa 85 °C. Bei dieser Temperatur in wässriger Umgebung lösen sich die Wasserstoffbrückenbindungen. Dieser Vorgang kann durch Messung der UV-Absorption verfolgt werden.

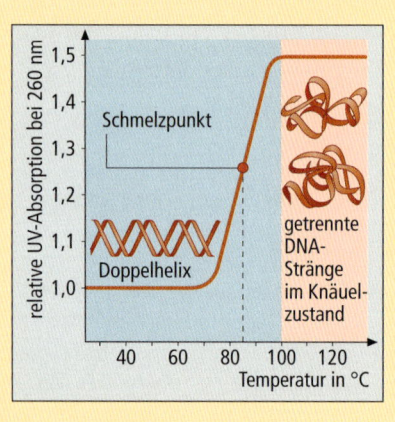

Transkription und Translation werden von Pro- und Eukaryoten in ähnlicher Weise durchgeführt.

Die Umsetzung der genetischen Information erfolgt durch Bildung von Proteinen, die dann meist als Enzyme die Ausprägung von Merkmalen bewirken. In einem ersten Schritt, der *Transkription,* wird die Information der DNA in ein Botenmolekül, die mRNA, umgeschrieben. In einem zweiten Schritt, der *Translation,* wird dann die Basensequenz der mRNA in eine Aminosäuresequenz übersetzt. Der *genetische Code* ist in allen Lebewesen universell gültig. Das synthetisierte Polypeptid kann noch weiter modifiziert werden, um schließlich die vorgesehene Funktion im Stoffwechsel der Zelle zu übernehmen.

Die Regulation der Transkription beruht auf Wechselwirkungen zwischen DNA und Regulator-Proteinen.

Das am besten untersuchte Beispiel für die Kontrolle der Transkription ist das *lac-Operon* von *Escherichia coli*. Die Bindung eines Repressor-Proteins an zwei Operatoren gleichzeitig führt zu der Entstehung einer DNA-Schleife, die eine Transkription durch RNA-Polymerase verhindert. Solche DNA-Schleifen bieten auch eine Erklärung für das Zusammenwirken der zahlreichen hemmenden und aktivierenden Transkriptionsfaktoren bei Eukaryoten.

Reparaturmechanismen ermöglichen die Korrektur von Replikationsfehlern.

Mutationen beruhen auf erblichen Veränderungen der Basensequenz in der DNA. So kann zum Beispiel bei der Replikation ein Nucleotid falsch eingebaut werden. Da Mutationen zufällige Störungen in einem präzise aufeinander abgestimmten System darstellen, führen sie oft zu schwerwiegenden Veränderungen im Phänotyp. So gibt es zum Beispiel beim Hämoglobin des Menschen mehrere Mutanten, die jeweils Störungen des Sauerstofftransports und damit typische Krankheitsbilder verursachen. Es gibt zwar in den Zellen spezielle *DNA-Reparatursysteme,* die Schäden an der DNA meistens erkennen und ausbessern. Bei der Mutante „Wayne" ist durch Ausfall eines Adenin-Nucleotids aber das Leseraster verschoben.

Mutationen können sich manchmal auch als vorteilhaft erweisen. Die Entstehung von Angepasstheiten an sich verändernde Umweltbedingungen wäre ohne Mutationen nicht möglich.

Eukaryoten besitzen Mosaikgene.

Eukaryotische Gene und ihre RNA-Transkripte enthalten mosaikartig codierende und nichtcodierende Sequenzen. Noch im Zellkern werden aus der prä-mRNA durch Enzyme die Introns ausgeschnitten und die Exons zu einer mRNA verknüpft. Dieser Vorgang wird als *Spleißen* bezeichnet. Die mRNA wird durch Anhängen einer cap- und einer Poly-A-Sequenz für die Translation vorbereitet: *Prozessierung*.

Der mitotische Zellzyklus dient der Zellvermehrung.

Der mitotische Zellzyklus umfasst die Abschnitte der *Interphase,* der *Mitose* und der *Zellteilung*. Die Interphase ist in die drei Unterabschnitte G_1-, S- und G_2-Phase gegliedert. Bei der Mitose werden die Abschnitte Prophase, Metaphase, Anaphase und Telophase unterschieden. Bei mitotischen Teilungen bleibt der Chromosomensatz von 2n erhalten. In der S-Phase erfolgt die

HbA	...	AAA	TAC	CGT	TAA	GCT	GGA	GCC	TCG	GTA	GCC
		139	140	141	Stopp						
(α-Kette)	... –	Lys –	Tyr –	Arg							

Ausfall eines A ↓

Hb Wayne	...	AAT	ACC	GTT	AAG	CTG	GAG	CCT	CGG	TAG	CC
		139	140	141	142	143	144	145	146	Stopp	
(α-Kette)	... –	Asn –	Thr –	Val –	Lys –	Leu –	Glu –	Pro –	Arg		

Replikation der DNA. Die Kondensation der Zwei-Chromatiden-Chromosomen leitet die Mitose ein. Die identischen Chromatiden werden getrennt und auf die beiden entstehenden Tochterzellen verteilt. Jetzt liegen wieder Ein-Chromatid-Chromosomen vor und der Zellzyklus beginnt erneut.

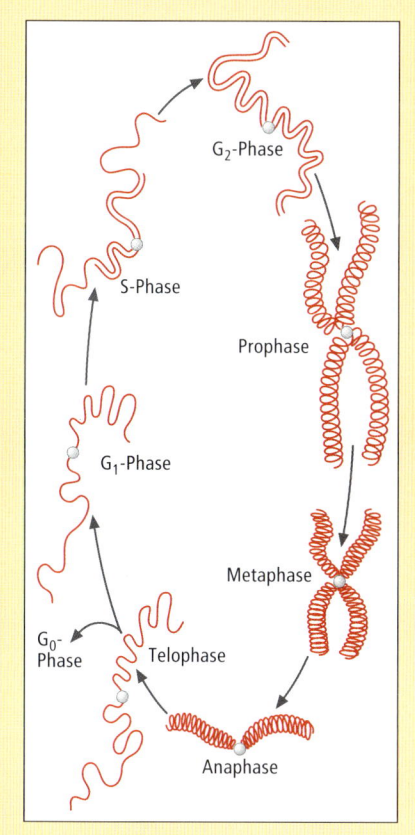

Die Meiose ist eine Grundlage der Evolution.

Eine fortgesetzte Verdoppelung des Chromosomensatzes bei der geschlechtlichen Fortpflanzung wird durch die 1. Reifeteilung oder *Reduktionsteilung* der Meiose verhindert. Neben der Aufrechterhaltung der arttypischen Anzahl von Chromosomen liegt eine zweite wichtige Bedeutung der Meiose in der *Neukombination der Gene*. Diese führt zu einer ständigen Durchmischung der elterlichen Erbinformation mit völlig neuen Allelkombinationen in den Filialgenerationen. Auf diese Weise kann Evolution stattfinden.

Die MENDELschen Regeln haben statistischen Charakter.

Die MENDELschen Regeln sind das Ergebnis umfangreicher Kreuzungsversuche an Erbsen. Bei der Auszählung sehr großer Individuenzahlen mit bestimmten Merkmalen treten statistische Zahlenverhältnisse auf. Man unterscheidet die *Uniformitätsregel*, die *Spaltungsregel* und die *Unabhängigkeitsregel*. MENDEL erklärte die von ihm festgestellten „Gesetzmäßigkeiten" durch die Annahme, dass Allele jeweils zweifach vorliegen. Diese beiden Allele können identisch *(homozygot)* oder verschieden *(heterozygot)* sein. Bei Heterozygotie kann ein Allel dominant über das andere, rezessive Allel sein. Dies führt zu einem *dominant-rezessiven Erbgang*. Wenn beide Allele gleiche Wirkung haben, liegt ein *intermediärer Erbgang* vor. Manchmal werden Merkmale durch das Zusammenwirken mehrerer Allelenpaare bedingt. Dies bezeichnet man als *Polygenie*. Durch die später erfolgte Entdeckung der Chromosomen wurde MENDEL in seiner Auffassung bestätigt.

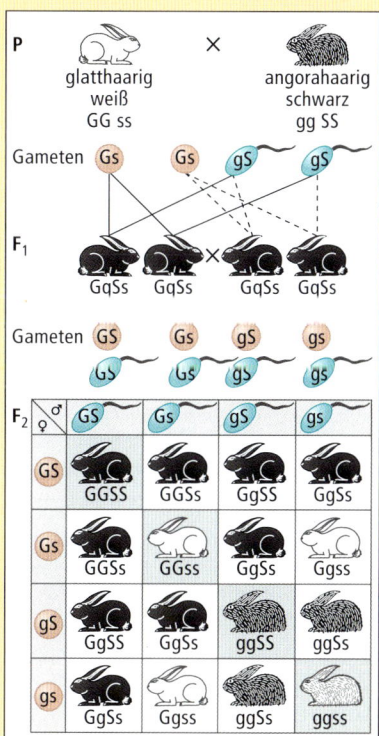

Die Genkopplung wurde bei der Fruchtfliege *Drosophila* entdeckt.

In der Metaphase der 1. Reifeteilung treten häufig *Chiasmata* auf. So bezeichnet man Überkreuzungen von Nicht-Schwester-Chromatiden homologer Chromosomen. Das *Crossing-over* führt zu einem Stückaustausch zwischen den Chromosomen. Dieses Phänomen wurde zuerst an der Fruchtfliege beobachtet und untersucht. Die Gene, die auf demselben Chromosom liegen, bilden eine *Kopplungsgruppe* und müssten gemeinsam vererbt werden. Durch das Crossing-over erfolgt jedoch ein *Kopplungsbruch* und die betreffenden Allele werden ausgetauscht. Durch die Dreipunktanalyse konnte dann eine vorläufige Genkarte von *Drosophila* erstellt werden.

Genort	Mutante	Phänotyp
0,0	yellow	gelbe Körperfarbe
0,0	achaete-scute	fehlende Borsten (Genkomplex)
0,3	deep orange	Augenfarbe, steril
0,6	6-Phospho-gluconate-Dehydrogenase	Enzymaktivität
0,8	prune	Augenfarbe
0,9	giant	zusätzliches Larvenstadium
1,0	zeste	Augenfarbe
1,5	white	Augenfarbe
2,2	roughest	raue Facetten
3,0	Notch	Flügelkerbe
3,6	Sgs-4	Speicheldrüsenprotein 4
4,0	dunce	cAMP-Phosphodiesterase (Lernprozess)
6,5	norpA	kein Rezeptorpotenzial (blind)
13,7	crossveinless	Querader fehlt im Flügel

AUFGABEN — Molekulargenetik, Zytogenetik und klassische Genetik

1 Das MESELSON-STAHL-Experiment

MESELSON und STAHL kultivierten *Escherichia coli*-Bakterien in einem Nährmedium, welches Verbindungen mit dem schweren Stickstoffisotop ^{15}N enthielt. Anschließend wurde ein Teil der Bakterien in ein Nährmedium übertragen, das Verbindungen mit ^{14}N enthielt. Aus den Bakterien beider Kulturen wurde DNA extrahiert und in einem Dichtegradienten zentrifugiert.

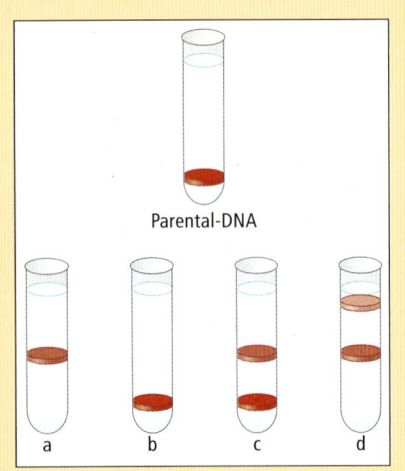

a) Benennen Sie jeweils das Reagenzglas, das die Dichteverteilung der DNA nach einer bzw. zwei Zellteilungen in dem ^{14}N-haltigen Medium zeigt! Begründen Sie Ihre Entscheidungen!
b) Beurteilen Sie kritisch die Dichteverteilung in den beiden übrig bleibenden Reagenzgläsern!
c) Inwiefern unterscheidet sich die Dichteverteilung der DNA nach der zweiten sowie der dritten Zellteilung im ^{14}N-Medium? Begründen Sie anhand einer schematischen Darstellung!
d) In einer anderen Versuchsreihe wurden die Bakterien mit radioaktiv markierten DNA-Bausteinen versetzt. Durch Autoradiografie der markierten DNA wurden die Ergebnisse von MESELSON und STAHL bestätigt. Beschreiben Sie dieses Untersuchungsverfahren und begründen Sie einige Vorteile gegenüber dem MESELSON-STAHL-Experiment! Wenden Sie auch die Informationen auf den Seiten 69 und 90 an!

2 Lineare DNA

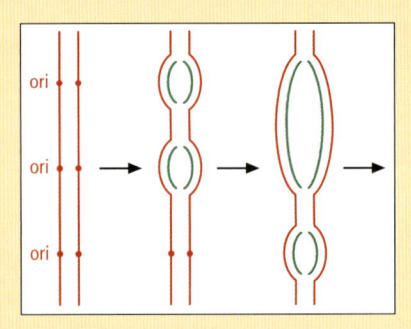

Die Abbildung zeigt einen bestimmten Vorgang an der DNA höherer Lebewesen.
a) Beschreiben Sie diesen Vorgang! Benennen Sie die beteiligten Enzyme und erläutern Sie ihre jeweilige Wirkungsweise!
b) Machen Sie einen zeichnerischen Vorschlag für die Fortführung dieses Vorgangs und begründen Sie Ihren Vorschlag!
c) Erläutern Sie die Bedeutung dieses Vorgangs im Stoffwechselgeschehen einer Zelle! Wenden Sie das maßgebliche Basiskonzept an!

3 DNA-Replikation ohne Torsionsstress

In einer Fachliteratur findet man folgende Aussage: „Der gegenwärtige Stand unseres Wissens über Details der DNA-Replikation basiert überwiegend auf Untersuchungen an *Escherichia coli* und Hefe. Der Prozess beginnt mit dem Zusammenbau des Replikationskomplexes an dem **Startpunkt ori** (engl. *origin of replication*). Die für die Replikation unerlässliche Entwindung der DNA-Doppelhelix an der Replikationsgabel erfolgt durch eine **Helicase** im Zusammenwirken mit einer Topoisomerase II **(Gyrase)**, die die vielfach verdrillte DNA-Doppelhelix kurzzeitig aufspalten und wieder verknüpfen kann. Dieses Zusammenwirken von **DNA-Polymerase III** mit Helicase und Gyrase ermöglicht das bidirektionale Fortschreiten der Replikation ohne Torsionsstress. Durch die Helicase werden unter ATP-Verbrauch etwa 1000 Nucleotidpaare pro Sekunde entwunden."

a) Skizzieren Sie die in dem Text beschriebenen Vorgänge!
b) Begründen Sie unter Verwendung des Textes die Funktion von Helicase und Gyrase! Erläutern Sie in diesem Zusammenhang den Begriff „Torsionsstress"!
c) Die Replikationsgeschwindigkeit bei *Escherichia coli* beträgt etwa 50 000 eingebaute Nucleotide pro Minute. Bei Pflanzen erfolgt mit nur etwa 2500 Nucleotiden pro Minute die Synthese erheblich langsamer als bei Bakterien. Entwickeln Sie eine begründete Hypothese über mögliche Ursachen dieser unterschiedlichen Replikationsgeschwindigkeit!

4 Genetischer Code

Zur Entschlüsselung des genetischen Codes wurde ein zellfreies Proteinsynthesesystem verwendet. Die Zugabe von RNA und radioaktiv markierten Aminosäuren führte zu folgenden Ergebnissen:

RNA	eingebaute Aminosäure
poly-UC	poly-(Serin-Leucin)
poly-AG	poly-(Arginin-Glutaminsäure)
poly-UUC	poly-Phenylalanin; poly-Serin; poly-Leucin
poly-GUA	poly-Valin; poly-Serin

a) Nennen Sie die zur Proteinbiosynthese notwendigen Zellbestandteile!
b) Erläutern Sie die Erkenntnisse, die man aus den einzelnen Ergebnissen über den genetischen Code gewinnen konnte!
c) Leiten Sie die Peptidprodukte von poly-AC, poly-AAC und poly-UAAC ab! Begründen Sie jeweils!
d) Begründen Sie die Sonderstellung der Tripletts UAA, UAG, UGA und AUG im genetischen Code!
e) Erläutern Sie folgende Aussagen:
– Der genetische Code ist eindeutig.
– Der genetische Code ist degeneriert.
– Der genetische Code ist kommafrei.
– Der genetische Code ist universell.

5 Genregulation

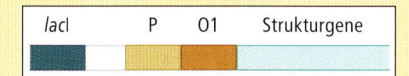

| lacI | P | O1 | Strukturgene |

Erläutern Sie die Auswirkung auf den Lactose-Stoffwechsel, wenn folgende Abschnitte des lac-Operons von einer Mutation betroffen sind:
– Mutation im Promotor;
– Mutation im Operator O1;
– Mutation im lacI-Gen.

6 Mutagene Wirkung von Salpetriger Säure

Cytosin →(HNO₂, Desaminierung)→ Uracil

Wenn Salpetrige Säure HNO_2 auf Cytosin einwirkt, entsteht Uracil. Dieser Vorgang, der als Desaminierung bezeichnet wird, kann auch ganz spontan, also ohne Säureeinwirkung erfolgen. Da Uracil in DNA nicht vorkommt, wird diese Base durch das DNA-Reparatursystem entfernt und wieder durch Cytosin ersetzt. Die Desaminierung von Cytosin hat also keine bleibende Mutation zur Folge. Wenn die Umwandlung in Uracil jedoch kurz vor oder während der Replikation erfolgt, bleibt für die Reparatur keine Zeit. In diesem Fall wird als komplementäres Nukleotid im neuen Strang ein Adenin eingefügt. Nach weiteren Replikationen ist das ursprüngliche Basenpaar durch ein neues ersetzt worden.

a) Erläutern Sie den durch die Desaminierung ausgelösten Replikationsfehler!
b) In einem codogenen DNA-Strang hat ein Abschnitt folgende Basensequenz: TATCTGCAGAAC.
Erläutern Sie an diesem Ausschnitt, welche Konsequenzen eine Desaminierung von Cytosin haben kann! Wenden Sie den genetischen Code auf Seite 92 an!

7 Hitzeschockgene und -proteine

Die Larven von Drosophila leben normalerweise bei Temperaturen unter 28 °C. Werden sie einige Minuten bis zu 37 °C erhitzt, reagieren sie mit der Bildung bestimmter Proteine, welche eine Schutzfunktion in den Zellen aufweisen. Während die Zellen sonst mehrere Tausend Proteine synthetisieren, werden nach dem Hitzeschock nur noch acht bis neun Hitzeschockproteine gebildet. Dies wird durch schnelle Induktion der Transkription der Hitzeschockproteine und durch bevorzugte Translation der entsprechenden mRNAs erreicht. Die wichtigste Auswirkung der Hitzeschockproteine ist eine gesteigerte Thermotoleranz der Zellen, die dafür sorgt, dass zahlreiche essenzielle zelluläre Vorgänge auch unter den Bedingungen des Hitzeschocks normal ablaufen. Die Promotorregionen der Hitzeschockgene enthalten bestimmte Kontrollelemente, die als Hitzeschockelemente (HSE) bezeichnet werden. An diese kann ein Hitzeschocktranskriptionsfaktor binden. Der Transkriptionsfaktor aktiviert innerhalb von weniger als zwei Minuten nach der Hitzeeinwirkung die Hitzeschockgene. Die von einem Hitzeschockgen gebildete mRNA wird anschließend vom Kern ins Cytoplasma transportiert und an den Ribosomen in ein Polypeptid mit 174 Aminosäuren übersetzt. Einige Stunden nach der Rückkehr zur normalen Temperatur klingt die Hitzeschockreaktion ab. Hitzeschockproteine findet man bei allen bisher untersuchten Lebewesen, sowohl bei Prokaryoten als auch bei Eukaryoten. Diese Zellantwort wird nicht nur bei Hitzeeinwirkung gegeben, sondern allgemein unter Stressbedingungen.

a) Begründen Sie die Veränderung des Puffmusters in den Drosophila-Larven durch einen Hitzeschock!
b) Skizzieren Sie unter Verwendung der im Text gegebenen Informationen eine Schemadarstellung der Abschnitte eines Hitzeschockgens und erläutern Sie die Skizze!
c) Entwickeln Sie eine begründete Hypothese, weshalb die Hitzeschockgene keine Exons und Introns enthalten!

8 Bildung von Geschlechtszellen

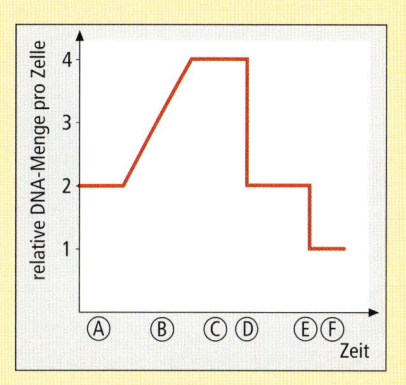

a) Geschlechtszellen entstehen aus Vorläuferzellen. Dabei ändert sich die pro Zelle messbare DNA-Menge. Beschreiben und begründen Sie anhand der Grafik die Veränderung! Ordnen Sie dabei den Buchstaben A bis F den jeweils richtigen Begriff zu:
1. Reifeteilung; 2. Reifeteilung; G_0-Phase, G_1-Phase, G_2-Phase, S-Phase.
b) Erläutern Sie den wesentlichen Unterschied zwischen Meiose und Mitose!
c) Bei Bienen, Wespen und Ameisen sind die Männchen haploid, die Weibchen diploid. Entwickeln Sie eine Hypothese, wie dieser Unterschied entstehen kann.

9 Erbgang bei der Nelke

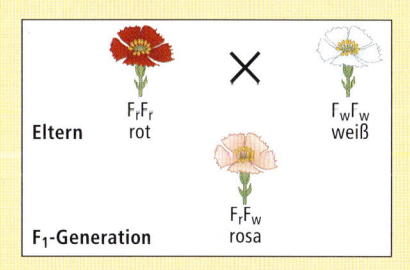

Eltern: F_rF_r rot × F_wF_w weiß
F_1-Generation: F_rF_w rosa

Die Kreuzung einer roten (F_rF_r) mit einer weißen (F_wF_w) Nelke ergibt rosa (F_rF_w) blühende Pflanzen (F = Farbe).
a) Fertigen Sie mit den gegebenen Symbolen ein Kreuzungsschema bis zur F_2-Generation an!
b) Überprüfen Sie die Gültigkeit der MENDELschen Regeln!
c) Erklären Sie den Phänotyp „rosa"!

AUFGABEN — Molekulargenetik und klassische Genetik

10 Vererbung der Augenfarbe bei *Drosophila*

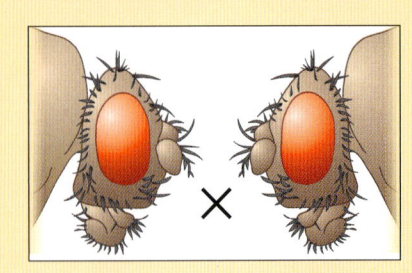

Bei der Kreuzung zweier *Drosophila*-Fliegen mit leuchtend roten Augen haben alle F_1-Nachkommen rotbraune wildtypfarbige Augen. In der F_2-Generation kommt es zu folgender Aufspaltung:
92 Fliegen mit rotbraunen Augen,
68 Fliegen mit leuchtend roten Augen.

a) Stellen Sie ein Kreuzungsschema bis zur F_2-Generation auf!
b) Erläutern Sie, weshalb die F_1-Nachkommen keine leuchtend roten Augen haben!
c) Ein monohybrider Erbgang spaltet annähernd 3 : 1 auf, ein dihybrider Erbgang 9 : 3 : 3 : 1. Entwickeln Sie eine begründete Hypothese für die Aufspaltung von 92 : 68!

11 Vererbung beim Mais

Gezeigt wird ein Maiskolbenausschnitt nach der Kreuzung einer Maispflanze mit dunklen und gelben Samen.

a) Bestimmen Sie die Anzahl der verschiedenen Körner!
b) Ermitteln Sie aufgrund des Aufspaltungsverhältnisses das Kreuzungsschema!

12 Die Garten-Levkoje

Levkojen sind als Zierpflanze nur mit gefüllten Blüten von Bedeutung. Bei diesen sind die Frucht- und Staubblätter in Kronblätter umgewandelt. Diese Blüten sind steril. Daher müssen sie aus der Selbstbestäubung heterozygot einfach blühender Levkojen ausgekreuzt werden. Die relativ sichere Auswahl der Levkojen mit gefüllten Blüten kann bereits nach zehn Tagen an der Färbung der Keimblätter erfolgen. Dazu kreuzt man zwei heterozygote Pflanzen mit dem Genotyp $\frac{EG}{eg}$ miteinander.

a) Stellen Sie ein Kreuzungsschema mit folgenden Symbolen für die zwei Gene des 14. Chromosoms der Levkoje auf:

Blüte: $\frac{E}{E}$ oder $\frac{E}{e}$ einfach, $\frac{e}{e}$ gefüllt

Blätter: $\frac{G}{G}$ oder $\frac{G}{g}$ grün, $\frac{g}{g}$ hellgrün

b) Bestimmen Sie den prozentualen Anteil der Pflanzen mit gefüllten Blüten!
c) Erläutern Sie, weshalb aus der Blattfärbung auf die Blüten geschlossen werden kann!
d) Nehmen Sie begründet Stellung zur Behauptung: Alle Pflanzen mit hellgrünen Blättern haben gefüllte Blüten!
e) Erklären Sie den praktischen Nutzen dieser Erkenntnis für den Züchter!

13 Lage von Genen

Für die drei gekoppelten Gene A, B und C wurden folgende Eltern- und Austauschtypenhäufigkeiten ermittelt.

Elterntypen

$\frac{ABC}{abc}$ 45 und $\frac{abc}{abc}$ 40

Austauschtypen

$\frac{aBC}{abc}$ 12 und $\frac{Abc}{abc}$ 14

$\frac{AbC}{abc}$ 18 und $\frac{aBc}{abc}$ 16

$\frac{ABc}{abc}$ 25 und $\frac{abC}{abc}$ 30

a) Bestimmen Sie die Lage der drei Gene und berechnen Sie ihre relativen Abstände!
b) Berechnen Sie den Abstand der beiden außen liegenden Gene, ohne das Gen, das in der Mitte liegt, zu berücksichtigen! Erläutern Sie das unterschiedliche Ergebnis in a)!
c) Berechnen Sie die relativen Abstände der Gene w, sn und B mit den Angaben der Abbildung 120.1!

14 Eine trihybride, von MENDEL durchgeführte Kreuzung

Die beiden abgebildeten Pflanzen unterscheiden sich in drei Merkmalen, der Blütenfarbe, der Samenfarbe und der Samenform:
Blaue und weiße Blüten (V und v)
Gelbe und grüne Samen (G und g)
Glatte und runzlige Samen (R und r)
Die Gene werden unabhängig voneinander vererbt. Blau, gelb und glatt sind dominant.

a) Fertigen Sie mit den gegebenen Symbolen ein Kreuzungsschema von der P-Generation bis zur F_2-Generation einschließlich Gameten an!
b) Ermitteln Sie aus dem Kombinationsquadrat das Verhältnis der Phänotypen in der F_2-Generation!

15 Auf dem Hühnerhof geht's rund

a) Beurteilen Sie kritisch den dargestellten Erbgang! Gehen Sie davon aus, dass in der Darstellung keine Fehler enthalten sind und erläutern Sie den Erbgang!
b) Zeichnen Sie das Kreuzungsschema für die reziproke Kreuzung! Verwenden Sie die Symbole B und b in den entsprechenden Chromosomen!

16 Ein verwirrendes Kreuzungsergebnis

Der englische Biologe BATESON und seine Mitarbeiter machten Kreuzungsversuche mit der Gartenwicke. Im Jahre 1905 kreuzten sie Pflanzen mit purpurnen Blüten und länglichen Pollenkörnern mit solchen, die rote Blüten und runde Pollenkörner hatten. Die F_1-Generation war uniform mit purpurnen Blüten und länglichen Pollenkörnern. Aus der Selbstbefruchtung der F_1-Pflanzen wurden 6950 F_2-Pflanzen gewonnen. Von ihnen waren:

4831	purpurn/länglich
390	purpurn/rund
391	rot/länglich
1338	rot/rund

Das Ergebnis verwirrte die Genetiker.

a) Werten Sie das Kreuzungsergebnis aus! Diskutieren Sie, inwiefern das tatsächliche Ergebnis dem zu erwartenden Ergebnis entspricht!
b) Entwickeln Sie eine Hypothese, um die festgestellten Abweichungen zu erklären!

8 Nekrose und Apoptose

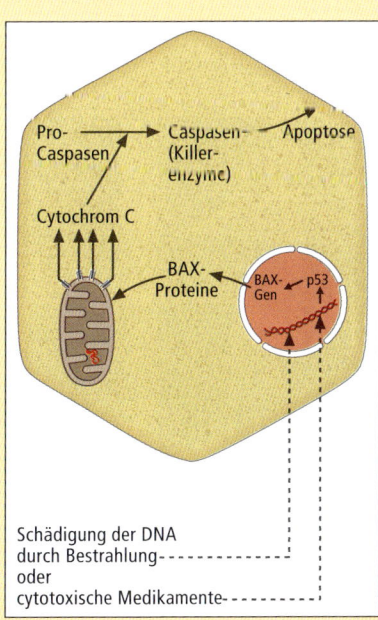

Text 1:
Verletzte Zellen sind nicht überlebensfähig. Sie schwellen an und platzen schließlich. Der Zellinhalt löst in dem umliegenden Gewebe Entzündungsreaktionen aus. Dieser Zelltod wird als Nekrose bezeichnet.

Text 2:
Im Gegensatz dazu steht die Apoptose. Hierunter versteht man einen Zelltod, der im normalen Entwicklungsprogramm eines Lebewesens vorgesehen ist. Beispielsweise ist nach einer Infektionskrankheit die Zahl der weißen Blutzellen deutlich erhöht. Dadurch wird aber das Gleichgewicht der Zelltypen, die Homöostase, gestört. Durch den programmierten Zelltod werden also überflüssige, aber auch geschädigte oder gefährliche Zellen wie virusinfizierte Zellen oder Tumorzellen entfernt.

Text 3:
Bei Säugern wurden bisher zwei Wege zum programmierten Zelltod nachgewiesen. Im ersten Fall sind Hormonsignale die Auslöser, die von Rezeptoren auf der Zelloberfläche empfangen werden und im Zellinneren eine Reaktionskaskade auslösen. Der zweite Weg ist in der Abbildung vereinfacht dargestellt. In beiden Wegen werden letztendlich mehrere Proteasen, also eiweißspaltende Enzyme, aktiviert. Diese Enzyme heißen Caspasen.

a) Beschreiben und begründen Sie die in der Abbildung dargestellten Prozesse!
b) Skizzieren Sie unter Bezug auf Text 3 den alternativen Weg der Apoptose! Begründen Sie die einzelnen Schritte der von Ihnen gezeichneten Reaktionskaskade!
c) In der Metamorphose eines Frosches wird der Schwanz der Kaulquappe abgebaut. Begründen Sie, ob die Zellen des Larvenschwanzes durch Nekrose oder Apoptose zerstört werden!

5 Ziele und Methoden in der Humangenetik

Schon vor mehr als 2000 Jahren stellte ARISTOTELES (384 bis 322 v. Chr.) fest: „Die Kinder werden ihren Eltern ähnlich geboren, sowohl am ganzen Körper als auch an einzelnen Teilen." Die Humangenetik beschäftigt sich mit den Gesetzmäßigkeiten der Erbgänge von Merkmalen wie Haar-, Haut- oder Augenfarbe, Körpergröße und -bau, aber auch von geistigen Merkmalen wie Begabungen oder Intelligenz beim Menschen. In einem bedeutenden Forschungsbereich der Humangenetik wird versucht, genetisch bedingte Veranlagungen zu gesundheitlichen Störungen oder Erkrankungen zu bestimmen, ihre Erbgänge zu klären und die Art der Funktionsstörung zu ermitteln. Dies soll die Entwicklung entsprechender Therapien in der Medizin ermöglichen.

Die Gesetzmäßigkeiten der Vererbung bei Einzellern, Pflanzen und Tieren werden unter anderem durch Kreuzungen erforscht. Die Untersuchung der Vererbung beim Menschen erfordert allerdings andere Methoden. Aus ethischen Gründen verbieten sich Kreuzungsversuche oder das gezielte Auslösen von Mutationen beim Menschen. Wegen der langen Generationsdauer von etwa 20 Jahren würde ein Forscher nur wenige Generationen überblicken. Die geringe Nachkommenzahl, die große Zahl der Gene und die vielen, häufig von mehreren Genen beeinflussten Merkmalsausprägungen erschweren zusätzlich eine Aussage über die Gesetzmäßigkeiten der Vererbung beim Menschen.

Die Humangenetiker arbeiten mit verschiedenen Methoden. Bei **Familienuntersuchungen** über viele Generationen nutzt man die genetische Variabilität des Menschen. Sie erlaubt es, Unterschiede in Merkmalen zu entdecken, ihr Auftreten zu verfolgen und in **Stammbäumen** festzuhalten. In diesen Stammbäumen wird dann die Gültigkeit von Vererbungsgesetzen geprüft.

Die **Populationsgenetik** untersucht eine große Zahl von Menschen einer Region. Statistische Auswertungen erlauben eine Auskunft über die Häufigkeit des Auftretens und die Verteilung eines Allels in einer Population. Geht es dabei um ein krankheitsauslösendes Allel, helfen diese Kenntnisse über den Sinn einer Vorsorgeuntersuchung zu entscheiden.

Häufig ist es schwierig zu bestimmen, in welchem Ausmaß Gene und Umweltfaktoren an der Ausprägung von Merkmalen beteiligt sind. Die **Zwillingsforschung** erlaubt es, den genetischen Anteil an der Variabilität eines Merkmals einzuschätzen. Dazu werden eineiige Zwillinge, die aus einer befruchteten Zygote entstehen und sich genetisch weitestgehend entsprechen, mit zweieiigen Zwillingen verglichen. Diese entstehen aus zwei gleichzeitig gereiften und befruchteten Eizellen und entsprechen sich genetisch wie zwei Geschwister. Aus der höheren Übereinstimmung eines Merkmals bei eineiigen gegenüber zweieiigen Zwillingen wird geschlossen, dass diese Übereinstimmung weitgehend genetisch bedingt ist. Wenn in beiden Gruppen die Merkmale in gleichem Maße variieren, wird geschlossen, dass die Verschiedenheit überwiegend umweltbedingt ist.

Die Methoden der Humangenetik setzen auf verschiedenen Ebenen an. Traditionelle Familienforschung, Populationsgenetik und Zwillingsforschung orientieren sich am Phänotyp. Analysen auf der Ebene der DNA und der Genprodukte setzen am Genotyp an. Sie erfordern molekularbiologische, biochemische und zytologische Analysemethoden.

132.1 Vererbung von Merkmalen wie der Hautfarbe

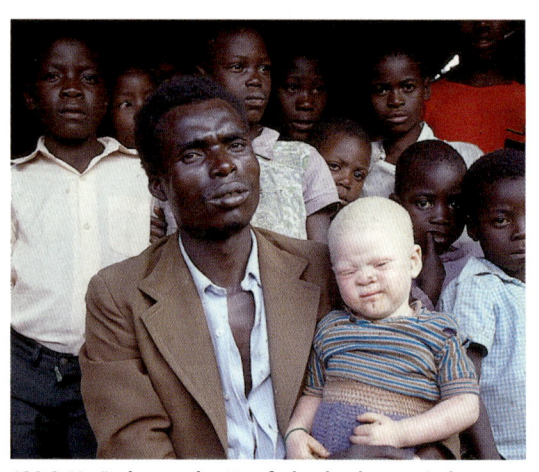

132.2 Veränderung der Hautfarbe durch genetischen Defekt

Genetik und Gentechnik

EXKURS: Genkartierung beim Menschen

Für die Kartierung menschlicher Gene sind die bei *Drosophila* verwendeten Verfahren unbrauchbar. So kann die Zuordnung eines Gens zu einem bestimmten Chromosom nicht durch Erzeugen von Deletionen nachgewiesen werden. Lediglich X-chromosomale Gene können wegen der Besonderheit des Erbganges leicht als solche erkannt werden. Auch hat man bei der Auswertung von Stammbäumen viel zu geringe Individuenzahlen zur Verfügung, um damit Genabstände zu ermitteln, falls man überhaupt eine Kopplung entdeckt.

Erst durch verbesserte Methoden der *Sequenzierung,* also der automatisierten Ermittlung der Basenfolge der DNA, konnte eine **Genkarte** des menschlichen Genoms erstellt werden. Als erstes menschliches Chromosom wurde das kleinste im Genom, das Chromosom 21, vollständig sequenziert. Das ehrgeizige internationale **Humangenom-Projekt** hat sich zum Ziel gesetzt, das gesamte menschliche Genom zu entziffern. Seit 1990 arbeiten Wissenschaftler aus 40 Ländern, seit 1995 mit Beteiligung Deutschlands, gemeinsam an diesem Projekt. In überraschend kurzer Zeit ist es gelungen, die Abfolge der vier „Buchstaben" A, C, G und T dieses drei Milliarden Buchstaben umfassenden „Textes" zu ermitteln. Aber die Interpretation des Inhaltes bereitet noch größte Schwierigkeiten. Schließlich enthält das Genom nicht nur ein genaues Entwicklungsprogramm des jeweiligen menschlichen Individuums, sondern auch das komplette Programm zur Steuerung aller Stoffwechselprozesse. Darüber hinaus umfassen nur etwa drei Prozent des menschlichen Genoms codierende Sequenzen, während der Anteil an repetitiven Sequenzen über 70 Prozent beträgt. In diesen Sequenzen sind auch viele Mutationen zu finden, die im Lauf der Stammesgeschichte stattgefunden haben und, weil sie nicht der Selektion unterworfen waren, erhalten geblieben sind.

Der Entwurf einer vollständigen DNA-Sequenz des menschlichen Genoms lag bereits im Jahr 2000 vor, wies aber eine zu hohe Fehlerquote auf. Ziel ist es, weniger als einen Fehler pro 10 000 Nucleotide zu erreichen. Parallel zum Humangenom-Projekt ist es gelungen, die Genome einiger genetisch gut untersuchter Organismen zu sequenzieren. Zu diesen Organismen gehört zum Beispiel das menschliche Darmbakterium *Escherichia coli,* die Bäckerhefe *Saccharomyces* und die Taufliege *Drosophila.* Gegenwärtig werden über hundert verschiedene Genome bearbeitet.

Die Genomforschung ist sowohl wissenschaftlich als auch medizinisch enorm wichtig. Noch vor wenigen Jahren war man der Meinung, dass der Mensch etwa 100 000 Gene hat. Heute weiß man, dass etwa 25 000 codierende Gene vorliegen. Insgesamt wurden rund 1500 Gene identifiziert, die Erbkrankheiten hervorrufen. Die Zahl der Basenpaare im menschlichen Genom wird mit 3,08 Milliarden beziffert. Davon sind bis jetzt 2,88 Milliarden mit sehr hoher Genauigkeit analysiert worden und können für wissenschaftliche Zwecke über die internationalen Datenbanken des Humangenom-Projektes abgerufen werden.

Art	Genomgröße (Mrd. Basenpaare)	Anzahl Gene
Mycoplasma (einfachste, bakterienähnliche Lebewesen)	0,58	470
Methanococcus (Archaea)	1,65	1738
Escherichia coli (Darmbakterium des Menschen)	4,6	4300
Saccharomyces (Hefepilz)	12,1	6536
Caenorhabditis (Fadenwurm)	100,0	18 800
Drosophila (Taufliege)	165,0	15 200
Fugu (Knochenfisch)	365,0	31 059
Mus (Maus)	3000,0	37 086
Homo (Mensch)	3000,0	40 000 (nach neuesten Angaben 25 000)

133.1 Genomgröße und Anzahl der Gene bei einigen Organismen

1. Die Genomforschung birgt auch ein enormes wirtschaftliches Potenzial für Forschung und Pharmaindustrie. Diskutieren Sie diese Aussage!
2. Der Mensch weist nur etwa 300 Gene auf, die im Genom der Maus fehlen. Bei der Maus gibt es 118 Gene, die im Genom des Menschen fehlen. Beurteilen Sie diesen Sachverhalt!

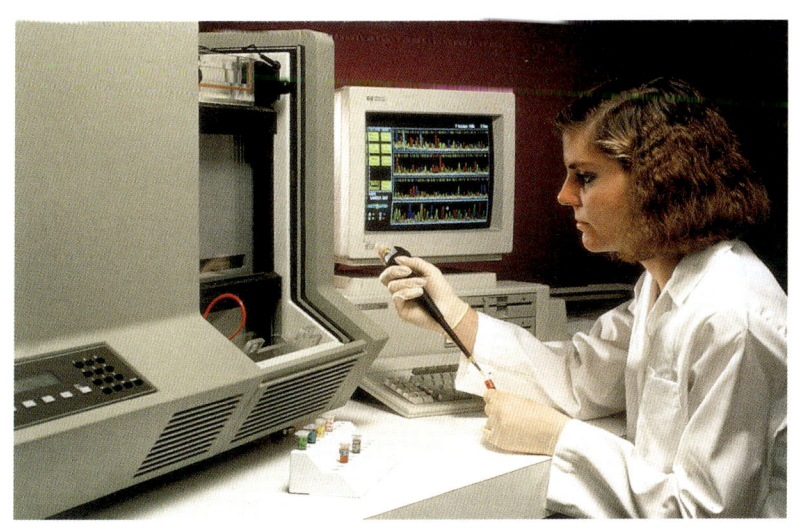

133.1 Sequenzierungsautomat

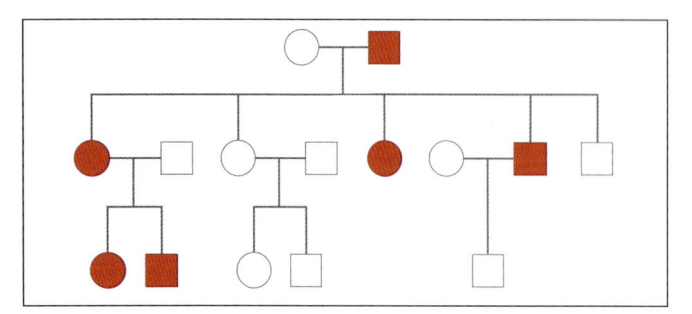

134.1 Stammbaum einer Familie mit Brachydaktylie (Ausschnitt)

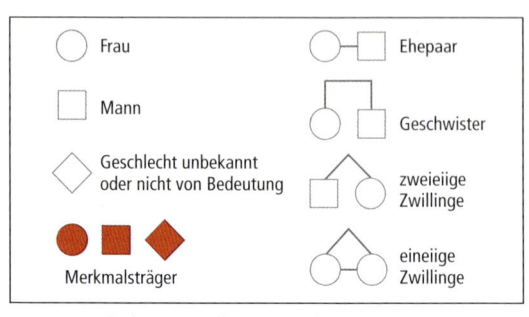

134.2 Symbole im Familienstammbaum

6 Humangenetik

6.1 Autosomale Vererbung beim Menschen

Beim Menschen ist die Erblichkeit eines Merkmals dann zu vermuten, wenn es familiär gehäuft auftritt. Entspricht dann auch noch der Verteilungsmodus den MENDELschen Regeln, so kann man die Erblichkeit als gesichert betrachten.

Als Erster hat 1903 der amerikanische Anthropologe William Curtis FARABEE die Vererbung einer Anomalie beim Menschen im Sinne einer Weitergabe MENDELscher Erbeinheiten interpretiert. Es handelte sich dabei um die **Kurzfingrigkeit (Brachydaktylie)**. Die Betroffenen zeigen eine Reihe von Skelettanomalien, darunter verkürzte Finger. FARABEE untersuchte eine Familie, bei der in fünf Generationen 37 Personen mit Brachydaktylie bekannt waren. Unter den Kindern von Personen mit dieser Anomalie waren insgesamt 34 normalfingrig und 36 kurzfingrig, ein fast perfektes 1 : 1-Verhältnis. Außerdem stellte er fest, dass alle Kinder und Enkel von normalfingrigen Personen normale Finger hatten. Die Brachydaktylie vererbt sich also dominant.

Heute ist von vielen Merkmalen des Menschen der Vererbungsmodus bekannt, vor allem von sogenannten Erbkrankheiten. Der Begriff „Erbkrankheit" ist insofern irreführend, da nicht die Krankheit vererbt wird, sondern ein defektes Allel, das die Krankheit verursacht. Um den Vererbungsmodus eines für ein Merkmal verantwortlichen Allels in einer Familie zu untersuchen, stellt man einen **Familienstammbaum** auf. In ihm werden die Verwandtschaftsverhältnisse dargelegt und für jede Person angegeben, ob sie das betreffende Merkmal trägt oder nicht.

Analysiert man den Stammbaum einer Familie mit Brachydaktylie, so bestätigt sich FARABEEs Schlussfolgerung, das für die Anomalie verantwortliche Allel sei dominant. Wäre es rezessiv, so müsste man zur Erklärung der Merkmalsverteilung voraussetzen, dass alle eingeheirateten Elternteile heterozygot für das betreffende Gen sind. Das ist bei der Seltenheit der Anomalie höchst unwahrscheinlich. Die Analyse des Stammbaums führt aber noch zu einem weiteren Ergebnis: Dieses Gen liegt nicht auf dem X-Chromosom, da die Kurzfingrigkeit auch vom Vater auf den Sohn vererbt werden kann. Es liegt also ein **autosomal-dominanter Erbgang** vor.

Alle kurzfingrigen Personen in der von FARABEE untersuchten Familie waren heterozygot für das betreffende Gen. Homozygot Betroffene sind äußerst selten. Bei ihnen liegen so gravierende Skelettverformungen vor, dass ihre Lebenserwartung gering ist.

Auch beim **MARFAN-Syndrom**, einer weiteren autosomal-dominant vererbten Krankheit, sind alle Betroffenen heterozygot. Die Homozygoten sind nicht lebensfähig. Bei diesem Erbleiden ist ein Gen mutiert, das für *Fibrillin* codiert. Dieses Protein ist ein Bestandteil der elastischen Fasern des Bindegewebes in vielen Organen. Daher führt die Mutation unter anderem zu Skelettverformungen mit überlangem Wachstum, Verschieben der Augenlinse und Veränderungen an den Herzklappen und den Wänden der Aorta. Ein Krankheitsbild, das wie dieses mehrere Symptome aufweist, die alle dieselbe Ursache haben, heißt *Syndrom*. Da ein Gen viele Merkmale beeinflusst, spricht man von **Polyphänie**.

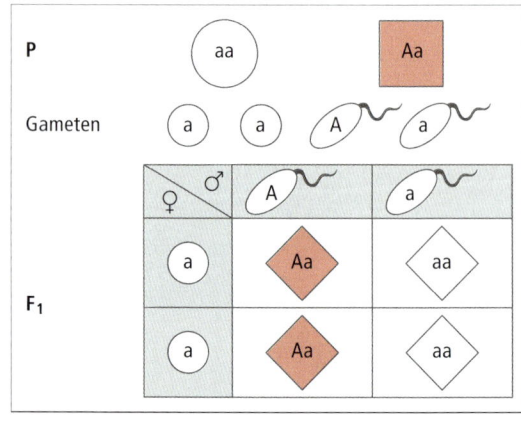

134.3 Schema eines autosomal-dominanten Erbganges

Eine erbliche Stoffwechselkrankheit ist die **Phenylketonurie (PKU)**, bei der infolge eines Enzymdefekts die Aminosäure Phenylalanin nicht in Tyrosin, sondern in giftiges Phenylpyruvat umgewandelt wird. Die Akkumulation von Phenylalanin und seiner Stoffwechselprodukte stört in der Kindheit die Entwicklung des Gehirns und führt zu geistiger Behinderung. Neugeborene werden deshalb auf ihre Phenylalanin-Werte im Blut getestet (GUTHRIE-Test). Wird eine PKU festgestellt, kann die Ausprägung der Krankheit durch eine strenge phenylalaninarme Diät verhindert werden.

Auch bei einer Schwangerschaft einer von PKU betroffenen Frau muss eine strenge Diät eingehalten werden. Andernfalls gelangt so viel Phenylalanin in den kindlichen Kreislauf, dass auch ein intaktes Enzymsystem damit nicht fertig wird. Es kommt zu Herzfehlern und geistiger Behinderung beim Kind.

Wie man dem Familienstammbaum entnehmen kann, ist der Erbgang hier ein völlig anderer: Die Eltern der an PKU erkrankten Personen sind nicht betroffen, der Erbgang der PKU ist also rezessiv. Da auch Töchter gesunder Väter erkranken, kann das Gen nicht auf dem X-Chromosom lokalisiert sein. Es liegt also ein **autosomal-rezessiver Erbgang** vor.

Phenylalanin ist Ausgangssubstanz für weitere Stoffwechselprodukte. Sind andere Enzyme dieser Stoffwechselwege infolge einer Mutation des betreffenden Gens defekt, führt dies zu *Kretinismus* (Zwergwuchs), *Albinismus* (Pigmentmangel) oder *Alkaptonurie* (Schwarzharn).

1. Werten Sie die Stammbäume 134.1 und 135.2 aus!
2. Gesunde Eltern haben bereits ein PKU-krankes Kind. Leiten Sie aus der Abbildung 135.2 ab, wie groß die Wahrscheinlichkeit für ein weiteres krankes Kind ist!
3. Erläutern Sie unter Verwendung von Abbildung 135.3 die Umsetzung von Phenylalanin im Stoffwechsel!

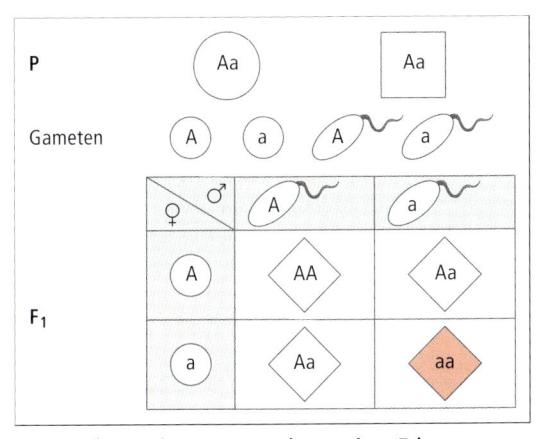

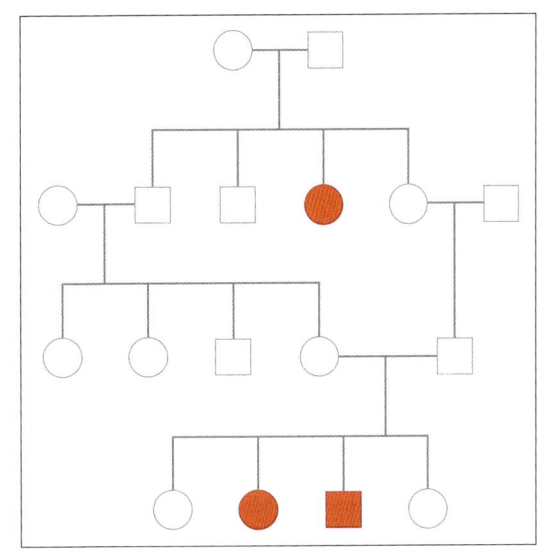

135.2 Stammbaum einer Familie mit Phenylketonurie

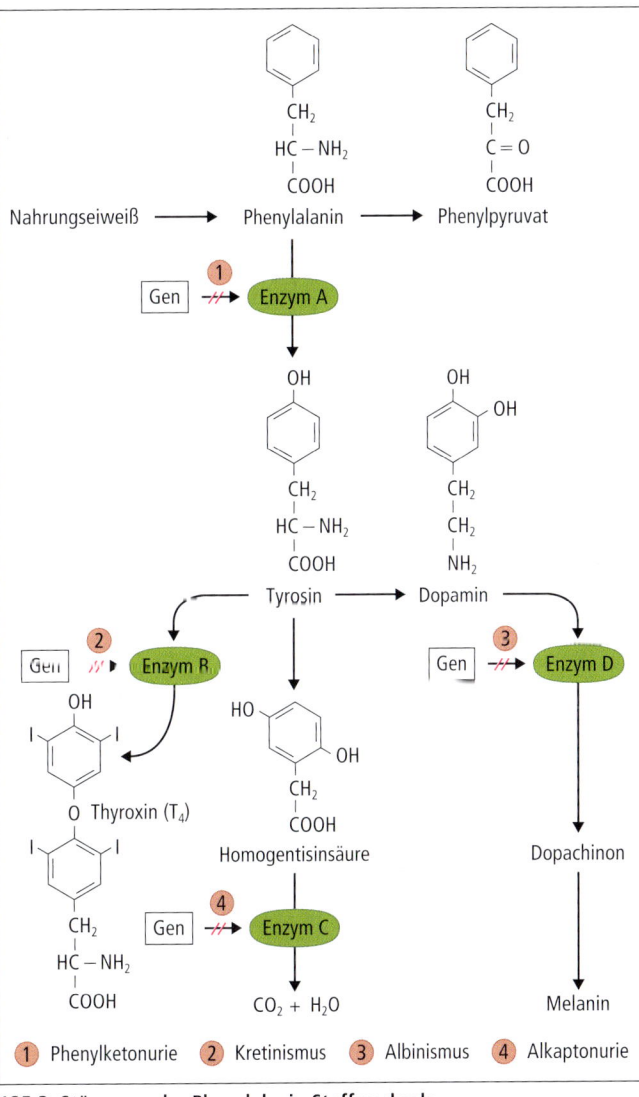

135.1 Schema eines autosomal-rezessiven Erbganges

135.3 Störungen des Phenylalanin-Stoffwechsels

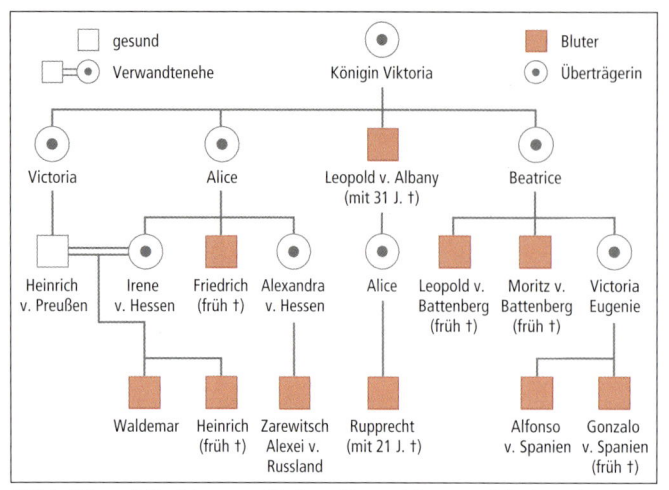

136.1 Hämophilie A in europäischen Fürstenhäusern. Nicht betroffene Kinder wurden weggelassen. Die nicht eingezeichneten Väter waren nicht bluterkrank.

136.2 Modellstammbaum für den X-chromosomal-rezessiven Erbgang

6.2 X-Chromosomen-gebundene Vererbung beim Menschen

Im Familienstammbaum des europäischen Hochadels taucht ausgehend von Königin Viktoria von England eine **Bluterkrankheit (Hämophilie A)** auf. Durch Heiraten breitete sie sich über die Königshäuser Preußens, Russlands und Spaniens aus.

Eine Hämophilie zeichnet sich durch eine hohe Blutungsneigung der Betroffenen auch bei kleineren Wunden und eine erhöhte Tendenz zu Blutergüssen (Hämatomen) aus. Häufig treten die Blutungen nicht äußerlich sichtbar auf, sodass schmerzhafte Hämatome in der Muskulatur sowie den Sprung- und Kniegelenken entstehen. Die Hämophilie A geht physiologisch auf das Fehlen des Blutgerinnungsfaktors VIII zurück. Bei den Erkrankten ist das für diesen Faktor codierende Gen mutiert und die Blutgerinnung bleibt aus. Heute ist man in der Lage, den Patienten biotechnisch hergestellte Blutgerinnungsfaktoren zu verabreichen.

Auffällig ist, dass in den Fürstenhäusern nur Männer an der Hämophilie erkrankten. Da in keinem Fall einer der Eltern der Betroffenen an der Bluterkrankheit litt, wird diese demnach rezessiv vererbt. Bemerkenswert ist auch, dass jeweils die Mütter direkte Nachkommen der Königin Viktoria waren und erkrankte Väter oder Brüder aufwiesen, während die Väter meist aus anderen Familien stammten. Diese Feststellungen lassen vermuten, dass die bluterkranken Männer das defekte Allel von ihren Müttern erbten. Schon ein einzelnes rezessives Allel kann sich nämlich dann bei Männern phänotypisch ausprägen, wenn es auf dem X-Chromosom lokalisiert ist. Da auf dem nahezu genleeren Y-Chromosom kein Faktor-VIII-Allel liegt, kann der Defekt nicht kompensiert werden. Männer sind in Bezug auf alle Gene des X-Chromosoms *hemizygot*. Die Mütter zeigen als Heterozygote keine Krankheitssymptome, sie sind **Konduktorinnen** (Überträgerinnen) der Hämophilie. Hämophilie A wird also rezessiv und vermutlich **X-Chromosomen-gebunden** *(X-chromosomal-rezessiv)* vererbt.

Allein aufgrund des vorliegenden Stammbaums ist der Erbgang der Hämophilie A nicht eindeutig als X-chromosomal-rezessiv nachzuweisen. Eine Interpretation des Erbganges als autosomal-rezessiv würde aber voraussetzen, dass alle Väter der erkrankten Männer heterozygot in Bezug auf das Faktor-VIII-Gen waren. Dies ist höchst unwahrscheinlich, da in den Familien, aus denen diese Männer stammen, die Bluterkrankheit nie aufgetreten war.

Bei X-chromosomal-rezessiven Erbleiden sterben die betroffenen Männer häufig vor dem Erreichen der Geschlechtsreife. Sie können das X-Chromosom mit dem mutierten Allel nicht an eine Tochter weitervererben. Daher sind Frauen mit Hämophilie A äußerst selten. Ein weiteres Beispiel hierfür ist die **DUCHENNEsche Muskeldystrophie.** Sie verursacht bei den betroffenen Jungen, die sich zunächst unauffällig entwickeln, schon im Kleinkindalter einen fortschreitenden Abbau der Muskulatur und führt innerhalb weniger Jahre zum Tode. Eine Therapie gibt es bis heute nicht.

Eine ziemlich häufige genetisch bedingte Anomalie, die vor allem bei Männern auftritt, ist die **Rotgrünsehschwäche** beziehungsweise **Rotgrünblindheit.** Personen mit Rot- oder Grünsehschwäche (6 Prozent der Männer, 0,4 Prozent der Frauen) zeigen Unsicherheiten bei der Unterscheidung von Rot und Grün. Rotblinde (1 Prozent der Männer, 0,01 Prozent der Frauen) können langwelliges Licht nicht wahrnehmen. Dunkles Rot erscheint für sie als Schwarz. Grünblinde (1 Prozent der Männer, 0,01 Prozent der Frauen) nehmen das gesamte Lichtspektrum auf, haben aber nur zwei Farbempfindungen, rot und blau. Ursache sind Mutationen in den Genen, die für R-Opsin beziehungsweise G-Opsin codieren. Beide Proteine sind wesentliche Bestandteile der Sehpigmente in den Zapfen der Netzhaut.

Dass überwiegend Männer von der Rotgrünsehschwäche beziehungsweise Rotgrünblindheit betroffen sind, deutet darauf hin, dass es sich um einen X-chromosomal-rezessiven Erbgang handelt.

Eine seltene Krankheit, die aber in einzelnen Familien gehäuft auftritt, ist die sogenannte **Vitamin-D-resistente Rachitis.** Sie äußert sich in Minderwuchs und Knochenverformungen. Da nicht Calciummangel die Ursache ist, kann die Knochenbildung auch nicht durch Einnahme von Vitamin D verbessert werden. Die Krankheit beruht auf einer Störung der Rückresorption von Phosphat in den Nieren.

In dem vorliegenden Stammbaum einer Familie mit Vitamin-D-resistenter Rachitis werden die Besonderheiten des Erbganges dieser Krankheit deutlich: Von den 33 Kindern, Enkeln und Urenkeln einer betroffenen Frau sind 18 ebenfalls betroffen. Die Mehrzahl der Kranken ist weiblich. Dies ist darauf zurückzuführen, dass bei einer Erkrankung der Mutter kranke und gesunde Töchter sowie kranke und gesunde Söhne vorkommen. In der Nachkommenschaft eines erkrankten Mannes sind dagegen alle Töchter krank und alle Söhne gesund.

Wollte man den Erbgang als rezessiv interpretieren, so müsste man annehmen, dass alle eingeheirateten Personen heterozygot für das betreffende Gen sind. Dies ist höchst unwahrscheinlich, bedenkt man die Seltenheit der Krankheit. Dass es sich um einen *X-chromosomal-dominanten* Erbgang handelt, lässt die ungleiche Verteilung bezüglich der Geschlechter vermuten. Dies wird dadurch gestützt, dass bei betroffenen heterozygoten Frauen die Krankheit häufig weniger stark ausgeprägt ist, da das intakte Allel auf dem zweiten X-Chromosom den Defekt teilweise kompensieren kann.

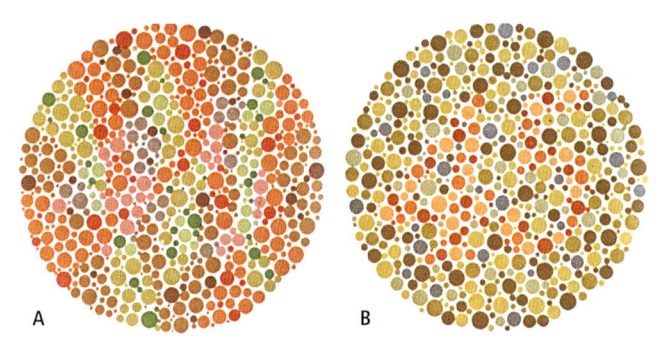

137.1 Farbtafeln zum Test auf Rotgrünsehschwäche. A bei Rotgrünsehschwäche wird eine 7 gesehen; **B** Farbsehtüchtige sehen eine 45

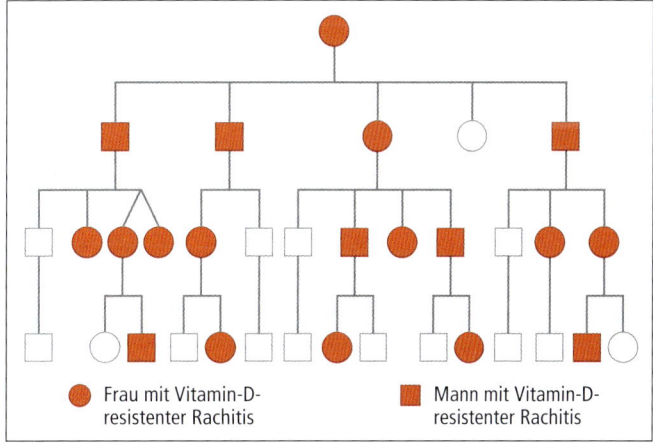

137.2 Stammbaum einer Familie mit Vitamin-D-resistenter Rachitis. Die eingeheirateten Personen, die alle nicht an Rachitis litten, sind nicht eingezeichnet.

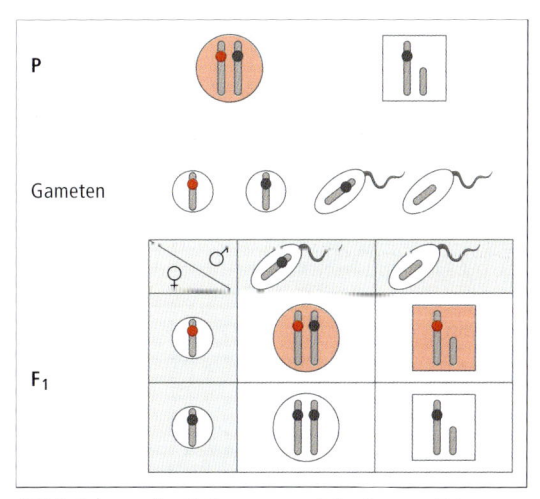

137.3 Schema des X-chromosomal-dominanten Erbganges

1. 1938 berichteten VERSCHUER und RATH von einer Familie, in der vier Söhne folgende Merkmale aufwiesen: Einer war gesund, einer rotgrünsehschwach, einer Bluter und einer rotgrünsehschwach und Bluter. Die Eltern waren beide weder rotgrünsehschwach noch Bluter. Der Vater der Mutter war rotgrünsehschwach und Bluter.
Zeichnen Sie einen Modellstammbaum für diese Familie! Erklären Sie die Merkmalsverteilung!

2. Skizzieren Sie entsprechend der Abbildung 137.3 ein Erbschema für den Fall eines erkrankten Vaters! Erklären Sie anhand beider Schemata das unterschiedliche Vorkommen Vitamin-D-resistenter Rachitis bei Kindern kranker Mütter beziehungsweise kranker Väter in Abbildung 137.2!

Blutgruppe (Phänotyp)	Genotyp der Körperzelle	Antigen auf den Erythrocyten	Antikörper im Plasma	Genotyp der Geschlechtszellen
A	AA A0	A	Anti-B	A A oder 0
B	BB B0	B	Anti-A	B B oder 0
AB	AB	A und B	nicht vorhanden	A oder B
0	00	keine	Anti-A Anti-B	0

Kombinationsmöglichkeiten			
♀\♂	A	B	0
A	AA	AB	A0
B	AB	BB	B0
0	A0	B0	00

138.1 Bluteigenschaften. **A** AB0-System; **B** Rhesus-Faktor

6.3 Vererbung von Bluteigenschaften

Nachdem der Wiener Arzt Karl LANDSTEINER 1901 das AB0-System entdeckt hatte, waren Mediziner in der Lage, Komplikationen bei der Übertragung von menschlichem Blut zu vermeiden. Diese Komplikationen beruhen darauf, dass die Zellmembran der Erythrocyten auf ihrer Oberfläche verschiedene Glykolipide, die **Antigene** der Blutgruppen, trägt.

Die Blutgruppenantigene erlauben eine Einteilung in die vier Phänotypen A, B, AB und 0 (null). Den Phänotypen liegen die drei Allele A, B, 0 eines Gens auf dem 9. Chromosom zugrunde. Dies bezeichnet man als **multiple Allelie**. Daraus ergeben sich die Genotypen AA, A0, BB, B0, AB und 00. Die genetische Analyse zeigt, dass die Allele A und B jeweils dominant über 0 sind. Demnach besitzen Menschen mit dem Genotyp AA oder A0 die Blutgruppe A, mit Genotyp BB und B0 die Blutgruppe B. Bei der Blutgruppe AB kommen beide Allele A und B gleichermaßen zur Ausprägung, sie verhalten sich zueinander **kodominant.** Die Häufigkeit der Blutgruppen ist in der deutschen Bevölkerung sehr unterschiedlich. Besonders häufig ist mit 43 Prozent Blutgruppe A, ungefähr 39 Prozent besitzen Blutgruppe 0, rund 13 Prozent Blutgruppe B und am seltensten ist mit 5 Prozent die Blutgruppe AB.

Alle Menschen, die die Antigene A und B nicht haben, verfügen über **Antikörper,** die gegen die Antigene A und B gerichtet sind. Das Blut Neugeborener enthält diese Antikörper noch nicht. Erst im Laufe des ersten Lebensjahres werden Antikörper gegen die Antigene entwickelt, die die eigenen Erythrocyten nicht besitzen. Als Auslöser kommen dafür Darmbakterien infrage, die ab dem dritten Monat den Darm des Neugeborenen besiedeln und die gleichen Antigene wie die Erythrocyten tragen.

Menschen mit Blutgruppe 0 besitzen die Antikörper Anti-A und Anti-B, mit Blutgruppe A nur Antikörper Anti-B, mit Blutgruppe B nur Antikörper Anti-A und mit Blutgruppe AB keine Antikörper.
Werden Erythrocyten einer nicht übereinstimmenden Blutgruppe übertragen, so werden sie als Fremdstoffe erkannt. Die Antikörper heften sich an die Oberflächenantigene der Erythrocyten, was zu Verklumpungen und zum Abbau der Blutzellen führt.

Bei jeder Blutgruppenbestimmung wird auch das Vorhandensein des Antigens D mituntersucht. Dieses Antigen wurde 1940 zuerst bei Rhesusaffen entdeckt, weshalb man auch vom **Rhesusfaktor** spricht. Etwa 83 Prozent der deutschen Bevölkerung sind Rhesuspositiv (Rh$^+$), besitzen also das Antigen D auf der Oberfläche der Erythrocyten. Da der Rhesusfaktor dominant vererbt wird, haben diese Menschen den Genotyp DD oder Dd. Ihr Blut enthält normalerweise keine Antikörper Anti-D. Die Bildung solcher Antikörper wird erst ausgelöst, wenn Rhesus-negatives (rh$^-$) mit Rh$^+$-Blut in Verbindung kommt.

Der Rhesusfaktor wird bedeutsam, wenn eine rh$^-$-Mutter ein Rh$^+$-Kind bekommt. Bei der Geburt kann Blut des Kindes in das Blut der Mutter gelangen, wodurch im mütterlichen Blut Antikörper Anti-D gebildet werden. Ist bei einer erneuten Schwangerschaft der Fetus Rh$^+$, können aus dem Blut der Mutter Anti-D-Antikörper übertragen werden und die Erythrocyten des Fetus zerstören. Als Folge der Blutarmut und der Hirnschädigungen, die durch die Hämoglobin-Abbauprodukte ausgelöst werden, kann der Fetus absterben.
Die Auswirkungen der Rhesusunverträglichkeit werden heute durch vorbeugende Maßnahmen weitgehend vermieden. Hierzu injiziert man der Mutter unmittelbar nach der Geburt des ersten Rh$^+$-Kindes Antikörper Anti-D und vermeidet dadurch die mütterliche Antikörperproduktion.

6.4 Polygene Vererbung beim Menschen

Eltern mit dunkler und heller Hautfarbe bekommen immer Kinder, deren Hautpigmentierung zwischen derjenigen der Eltern liegt. Die Nachkommen solcher „Mulatten" zeigen aber nicht die erwartete 1 : 2 : 1-Aufspaltung der Hautfarbe, wie man es bei einem monohybriden, intermediären Erbgang nach den MENDELschen Regeln erwarten würde. Vielmehr tritt ein breites Spektrum von Pigmentierungsstufen der Haut auf, von Hellbraun bis Schwarz. An der Ausprägung der Hautpigmentierung sind mehrere Gene beteiligt, wie bei vielen anderen Merkmalen des Menschen auch. Bei dieser *polygenen Vererbung* tragen mehrere Gene gleichermaßen zur Pigmentierung bei. Je mehr Allele vorhanden sind, die zu dunkler Hautpigmentierung führen, umso farbtiefer wird der Phänotyp der Haut. Da hier mehrere Gene ergänzend wirken, spricht man von **additiver Polygenie.**

An der Ausprägung vieler Merkmale des Menschen wie Körpergröße, Schädellänge, Augenfarbe und Intelligenz sind nicht nur zahlreiche Gene beteiligt. Auch Umweltfaktoren können eine erhebliche Rolle spielen. Um herauszufinden, welchen Einfluss die Gene und welchen die Umwelt hat, müsste man theoretisch jeweils einen der beiden Faktoren konstant halten. Wachsen zwei Individuen unter identischen Umweltbedingungen auf, sollten alle auftretenden Unterschiede genetisch bedingt sein; wachsen genetisch identische Individuen dagegen unter verschiedenen Umweltbedingungen auf, sollten alle auftretenden Unterschiede umweltbedingt sein. Praktisch sind solche Experimente jedoch – abgesehen von ihrer ethischen Fragwürdigkeit – kaum durchführbar.

Ein Versuch, den Einfluss von Genen und Umweltfaktoren auf die Entwicklung körperlicher und geistiger Merkmale zu identifizieren, besteht in der *Zwillingsforschung*. Das Maß, das dabei verwendet wird, ist der **Heritabilitätskoeffizient** (franz. *hériter*, erben). Er kann zwischen null und eins liegen. Bei einem Heritabilitätskoeffizienten nahe null spielen die Gene eine untergeordnete Rolle, wie beispielsweise bei der Körpermasse gesunder Menschen. Liegt der Heritabilitätskoeffizient in der Nähe von eins, spielt die Umwelt keine Rolle, wie zum Beispiel bei der Augenfarbe. Ein Wert von 0,5, wie er bei entsprechenden Untersuchungen für die Intelligenz häufig ermittelt wird, bedeutet, dass die Ursachen für die Unterschiede zwischen den getesteten Personen zur Hälfte auf genetischen Unterschieden beruhen, zur anderen Hälfte umweltbedingt sind.

1. Interpretieren Sie die Zahlenwerte in der Tabelle 139.2!

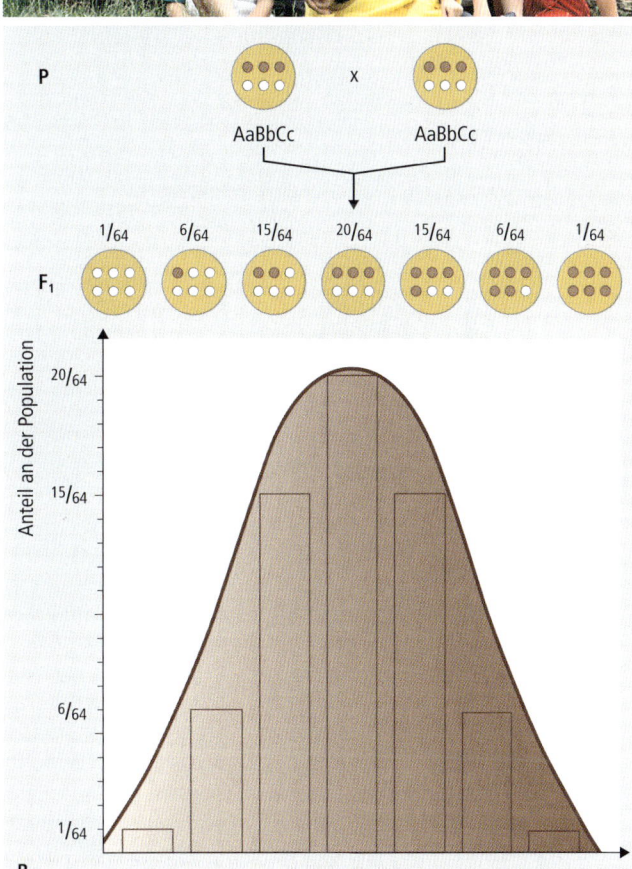

139.1 Polygene Vererbung der Hautfarbe

Merkmale	Differenzen der absoluten Werte		
	EZ gleiche	EZ verschiedene	ZZ gleiche
	Umweltbedingungen		
Körpergröße (cm)	1,7	1,8	4,4
Körpermasse (kg)	1,9	4,5	4,5
Schädellänge (mm)	2,9	2,2	6,2
Schädelbreite (mm)	2,8	2,9	4,2
Augenfarbe (Übereinstimmung)	100 %	100 %	ca. 50 %

139.2 Vergleich von Körpermerkmalen bei Zwillingen
(EZ = eineiige Zwillinge, ZZ = zweieiige Zwillinge)

EXKURS Kaspar HAUSER – Rätsel gelöst

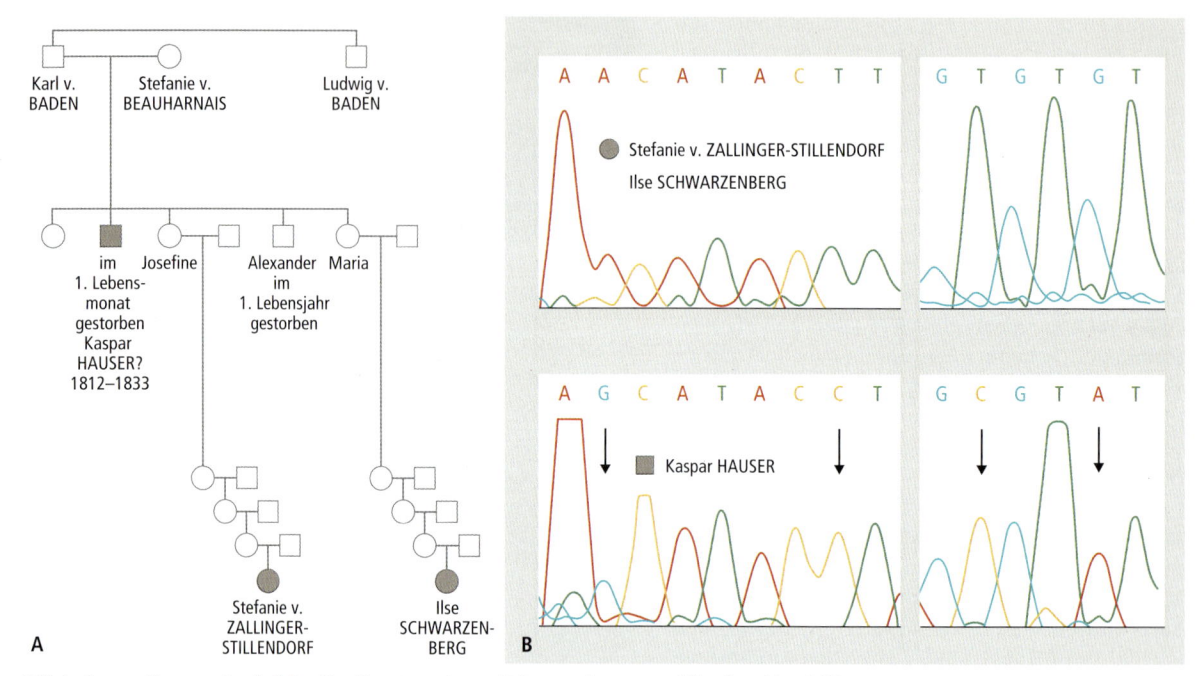

140.1 Kaspar HAUSER. A möglicher Familienstammbaum; **B** Sequenzierung von Mitochondrien-DNA

Im Jahre 1828 wurde in Nürnberg ein Junge mit einem Zettel um den Hals aufgegriffen, der nur sein Geburtsdatum (30. 4. 1812) verriet. Der körperlich und geistig zurückgebliebene Junge gab seinen Namen mit Kaspar HAUSER an. Nachdem sich sein anfänglich spärliches Vokabular vergrößert hatte, schilderte HAUSER, dass er ab dem dritten Lebensjahr in einem Kellerverlies hauptsächlich mit Wasser und Brot und ohne Kontakt zu Menschen aufgewachsen war. Diese Isolation von früh auf machte HAUSER seinerzeit für Mediziner zu einem interessanten Beispiel, um zu entscheiden, was beim Menschen angeboren oder erlernt ist. In der Verhaltensforschung führte der Fall Kaspar HAUSER dazu, dass man heute bei einem Versuch, bei dem ein Tier in Isolation in einer reizarmen Umwelt aufwächst, von einem *Kaspar-HAUSER-Experiment* spricht.

Die mysteriösen Umstände um sein Leben bis zum 16. Lebensjahr und danach, als er schließlich an den Folgen des bereits dritten Mordanschlags am 17. Dezember 1833 starb, ließen wilde Spekulationen über die Herkunft Kaspar HAUSERs aufkommen.

Eine Vermutung über seine Herkunft war die Prinzentheorie. Danach wurde die Familienlinie des Großherzogs Karl VON BADEN, die offiziell ohne männlichen Nachfolger geblieben war, um die Erbfolge betrogen. Der erste Sohn aus der Ehe VON BADENs mit NAPOLEONs Stieftochter, Stefanie VON BEAUHARNAIS, soll namenlos und ungetauft kurz nach der Geburt verstorben sein. Dieser diffuse Umstand verfestigte die Vermutung, dass Kaspar HAUSER der erste Sohn VON BADENs gewesen sein könnte und damit der rechtmäßige Erbfolger gewesen wäre.

Mit der *Gentechnik* entwickelte sich ein Instrumentarium, um dem Rätsel der Abstammung HAUSERs nachzugehen. Aus einem Blutfleck an der Unterhose, die Kaspar HAUSER bei dem todbringenden Mordanschlag trug, konnte ein Fragment Mitochondrien-DNA (mtDNA) extrahiert werden. Gleichzeitig wurde aus den Blutproben von Stefanie VON ZALLINGER-STILLENDORF und Ilse SCHWARZENBERG, Nachfahren aus den weiblichen Linien der Töchter Josefine und Maria VON BADEN, ebenfalls diese mtDNA isoliert. Vorteil der Untersuchung von DNA aus den Mitochondrien ist, dass bei der Fortpflanzung nur die weiblichen Gameten die mtDNA extranucleär vererben. Dadurch erhalten also alle Nachfahren die mtDNA aus ihrer mütterlichen Linie, wie VON ZALLINGER-STILLENDORF und SCHWARZENBERG und – falls die Prinzentheorie stimmte – auch HAUSER von VON BEAUHARNAIS.

Die vervielfältigte mtDNA der drei Personen brachte nach ihrer *Sequenzierung* im Fall HAUSER Klarheit. Dazu muss man wissen, dass die mtDNA-Moleküle verschiedener Familien durch die im Laufe der Zeit erfolgten Mutationen in ihrer Sequenz erheblich variieren. Im Gegensatz dazu wird sich die mtDNA über sechs Generationen in einer Familie, wie bei den untersuchten Personen, kaum unterscheiden.

Das Institut für Rechtsmedizin der Universität in München stellte vollständige Übereinstimmung in der Sequenz der mtDNA der Frauen fest. Zwischen der Sequenz der Frauen und der von HAUSER traten jedoch viele Unterschiede auf. Damit ist sicher, dass Kaspar HAUSER nicht von VON BEAUHARNAIS abstammte. Aber war es wirklich Kaspar HAUSERs Unterhose?

6.5 Strukturelle Chromosomenmutationen

Chromosomale Anomalien beim Menschen bedingen oft schwere Krankheitsbilder bei den Betroffenen. Bei vielen **strukturellen Chromosomenmutationen** sind kleinere DNA-Bereiche durch Translokation, Inversion, Duplikation oder Deletion verändert. Um diese Veränderungen nachzuweisen, bedient man sich der **Fluoreszenz-in-situ-Hybridisierung (FISH)**. Bei der FISH-Technik werden bestimmte DNA-Bereiche direkt im Chromosomenpräparat, also am Ort (lat. *in situ*), sichtbar gemacht. Zu der fixierten und in Einzelstränge zerlegten DNA der Chromosomen wird eine einzelsträngige DNA gegeben. Sie ist so ausgewählt, dass sie an definierten komplementären DNA-Sequenzen der Chromosomen bindet (Hybridisierung). Zudem ist an die DNA ein Marker gebunden. Eine solche DNA bezeichnet man als *Sonde*. Spezielle Antikörper, die einen Fluoreszenzfarbstoff tragen, binden ihrerseits am Marker. Das entsprechende Chromosom oder spezielle DNA-Bereiche des Chromosoms fluoreszieren nun in einem charakteristischen Farbton. Nach dem Scannen und der Bearbeitung mit einer Bildverarbeitungssoftware entstehen farbige Darstellungen der verschiedenen Chromosomen.

Mit spezifischen Sonden für jedes Chromosom kann ein vollständiges Karyogramm hergestellt werden. Man kann aber auch das Fehlen bestimmter Chromosomenregionen nachweisen. Beim **PRADER-WILLI-Syndrom** ist die kleine Region 15q11–13 des q-Arms des Chromosoms 15 deletiert. Die Folgen dieser Deletion sind Muskelschwäche, Minderwuchs und Verhaltensstörungen. Diese Symptome zeigen sich, wenn das väterliche Chromosom 15 von der Deletion betroffen ist. Betrifft die gleiche Deletion das mütterliche Chromosom 15, stellt sich das Krankheitsbild des **ANGELMANN-Syndroms** mit Minderwuchs, schwerer geistiger Behinderung, ruckartigen Bewegungen, unmotivierten Lachanfällen und Krampfleiden ein.

Die unterschiedlichen Krankheitsbilder beim PRADER-WILLI- und ANGELMANN-Syndrom weisen darauf hin, dass es bedeutsam sein kann, ob ein Gen über die Mutter oder den Vater vererbt wird. Wird die Expression in Abhängigkeit von der elterlichen Herkunft reguliert, spricht man von **genomischer Prägung**. Die genomische Prägung vollzieht sich bei der Entwicklung der Geschlechtszellen, wobei bestimmte Gene vorübergehend so verändert werden, dass ihre Aktivität in den Zygoten minimiert ist. Genomische Prägung geschieht bei Genen wie denen auf dem Abschnitt 15q11–13, bei denen eine Kombination aus einem aktiven und einem inaktiven Allel notwendig ist, um einen normalen Phänotyp zu erreichen.

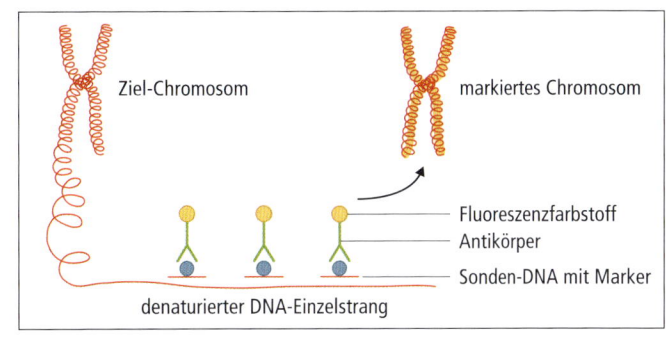

141.1 Das Prinzip der Fluoreszenz-in-situ-Hybridisierung (FISH)

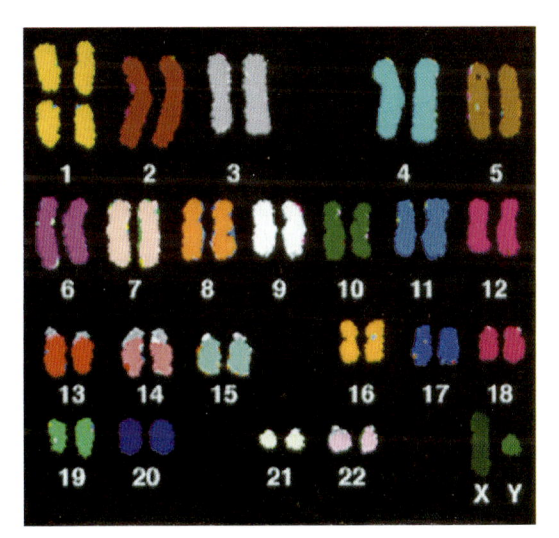

141.2 **Multi-Colour-FISH.** Karyogramm eines Menschen

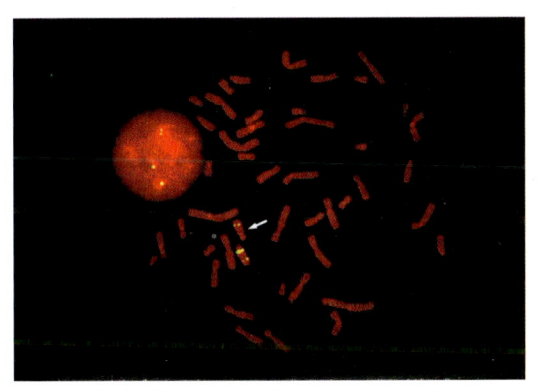

141.3 Deletion beim PRADER-WILLI-Syndrom in der Chromosomenregion 15q11–13

1. Das Katzenschrei-Syndrom oder Cri-du-Chat-Syndrom ist auf eine Deletion am kurzen Arm des Chromosoms 5 des Menschen zurückzuführen. Recherchieren Sie die typischen Kennzeichen dieses Syndroms! Begründen Sie am Beispiel des Katzenschrei-Syndroms folgende Aussage: „Das Genom befindet sich in einem fein eingestellten Gleichgewicht, das auf Wechselwirkungen zwischen den Genen beruht. Entfernen oder Zufügen ganzer Gengruppen führt meist zu Störungen dieser Genbalance." Wenden Sie die maßgeblichen Basiskonzepte an!

142.1 Paar bei einer genetischen Beratungsstelle

6.6 Genetische Beratung

Fortschritte in Medizin und Hygiene haben dazu geführt, dass viele Infektionskrankheiten in den Industrieländern vermindert auftreten. Damit rücken genetisch verursachte Anomalien in das Zentrum medizinischer Aufmerksamkeit. Obwohl nur etwa zwei Prozent aller Neugeborenen von einer genetisch bedingten Erkrankung betroffen sind, sorgen sich viele Eltern bereits vor oder während einer Schwangerschaft um die Gesundheit ihrer noch ungeborenen Kinder. Dies ist ein Grund, eine **genetische Beratungsstelle** aufzusuchen.

Mit der Entwicklung der medizinischen Diagnostik wurde eine Reihe von Methoden geschaffen, um werdende Eltern möglichst genau zu beraten. Dabei werden die Risiken genetisch bedingter Anomalien durch Erstellen von Familienstammbäumen und der Durchführung vorgeburtlicher Diagnoseverfahren in der frühen Schwangerschaft bestimmt.

Eine genetische Beratung empfiehlt sich dann, wenn ein Partner an einer genetischen Anomalie leidet, wenn in den Familien der Partner gehäuft bestimmte Krankheiten auftreten oder Fehlgeburten wiederholt vorkamen. Außerdem sollte eine genetische Beratung in Anspruch genommen werden, wenn die Ratsuchenden bereits ein Kind mit genetisch bedingter Behinderung haben oder die Partner mit Kinderwunsch verwandt sind. Haben vor oder während der Schwangerschaft schädigende Umwelteinflüsse (Strahlenbelastung, Medikamente, Virusinfektion, Drogenkonsum) eingewirkt, kann in einer genetischen Beratung über das Risiko für das heranwachsende Kind informiert und können entsprechende Vorsorgeuntersuchungen besprochen werden. Schließlich gehören Spätgebärende sowie Paare, in denen der Vater über 40 Jahre alt ist, auch zur Risikogruppe. Das Risiko, dass ein Kind mit MARFAN-Syndrom geboren wird, vervierfacht sich mit zunehmendem Alter des Vaters. Noch dramatischer ist der Anstieg des Risikos für eine Trisomie 21 in Abhängigkeit vom Alter der Mutter. Bei Müttern, die älter als 40 Jahre sind, ist die Häufigkeit, ein Kind mit Trisomie 21 zu bekommen, 10- bis 60-fach vergrößert.

Es gibt mittlerweile in allen deutschen Großstädten genetische Beratungsstellen. Sie befinden sich in humangenetischen Instituten der Universitäten, in manchen Krankenhäusern und Gesundheitsämtern und bei niedergelassenen Ärzten mit entsprechender Zusatzqualifikation. Dabei geht es für die beratenden Ärzte nicht nur darum, naturwissenschaftliche und medizinische Fragen zu beantworten, sondern mit großer Sorgfalt auch psychologische und soziale Aspekte zu berücksichtigen.

Bestimmte Methoden der vorgeburtlichen, also **pränatalen Diagnostik** finden im Rahmen der normalen Vorsorgeuntersuchungen von Schwangeren Anwendung. Dazu gehört die dreimalige *Ultraschalluntersuchung* in der 9. bis 12., der 18. bis 22. und der 29. bis 32. Schwangerschaftswoche. Mit dieser für Kind und Mutter risikoarmen Prozedur, bei der ein Ultraschallkopf über den Bauch der Mutter gleitet, lassen sich der Entwicklungszustand, größere Fehlbildungen und, falls gewünscht, das Geschlecht bestimmen.

Neben der Ultraschalluntersuchung wird im Blut der Schwangeren in der 15. bis 19. Schwangerschaftswoche die Konzentration des Alpha-Feto-Proteins und bestimmter Hormone aus der Gruppe der Östrogene untersucht. Die *Blutuntersuchung* ist routinemäßig und dient als Indikation für schwere Neuralrohrdefekte wie „offener Rücken".

Neben Ultraschall-, Blutuntersuchungen und der Analyse von Familienstammbäumen erlangt in der modernen Diagnostik die Untersuchung fetaler Zellen zunehmende Bedeutung. Dadurch kann man bereits in einem sehr frühen Stadium der Schwangerschaft aussagekräftige Untersuchungsergebnisse erzielen. Fetale Zellen kann man durch verschiedene, sogenannte invasive Verfahren gewinnen. Sie bergen immer das Risiko einer Fehlgeburt. Bei der Fruchtwasserpunktion, der *Amniozentese*, werden ab der 14. Schwangerschaftswoche mit einer feinen Nadel Zellen aus dem Fruchtwasser entnommen, bei der *Nabelschnurpunktion* aus dem fetalen Blut der Nabelschnur. Bei der *Chorionzottenbiopsie* erfolgt

Genetik und Gentechnik

die Entnahme fetaler Zellen aus dem Choriongewebe schon in der 10. Schwangerschaftswoche. Nach der Präparation der Chromosomen wird ihre Vollzähligkeit und Unversehrtheit untersucht. Erbliche Stoffwechseldefekte werden durch biochemische Analysen erkannt. Techniken wie die Polymerase-Ketten-Reaktion erlauben auf der Ebene der DNA die Diagnose spezieller Gene.

Die Methoden der pränatalen Diagnostik sind neben therapeutischen Chancen auch mit ethischen und juristischen Problemen verbunden. Sollte tatsächlich eine schwerwiegende Schädigung des Fetus festgestellt werden, so liegt die schwierige Entscheidung über einen gesetzlich zulässigen Abbruch der Schwangerschaft (Abtreibung) im alleinigen Ermessen und damit auch in der Verantwortung der Eltern.

Ein belastendes Problem vieler Paare ist die ungewollte Kinderlosigkeit, bei der durch die Entwicklung der **Reproduktionsmedizin** ärztliche Hilfe angeboten werden kann. Bei der *künstlichen Besamung* werden die Spermien direkt in die Gebärmutter eingeführt. Bei der Befruchtung von Eizellen im Reagenzglas, der *In-vitro-Fertilisation,* werden Patientinnen nach einer Hormonbehandlung Eizellen entnommen, mit Spermien befruchtet und bis zu drei Zygoten in die Gebärmutterhöhle zurückgespült.

Mit der aus der Reproduktionsmedizin stammenden In-vitro-Fertilisation hat sich die Methode der **Präimplantationsdiagnostik** (PID) entwickelt. Darunter versteht man die Analyse der DNA einzelner Zellen, die man Embryonen vor dem Transfer in die Gebärmutter entnimmt. Neben Erbkrankheiten können dabei auch andere genetische Eigenschaften wie beispielsweise das Geschlecht festgestellt werden. Die PID an Embryonen ist in Deutschland nach dem Embryonenschutzgesetz verboten. Sie wird aber in vielen europäischen Ländern angewendet. Die Methode der PID weckt Befürchtungen über die Auslese von vermeintlich nicht lebenswerten Leben, denn es besteht zumindest die Gefahr, dass die PID dazu missbraucht wird, „Kinder nach Maß" zu schaffen.

1. Beschreiben Sie die verschiedenen Methoden der pränatalen Diagnostik und begründen Sie den jeweiligen Zeitpunkt der Untersuchung!
2. Eine Ultraschalluntersuchung ist im Gegensatz zu einer Röntgenuntersuchung für Mutter und Fetus ungefährlich. Begründen Sie dies und vergleichen Sie die beiden Verfahren!
3. Die PID ist in Deutschland nach dem Embryonenschutzgesetz verboten. Bewerten Sie diese Maßnahme des Gesetzgebers!

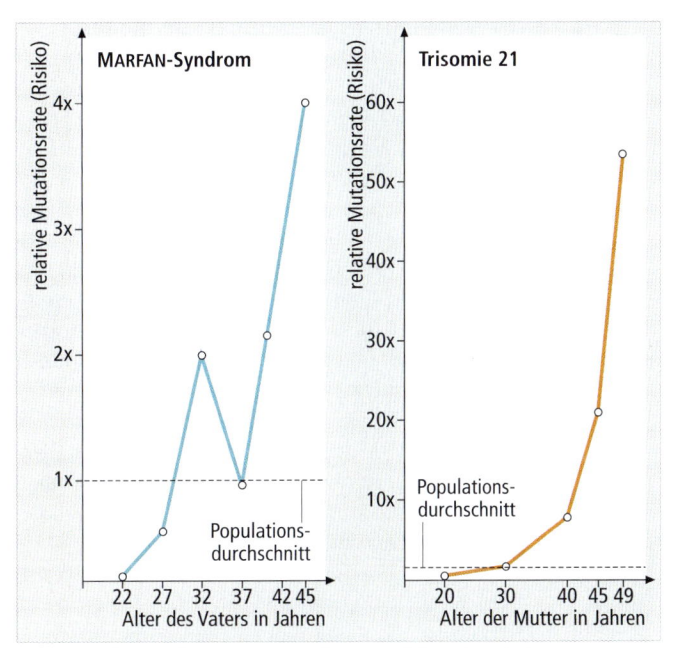

143.1 Häufigkeit des MARFAN-Syndroms und der Trisomie 21

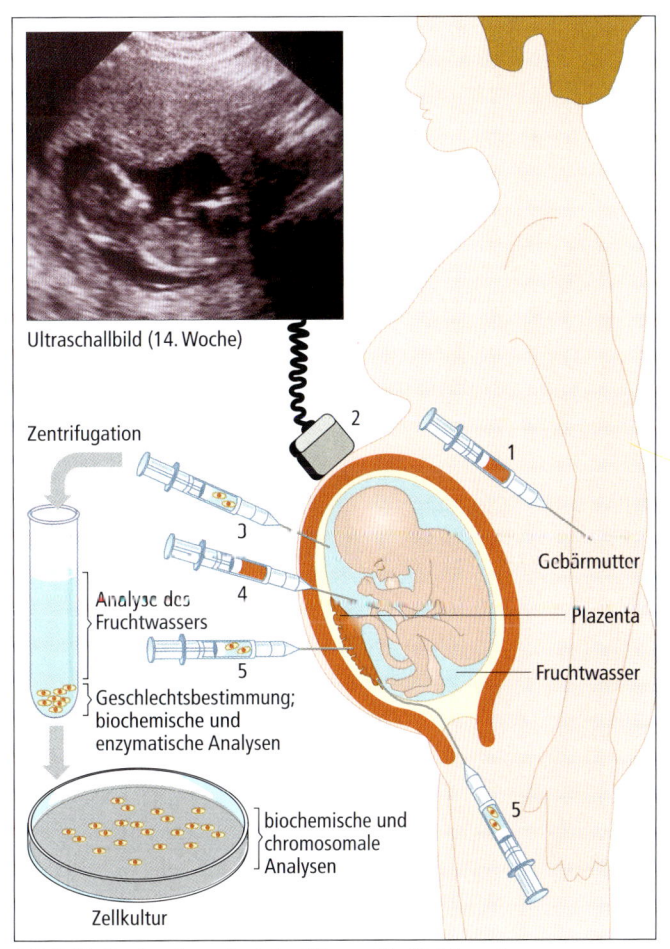

143.2 **Methoden der pränatalen Diagnostik.** Nichtinvasiv:
1 Blutentnahme bei der Mutter; 2 Ultraschalluntersuchung; invasiv:
3 Amniozentese; 4 Nabelschnurpunktion; 5 Chorionzottenbiopsie

6.7 Enzymmangelkrankheiten und der Heterozygotentest

Durch die Methoden der *pränatalen Diagnostik* wurde die Früherkennung von Erbkrankheiten wesentlich erleichtert. Die *Amniozentese* birgt zwar in sich immer die Gefahr einer Schädigung des Embryos durch das invasive Verfahren. Das Risiko für die Auslösung einer Fehlgeburt liegt immerhin bei 0,6 Prozent. Jedoch kann vermutlich in Zukunft dieses Risiko ausgeschlossen werden. Es hat sich nämlich herausgestellt, dass im mütterlichen Blut immer einige Zellen des Embryos zu finden sind, welche die Grenze zwischen kindlichem und mütterlichem Blutkreislauf in der Plazenta überwunden haben. Solche Zellen können angereichert und analysiert werden, sodass die Früherkennung durch *Gendiagnose* derartiger Zellen möglich sein wird.

Diese direkten Gennachweise in embryonalen Zellen werden jedoch schon aus Kostengründen die Diagnose von Erbkrankheiten durch biochemische Methoden nicht ganz verdrängen. Heute werden bereits mehr als hundert Erbkrankheiten durch Enzym- oder Antikörperreaktionen nachgewiesen. Ein Beispiel ist das G6PDH-Mangelsyndrom. Diese Krankheit äußert sich in irreversiblen Zellschädigungen, zum Beispiel in der Zerstörung der Membran Roter Blutzellen. Das Enzym Glucose-6-phosphat-Dehydrogenase (G6PDH) baut in einem Nebenweg zur Glykolyse Glucose-6-phosphat zu Ribulose-5-phosphat, einer Pentose, ab. In diesem Pentosephosphat-Zyklus wird das Coenzym $NADPH + H^+$ gebildet, welches zur Entgiftung verschiedener Stoffe notwendig ist. Wenn durch einen Enzymmangel nicht genügend Coenzym gebildet wird, kommt es zu den Zellschädigungen.

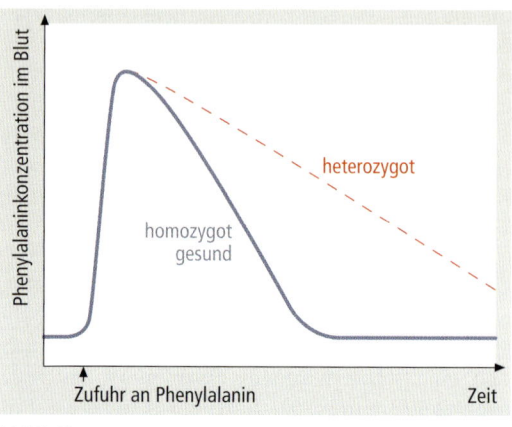

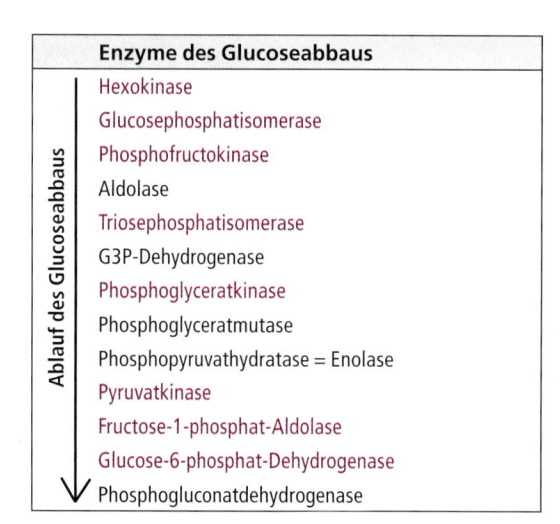

144.2 Heterozygotentest

Enzyme des Glucoseabbaus
Hexokinase
Glucosephosphatisomerase
Phosphofructokinase
Aldolase
Triosephosphatisomerase
G3P-Dehydrogenase
Phosphoglyceratkinase
Phosphoglyceratmutase
Phosphopyruvathydratase = Enolase
Pyruvatkinase
Fructose-1-phosphat-Aldolase
Glucose-6-phosphat-Dehydrogenase
Phosphogluconatdehydrogenase

144.1 Enzyme des Glucoseabbaus (Von den rot hervorgehobenen Enzymen sind Gendefekte mit entsprechenden Stoffwechselerkrankungen bekannt.)

Der G6PDH-Enzymmangel wird X-chromosomal vererbt und kommt hauptsächlich in Mittelmeerländern und bei Menschen schwarzer Hautfarbe vor. Dieser hohe Anteil des defekten Gens ist auf die Krankheit Malaria zurückzuführen. Der Malariaerreger befällt nämlich Rote Blutzellen und vermehrt sich darin. Bei heterozygoten Genträgerinnen wird nur die Hälfte der normalen Enzymmenge gebildet. Dadurch wird der Stoffwechsel der Malariaerreger gestört und diese können sich nicht weiterentwickeln. So sind die heterozygoten Genträgerinnen vor der Malaria geschützt. Schwere Schäden treten bei homozygoten Genträgerinnen und bei hemizygoten Männern auf. Trotzdem erweist sich in Malariagebieten dieser erbliche Defekt für die Gesamtpopulation als Vorteil. Eine ähnliche Beobachtung kann man auch bei einigen anderen Blutkrankheiten, wie zum Beispiel der Sichelzellanämie, machen.

Wenn in bestimmten Familien derartige Gendefekte aufgetreten sind, sollten Ehepartner in der Familienplanung Bescheid wissen. Vor der Entwicklung moderner Gendiagnose-Verfahren war man auf *Stammbaumanalysen* angewiesen, obwohl diese nur statistische Wahrscheinlichkeiten und keine sicheren Voraussagen liefern konnten. In manchen Fällen konnte der sogenannte **Heterozygotentest** Sicherheit bringen. Dies galt vor allem für die Stoffwechselkrankheit Phenylketonurie (PKU). Bei diesem Gendefekt fehlt das Enzym Phenylalanin-Hydroxylase. Beim Heterozygotentest wurde die Abbaugeschwindigkeit von Phenylalanin im Blut der Versuchsperson überprüft. Ein verzögerter Abbau wies auf eine Heterozygotie des betreffenden Gens hin.

1. Beschreiben und interpretieren Sie die Abbildung 144.2! Erstellen Sie eine begründete Hypothese, welcher Kurvenverlauf bei einem homozygoten PKU-Genträger zu erwarten ist!
2. Recherchieren Sie die Erbgänge und Symptome von drei in Abbildung 144.1 hervorgehobenen Enzymen!

AUFGABEN — Humangenetik und Erbkrankheiten

1 Vererbung von Bluteigenschaften

Phänotyp: Blutgruppe / Rhesusfaktor	Mutter	Vater	Kind
	A / Rh$^+$ ×	A / rh$^-$	B / Rh$^+$
	AB / Rh$^+$ ×	B / rh$^-$	0 / rh$^-$
	AB / rh$^-$ ×	0 / Rh$^+$	AB / Rh$^+$

a) Ordnen Sie jedem Elternpaar ein Kind zu!
b) Bestimmen Sie den Genotyp der Elternpaare in Bezug auf die Blutgruppe und den Rhesusfaktor!
c) Erklären Sie die Konsequenzen, die sich aus den Verteilungen der Eltern und Kinder in Bezug auf den Rhesusfaktor ergeben!

2 X-chromosomale Vererbung

1. Die Krankheit kommt bei Frauen häufiger vor.
2. Die Krankheit kommt bei Männern häufiger vor.
3. Die Krankheit wird nie vom Vater zum Sohn vererbt.
4. Ehen zwischen kranken Frauen und gesunden Männern haben 50 Prozent kranke Söhne und 50 Prozent kranke Töchter.
5. Alle Töchter eines kranken Mannes sind krank.
6. Nur kranke Männer können kranke Töchter haben.
7. Männer sind meist schwerer von der Krankheit betroffen als Frauen.
8. Ehen zwischen gesunden Frauen und gesunden Männern können 50 Prozent kranke Söhne haben.
9. Die Krankheit wird von einem kranken Großvater über seine gesunde Tochter auf die Hälfte seiner Enkel übertragen.

Ordnen Sie die obigen Kriterien danach, ob die Krankheit X-chromosomal rezessiv oder X-chromosomal dominant vererbt wird!

3 Vererbung der Polydaktylie

Die Aufnahme zeigt den Phänotyp der Polydaktylie (Vielfingrigkeit), der sich in einer Skelettfehlbildung mit sechstem Finger oder sechster Zehe äußert.
Der Stammbaum zeigt die Vererbung der Polydaktylie in einer Familie.

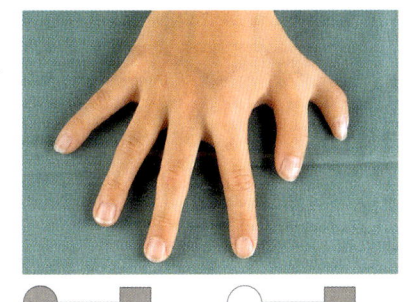

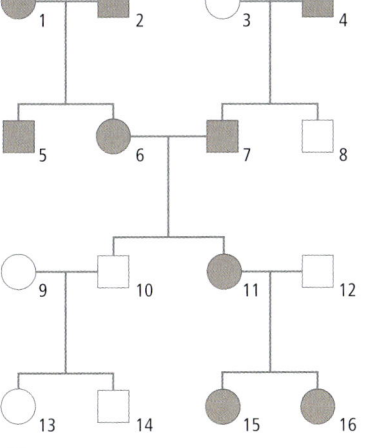

○ Frau mit normaler Finger- und Zehenanzahl
□ Mann mit normaler Finger- und Zehenanzahl
● Frau mit Polydaktylie
■ Mann mit Polydaktylie

a) Begründen Sie mit Angabe eines Elternpaares und seiner Kinder, wie die Polydaktylie vererbt wird!
b) Stellen Sie die Genotypen der Personen im Stammbaum dar! Verwenden Sie dabei die Buchstaben P und p!
c) Begründen Sie, weshalb der Genotyp der Person 6 heterozygot ist!
d) Erläutern Sie den Genotyp der Person 11! Muss diese Person homozygot sein?
e) Geben Sie die Wahrscheinlichkeit an, mit der das Elternpaar 6 und 7 Kinder mit Polydaktylie hat!

4 Vererbung der Nachtblindheit

Bei einer 24-jährigen Patientin, die zunehmend Schwierigkeiten hat, sich in dunkler Umgebung zu orientieren, wird eine sehr seltene Form der Nachtblindheit (Retinitis pigmentosa) festgestellt. Dabei führt der zunehmende Funktionsverlust der Stäbchen und auch der Zapfen über die Nachtblindheit zur vollständigen Blindheit. Die Patientin berichtet über entsprechende Symptome bei ihrer Schwester, vom blinden Vater und seiner erblindeten Schwester. Die Großmutter väterlicherseits und deren Vater waren nachtblind. Keiner der acht Brüder der Großmutter war betroffen. Die Mutter der Patientin ist gesund, ebenso wie ein Bruder des Vaters. In der Familie ihres Mannes ist niemand betroffen.

a) Erstellen Sie das Stammbaumschema!
b) Überprüfen Sie verschiedene Möglichkeiten, wie die Nachtblindheit vererbt werden könnte! Welche Vererbung erscheint am wahrscheinlichsten?
c) Tragen Sie alle möglichen Genotypen in das Stammbaumschema ein!
d) Ermitteln Sie die Wahrscheinlichkeit, mit der die Kinder der Patientin an der Nachtblindheit erkrankten, wenn der Mann gesund ist! Erklären Sie den Einfluss auf die Wahrscheinlichkeit, wenn auch der Vater nachtblind wäre!

5 Vererbung von Merkmalen, Krankheiten und Syndromen

1. Rotgrünsehschwäche
2. MARFAN-Syndrom
3. Blutgruppen
4. Hämophilie A
5. Rhesusfaktor
6. Hautpigmentierung
7. Phenylketonurie
8. EDWARDS-Syndrom
9. PRADER-WILLI-Syndrom
10. DOWN-Syndrom
11. TURNER-Syndrom

Benennen Sie die Mutationsart und wesentliche Kennzeichen der obigen Merkmale, Krankheiten bzw. Syndrome!

6.8 Die ethische Diskussion um Eugenik und Euthanasie

„Das Überwuchern der geistig, sittlich und körperlich Erbminderwertigen, das eine schwere rassische Volksentartung bedeutet, muss, wenn nichts gegen diese Gefahr geschieht, dazu führen, dass in wenigen Jahrhunderten der tüchtige, erbgesunde Bestandteil durch Gegenauslese so gut wie ausgestorben sein wird."

Dieser kurze Auszug aus einem Biologiebuch für Schüler der gymnasialen Mittelstufe aus dem Jahr 1940 deutet an, wie sich der Nationalsozialismus die Lösung des Problems vorgestellt hat: Durch Sterilisation und später sogar Tötung erbkranker Menschen sollte die Erbgesundheit des Volkes gesichert werden. Damit wurde ein ungeheuerlicher Schritt vollzogen. Denn es wurden auf staatliche Anordnung, wenn auch ohne gesetzliche Grundlage, körperlich und geistig behinderte Menschen umgebracht. Nur kurze Zeit später wurden auch Personen mit anderen Erkrankungen erfasst, wobei eine Stufenleiter der „Brauchbarkeit" zugrunde gelegt wurde. Schließlich wurden Angehörige anderer Rassen, aber auch für „unwert" angesehene Personengruppen wie Homosexuelle und Kriminelle getötet. Diesem speziellen Vernichtungsprogramm fielen letztlich über hunderttausend Menschen zum Opfer, wobei manche Schätzungen noch weit höher gehen.

Aufgrund der nationalsozialistischen Verbrechen wurden in der Zeit nach dem 2. Weltkrieg die Begriffe Eugenik und Euthanasie weltweit diskutiert. Die Diskussion über Eugenik und Euthanasie ist schon jahrtausendealt. Der Begriff **Eugenik** (griech. *eugenes*, wohlgeboren, von edler Herkunft) soll auf ein gutes Leben ohne körperliche und geistige Mängel und ohne genetische Defekte hinweisen. Der Begriff kann mit „Erbgesundheitslehre" oder „Rassenhygiene" übersetzt werden. Unter **Euthanasie** (griech. *eu*, gut, schön; *thanatos*, Tod) versteht man dagegen die Erleichterung des Todes durch medizinische Hilfe.

Im „Eid des HIPPOKRATES", den jeder angehende Arzt ablegt, heißt es: „Ich werde niemandem, auch nicht auf eine Bitte hin, ein tödlich wirkendes Gift geben und auch keinen Rat dazu erteilen." Diese Formulierung schließt sowohl aktive Sterbehilfe als auch eine Beihilfe zur Selbsttötung aus. Sie zeigt aber, dass solche Probleme schon 400 Jahre v. Chr. diskutiert wurden. Später, zur Zeit PLATONS und ARISTOTELES', wurde von dieser Vorstellung abgerückt und die Sterbehilfe befürwortet. Die Diskussion blieb jedoch weitgehend auf der philosophischen Ebene. Immer stand aber das Wohl der Betroffenen im Mittelpunkt, zum Beispiel die Vermeidung unerträglicher Schmerzen.

Erst durch das Aufkommen des *Sozialdarwinismus* im 19. und 20. Jahrhundert erschienen Formulierungen wie „Kampf ums Dasein", „Ausmerzung von lebensunwertem Leben" und „Überleben des Tüchtigsten". Jetzt wurden Euthanasie und Eugenik miteinander verknüpft. Die „Volksgesundheit" stand nun im Mittelpunkt und diente als Rechtfertigung für diktatorische Willkür und staatlich angeordnetem Mord.

Durch die Entwicklung der Humangenetik und der Gentechnologie wird die Debatte noch zusätzlich belebt. Vor allem aktive Eingriffe in die Struktur der Gene sind noch immer heftig umstritten, weil nach Meinung vieler Wissenschaftler die Konsequenzen nicht absehbar sind. Ein anderer Bereich der Medizin, der sich mit ethischen Fragen auseinandersetzt, ist die Palliativmedizin (lat. *palliare*, lindern). Sie hat zur Aufgabe, unerträgliche Schmerzen bei unheilbaren Krankheiten zu lindern. Hierzu gehört auch die Sterbehilfe durch medizinische Maßnahmen. Diese wird inzwischen in vielen Ländern weitgehend akzeptiert. Beim Recht auf einen selbstbestimmten, vorzeitigen Tod sowie bei der Tötung eines schwerkranken Menschen ohne dessen Einwilligung gehen jedoch die Meinungen noch weit auseinander. Ein derartig emotional besetztes Thema wird viele Diskussionen entfachen.

1. Analysieren Sie den in Abbildung 146.1 zitierten Text in Bezug auf wissenschaftlich brauchbare Aussagen! Diskutieren Sie das dem Text zugrunde liegende Menschenbild! Berücksichtigen Sie auch sozialpolitische und ethische beziehungsweise religiöse Aspekte!

„Die in den einzelnen Rassebestandteilen unseres Volkes vorhandenen Erbwerte ergänzen sich vielfach in der günstigsten Weise und bedingen dadurch die Vielseitigkeit und Höhe der Leistungen, durch die sich das deutsche Volk auszeichnet. (...) Dabei kommt der nordischen Rasse (...) eine verhältnismäßig große Bedeutung zu. Nordische Einschläge finden sich bei allen deutschen Stämmen und Volksgenossen und bilden somit blutmäßig das einigende Band zu einer Volksgemeinschaft. Aber auch die nichtnordischen Rassebestandteile unseres Volkes haben einen vollen und je ihrer Wesensart besonderen Anteil an den Werten, die deutscher Geist, deutsche Zähigkeit, deutsches Gemüt und deutsche Tatkraft unserem Volk und der Welt geschenkt haben. Daraus erwächst uns die ernste Verpflichtung, die tüchtigen und wertvollen Anlagen in allen Stämmen und Schichten unseres Volkes zu erhalten und zu fördern, die minderwertigen und für die Volksgesundheit schädlichen Anlagen aber allmählich auszumerzen."

146.1 Zitat aus einem Biologieschulbuch (1940)

EXKURS: „Rassenkunde" – Rassenwahn

Am 15. September 1935 wurde in Nürnberg das „Gesetz zum Schutze des deutschen Blutes und der deutschen Ehre" verabschiedet. Es stellte die Eheschließung und jeglichen Geschlechtsverkehr zwischen „Juden und Staatsangehörigen deutschen oder artverwandten Blutes" unter Strafe. Die meisten deutschen Anthropologen, die sich fast ganz der sogenannten „Rassenkunde" verschrieben hatten, begrüßten dieses Gesetz.

Dumpfer Rassismus, der nicht selten in brutale Gewalt gegen Fremde umschlägt, ist ein ebenso altes wie aktuelles Problem, das viele Ursachen hat. Trotz Holocaust und brennender Asylbewerberheime ist es auch kein spezifisch deutsches Problem – man denke nur an den jahrhundertelangen Sklavenhandel, die „Apartheid" oder die „ethnischen Säuberungen" im ehemaligen Jugoslawien. Auch das Verbot der sogenannten „Rassenschande" im Nationalsozialismus hatte Vorbilder. Im amerikanischen Bundesstaat Virginia wurde 1930 ein Gesetz erlassen, das Eheschließungen zwischen „Personen der kaukasischen (= europäischen) Rasse und Personen, die mehr als $1/16$ Indianerblut oder eine Spur Negerblut in ihren Adern haben", unter Androhung von Gefängnisstrafen verbot. Die Wurzeln des wissenschaftlich verbrämten Rassismus reichen tief ins 18. und 19. Jahrhundert zurück. LINNÉ beispielsweise erlag den schon in seiner Zeit gängigen Vorurteilen: Er nannte Afrikaner „träge", „schamlos" und „von Launen regiert", Europäer dagegen „lebhaft", „erfinderisch" und „von Sitten regiert". Vor allem Schwarzafrikaner wurden immer wieder in die Nähe von Tieren gerückt, was einem Freibrief für ihre Versklavung gleichkam. Im 19. Jahrhundert legte der Franzose JOSEPH ARTHUR COMTE DE GOBINEAU den Grundstein für den Mythos von der angeblichen Überlegenheit der „nordischen Rasse". In seinem „Essay über die Ungleichheit der menschlichen Rassen" behauptete er, diese sei die „edelste" von allen. Auch DARWIN war vor den rassistischen Anwandlungen seiner Zeit nicht gefeit, wandte sich aber scharf gegen die Sklaverei.

Eine wertneutrale Behandlung der „Rassenfrage" hat es zu keiner Zeit und in keinem Land der Welt gegeben. Nur in Deutschland aber gingen eine scheinbar wertfreie Wissenschaft und eine Ideologie, die den Rassenwahn zur Staatsdoktrin erhoben hatte, eine so enge Allianz ein. Anthropologen lieferten der menschenverachtenden Politik der Nationalsozialisten nicht nur das geistige Rüstzeug; sie waren auch hocherfreut über die Umsetzung ihrer „wissenschaftlichen" Erkenntnisse. Juden und andere „Untermenschen" bezeichneten sie als „Parasiten", die zum „Schutze des eigenen Erbgutes" „ausgemerzt" gehörten. „Rassenkreuzungen", so behaupteten sie, führten zu körperlichen und geistig-seelischen „Disharmonien", obwohl ihre eigenen Untersuchungen an Mischlingsbevölkerungen in Südafrika und Südostasien nichts dergleichen erbracht hatten. Ihre massenhaft erstellten „Rassegutachten" trugen nicht unerheblich zur Organisation der sogenannten „Endlösung der Judenfrage", dem organisierten Massenmord, bei. Mit Wissenschaft hatte all dies nichts zu tun.

1. Überlegen Sie, welche bewussten und unbewussten Gründe Menschen dazu bewegen könnten, rassistisch zu denken! Bewerten Sie diese Gründe!

147.1 Propaganda. A „erbkrank"; B „erbgesund"; C Volksverhetzung

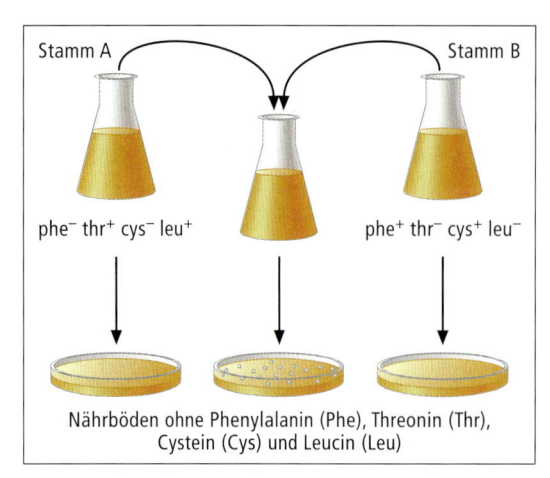

148.1 Konjugationsversuch von LEDERBERG und TATUM (Schema)

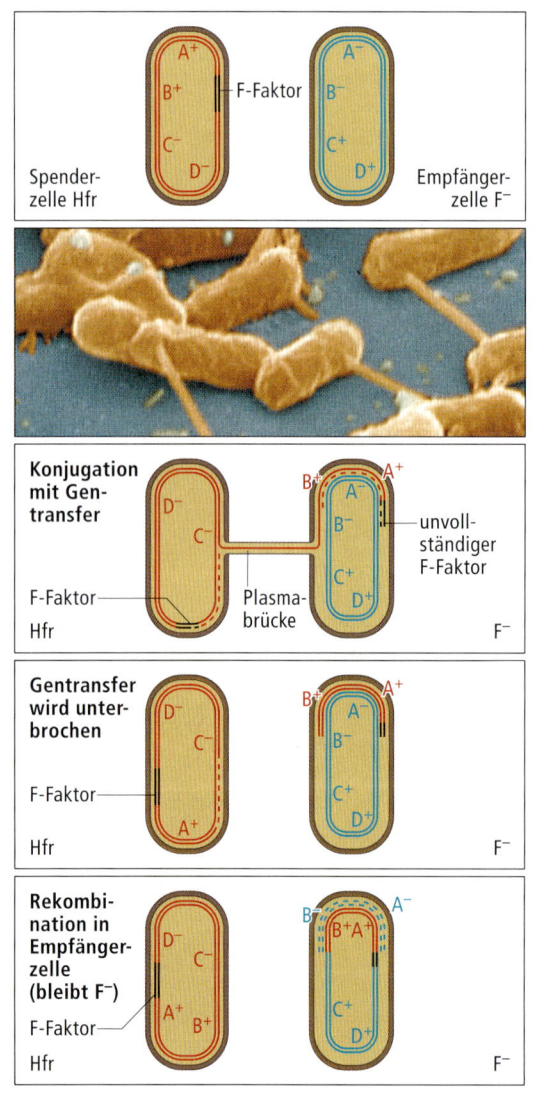

Stamm A: phe⁻ thr⁺ cys⁻ leu⁺
Stamm B: phe⁺ thr⁻ cys⁺ leu⁻
Nährböden ohne Phenylalanin (Phe), Threonin (Thr), Cystein (Cys) und Leucin (Leu)

148.2 Rekombination bei Bakterien durch Konjugation. Übertragung chromosomaler Gene durch Hfr-Zellen (Schema: --- Synthese --- Abbau; EM-Aufnahme)

7 Gentechnik

7.1 Genübertragung bei Bakterien und Viren

Bei Eukaryoten verläuft die genetische Rekombination über Meiose und Befruchtung. Bei Prokaryoten können andere Rekombinationsprozesse beobachtet werden. Joshua LEDERBERG und Edward TATUM führten hierzu 1946 ein Experiment mit zwei doppelten Mangelmutanten von *Escherichia coli* durch. Der Stamm A konnte die Aminosäuren Phenylalanin und Cystein nicht synthetisieren *(phe⁻ cys⁻)*, Stamm B nicht die Aminosäuren Threonin und Leucin *(thr⁻ leu⁻)*. Beide Doppelmutanten wuchsen daher nur auf Nährboden mit entsprechendem Aminosäurezusatz. Wurden die beiden Stämme gemeinsam in einem Vollmedium vermehrt und nach einigen Stunden auf Nährböden ohne Aminosäurezusatz ausplattiert, wuchsen überraschenderweise dennoch einige Kolonien auf den Minimalplatten heran.

Zwischen den beiden Doppelmutanten musste also ein Austausch von genetischem Material stattgefunden haben. Im Elektronenmikroskop konnten Kontakte zwischen Bakterienzellen beobachtet werden. Sie erfolgen über fädige Oberflächenstrukturen, die *Pili*. Anschließend kommt es zur Ausbildung einer Plasmabrücke, über die ein einseitig gerichteter DNA-Transfer vom Spender zum Empfänger verläuft. Diesen Vorgang nennt man **Konjugation.** Spenderzellen besitzen ein besonderes Plasmid, den Fertilitäts- oder *F-Faktor* (F⁺). Die F⁺-Zellen übertragen eine Kopie des F-Faktors auf die Empfängerzelle (F⁻), die dadurch ebenfalls zur F⁺-Zelle wird.

Statt auf einem Plasmid kann der F-Faktor auch in das Chromosom einer Spenderzelle eingebaut sein. In diesem Fall wird bei einer Konjugation ein Einzelstrang des ringförmigen DNA-Moleküls geöffnet und in die F⁻-Zelle überführt. Sowohl das übertragene DNA-Stück als auch das zurückgebliebene Bakterienchromosom werden schon während der Konjugation zu Doppelsträngen ergänzt. Der Kontakt zwischen den Zellen bricht meist ab, bevor das komplette Chromosom übertragen wird. In einer Art Crossing-over kann nun die Spender-DNA gegen die homologe Sequenz des Empfängerchromosoms ausgetauscht und in das Chromosom eingebaut werden; die ausgetauschte Empfänger-DNA wird anschließend abgebaut. Da es so besonders häufig zu Rekombinationsvorgängen kommt, wird die Spenderzelle auch als *Hfr-Zelle* bezeichnet (engl. **h**igh **f**requency of **r**ecombination).

Viren sind Zellparasiten ohne einen eigenen Stoffwechsel. Eine für die genetische Forschung besonders wichtige Virengruppe sind die **Bakteriophagen**.

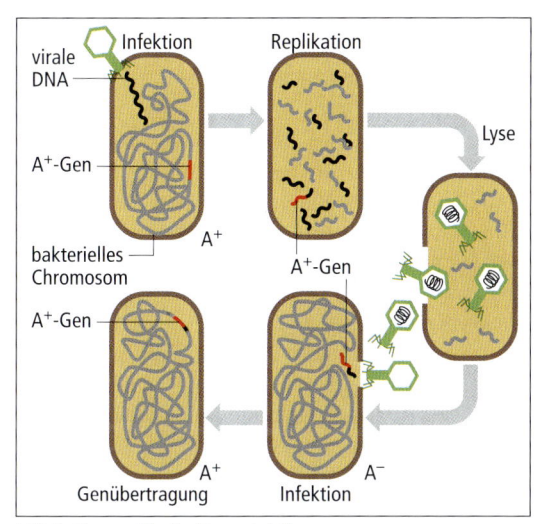

149.1 Unspezifische Transduktion

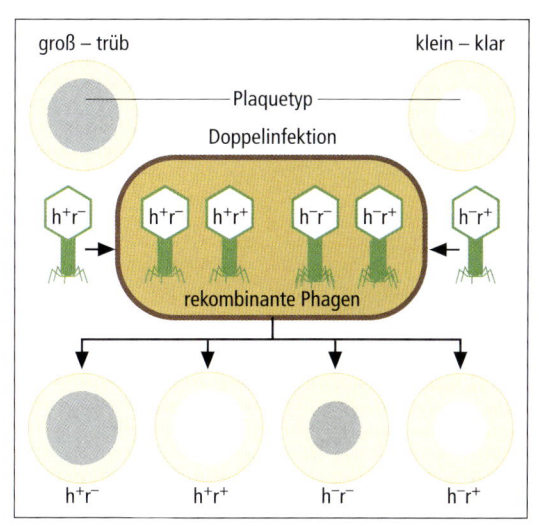

149.2 Rekombination bei Viren

Diese befallen Bakterien. Sie sind durch ihren Bau, bestehend aus einem Köpfchen mit einem Schwanzstiel und einer Endplatte mit Schwanzfäden, gekennzeichnet.

Ihre Vermehrung erfolgt in den befallenen Bakterien. Dazu dringt die virale DNA oder RNA in die Wirtszelle ein und bewirkt dort eine Umstellung des Stoffwechsels. Die Wirtszelle erzeugt keine eigenen Proteine mehr, sondern produziert Virenproteine und Virennucleinsäure. Diese Bestandteile fügen sich zu neuen Viren zusammen, die Wirtszelle platzt auf und die Viren werden frei. Man nennt diesen Vermehrungsvorgang den *lytischen Zyklus* der Phagenvermehrung. Man kennt auch Phagen, die sich nach der Infektion einer Wirtszelle mit ihrer DNA in das Bakterienchromosom integrieren und hier als *Prophagen* über viele Zellgenerationen verbleiben. Erst wenn der Prophage frei wird, beginnt die Virenneubildung und die Zerstörung der Wirtszelle. In diesem Fall spricht man von einem *lysogenen Zyklus*.

Vor der Lyse der Wirtszelle wird die virale DNA in neue Phagenhüllen verpackt. Zu diesem Zeitpunkt ist das Chromosom der Wirtszelle durch die Aktivität viraler Desoxyribonucleasen bereits in zahlreiche kleine Fragmente zerlegt. Daher kann gelegentlich auch ein DNA-Fragment der Wirtszelle in ein Virus eingebaut werden. Ein solcher Phage ist defekt, da ihm zumindest ein Teil der viralen Gene fehlt. Er kann aber dennoch eine neue Bakterienzelle infizieren. Dabei wird die DNA der alten Wirtszelle in die neue Empfängerzelle injiziert. Dieser Vorgang der DNA-Übertragung heißt **unspezifische Transduktion**. Das übertragene DNA-Stück kann dann in das Chromosom der Wirtszelle eingebaut werden. Auf diese Weise können genetische Eigenschaften von einem Bakterienstamm auf einen anderen übertragen werden. Solche Ereignisse sind aber recht selten: Die Wahrscheinlichkeit der Übertragung eines bestimmten Gens beträgt nur etwa $1 : 10^7$.

Bestimmte lysogene Phagen werden immer an der gleichen Stelle des Bakterienchromosoms eingebaut. So wird die DNA des Phagen Lambda λ stets neben dem *gal*-Operon integriert, das die Gene des Galactosestoffwechsels von *Escherichia coli* umfasst. Wird beim Einschlagen des lytischen Zyklus die Prophagen-DNA ausgeschnitten, werden manchmal auch Teile der benachbarten Bakterien-DNA mitgenommen. Bei etwa einem von 100 000 Phagen kommt es dadurch bei einer erneuten Infektion zur Übertragung bakterieller *gal*-Gene in die neue Wirtszelle. Weil nur bestimmte, der Integrationsstelle benachbarte Gene übertragen werden, spricht man von **spezifischer Transduktion**.

Bei Phagen gibt es zahlreiche Mutationen. Auch genetische Rekombination wurde nachgewiesen. So gibt es beim Phagen T2 Mutanten, die sich in der Größe und Durchsichtigkeit der Löcher unterscheiden, die sie in einem Bakterienrasen erzeugen. Diese werden *Plaques* genannt und entstehen, wenn sich ein Phage in einer Bakterienschicht vermehrt. Dabei lysieren die infizierten Bakterienzellen, und es entstehen mit bloßem Auge sichtbare Löcher. Ein bestimmter Phagenstamm erzeugt kleine, klare Plaques, ein anderer Stamm dagegen große, trübe Plaques. Verwendet man ein Gemisch beider Stämme, können Doppelinfektionen von Bakterienzellen auftreten. Nach dem Ausplattieren beobachtet man neben den beiden Ausgangsformen auch kleine, trübe und große, klare Plaques. Innerhalb der Wirtszellen ist also eine Neukombination viraler Gene möglich.

1. Erläutern Sie die Begriffe Konjugation und Transduktion! Stellen Sie ihre Bedeutung bei der Genübertragung dar!

7.2 Methoden der Gentechnik

Werner ARBER, Daniel NATHANS und Hamilton O. SMITH erhielten 1978 den Nobelpreis. Sie hatten beobachtet, dass sich Phagen in einigen Bakterienstämmen nicht vermehren konnten und einen Grund für die Einschränkung (Restriktion) dieses Wachstums gefunden: Die **Restriktionsenzyme** der Bakterien zerlegen die Phagen-DNA und machen sie damit unschädlich. Mit den Restriktionsenzymen als Werkzeug konnten die Gentechniker nun DNA kontrolliert in definierte Stücke zerlegen.

Jedes Restriktionsenzym erkennt auf der DNA eine bestimmte Basensequenz, an der es die DNA in Stücke schneidet. Das Restriktionsenzym ***Eco*RI**, das aus *Escherichia coli* isoliert wurde, erkennt zum Beispiel nur die Sequenz 5'GAATTC3'. Der Schnitt kann versetzt erfolgen, sodass an den **Schnittstellen** jeweils ein kurzes Stück Einzelstrang-DNA übersteht. Diese beiden Einzelstrangenden sind komplementär zueinander. Sie neigen dazu, sich wieder zusammenzulagern, weshalb sie auch „**klebrige Enden**" (sticky ends) genannt werden. Man nutzt die klebrigen Enden, um Fremdgene in das Erbgut eines Lebewesens einzuschleusen. Dazu benötigt man sogenannte **Vektoren** (Transportmoleküle, „Genfähren"). Als Vektoren werden *Plasmide* eingesetzt, die zwei **Resistenzgene** gegen die Antibiotika Ampicillin und Tetracyclin tragen. Bakterien mit entsprechendem Plasmid wachsen auf Nährböden, die Ampicillin und Tetracyclin enthalten.

Ein Fremdgen wird in das Plasmid eingeschleust, indem das Plasmid im Tetracyclin-Gen einmal mit dem Restriktionsenzym aufgeschnitten wird, mit dem das Fremdgen isoliert wurde. Die klebrigen Enden des Fremdgens und des Plasmids lagern sich aneinander und werden durch das Enzym **DNA-Ligase** verknüpft. Damit entstehen **rekombinante Plasmide,** die in Bakterien geschleust (Transformation) und dort vermehrt werden (Klonierung).

Zur Kontrolle der erfolgreichen Transformation bringt man diese Bakterien auf einen ampicillinhaltigen Nährboden. Überträgt man dann von den herangewachsenen Kolonien Bakterien auf einen Nährboden mit Ampicillin und Tetracyclin, wachsen dort nur die Bakterien, die ein Plasmid mit intaktem Tetracyclin-Resistenzgen besitzen. Zellen mit dem rekombinanten Plasmid wachsen nicht, denn hier ist die Funktion des Tetracyclin-Gens durch den Einbau des Fremdgens zerstört. Aus dem Vergleich der Koloniemuster auf den zwei Nährböden werden die Bakterien ausgewählt, die das rekombinante Plasmid enthalten. Dieses Verfahren zur Vermehrung eines Fremdgens nennt man **Gen-Klonierung**.

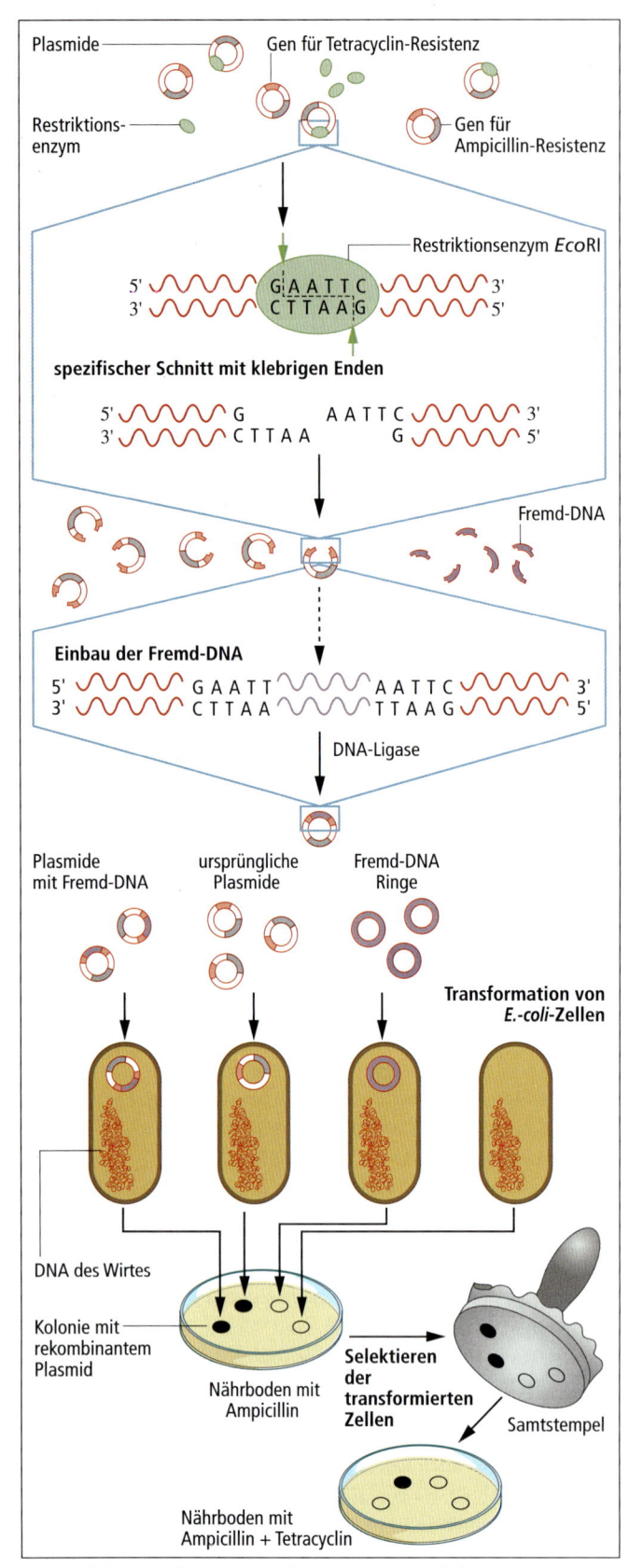

150.1 Wirkungsweise von Restriktionsenzymen und Klonierung von Fremd-DNA in Bakterien

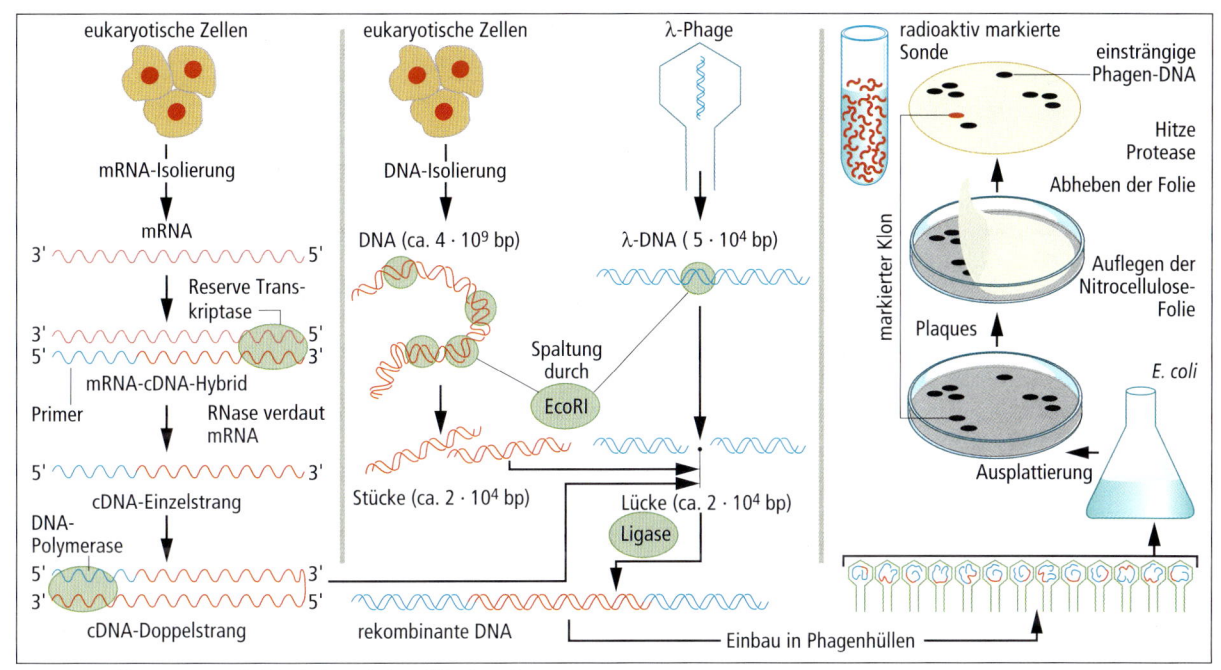

151.1 Erstellen einer Genbibliothek und Identifikation eines Gens

Das Einschleusen von Fremdgenen in Lebewesen bezeichnet man als **Gentransfer.** Um an die Gene des Lebewesens zu gelangen, die beim Gentransfer eingesetzt werden sollen, wird die gesamte DNA aus den Zellen dieses Lebewesens isoliert und mit einem Restriktionsenzym geschnitten. Die entstandenen DNA-Fragmente werden in Vektoren verpackt. Dabei verwendet man λ-Phagen, die gegenüber Plasmiden den Vorteil haben, dass mit ihnen größere DNA-Fragmente kloniert werden können. Die λ-Phagen mit der Fremd-DNA vermehrt man in Bakterien, wobei aus jedem Phagen ein Phagen-Klon hervorgeht, der ein Plaque erzeugt. Die Gesamtheit aller Phagen-Klone bildet eine **Genbibliothek.** Das Genom des Menschen könnte zum Beispiel in 150 000 λ-Phagen untergebracht werden. Da der Einbau der menschlichen DNA-Fragmente in λ-Phagen jedoch zufallsbedingt erfolgt, werden etwa 1 000 000 Klone zur Erstellung einer Genbibliothek des Menschen benötigt, in der jede vermutete Sequenz mit 99-prozentiger Sicherheit mindestens einmal vorkommt.

Unter den etwa $3 \cdot 10^9$ Basenpaaren des Menschen entfallen nur etwa fünf Prozent auf Gene, die Proteine codieren. Der überwiegende Rest der DNA ist bisher in seiner Bedeutung nicht verstanden. Eine Genbibliothek besteht daher auch nur zu etwa fünf Prozent aus Protein codierenden Genen. Um die Suche nach diesen in einer Genbibliothek zu erleichtern, geht man für ihren Aufbau von der mRNA aus. Dabei synthetisiert das Enzym **Reverse Transkriptase** in Umkehrung der Transkription aus mRNA eine sogenannte **cDNA** (complementary DNA). Die reverse Transkriptase beginnt ihre Synthese an einem **Primer** (Startmolekül) und liefert einen mRNA-cDNA-Doppelstrang. Nach dem Abbau der mRNA durch das Enzym RNase dient die Bildung einer Schleife am 3′-Ende des cDNA-Stranges der DNA-Polymerase als Primer für die Synthese einer doppelsträngigen cDNA. Diese kann in λ-Phagen verpackt werden. Eine cDNA-Genbibliothek wird aus der Gesamtheit der mRNAs eines Gewebes gewonnen. Die Häufigkeit des Auftretens bestimmter Klone gibt direkten Aufschluss darüber, welche proteincodierenden Gene wie häufig in diesem Gewebe exprimiert werden.

Um nun ein bestimmtes Gen in einer Genbibliothek zu finden, muss man den Klon identifizieren, der das Gen enthält. Dies geschieht mithilfe einer **Sonde,** zum Beispiel einem kurzen synthetisierten und mit radioaktiven Nucleotiden markierten DNA-Abschnitt. Da Gentechniker Erfahrungswerte über erwartete Sequenzen im Gen besitzen, wird die Sonde so im Labor synthetisiert, dass sie und das gesuchte Gen weitgehend komplementär sind. Um mit dieser Sonde ein bestimmtes Gen zu finden, wird eine Membran auf die Plaques gelegt. Daran bleiben einige Phagen hängen. Die Phagenhüllen werden mit Protease abgebaut und die DNA wird so freigelegt. Mit einer Hitzebehandlung wird die DNA einzelsträngig. Gibt man auf diese Membran die radioaktiv markierte Sonde, bindet sie an der einzelsträngigen DNA desjenigen Phagen-Klons, der das gesuchte Gen enthält. Der Klon wird über den Ort der Radioaktivität auf der Membran gefunden.

EXKURS: PCR – die Polymerase-Ketten-Reaktion

Wenn bei einem Verbrechen geringste DNA-Mengen in Blutspuren oder Haaren gefunden werden, können sie zur Überführung des Täters eingesetzt werden. Bevor man die DNA analysiert, muss man sie vervielfältigen. Dies geschieht mithilfe des Verfahrens der **Polymerase-Ketten-Reaktion**, kurz **PCR** (engl.: **p**olymerase **c**hain **r**eaction). Für die Entwicklung der PCR, bei der DNA-Bereiche in wenigen Stunden millionenfach vermehrt werden, erhielt Kary B. MULLIS 1993 den Nobelpreis.

Die PCR läuft nach dem Prinzip der DNA-Replikation automatisiert in einem Heiz- und Kühlapparat ab: Doppelsträngige DNA mit dem Abschnitt, der vervielfältigt werden soll, wird durch Hitzebehandlung bei 94 °C in ihre Einzelstränge gespalten. Diesen Vorgang nennt man **Denaturierung**. An die Einzelstränge binden bei etwa 50 °C zwei synthetisierte, kurze *Primer*. Sie sind gegenläufig orientiert und komplementär zu den Enden des DNA-Abschnitts, der zwischen den Primern vermehrt werden soll. Daher müssen die Basensequenzen an diesen Enden bekannt sein.

Die Primer dienen einer hitzestabilen DNA-Polymerase, der *Taq*-**Polymerase**, als Startpunkte für die Synthese des komplementären zweiten Stranges. Die *Taq*-Polymerase verdankt ihren Namen dem in heißen Quellen lebenden Bakterium *Thermus aquaticus*, aus dem sie isoliert wurde. Mit ihr konnte der Ablauf der PCR automatisiert werden, denn andere Polymerasen verlieren bei Temperaturen über 40 °C schnell ihre Aktivität. Die *Taq*-Polymerase hingegen beginnt bei etwa 72 °C die DNA-Synthese an den Primern, wozu der Reaktionslösung die vier DNA-Nucleotide beigegeben sein müssen.

Durch die erneute kurzfristige Temperaturerhöhung auf 94 °C wird die Replikation abgebrochen. Gleichzeitig werden die doppelsträngigen Abschnitte denaturiert und der Prozess kann von vorne beginnen.

In der Regel wiederholt man diesen **Zyklus** mit den Reaktionsschritten Denaturierung der DNA, Primer-Bindung und DNA-Synthese in drei Stunden etwa 30-mal. Bereits nach 20 optimal verlaufenden Zyklen ist der gewünschte DNA-Bereich millionenfach vervielfältigt.

Die Bedeutung der PCR liegt in der schnellen Vermehrung geringster DNA-Mengen. So konnten DNA-Reste aus bis zu 100 000 Jahre alten Knochenfunden von Neandertalern mit der PCR vervielfältigt und Verwandtschaftsbeziehungen zum heutigen Menschen untersucht werden. Auch in der medizinischen Diagnose kann mithilfe der PCR anhand einer einzigen Zelle ein genetischer Defekt, Krebs oder eine Vaterschaft nachgewiesen werden.

Zyklus	doppelsträngige DNA	Anzahl
Start		1
1.		2
2.		4
3.		8
4.		16
⋮		⋮
n		2^n

152.1 Das Prinzip der Polymerase-Ketten-Reaktion

EXKURS: Sequenzierung – Lesen mit dem Alphabet des Lebens

Im Jahre 2001 wurde in Fachzeitschriften die nahezu vollständige **Sequenzierung** der etwa drei Milliarden Buchstaben des menschlichen Genoms gemeldet. Die Bestimmung der Einzelabfolge der Basen der DNA macht die genetische Information direkt zugänglich. Ohne Kenntnis der Genprodukte können heute bestimmten DNA-Sequenzen Funktionen zugeordnet werden. Dabei wird die Anzahl der Gene mithilfe von Computern hochgerechnet. Aus dem Vergleich der Basenfolgen ganzer Genome vermutet man zum Beispiel bei *Drosophila* etwa 15 200 Gene, bei der Pflanze *Arabidopsis* etwa 25 500 und beim Menschen etwa 25 000 Gene. Dabei verteilen sich beim Menschen auf eine Million Basen gerade mal zwölf Gene, was verglichen mit 117 Genen bei *Drosophila* und 221 bei *Arabidopsis* relativ wenig ist. Dies weist darauf hin, dass die Gene des Menschen in hohem Maße durch Introns unterbrochen sind. Das Gen für das Muskelprotein Titin zum Beispiel ist in 178 Exons unterteilt. Dies soll ein alternatives Zusammenstellen von Exons bei der Reifung der mRNA ermöglichen, wodurch sich die Zahl der pro Gen gebildeten verschiedenen Proteine deutlich erhöht. Diese kombinatorische Vielfalt soll für 35 Prozent aller menschlichen Gene gelten. Dies kann dazu führen, dass die Formulierung der „Ein-Gen-ein-Polypeptid"-Hypothese eine neuerliche Abänderung zur „Ein-Gen-eine-mRNA"-Hypothese erfährt.

Es existieren unterschiedliche Verfahren zur Sequenzierung von DNA. Allen gemeinsam ist, dass ein Gemisch aus DNA-Fragmenten produziert wird, die sich in ihrer Länge um jeweils ein Basenpaar unterscheiden. Feinporige Gele erlauben eine so effiziente Elektrophorese, dass DNA-Fragmente mit nur einem Basenpaar Unterschied getrennte Banden erzeugen.

Bei der **Kettenabbruch-Methode** nach Frederik SANGER synthetisiert eine DNA-Polymerase an der einzelsträngigen zu sequenzierenden DNA wie bei der DNA-Replikation einen komplementären Strang.

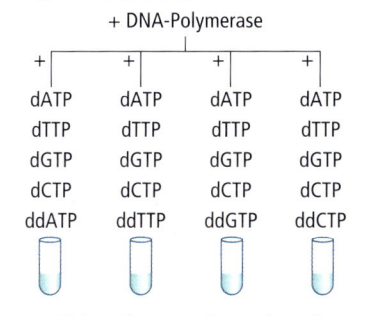

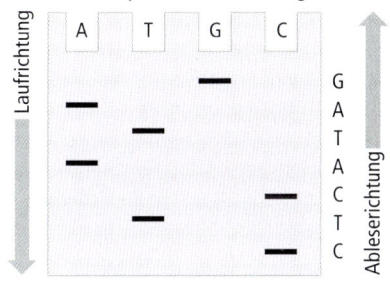

Die Synthese bricht ab, wenn chemisch modifizierte Vorläufer der Nucleotide (**Di**desoxyribonucleotide, kurz dd-Nucleotide) eingebaut werden.

Zur Sequenzierung wird die einzelsträngige DNA auf vier Ansätze verteilt. In jedem der vier Ansätze befinden sich neben Millionen identischer, einzelsträngiger DNA-Fragmente die DNA-Polymerase, die vier Nucleotide (dATP, dTTP, dGTP, dCTP) und ein Primer, der den Beginn der Synthese ermöglicht. Schließlich ist in jedem der vier Ansätze jeweils ein „Abbruch-Nucleotid" ddATP, ddTTP, ddGTP oder ddCTP in niedriger Konzentration enthalten.

Im ersten Ansatz, der ddATP enthält, bricht die DNA-Synthese genau dann ab, wenn ein ddATP im neu synthetisierten Strang eingebaut wird. Die Versuchsbedingungen sind dabei so gewählt, dass an jeder Stelle, an der ddATP eingebaut werden kann, dies auch zufällig geschieht (im Beispiel 4. und 6. Position). Bis zum Abbruch-Nucleotid sind die DNA-Fragmente jetzt doppelsträngig. Mit einer Hitzebehandlung werden sie in Einzelstränge gespalten und in einer Elektrophorese getrennt. Durch die radioaktive Markierung des Primers hinterlassen die verschieden langen, neu synthetisierten DNA-Fragmente im Autoradiogramm eine Schwarzfärbung. Jede Bande entspricht einer bestimmten Länge des DNA-Fragments, wodurch die Adenin-Positionen direkt abgelesen werden können. Mithilfe der anderen drei Ansätze mit ddTTP, ddGTP und ddCTP kann die DNA-Sequenz des komplementären Stranges aus dem Bandenmuster der vier Reaktionen eindeutig abgelesen werden.

Inzwischen ist man in der Lage, die DNA-Sequenzierung automatisch mit vier **Fluoreszenzfarbstoffen** durchzuführen, die an die vier Basen gekoppelt werden. Mit einem Laserstrahl, der eine Bahn des Gels nach den vier Farbstoffen abtastet, wird das Signal in digitale Daten umgewandelt. Das entstehende Chromatogramm wird vom Computer direkt ausgewertet und liefert die Sequenz.

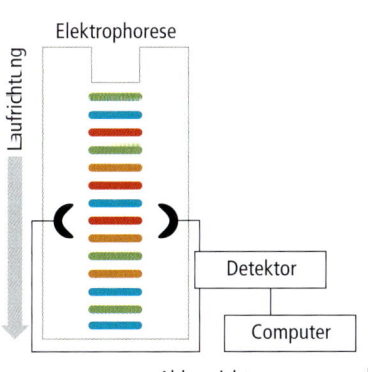

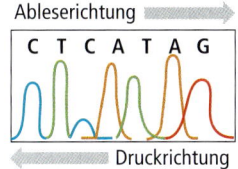

153.1 Kettenabbruch-Methode und Fluoreszenzsequenzierung

EXKURS Der genetische Fingerabdruck

Ein Restriktionsenzym schneidet DNA nur an einer Stelle, die es anhand der Basensequenz als seine Schnittstelle erkennt. Eine konkrete Region einer bestimmten DNA wird daher immer in die gleichen Fragmente zerlegt. Ereignet sich in dieser Region eine Mutation, so kann dadurch eine Schnittstelle hinzukommen oder verloren gehen. Daher entstehen nun Fragmente anderer Länge: Es liegt ein **Restriktionsfragmentlängenpolymorphismus (RFLP; sprich: „Riflip")** vor. Die unterschiedlichen Typen des RFLP gehören zu den individuellen genetischen Merkmalen.

1985 kam Alec J. Jeffreys auf die Idee, RFLPs als Verwandtschaftstest zu benutzen. Er ging davon aus, dass zwei Personen in umso mehr RFLPs übereinstimmen, je näher sie verwandt sind. Das Ergebnis seiner Untersuchungen bezeichnete er als **genetischen Fingerabdruck**, da man bei hinreichender Verfeinerung des Verfahrens durch Analyse zahlreicher DNA-Regionen Merkmalskombinationen nachweisen kann, die nur in einem einzigen Menschen zu finden sind und ihn so eindeutig identifizieren.

Zur Erstellung eines genetischen Fingerabdrucks wird genomische DNA mit einem Restriktionsenzym geschnitten. Die Fragmente werden dann in Einbuchtungen (Taschen) eines Agarose-Gels übertragen und elektrophoretisch getrennt: Die negativ geladenen DNA-Fragmente bewegen sich zum positiven Pol eines Gleichspannungsfeldes. DNA-Fragmente wandern dabei umso langsamer, je länger sie sind. Gleich lange Fragmente sammeln sich in Banden auf dem Gel. Anschließend wird die DNA denaturiert, also in Einzelstränge zerlegt. In einem Verfahren, das nach seinem Erfinder Southern-Blotting genannt wird, überträgt man die DNA-Banden durch die Saugkraft von Filterpapier auf eine Nylon-Membran und fixiert sie dort durch Hitzebehandlung. Um bestimmte Fragmente nachzuweisen, werden nun passende **Sonden** auf die Membran gegeben. Dies sind kurze Stücke radioaktiv markierter einzelsträngiger DNA, die zu der untersuchten DNA-Region komplementär sind. Daher hybridisieren sie mit den gesuchten Fragmenten. Nachdem man die nicht gebundenen Sonden abgespült hat, legt man einen Röntgenfilm auf die Membran, um die Lage der radioaktiv markierten Hybrid-DNA in einem Autoradiogramm sichtbar zu machen: Die markierten Fragmente erzeugen durch ihre Strahlung auf dem Film ein Muster schwarzer Banden, den genetischen Fingerabdruck.

Die RFLP-Analyse ermöglicht die Zuordnung DNA-haltiger Tatortspuren (zum Beispiel Blut, Sperma, Speichel, Haare) zu verdächtigen Personen. Heute wird in der kriminaltechnischen Routine das ursprüngliche Verfahren durch die Polymerase-Ketten-Reaktion ersetzt, wofür als Spurenmaterial prinzipiell nur noch eine Zelle erforderlich ist.

1. Leiten Sie aus dem Autoradiogramm den potenziellen Vater ab!

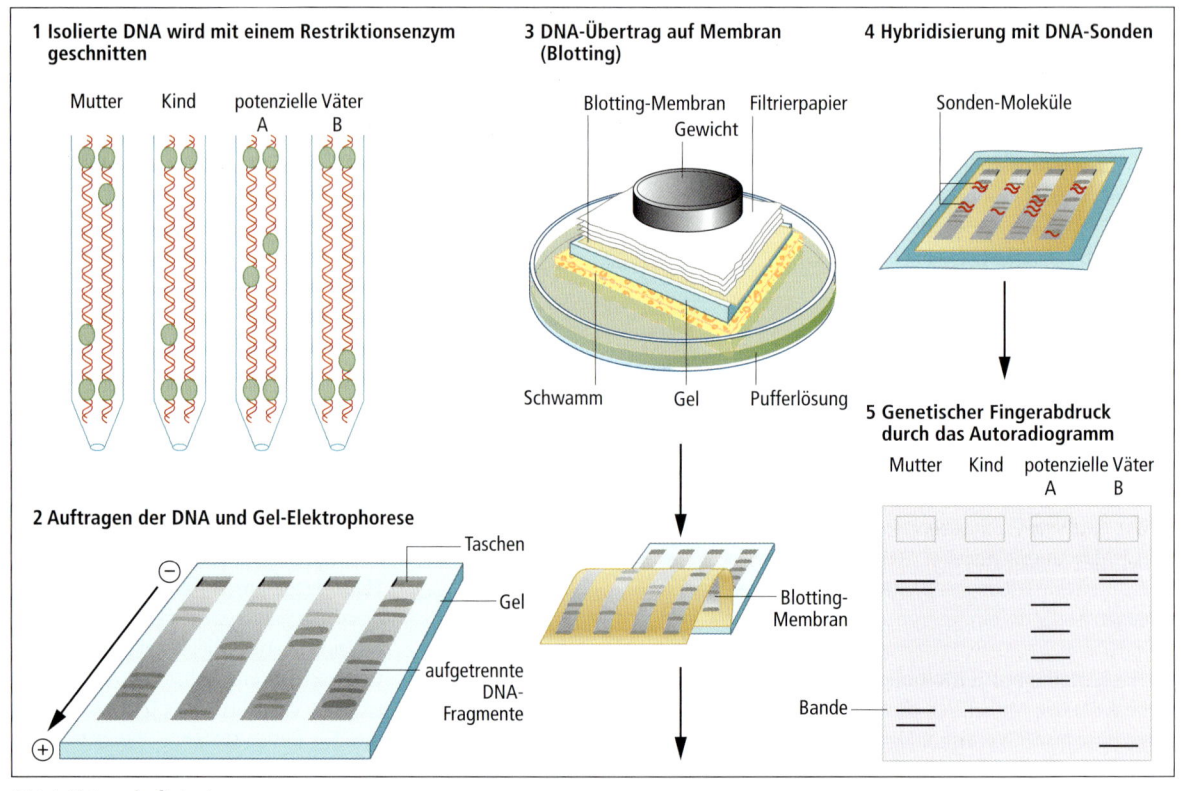

154.1 Vaterschaftstest

AUFGABEN: Methoden der Gentechnik

1 Restriktionsenzyme

```
       1         10          20           30
5' A T T G C G T A G G C T T A A G T C T A G T T G G A A T T C
3' T A A C G C A T C C G A A T T C A G A T C A A C C T T A A G
      31         40          50           60
    T A T G G C C A G T C C T G A A C A G A A T T C A A A A G A
    A T A C C G G T C A G G A C T T G T C T T A A G T T T T C T
      61         70          80           90
    T C A A A G T T G T G G G G C T T C T C T A C C C T T G A A
    A G T T T C A A C A C C C C G A A G A G A T G G G A A C T T
      91        100         110          120
    T T C G G C C C T A A G T C T T A A C C G G A A T T C T T G
    A A G C C G G G A T T C A G A A T T G G C C T T A A G A A C
     121        130         140          150
    A T T C C G T T G G T A T T C C T T A A G C C C C T T A A G  3'
    T A A G G C A A C C A T A A G G A A T T C G G G G A A T T C  5'
```

Restriktionsenzyme erkennen und schneiden bestimmte DNA-Sequenzen immer an derselben Stelle. Das Restriktionsenzym *Eco*RI schneidet spezifisch die folgende Sequenz versetzt in der angezeigten Weise auf. Daher wird diese Sequenz auch Schnittstelle genannt:

```
       ↓
5' G A A T T C 3'      5' G         A A T T C 3'
3' C T T A A G 5'  →   3' C T T A A         G 5'
       ↑
```

a) Werten Sie die Schnittstellen des Enzyms *Eco*RI in der vorgegebenen doppelsträngigen 150 bp langen Sequenz aus!

b) Ermitteln Sie die Anzahl und Größe der nach dem Schneiden mit dem Enzym *Eco*RI entstandenen DNA-Fragmente!

c) Zeichnen Sie das Bandenmuster, das die radioaktiv markierten DNA-Fragmente nach einer Gel-Elektrophorese auf einem Autoradiogramm hinterlassen würden!

d) Erläutern Sie, was ein Gentechniker mit einer einzigen vorliegenden 150 bp langen DNA-Sequenz machen müsste, damit er das erwartete Bandenmuster tatsächlich erhält!

e) Das Restriktionsenzym *Hpa*II schneidet die Erkennungssequenz 5′ CCGG 3′
3′ GGCC 5′
Ermitteln Sie die Wahrscheinlichkeit mit der sich die Schnittstelle von *Hpa*II in einer 150 bp langen Sequenz wiederfindet!

f) Vergleichen Sie das Ergebnis von e) mit der tatsächlichen Anzahl an Schnittstellen in der obigen Sequenz!

2 DNA-Sequenzanalyse

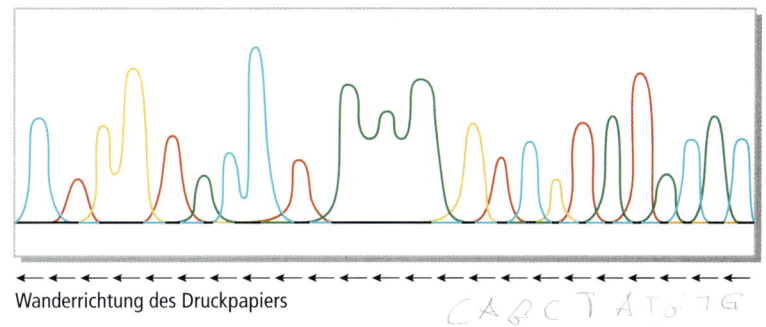

Wanderrichtung des Druckpapiers

Druckfarbe: GELB = C, GRÜN = T, ROT = A, BLAU = G

Der Computerausdruck eines Chromatogramms einer Sequenzierung mit Fluoreszenzfarbstoffen entsteht durch den Einsatz von vier Fluoreszenzfarbstoffen bei der Sequenzierung nach der Kettenabbruch-Methode.

a) Beschreiben Sie die Kettenabbruch-Methode nach SANGER!
b) Nennen Sie die Sequenz des DNA-Bereiches, der im Chromatogramm dargestellt wird!
c) Begründen Sie die unterschiedlichen Amplituden einer Kurve für eine bestimmte Base im dargestellten Chromatogramm!
d) Die Elektrophorese läuft bei der radioaktiven Markierung des Primers in vier Bahnen, bei der Fluoreszenzmarkierung in einer Bahn. Erklären Sie diesen Unterschied!

3 Auswertung eines Autoradiogramms

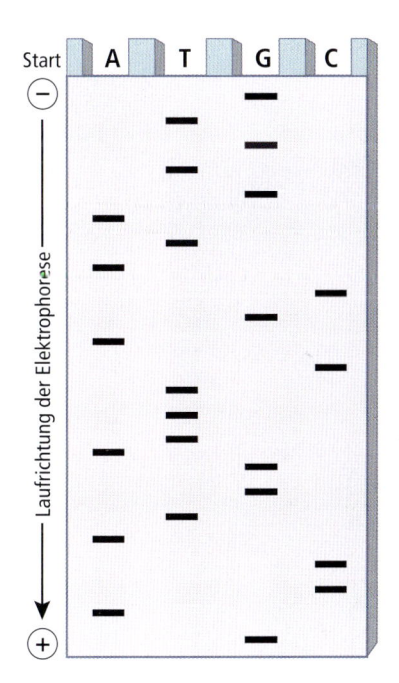

Die Abbildung zeigt ein Autoradiogramm mit radioaktiver Markierung eines Sequenziergels nach der Kettenabbruch-Methode nach SANGER.

a) Nennen Sie die Sequenz des DNA-Bereiches, indem Sie das Autoradiogramm auswerten!
b) Vergleichen Sie die beiden Sequenzen aus Aufgabe 2 und Aufgabe 3 und erklären Sie Ihren Befund!
c) Erläutern Sie, weshalb sich die verschieden großen Fragmente nach der Gel-Elektrophorese in den Bahnen des Sequenziergels in der dargestellten Weise angeordnet haben!

7.3 Transgene Pflanzen

Um die zunehmende Weltbevölkerung, zurzeit etwa 6,7 Milliarden Menschen, ausreichend mit Nahrungsmitteln zu versorgen, sollen Nutzpflanzen verbessert werden. Solche Ziele versucht man mit der *Grünen Gentechnik* zu erreichen. Dabei geht es darum, bei Pflanzen, die man mit gentechnischen Methoden verändert, eine Ertragssteigerung, klimatische Toleranz, Schädlings- und Krankheitsresistenz, das Wachstum auf mineralstoffarmen Böden und die Unabhängigkeit von Düngemitteln zu erreichen.

In der Natur zeigt das Bodenbakterium *Agrobacterium tumefaciens* den Gentechnikern, wie ein Gentransfer in Pflanzen erreicht werden kann. Das Bakterium kann einen bestimmten Teil seiner DNA in eine Pflanzenzelle einschleusen und damit eigene genetische Information auf diese übertragen. Transportmolekül ist die Transfer-DNA, kurz **T-DNA**. Sie liegt auf dem **Ti-Plasmid** (**T**umor **i**nduzierendes Plasmid) des Bakteriums. Nach dem Einschleusen wird die T-DNA in ein Chromosom der infizierten Pflanzenzelle eingebaut. Die durch den Gentransfer in die Wirtszelle gelangten Bakteriengene sorgen dafür, dass die Zelle bestimmte Pflanzenhormone produziert. Dadurch bildet die Pflanze Tumore aus, die Wurzelhalsgallen, in denen die eingeschleusten Bakteriengene die Bildung von Stoffen anregen, die dem Bakterium als Nahrung dienen.

Gentechniker greifen auf dieses natürliche System zurück, wenn sie herbizidresistente Kulturpflanzen produzieren wollen. Mit Restriktionsenzymen werden die Tumor induzierenden Gene auf dem Ti-Plasmid gegen Resistenz-Gene ausgetauscht. Das veränderte Plasmid wird in *Agrobacterium* eingeschleust und mit ihm werden Pflanzenzellen infiziert.

Wenn die Resistenz-Gene in Pflanzenchromosomen eingebaut werden, können die behandelten Pflanzenzellen auf herbizidhaltigem Nährboden überleben. Aus den Zellen, die dort wachsen, werden vollständige, herbizidresistente Pflanzen herangezogen.

Andere Ansätze der Grünen Gentechnik brachten **transgene Pflanzen** hervor, die sich selbst gegen Insektenbefall schützen können. Ihnen schleust man zum Beispiel das Bt-Gen aus dem Bakterium *Bacillus thuringiensis* ein. Das von diesem Gen codierte Protein wird als umweltschonendes Insektizid gespritzt. Die Proteinkristalle wandeln sich im Darm von bestimmten Insekten in ein tödlich wirkendes Gift um. Beim Mais wurde diese Strategie erfolgreich gegen den Fraßfeind Maiszünsler eingesetzt. Der transgene Mais (Bt-Mais) kann das Fraßgift selbst herstellen und ist damit gegen den Maiszünsler resistent.

Anfang 1994 wurde die „Flavr-Savr"-Tomate als erstes gentechnisch verändertes Gemüse zur Vermarktung freigegeben. Im Vergleich zu den handelsüblichen Früchten zeichnete sich die transgene Tomate durch längere Haltbarkeit aus.

Das Enzym Polygalacturonase (PG) ist für das Matschigwerden reifer Tomaten verantwortlich. Sie baut die zellwandstabilisierenden Pektine ab. Durch das Einschleusen eines Antisense-Gens, dessen mRNA der Basenabfolge der mRNA (Sense) für das Enzym Polygalacturonase komplementär ist, lagern sich beide mRNA-Moleküle in der Zelle zu einem Doppelstrang zusammen. Damit kann die Sense-mRNA nicht mehr translatiert werden, was die Synthese des Enzyms verhindert und die Haltbarkeit der Tomate verbessert. Mittlerweile ist die „Flavr-Savr"-Tomate wegen der insgesamt schlechten Geschmacksmerkmale allerdings wieder vom Markt.

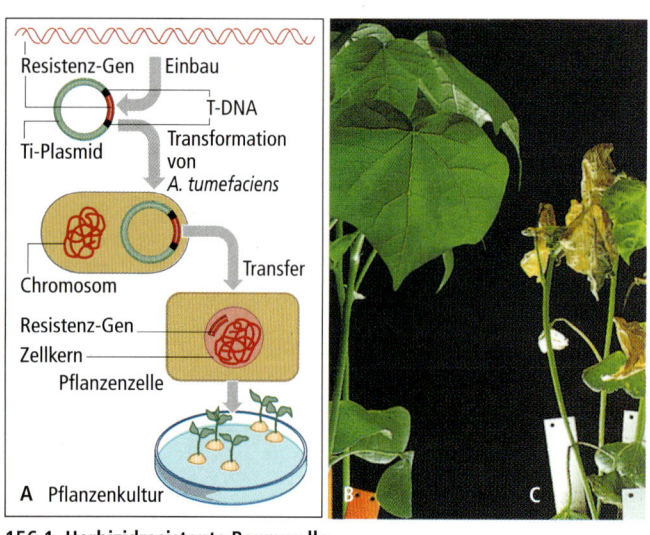

156.1 Herbizidresistente Baumwolle.
A Prinzip; **B** resistente Form; **C** nicht herbizidresistente Form

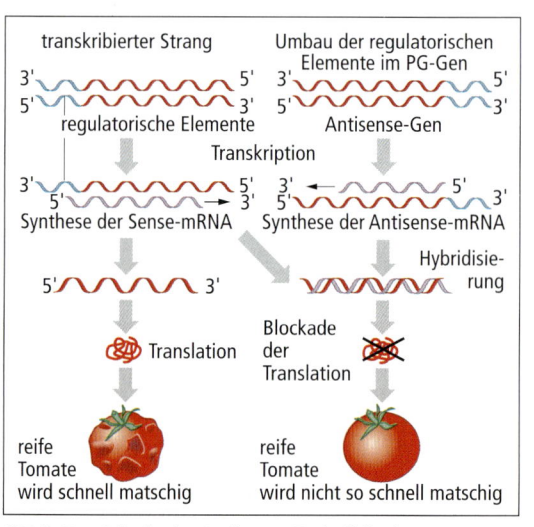

156.2 Das Prinzip der Antisense-Technik in der „Flavr-Savr"-Tomate

7.4 Transgene Tiere

In Europa und den USA leiden etwa 100 000 Menschen erbbedingt an einem Alpha-I-Antitrypsin-(AAT)-Mangel, allein in Deutschland etwa 4000. Beim Fehlen dieses Proteins laufen zellabbauende Prozesse im Körper der kranken Menschen beschleunigt ab. Dies schädigt insbesondere die Lunge so stark, dass unbehandelt der Tod schnell eintritt. Patienten können bislang nur mit AAT behandelt werden, das aus Spenderblut isoliert wird. Die dabei gewonnenen Mengen reichen zur Behandlung aller Betroffenen jedoch nicht aus.

Mit der *Roten Gentechnik*, bei der es um die Herstellung pharmazeutischer Produkte geht, wurde das 15 Millionen Euro teure transgene Schaf Tracy hergestellt. Es trägt das Human-Gen für das Protein AAT in seinem Genom.

Der Transfer von Fremd-DNA wie dem AAT-Gen in tierische Zellen wurde bisher am häufigsten mit der *Mikroinjektion* versucht. Dabei wird mit einer dünn ausgezogenen Glaskapillare in den Kern einer gerade befruchteten Eizelle Fremd-DNA injiziert. Dies geschieht meistens in den etwas größeren männlichen Vorkern, wie der vom Spermium stammende haploide Kern genannt wird. Beim Verschmelzen des männlichen und weiblichen Vorkerns kann die Fremd-DNA in das Genom der Eizelle integriert werden. Aus dieser Eizelle entwickelt sich dann in einer Leihmutter, die den Embryo austrägt, ein **transgenes Tier.**

Zur Herstellung des transgenen Schafes Tracy wurden in den männlichen Vorkern von 549 befruchteten Eizellen bis zu 5000 Kopien eines AAT-Genkonstruktes injiziert. Dieses Konstrukt war eine Kombination des AAT-Gens mit einem Promotor, der eine besonders hohe Transkription in den Milchdrüsen veranlasst. Dadurch sollte eine umfangreiche AAT-Produktion in der Milch weiblicher, transgener Schafe erreicht werden. Die befruchteten Eizellen wurden in Leihmütter eingebracht. Dort entwickelten sich 112 Lämmer, von denen fünf das entsprechende Genkonstrukt in ihr Genom aufgenommen hatten. Von den drei Tieren, die AAT tatsächlich exprimierten, produzierte nur das Schaf Tracy AAT in ausreichenden Mengen in seiner Milch. Die heute bestehenden Schwierigkeiten bei der Herstellung transgener Tiere spiegelt dieses Verfahren wider, dessen Erfolgsquote bei nur 0,2 Prozent ($^1/_{549}$) lag.

Tracy ist gewissermaßen ein lebender Bioreaktor, ihre Milch enthält jährlich etwa 3,5 Kilogramm AAT. Eine Herde von 2000 transgenen Schafen würde ausreichen, um den Weltbedarf an AAT zu decken. Allerdings ist die Reinigung des AAT aus der Milch sehr aufwendig.

Neben der beschriebenen pharmazeutischen Nutzung transgener Tiere, was auch als **„gene farming"** bezeichnet wird, werden in der Viehwirtschaft Krankheitsresistenz, verbesserte Milchleistung oder höhere Fleischqualität angestrebt. Große Hoffnungen wurden dabei in das „Größermachen" der Tiere durch ein DNA-Konstrukt mit Wachstumshormon-Gen gesetzt, das in Nagern ausprobiert wurde und in Fischen, Geflügel, Schweinen und Rindern zur Anwendung kam. Bei Schweinen zeigte sich, dass das Wachstumspotenzial bereits durch die konventionellen Züchtungsmethoden der Vergangenheit fast vollständig ausgeschöpft war und weitere Steigerungen nur noch auf Kosten der Gesundheit der Tiere möglich sind. Die unkontrolliert in die Natur entwichenen, transgenen, schnell wachsenden Norwegischen Lachse zeigen das ökologische Gefahrenpotenzial dieser Forschung. Sie verdrängen ihre natürlichen Artgenossen und reduzieren damit die genetische Vielfalt dieser Art.

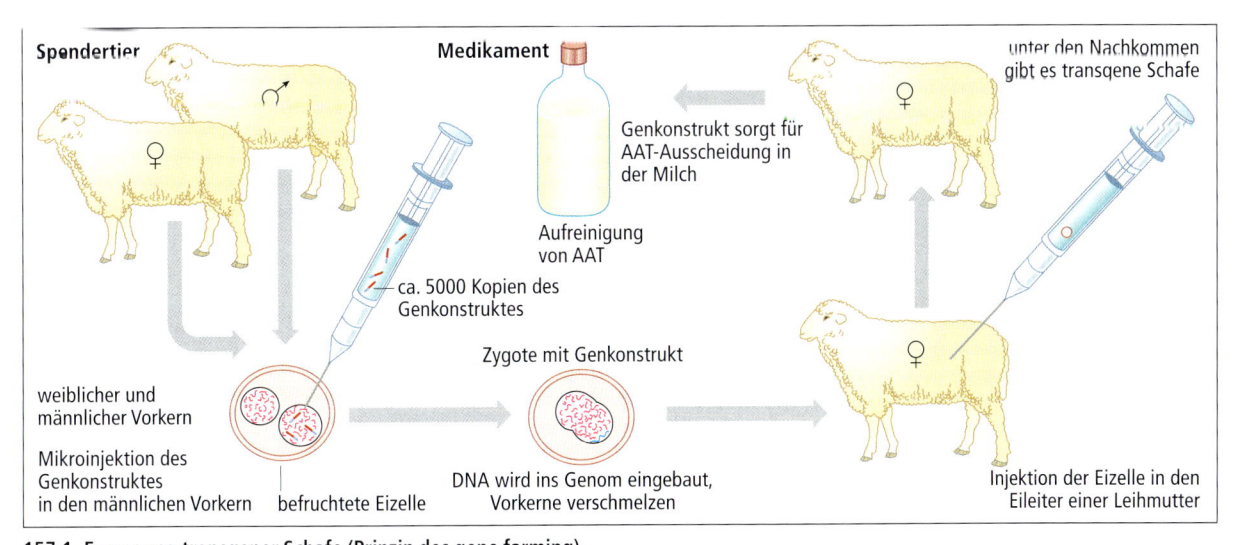

157.1 Erzeugung transgener Schafe (Prinzip des gene farming)

EXKURS: Methoden des Gentransfers

Transgene Lebewesen entstehen durch das gezielte Einschleusen von Fremdgenen. Für den erfolgreichen Gentransfer müssen je nach Zielzelle verschiedene Transfermethoden eingesetzt werden: biologische Systeme, die DNA oder RNA selbst aktiv übertragen können (*Agrobacterium*, Viren), oder physikalische Methoden zur Übertragung unverpackter, nackter DNA (Elektroporation, Partikelpistole, Liposomen, Mikroinjektion). Der Gentransfer mit *Agrobacterium* funktioniert recht gut bei zweikeimblättrigen Pflanzen, einkeimblättrige Pflanzen hingegen infiziert *Agrobacterium* normalerweise nicht. Ziel aller Methoden ist es, die infrage kommenden Gene in das gewünschte Genom stabil einzubauen und ihre Expression zu erreichen. Insgesamt spricht man von einem erfolgreichen Gentransfer, wenn die neuen Gene auch an die Nachkommen vererbt werden.

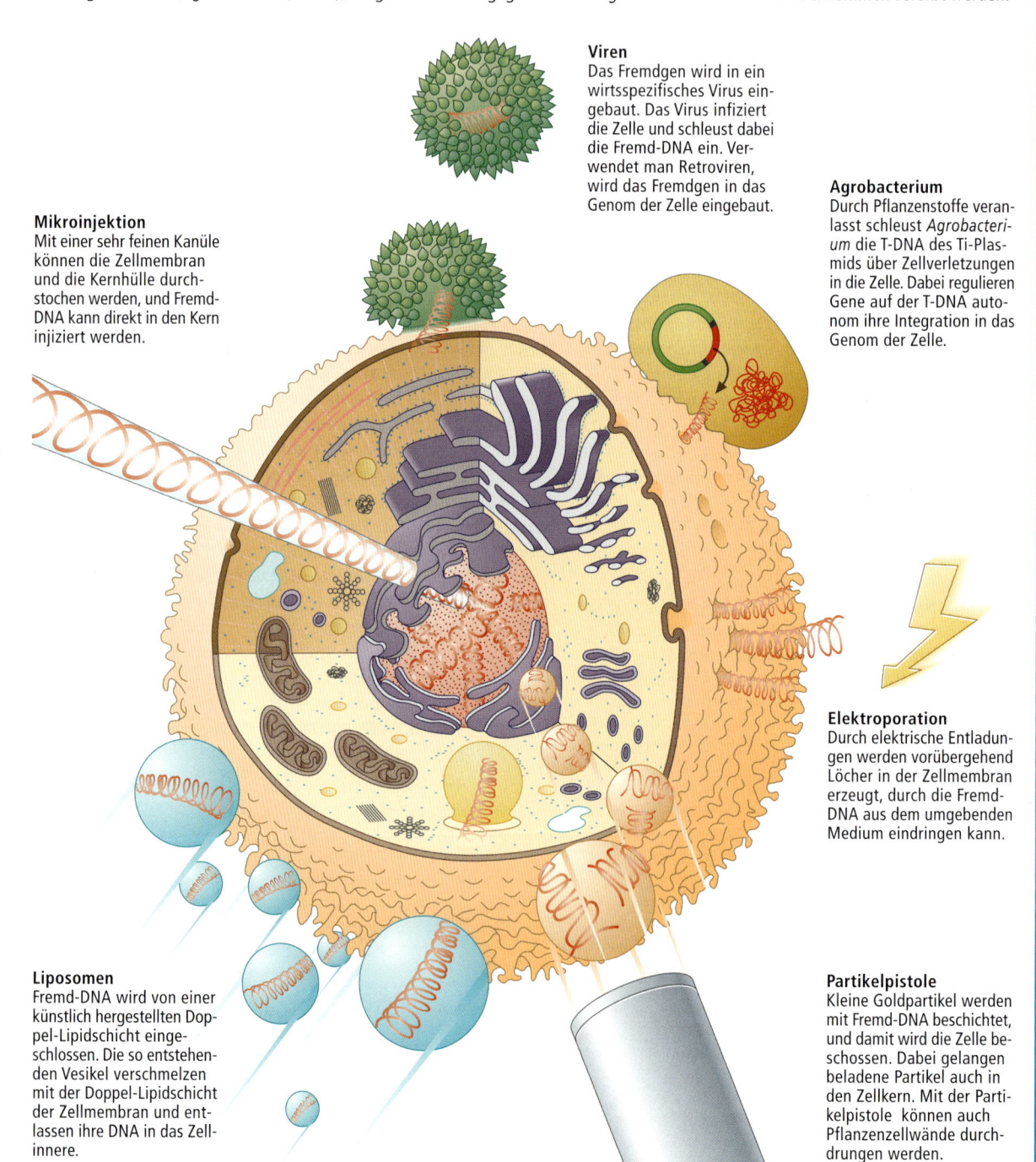

Viren
Das Fremdgen wird in ein wirtsspezifisches Virus eingebaut. Das Virus infiziert die Zelle und schleust dabei die Fremd-DNA ein. Verwendet man Retroviren, wird das Fremdgen in das Genom der Zelle eingebaut.

Agrobacterium
Durch Pflanzenstoffe veranlasst schleust *Agrobacterium* die T-DNA des Ti-Plasmids über Zellverletzungen in die Zelle. Dabei regulieren Gene auf der T-DNA autonom ihre Integration in das Genom der Zelle.

Mikroinjektion
Mit einer sehr feinen Kanüle können die Zellmembran und die Kernhülle durchstochen werden, und Fremd-DNA kann direkt in den Kern injiziert werden.

Elektroporation
Durch elektrische Entladungen werden vorübergehend Löcher in der Zellmembran erzeugt, durch die Fremd-DNA aus dem umgebenden Medium eindringen kann.

Liposomen
Fremd-DNA wird von einer künstlich hergestellten Doppel-Lipidschicht eingeschlossen. Die so entstehenden Vesikel verschmelzen mit der Doppel-Lipidschicht der Zellmembran und entlassen ihre DNA in das Zellinnere.

Partikelpistole
Kleine Goldpartikel werden mit Fremd-DNA beschichtet, und damit wird die Zelle beschossen. Dabei gelangen beladene Partikel auch in den Zellkern. Mit der Partikelpistole können auch Pflanzenzellwände durchdrungen werden.

7.5 Gentechnik und Lebensmittel

Bei der Herstellung von Bier entsteht während der Gärung Acetolactat. Dieses wird zum auffällig nach Butter riechenden Diacetyl oxidiert. Da dieser Geruch beim Bier unerwünscht ist, lässt man eine Reifungsperiode folgen. In dieser Zeit reduzieren die Hefezellen Diacetyl zu Acetoin und schließlich zu 2,3-Butandiol. Man könnte die Reifungsperiode überspringen und damit die Herstellungskosten senken, wenn das Enzym Acetolactat-Dehydrogenase vorhanden wäre. Das Enzym wandelt nämlich das Acetolactat direkt in Acetoin um. In Hefezellen kommt jedoch das benötigte Enzym nicht vor, weil das entsprechende Gen fehlt. Deshalb hat man mithilfe der Gentechnologie das Gen aus dem Darmbakterium *Enterobacter aerogenes* isoliert und dann in Hefezellen übertragen.

Der industrielle Einsatz dieser genetisch veränderten Mikroorganismen ist umstritten. Seit April 2004 gelten in der Europäischen Union neue Regeln für den Einsatz und die Kennzeichnung von Lebensmitteln, die aus gentechnisch veränderten Organismen hergestellt wurden oder die mit derartigen Verfahren hergestellten Zutaten enthalten. Denn das Risiko für die menschliche Gesundheit und für die Umwelt durch solche Organismen ist noch ungeklärt. Da der wirtschaftliche Vorteil aus genetisch veränderten Organismen hoch erscheint, wird trotzdem weitergeforscht.

Nicht kennzeichnungspflichtig sind Enzyme, die aus genetisch veränderten Organismen gewonnen werden. Ihr Anteil an allen in der Lebensmittelherstellung verwendeten Enzymen beträgt inzwischen über 80 Prozent. Die gentechnisch hergestellten Enzyme weisen etliche Vorteile gegenüber herkömmlich gewonnenen Enzymen auf: Ihre Wirkung ist identisch, aber sie sind wesentlich reiner und ihre Herstellung ist billiger und umweltfreundlicher. Dies gilt beispielsweise für das Enzym Chymosin, früher als „Labferment" bezeichnet. Chymosin kommt in den Mägen von neugeborenen Säugetieren, zum Beispiel Kälbern, vor. Dieses Enzym wird schon seit Jahrhunderten in der Käseherstellung verwendet. Durch die Zugabe des Labs wird die mit Milchsäurebakterien versetzte Milch „dickgelegt" und es entsteht die quarkähnliche Grundmasse von Käse. Der Jahresbedarf an Lab beträgt rund 1000 Tonnen.

Die Erzeugung von Lab aus Kälbermägen kann den Bedarf nicht decken. Deshalb hat man gentechnisch das Chymosin-Gen auf Bakterien (*Escherichia coli*) und Schimmelpilze (*Aspergillus niger*) übertragen. Diese gentechnisch veränderten Organismen erzeugen nun das Labenzym. Für Käse, der mithilfe dieser Enzyme hergestellt wurde, besteht keine Kennzeichnungspflicht. Nur für die Produktion von Bio-Lebensmitteln sind diese gentechnisch hergestellten Enzyme in Europa verboten.

Inzwischen hat man diese Gene auch in Milchsäurebakterien übertragen. Jetzt erzeugen also die Bakterien, welche die notwendige Säure produzieren, auch das notwendige Labenzym. Dies wäre kostenmäßig sehr günstig, aber aus den oben genannten Gründen erfolgt noch keine Zulassung.

Gleiches gilt für gentechnisch veränderte Milchsäurebakterien, die das Enzym Lysozym produzieren. Lysozym tötet Bakterien, indem es das Murein, den Baustoff der Bakterienzellwand, zerstört. Lysozym ist weit verbreitet und kommt zum Beispiel in Speichel, Tränen, Nasenschleim, aber auch im Eiklar von Hühnereiern vor. Vor einiger Zeit ist es gelungen, das Lysozym-Gen in Milchsäurebakterien zu übertragen. Diese könnten in Zukunft gegen bakterielle Verunreinigungen bei der Käseherstellung eingesetzt werden. Denn die gentechnisch veränderten Milchsäurebakterien wären in der Lage, schädliche Bakterien, wie beispielsweise Clostridien, zu zerstören.

159.2 Bierherstellung

159.1 Bierherstellung: Entstehung und Abbau von Diacetyl

1. Bis jetzt wurden schon mehrere transgene Fische im Labor erzeugt, aber nicht als Lebensmittel zugelassen. Stellen Sie eine begründete Hypothese auf, weshalb die gentechnische Veränderung von Fischen wesentlich einfacher ist als von Säugetieren! Erläutern Sie einige Risiken, die gentechnisch veränderte Fische mit sich bringen könnten!

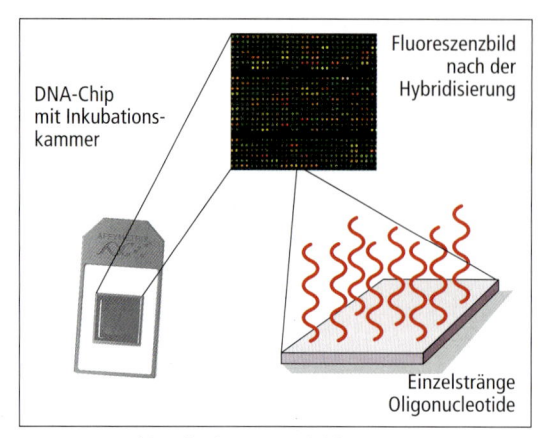

160.1 DNA-Chip mit Fluoreszenzbild

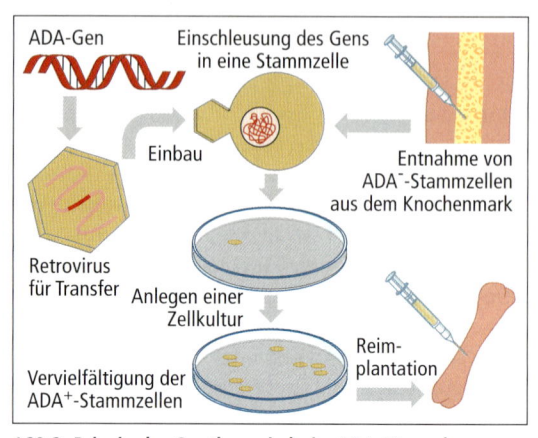

160.2 Prinzip der Gentherapie beim ADA-Mangel

7.6 Gendiagnose und Gentherapie beim Menschen

Bei einem konkreten Verdacht auf eine Krebserkrankung kann das p53-Gen untersucht werden. Allele dieses Gens führen in etwa der Hälfte aller Krebsfälle zu Tumoren, die sich besonders aggressiv verhalten. Für die Untersuchung, welches Allel ein Patient vom p53-Gen besitzt, wird das gesamte genetische Material aus einigen Tumorzellen isoliert. Mit der PCR können p53-Fragmente angereichert und dann mit einem Fluoreszenzfarbstoff markiert werden. Als Hilfsmittel zur **Gendiagnose** dient der **DNA-Chip,** auf dessen 1 bis 2 cm^2 großen Plättchen bis zu 64 000 winzige quadratische Testfelder extrem dicht mit verschiedenen, kurzen DNA-Einzelsträngen beschichtet sind. Dies sind beim p53-Gen-Chip Sequenzen des intakten und des veränderten p53-Gens. Die über PCR vermehrten p53-Einzelstränge hybridisieren mit komplementären Einzelsträngen auf dem Chip. Je mehr DNA an den Einzelsträngen des Chips bindet, umso stärker ist das fluoreszierende Signal. Die Position dieser Signale auf dem Chip wird mit einem hochauflösenden Laserscanner erkannt. Über das Fluoreszenzmuster wird festgestellt, welches Allel des p53-Gens der Patient in seinem Tumorgewebe besitzt. Mit einer solchen Gendiagnose kann entschieden werden, wie der Patient weiterbehandelt wird.

DNA-Chips werden auch zur Diagnose von Infektionskrankheiten eingesetzt. Das Erbgut von *Mycobacterium tuberculosis,* dem Verursacher der menschlichen Tuberkulose, wurde bereits entschlüsselt. Seither sind jene Stellen im Erbgut des Erregers bekannt, die zu Resistenzen gegen bestimmte Antibiotika führen. Mithilfe des DNA-Chips gelingt die Erkennung der vorhandenen Resistenzgene des Erregers. Was nach traditionellen Verfahren etwa drei Wochen dauert, geht mit dem Chip innerhalb einer Stunde. Dabei spielt es keine Rolle, ob Resistenzen gegen ein oder mehrere Antibiotika ermittelt werden müssen.

In der medizinischen Praxis folgt auf die Diagnose eine Therapie. In der ersten genehmigten **Gentherapie** wurde 1990 in den USA bei der vierjährigen Patientin Linda ein Gentransfer durchgeführt. Dem Mädchen fehlte erbbedingt die Adenosin-Desaminase (ADA), die für eine normale Funktion des Immunsystems unerlässlich ist. Kinder mit ADA-Mangel laufen ständig Gefahr, an harmlosen Infektionskrankheiten zu sterben. Beim Versagen der klassischen Behandlungsmethoden müssen sie unter einem Isolierzelt bei völliger Abschirmung von der Außenwelt leben. Zur gentechnischen Therapie entnahm man Linda Blut und isolierte aus ihm T-Lymphocyten. Diese wurden dann mit Retroviren infiziert, bei denen man zuvor das intakte ADA-Gen eingebaut und die Information zur Virusvermehrung entfernt hatte. In die Lymphocyten erfolgte ein Einbau des ADA-Gens. Die so gentechnisch veränderten Lymphocyten wurden in Kultur vermehrt und durch Transfusion in den Körper des Mädchens innerhalb mehrer Monate wiederholt zurückübertragen. Tatsächlich produzierten sie dort das benötigte Enzym Adenosin-Desaminase, sodass die Infektionsgefahr deutlich herabgesetzt wurde. Es ist in einigen Fällen gelungen, das ADA-Gen in blutbildende Stammzellen im Knochenmark zu übertragen. Diese produzieren nun dauerhaft funktionierende T-Lymphocyten. Damit ist der ADA-Mangel eines der ersten Beispiele für eine erfolgreiche Gentherapie.

Mit DNA-Analyse-Techniken lassen sich Veranlagungen für Krankheiten schnell und sicher bestimmen, wenn sie auf genetische Unterschiede zurückzuführen sind. Dabei können Risiken für Erbkrankheiten vorausgesagt werden, bevor sie überhaupt ausgebrochen sind und für die möglicherweise keine Therapien bekannt sind. Im Einzelfall macht dies eine psychologische Betreuung notwendig und eine ethische Auseinandersetzung unausweichlich.

7.7 Ethische Fragen der Gentechnik

Die Gentechnik hat zweifellos Erfolge, sei es in der Grünen und Roten Gentechnik oder in der Humanmedizin. Gentechnisch hergestellte Medikamente sind für viele ein Segen. Wissenschaftler warnen aber auch vor möglichen Gefahren. Eine herbizidresistente Nutzpflanze könnte zum Beispiel das Herbizid oder seine abgewandelten Formen in ihren Zellen ablagern, wo sie nach dem Verzehr im Menschen möglicherweise toxische Wirkungen entfalten. Resistenz-Gene in transgenen Pflanzen könnten auch – mit unübersehbaren ökologischen Folgen – auf Wildpflanzen übertragen werden.

Gentechniker versuchen auch, den Mangel an Organen für Transplantationszwecke zu beheben. Eine Lösung dieser Problematik wird durch die **Xenotransplantation** erhofft. Darunter versteht man die artüberschreitende Transplantation lebender Zellen, Gewebe und Organe, im Speziellen die Übertragung von Tierorganen auf den Menschen. Durch gentechnische Eingriffe sollen Tierorgane so verändert werden, dass sie ein Hemmprotein gegen das menschliche Immunsystem herstellen und damit die Abstoßungsreaktion im Menschen unterbleibt. Sicherlich würde der Organmangel und -handel durch die Xenotransplantation reduziert werden, gleichzeitig würden allerdings zwei Klassen von Organen bereitstehen, menschliche und tierische Organe. Wer bekommt welche? Die Organtransplantation würde die Lebensqualität durch die Unabhängigkeit des Patienten von einer Maschine verbessern, demgegenüber stünde eine intensive und wohl dauerhafte medizinische Nachbetreuung. Die belastende Situation, als Patient auf den Tod eines Menschen zu hoffen, wäre zwar aufgehoben, das Leben mit einem Tierorgan könnte sich allerdings auch als eine psychische Bürde herausstellen. Ein wesentliches medizinisches Problem liegt darin, dass sich aus dem Genom des transplantierten Tierorgans virale Sequenzen herauslösen und schwerste Epidemien, ähnlich wie Aids, hervorrufen könnten.

Gendiagnose, Gentherapie und Xenotransplantation stellen neuartige Erkennungs- und Behandlungsmöglichkeiten kranker Menschen dar. Damit besteht immer auch die Gefahr des Missbrauchs. Wer wird verhindern, dass nicht Arbeitgeber oder Versicherungen die Informationen über die genetische Ausstattung eines Bewerbers erhalten? Gentherapeutische Forschungsprojekte könnten dazu führen, dass Menschen nach dem Willen herrschender Klassen nach Maß verändert werden. Schon heute werden aufgrund *pränataler Diagnostik* Abtreibungswünsche von Eltern wegen des „falschen" Geschlechts von Kindern erfüllt. Denkbar, und an Tieren erprobt, sind Genmanipulationen an Geschlechtszellen. Derartige Versuche werden bisher aus ethischen Gründen abgelehnt und sind im *Embryonenschutzgesetz* unter Strafe gestellt.

Wichtig ist die Überlegung, dass nicht nur unser Tun, sondern auch unser Unterlassen Folgen hat. Es genügt nicht zu prüfen, welche Risiken wir mit der Gentechnik eingehen, sondern man muss ebenso sorgfältig prüfen, welche Versäumnisse wir in Kauf nehmen, wenn wir auf Gentechnik verzichten. Ein Verzicht auf gentechnische Therapie kann unterlassene Hilfeleistung bedeuten.

In der Gentechnik-Diskussion werden von uns Haltungen abverlangt. Wir sollen entscheiden, ob wir gentechnisch veränderte Lebensmittel essen wollen oder ob wir die Gefahren einer Xenotransplantation billigen. Dies tun wir aufgrund moralischer Normen, also gesellschaftlich gültiger Verhaltensregeln, die wir als Maßstäbe des Handelns ansehen.

Eine moralische Norm kann von verschiedenen ethischen Standpunkten begründet werden, je nachdem, auf welchem höchsten Wert, also auf welchem letzten Ziel des Handelns, die Begründung beruht. Die ethische Diskussion um Gentechnik wird im Wesentlichen von zwei unterschiedlichen Werten beeinflusst: **personalistische** Begründungen, die sich auf die Würde des Menschen beziehen, und **utilitaristische** Begründungen, die sich am Wohlergehen der Menschen orientieren. Eine personalistische Position würde die Xenotransplantation verwerfen, wenn der Mensch wegen des Restrisikos einer retroviralen Infektion einer Fremdbestimmung unterworfen und als Forschungsobjekt behandelt würde. In utilitaristischen Begründungen spielen Nützlichkeitserwägungen eine Rolle. Die Xenotransplantation hilft dem unmittelbar betroffenen Menschen, den Angehörigen und der Allgemeinheit unter der Voraussetzung, dass das Risiko einer retroviralen Infektion minimiert werden kann.

Jeder Naturwissenschaftler hat die vorhersehbaren Folgen seiner Handlung nach ethischen Grundsätzen abzuschätzen und gegenüber der Gesellschaft zu verantworten. Er muss dafür sorgen, dass das gesellschaftlich akzeptierte Risiko der Gentechnik nicht steigt. Mikrobiologen, die schon früh das Gefährdungspotenzial der Gentechnik erkannten, haben bereits 1975 auf der **Asilomar-Konferenz** gesetzliche Regelungen für gentechnische Arbeiten mitentwickelt. Technische Vorkehrungen in Laboranlagen mit vier verschiedenen Sicherheitsstufen (S1 bis S4) sollen vorrangig die Freisetzung transgener Lebewesen oder DNA-Verbindungen in die Umwelt verhindern.

PRAKTIKUM: Protein-Fingerprinting

Sachinformation: Die Muskelproteine verschiedener Fischspezies werden isoliert, durch Hitzebehandlung und Natrium-Dodecylsulfat (engl. **S**odium-**D**odecyl**s**ulfat, SDS) denaturiert und alle einheitlich negativ geladen. Mittels SDS-**P**oly**a**crylamid-**G**el-**E**lektrophorese (SDS-PAGE) werden diese aufgetrennt. Anhand des Bandenmusters der Proteine im Gel kann auf Verwandtschaftsbeziehungen zwischen den untersuchten Fischspezies geschlossen werden. Das Molekulargewicht unbekannter Proteine wird über eine Eichkurve bestimmt. Diese wird über die bekannten Proteine in einem Kaleidoskop-Längenstandard erstellt.

Material: Das Protein-Fingerprinting-Kit ist über den Laborhandel erhältlich. Das Kit enthält alle benötigten Verbrauchsmaterialien, z.B. TGS-Elektrophorese-Puffer; LÄMMLI-Puffer; Standards; COOMASSIE-Färbelösung; Eppendorf-Reaktionsgefäße mit Ständer; Färbeschalen.
Zusätzlich benötigt werden: Elektrophorese-Kammer mit Netzgerät (geglättete Gleichspannung); PAGE-Fertiggel (15 %) in Gelkassette; Mikropipetten mit Spitzen; Wasserbad; 6 Muskelstücke verschiedener Fischspezies; Skalpell oder Rasierklinge; Pinzette; Schere; Messzylinder (500 ml).

Durchführung:

Proteinextraktion: Beschriften Sie je ein Reaktionsgefäß für die zu untersuchenden sechs Fischspezies! Pipettieren Sie 250 µl LÄMMLI-Puffer in jedes Gefäß! Führen Sie ein etwa 0,5 g schweres Fischmuskelstück in das entsprechend beschriftete Reaktionsgefäß über! Schnippen Sie die verschlossenen Reaktionsgefäße jeweils drei Minuten mit dem Finger an! Pipettieren Sie je 18 µl des Überstandes der Proben in jeweils ein auf dem Deckel beschriftetes Reaktionsgefäß mit Schraubverschluss! Erhitzen Sie diese Proben fünf Minuten bei 95 °C im Wasserbad!

Vorbereiten der Gelkassette: Entnehmen Sie eine Gelkassette aus ihrer Verpackung! Schneiden Sie mit einem Skalpell die Klebefolie der Gelkassette entlang der markierten schwarzen Linie ein und ziehen Sie den Streifen der Klebefolie unterhalb der markierten Linie ab!

Vorbereiten der Elektrophorese: Setzen Sie die Gelkassette mit der kürzeren Platte nach innen gerichtet in den Elektrodenstand ein! Setzen Sie auf der gegenüberliegenden Seite eine weitere Gelkassette oder eine Blindplatte ein! Drücken Sie den Elektrodenstand im Klammerrahmen nach unten und schließen Sie die zwei Klemmklappen!

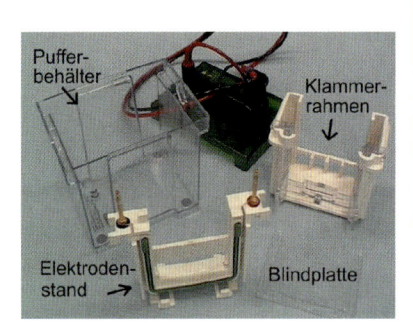

Setzen Sie den Klammerrahmen in den Pufferbehälter ein! Ziehen Sie den Kamm des Gels! Befüllen Sie den Elektrodenstand mit 140 ml TGS-Puffer, den Pufferbehälter mit 200 ml TGS-Puffer!

Befüllen der Geltaschen: Befüllen Sie die Geltaschen mit jeweils 10 µl
– des Kaleidoskop-Längenstandards,
– des Actin-Myosin-Standards
– der sechs Fischproben! Notieren Sie sich deren Reihenfolge im Gel!

Durchführung der Elektrophorese: Schließen Sie die Gelkammer! Starten Sie die Elektrophorese bei 200 V!

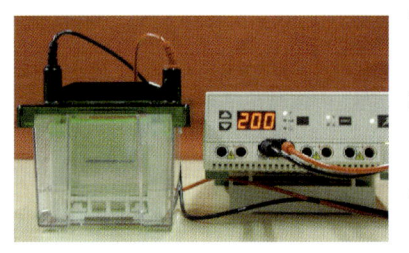

Beenden Sie die Elektrophorese, sobald das Bromphenolblau, enthalten im LÄMMLI-Puffer, den unteren Rand des Gels erreicht hat (Dauer etwa 30 Minuten)!

Entnahme des Gels: Öffnen Sie die Kammer, entnehmen Sie den Klammerrahmen und dekantieren Sie den TGS-Puffer ab! Entnehmen Sie die Gelkassette! Schneiden Sie die Klebefolie an den Seiten entlang der weißen Linien der Gelkassette ein!

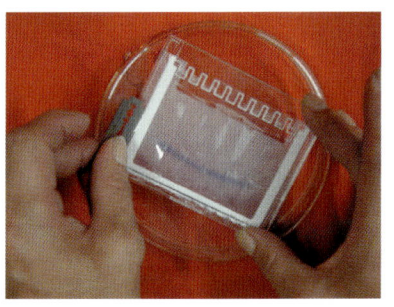

Anfärben des Gels: Öffnen Sie die Gelkassette und führen Sie das Gel in eine mit 70 ml COOMASSIE-Lösung gefüllte Färbeschale über! Färben Sie das Gel darin für etwa eine Stunde ein! Dekantieren Sie danach die COOMASSIE-Lösung! Entfärben Sie das Gel unter fließendem Wasser, bis der Gel-Hintergrund farblos ist!

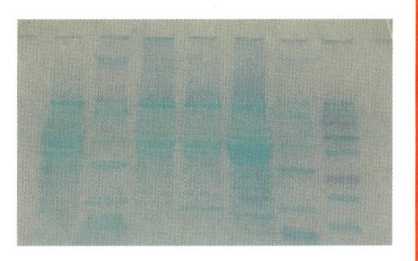

Aufgaben:

a) Identifizieren Sie jeweils die Actin- und Myosinbanden der sechs Fischspezies anhand des Standards!

b) Erstellen Sie anhand der Laufstrecken der Proteine des Kaleidoskop-Längenstandards eine Eichkurve!

c) Bestimmen Sie über die Eichkurve die ungefähre Molekularmasse von zwei unbekannten Proteinen!

d) Entwickeln Sie über die Anzahl der übereinstimmenden Proteinbanden eine begründete Hypothese zu Verwandtschaftsbeziehungen zwischen den untersuchten Fischspezies!

AUFGABEN Gentransfer

1 Plasmidvektoren enthalten zwei Resistenzgene

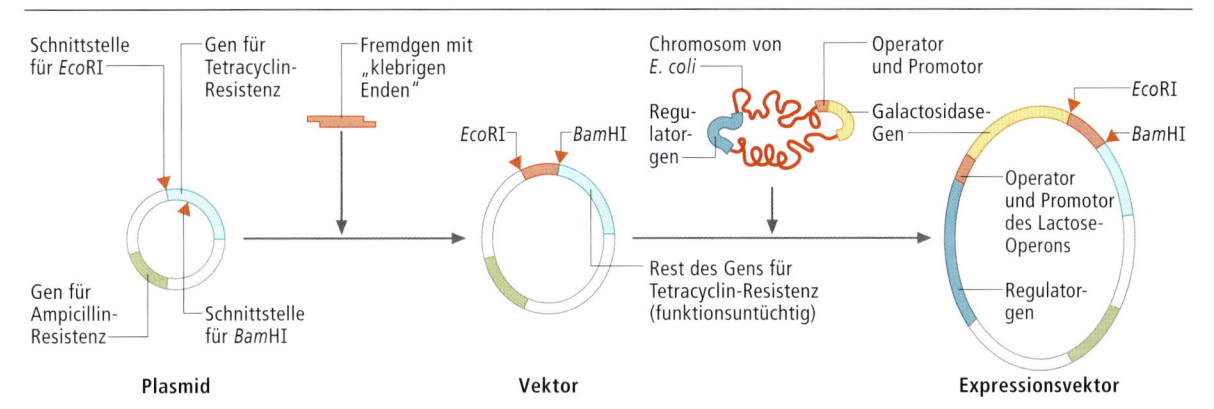

Plasmid — **Vektor** — **Expressionsvektor**

Zur gentechnischen Herstellung von bestimmten Polypeptiden wie zum Beispiel Hormonen werden aus Plasmiden von *E. coli* zuerst Vektoren hergestellt, die dann in Expressionsvektoren umgewandelt werden.

a) Begründen Sie, weshalb man Plasmide verwendet, die zwei Resistenzgene tragen!
b) Beschreiben Sie anhand der Abbildung die Herstellung eines Expressionsvektors! Begründen Sie, weshalb das Galactosidase-Gen mit Operator, Promotor und Regulatorgen eingebaut wird! Wenden Sie das Basiskonzept „Steuerung und Regelung" an!
c) Nennen Sie einige Möglichkeiten, den Expressionsvektor in lebende *E. coli*-Bakterien zu übertragen!
d) Stellen Sie eine begründete Vermutung an, wie schließlich das gewünschte Polypeptid gewonnen werden kann!

2 Gentransfer durch *Agrobacterium tumefaciens*

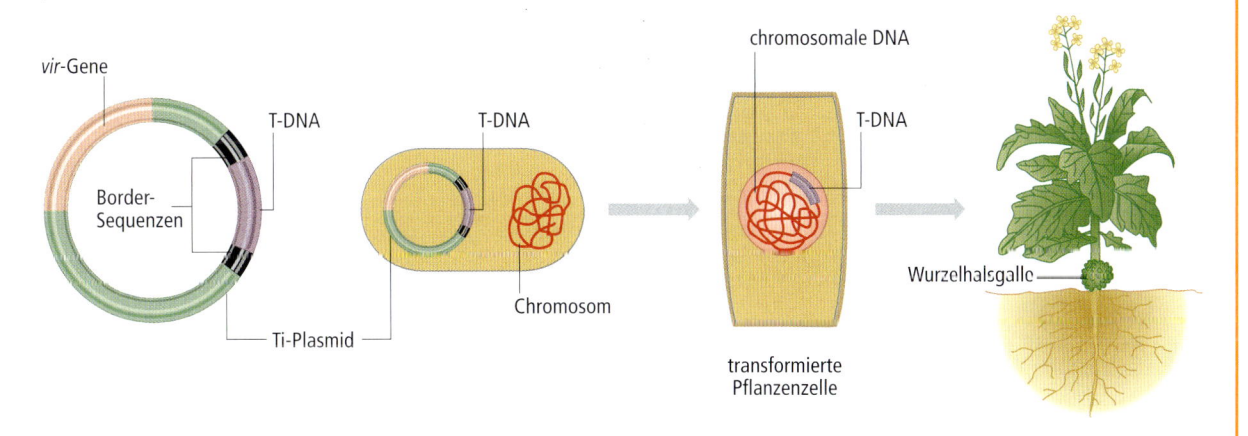

Sachinformation: Die *vir*-Gene bewirken, dass eine einsträngige Kopie der T-DNA in Pflanzenzellen eingeschleust und nach Ergänzung zum Doppelstrang in die chromosomale DNA eingebaut wird. Die Border-Sequenzen begrenzen die T-DNA.

a) Erklären Sie die Bezeichnungen „Ti-Plasmid" und „T-DNA"!
b) Beschreiben Sie unter Verwendung des Arbeitsmaterials die Vorgänge bei der Infektion einer Pflanze durch *Agrobacterium tumefaciens*!
c) Erläutern Sie, inwiefern man bei diesem Vorgang von einer „natürlichen Genmanipulation" sprechen kann!
d) Beschreiben Sie die notwendigen Änderungen am Ti-Plasmid, wenn es dazu dienen soll, ein Fremdgen in eine Pflanze einzuschleusen! Beachten Sie dabei, dass die veränderten Plasmide in *E. coli*-Zellen vermehrt werden, bevor man damit Zellen von *Agrobacterium* transformiert!
e) Häufig soll die beabsichtigte transgene Pflanze einen neuen Inhaltsstoff produzieren, der in der Zellkultur noch nicht erkennbar ist. Dann sind weitere Änderungen am Ti-Plasmid notwendig. Erläutern Sie!

BASISKONZEPTE werden vernetzt: Humangenetik und Gentechnik

In der weißen Bevölkerung Südafrikas ist eine Stoffwechselkrankheit bekannt, die neben anderen Symptomen durch weiße Flecken an den Händen gekennzeichnet ist. Diese Krankheit, die Porphyrie, erhielt daher die Bezeichnung „VAN-ROOYEN-Hände". Ihren Ausgang nahm die Krankheit von einem niederländischen Ehepaar, das sich im Jahr 1688 in der Nähe von Kapstadt auf einer Farm niederließ. 1980 wurden bei 7000 Nachkommen die weißfleckigen Hände gefunden. Das ist ein Beispiel dafür, dass sich in kleinen Populationen die Häufigkeiten bestimmter Gene schnell verschieben. Dies ist die Grundlage von Variabilität und Angepasstheit. Besonders bei der Neubesiedelung eines Gebiets spielen in den „Gründerpopulationen" solche Zufallsveränderungen des Genpools für die weitere Entwicklung eine erhebliche Rolle.

Der DNA-Polymerase unterlaufen beim Einbau von Nukleotiden mit relativ großer Häufigkeit Fehler. Obwohl der DNA-Polymerasekomplex die meisten dieser Fehler unmittelbar in Zusammenhang mit der Replikation korrigiert, wird der Fehleinbau von Nukleotiden nicht vollständig unterbunden. Die Reproduktion von Zellen birgt also eine überraschend hohe Mutationsrate durch Replikationsfehler in sich. Im menschlichen Genom, das etwa 2,75 Billionen Nukleotidpaare aufweist, hat diese Fehleinbaurate eine Mutationshäufigkeit von etwa 5500 Nukleotiden je Replikationszyklus und Zelle zur Folge.

Die Sichelzellanämie ist eine Blutkrankheit des Menschen, die autosomal-rezessiv vererbt wird. Im Blut homozygot Kranker findet man sichelförmige Rote Blutzellen. Ursache der Formänderung ist ein defektes Hämoglobin S. Die veränderte Struktur des Moleküls bedingt den Verlust der biologischen Funktion. Die molekulare Strukturänderung ist also die Ursache eines zellulären Defekts und dieser wiederum verursacht eine Erbkrankheit eines Menschen. Damit sind unterschiedliche Organisationsebenen betroffen. Die deformierten Zellen gehen im Blutstrom schnell zugrunde, weshalb die Patienten an einer tödlich endenden Blutarmut (Anämie) leiden.

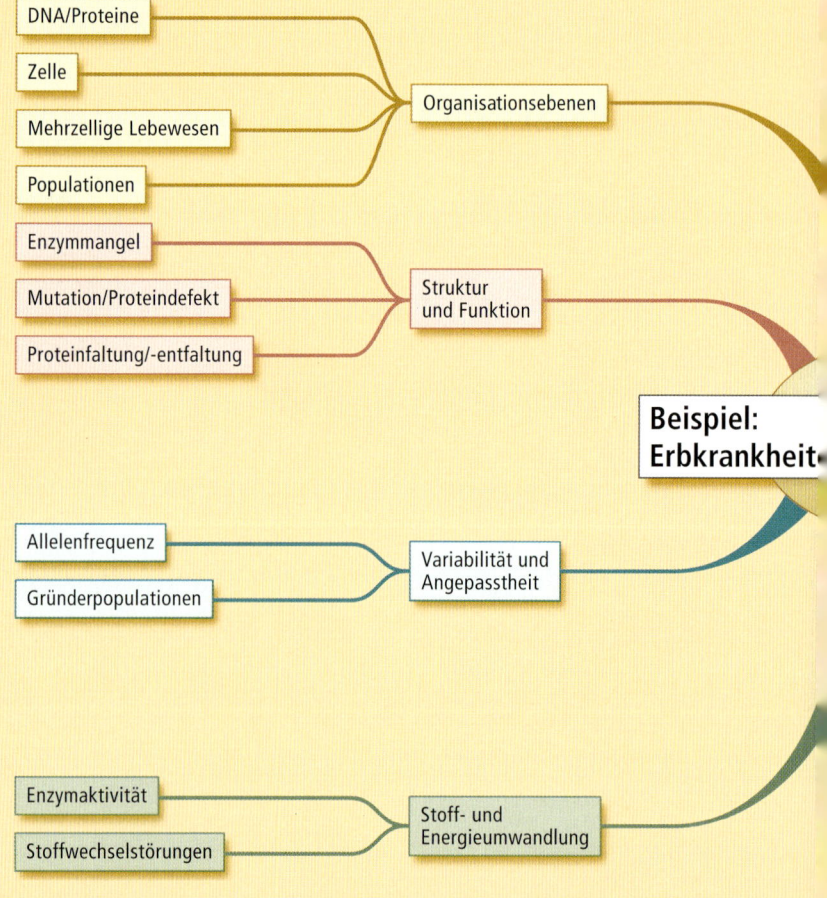

Manche Männer weisen neben einem X-Chromosom zwei Y-Chromosomen auf. Man bezeichnet sie als Diplo-Y-Männer. Normalerweise stehen die Genprodukte aller Gene zueinander in einem ausgeglichenen Mengenverhältnis. Dies bezeichnet man als Genbalance. Sie wird durch ein zusätzliches Chromosom gestört. Da das Y-Chromosom jedoch nur wenige Gene trägt, zeigen Diplo-Y-Männer keine besonderen Auffälligkeiten. Auch ihre Kinder weisen keine erhöhte Häufigkeit von Chromosomenanomalien auf. Dies deutet auf eine Steuerung und Regelung in der Entwicklung der Geschlechtszellen hin. Denn bei der Meiose erhält die Hälfte der Spermien eines XYY-Mannes ein X-Chromosom oder ein Y-Chromosom. Die andere Hälfte dagegen bekommt zwei Geschlechtschromosomen, also entweder XY oder YY. Diese Spermien mit der fehlerhaften Chromosomenzahl sterben meist ab. Abweichungen in der Chromosomenzahl bei Autosomen sind prinzipiell mit einem Krankheitsbild verknüpft oder können sogar letal sein.

164.1 Basiskonzepte werden vernetzt: Humangenetik und Gentechnik

Die Diagnose einer Erbkrankheit bei einem ungeborenen Kind führt manche Eltern in die äußerst schwierige Situation, sich für oder gegen das Kind zu entscheiden. Die Standpunkte, die in den Diskussionen vertreten werden, sind sehr unterschiedlich. Die Einen meinen, die Entscheidung sollte allein den Eltern zustehen, da diese die teils schwerwiegenden familiären und sozialen Folgen zu tragen hätten. Die Anderen meinen, dass prinzipiell menschliches Leben nicht angetastet werden dürfe. In jedem Fall erfordert die Entscheidung von allen Beteiligten die Wahrung ethischer Maßstäbe und in der Abwägung der Argumente höchste Sorgfalt und Verantwortungsbewusstsein. Derartige Diskussionen betreffen nicht nur die **Organisationsebene** von Einzelindividuen, sondern die Ebene der menschlichen Gesellschaft als ganzes.

Mithilfe der Gentherapie können einige schwere Erbkrankheiten behandelt werden. Im Jahr 1999 gelang es in Frankreich, ein nur wenige Monate altes Kind von einer zum Tod führenden Immunkrankheit zu heilen. Die Krankheit Adenosin-Desaminase-Mangel wird durch ein einziges defektes Gen auf dem Chromosom 20 hervorgerufen. Das intakte Gen produziert das lebenswichtige Entgiftungsenzym ADA. Wenn aufgrund eines Gendefekts das Enzym die entsprechende **Stoff- und Energieumwandlung** nicht durchführen kann, kommt es zum Absterben der T-Lymphozyten und damit zum Ausfall der Immunreaktion. Es ist inzwischen in einigen Fällen gelungen, mit transgenen Knochenmarkzellen, in die das intakte Gen mit einer Genfähre eingebaut worden war, zu therapieren.

1. Im Mittelmeergebiet, aber auch in Indien und Südostasien, ist die Thalassämie (griech. *thalassa*, Meer) verbreitet. Dies ist eine Blutkrankheit, die autosomal-dominant vererbt wird. Ursache der Symptome ist eine Störung der Synthese entweder von α- oder von β-Globin. Bei Homozygotie der Anlage führt die Krankheit meist schon im Kindesalter zum Tod, während bei Heterozygotie kaum Schädigungen auftreten. Stellen Sie eine begründete Hypothese auf, weshalb sich die Heterozygotie des Thalassämie-Gens kaum bemerkbar macht!

2. Das Fehlen eines X-Chromosoms bei einer Frau (X0-Genotyp) bewirkt das TUNER-Syndrom. Dieser Genotyp ist bei Neugeborenen deutlich seltener (1:5000) zu finden als der XXY-Genotyp (1:1000). Das TUNER-Syndrom ist gekennzeichnet durch Kleinwuchs und Unfruchtbarkeit aufgrund einer zu geringen Entwicklung der Eierstöcke. Beides kann durch Zugabe von Wachstumshormonen und Östrogenen behandelt werden. Auch mögliche Herzfehler oder eine von den Schultern zum Hals führende Hautfalte sind behandelbar. Betroffene Mädchen und Frauen sind normal intelligent und können ein eigenständiges Leben führen.
Fehlt das X-Chromosom völlig, spricht man von einer Nullosomie. Sie führt zum Tod des Embryos bereits in einem sehr frühen Schwangerschaftsstadium. Gleiches gilt auch für den Y0-Fall, in dem das Y-Chromosom das alleinige Geschlechtschromosom darstellt.
a) Während eine autosomale Monosomie prinzipiell letal wirkt, also zum Tod des Embryos in einem sehr frühen Embryonalstadium führt, sind die Folgen beim TUNER-Syndrom relativ gering. Begründen Sie dies!
b) Entwickeln Sie eine begründete Hypothese, weshalb die Häufigkeit eines X0-Typs geringer ist als eines XXY-Typs!
c) Begründen Sie die Letalität bei Nullosomie beziehungsweise beim Y0-Typ!

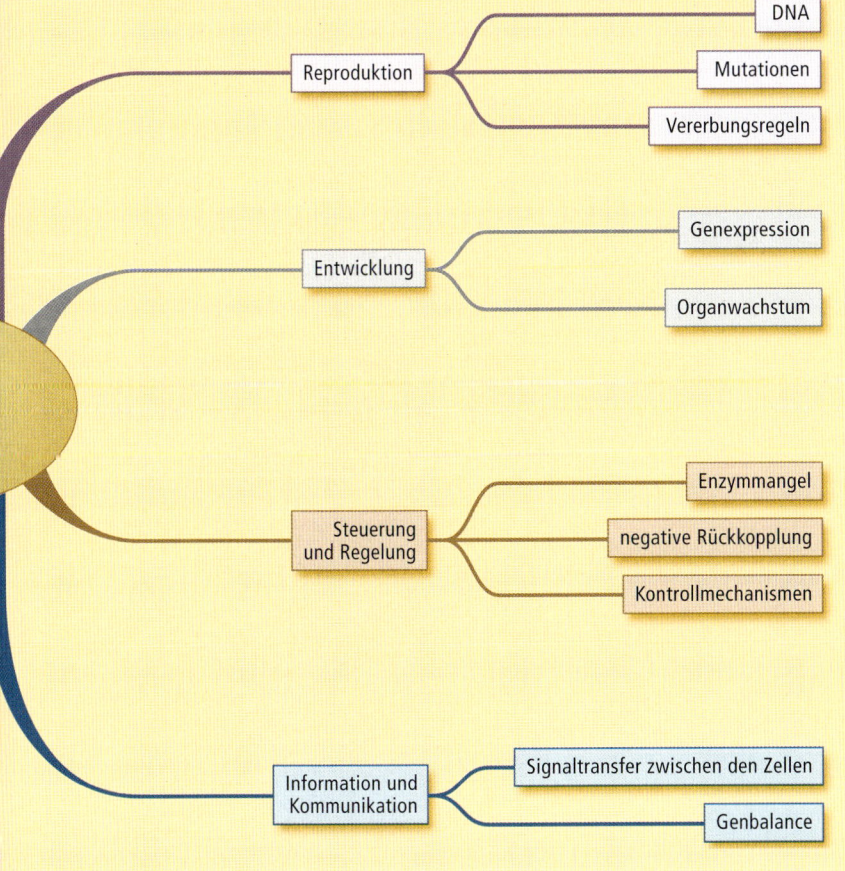

- Reproduktion
  - DNA
  - Mutationen
  - Vererbungsregeln
- Entwicklung
  - Genexpression
  - Organwachstum
- Steuerung und Regelung
  - Enzymmangel
  - negative Rückkopplung
  - Kontrollmechanismen
- Information und Kommunikation
  - Signaltransfer zwischen den Zellen
  - Genbalance

Genetik und Gentechnik

GRUNDWISSEN: Humangenetik und Gentechnik

Zytogenetik und Molekulargenetik können Erbgänge beim Menschen erklären.

Manche *Familienstammbäume* lassen Häufungen von bestimmten Krankheiten oder körperlichen Defekten erkennen.

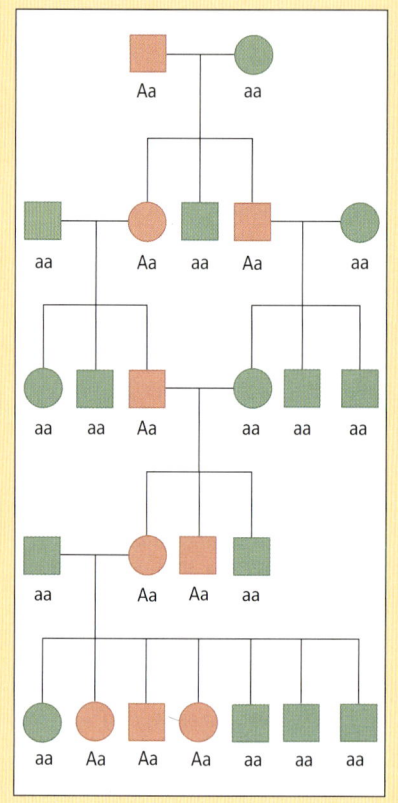

Man unterscheidet zwischen *autosomal-dominanten* (zum Beispiel MARFAN-Syndrom), *autosomal-rezessiven* (zum Beispiel Phenylketonurie) und *X-chromosomal-rezessiven* (zum Beispiel Rotgrünsehschwäche) Erbgängen. Bei vielen Enzymmangelkrankheiten ist die molekulare Ursache geklärt: Von den beiden homologen Allelen produziert eines das betreffende Enzym, das andere Gen ist jedoch defekt. Insgesamt werden hier zwar nur 50 Prozent der Enzymmenge gebildet. Dies reicht jedoch aus, um das typische Krankheitsbild zu vermeiden. Homozygote Träger des defekten Genes sind demnach erbkrank, die heterozygoten Genträger im Phänotyp gesund. Sie können aber das defekte Gen auf ihre Kinder übertragen.

Die Blutgruppensysteme des Menschen sind humangenetisch von besonderem Interesse.

Bei Bluttransfusionen waren früher Komplikationen unvermeidbar. Erst die Entdeckung des *ABO-Systems* und des *Rhesus-Systems* ermöglichte gezielte Transfusionen. Den vier Phänotypen A, B, AB und 0 liegen die drei Allele A, B und 0 eines Gens zugrunde. A und B sind jeweils dominant über 0, in der Blutgruppe AB wirken sie jedoch gleichstark, sind also kodominant. Im Blutserum befinden sich Antikörper gegen die Antigene entwickelt, die die eigenen Erythrocyten nicht besitzen. Beim Zusammentreffen von zueinander passenden Antigenen und Antikörpern kommt es zu Verklumpungen.

Empfänger	Spender			
	0	A	B	AB
0	–	+	+	+
A	–	–	+	+
B	–	+	–	+
AB	–	–	–	–

+ = Verklumpung;   – = keine Verklumpung

Der Rhesusfaktor beruht auf dem Vorhandensein des Antigens D auf der Erythrocytenoberfläche. Bei DD oder Dd sind im Blutserum keine Antikörper Anti-D vorhanden. Nur bei dd können die Antikörper gebildet werden. Wenn eine schwangere Frau Rhesus-negativ ist, der Fetus jedoch Rhesus-positiv, kann die Unverträglichkeit zwischen Mutter und Kind zu Schädigungen des Fetus führen.

Die genetische Familienberatung kann in manchen Problemfällen Hilfe leisten.

Voraussetzung für eine erfolgreiche Therapie von Erbkrankheiten ist die möglichst frühzeitige Diagnose. Während früher meist auf statistische und damit wenig hilfreiche Aussagen zurückgegriffen wurde, stehen heute die Methoden der *pränatalen Diagnostik* wie die Amniozentese sowie gentechnologische Methoden zur Verfügung. Durch Chromosomenuntersuchungen und biochemische Methoden können weit über hundert Erbkrankheiten identifiziert werden. Oft zeigen Enzym- oder Antikörperreaktionen an, ob eine Krankheit vorliegt oder nicht. So kann das TAY-SACHS-Syndrom durch Nachweis des Fehlens von Hexoaminidase A in den embryonalen Zellen erkannt werden. Ein wichtiger Fortschritt in der Diagnose schwerer Erbkrankheiten wie zum Beispiel Chorea HUNTINGTON ist neuerdings durch Identifizierung des defekten Gens bei DNA-Untersuchungen möglich.

Die Bakterien- und Virengenetik liefert die Grundlagen für die Gentechnik.

Die Weiterentwicklung der molekulargenetischen Techniken hat in den 70er-Jahren des 20. Jahrhunderts zur Entwicklung der *Gentechnologie* geführt. Sie beruht auf der Bakterien- und Virengenetik und verwendet molekulare Techniken wie die Anwendung von Restriktionsenzymen, die PCR und die Transformation von Genen.

Restriktionsenzyme, PCR, cDNA und Gensonden sind Mittel und Methoden der Gentechnik.

Um Fremd-DNA in eine Bakterienzelle einzubauen, werden Plasmide oder Phagen-DNA als Vektoren verwendet.

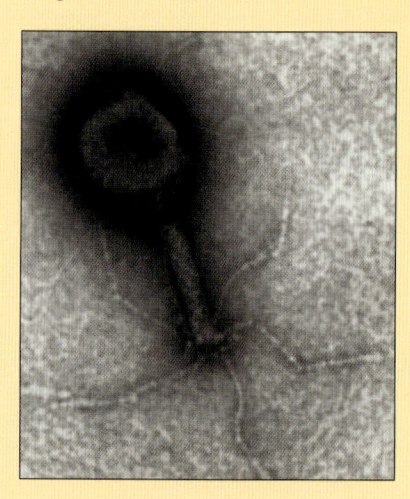

Beim Einbau in Bakterien sind folgende Schritte notwendig:
- Isolierung des Gens mithilfe von Restriktionsenzymen, die den DNA-Doppelstrang an bestimmten Stellen versetzt spalten,
- Einbau des Gens in den Vektor,
- Selektion der transgenen Bakterien mithilfe von Resistenzgenen,
- Screening der gewünschten Zellklone.

Mit der *Polymerase-Ketten-Reaktion (PCR)* lässt sich DNA in kurzer Zeit enorm vervielfachen.

Mit dem Enzym Reverse Transkriptase kann man aus einer mRNA das entsprechende DNA-Stück herstellen. Diese *cDNA* kann dann in einen Vektor eingebaut werden.

Mit einer *Gensonde* können bestimmte DNA-Abschnitte gesucht werden. Die Gensonde ist eine einzelsträngige DNA, die zum gesuchten Gen komplementär gebaut ist, sich deshalb an diesen DNA-Abschnitt bindet und so markiert.

Genetischer Fingerabdruck, transgene Tiere und Pflanzen sowie gentechnisch veränderte Medikamente und Lebensmittel stellen Anwendungen der Gentechnik dar.

Seit ihrer Entdeckung wird die Gentechnik auf vielen Gebieten genutzt. Am spektakulärsten dürfte die Verwendung in der Kriminalistik sein. Mithilfe des *genetischen Fingerabdrucks*, der auf der DNA-Analyse winzigster Körperspuren eines Täters beruht, konnten bereits viele Verbrechen geklärt werden.

Die Erzeugung *transgener* Nutztiere für die Landwirtschaft ist noch in der Versuchsphase. Die Erzeugung transgener landwirtschaftlicher Nutzpflanzen ist schon ziemlich weit verbreitet, vor allem von herbizid-resistenten Mutationen. Besonders fortgeschritten ist die Methode der Verschmelzung zellwandloser Protoplasten einiger Pflanzenarten. Aus diesen Fusions-Bastarden lassen sich ganze Pflanzen entwickeln.

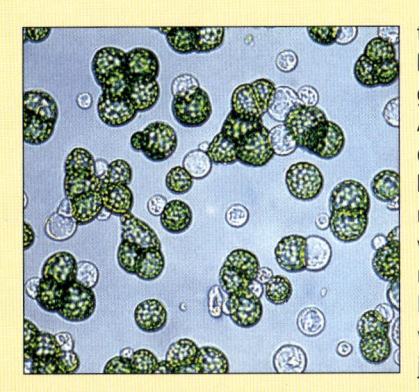

Die gentechnische Herstellung von Lebensmittelzusatzstoffen erfolgt vielfach im industriellen Maßstab. Oft werden den Lebensmitteln bestimmte Stoffe zugefügt. So enthalten viele Produkte Zitronensäure, die aus Mutanten des Schimmelpilzes *Aspergillus* gewonnen wird.

Besonders wichtig ist das Labferment Chymosin, das bei der Käseherstellung verwendet wird. Über 80 Prozent der in der Lebensmittelindustrie eingesetzten Enzyme werden heute bereits gentechnisch hergestellt.

Die Kennzeichnung von gentechnisch veränderten Lebensmitteln ist noch nicht überzeugend gelöst. So braucht zum Beispiel Zucker, der aus gentechnisch verändertem Mais hergestellt wird, nicht besonders deklariert werden.

Nicht kennzeichnungspflichtig sind auch Enzyme, die aus gentechnisch veränderten Organismen gewonnen werden.

Auch bestimmte Medikamente werden durch gentechnisch veränderte Mikroorganismen hergestellt. Dies gilt besonders für bestimmte Hormone wie Insulin.

Gentechnik, Gendiagnostik und Gentherapie weisen ethische Aspekte auf.

Gegen die Anwendung gentechnologischer Methoden werden verschiedene Bedenken vorgebracht. Einerseits muss eine denkbare Gefährdung der Umwelt durch Produkte der Gentechnologie in Betracht gezogen werden. Hierzu gehört auch die Diskussion um die Frage, welche Folgen der Einsatz von Chemikalien zur Ausschaltung unerwünschter Genotypen beziehungsweise zur Förderung des Wachstums genetisch veränderter Organismen hat. Andererseits wird die direkte Manipulation des genetischen Materials des Menschen befürchtet. Durch strenge Gesetze wird in manchen Ländern wie auch in Deutschland versucht, die an einer Gewinnmaximierung orientierte Ausbeutung gentechnologischer Methoden zu verhindern. Ein völliger Verzicht auf Gentechnologie würde jedoch die Einstellung der Grundlagenforschung zur Therapie von Erbkrankheiten bedeuten. Andererseits gibt es in manchen Ländern Auswüchse, wie zum Beispiel die ungehemmte Produktion embryonaler Stammzellen oder die Forschung an Chimären, die nicht zu rechtfertigen sind.

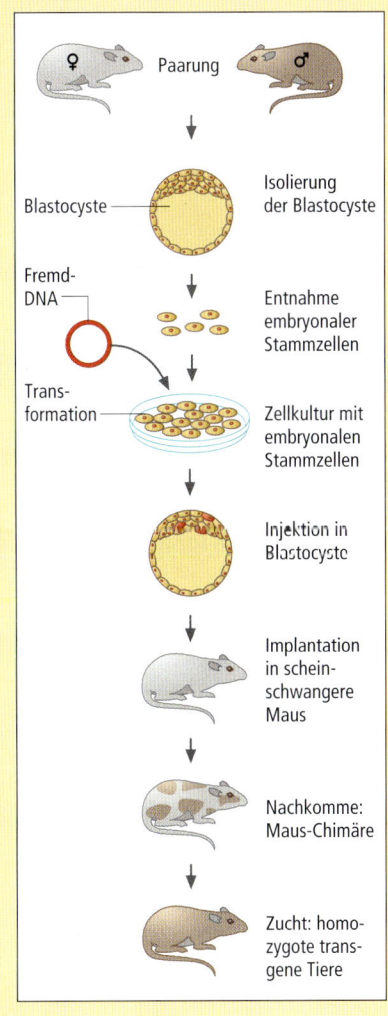

AUFGABEN Humangenetik und Gentechnik

1 Die BACHs – eine Musikerfamilie

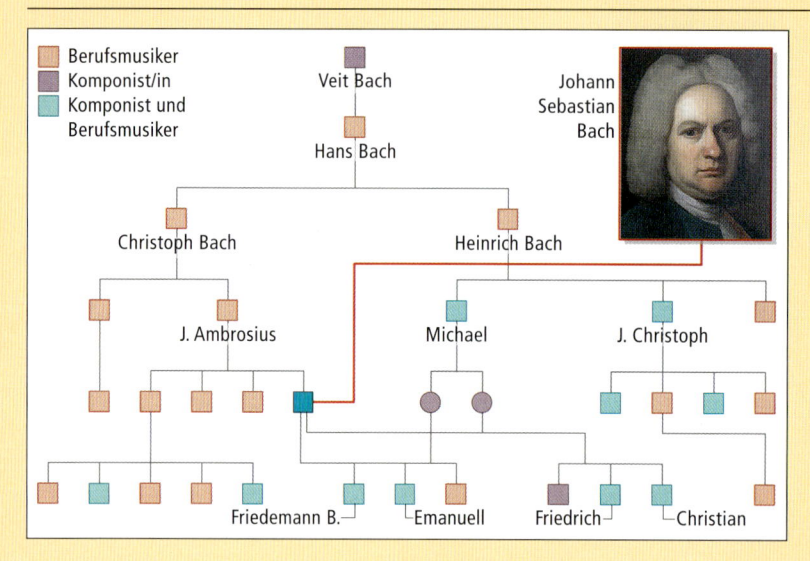

- Berufsmusiker
- Komponist/in
- Komponist und Berufsmusiker

In der Familie von Johann Sebastian BACH waren Berufsmusiker und Komponisten sehr häufig. Aufgrund der zeitgenössischen Aufzeichnungen konnte der abgebildete Stammbaum zusammengestellt werden.

a) Analysieren Sie den Stammbaum der Musikerfamilie BACH! Leiten Sie aus dem Stammbaum eine Aussage zur genetischen Bedingtheit der Beziehung zur Musik ab!
b) Erörtern Sie weitere Gründe, weshalb man bei den Personen des Stammbaums ein mehr oder weniger enges Verhältnis zur Musik vermuten könnte!
c) Stellen Sie Vermutungen an, weshalb in diesem Stammbaum nur zwei Frauen aufgeführt sind!

2 Genkopplung beim Menschen

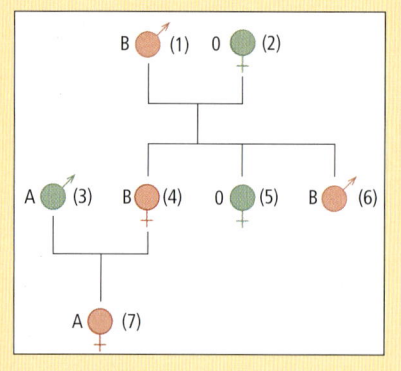

Das Nagel-Patella-Syndrom ist eine Erbkrankheit, die durch Knochenveränderungen und Fehlen der Fingernägel gekennzeichnet ist. Das der Krankheit zugrunde liegende Gen befindet sich auf demselben Chromosom wie die Gene für das Blutgruppensystem AB0.

a) Beschreiben Sie unter Verwendung des Stammbaumschemas die Vererbung des Nagel-Patella-Syndroms und der Blutgruppen des AB0-Systems!
b) Nennen Sie für die Personen im Stammbaumschema die zutreffenden Genotypen! Verwenden Sie als Bezeichnung für das Nagel-Patella-Syndrom-Gen die Symbole N und n!
c) Begründen Sie Phänotyp und Genotyp der Person 7!

3 Das EDWARDS-Syndrom

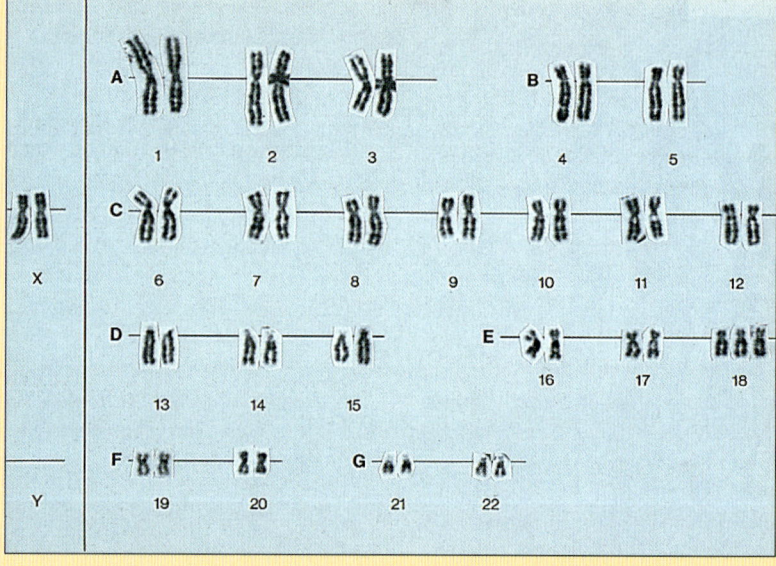

Das EDWARDS-Syndrom ist gekennzeichnet durch schwere Missbildungen an Ohren, extrem verkleinerte Kiefer und deformierte Gliedmaßen. Kinder mit diesem Syndrom sind bei der Geburt stark untergewichtig. Die körperliche und geistige Entwicklung ist so sehr beeinträchtigt, dass die Kinder meist wenige Wochen nach der Geburt an Herz- oder Kreislaufversagen sterben.

a) Erläutern Sie anhand des Karyogramms die Ursache des EDWARDS-Syndroms!
b) Begründen Sie mithilfe einer selbst gefertigten Skizze die Entstehung eines derartigen Defekts!
c) Vergleichen Sie das EDWARDS-Syndrom und das DOWN-Syndrom! Nennen Sie maßgebliche Gemeinsamkeiten und Unterschiede im Genotyp und im Phänotyp!

4 Konjugation bei Bakterien

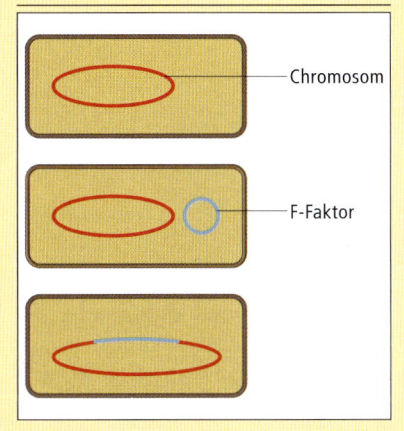

a) Erklären Sie den Genotyp der abgebildeten Zellen in Bezug auf den F-Faktor!
b) Beschreiben Sie den Übertritt des F-Faktors von einer F⁺- in eine F⁻-Zelle!
c) Erklären Sie die Entstehung von Hfr-Zellen!

5 Stärkeabbau bei der Bierherstellung

Das Enzym α-Amylase spaltet Stärke in Dextrine, das Enzym Amyloglucosidase zerlegt anschließend Dextrine in Glucose. Beide Enzyme kommen in Getreidekeimlingen vor. Durch Gentechnik wurden beide Gene in Hefezellen übertragen.

a) Stellen Sie eine begründete Hypothese zur Funktion der beiden Enzyme in den Getreidekeimlingen auf!
b) Beschreiben Sie den Vorgang der Genübertragung von Getreidekeimlingen auf Hefezellen!
c) Die gentechnisch veränderten Hefezellen könnten bei der Herstellung von Bier eingesetzt werden. Informieren Sie sich in der Literatur oder im Internet über die wesentlichen biotechnologischen Schritte bei der Bierherstellung! Erläutern Sie, welche Schritte des Bierbrauens durch diese transgenen Hefepilze kostengünstiger ablaufen könnten!
d) Begründen Sie, weshalb der Einsatz von transgenen Hefepilzen bei der Bierherstellung nach EU-Recht bisher nicht erlaubt ist!

6 Chorea HUNTINGTON

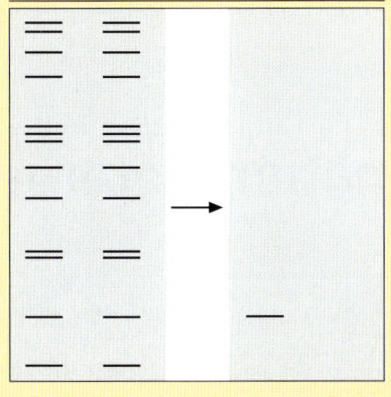

Bei Störungen oder Verlust bestimmter Zellgruppen im Zwischenhirn treten unwillkürliche, ruckartige Muskelkontraktionen auf. Diese führen zu schlenkernden Arm- und Beinbewegungen und grimassenartigen Verzerrungen des Gesichts. Es gibt verschiedene Formen dieser Krankheit. Am schwerwiegendsten ist Chorea HUNTINGTON, der „erbliche Veitstanz". Die Vererbung erfolgt autosomal-dominant. Das Gen entfaltet seine Wirkung jedoch erst etwa nach dem 35. Lebensjahr. Die Krankheit äußert sich in fortgeschrittenem Zustand in Lähmungserscheinungen, mentalen Veränderungen und einem Verlust der geistigen Fähigkeiten. Schließlich führt die Krankheit in wenigen Jahren zur Debilität und zum Tod.
Das HUNTINGTON-Gen liegt auf dem p-Arm des Chromosoms 4. Durch Einsatz einer Gensonde kann die Anwesenheit des defekten Gens bestimmt werden.

a) Beschreiben Sie das Prinzip der Elektrophorese von DNA-Fragmenten!
b) Erläutern Sie das gentechnische Verfahren, mit dem das defekte HUNTINGTON-Gen bei einem Menschen gefunden werden kann!
c) Begründen Sie, weshalb – wie in der Abbildung schematisch dargestellt – bei der Untersuchung noch eine zweite Elektrophorese durchgeführt wird!
d) Sollte einem Menschen, bei dem das defekte HUNTINGTON-Gen gefunden wird, die Wahrheit gesagt werden? Nehmen Sie begründend Stellung und bewerten Sie die ethische Situation!

7 Antibiotikaresistenz und Fluktuationstest

Bis heute vertreten einige Wissenschaftler die These, dass sich Mutationen gezielt ereignen. So sollen bei Bakterien Resistenzmutationen gegen ein bestimmtes Antibiotikum gehäuft auftreten, wenn dieses Antibiotikum im Nährmedium vorhanden ist.
Max DELLBRÜCK und Salvator LURIA entwickelten 1943 den Fluktuationstest. Mit diesem Experiment wollten sie beweisen, dass Mutationen zufällig und ungerichtet auftreten.

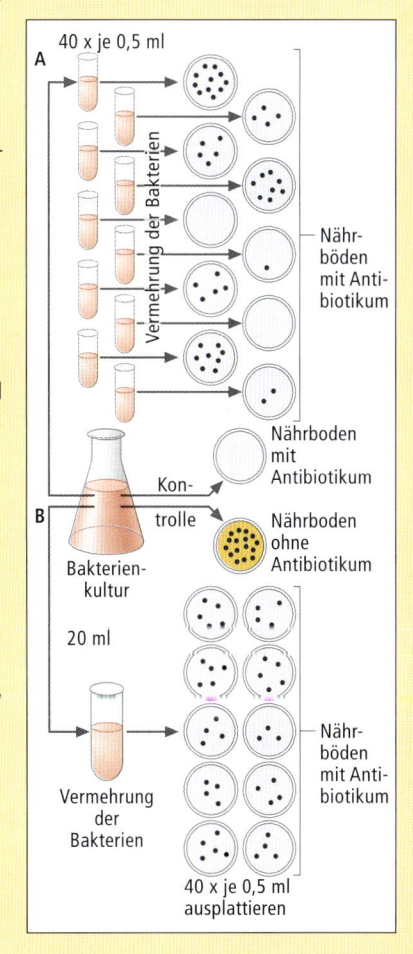

a) Beschreiben Sie knapp den abgebildeten Versuchsablauf!
b) Deuten Sie die Versuchsergebnisse in Hinblick auf die These von DELLBRÜCK und LURIA!

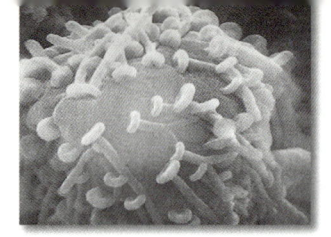

Neuronale Informationsverarbeitung

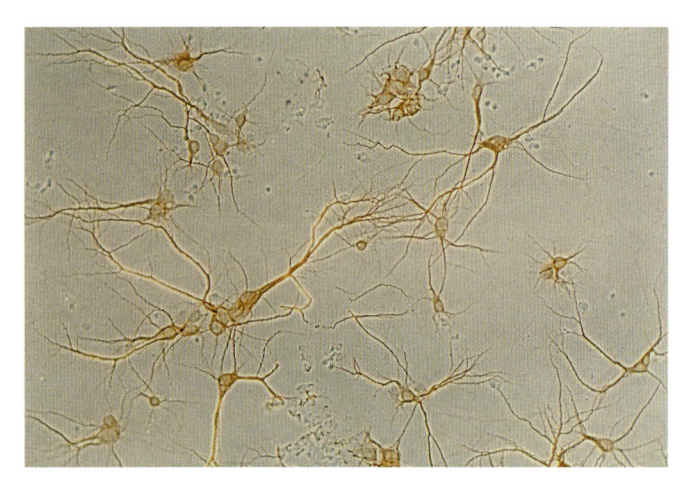

170.1 Nervenzellen (LM-Bild, gefärbt)

1 Struktur und Funktion von Neuronen und Synapsen

1.1 Bau von Nervenzellen

Fällt ein Lichtstrahl auf das menschliche Auge, verändert sich der Durchmesser der Pupille. Der Lichtstrahl ist ein Umwelteinfluss, ein **Reiz,** der Zellen im Sinnesorgan Auge erregt. Zellen, die auf eine ihr gemäße, also *adäquate Reizart* ansprechen, heißen *Sinnes-* oder *Rezeptorzellen.* Es sind **Nervenzellen** oder **Neurone.** Für jede Reizart gibt es einen spezifischen Rezeptorzelltyp.

Rezeptorzellen wandeln also bestimmte Informationen aus der Umwelt in Signale um, die über weitere, sogenannte *sensorische* oder *afferente* Nervenzellen an Schaltbereiche wie Rückenmark oder Gehirn weitergeleitet werden. Hier erfolgt eine Verarbeitung der Signale. Über *motorische* oder *efferente* Nervenzellen werden die verarbeiteten Signale an Erfolgsorgane wie Muskeln weitergegeben. Über Muskelkontraktionen, zum Beispiel der Irismuskulatur, kommt es zur **Reaktion,** hier der Pupillenveränderung.

Nervenzellen bilden mit Bindegewebeszellen, den **Gliazellen** (griech. *glia,* Leim), das Nervensystem.

Gliazellen haben unterschiedliche Aufgaben. Sie üben nicht nur eine Stütz- und Hüllfunktion im Nervensystem aus, sondern spielen darüber hinaus eine wichtige Rolle für den Stoffwechsel der Nervenzellen.

Nervenzellen kommen in verschiedenen Größen und Formen vor. Trotzdem liegt ein einheitlicher Bauplan vor, der eine Gliederung in verschiedene Abschnitte erkennen lässt: Das *Soma* bildet den Zellkörper im engeren Sinn. Vom Soma gehen Fortsätze aus, die in ihrer Gesamtheit das Bild der Nervenzelle bestimmen. Die vielen kurzen, stark verästelten *Dendriten* (griech. *dendron,* Baum) vergrößern die Oberfläche des Neurons um ein Vielfaches. Sie dienen der Aufnahme von Signalen anderer Nervenzellen. Das *Axon* oder der *Neurit* (auch *Nervenfaser* genannt) entspringt mit einem abgesetzten *Axonhügel* am Soma als dünner Fortsatz von zum Teil beträchtlicher Länge (über einen Meter im menschlichen Rückenmark).

Axone von Wirbeltieren sind zum größten Teil von einer Hülle aus Gliazellen, den SCHWANNschen *Zellen,* umgeben. Während der Embryonalzeit wickeln sie sich mehrfach um das Axon, sodass eine dicke Schicht aus Zellmembranen entsteht. Dies bedingt die lipid- und proteinreiche Zusammensetzung dieser Hülle, das *Myelin.* Diese schützende Myelinummantelung wird *Markscheide (Myelinscheide)* genannt. Mikroskopische Untersuchungen solcher *markhaltigen Axone* zeigen, dass die SCHWANNschen Zellen jeweils im Abstand von etwa einem Millimeter durch Einschnürungen begrenzt sind, die nach ihrem Entdecker RANVIERsche Schnürringe heißen. Hier liegt die Axonmembran frei. Axone wirbelloser Tiere sind meist „nackt", das heißt, sie zeigen keine oder nur geringfügige Umhüllung mit Gliazellen. Man spricht dann von *marklosen Axonen.*

Auch das Axon endet in zahlreichen Verästelungen. Sie münden in bläschenartigen Aufweitungen, den *Endknöpfchen,* die die Oberfläche anderer Nervenzellen, Muskelfasern oder Drüsenzellen berühren. Solche Berührungsstellen heißen **Synapsen.**

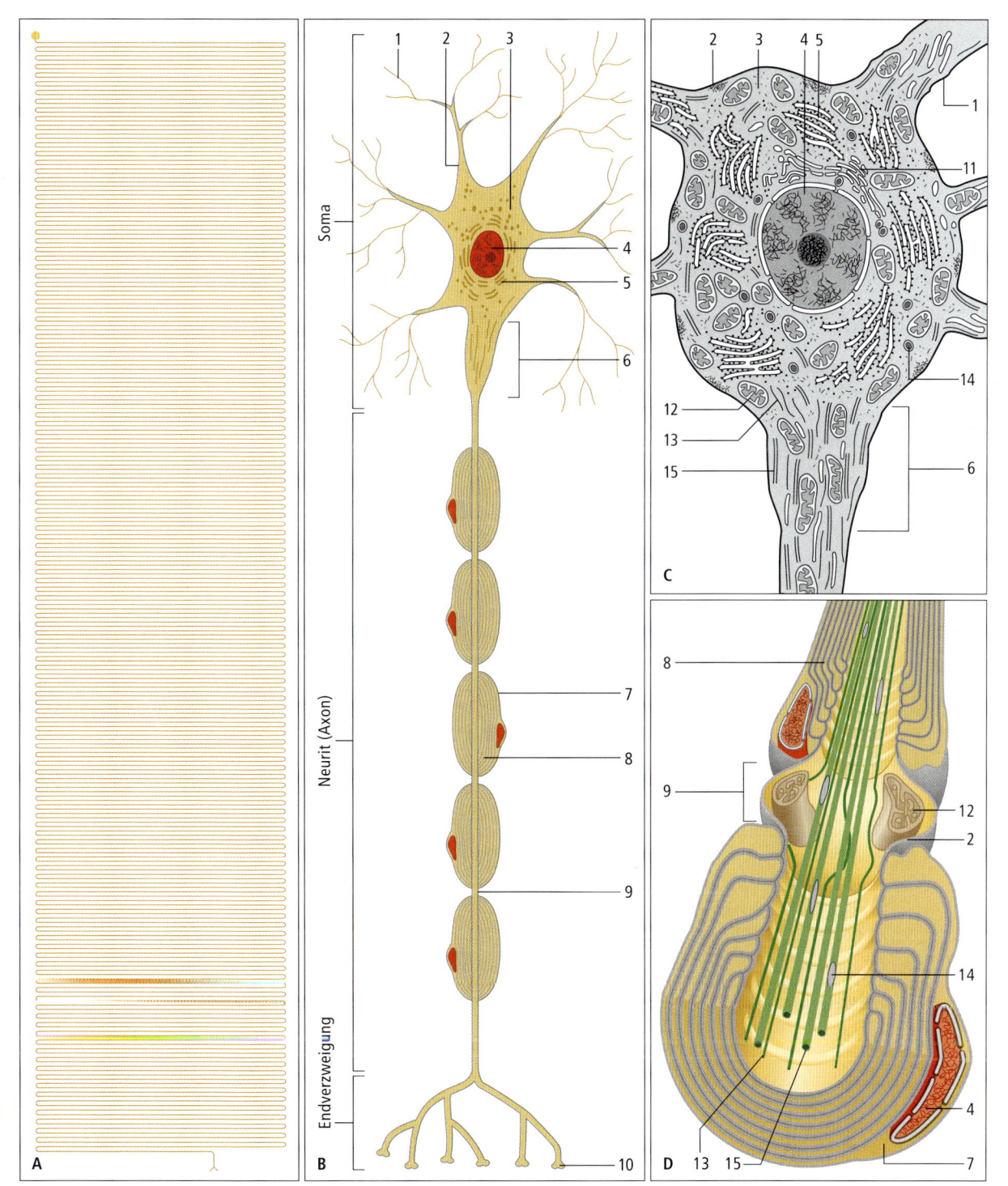

171.1 Nervenzelle. **A** Größenverhältnisse von Soma und Axonlänge (Schema); **B** LM-Schema; **C** Soma (EM-Schema); **D** Axon mit Markscheide (EM-Schema); 1 Dendrit, 2 Zellmembran, 3 Zellplasma, 4 Zellkern, 5 ER (auch NISSL-Substanz genannt), 6 Axonhügel, 7 SCHWANNsche Zelle, 8 Markscheide, 9 RANVIERscher Schnürring, 10 Endknöpfchen, 11 GOLGI-Apparat (ein großes Dictyosom), 12 Mitochondrium, 13 Mikrofibrille (hier Neurofibrille); 14 GOLGI-Vesikel; 15 Mikrotubulus (hier Neurotubulus)

1. Das in der Abbildung 171.1A dargestellte Axon hat in Wirklichkeit eine Länge von einem Meter. Berechnen Sie danach den wirklichen Durchmesser des Somas!
2. Beschreiben Sie den Aufbau des Somas in der Abbildung 171.1C! Begründen Sie die hohe Zahl der Mitochondrien!

Neuronale Informationsverarbeitung

1.2 Entstehung und Aufrechterhaltung des Ruhepotenzials

Zur Untersuchung der Leitungsfähigkeit von Nervenzellen eignen sich die marklosen Riesenaxone des Tintenfischs *Loligo* besonders gut. Man kann ein Stück der Riesenfaser leicht herauspräparieren, an den Schnittstellen zubinden und in eine isotonische Salzlösung bringen. Mit einer empfindlichen Messanordnung können nun die elektrischen Vorgänge an der Membran des Axons untersucht werden.

Die Messanordnung besteht aus zwei Mikroelektroden, einem Verstärker und einem Oszilloskop als Messgerät. Von den beiden Mikroelektroden ist eine als Metallplättchen ausgebildet, das auf die Außenseite des Axons aufgelegt wird. Würde man auch die andere Elektrode außen auf die Membran auflegen, wäre der Spannungsunterschied gleich null. Im Gegensatz dazu wird aber die andere Elektrode in das Innere des Axons eingestochen. Nur darf man hier keine Metallelektrode verwenden, weil diese mit der Zellflüssigkeit reagieren und das Ergebnis verfälschen würde. Deshalb nimmt man eine Glaskapillare mit einem Durchmesser von weniger als einem Tausendstel Millimeter. Sie ist mit einer elektrisch leitenden Kaliumchloridlösung gefüllt, die keine physiologische Wirkung auf das Cytoplasma ausübt. Verbindet man die beiden Elektroden über ein Spannungsmessgerät, ist eine Spannungsdifferenz von etwa 70 Millivolt zwischen Außenseite und Innenseite der Zellmembran messbar. Man bezeichnet diese Spannungsdifferenz als **Membranpotenzial**. Weil die Außenseite positiv gegenüber der Innenseite geladen ist, wird dem Spannungsbetrag ein Minuszeichen vorangestellt. Mit einem empfindlichen Voltmeter oder einem Oszilloskop kann man die Spannung messen.

Letzteres hat den Vorteil, dass auch zeitliche Verläufe, wie zum Beispiel plötzliche Potenzialänderungen, auf dem Bildschirm festgehalten werden. Ein Membranpotenzial ist kennzeichnend für alle lebenden Zellen. Bei Nervenzellen kommt noch eine Besonderheit hinzu: Wird die Membran entweder mechanisch oder elektrisch gereizt, ändert sich die Potenzialdifferenz kurzfristig und sehr deutlich. Man bezeichnet deshalb Nervenzellen als erregbar. Das im unerregten Zustand vorliegende Potenzial nennt man das **Ruhepotenzial**, bei Erregung entsteht ein **Aktionspotenzial**.

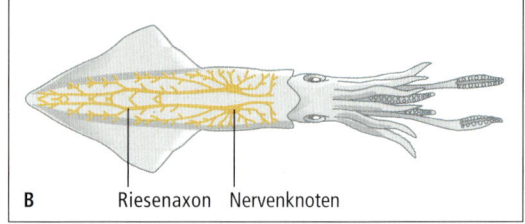

Wie entsteht das Ruhepotenzial? Genaue Messungen haben ergeben, dass vor allem Natriumionen, Kaliumionen, Chloridionen und organische Anionen eine wichtige Rolle spielen. Diese vier Ionenarten sind an der Nervenzellmembran im Außenbereich, also extrazellulär, und im Innenbereich, dem intrazellulären Raum, unterschiedlich verteilt.

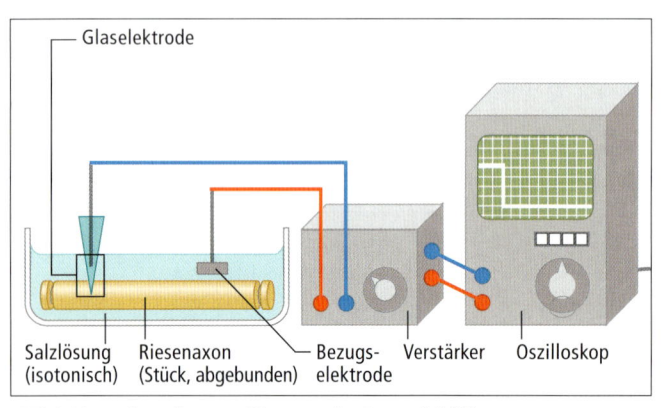

172.2 Tintenfisch *Loligo*. A Foto; B Riesenaxon (Schema)

172.1 Versuchsaufbau zur Messung der Potenzialdifferenz

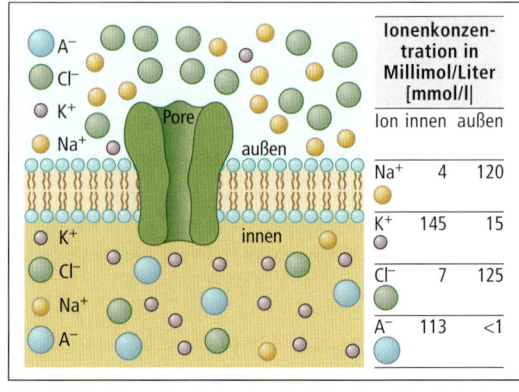

172.3 Verteilung der Ionen an der Nervenzellmembran

Ion	innen	außen
Na^+	4	120
K^+	145	15
Cl^-	7	125
A^-	113	<1

Ionenkonzentration in Millimol/Liter [mmol/l]

Neuronale Informationsverarbeitung

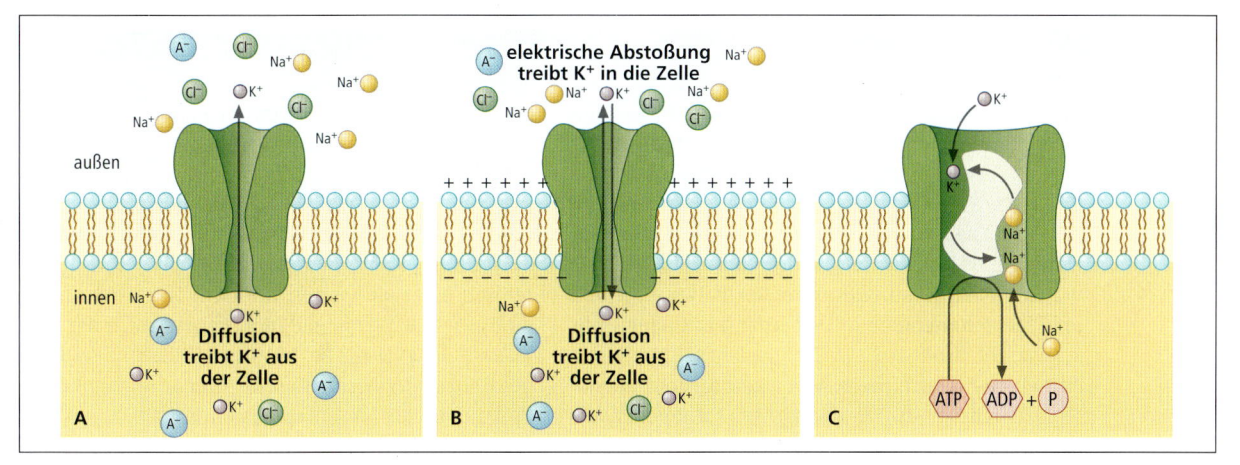

173.1 Beitrag der Kaliumionen zur Entstehung des Ruhepotenzials. A Diffusionskraft; B elektrostatische Kräfte; C Natrium-Kalium-Ionenpumpe

Innerhalb der Nervenzelle ist die Konzentration an Kaliumionen sehr hoch, außerhalb aber niedrig. Umgekehrt ist die Konzentration an Natriumionen und Chloridionen außen sehr hoch und innen niedrig. Die organischen Anionen, zum Beispiel geladene Proteine, sind im Cytoplasma zahlreich vorhanden, außen ist die Konzentration nahezu null.

Eine Lipiddoppelschicht ist für Ionen undurchlässig. In einer Zellmembran befinden sich jedoch Poren. Diese sind mit Proteinmolekülen ausgekleidet und bilden Kanäle, die von bestimmten Ionen durchdrungen werden können. Dabei ist zu beachten, dass zum Beispiel Poren für Natriumionen deutlich größer sein müssen als für Kaliumionen. Für die Wanderung durch eine Pore ist nicht der Durchmesser des „nackten" Ions, sondern des hydratisierten Ions maßgeblich. Nun sind zwar Natriumionen kleiner als Kaliumionen, aber das kleine Natriumion bildet eine umfangreichere Hydrathülle als das größere Kaliumion. Die organischen Anionen sind im Vergleich dazu so riesengroß, dass sie überhaupt nicht durch Poren hindurchwandern können.

So ergibt sich eine **selektive Permeabilität** der Zellmembran: Die Membran einer Nervenzelle ist für Kaliumionen sehr leicht und für Chloridionen weniger leicht zu durchdringen. Für Natriumionen ist die Durchlässigkeit stark eingeschränkt. Für organische Anionen ist die Membran undurchlässig.

Die meisten Kaliumionenkanäle sind permanent geöffnet. Es gibt auch einige spannungsabhängige Kaliumionenkanäle, die bei der unerregten Nervenfaser geschlossen sind. Insgesamt diffundieren Kaliumionen, die im Zellinneren eine hohe Konzentration aufweisen, im Konzentrationsgefälle relativ ungehindert nach außen. Trotzdem wird der Konzentrationsausgleich nicht erreicht, denn jedes Kaliumion, das nach außen diffundiert, transportiert eine positive Ladung; es hinterlässt im Zellinneren ein Ion mit negativer Ladung. So erhöht jedes austretende Kaliumion den Ladungsunterschied zwischen Innenbereich und Außenbereich der Zelle. Schließlich entsteht ein Kräftegleichgewicht zwischen der Diffusion, welche die Ionen zum Konzentrationsausgleich nach außen treibt, und elektrostatischen Kräften, die die Ionen innen zurückhalten. Für die Chloridionen gilt eine entsprechende Betrachtung, jedoch in umgekehrter Diffusionsrichtung. Die Chloridionenkanäle sind stets geöffnet und die Diffusion der Chloridionen verstärkt den durch die Kaliumionen bedingten Effekt.

Die Natriumionen sind eigentlich nicht beteiligt. Ihre Kanäle sind im Ruhezustand geschlossen. Trotzdem gibt es einen geringen Einstrom von Natriumionen. In Anlehnung an ein Schiff, dessen Rumpf ein Leck aufweist, durch das ständig Wasser eindringt, spricht man von *Leckströmen*. Diese würden auf Dauer das Membranpotenzial zum Zusammenbruch bringen. Dies ist jedoch nicht der Fall. Ein bestimmtes Membranprotein sorgt unter ATP-Verbrauch für einen aktiven Transport von Kaliumionen von außen nach innen sowie von Natriumionen von innen nach außen. Man nennt dieses Protein die **Natrium-Kalium-Ionenpumpe**. Durch ihre Tätigkeit wird das Ruhepotenzial in der unerregten Nervenzelle permanent aufrechterhalten.

1. Erläutern Sie die in Abbildung 172.2 dargestellte Versuchsanordnung!
2. Die Elemente Na und K weisen die Ordnungszahlen 11 beziehungsweise 19 auf. Erläutern Sie aufgrund dieser Angaben den Bau der Atome und der Ionen von Na und K! Vergleichen Sie den Durchmesser der Atome und Ionen, auch der hydratisierten Ionen, und begründen Sie!
3. Das Ruhepotenzial wird auch als K^+-Diffusionspotenzial bezeichnet. Begründen Sie!

Neuronale Informationsverarbeitung

1.3 Aktionspotenzial und Erregungsleitung

Zur Untersuchung der Erregungsleitung in einer Nervenfaser muss die Apparatur am Riesenaxon von *Loligo* um eine elektrische Reizstelle erweitert werden: Mit etwas Abstand zur Messstelle werden zwei an einem Reizgerät angeschlossene Elektroden mit dem Axon verbunden. Reizspannung und Reizdauer können verändert werden. Die Reiz-Glaselektrode wird als Anode, also als Pluspol, geschaltet. Nun reizt man die Zellmembran mit einem kurzfristigen, sehr schwachen Stromstoß. Am Oszilloskop zeigt sich jetzt eine ebenfalls kurzfristige Verringerung des Ruhepotenzials. Diese Abschwächung des Ruhepotenzials bezeichnet man als **Depolarisation**. Verstärkt man den Reiz, verstärkt sich auch die Depolarisation.

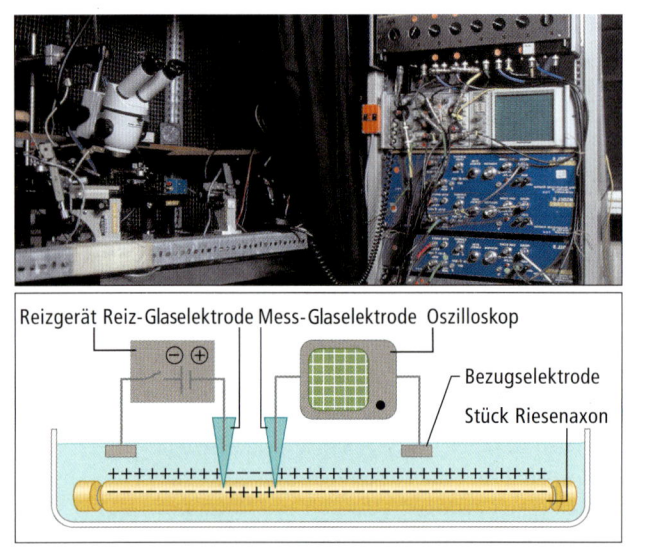

174.1 Apparatur zur Auslösung und Messung von Aktionspotenzialen

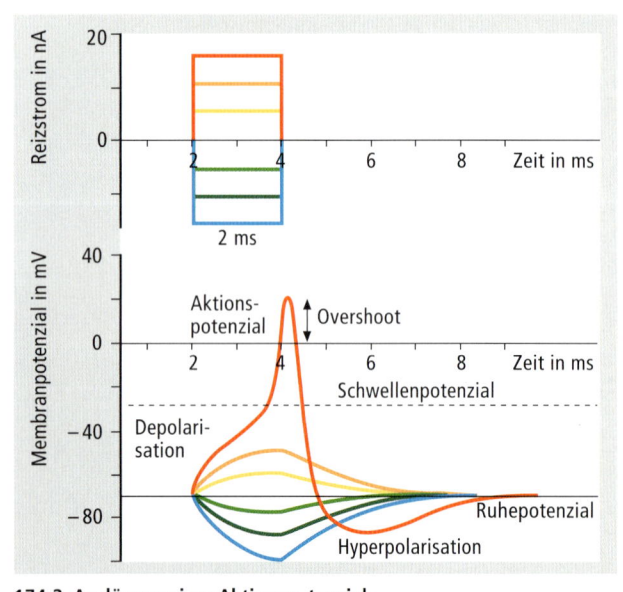

174.2 Auslösung eines Aktionspotenzials

Wird das Schwellenpotenzial überschritten, reagiert die Zellmembran mit einer deutlichen elektrischen Antwort. An der Messstelle ist jetzt eine schlagartige Potenzialänderung mit einer Ladungsumkehr von +30 Millivolt zu erkennen. Dieser Vorgang dauert nur eine Millisekunde, also eine tausendstel Sekunde. Dann erfolgt eine Rückkehr zum Ruhepotenzial. Offensichtlich reagiert die Zelle, wenn der auslösende Reiz einen *Schwellenwert* überschreitet, mit einer aktiven Zellantwort. Diese hat immer den gleichen Wert, unabhängig, wie stark der auslösende Reiz war. Die Auslösung erfolgt also nach dem *Alles-oder-Nichts-Gesetz*. Man bezeichnet diese Zellantwort als **Aktionspotenzial**. Auch in größerer Entfernung zur Reizstelle ist das Aktionspotenzial messbar. Das Aktionspotenzial ist also im Sinne der Informationsverarbeitung ein Signal, das hier mit einer Geschwindigkeit von etwa 25 Meter pro Sekunde mit unveränderter Amplitude weitergeleitet wird.

Die Entstehung eines Aktionspotenzials lässt sich mit der Ionentheorie erklären. Ausgangspunkt ist die ungleiche Ionenverteilung im Ruhepotenzial. Wird nun die Membran an einer Stelle durch einen überschwelligen Reiz erregt, öffnen sich schlagartig die Natriumionenkanäle. Diese Kanäle sind spannungsgesteuert, das heißt, eine Potenzialänderung in der Membran bewirkt eine Umlagerung in der Raumstruktur der Kanalproteine. Die Kanäle öffnen sich und Natriumionen strömen im Konzentrationsgefälle und angezogen von der negativen Ladung im Axoninneren durch die Membran. Es erfolgt ein Ladungsausgleich, ja sogar ein positiver Ladungsüberschuss auf der Innenseite der Membran. Man nennt diese kurzfristige Ladungsumkehr an der Membran den *Overshoot*.

Jetzt schließen sich die Natriumionenkanäle wieder. Damit ist der erste Abschnitt des Aktionspotenzials beendet. Nun wird die Membran in den ursprünglichen Zustand zurückgeführt. Zuerst wird die Membran wieder polarisiert. Dies geschieht über die Kaliumionen. In der Membran liegen zwei Typen von Kaliumionenkanälen, nämlich stets offene Kanäle und spannungsgesteuerte Kanäle. Durch beide Porentypen wandern jetzt Kaliumionen von innen nach außen. Die Ladungsverhältnisse werden dadurch wieder getauscht. Die Außenseite wird positiv geladen, die Innenseite negativ. Deshalb nennt man diesen Abschnitt **Repolarisation**. Weil mehr Kaliumionen ausströmen, als zur Herstellung der ursprünglichen Ladungsdifferenz notwendig wären, wird die Membran sogar etwas *hyperpolarisiert*. Es ist aber noch nicht die ursprüngliche Ionenverteilung wiederhergestellt. Deshalb ist die Membran auch nicht erregbar. Sie befindet sich in der **Refrak-**

Neuronale Informationsverarbeitung

tärphase (franz. *refractaire*, unempfindlich). Für ein bis zwei Millisekunden ist die Membran völlig unerregbar *(absolute Refraktärphase)*.
Die Natrium-Kalium-Ionenpumpen laufen nun auf Höchsttouren. Sie befördern Kaliumionen von außen nach innen sowie Natriumionen von innen nach außen. In dieser Zeit können sehr starke Depolarisationen neue Erregungen bewirken *(relative Refraktärphase)*. Nach etwa fünf Millisekunden ist das Ruhepotenzial wieder hergestellt. Jetzt ist die Nervenfaser wieder voll erregbar.

Das Aktionspotenzial ist eine Zellantwort, die nicht auf die Reizstelle beschränkt bleibt. Die Umpolung der Ladungsverhältnisse bewirkt nämlich auch im Nachbarbezirk der Membran eine Depolarisation. Es kommt ebenfalls zu einem Aktionspotenzial. Dieses regt nun wieder den Nachbarbezirk an, und so läuft das Aktionspotenzial in der angestoßenen Richtung über das Axon. Man spricht von einer **kontinuierlichen Erregungsleitung**.
Die Erregungsleitung erfolgt in einer Nervenzelle immer vom Soma in Richtung zur Endverzweigung. Ein Erregungsfluss in die andere Richtung erfolgt nicht, denn der jeweils vorhergehende Bereich befindet sich noch in der Refraktärphase und ist somit unerregbar.
In markhaltigen Nervenfasern werden Aktionspotenziale nur an den RANVIERschen Schnürringen ausgelöst, weil die Myelinscheiden elektrisch isolieren. Ein Aktionspotenzial an einem Schnürring bewirkt eine Öffnung der Natriumionenkanäle am nächstfolgenden Schnürring. Da der Abstand von Schnürring zu Schnürring etwa 0,2 bis 2 Millimeter beträgt, „springt" die Erregung entlang des Axons. Man nennt dies eine **saltatorische Erregungsleitung**. Die Leitungsgeschwindigkeit ist wesentlich höher als in der markfreien Nervenfaser und beträgt bis über 120 Meter pro Sekunde. Außerdem ist ein markhaltiges Axon sehr viel dünner als ein markloses, sodass Material- und Energieeinsparung weitere Vorteile bieten.

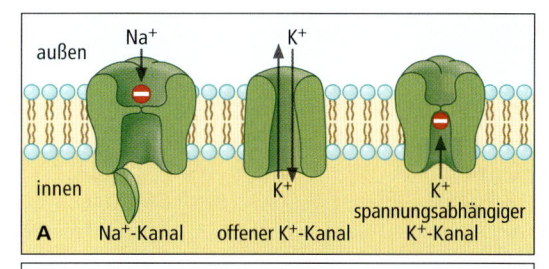

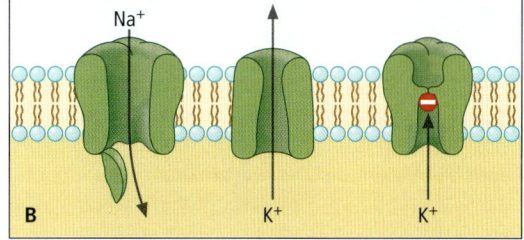

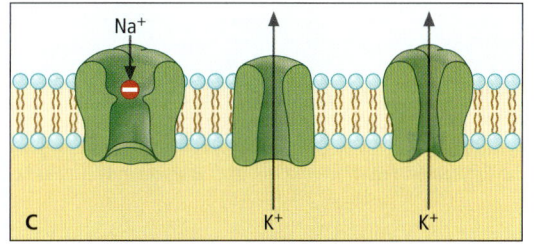

175.2 Ionentheorie zum Ablauf eines Aktionspotenzials.
A Ruhepotenzial; **B** Depolarisation; **C** Repolarisation

1. Stellen Sie eine begründete Hypothese auf, in welcher Weise mit den Aktionspotenzialen die Information über die Reizstärke übertragen werden kann!
2. Begründen Sie die Vorteile der saltatorischen Erregungsleitung gegenüber der kontinuierlichen! Wenden Sie auch das Basiskonzept „Stoff- und Energieumwandlung" an!

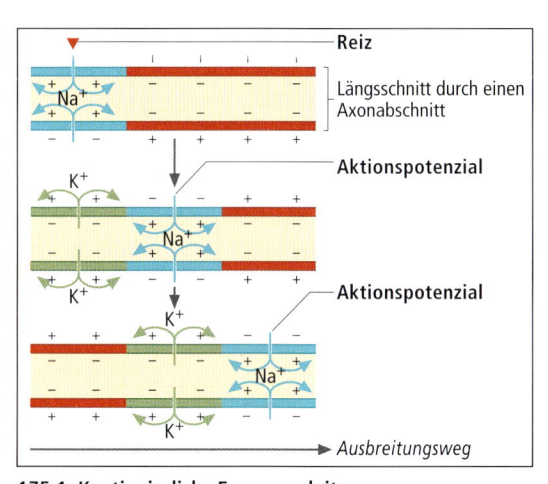

175.1 Kontinuierliche Erregungsleitung

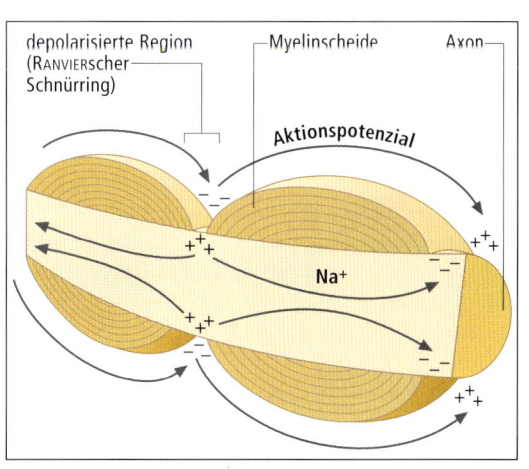

175.3 Saltatorische Erregungsleitung

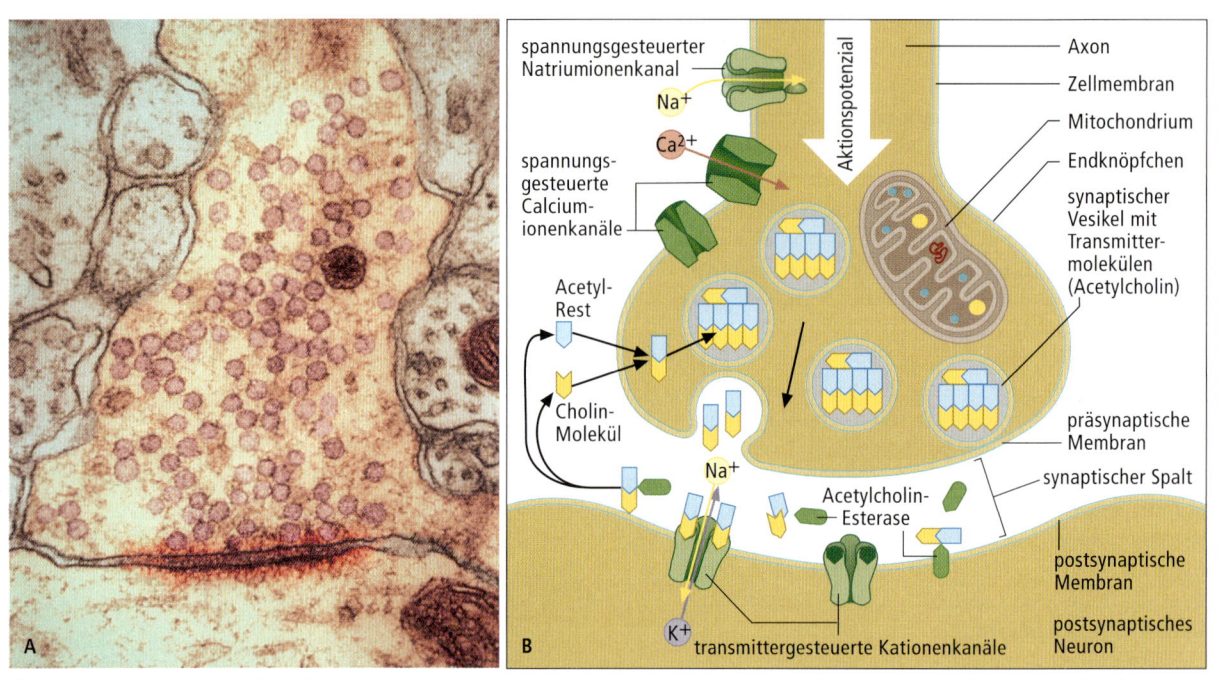

176.1 Chemische Synapse. A Foto (EM-Bild, gefärbt); **B** Vorgänge an einer Synapse mit Acetylcholin als Transmitter (Modellvorstellung)

1.4 Erregungsübertragung an Synapsen

Vom Rezeptorneuron bis zum Erfolgsorgan muss ein Reiz über mehrere Nervenzellen weitergeleitet werden. Über *gap junctions* können Aktionspotenziale direkt und ohne Zeitverzögerung übertragen werden. Solche **elektrischen Synapsen** ermöglichen schnelle und stereotype Reaktionen. Sie steuern beispielsweise die Synchronisation der Herzmuskelzellen oder lösen bei Fischen extrem schnelle Fluchtreaktionen aus.

Die meisten Nervenzellen weisen aber keinen direkten Kontakt untereinander auf: Zwischen einem Endknöpfchen und der Oberfläche eines Dendriten oder Somas der nachfolgenden Zelle liegt ein etwa 20 Nanometer breiter Spalt. Zusammen mit dem Endknöpfchen sowie dem Membranbereich der Empfänger-Nervenzelle bildet dieser *synaptische Spalt* die Synapse. Aktionspotenziale können über diese **chemischen Synapsen** nicht direkt weitergegeben werden. Sie müssen ihre Information auf stofflichem Wege durch den synaptischen Spalt schicken. Solche Botenstoffe, die **Transmitter** (lat. *transmittere*, hinüberschicken), sind in den synaptischen Vesikeln des Endknöpfchens gespeichert.

Zur Informationsübertragung an einer chemischen Synapse hat man folgende Vorstellung: Erreicht ein Aktionspotenzial das Endknöpfchen, öffnen sich in der Membran spannungsgesteuerte *Calciumionen-kanäle*. Calciumionen diffundieren in das Endknöpfchen. Daraufhin bewegen sich synaptische Vesikel zu der vor dem Spalt liegenden Membran, der *präsynaptischen Membran*, und fusionieren mit ihr. Dabei gelangen die Transmitter, zum Beispiel Acetylcholin, in den synaptischen Spalt. Die Calciumionen werden sofort wieder aus dem Endknöpfchen gepumpt. Durch die nun niedrigere Calciumionen-Konzentration kommt es zu keiner weiteren Transmitterausschüttung. Aufgrund des Konzentrationsgradienten diffundieren die Transmittermoleküle durch den synaptischen Spalt zur Membran der Empfängerzelle, der *postsynaptischen Membran*. In der Flüssigkeit des synaptischen Spaltes befinden sich neben den verschiedenen Ionensorten wie Natrium- und Chloridionen auch Moleküle des Enzyms *Acetylcholin-Esterase*. Es zerlegt bereits während der Diffusion einige Acetylcholin-Moleküle in Acetationen und Cholin-Moleküle.

In der postsynaptischen Membran befinden sich Acetylcholin-Rezeptoren. Es sind *transmittergesteuerte Kationenkanäle*. Das Transmittermolekül passt nach dem Schlüssel-Schloss-Prinzip in den Rezeptor und führt dabei zu einer Konformationsänderung. Dadurch öffnet sich ein Kanal, der für Kationen, also beispielsweise für Natrium- und Kaliumionen passierbar ist. Da für Kaliumionen im Ruhepotenzial ein elektrochemisches Gleichgewicht besteht, strömen vor allem Natriumionen in großer Zahl durch den Kanal in die Empfängerzelle. Es sind bis zu 30 000 Natriumionen pro Kanal in einer Millisekunde. Auch in der postsynaptischen Membran findet sich Acetylcholin-Esterase. So werden die aus dem Endknöpfchen ausgeschütteten Transmitter rasch gespalten. Die Spaltprodukte können zur erneuten Synthese in das Endknöpfchen aufgenommen werden.

Als Folge des Natriumioneneinstroms am Acetylcholin-Rezeptor tritt an der postsynaptischen Membran eine kurzzeitige Depolarisation auf, die als *exzitatorisches postsynaptisches Potenzial* (EPSP) bezeichnet wird. Die Amplitude des EPSP beträgt nur wenige Millivolt. Deshalb wird die Schwelle für die Auslösung eines Aktionspotenzials nicht erreicht. Die Aktivierung einer einzelnen Synapse kann also niemals die Fortleitung der Erregung über das nachgeschaltete Neuron bewirken. Stattdessen breitet sich die an den Synapsen auftretende Potenzialänderung als elektrischer Strom in der Membran bis zum Axonhügel aus. Sind mehrere erregende Synapsen gleichzeitig aktiviert worden, summieren sich deren Potenziale. Man spricht von einer **räumlichen Summation**. Die Amplitude der Depolarisation der gesamten Membran nimmt zu. So kann die Schwelle überschritten und am Axonhügel, wo die Membran die niedrigste Schwelle besitzt, ein Aktionspotenzial ausgelöst werden. Auch wenn mehrere, schnell aufeinanderfolgende Erregungen in einer Synapse eintreffen, kann die Erregung weitergeleitet werden, denn dann ist das erste EPSP noch nicht abgeklungen, wenn die nächstfolgende Erregung eintrifft. Deshalb addiert sich dessen EPSP zur ersten Depolarisation. Durch mehrfache, schnell aufeinanderfolgende Aktivierung einer Synapse kann also durch EPSP-Summation die Schwelle überschritten werden. Dies bezeichnet man als **zeitliche Summation**.

In manchen Synapsen werden Transmitter ausgeschüttet, die eine Erregungsübertragung hemmen. Beispielsweise öffnet Gamma-Aminobuttersäure (GABA) Chloridionenkanäle und bewirkt dadurch eine Hyperpolarisation. Die an diesen hemmenden Synapsen entstehenden Potenziale nennt man *inhibitorische postsynaptische Potenziale* (IPSP). Sie kompensieren die von erregenden Synapsen ausgehende Depolarisation. Da an einem Neuron oft Tausende von erregenden und hemmenden Synapsen verschaltet sind, bilden sie die Grundlage für die Informationsverarbeitung in Nervensystemen.

1. Eine Unterscheidung zwischen präsynaptischer und postsynaptischer Membran ist notwendig, weil beide Membrananteile unterschiedliche Eigenschaften für die Erregungsleitung besitzen. Begründen Sie dies!
2. Ein ESPS, das an einer Synapse gebildet wird, breitet sich von den betreffenden Dendriten über den Zellkörper zum Axonhügel aus. Begründen Sie, welcher Vorgang am Axonhügel stattfinden wird!

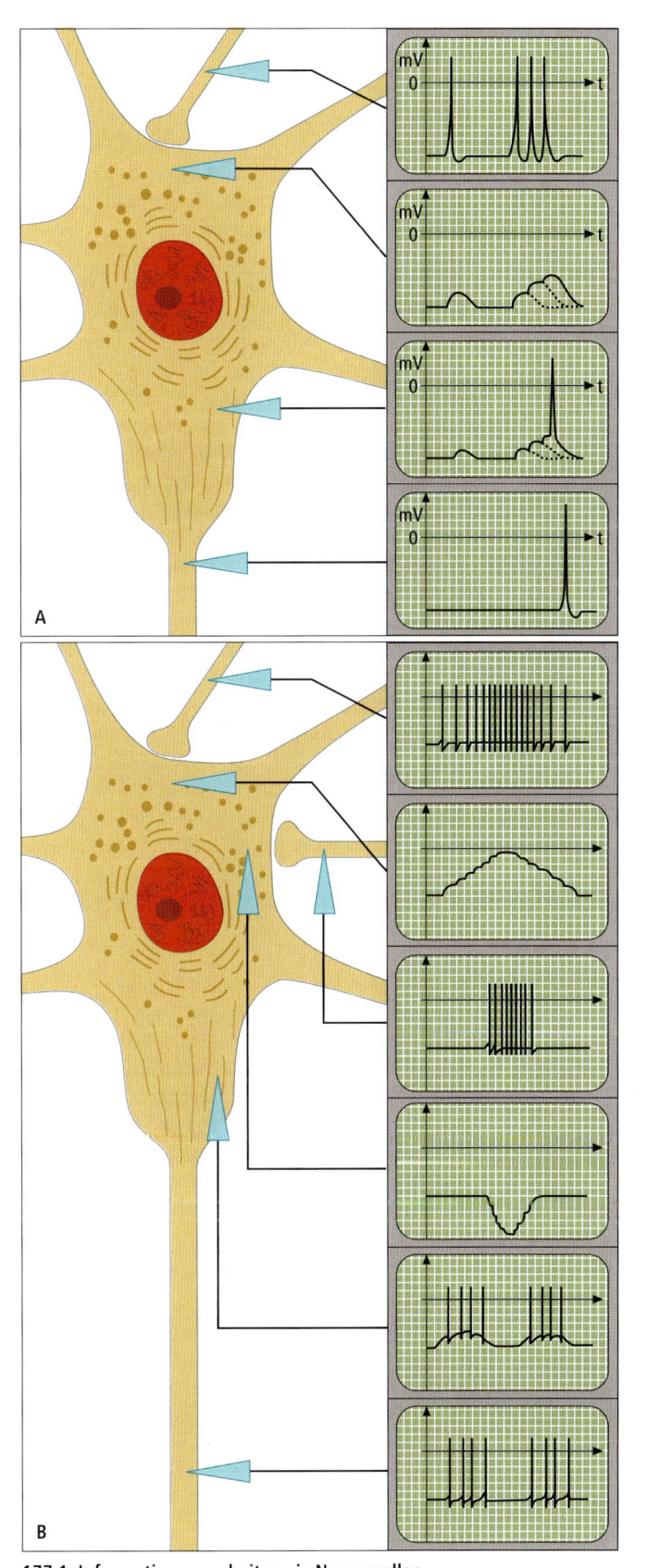

177.1 Informationsverarbeitung in Nervenzellen.
A zeitliche Summation; **B** räumliche Summation

1.5 Wirkung von Nervengiften

„Der Indianer forderte uns von Zeit zu Zeit auf, die Flüssigkeit zu kosten. Nach dem mehr oder weniger bitteren Geschmack beurteilt man, ob der Saft eingedickt genug ist. Dabei ist keine Gefahr, da das Curare nur dann tödlich wirkt, wenn es unmittelbar mit dem Blut in Berührung kommt …"

So beschreibt der deutsche Forscher Alexander von HUMBOLDT am Anfang des 19. Jahrhunderts seine Teilnahme an der Zubereitung des tödlichen Giftes **Curare**, mit dem die Achagua-Indianer Südamerikas ihre Blasrohrpfeile präparieren. Das Gift, das aus Säften von *Strychnos*- oder *Chondodendron*-Sträuchern hergestellt wird, wurde in Europa analysiert: Es gehört zu den Alkaloiden, einer Gruppe von stickstoffhaltigen organischen Verbindungen.

Wenn es durch das Blut zu den Muskeln transportiert wird, besetzt es die Rezeptoren der transmittergesteuerten Kationenkanäle für den Transmitter Acetylcholin an den Nerv-Muskel-Synapsen und blockiert sie dadurch langfristig. Der Muskel wird für Nervenimpulse unempfindlich. Er ist gelähmt. Stoffe, die wie Curare die Funktion von Synapsen beeinträchtigen, heißen **Synapsengifte**.

Bei der Jagdbeute der Indianer führt Curare zum Tod. In der Medizin dagegen wird das Gift verwendet, um bestimmte Muskelpartien, wie die der Atemmuskulatur, bei Operationen ruhigzustellen (der Patient wird dann künstlich beatmet). Curare kann durch bestimmte Medikamente wieder von den Rezeptoren gelöst werden.

Ein solches Medikament kann ein anderes Synapsengift sein, das **Physostigmin** oder Eserin. Es wurde ursprünglich aus den Samen der westafrikanischen Schlingpflanze *Physostigma venenosum* gewonnen, wird heute aber synthetisch hergestellt. Physostigmin hemmt die Acetylcholin-Esterase, was zu einer Erhöhung der Acetylcholin-Konzentration in den Synapsen führt. Nach Operationen, bei denen Curare zur Stilllegung der Atemmuskulatur eingesetzt wurde, bewirkt eine Injektion von Physostigmin ein Verdrängen von Curare aus den Rezeptorstellen der transmittergesteuerten Kationenkanäle.

Ein weiteres Synapsengift ist ein Inhaltsstoff der Tollkirsche, das **Atropin**. Es blockiert die Acetylcholin-Rezeptoren in Synapsen des Herzens, der Verdauungsorgane sowie der Irismuskulatur im Auge. Die dadurch bedingte Lähmung der Irismuskulatur führt zur Vergrößerung der Pupille. Deshalb findet Antropin auch eine medizinische Anwendung in der Augenheilkunde.

Vergrößerte Pupillen galten früher bei Frauen als schön, weshalb der Saft der Früchte als Kosmetikum genommen wurde. Im Artnamen der Tollkirsche *Atropa belladonna* kommt dies zum Ausdruck, denn „bella donna" heißt aus dem Italienischen übersetzt „schöne Frau". Auch im Aberglauben und Hexenkult des Mittelalters spielte die Tollkirsche eine große Rolle. Verabreichte Getränke oder Salben mit dem Saft der Früchte führten zu Wahnvorstellungen. Bei starker Vergiftung bedingt die Blockierung der Acetylcholin-Rezeptoren Bewusstlosigkeit und schließlich den Tod durch Atemlähmung.

Atropin ist aber auch ein wirksames Mittel gegen die Wirkung von Nervengasen wie Sarin, weshalb es vom Militär gelagert wird. Nervengase und Insektenvertilgungsmittel wie E605 sind **Phosporsäureester**, die die Acetylcholin-Esterase hemmen: Acetylcholin wird nicht abgebaut, was zu einer andauernden Öffnung der transmittergesteuerten Kationenkanäle und damit zur Unerregbarkeit der postsynaptischen Zelle führt. Die Folgen sind Verkrampfungen der Skelettmuskulatur und Tod durch Atemlähmung.

Synapsengifte können an verschiedenen Stellen der Informationsleitung über chemische Synapsen eingreifen. Dabei kann ein Gift in der entsprechenden Dosis auch als Heilmittel dienen. Der heute verwendete Begriff *Pharmakon* für Arzneimittel bedeutet in der griechischen Übersetzung *Gift* und *Heilmittel*.

1. Curare ähnelt in seiner Wirkungsweise einem kompetitiven Inhibitor. Begründen Sie diese Aussage!

178.1 **Nervengifte.** A Brechnuss-(*Strychnos*-)Strauch; B Schlingpflanze *Physostigmal venenosum*; C Tollkirsche *Atropa belladonna*

PRAKTIKUM — Untersuchungen zur Nervenphysiologie

1 Diffusionspotenzial

Material: 2 Kupferbleche (2 cm × 6 cm); 2 Krokodilklemmen; 2 Kabel; Spannungsmessgerät; Stoppuhr; Glasküvette; Filtrierpapier; dest. Wasser; Natriumchlorid-Lösung (0,1 mol · l^{-1})

Durchführung: Trennen Sie die Glasküvette durch einen gefalteten Filtrierpapierstreifen in zwei Kammern! Füllen Sie die Küvette zu einem Drittel mit destilliertem Wasser! Verbinden Sie die Kupferblechstreifen über die Krokodilklemmen mit dem Spannungsmessgerät! Tauchen Sie die Kupferelektroden in das destillierte Wasser, sodass sich in jeder Kammer eine Elektrode befindet! Geben Sie nun in die eine Kammer Natriumchlorid-Lösung! Lesen Sie in 10-Sekunden-Schritten die Messwerte ab!

Aufgaben:
a) Stellen Sie die Spannung in Abhängigkeit von der Zeit grafisch dar!
b) Erläutern Sie den Kurvenverlauf!

2 Membranpotenzial

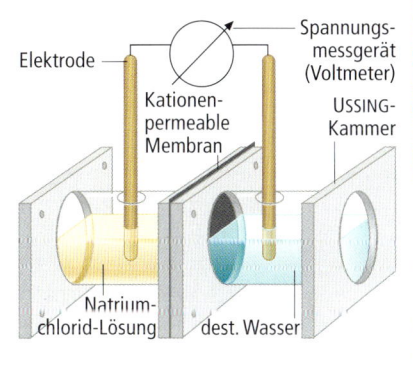

Material: USSING-Kammer; Kationenpermeable Membran; 2 Kupferelektroden; 2 Kabel; Spannungsmessgerät; Glastrichter; dest. Wasser; Natriumchlorid-Lösung (0,1 mol · l^{-1})

Durchführung: Flanschen Sie zwischen die beiden Kammern der USSING-Kammer eine Kationen-permeable Membran! In eine Kammer geben Sie zur Hälfte Natriumchlorid-Lösung, in die andere zur Hälfte destilliertes Wasser! Tauchen Sie nun in jede Kammer eine Elektrode in die jeweilige Flüssigkeit!

Verbinden Sie die Elektroden mit dem Messgerät! Lesen Sie in 10-Sekunden-Schritten die Messwerte ab!

Aufgaben:
a) Stellen Sie die Spannung in Abhängigkeit von der Zeit grafisch dar!
b) Erläutern Sie den Kurvenverlauf!

3 Mikroskopie von Nervenzellen

Material: Rückenmark vom Schwein; Präpariernadel; 2 Objektträger; Deckgläschen; Methanol (T, F, Abzug, B3); GIEMSA-Lösung

Durchführung: Besorgen Sie vom Metzger ein kleines Stück frisches Rückenmark! Entnehmen Sie mit einer Präpariernadel kleine Proben aus den dunklen, zentralen Bereichen und übertragen Sie diese auf einen sauberen Objektträger! Quetschen Sie das Material mit einem zweiten Objektträger! Fixieren Sie das Material auf dem Objektträger mit einigen Tropfen Methanol fünf Minuten! Färben Sie nach Abgießen des Methanols mit GIEMSA-Lösung fünf Minuten! Spülen Sie die Färbelösung mit Wasser ab und legen Sie ein Deckglas auf!

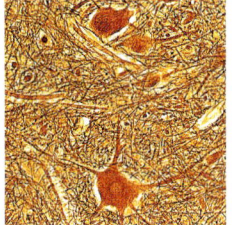

Aufgabe: Mikroskopieren und zeichnen Sie!

4 Versuche nach GALVANI

Material: Zinkblech (10 mm × 30 mm); Kupferblech (10 mm × 30 mm); 2 Krokodilklemmen; 2 Kabel; Spannungsmessgerät; Becherglas; Natriumchlorid-Lösung (0,1 mol · l^{-1})

Durchführung: Verbinden Sie die Metallblechstreifen über die Krokodilklemmen mit dem Spannungsmessgerät! Beobachten Sie bei den folgenden Operationen (A bis C) jeweils das Messgerät!
(A) Halten Sie die beiden Metallstreifen nebeneinander auf Ihren trockenen Handrücken! (B) Halten Sie dann die Streifen an Ihre feuchte Zunge, ohne dass die Metallstreifen sich berühren!
(C) Tauchen Sie die beiden Metallstreifen in eine Natriumchlorid-Lösung!

Aufgaben:
a) Werten Sie die drei Beobachtungen aus! Bedenken Sie, dass Zink unedler als Kupfer ist!
b) Informieren Sie sich im Internet über den Froschschenkelversuch Luigi GALVANIs und vergleichen Sie diesen mit dem durchgeführten Zungenversuch!

5 Erregungsleitung (Modellversuche)

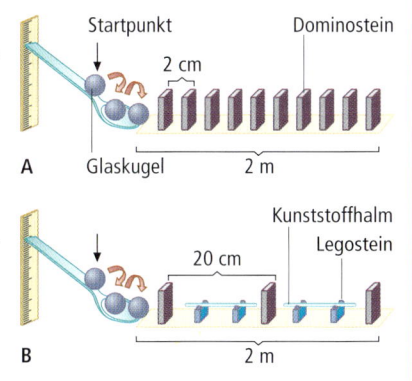

Material: 112 Dominosteine; 20 Legosteine; 10 Kunststoffhalme; Maßband; 1 Lineal; 1 Esslöffel; 1 Glaskugel (∅ etwa 2 cm); Stoppuhr

Durchführung: Bauen Sie in Anlehnung an die Skizzen zwei 2 m lange Strecken aus Dominosteinen auf! Legen Sie an den Start den Löffel und das Lineal! Heben Sie im Versuch A den Löffelstiel leicht an, messen Sie die Höhe mit dem Lineal! Halten Sie den Löffel in dieser Höhe und lassen Sie mit der anderen Hand die Glaskugel in die Löffelmulde rollen! Wiederholen Sie durch Veränderung der Löffelstielhöhe den Versuch so lange, bis die Kugel die Mulde verlässt und den ersten Dominostein zum Fallen bringt! Lassen Sie durch einen Mitschüler die Zeit stoppen, bis der letzte Dominostein gefallen ist!
Wiederholen Sie diese Operationen mit dem Versuchsaufbau B!

Aufgaben:
a) Werten Sie die Versuchsergebnisse aus!
b) Vergleichen Sie Aufbau und Funktion der Modelle mit der Erregungsleitung in Nervenzellen!

1.6 Medikamente und Suchtmittel

Im Jahr 2006 wurden in Deutschland 255 019 Delikte im Zusammenhang mit *illegalen Suchtmitteln* (Heroin, Kokain, Cannabisprodukte, synthetische Suchtmittel) registriert. Von 19 319 zumeist jungen Menschen weiß man, dass sie 2006 erstmals solche Suchtmittel einnahmen. 1296 Menschen starben nach der Einnahme von illegalen Suchtmitteln. Für die Gesamtzahl an Konsumenten *harter Drogen* (Heroin, andere Opiate, Kokain, einige synthetische Suchtmittel) liegen keine verlässlichen Zahlen vor. Sie kommen von der *Sucht* nicht los, sie haben „ein unabweisliches Verlangen nach einem Erlebniszustand" (Deutsche Hauptstelle gegen Suchtgefahren, DHS). Gibt es für dieses Verlangen, dem die „Kräfte des Verstandes untergeordnet" (DHS) werden, eine biologische Erklärung?

Stoffe, die direkt auf das zentrale Nervensystem einwirken und dabei einen als mangelhaft empfundenen Zustand mindern und somit einen als angenehm empfundenen Zustand herbeiführen, nennt man **Drogen**. Früher sprach man von Rauschgiften oder Rauschdrogen. Erstaunlicherweise stellt der menschliche Organismus selbst Stoffe her, die eine vergleichbare Wirkung erzielen wie *Morphium* oder *Opium*. Man bezeichnet solche Stoffe als **Endorphine** (endogene Morphine). Sie sind Neurotransmitter und hemmen die Aktivität von Nervenzellen, die die passenden Rezeptoren tragen. Man nennt diese Rezeptoren, da sie auch auf Opium ansprechen, auch *Opiatrezeptoren*. Diesen Rezeptortyp findet man bevorzugt im Hypothalamus, im limbischen System und im Rückenmark. Die genannten Gehirnbereiche regulieren auch Gefühle. Hier wird eine Feinabstimmung der Motivationslage vorgenommen, hier werden ermutigende und stimmungsaufhellende Wirkungen durch anbindendes Endorphin erzielt. Über zelluläre oder gar molekulare Mechanismen dieser Vorgänge weiß man nur wenig.

Besser versteht man die schmerzstillende Wirkung der Endorphine im Bereich der Schmerzbahn des Rückenmarks. Vom Großhirn über das Mittelhirn verlaufende Axone treten über hemmende Zwischenneurone an Neurone der Schmerzbahn heran. Diese Zwischenneurone geben Endorphine ab, die an Opiatrezeptoren andocken und so die Weiterleitung des Schmerzsignals unterbinden. Dieses Endorphinsystem wird nur bei Bedarf aktiviert, wie bei Stress, Kampf, Flucht oder in Notfallsituationen. So spürt ein Helfer, der sich bei der Bergung eines Unfallopfers an der Glasscheibe verletzt, den Schmerz nicht sogleich, sondern erst später. Diese Beobachtung weist auf eine typische Eigenschaft der Endorphine hin. Ihre Lebensdauer ist sehr kurz. Einige Endorphine werden nach wenigen Minuten enzymatisch abgebaut, andere nach wenigen Stunden. Es kommt hinzu, dass man die Ausschüttung von Endorphinen nicht willentlich und nicht zu jeder Zeit herbeiführen kann. Ein Glücksgefühl auf Knopfdruck ist daher mit dem Endorphinsystem nicht möglich. Durch die Einnahme von Opium oder Morphium dagegen lässt sich ein solches Glücksgefühl jederzeit und über einen größeren Zeitraum hinweg realisieren. Dies ist ein Grund dafür, warum Menschen immer wieder Drogen nehmen.

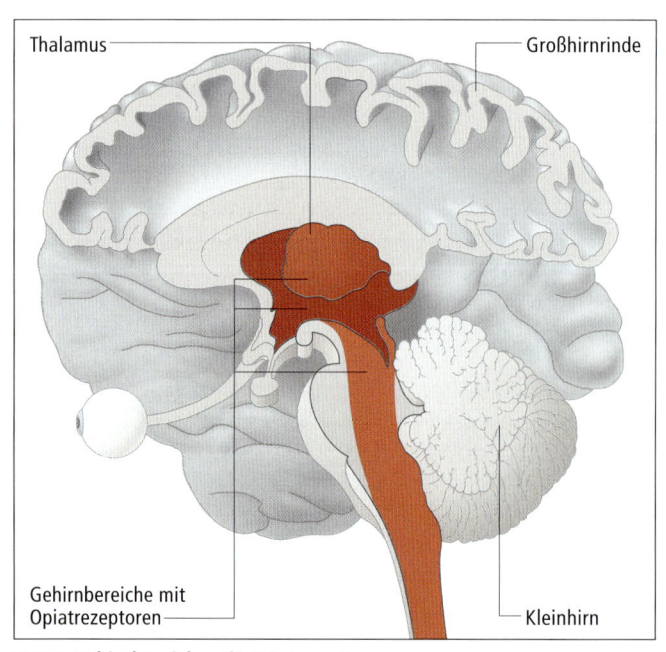

180.1 Gehirnbereiche mit Opiatrezeptoren

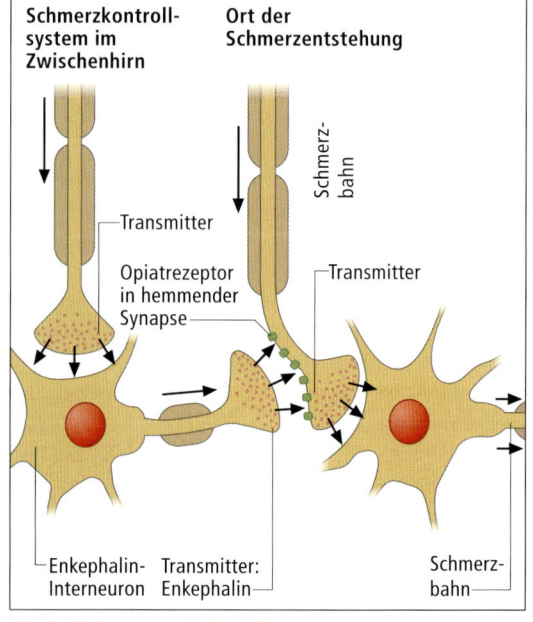

180.2 Wirkung von Endorphinen

Neuronale Informationsverarbeitung

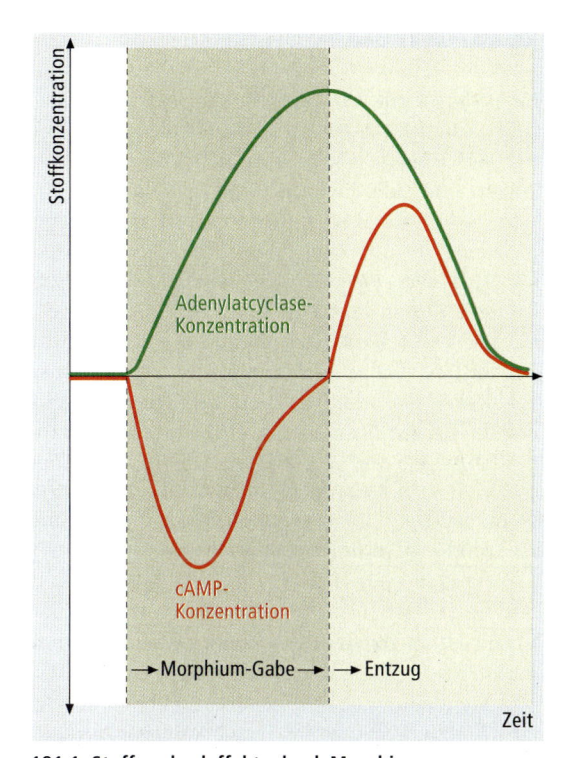

181.1 Stoffwechseleffekte durch Morphium

181.2 Drogen und Medikamente (Strukturformeln)

Der Mechanismus der Opiatwirkung entspricht dem der Endorphine, obwohl Opium und Morphium chemisch nicht mit den Endorphinen verwandt sind. Das Opiat setzt sich an den Opiatrezeptor und hemmt dabei die Aktivität der Adenylatcyclase, die sich dem Rezeptor gegenüber auf der Membraninnenseite befindet. Dieses Enzym wandelt ATP in ein ringförmig gebautes Molekül um, das als zyklisches AMP (cAMP) bezeichnet wird. Als Folge der sinkenden cAMP-Konzentration sind viele cAMP-abhängige Sekundärreaktionen nicht möglich, so auch nicht die Weiterleitung von Erregungen in Schmerzbahnen des Rückenmarks. Diese Wirkung wird medizinisch genutzt. Patienten mit starken Schmerzen, wie unheilbar Krebskranke oder Verbrennungsopfer, wird Morphium verabreicht. Sie können so nahezu schmerzfrei mit ihrer Krankheit leben.

Der wichtigste Grund, weshalb Menschen nicht von der Droge lassen können, ist ihre **Abhängigkeit.** *Psychische Abhängigkeit* äußert sich in dem starken Verlangen, die Droge immer wieder einzunehmen, um einen angenehmen Zustand zu erzielen. LSD und Cannabisprodukte zeigen eine solche Wirkung. Bei *physischer Abhängigkeit* wird nach wiederholter Einnahme der Droge der Stoffwechsel im Organismus umgestellt. Wird die Droge abgesetzt, kommt es zu mehr oder weniger heftigen *Entzugserscheinungen*, wie Erbrechen, Schwitzen, Niedergeschlagenheit. Opiate und Kokain machen physisch abhängig. Für das Zustandekommen einer physischen Abhängigkeit gibt es eine plausible Modellvorstellung, die auf den Kenntnissen über Opiatrezeptoren fußt.

Durch die Opiateinnahme sinkt die cAMP-Konzentration in der Nervenzelle. Die Zelle wird in ihrer Funktion gestört, die erwünschten drogentypischen Wirkungen stellen sich ein. Die Nervenzelle reagiert auf den cAMP-Mangel mit einer vermehrten Synthese von Adenylatcyclase. Die cAMP-Konzentration steigt. Die Zelle und somit auch der Organismus „gewöhnen" sich an die Droge, die drogentypischen Wirkungen werden schwächer. Die Dosis muss erhöht werden. Dieses Gegeneinander wiederholt sich, bis schließlich die cAMP-Konzentration in der Zelle trotz hoher Opiatzufuhr normal ist. Bei Entzug der Droge sind die Opiatrezeptoren nicht mehr besetzt, bisher blockierte Adenylatcyclasemoleküle sind aktiv und bewirken eine übernormal hohe cAMP-Konzentration. Diese könnte eine Ursache für viele Entzugserscheinungen sein.

In der *Drogentherapie* kann man Medikamente einsetzen, deren Moleküle denen der Droge ähnlich sind. *Agonisten* erzielen die biologische Wirkung der Droge, *Antagonisten* nicht.

1. Das Methadon ist ein Morphinderivat, das durch das „Methadon Maintenance Program" (USA) bekannt wurde. Es sollte die Aussichten auf eine Resozialisierung Heroinabhängiger verbessern. Begründen Sie, weshalb dieses Programm heute weitgehend aufgegeben wurde!

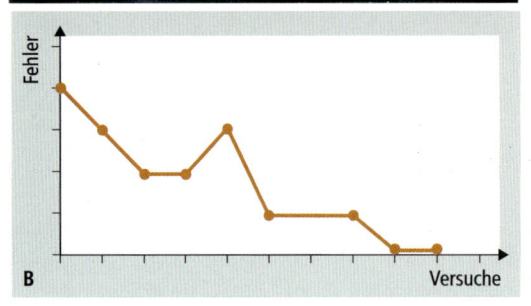

182.1 Lernverhalten. A Ratte im Labyrinth; B Lernkurve

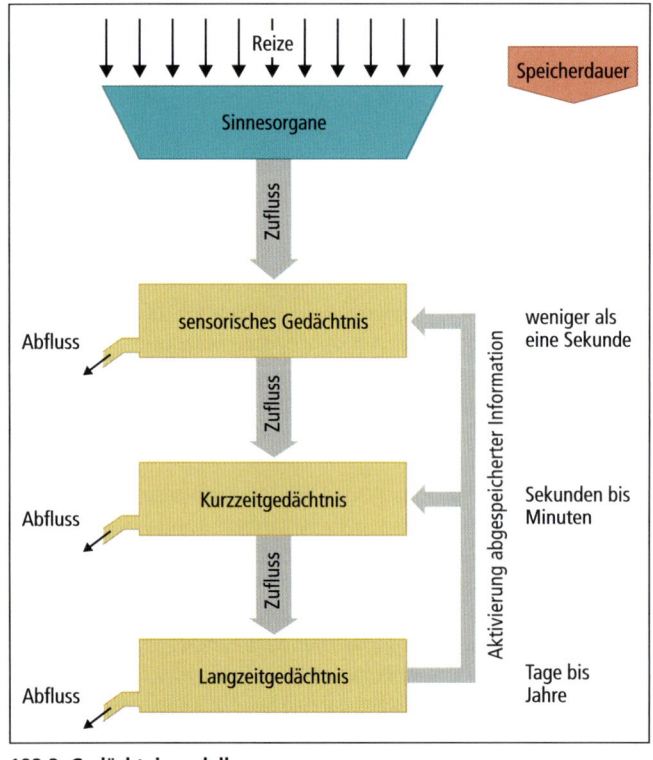

182.2 Gedächtnismodell

2 Lernen und Gedächtnis

Eine Ratte lernt sehr schnell, sich in einem Labyrinth geschickt zu bewegen. Beim ersten oder zweiten Versuchslauf wird sie an den Weggabelungen zögern und sich vielleicht falsch entscheiden. Am Ende einer Sackgasse registriert sie jedoch den Fehler, kehrt um und läuft richtig weiter. So erkundet sie den ganzen Weg bis zur Futterstelle, die das Ziel darstellt. Bei einem späteren Lauf trifft sie überall die richtigen Entscheidungen und gelangt in kürzester Zeit ans Ziel. Sie hat den richtigen Weg gelernt. Man bezeichnet die Verhaltensänderung, die auf individuellen Erfahrungen beruht, als *Lernen*. Es umfasst die Aufnahme und Verarbeitung von Informationen sowie ihre Speicherung im Gedächtnis. Auf diese Weise wird das Verhalten von Lebewesen flexibel, sie können gemachte Erfahrungen nutzen und sich so an verändernde Umweltsituationen anpassen.

Wird die Ratte längere Zeit nicht mit dem Labyrinth konfrontiert, macht sie wieder Fehler. Das Tier hat offensichtlich einen Teil der Informationen, die es im Gedächtnis gesammelt hatte, verloren. Die Ratte hat das Gelernte „vergessen". Es ist unnötig, alle einmal gemachten Erfahrungen zu behalten. Mit einer Lernkurve kann der Lernerfolg grafisch verdeutlicht werden.

Aufgrund vieler Experimente, auch mit menschlichen Gedächtnisleistungen, wurde ein Modell der Gedächtnisprozesse entwickelt, welches verschiedene Ebenen der Informationsspeicherung unterscheidet. Die von den Sinnesorganen aufgenommenen Informationen gelangen zuerst in das *sensorische Gedächtnis*, auch *Ultrakurzzeitgedächtnis* genannt. Hier werden die Informationen weniger als eine Sekunde gespeichert. Dabei werden sie mit bereits vorhandenen Daten verglichen. Bedeutungslose Informationen gehen verloren, wichtige werden an das *Kurzzeitgedächtnis* weitergegeben. Seine Speicherdauer ist mit einigen Sekunden bis wenigen Minuten deutlich länger, aber die Speicherkapazität ist relativ gering. Damit neue Informationen aufgenommen werden können, müssen die alten diese Gedächtnisstufe verlassen. Ein Teil der Informationen geht dadurch verloren, der andere Teil wird in das *Langzeitgedächtnis* übernommen. Dieses kann große Datenmengen, wie den Wortschatz mehrerer Sprachen, teilweise das ganze Leben lang speichern.

Auf der Suche nach den physikalischen und chemischen Grundlagen des Gedächtnisses blieb man lange erfolglos. So schien man vor einigen Jahren spezielle Gedächtnismoleküle gefunden zu haben. Man verglich die Proteine im Großhirn von Ratten, denen man ein bestimmtes Verhalten antrainiert hatte, mit den Proteinen von untrainierten Ratten. Schließlich glaubte man, solche Proteine gefunden zu haben. Man versuchte sogar, durch Injektion dieser Proteine die untrainierten Ratten zu dem Verhalten veranlassen zu können. Solche „Gedächtnisproteine" konnten später nicht bewiesen werden.

Heute untersucht man die Veränderungen, die durch Lernen und Gedächtnis hervorgerufen werden, auf dem Niveau einzelner Nervenzellen. Bei einfach gebauten Tieren, wie zum Beispiel der Meeresnacktschnecke *Aplysia*, wurde ein ganz wichtiges Prinzip bestätigt, das schon 1949 von dem kanadischen Psychologen Donald HEBB vorgeschlagen wurde. Das HEBBsche Prinzip besagt nämlich, dass sich die Erregungsübertragung an der Synapse zwischen zwei Nervenzellen verstärkt, wenn beide Neuronen gleichzeitig und wiederholt aktiviert werden *("cells that fire together wire together")*. Man nennt dieses Prinzip *Langzeitpotenzierung (LTP)*. Die LTP besagt, dass eine gleichzeitige Aktivierung einer prä- und postsynaptischen Zelle eine Verstärkung der Antwort in der postsynaptischen Zelle zur Folge hat. Nach mehreren Versuchen dieser Art genügt für die Auslösung der verstärkten Antwort die Reizung der präsynaptischen Zelle.

Bei *Aplysia* wurde nachgewiesen, dass die Verstärkung auf der Bildung eines Kaskadenenzyms, der Adenylatcyclase, beruht. Durch die vermehrte Synthese von Adenylatcyclase wird der Zellkern veranlasst, neue Synapsen auszubilden. Gleichzeitig werden Synapsen von unbeteiligten Neuronen gehemmt oder sogar abgebaut. Auch die Übertragung innerhalb der Synapsen wird beeinflusst. So kann die Leistungsfähigkeit von Synapsen durch den zusätzlichen Einbau von Gangliosiden in die präsynaptische Membran gesteigert werden. Ganglioside sind Lipide, die mit Kohlenhydratmolekülen verbunden sind. Sie begünstigen in der präsynaptischen Membran die Freisetzung von Transmittern. Dadurch wird die postsynaptische Membran schneller depolarisiert. Inzwischen ist unbestritten, dass die Erhöhung der Übertragungsstärke von Synapsen, die als *synaptische Bahnung* bezeichnet wird, die neuronale Grundlage von Lernvorgängen bildet.

Eine besonders hoch entwickelte Form des Lernens ist das *deklarative Lernen*. Dieses findet man bei Primaten. Beim Menschen versteht man unter deklarativem Lernen jene Art von Wissenserwerb, die zu Gehirnleistungen unter Kontrolle des Bewusstseins führt. Solche Leistungen werden zum Beispiel dann erreicht, wenn eine bestimmte Handlungsabfolge zuerst in Gedanken geplant und dann zügig durchgeführt wird. Man konnte zeigen, dass für diese Lernform eine bestimmte Struktur im Zwischen-

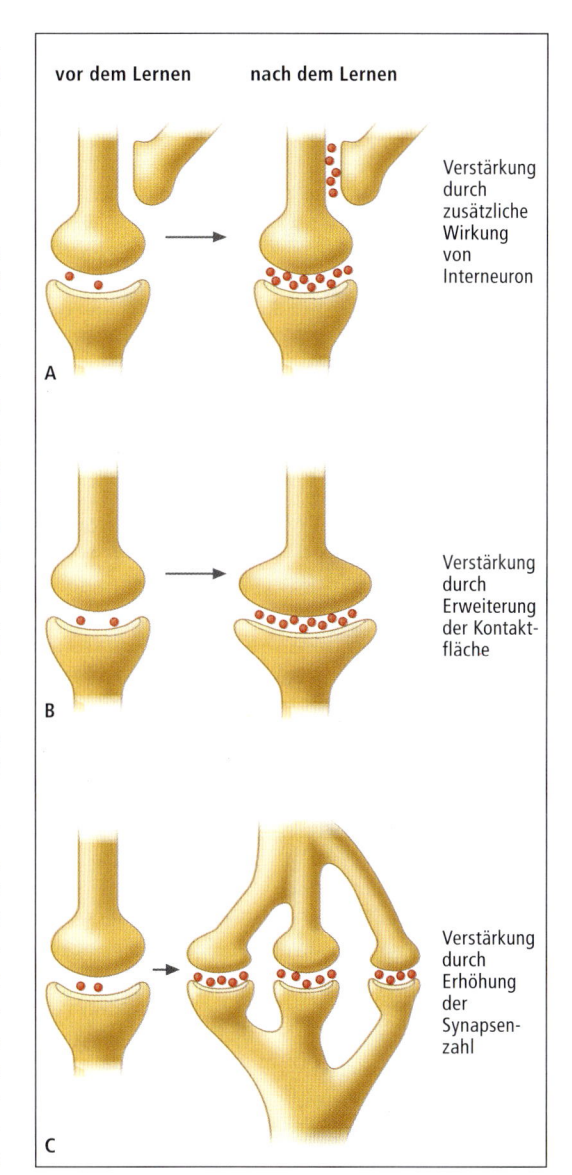

183.1 Synaptische Veränderungen durch Lernprozesse.
A Interneuron; B Kontaktfläche; C Synapsenzahl

hirn, der *Hippocampus*, zuständig ist. Er scheint immer dann beteiligt zu sein, wenn neu Gelerntes mit früher Gelerntem abgeglichen werden soll. Damit können Erfahrungen situationsgerecht und emotional gesteuert das Verhalten beeinflussen.

1. Erläutern Sie die biologische Bedeutung des Vergessens!
2. Erklären Sie die Funktion des Kaskadenenzyms Adenylatcyclase in Nervenzellen! Verwenden Sie auch die Informationen auf den Seiten 181 und 184!
3. Entwickeln Sie in der Gruppe einen Versuch, in dem Sie die Lernleistung von Versuchspersonen beim Lesen beziehungsweise beim Hören einfacher Begriffe vergleichen können! Diskutieren Sie Fehlerquellen und erstellen Sie eine Versuchsanleitung!

EXKURS: *Aplysia* – molekulare Grundlagen des Lernens

Die Meeresschnecke *Aplysia* ist für neurophysiologische Untersuchungen besonders gut geeignet. Sie hat ein Strickleiternervensystem mit etwa 20 000 Nervenzellen, deren Verschaltung genau registriert ist. Berührt man zum Beispiel das Atemrohr, dann wird die Kieme zurückgezogen. In dem maßgeblichen Reflexbogen sind die Rezeptorzellen über ihr Axon direkt auf Motoneuronen der Kiemenmuskulatur geschaltet. Dies bezeichnet man als einen monosynaptischen Reflexbogen.
Wird das Atemrohr wiederholt gereizt, werden die Reaktionen immer schwächer. Nach zehn Reizungen mit je 30 Sekunden Abstand tritt der Reflex nicht mehr auf. Die Tiere lernen, auf unbedeutende Reize einige Zeit nicht zu reagieren. Dieses Verhalten bezeichnet man als *Habituation*. Durch die wiederholte Reizung verringert sich bei jedem Versuch der Einstrom von Calciumionen in das sensorische Neuron. Daraufhin verringert sich die Ausschüttung des Transmitters an den Endknöpfchen der Synapsen zum Motoneuron und die Reaktionen werden schwächer. Wird der Versuch längere Zeit fortgesetzt, nimmt die Zahl der Vesikel in den Synapsen ab.

Der Kiemenrückziehreflex kann aber auch **konditioniert**, also mit einem ansonsten nicht wirksamen Reiz gekoppelt werden. Dazu richtet man im Experiment einen Wasserstrahl gegen das Atemrohr, während gleichzeitig die Schwanzspitze elektrisch gereizt wird. Nach einigen Wiederholungen genügt der Elektroreiz, um den Rückziehreflex auszulösen. Durch die Aufdeckung der molekularen Vorgänge in den beteiligten Neuronen weiß man jetzt, wie die Schnecken lernen.

Die sensorischen Neuronen sind mit Nervenzellen verschaltet, die ihrerseits mit Neuronen der Schwanzspitze verbunden sind. Deshalb werden sie als Interneuronen bezeichnet. Werden die Rezeptoren an der Schwanzspitze gereizt, schütten die Interneuronen den Transmitter Serotonin aus. Dieser Stoff induziert nun im sensorischen Neuron eine Reaktionskaskade. Die daraufhin erfolgende Verstärkung der Muskelreaktion nennt man *Dishabituation*.
Die Reaktionskaskade bei gleichzeitiger Berührung des Atemrohrs und elektrischer Reizung der Schwanzspitze sieht folgendermaßen aus: Zuerst bindet sich Serotonin an einen Serotoninrezeptor in der Membran des sensorischen Neurons. Über ein vermittelndes G-Protein wird das Enzym Adenylatcyclase im Innenraum der Nervenzelle aktiviert. Durch das Eintreffen von Aktionspotenzialen in der Nervenzellmembran werden Calciumionenkanäle geöffnet. Die einströmenden Calciumionen verstärken die Konzentration der Adenylatcyclase. Hier vereinigen sich also bei einer gekoppelten Reizeinwirkung die beiden Signalwege und führen zu einer erhöhten Enzymkonzentration.

Die Adenylatcyclase spaltet aus ATP-Molekülen Diphosphat ab und bewirkt bei den entstehenden AMP-Molekülen einen Ringschluss. Es entsteht cyclisches AMP (cAMP). Durch das Ansteigen der cAMP-Konzentration wird das sonst inaktive Enzym Proteinkinase aktiviert. Dieses Enzym löst jetzt im sensorischen Neuron eine Blockade von bestimmten Kaliumionenkanälen aus, wodurch das Neuron leichter erregbar wird und die Aktionspotenziale verlängert werden. Außerdem sammeln sich an den Endknöpfchen weitere Transmittervesikel, sodass insgesamt das Neuron in seiner Erregbarkeit gesteigert wird. Durch die hohe Konzentration an aktivierter Proteinkinase reagiert das Neuron bereits auf kleinste Mengen an Serotonin, schüttet Transmitter aus und aktiviert das motorische Neuron. Es liegt also ein molekulares Kurzzeitgedächtnis vor, und die Schnecke erfährt eine klassische Konditionierung.
Zusätzlich beeinflusst die Proteinkinase den Zellkern. Hier werden bestimmte Gene aktiviert, die dann den Aufbau neuer synaptischer Verbindungen zwischen sensorischen und motorischen Neuronen und somit langfristige Lernerfolge bewirken.

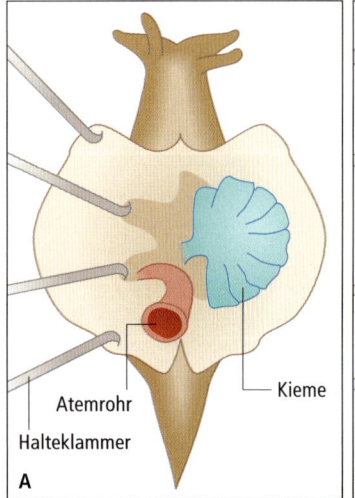

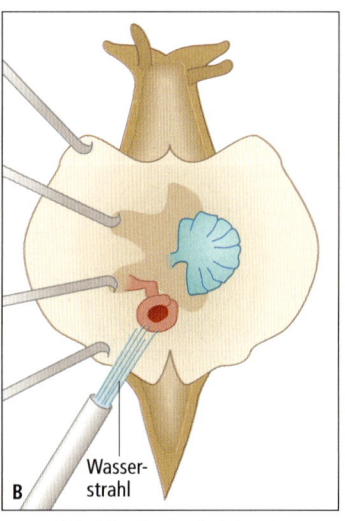

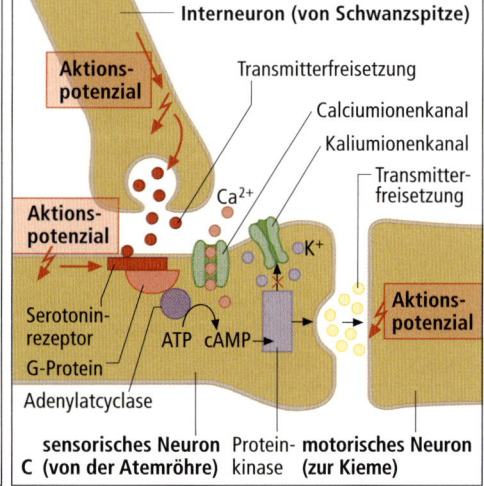

184.1 Experimentelle Auslösung des Kiemenrückziehreflexes bei der Meeresnacktschnecke *Aplysia*. A vor der Auslösung; B während der Auslösung; C molekulares Modell der klassischen Konditionierung

Neuronale Informationsverarbeitung

3 Erkrankungen des Nervensystems und Möglichkeiten der Therapie

In mehreren Gräbern aus der Jungsteinzeit fand man menschliche Schädel mit kreisrunden Löchern. Nach heutiger medizinischer Auffassung handelt es sich hier um erste Versuche zur Therapie, also zur Behandlung bestimmter neuronaler Erkrankungen, wie zum Beispiel von Epilepsie, Wahnvorstellungen oder unerträglicher Kopfschmerzen. Der Schamane oder Medizinmann versuchte damals vermutlich böse Geister aus dem Schädel zu vertreiben und so die Krankheit zu beheben. Das Loch wurde beim lebenden Menschen in den Schädelknochen gesägt. Viele dieser *Trepanationen* (vom Französischen *trepan*, Bohrer) wurden überlebt, wie verwachsene Wundränder zeigen. Die eigentlichen Ursachen neuronaler Erkrankungen blieben aber lange unbekannt, bis schließlich die moderne Medizin sowohl in der Erforschung der Ursachen als auch in den Möglichkeiten zur Behandlung große Fortschritte erzielte.

Eine gefürchtete Erkrankung des Nervensystems, die *Poliomyelitis* oder Spinale **Kinderlähmung**, galt vor rund 50 Jahren in Europa bereits als vollständig besiegt. Eine Heilung von der Krankheit ist nicht möglich, aber stattdessen eine vorbeugende *Schutzimpfung*. Vor allem Kleinkinder werden mit abgeschwächten Viren geimpft und erhalten dadurch einen wirksamen Impfschutz, der einige Jahre andauert. Dann muss eine Auffrischungsimpfung stattfinden. Jedoch ist bei vielen Menschen eine gewisse Impfmüdigkeit zu registrieren. Dies hat zur Folge, dass sich heute vor allem Reisende in tropischen Ländern, in denen das Virus noch weit verbreitet ist, leicht mit dem Polio-Erreger infizieren können. Die Kinderlähmung ist eine vor allem bei Kindern, aber auch bei Erwachsenen auftretende Erkrankung von Nervenzellen im Bereich der grauen Substanz des Rückenmarks und des Gehirns. Auslöser sind bestimmte RNA-Viren, die Poliomyelitis-Viren. Die Infektion erfolgt meist über den Verdauungstrakt. Von hier aus dringen die Viren über das Blut in das Rückenmark vor. Nach wenigen Tagen mit allgemeinen Krankheitssymptomen wie Müdigkeit und Fieber treten Lähmungen vor allem an Armen und Beinen auf. Im Spätstadium treten Gelenk- und Skelettveränderungen auf. Ist die Atemmuskulatur betroffen, führt die Krankheit durch Atemlähmung zum Tod.

Kribbeln und Taubheitsgefühle in den Gliedmaßen können die ersten Hinweise auf eine **Multiple Sklerose**, abgekürzt **MS**, sein. Die Erkrankung ruft, je nachdem wo sie im Nervensystem angreift, unterschiedliche, also multiple Beschwerden hervor. Rund 100 000 Menschen leiden allein in Deutschland an MS. Die Erkrankung tritt bei sieben Prozent der Betroffenen vor dem 20. Lebensjahr und bei den übrigen zwischen dem 20. und 40. Lebensjahr auf. Bei der Multiplen Sklerose greifen körpereigene Immunzellen, die T-Lymphocyten, das Nervensystem an. Sie verursachen Entzündungen. Mit der Zeit werden die Myelinschichten, welche die Nervenfasern umhüllen, zerstört. Dadurch wird die schnelle Weiterleitung der Aktionspotenziale mehr und mehr eingeschränkt. Zusätzlich können die T-Lymphocyten und bestimmte Antikörper die Nervenzellen direkt angreifen und zerstören. Die Krankheit verläuft in den meisten Fällen in Schüben. Können die Symptome am Anfang der Krankheit nach einiger Zeit noch verschwinden, verursachen sie bei weiteren Schüben bleibende Schäden. Als Ursache der Erkrankung werden erbliche Faktoren und möglicherweise auch Virusinfektionen angesehen. Eine Heilung der Erkrankung ist bis heute nicht möglich. Inzwischen kann man durch bestimmte Medikamente, die den Körper zur Ausschüttung entzündungshemmender Stoffe anregen, die Schubhäufigkeit verringern.

Zu den bekanntesten Nervenkrankheiten gehören die **Epilepsien**. Die Krankheitsbilder sind je nach Ausprägung und Erkrankungsform sehr unterschiedlich. Die Auslöser der Anfälle dürften spontane Depolarisationen von Nervenzellgruppen im Gehirn sein. Als Ursachen kommen frühkindliche Hirnschäden oder Gehirnerkrankungen, aber auch genetische Faktoren in Betracht. Kennzeichen eines Anfalls sind plötzlich auftretende, heftige Muskelkrämpfe, Schaum vor dem Mund, aber auch Bewusstseinsstörungen. Die Behandlung erfolgt mit krampfunterdrückenden Medikamenten. Durch eine sorgfältige, möglichst nebenwirkungsfreie Dauerbehandlung kann das Auftreten von Krampfanfällen weitgehend eingeschränkt werden.

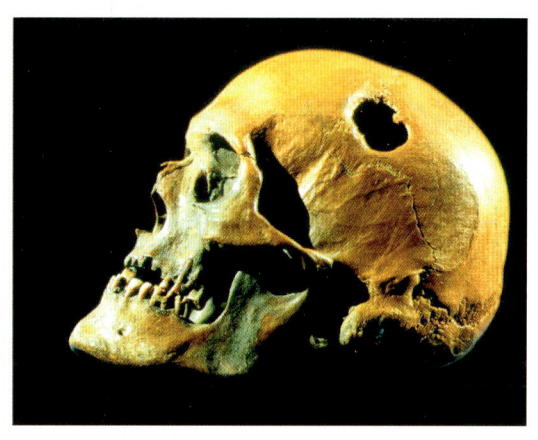

185.1 Trepanierter Schädel aus der Jungsteinzeit (um 8000 v. Chr.)

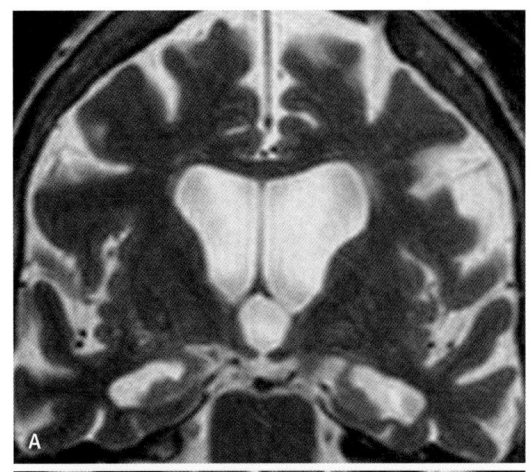

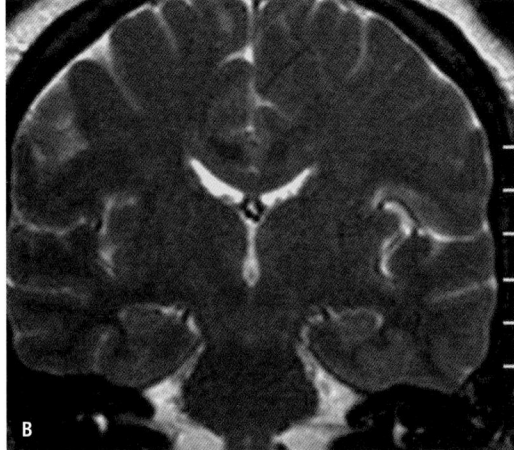

186.1 MRT-Aufnahme des Gehirns. A ALZHEIMER-Patient; **B** gesunde Person

Der Hauptrisikofaktor für Demenzerkrankungen (lat. *Dementia*, „ohne Geist") ist ein hohes Lebensalter. Eine beginnende Demenz äußert sich in Störungen des Gedächtnisses, vor allem des Kurzzeitgedächtnisses. Die Vergesslichkeit wird anfangs als etwas Normales empfunden. Oft wird sie von den erkrankten Personen überspielt und dadurch von der Umgebung kaum wahrgenommen. Später treten jedoch andere Störungen der Hirnfunktion hinzu, wie zum Beispiel Störungen der Raumwahrnehmung. Die Betroffenen verlaufen sich häufig, verlieren ihre Interessen und reagieren oft aggressiv. Die Kommunikation wird immer schwieriger, da die Erkrankten oft den Inhalt längerer Sätze nicht begreifen können. Schließlich verschwindet auch das Zeitgefühl und der Demenzkranke lebt nur mehr in der Gegenwart. Der Kranke kann seine nächsten Angehörigen nicht mehr erkennen und es kommt zu einem totalen Ausfall aller geistigen Fähigkeiten. Das völlig apathische Verhalten wird begleitet von Inkontinenz, motorischen Störungen und körperlichem Verfall, der schließlich zum Tod führt.

Die mit mehr als 50 Prozent häufigste Form einer Demenz ist die ALZHEIMER-Krankheit, gefolgt mit etwa 20 Prozent von der gefäßbedingten Demenz. An einer der bekanntesten Demenzerkrankungen, dem PARKINSON-Syndrom, leiden zur Zeit in Deutschland rund 250000 Menschen.

Die ALZHEIMER-Krankheit tritt meist erst nach dem 50. Lebensjahr auf, kann aber auch jüngere Menschen betreffen. Man schätzt, dass fast eine Million Menschen allein in Deutschland von dieser Erkrankung betroffen sind. Nach dem heutigen Wissensstand wird die Erkrankung maßgeblich durch genetische Faktoren bedingt. Man kennt vier Gene, die an der Entstehung der ALZHEIMER-Krankheit beteiligt sind. Erst nach dem Tod können im Gehirn des Patienten Degenerationsvorgänge nachgewiesen werden. In den Nervenzellen des Gehirns findet man faserartige Einlagerungen und auf den Zellen typische Ablagerungen abgestorbener Nervenzellen. Man bezeichnet sie als Beta-Amyloide. Durch diese Veränderungen werden zunehmend die Vernetzungen im Gehirn zerstört. Eine Heilung der ALZHEIMER-Krankheit ist bis heute nicht möglich.

Auf eine beginnende ALZHEIMER-Krankheit deuten einige Warnzeichen hin, wie zum Beispiel häufiges Wiederholen gleicher Fragen und Geschichten, aber auch Vergessen bestimmter alltäglicher Verrichtungen, wie der Umgang mit Geld und TV-Fernbedienung. In diesem Prädemenzstadium scheinen vorbeugende Maßnahmen, wie richtige Ernährung, Verzicht auf Nikotin sowie körperliche Betätigung das ALZHEIMER-Risiko zu senken. Durch bestimmte Medikamente kann das Voranschreiten der Erkrankung verlangsamt werden. Bei manchen Substanzen, wie den bekannten Ginkgo-Präparaten, ist die Wirksamkeit sehr umstritten. In mehreren Studien wird zurzeit die Wirksamkeit von Medikamenten auf die ALZHEIMER-Krankheit klinisch geprüft. Am nachhaltigsten scheint immer noch eine geistig anspruchsvolle Tätigkeit den Ausbruch der Krankheit hinausschieben zu können.

1. Bei Menschen, die an der ALZHEIMER-Krankheit gestorben sind, konnte man in den Assoziationszentren der Großhirnrinde und im Zwischenhirn den Verlust des Vorläuferenzyms der Transmitter Acetylcholin und Cholin-Acetyltransferase feststellen. In den Basalganglien des Großhirns ist ein massiver Abbau der cholinergen Neuronen festzustellen.
Informieren Sie sich im Schulbuch und im Internet über die hier verwendeten Fachbegriffe!
Beschreiben Sie Erscheinungsbild und mögliche Ursachen der ALZHEIMER-Krankheit!
Verwenden Sie auch die Informationen auf Seite 187 zur Wirkung der Transmittersysteme des Gehirns bei der PARKINSON-Krankheit!

EXKURS PARKINSON-Krankheit

In einem Pflegeheim begegnet man oft alten Menschen, die ein auffälliges Zittern vor allem der Hände sowie eine Einschränkung aller Antriebsbewegungen zeigen. Die Gesichtsmuskulatur ist in ihrer Bewegung so stark eingeschränkt, dass die gesamte Mimik wie erstarrt erscheint. Der Gang ist schleppend mit trippelnden Beinbewegungen. Es fällt den Kranken schwer, irgendeine Bewegung zu beginnen oder plötzlich zu beenden. Bei diesem Krankheitsbild handelt es sich um ein sehr spätes Stadium der PARKINSON-Krankheit, die schleichend beginnt und anfangs auch gut mit Medikamenten therapierbar ist.

Die Ursache der Krankheit ist eine Störung der motorischen Steuerung im Gehirn. An der Steuerung von Bewegungen sind verschiedene Gehirnbereiche beteiligt. In den motorischen Feldern der Großhirnrinde liegen Nervenzellen, die Pyramidenzellen, die über das Rückenmark Befehle an die für den Bewegungsablauf maßgeblichen Muskeln weiterleiten. Gleichzeitig sind die motorischen Rindenfelder mit Assoziationsfeldern im Stirnbereich verbunden. Hier gehen über verschiedene Sinneskanäle die Informationen ein, die für die Steuerung der Bewegungen maßgeblich sind. So werden zum Beispiel in den Assoziationsfeldern die Richtung oder die Stärke der Bewegung geplant und kontrolliert. Die endgültigen Befehle gehen dann an das entsprechende motorische Rindenfeld und von dort über die Pyramidenbahn zur Muskulatur.

Früher glaubte man, dass die dem Willen unterworfenen Bewegungen allein von bestimmten Feldern der Großhirnrinde gesteuert werden. Im Gegensatz dazu sollten die unwillkürlichen Bewegungen, also die unbewusste Muskeltätigkeit, von den motorischen Kernen und deren Bahnen im Zwischenhirn kontrolliert werden. Nach heutiger Kenntnis sind alle diese Strukturen aufs Engste miteinander verknüpft. Unzählige Nervenbahnen mit fördernden und hemmenden Synapsen stellen den Kontakt zwischen den Hirnbereichen her. Besondere Bedeutung kommt den *Basalganglien* zu. Diese werden von der grauen Substanz unterhalb der Großhirnrinde gebildet. Ein besonders wichtiger Bereich ist hier das *Striatum*. Hier treffen Nervenbahnen aus den motorischen Feldern der Großhirnrinde ein, werden verschaltet und zum Zwischenhirn weitergeleitet. Auf diesem Weg werden vielfach Schleifen durchlaufen und Schaltstellen passiert. Hier sind auch unterschiedliche Transmitter wie Gamma-Aminobuttersäure (GABA), Glutamat, Dopamin und Acetylcholin tätig.

Die verschiedenen Transmittersubstanzen stehen in einem sehr empfindlichen Gleichgewicht zueinander. Die komplizierte Verschaltung der Neuronen lässt darauf schließen, dass hier die koordinierten Bewegungen kontrolliert werden.

Die Ursache der PARKINSON-Krankheit liegt vermutlich in der Zerstörung einer oder mehrerer dieser Nervenbahnen. Durch den Ausfall des betreffenden Transmitters, nämlich Dopamin, wird das Zusammenwirken aller hier miteinander verschalteten Neuronen beeinflusst. Dadurch wird die Umsetzung der in der Großhirnrinde entstehenden Bewegungsplanung in die entsprechenden Bewegungsprogramme unterbunden.

Ein Beweis für diese Theorie liefert die medizinische Behandlung von PARKINSON-Patienten. Zwar kann der Transmitter Dopamin dem Patienten nicht unmittelbar zugeführt werden, weil dieser Stoff die Schranke zwischen Blut und Gehirnflüssigkeit nicht überwinden kann. Durch die Gabe der chemischen Vorstufe des Dopamins konnten jedoch eine Reihe von PARKINSON-Symptomen erfolgreich behandelt werden. Eine vollständige Heilung ist aber bis heute noch nicht möglich.

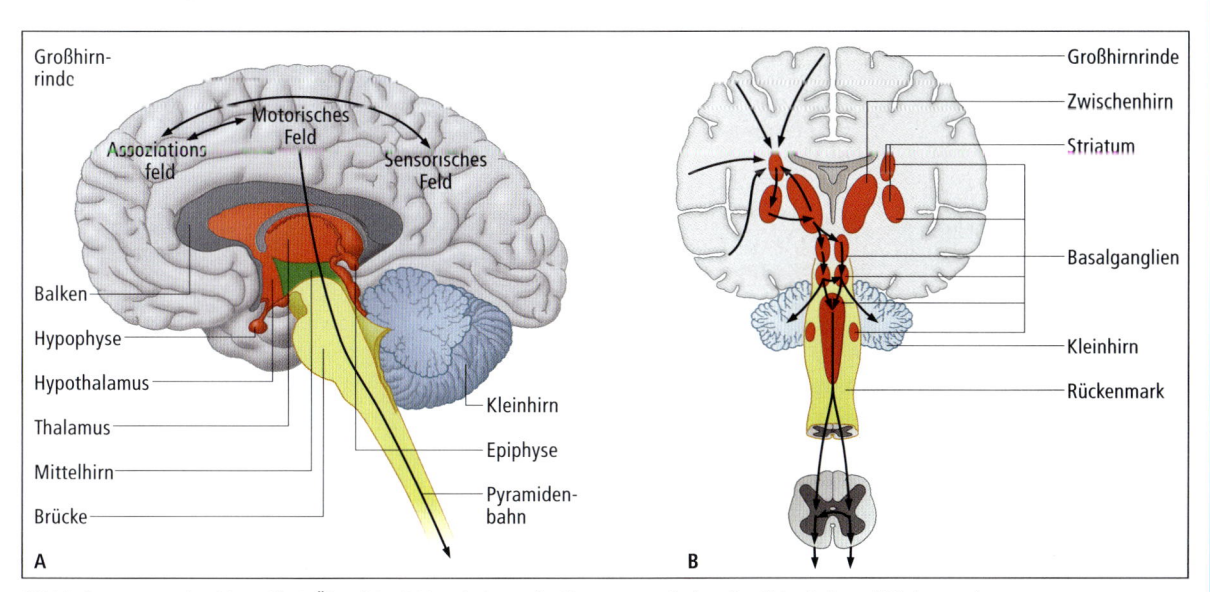

187.1 **Steuerung der Motorik. A** Übersicht; **B** Verschaltung der Neuronen zwischen Großhirnrinde und Rückenmark

BASISKONZEPTE werden vernetzt: Neuronale Informationsverarbeitung

Im Gehirn werden bestimmte Oligopeptide, die Endorphine, gebildet. Diese Stoffe unterdrücken die Schmerzwahrnehmung und mobilisieren dadurch den Körper bei extremen Belastungen. Die Endorphine binden an bestimmte Rezeptoren und beeinflussen die Wirkung anderer Transmitter. In **Struktur und Funktion** den Endorphinen sehr ähnlich sind die pflanzlichen Drogen Morphium und Heroin. Deshalb binden sie auch an dieselben Rezeptoren und lösen ähnliche Wirkungen aus.

Das menschliche Gehirn umfasst etwa 10^{12} Neuronen. Jedes Neuron kann mit 10^3 bis 10^4 anderen Neuronen Synapsen ausbilden. Hieraus berechnet sich für das menschliche Gehirn eine Zahl von mehr als 10^{15} Synapsen. Diese äußerst komplexe Verschaltung ist die Grundlage der Leistungsfähigkeit des menschlichen Gehirns und die Voraussetzung für **Information und Kommunikation** sowohl auf der **Organisationsebene** der Zellen als auch der Individuen. Die Zahl der Gene im menschlichen Genom beträgt etwa 25 000. Es ist also nicht möglich, dass einzelne Gene bestimmte Synapsen bilden. **Variabilität und Angepasstheit** der menschlichen Intelligenz beruhen also auf den kombinatorischen Möglichkeiten von genetisch bedingten Strukturen, Entwicklungsvorgängen und aktivitätsabhängigen Verknüpfungsprozessen.

Neuronen sind sehr vielgestaltig. Besonders im Säugetiergehirn findet man mehrere unterschiedliche Typen. Die Klassifizierung erfolgt nach der Art der Verzweigungen. Über diese Fortsätze sind Neuronen mit weiteren Nervenzellen verschaltet. Es wird ein Nervensystem gebildet. Je nach Komplexität und Differenzierung ist die Leistungsfähigkeit des Nervensystems unterschiedlich. Nervenzellen und Nervensystem bilden verschiedene **Organisationsebenen** in einem Lebewesen.

Schweißtropfen auf der Stirn bei Hitze oder bei Anstrengung – das ist ganz normal. Aber bei Aufregung und vor Angst? Die Schweißabsonderung ist eine Funktion des vegetativen Nervensystems und unterliegt der **Steuerung und Regelung** durch den Sympathikus. Lediglich zur Gesichtshaut verlaufen außer den sympathischen auch parasympathische Nervenfasern. Die Schweißzentren liegen im Zwischenhirn, im verlängerten Rückenmark und in der grauen Substanz des Rückenmarks. Sie stehen unter dem Einfluss der Großhirnrinde (Angstschweiß!). Der Schweiß wird in den fast über die gesamte Körperoberfläche verteilten etwa zwei Millionen Schweißdrüsen gebildet. Er schützt vor Bakterien und dient der Temperaturregelung.

Manche Signale werden an elektrischen Synapsen über gap junctions übertragen. Es handelt sich um Proteinkanäle, welche im Dienst von **Information und Kommunikation** zwischen benachbarten Zellen stehen. Diese etwa zwei bis vier Nanometer weiten Proteinkanäle überbrücken den Interzellularspalt und ermöglichen einen direkten Ionenübertritt von einer Nervenzelle zur anderen. Hier laufen Nervenimpulse ohne zeitliche Verzögerung über die Zellgrenzen hinweg. Gap junctions treten überall dort auf, wo schnelle Erregungsleitung stattfinden muss. Man findet sie zum Beispiel bei den an Fluchtreaktionen beteiligten Riesenfasern von Ringelwürmern, Tintenfischen, Krebsen und Insekten, aber auch in Gehirnzellen und im Herzmuskelgewebe von Wirbeltieren.

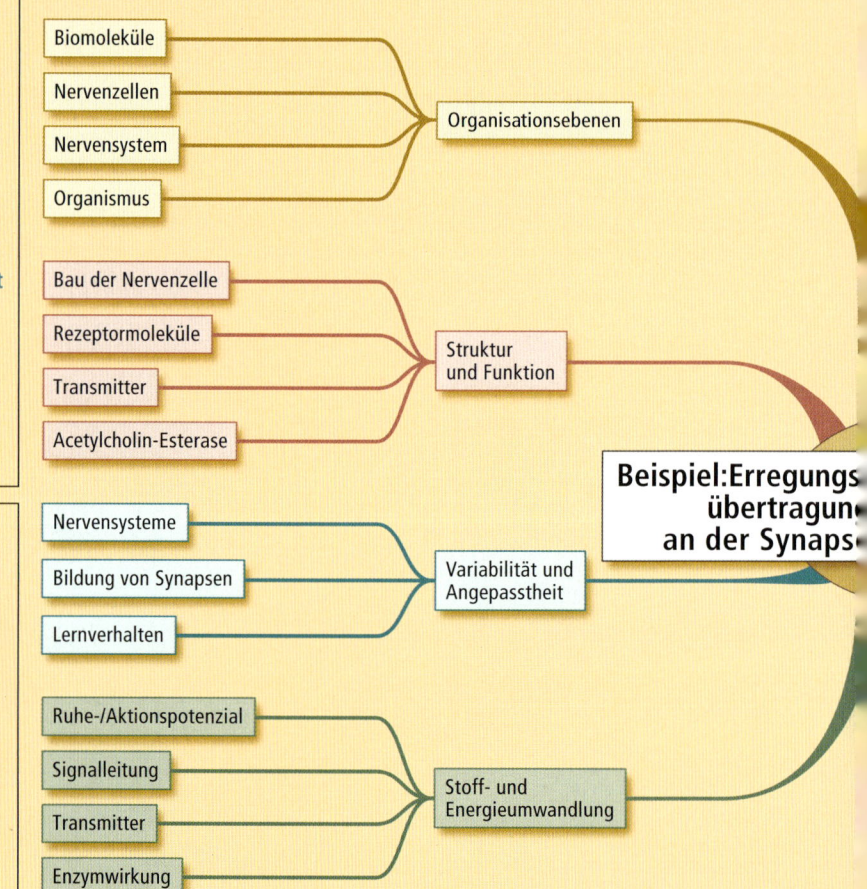

- Biomoleküle
- Nervenzellen
- Nervensystem
- Organismus
→ **Organisationsebenen**

- Bau der Nervenzelle
- Rezeptormoleküle
- Transmitter
- Acetylcholin-Esterase
→ **Struktur und Funktion**

- Nervensysteme
- Bildung von Synapsen
- Lernverhalten
→ **Variabilität und Angepasstheit**

- Ruhe-/Aktionspotenzial
- Signalleitung
- Transmitter
- Enzymwirkung
→ **Stoff- und Energieumwandlung**

→ Beispiel: Erregungsübertragung an der Synapse

188.1 Basiskonzepte werden vernetzt: Beispiel Erregungsübertragung an der Synapse

Die **Entwicklung** des Nervensystems ist mit dem Ende der Embryonalentwicklung nicht abgeschlossen. Untersuchungen bei Primaten haben gezeigt, dass zum Beispiel die Körnerzellen, relativ kleine, multipolare Nervenzellen des Kleinhirns, bis ins zweite Lebensjahr des Tieres zur **Reproduktion** fähig sind. Sie bilden weitere Fortsätze aus und knüpfen Synapsen zu den Nachbarzellen. Bei erwachsenen Tieren lässt die Neubildung von Nervenzellen nach, aber die **Steuerung und Regelung** zellulärer Prozesse durch Transmitter und elektrische Impulse ist nachweisbar. Die Übertragungseigenschaften von Synapsen und sogar die Struktur ganzer Dendritenbäume ändert sich in Abhängigkeit vom Grad der Aktivierung der betreffenden Neuronen.

Das Insektenvernichtungsmittel E 605 bindet irreversibel an die Acetylcholin-Esterase im synaptischen Spalt. Dadurch wird das Enzym unwirksam. Inaktivierte Enzyme können ihre spezifischen Aufgaben bei der **Stoff- und Energieumwandlung** nicht mehr durchführen. Durch die Blockade der Acetylcholin-Esterase kann das aus den präsynaptischen Vesikeln ausgeschüttete Acetylcholin nicht mehr abgebaut werden. Die Natriumionenkanäle bleiben geöffnet und Natriumionen diffundieren weiter in das Zellinnere. Die Membran wird dadurch unerregbar. Da auch Atem- und Herzmuskulatur betroffen sind, kann eine Vergiftung mit dem Insektizid zum Tod führen.

1. Während eines Nervenimpulses strömen nur wenige Natriumionen ins Zellinnere. Man schätzt, dass nur etwa ein Millionstel der vorhandenen Natriumionen hierbei wandert und sich die Gesamtkonzentrationsverhältnisse kaum ändern. Dem entspricht die Dichte der Natriumionenkanäle in der Membran. Bei den Riesenaxonen von Tintenfischen findet man nur 10 bis 100 Kanäle pro μm^2. Dagegen ist in Wirbeltieraxonen die Kanaldichte mit 10^4 Kanälen pro μm^2 im Bereich der RANVIERschen Schnürringe sehr hoch. Begründen Sie die unterschiedliche Dichte der Natriumionenkanäle in den beiden Typen von Nervenfasern!

2. Unter den japanischen Fischspezialitäten genießt der *Fugu* ganz besonderen Respekt. Nur besonders ausgebildete Köche dürfen ihn zubereiten und trotzdem birgt jede einzelne Mahlzeit einen hohen Nervenkitzel in sich. Dies hängt damit zusammen, dass die Innereien, vor allem die Leber des Fisches, höchst giftig sind. Die kleinste Unachtsamkeit des Kochs bei der Zubereitung des Fisches kann den Tod seiner Gäste nach sich ziehen.
Das Gift des *Fugu* heißt Tetrodotoxin (TTX). Es blockiert die spannungsabhängigen Natriumionenkanäle.
   a) Erläutern Sie die Wirkung von TTX!
   b) Entwickeln Sie eine Hypothese, auf welche Weise es dem *Fugu*-Fisch gelingt, nicht am eigenen Gift zu sterben! Begründen Sie Ihre Hypothese!

3. Beim Kiemenrückziehreflex der Meeresschnecke *Aplysia* führt mehrmalige mechanische Reizung des Atemrohrs zu einer Habituation des Reflexes. Ein qualitativ verschiedener neuer Reiz kann die Reaktion sofort wieder voll auslösen.
   a) Beschreiben Sie die molekularbiologischen Vorgänge, die zur Habituation führen!
   b) Begründen Sie, weshalb es sich bei der Habituation nicht um eine Ermüdung der motorischen Strukturen handelt!
   c) Erläutern Sie den Unterschied zwischen Habituation und Konditionierung!

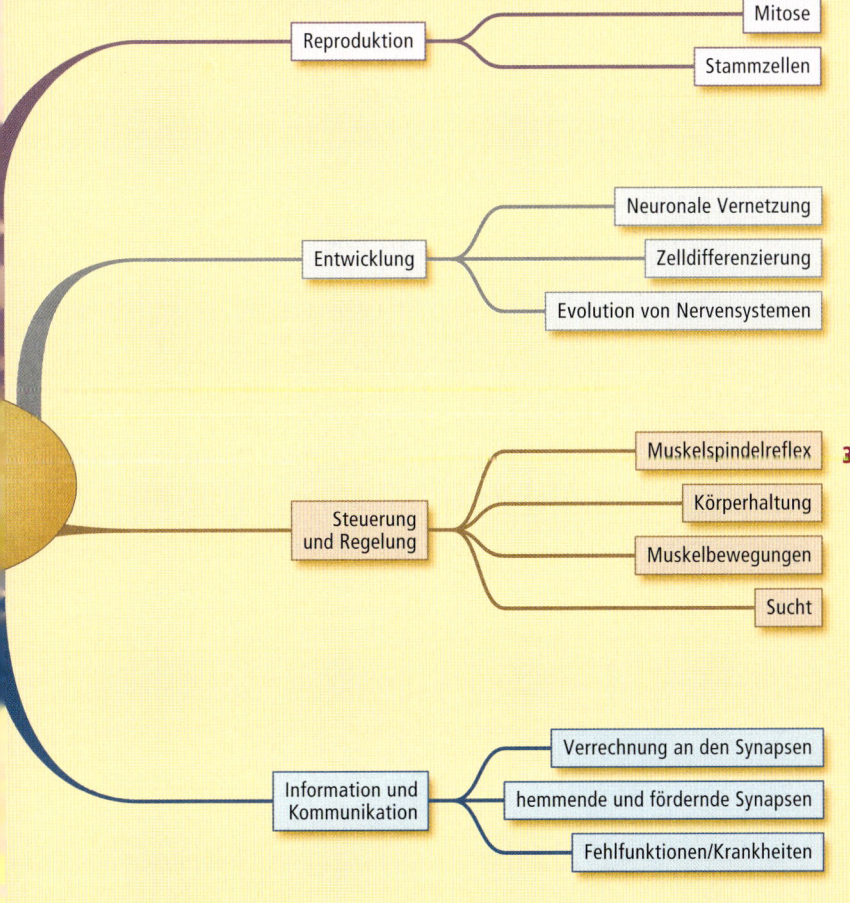

- Reproduktion
  - Mitose
  - Stammzellen
- Entwicklung
  - Neuronale Vernetzung
  - Zelldifferenzierung
  - Evolution von Nervensystemen
- Steuerung und Regelung
  - Muskelspindelreflex
  - Körperhaltung
  - Muskelbewegungen
  - Sucht
- Information und Kommunikation
  - Verrechnung an den Synapsen
  - hemmende und fördernde Synapsen
  - Fehlfunktionen/Krankheiten

GRUNDWISSEN — Neuronale Informationsverarbeitung

Bau von Neuronen und Nervenfasern

Nervenzellen werden auch als *Neurone* bezeichnet. Sie dienen der Weiterleitung von Informationen. Afferente Nervenzellen leiten Signale von Rezeptorzellen an Schaltbereiche wie Rückenmark oder Gehirn. Efferente Nervenzellen leiten Signale vom Schaltbereich an Erfolgsorgane wie zum Beispiel Muskeln. Nervenzellen und Bindegewebszellen, die *Gliazellen*, bilden zusammen das *Nervensystem*.

Neurone bestehen aus dem Zellkörper (*Soma*) und verschiedenen Fortsätzen. Die *Dendriten* nehmen Signale von anderen Nervenzellen auf. Das *Axon* leitet die Signale weiter. An seinem Ende bildet es die Endknöpfchen, die in den Synapsen die Signale auf andere Neurone übertragen. Da die Erregungsleitung auf elektrischen Vorgängen an der Nervenzellmembran beruht, ist das Axon gegen die umgebende wässrige Lösung isoliert. Bei marklosen Nervenfasern ist nur eine dünne Umhüllung aus Bindegewebszellen vorhanden. Die Axone von Wirbeltieren besitzen dagegen meist eine *Myelinscheide* aus nebeneinanderliegenden SCHWANNschen Zellen.

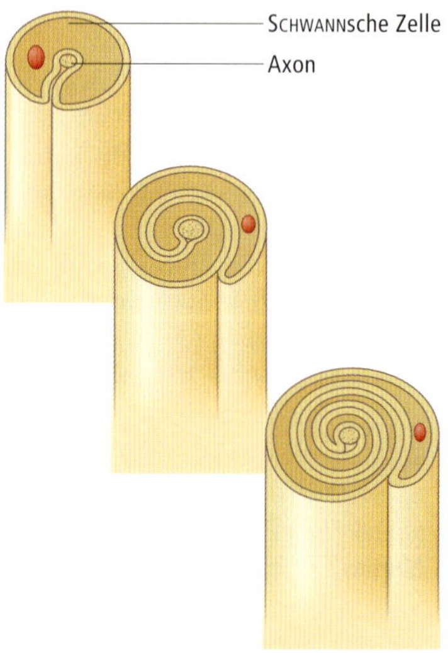

Zwischen den SCHWANNschen Zellen bleibt jeweils ein geringer Abstand, der als RANVIERscher Schnürring bezeichnet wird.

Modellvorstellung zur Entstehung und Aufrechterhaltung des Ruhepotenzials

An der Membran einer Nervenzelle kann ein Spannungsunterschied, ein Potenzial, zwischen Innen- und Außenseite der Membran gemessen werden. Die Außenseite ist positiv, die Innenseite negativ geladen. Dieses *Ruhepotenzial* beträgt etwa -70 mV. Es beruht auf einer unterschiedlichen Ionenverteilung: Im Zellinneren findet man viele Kaliumionen und organische Anionen, außen dagegen viele Natrium- und Chloridionen. Das Ruhepotenzial ist ein Kaliumdiffusionspotenzial. Nur die Kaliumionen können ungehindert durch die stets offenen Kaliumionenkanäle wandern. Sie strömen im Konzentrationsgefälle so lange nach außen, bis der Ausstrom durch die elektrostatischen Kräfte gestoppt wird. In geringem Maße diffundieren auch Natriumionen als *Leckstrom* von außen nach innen. Sie werden durch die *Natrium-Kalium-Ionenpumpe* wieder nach außen gebracht. Umgekehrt schafft diese Ionenpumpe Kaliumionen von außen nach innen. Dadurch wird das Ruhepotenzial aufrechterhalten.

Modellvorstellung zur Entstehung und zum Verlauf von Aktionspotenzialen

Bei Reizung einer Nervenzelle wird zuerst die Membran depolarisiert. Die Abschwächung des Ruhepotenzials führt zu einer aktiven Zellantwort. Die Permeabilität der Membran für Natriumionen erhöht sich für eine Millisekunde auf das etwa 500-fache, weil sich die spannungsgesteuerten Natriumionenkanäle öffnen. Entsprechend der Ladungsverteilung und im Konzentrationsgefälle strömen Natriumionen von außen nach innen. Dies führt zu einer neuen Ionenverteilung mit einer Ladungsumkehr, nämlich außen negativ, innen positiv. Dann schließen sich die Natriumionenkanäle wieder. Nun erfolgt die Wiederherstellung des ursprünglichen Ladungszustandes (nicht der Ionenverteilung!) durch einen Ausstrom von Kaliumionen. Die Wiederherstellung der ursprünglichen Ionenverteilung erfolgt dann durch die Natrium-Kalium-Ionenpumpen. In der Zeit von der Auslösung des *Aktionspotenzials* bis zur Wiederherstellung des Ruhepotenzials ist der betreffende Membranbereich unerregbar. Diese Phase nennt man *Refraktärzeit*. Sie bewirkt, dass Impulse nur in einer Richtung geleitet werden können.

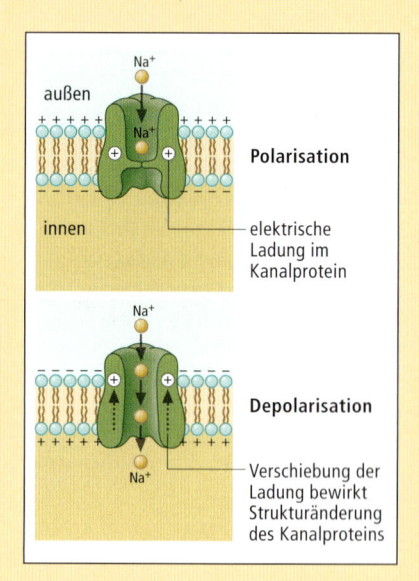

Erregungsleitung an der Nervenfaser

Aktionspotenziale werden an der Nervenzellmembran weitergeleitet. Die Höhe des Signals ist immer gleich, aber die zeitliche Abfolge ermöglicht Informationen über die Stärke des Reizes. In marklosen Nervenfasern wandert das Aktionspotenzial aufgrund der Anregung von Nachbarbezirken (*kontinuierliche Erregungsleitung*). In markhaltigen Nervenfasern springt die Erregung von Schnürring zu Schnürring (*saltatorische Erregungsleitung*).

Durch Pharmaka und Drogen werden neurophysiologische Prozesse beeinflusst.

Das wichtigste Kennzeichen einer Sucht ist das zwanghafte Verlangen zum Konsum des Suchtmittels. Süchtige können auf das Suchtmittel nicht mehr verzichten.

Die *Drogen* verändern die Informationsübertragung durch Neurotransmitter in zahlreichen Bereichen des Gehirns. Etliche Drogen verursachen eine stark überhöhte Freisetzung von Dopamin und beeinflussen dadurch das positive Verstärkersystem. Kokain wirkt direkt auf die Nervenzellen, die Dopamin im Zwischenhirn freisetzen (dopaminerge Neurone). Andere Drogen wie Heroin oder Morphin binden an bestimmte Rezeptoren auf Nervenzellen, deren Funktion eine hemmende Wirkung auf dopaminerge Neurone ist. Dadurch wird Dopamin in verstärktem Maße ausgeschüttet. Die Besetzung der Rezeptoren durch Morphin oder andere Drogen erfolgt, da sie in ihrer chemischen Struktur den Endorphinen ähnlich sind.

Endorphine und körpereigene Oligopeptide haben die Aufgabe, Schmerzempfindungen zu unterdrücken. Deshalb können Morphin und dessen Abkömmlinge, die Opiate, als Medikamente zur Schmerzlinderung verwendet werden. Aber auch diese Stoffe können zur *Sucht* führen. Die dauerhafte Einnahme von Suchtmitteln verursacht allmählich Veränderungen im Gehirn wie zum Beispiel Störungen von Lern- und Gedächtnisprozessen.

Erregungsübertragung an chemischen Synapsen

Die Verbindung zwischen zwei Nervenzellen heißt *Synapse*. Zwischen der präsynaptischen Membran am Axonendknöpfchen und der postsynaptischen Membran an einem Dendriten oder am Soma der nachfolgenden Nervenzelle befindet sich der *synaptische Spalt*. Die Übertragung des Signals erfolgt auf chemischem Weg durch einen *Transmitter*, einen Überträgerstoff, wie zum Beispiel Acetylcholin. Dieser Stoff wird bei einem ankommenden Aktionspotenzial aus den Vesikeln ausgeschüttet, diffundiert durch den Spalt und lagert sich an Rezeptormoleküle in der postsynaptischen Membran an.

Erregende und hemmende Synapsen

Durch die Reaktion des Transmitters mit den Rezeptormolekülen der Empfängerzelle werden Natriumionenkanäle geöffnet. Daraufhin strömen Natriumionen ins Zellinnere. Die Potenzialänderung wird als elektrischer Strom entlang der Somamembran zum Axonhügel geleitet. Durch *räumliche und zeitliche Summation* kann hier ein neues Aktionspotenzial ausgelöst werden. Im synaptischen Spalt zerlegt inzwischen das Enzym Acetylcholin-Esterase den Transmitter in Cholin und Acetationen. Diese Bausteine wandern zurück durch die präsynaptische Membran, gelangen in Vesikel und werden wieder zu Acetylcholin-Molekülen zusammengesetzt. Acetylcholin ist ein *erregender Transmitter*. Dagegen ist Gamma-Aminobuttersäure (GABA) ein *hemmender Transmitter*. Er wird von hemmenden Neuronen hergestellt, die vor allem im Gehirn mit erregenden Neuronen verschaltet sind. Hemmende Transmitter verändern die Permeabilität der Nervenzellmembran in der Weise, dass Aktionspotenziale erregender Neuronen, die gleichzeitig ankommen, gelöscht werden.

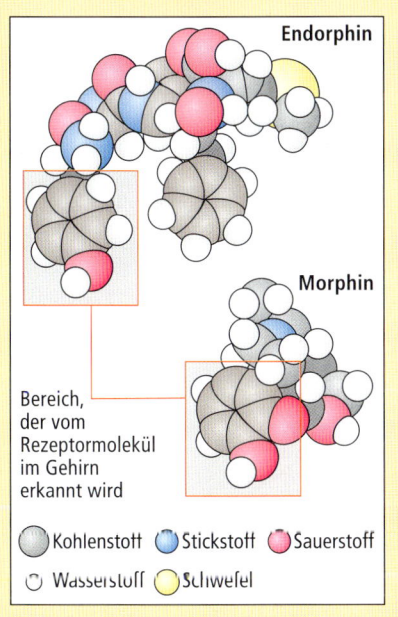

Lernen und Gedächtnis auf neuronaler Ebene

An einem Neuron können bis zu zehntausend Synapsen liegen. Ihre Aktionspotenziale werden auf der Empfängerzelle addiert, wobei die Signale erregender und hemmender Synapsen gegenseitig verrechnet werden. In Synapsen, die häufig aktiviert werden, bilden sich im synaptischen Spalt Molekülfilze aus Gangliosiden. Dies sind Verbindungen aus Lipiden und Kohlenhydraten. Informationen, die häufiger verarbeitet werden, bewirken so die Bildung neuronaler Netze. Diese könnten die Grundlage von Gedächtnis und Denkprozessen sein.

Manche neuronalen Erkrankungen sind therapierbar.

Bei manchen neuronalen Erkrankungen wie der ALZHEIMER-Krankheit oder PARKINSON-Krankheit ist die Funktion der Nervenzellen in bestimmten Bereichen des Gehirns gestört. Wie die meisten *Demenzen* beginnen diese Krankheiten schleichend und können im Anfangsstadium mit bestimmten Medikamenten gut behandelt werden. Fortgeschrittene Störungen können gelindert, nicht jedoch behoben werden.

AUFGABEN: Neuronale Informationsverarbeitung

1 Messung eines Membranpotenzials

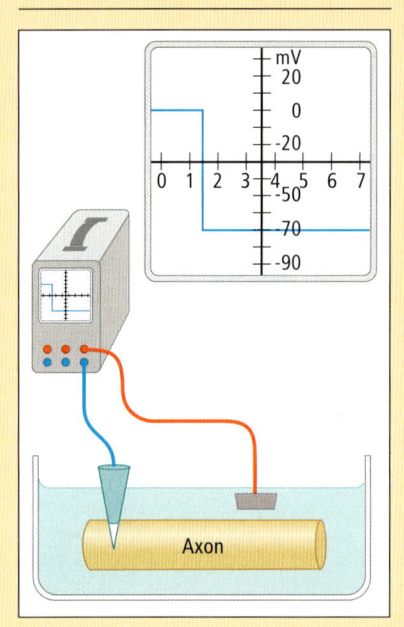

Die Abbildung zeigt eine Versuchsanordnung sowie ein Messergebnis.
a) Beschreiben Sie den Versuchsaufbau!
b) Diskutieren Sie das abgebildete Messergebnis und erläutern Sie, wie es zustande kommt!
c) Skizzieren Sie das zu erwartende Messergebnis, wenn das abgebildete Axon kurzfristig gereizt wird! Begründen Sie!

2 Umwandlung von ATP in cAMP

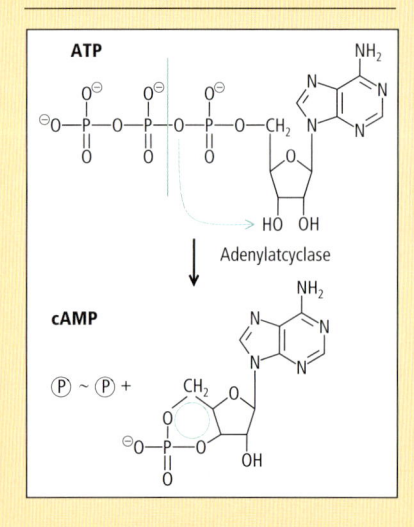

a) Erläutern Sie den in der Abbildung dargestellten chemischen Vorgang!
b) Die Umwandlung von ATP in cAMP hat in vielen Zellen eine wichtige biologische Bedeutung. Begründen Sie diese Aussage! Wenden Sie auch das Basiskonzept „Struktur und Funktion" in geeigneter Weise an!
c) Stellen Sie den Zusammenhang zwischen der cAMP-Synthese und einem Lernprozess dar!
d) Beurteilen Sie, inwieweit diese molekularbiologischen Erkenntnisse zum Verständnis von Gedächtnis- und Lernprozessen beim Menschen herangezogen werden können!

3 Synaptischer Spalt

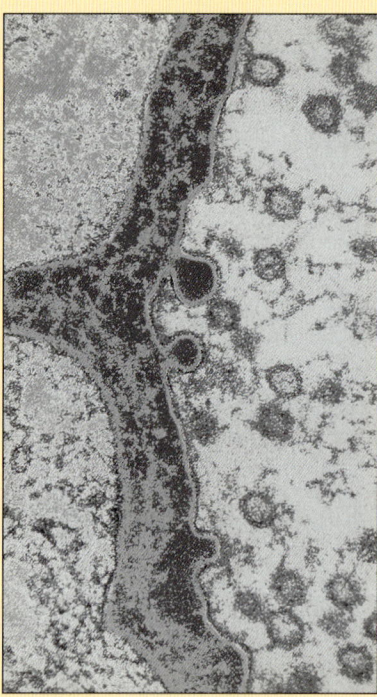

a) Werten Sie die EM-Abbildung aus und erklären Sie die erkennbaren Strukturen!
b) Skizzieren Sie die maßgeblichen Vorgänge in dem Spalt zwischen beiden Zellen!
c) Erklären Sie die molekularen Prozesse innerhalb des Spalts! Wenden Sie das passende Basiskonzept an!

4 Ausstrom von Natriumionen

Das Innere einer Nervenzelle wird mit radioaktiven $^{24}Na^+$-Ionen angereichert. Dann verfolgt man deren Ausstrom, d. h. deren Übergang vom Axoninnenraum in das das Axon umgebende Milieu.

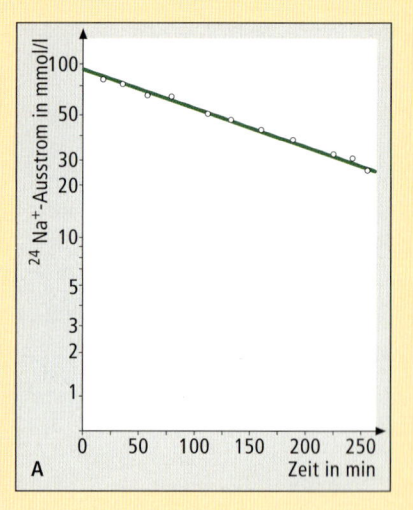

Nun wird das Experiment wiederholt. Dabei wird 80 Minuten lang Dinitrophenol (DNP) ins Außenmedium gegeben. DNP blockiert die ATP-Bildung in der Atmungskette.

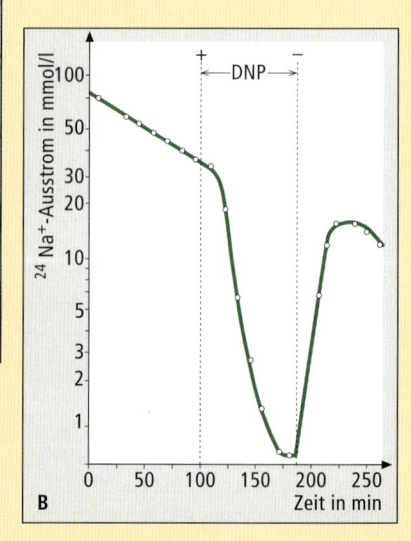

Beschreiben und erklären Sie die in A und B dargelegten experimentellen Befunde!

5 Curare an der Synapse

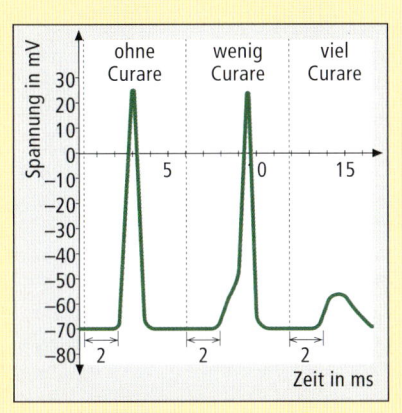

Postsynaptische Potenziale

a) Beschreiben und erklären Sie die Befunde!
b) Erläutern Sie die medizinische Bedeutung von Curare!

6 Sammeleffizienz zweier Hummelarten

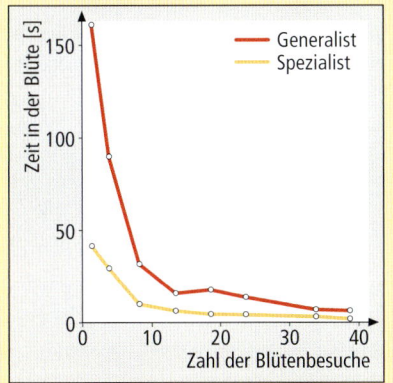

Die Blüten des Eisenhuts können nur durch Hummeln bestäubt werden. Der Nektar befindet sich in einer Tasche am Ende eines nach oben reichenden engen Ganges. Wenn sie an dessen oberem Ende angelangt sind, strecken sie ihren langen Rüssel aus und gelangen so an den Nektar. Unter den Hummeln gibt es Spezialisten wie *Bombus consobrinus*, die nahezu ausschließlich den Eisenhut aufsuchen, sowie Generalisten wie *Bombus fervidus*, die an vielen verschiedenen Blütenpflanzen Nektar und Pollen sammeln.
Als Maß für die Effizienz des Blütenbesuchs nimmt man die Zeit, die die Hummeln innerhalb der Blüte verbringen.

a) Werten Sie die in der Grafik dargestellten Messergebnisse aus und ziehen Sie Schlussfolgerungen in Bezug auf das Lernverhalten von Generalisten und Spezialisten!
b) Vergleichen Sie die Effizienz der Blütenbesuche bei Generalisten und Spezialisten! Wenden Sie das passende Basiskonzept an!

7 Membranpotenzial bei Pflanzenzellen

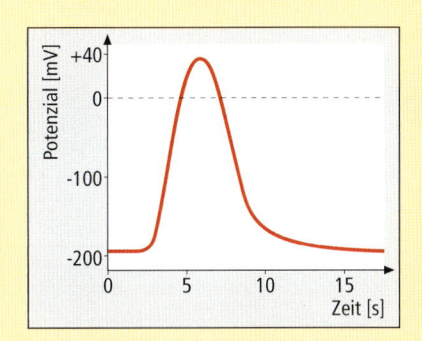

Die Fiederblättchen einer Mimose weisen eine Reizbarkeit auf. Wird die Pflanze berührt, legen sich die Fiederblättchen nach oben zusammen und der Blattstiel klappt nach unten. Der Erregungsvorgang bleibt nicht auf das gereizte Blatt beschränkt, sondern breitet sich mit einer Geschwindigkeit von etwa 0,5 bis 3 cm/s (abhängig von der Reizstärke) in der Pflanze aus.
An den Zellmembranen in den gereizten Geweben kann man während der Reizung eine drastische Veränderung des Membranpotenzials messen.
Ursache dieser Veränderung ist zunächst ein plötzlicher Calciumioneneinstrom. Dann folgt ein Kaliumionenausstrom, bis schließlich die ursprüngliche Ionenverteilung wiederhergestellt wird.

a) Begründen Sie die Veränderung des Membranpotenzials bei Reizung eines Mimosenblattes!
b) Vergleichen Sie mit den entsprechenden Vorgängen in einer tierischen Nervenzelle! Erstellen Sie ein Tabelle!
c) Als Folge der Membranpotenzialänderung in den Pflanzenzellen tritt an den Blattgelenken Wasser aus. Entwickeln Sie eine Hypothese, wie die Blattbewegung zustande kommt! Begründen Sie!
d) Ein Calciumioneneinstrom in Pflanzenzellen kann entweder über spannungsabhängige ATPasen oder durch Calciumionenkanäle erfolgen. Während eine Ionenpumpe etwa hundert Teilchen pro Sekunde transportiert, können durch einen Ionenkanal mehr als zehntausend Teilchen pro Sekunde strömen. Entwickeln Sie eine begründete Hypothese, welcher Mechanismus bei der Mimose vorliegen könnte!

Neuronale Informationsverarbeitung

Glossar

Absorptionsspektrum: grafische Darstellung des Absorptionsvermögens eines Pigmentes in Abhängigkeit von der Wellenlänge des Lichtes

Acetylcholin (ACh): Transmitter; kommt vor im Gehirn, im → peripheren Nervensystem und an → motorischen Endplatten der Wirbeltiere

Aktionspotenzial: kurzzeitige Änderung des → Membranpotenzials einer erregbaren Zelle als Folge einer plötzlichen Änderung der Durchlässigkeit der Zellmembran für Natrium- und Kaliumionen

aktiver Transport: Transport eines Stoffes durch eine → Biomembran gegen sein Konzentrationsgefälle mithilfe von Energiezufuhr und spezifischen → Carriern

aktives Zentrum: Bereich an der Oberfläche eines → Enzyms, an der das → Substrat bindet und umgewandelt wird

Allel: eine von mehreren Zustandsformen eines → Gens

Amyloplast: Leukoplast in Speicherzellen, der Stärke speichert (→ Plastiden)

Anabolischer Stoffwechsel: unter Energieaufwand ablaufende, aufbauende Stoffwechselreaktionen (→ Assimilation; vgl. → katabolischer Stoffwechsel)

Antigen: körperfremder Stoff, der die Bildung von → Antikörpern auslöst

Antikörper: vom Immunsystem gebildete Proteine, die spezifische Oberflächenstrukturen von → Antigenen erkennen und mit diesen reagieren

Apoenzym: Proteinanteil eines → Enzyms

Archaeen: Gruppe sehr ursprünglicher, an extreme Lebensräume angepasster → Prokaryoten, die den → Eukaryoten stammesgeschichtlich näher stehen als die Bakterien

Art: Gruppe von Individuen, die durch gemeinsame Abstammung miteinander verbunden sind und (bei Arten mit zweigeschlechtlicher Fortpflanzung) fruchtbare Nachkommen miteinander zeugen können

Assimilation: Umwandlung aufgenommener körperfremder Stoffe in körpereigene unter Aufwendung von Energie

Atmungskette: Elektronentransportkette in den Mitochondrien, die Elektronen von Substraten auf molekularen Sauerstoff überträgt

ATP (Adenosintriphosphat): adeninhaltiges Nucleosidtriphosphat, das bei der hydrolytischen Spaltung seiner Phosphatbindungen Energie freisetzt

Auflösungsvermögen: kleinster Abstand zweier Objektpunkte, die von einem Sinnesorgan noch als getrennte Punkte unterschieden werden können

Autoradiografie: Verfahren, bei dem ein radioaktiv markiertes Objekt ein Selbstabbild auf einem fotografischen Film erzeugt (Autoradiogramm)

Autosomen: Chromosomen, die nicht direkt an der Bestimmung des Geschlechts beteiligt sind

Axon (Neurit): bis zu einem Meter langer Fortsatz der Nervenzellen

Biodiversität: Artenreichtum; Anzahl der → Arten in einem bestimmten Areal

Biomasse: Gesamtmenge der lebenden organischen Substanz in einem Ökosystem

Biomembran: Struktur aus einer Lipiddoppelschicht (Bilayer) mit auf- und eingelagerten → Proteinen, die das → Cytoplasma nach außen und die → Kompartimente gegeneinander abgrenzt

Biotechnik: technische Verfahren zur Herstellung, Umwandlung oder zum Abbau organischer Stoffe unter Einsatz natürlich vorkommender oder gentechnisch veränderter Lebewesen

CALVIN-Zyklus: zyklischer Stoffwechselweg, über den Pflanzen Kohlenstoffdioxid fixieren und Kohlenhydrate aufbauen; lichtunabhängige Reaktionen der → Fotosynthese

Carrier: Transportprotein in der → Biomembran zum gerichteten und selektiven Stofftransport

Chlorophyll: grüner Farbstoff bei Pflanzen und einigen Bakterien, der der Lichtabsorption bei der → Fotosynthese dient

Chloroplast: von einer Doppelmembran umgebener Zellbestandteil in → Fotosynthese betreibenden Pflanzenzellen und Einzellern; enthält den Farbstoff Chlorophyll (→ Plastiden)

Chromatografie: Methode, ein Stoffgemisch durch Auftrennung einer flüssigen (mobilen) und einer stationären Phase zu trennen

Chromosom: fadenartige Struktur im → Zellkern von → Eukaryotenzellen; am besten sichtbar im kondensierten Zustand während → Mitose und → Meiose

Citratzyklus: zyklischer Stoffwechselweg zur Oxidation von Acetylresten zu Kohlenstoffdioxid

Codon: Grundeinheit des → genetischen Codes, DNA- oder RNA-Sequenz aus drei Nucleotiden

Cofaktor: Nichtproteinmolekül oder Ion, das für die Wirkung eines Enzyms erforderlich ist; Cofaktoren können dauerhaft an das → aktive Zentrum gebunden sein (→ prosthetische Gruppe) oder sich lose mit dem Substrat (→ Cosubstrat) verbinden

Cosubstrat: → Cofaktor, der jedes Mal aus der Reaktion verändert hervorgeht und wieder regeneriert werden muss

Cytoplasma: der gesamte Inhalt einer Zelle innerhalb ihrer Zellmembran mit Ausnahme des → Zellkerns

Cytosol: flüssige Grundsubstanz des → Cytoplasmas

Deplasmolyse: Rückkehr einer → plasmolysierten Zelle durch → osmotische Wasseraufnahme bis in den turgeszenten Zustand

Depolarisation: elektrischer Zustand an einer Zellmembran, bei der das Zellinnere weniger negativ zur extrazellulären Flüssigkeit ist als beim → Ruhepotenzial

Dichtegradientenzentrifugation: Auftrennung eines Gemisches von Stoffteilchen unterschiedlicher Dichte durch Ultrazentrifugation in einem Gradienten beispielsweise von Saccharose

Dictyosom: Stapel flacher Membranzisternen, an deren Rändern sich Vesikel (GOLGI-Vesikel) abschnüren; Produktion von Sekretstoffen (→ GOLGI-Apparat)

Differenzialzentrifugation: Auftrennung eines Gemisches unterschiedlich großer und schwerer Partikel durch Ultrazentrifugation mit stufenweise steigender Beschleunigung

Differenzierung: Entwicklung ursprünglich gleichartiger Zellen zu Zellen unterschiedlichen Baus und unterschiedlicher Funktion

Diffusion: Bewegung von Teilchen in Richtung geringerer Konzentration

diploid: doppelter Chromosomensatz (vgl. → haploid)

Dissimilation: Umwandlung energiereicher Stoffe in körperfremde energieärmere unter Freisetzung von Energie

DNA, Desoxyribonucleinsäure: Makromolekül aus vier verschiedenen Nucleotiden mit den Basen Adenin, Cytosin, Guanin und Thymin, einem Phosphatrest und dem Zucker Desoxyribose; Doppelhelixstruktur mit Basenpaarung ermöglicht → Replikation in einem → Zellzyklus

Elektrophorese: Auftrennung eines Gemisches gelöster geladener Teilchen in einem elektrischen Feld

endergonische Reaktion: Reaktion, bei der Energie zugeführt werden muss (vgl. → exergonische Reaktion)

Endocytose: Aufnahme extrazellulären Materials in die Zelle, indem sich ein Bereich der Zellmembran einstülpt, das Material einschließt und sich dann als Vesikel nach innen ablöst

Endoplasmatisches Retikulum (ER): Membransystem in der Zelle von → Eukaryoten mit Transport- und Synthesefunktion

Endorphine: Hormone des Gehirns, die unter anderem Schmerzempfindungen dämpfen

Endosymbionten-Theorie: → Mitochondrien und → Plastiden sollen von ursprünglich freilebenden Bakterien abstammen

Endprodukthemmung (Feedback-Hemmung): Hemmung der Aktivität eines → Enzyms am Beginn eines Stoffwechselweges durch das Endprodukt der Reaktionsfolge

Enhancer (Verstärker): Kontroll-DNA-Sequenz, die von bestimmten Transkriptionsfaktoren erkannt wird und dadurch die Geschwindigkeit der → Transkription eines Gens beschleunigt

Enthalpie: Reaktionswärme, die beim Verlauf einer → exergonischen Reaktion messbar ist

Entropie: thermodynamische Zustandsgröße als Maß für die Unordnung der Teilchen

Enzym: komplexe Eiweißstoffverbindung, die als Biokatalysator in der Zelle dient; beeinflusst die Reaktionsgeschwindigkeit, ohne nach der Reaktion chemisch verändert zu sein; → Substratspezifität, → Wirkungsspezifität, → Schlüssel-Schloss-Prinzip, → Enzym-Substrat-Komplex

Enzym-Substrat-Komplex: kurzzeitige Verbindung zwischen → Enzym und → Substrat

Eukaryot: Lebewesen, dessen Erbmaterial membranumhüllt ist

exergonische Reaktion: spontan ablaufende Reaktionen, bei denen Energie frei wird (vgl. → endergonische Reaktion)

Exocytose: Verschmelzung (Fusion) eines Vesikels mit der Zellmembran, wodurch sein Inhalt in den extrazellulären Raum ausgeschieden wird

Exon: codierender DNA-Abschnitt eines Eukaryoten-Gens, wird exprimiert; meist unterbrochen durch nicht codierende Bereiche, die → Introns

Fließgleichgewicht: Zustand in einem offenen System (zum Beispiel in einer Zelle), bei dem fortgesetzt Substanzen einströmen und Reaktionsprodukte herausgeschleust und Gleichgewichtskonzentrationen der Stoffe im Innern des Systems angestrebt werden

Flüssigmosaikmodell: Modell zu Veranschaulichung der Struktur von → Biomembranen, wonach die Membran ein Mosaik aus Proteinmolekülen darstellt, die in eine flüssige Phospholipiddoppelschicht eingebettet sind und sich in ihr seitlich hin und her bewegen können

Fotolyse: lichtinduzierte Spaltung von Wasser in Protonen, Elektronen und Sauerstoff

Fotometrie: Ermittlung der Konzentration eines gelösten Stoffes durch Messung der Absorption von Licht bestimmter Wellenlänge

Fotosynthese: Produktion von → Kohlenhydraten aus Kohlenstoffdioxid und Wasser mithilfe von Licht und Chlorophyll

Fotosystem: funktionelle Gruppe von Licht absorbierenden Pigmenten und ihren Reaktionszentren auf der → Thylakoidmembran von → Chloroplasten

Gamet: Geschlechtszelle, auch Keimzelle genannt; mit → haploidem Chromosomensatz

Gärung: anaerobe → Dissimilation, bei der ein energiereiches Endprodukt (zum Beispiel Ethanol, Milchsäure) entsteht

Gefrierbruchmethode: Präparationsmethode für die Elektronenmikroskopie, bei der ein tiefgefrorenes Objekt „aufgebrochen" wird

Gen: 1) klassische Genetik: Abschnitt eines Chromosoms, der ein Merkmal bestimmt; 2) Molekulargenetik: Kombination von DNA-Abschnitten, die zusammen die Information für ein Polypeptid oder ein RNA-Molekül codieren

Genbibliothek: Sammlung klonierter DNA-Fragmente eines Lebewesens

genetischer Code: aus 64 → Codons bestehender Schlüssel für die Übersetzung der genetischen Information in → Proteine

genetischer Fingerabdruck: Bezeichnung für ein Muster hochgradig variabler und damit zur Personenidentifizierung geeigneter DNA-Sequenzen, die durch entsprechende → Sonden sichtbar gemacht werden

Genexpression: Umsetzen der genetischen Information eines Gens durch → Transkription und → Translation in → Proteine

Genom: Gesamtheit der → DNA eines Virus, einer Zelle oder eines Organismus

Genotyp: Gesamtheit aller Erbanlagen eines Individuums

Gensonde: einzelsträngige, meist radioaktiv markierte synthetische DNA-Sequenz zur

Identifizierung komplementärer DNA-Sequenzen

Gentechnik: biologisch-technische Verfahren zur Isolierung, Neukombination und Übertragung von → DNA

Gentherapie: gentechnische Verfahren zur Behandlung von genetisch bedingten Krankheiten

Gentransfer: natürliche oder künstliche Übertragung von → Genen von einem Individuum auf ein anderes (auch über Artgrenzen hinweg)

Glykolyse: Abbau von Glucose zu Pyruvat; einziger Stoffwechselweg, der in allen lebenden Zellen vorkommt; dient als Ausgangspunkt für anaerobe → Gärung oder aerobe Atmung

Golgi-Apparat: Gesamtheit aller → Dictyosomen einer Zelle

Gonosomen: → Chromosomen, die das Geschlecht eines Individuums festlegen

Grüne Gentechnik: Erzeugung → transgener Pflanzen und Tiere in der Landwirtschaft (vgl. → Rote Gentechnik)

haploid: einfacher Chromosomensatz (vgl. → diploid)

hemizygot: aufgrund des ungleichen Baus von X- und Y-Chromosomen fehlende Allele auf dem Y-Chromosom

heterozygot: bei → diploiden Lebewesen zwei verschiedene → Allele eines Gens (vgl. → homozygot)

Homogenisierung: Aufbrechen von Zellen als Vorbereitung einer Trennung von Zellbestandteilen

homozygot: bei → diploiden Lebewesen zwei identische → Allele zu einem Gen (vgl. → heterozygot)

Hyperpolarisation: elektrischer Zustand an einer Zellmembran, bei der das Zellinnere stärker negativ zur extrazellulären Flüssigkeit ist als beim → Ruhepotenzial

Hypophyse: endokrine Drüse des → Hypothalamus

Hypothalamus: unterer Teil des Zwischenhirns

Interphase: Teil des → Zellzyklus; umfasst G1-, S- und G2-Phase

Interzellulare: Hohlraum zwischen Pflanzenzellen

Intron: nicht codierende Sequenz eines Eukaryoten-Gens, wird nicht in eine Aminosäuresequenz umgesetzt; unterbricht die codierenden Bereiche, die → Exons

In-vitro-Fertilisation (IVF): Befruchtung von Eizellen in künstlicher Nährlösung („im Reagenzglas")

Ionenpumpe: aktives Transportsystem, das unter ATP-Verbrauch Ionen gegen das Konzentrationsgefälle durch → Biomembranen schleust

Karyogramm: Anordnung der gefärbten Metaphase- → Chromosomen nach Größe und Bandenmuster

Karzinogen: Krebs auslösende Chemikalie oder Strahlung

Karzinom: maligne (bösartige) Krebsgeschwulst

katabolischer Stoffwechsel: unter Energiefreisetzung ablaufende, abbauende Stoffwechselreaktionen, z.B. → Dissimilation (vgl. → anabolischer Stoffwechsel)

Klon: Gruppe genetisch identischer Individuen, die von einem Vorfahren abstammen

Klonen: Verfahren zur Herstellung identischer DNA-Fragmente, genetisch identischer Zellen oder ganzer Lebewesen

Koevolution: wechselseitige Beeinflussung der Evolution verschiedener → Arten

Kohlenhydrate: Monosaccharide (Einfachzucker) sowie ihre Dimere (Disaccharide) und Polymere (Polysaccharide)

Kompartiment: durch eine Membran abgegrenzter Reaktionsraum in einer Zelle

Konditionierung: Form des → Lernens, die auf wiederholter Konfrontation mit äußeren Reizen (z.B. Belohnungen) beruht

Konformation: Raumstruktur von Biomolekülen (vgl. → Proteine), die sich aufgrund des Bindungsbestrebens von Molekülabschnitten spontan einstellt

Konjugation: Rekombinationsvorgang, der zur Übertragung von genetischem Material führt, wobei die Zellen zeitweilig miteinander verbunden sind

Kreuzung: gezielte Verpaarung erbgleicher oder erbunterschiedlicher Individuen einer Art

Lernen: Verhaltensänderung, die auf individuelle Erfahrungen beruht

Lipide: Stoffgruppe wasserunlöslicher Verbindungen, zu der Fette, Phospholipide und Steroide gehören

Lysosom: membranumschlossener Zellbestandteil im → Cytoplasma der → Eukaryotenzelle, der hydrolytische → Enzyme enthält

Mehrschrittmodell: gesunde Zellen können sich in einer Folge von → Mutationen in maligne → Tumorzellen umwandeln (vgl. → Myom, → Karzinom)

Meiose: Spezialform der Zellteilung bei Lebewesen mit geschlechtlicher Fortpflanzung; führt zur Bildung haploider Geschlechtszellen (→ Gameten)

Membranpotenzial: eine im Ruhezustand bestehende Potenzialdifferenz an der Zellmembran zwischen → Cytoplasma und extrazellulärer Flüssigkeit, die auf eine unterschiedliche Verteilung von Ionen zurückzuführen ist (→ Ruhepotenzial)

Mikrotubuli: röhrenförmige Filamente aus dem → Protein Tubulin im → Cytoplasma von → Eukaryotenzellen sowie in Cilien und Geißeln

Mitochondrium: von einer Doppelmembran umgebener, zur Selbstvermehrung fähiger Zellbestandteil, in dem wesentliche Prozesse der → Atmungskette ablaufen („Kraftwerk der Zelle")

Mitose: Teilung des → Zellkerns einer → Eukaryotenzelle in zwei Tochterkerne, die untereinander und mit dem Mutterkern genetisch identisch sind

Modifikation: Veränderung im → Phänotyp, hervorgerufen durch äußere Einflüsse; Erbgut wird nicht verändert

motorische Endplatte: → Synapsen der motorischen Nervenfasern (neuromuskuläre Synapse mit → Acetylcholin als → Transmitter)

motorische Felder: Bereiche der Großhirnrinde, denen bestimmte Muskelbereiche des

Körpers zugeordnet sind, deren Bewegung sie steuern

Mutation: Veränderung der → Nucleotidsequenz der DNA

Myelinscheide: schützende Hülle aus der Zellmembran SCHWANNscher Zellen, die das → Axon einer markhaltigen Nervenzelle umgibt

Myom: benigner (gutartiger) Tumor, der sich aber nach dem → Mehrschrittmodell in einen malignen → Tumor umwandeln kann

NAD$^+$ (Nicotinamid-Adenin-Dinucleotid): → Cosubstrat, das den → Enzymen in den Redoxreaktionen des Stoffwechsels bei der Elektronenübertragung hilft

Nondisjunction: Fehler bei → Meiose oder → Mitose, wodurch homologe → Chromosomen nicht voneinander getrennt werden

Nucleotid: Baustein der Nucleinsäuren, bestehend aus einem Zucker (Pentose), einer organischen stickstoffhaltigen Base und einer Phospatgruppe

Onkogen: in Viren vorkommende oder im → Genom befindliche → Gene, die an der Auslösung von Krebs beteiligt sind

Oogenese: im Eierstock ablaufender Vorgang, der zur Bildung von Eizellen führt (vgl. → Spermatogenese, → Gameten)

Operator: kurzer Abschnitt der DNA in einem Bakterien-Chromosom, der die → Transkription eines benachbarten → Gens kontrolliert

Operon: genetische Funktionseinheit bei Bakterien aus Strukturgenen, → Promotor und → Operator

Osmoregulation: Aufrechterhaltung der Körperflüssigkeitskonzentration durch aktive Aufnahme und Ausscheidung von Wasser und Salzen

Osmose: → Diffusion von Wassermolekülen durch eine selektiv permeable (semipermeable) Membran

PCR: Polymerase-Ketten-Reaktion, Verfahren zur Vervielfältigung kurzer DNA-Sequenzen

peripheres Nervensystem: sensorische und motorische Nervenzellen, die mit dem → Zentralnervensystem verbunden sind

Phänotyp: Gesamtheit der körperlichen und physiologischen Merkmale eines Lebewesens

Pheromon: Botenstoff, der anders als Hormone außerhalb des Köpers wirksam ist und das Verhalten von Artgenossen beeinflusst

Phosphorylierung: Reaktion, bei der eine Phosphatgruppe kovalent an ein anderes Molekül gebunden wird

PID: Präimplantationsdiagnostik; umstrittenes (in Deutschland verbotenes) Verfahren zum Nachweis genetisch bedingter Krankheiten an künstlich befruchteten Eizellen bzw. Embryonen vor der Einnistung (Implantation) in die Gebärmutter (→ In-vitro-Fertilisation)

Plasmid: kleiner extrachromosomaler DNA-Ring bei Bakterien

Plasmolyse: Ablösung des Plasmalemmas einer Pflanzenzelle von der → Zellwand in Folge → osmotischen Entzugs von Wasser aus dem → Cytoplasma

Plastiden: von einer Doppelmembran umgebene, zur Selbstvermehrung fähige Zellbestandteile, die als → Chloroplasten, Chromoplasten, Leukoplasten oder Amyloplasten vorliegen können

Polygenie: der additive Einfluss von zwei oder mehreren → Genen auf die Ausprägung eines Merkmals

Polymerase: → Enzym, das die → Transkription von → DNA in → RNA katalysiert

Polymerase-Ketten-Reaktion: → PCR

Pränatale Diagnostik: bezeichnet Untersuchungen des ungeborenen Kindes und der Schwangeren, zum Beispiel Ultraschalluntersuchung und Amniozentese

Prokaryot: Lebewesen, dessen Erbmaterial nicht membranumhüllt ist

Promotor: Nucleotidsequenz in der DNA, an die die RNA-Polymerase zu Beginn der → Transkription bindet

prosthetische Gruppe: → Cofaktor, der fest (meist kovalent) an ein → Enzym gebunden ist

Proteinbiosynthese: Herstellung von → Proteinen in Lebewesen, in zwei Schritte unterteilt: → Transkription, → Translation

Proteine: makromolekulare Biomoleküle („Eiweißstoffe") mit bestimmter räumlicher → Konformation, die aus bis zu 20 verschiedenen Monomeren, den Aminosäuren, aufgebaut sind

Protonengradient: Differenz zwischen den Protonen-Konzentrationen auf den beiden Seiten einer → Biomembran, beispielsweise der inneren → Mitochondrienmembran oder der → Thylakoidmembran eines Chloroplasten

Protoplast: Pflanzenzelle ohne → Zellwand

Protoplastenfusion: Vereinigung zweier → Protoplasten unterschiedlicher → Arten mit dem → Züchtungsziel, neue Pflanzensorten zu gewinnen

Refraktärphase (Refraktärzeit): Zeitspanne nach einem → Aktionspotenzial, in der eine erneute Reizung ohne Reaktion bleibt

Rekombination: Vorgang, bei dem ganze → Chromosomen (interchromosomal) oder einzelne Chromosomenabschnitte (intrachromosomal) in einer neuen Kombination wieder zusammengeführt werden

Replikation: identische Verdoppelung einer DNA nach dem semikonservativen Prinzip

Repressor: → Protein, das durch Binden an einen bestimmten Bereich der DNA die → Transkription eines benachbarten → Gens verhindert

Restriktionsenzyme: bakterielle → Enzyme, die → DNA an bestimmten Basensequenzen zerschneiden

RGT-Regel: Reaktionsgeschwindigkeits-Temperatur-Regel; besagt, dass eine Erhöhung der Umgebungstemperatur um 10 °C Stoffwechselprozesse um das zwei- bis dreifache beschleunigt

Ribosom: aus zwei Untereinheiten zusammengesetzter, membranloser Zellbestandteil, entweder an Membran des ER gebunden (raues ER) oder frei im Cytoplasma; Ort der → Proteinbiosynthese

RNA, Ribonucleinsäure: einzelsträngiges Makromolekül zusammengesetzt aus vier verschiedenen Nucleotiden mit den Basen Adenin, Cytosin, Guanin und Uracil, dem Zucker Ribose und einem Phosphatrest; drei Typen: tRNA, mRNA, rRNA

Rote Gentechnik: gentechnische Verfahren zur Produktion und Dienstleistung in der Medizin (vgl. → Grüne Gentechnik)

Rückkreuzung: gezielte Verpaarung eines Individuums der Filialgeneration mit einem → homozygoten Individuum der Elterngeneration

Ruhepotenzial: → Membranpotenzial bei unerregten Nervenzellen

Schlüssel-Schloss-Prinzip: Zueinanderpassen zweier räumlicher Strukturen, beispielsweise die Konformationen von → Enzym (→ aktives Zentrum) und → Substrat

Schwellenpotenzial: Membranpotenzial, das an einer Nervenzelle erreicht werden muss, damit ein → Aktionspotenzial ausgelöst wird

sensorische Felder: Bereiche der Großhirnrinde, denen bestimmte Gefühlsbereiche des Körpers zugeordnet sind, deren Informationen sie auswerten

Sequenzierung: gentechnische Verfahren zur Bestimmung der Basenabfolge der DNA

Sonde: einzelsträngige, meist radioaktiv markierte synthetische DNA-Sequenz zur Identifizierung komplementärer DNA-Sequenzen

Spermatogenese: Produktion von reifen Spermien im Hoden (vgl. → Oogenese, → Gameten)

Stammzelle: noch undifferenzierte Zelle, aus der sich unterschiedliche Zelltypen entwickeln

Substrat: chemische Verbindung, die spezifisch von einem → Enzym (→ Schlüssel-Schloss-Prinzip) umgesetzt wird

Substratspezifität: Eigenschaft von → Enzymen, nur jeweils ein bestimmtes → Substrat umzusetzen

Synapse: Stelle, an der eine Nervenzelle mit einer anderen oder einer Effektorzelle kommuniziert; bildet bei chemischen Synapsen einen synaptischen Spalt zwischen der prä- und der postsynaptischen Zellmembran, sodass Information über → Transmitter übertragen wird; bei elektrischen Synapsen besteht eine Direktverbindung zweier Nervenzellen durch gap junctions

Thylakoid: Membransystem in einem → Chloroplasten

Tonoplast: → Biomembran, die eine → Vakuole zum → Cytoplasma hin begrenzt

Transduktion: natürlicher oder künstlicher → Gentransfer durch Viren

Transformation: Aufnahme von genetischem Material aus dem extrazellulären Bereich in eine Zelle

transgene Lebewesen: Lebewesen, denen durch → Gentransfer ein fremdes → Gen eingeschleust wurde

Transkription: Übersetzen eines Stranges der DNA in eine komplementäre RNA-Sequenz

Translation: Vorgang an einem Ribosom, bei dem die Information von einem RNA-Molekül auf ein Polypeptid übertragen wird

Transmitter: chemischer Überträgerstoff, der die Erregung an den chemischen → Synapsen überträgt

Tumor: Geschwulst durch unkontrolliertes Wachstum genetisch veränderter Zellen

Turgor: Druck, der bei Zellen mit → Zellwänden auf die Zellwand ausgeübt wird, nachdem die Zelle durch → Osmose Wasser aufgenommen hat und angeschwollen ist

Ultradünnschnitt-Technik: Präparationstechnik für die Elektronenmikroskopie, bei der mit einem Ultramikrotom (Schneidegerät) Ultradünnschnitte von in Kunstharz eingebettetem Material angefertigt werden

Vakuole: von einer Membran (→ Tonoplast) umgebener, mit Zellsaft gefüllter Raum in einer Pflanzenzelle mit Speicher- und Abbaufunktion

Vektor: „Genfähre", → Plasmid oder Virus zur Einschleusung von Fremd-Genen in das → Genom eines Lebewesens

Wirkungsspektrum: grafische Darstellung der Fotosyntheserate in Abhängigkeit von der Wellenlänge des Lichtes

Wirkungsspezifität: Eigenschaften von → Enzymen, jeweils nur eine spezifische Reaktion ihres → Substrates zu katalysieren

Xenotransplantation: Transplantation artfremder Gewebe oder Organe

Zellkern: membranbegrenzter Zellbestandteil in → Eukaryotenzellen, der die → Chromosomen enthält

Zellorganelle: missverständliche Bezeichnung für Bestandteile → eukaryotischer Zellen, die bestimmte Funktionen erfüllen; besser die Bezeichnung Zellbestandteil

Zelltheorie: Aussage, dass alle Lebewesen aus Zellen bestehen und Zellen nur aus Zellen hervorgehen

Zellwand: außerhalb der Zellmembran gelegene Hülle bei Pflanzenzellen, Bakterien, Pilzen und manchen Protisten

Zellzyklus: geordnete Folge von Vorgängen sich teilender Zellen; setzt sich zusammen aus → Mitose, Zellteilung und → Interphase

Zentralnervensystem (ZNS): Gehirn und Rückenmark der Wirbeltiere

Züchtungsziel: gezielte Veränderung von Eigenschaften domestizierter Pflanzensorten und Tierrassen durch Kreuzungen und dadurch Neukombination von Erbanlagen

Zygote: befruchtete Eizelle, → diploid

Hinweise zum sicheren Experimentieren

Den Praktikumversuchen ist in diesem Buch eine **Sicherheitsleiste** vorangestellt, die in bis zu sieben Symbolfeldern Hinweise zu den Gefahren und zur Entsorgung gibt.

Die *orangefarbenen* Felder enthalten die Gefahrensymbole der verwendeten Stoffe. Diese Symbole geben Hinweise auf die Gefahren beim Umgang mit den betreffenden Stoffen. Folgende Gefahrensymbole werden verwendet:

Kennbuchstabe **T**
giftig

Kennbuchstabe **T+**
sehr giftig

Kennbuchstabe **Xn**
gesundheitsschädlich

Kennbuchstabe **C**
ätzend

Kennbuchstabe **Xi**
reizend

Kennbuchstabe **O**
brandfördernd

Kennbuchstabe **F+**
hochentzündlich

Kennbuchstabe **F**
leicht entzündlich

Kennbuchstabe **E**
explosionsgefährlich

Kennbuchstabe **N**
umweltgefährlich

Die *violetten* Felder geben *Hinweise zur sicheren Handhabung* der jeweiligen Stoffe.

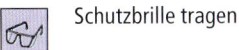

Schutzbrille tragen

Schutzhandschuhe tragen

Versuch unter dem Abzug oder in einer geschlossenen Apparatur durchführen

Die *grünen* Felder geben *Hinweise zur sicheren* und *umweltschonenden Entsorgung*.

Entsorgung. Das für die Praktikumversuche in diesem Buch empfohlene Entsorgungssystem basiert auf folgenden Prinzipien:

- *gefährliche Abfälle vermeiden:*
  Zu den wichtigsten Regeln für einen verantwortungsvollen Umgang mit Stoffen gehört es, die Entstehung von unnötigen Abfällen oder unnötig großen Mengen an Abfällen zu vermeiden. Dazu ist eine sorgfältige Planung der experimentellen Arbeit in Hinblick auf Art und Menge der verwendeten Stoffe notwendig.

- *gefährliche Abfälle umwandeln:*
  Nicht vermeidbare gefährliche Abfallstoffe sollen in weniger gefährliche Stoffe umgewandelt werden: Säuren und Laugen werden neutralisiert. Lösliche Stoffe können zu schwer löslichen Stoffen umgesetzt werden.

- *gefährliche Abfälle sammeln:*
  Abfälle, die nicht an Ort und Stelle in ungefährliche Produkte umgewandelt werden können, sind zu sammeln, um sie später einer geordneten Entsorgung zuzuführen. Durch das Sammeln in getrennten Behältern wird zum einen die endgültige Beseitigung erleichtert und zum anderen eine Wiederaufbereitung ermöglicht.

Entsorgungskonzept. Gefährliche Abfälle, die nicht vermeidbar sind und nicht in ungefährliche Produkte umgewandelt werden können, werden getrennt gesammelt.
Eine gute Orientierung, was gesammelt werden sollte und was nicht, ergibt sich aus dem Umgang mit haushaltsüblichen Stoffen. So kann man kleinere Mengen an Essigsäure sicher bedenkenlos in den Ausguss geben.
Beim Sammeln von Abfallstoffen sollte man sich auf ein möglichst einfaches System beschränken. Das hier empfohlene Entsorgungssystem verwendet vier Sammelgefäße.
Bei den Behältern 2, 3 und 4 erfolgt die endgültige Entsorgung durch ein zugelassenes Entsorgungsunternehmen.

Im **Behälter 1** werden saure und alkalische Lösungen gesammelt. Der Inhalt dieses Behälters sollte neutralisiert werden, bevor er ganz gefüllt ist. Der neutralisierte Inhalt kann dann der Kanalisation zugeführt werden. Abfälle, die giftige Stoffe enthalten, etwa saure Chromat-Lösungen, dürfen deshalb nicht in diesen Behälter gegeben werden.

Im **Behälter 2** werden giftige anorganische Stoffe wie Schwermetallsalze oder Chromate gesammelt.

Im **Behälter 3** werden wasserlösliche und wasserunlösliche *halogenfreie* organische Verbindungen gesammelt.
Um das Volumen an brennbaren Flüssigkeiten gering zu halten, soll man im Einzelfall abwägen, ob nicht kleinere Mengen wasserlöslicher organischer Verbindungen wie Ethanol oder Aceton in den Ausguss gegeben werden können.

Im **Behälter 4** werden halogenhaltige organische Verbindungen gesammelt.

Stoffliste

Stoff	Gefahrensymbole, Sicherheitssymbole, Entsorgungssymbole	Ratschläge R/S-Sätze (S. 201)
Benzin (Waschbenzin)		R: 11–51/53–65–66–67 S: 9–16–23–24–61–62
Essigsäure $w > 10\%$		R: – S: –
Brennspiritus (96% Ethanol)		R: 11 S: 7–16
Bromthymol-blau-Lösung		R: – S: –
Diphenylamin		R: 23/24/25–33–50/53 S: 28–36/37–45–60–61
Diethylether		R: 12–19–22–66–67 S: 9–16–29–33
Giemsa-Lösung		R: 11–23/24/25–39 S: 7–16–36/37–45
Harnstoff-Lösung (2%ig)		R: – S: –
Iod-Kalium-iodid-Lösung (3%ig)		R: – S: –
Isopropanol (Propan-2-ol)		R: 11–41–67 S: 7–16–24–26–39
Kaliumnitrat		R: 8 S: 16–41
Kupfersulfat		R: 22–36/38–50/53 S: 22–60–61
Methanol		R: 11–23/24/25–39 S: 7–16–36/37–45
Natriumchlorid		R: – S: –
Natriumdithionit		R: 7–22–31 S: 7/8–26–28–43
Natronlauge $w \geq 2\%$		R: 35 S: 26–27–37/39–45
Neutralrot-Lösung		R: – S: –
Nipagin (4-Hydroxy-benzoesäuremethylester)		R: 33–36/37/38–68 S: 26–36/37
Phenolphthalein-Lösung (alkohol.)		R: 11 S: 7–16
Propionsäure		R: 34 S: 23–36–45
Schwefel		R: – S: –
Schwefelsäure $w \geq 15\%$		R: 35 S: 26–30–45
Schwefelsäure $5\% \leq w \leq 15\%$		R: 36/38 S: 26
Stearinsäure		R: – S: –
Thioharnstoff		R: 22–40–51/53–63 S: 36/37–61
Wasserstoffperoxid $w = 3\%$		R: – S: –

Gefahrenhinweise und Sicherheitsratschläge für die in den Praktika dieses Werkes aufgeführten gefährlichen Stoffe

Gefahrenhinweise (R-Sätze)

Diese Hinweise geben in einer ausführlicheren Weise als die Gefahrensymbole Auskunft über die Art der Gefahr.

R 7	Kann Brand verursachen
R 8	Feuergefahr bei Berührung mit brennbaren Stoffen
R 11	Leicht entzündlich
R 12	Hochentzündlich
R 19	Kann explosionsfähige Peroxide bilden
R 22	Gesundheitsschädlich beim Verschlucken
R 23	Giftig beim Einatmen
R 24	Giftig bei Berührung mit der Haut
R 25	Giftig beim Verschlucken
R 31	Entwickelt bei Berührung mit Säure giftige Gase
R 33	Gefahr kumulativer Wirkung
R 34	Verursacht Verätzungen
R 35	Verursacht schwere Verätzungen
R 36	Reizt die Augen
R 37	Reizt die Atmungsorgane
R 38	Reizt die Haut
R 39	Ernste Gefahr irreversiblen Schadens
R 40	Irreversibler Schaden möglich
R 41	Gefahr ernster Augenschäden
R 50	Sehr giftig für Wasserorganismen
R 51	Giftig für Wasserorganismen
R 53	Kann in Gewässern längerfristig schädliche Wirkungen haben
R 63	Kann das Kind im Mutterleib möglicherweise schädigen
R 65	Gesundheitsschädlich: kann beim Verschlucken Lungenschäden verursachen
R 66	Wiederholter Kontakt kann zu spröder oder rissiger Haut führen
R 67	Dämpfe können Schläfrigkeit und Benommenheit verursachen
R 68	Irreversibler Schaden möglich

Sicherheitsratschläge (S-Sätze)

Hier werden Empfehlungen gegeben, wie Gesundheitsgefahren beim Umgang mit gefährlichen Stoffen abgewehrt werden können.

S 7	Behälter dicht geschlossen halten
S 8	Behälter trocken halten
S 9	Behälter an einem gut gelüfteten Ort aufbewahren
S 16	Von Zündquellen fernhalten – Nicht rauchen
S 22	Staub nicht einatmen
S 23	Gas/Rauch/Dampf/Aerosol nicht einatmen (geeignete Bezeichnung(en) vom Hersteller anzugeben)
S 24	Berührung mit der Haut vermeiden
S 26	Bei Berührung mit den Augen sofort gründlich mit Wasser abspülen und Arzt konsultieren
S 27	Beschmutzte, getränkte Kleidung sofort ausziehen
S 28	Bei Berührung mit der Haut sofort abwaschen mit viel … (vom Hersteller anzugeben)
S 29	Nicht in die Kanalisation gelangen lassen
S 30	Niemals Wasser hinzugießen
S 33	Maßnahmen gegen elektrostatische Aufladung treffen
S 36	Bei der Arbeit geeignete Schutzkleidung tragen
S 37	Geeignete Schutzhandschuhe tragen
S 39	Schutzbrille/Gesichtsschutz tragen
S 41	Explosions- und Brandgase nicht einatmen
S 43	Zum Löschen … (vom Hersteller anzugeben) verwenden (wenn Wasser die Gefahr erhöht, anfügen: „Kein Wasser verwenden")
S 45	Bei Unfall oder Unwohlsein sofort Arzt hinzuziehen (wenn möglich dieses Etikett vorzeigen)
S 60	Dieser Stoff und sein Behälter sind als gefährlichen Abfall zu entsorgen
S 61	Freisetzung in die Umwelt vermeiden. Besondere Anweisungen einholen/Sicherheitsdatenblatt zu Rate ziehen
S 62	Bei Verschlucken kein Erbrechen herbeiführen. Sofort ärztlichen Rat einholen und Verpackung oder dieses Etikett zeigen

Register

Ein Sternchen hinter den Seitenzahlen verweist auf das Glossar, f. auf die folgende Seite; ff. auf die folgenden Seiten.

A

AAT-Gen 157
Abhängigkeit 181
Absorptionsspektrum 56, 87, 194*
Abtreibung 143
Acetyl-CoA 72, 83
Acetylcholin 176, 178, 194*
Acetylcholin-Esterase 176 ff.
Acetylcholin-Rezeptoren 176 f.
ADA-Mangel 160, 164
Adenin 89, 126
Adenosindiphosphat (ADP) 46 f., 68, 74, 82
Adenosintriphosphat (ATP) 24, 28, 35, 46 f., 50, 62 f., 68 ff., 82 f., 85, 87, 192, 194*
Adenylatcyclase 181, 183 f.
ADP 46 f., 68, 74, 82
Agonisten 181
Agrobacterium tumefaciens 156, 158, 163
Aktionspotenzial 172, 174 f., 177, 190, 194*
Aktivator 82
Aktives Zentrum 70, 194*
Aktivierungsenergie 40 f., 82
Albinismus 135
Albinos 102
Alkaloide 178
Alkaptonurie 135
Alkoholische Gärung 76 ff.
Allel 88, 120, 138, 194*
Alles-oder-Nichts-Gesetz 174
ALZHEIMER-Krankheit 186, 191
Aminosäure 92
Aminosäuresequenz 18, 94
Amniozentese 142 f.
AMP zyklisch (cAMP) 181, 184, 192

Amylase 41, 43, 169
Amyloplast 64, 194*
Amylose (Stärke) 19, 28, 34 f., 54
Anabolisch 48, 194*
Anabolismus 64, 194*
Anaphase 106, 127
Energiekopplung 50
ANGELMANN-Syndrom 141
Angepasstheit 6
Anregungszustand 57
Antagonisten 181
Antennenkomplexe 59
Anthocyane 124
Antibiotikaresistenz 169
Anticodon 94
Antigen 138, 194*
Antikörper 138, 194*
Anzahlenverhältnis 115
Aplysia 183 f.
Apoenzym 46, 194*
Apoptose 131
Äquationsteilung 108
Äquatorialebene 108 f.
Asilomar-Konferenz 161
Assimilation 40, 64, 194*
Assimilatstrom 64
Atmung 78 f.
Atmungskette 68 f., 72, 74 f., 83, 194*
ATP 24, 28, 35, 46 f., 50, 62 f., 68 ff., 82 f., 85, 87, 192, 194*
ATP-Synthase 60, 81 f.
Atropa belladonna 178
Atropin 178
Auflösungsgrenze 9
Auflösungsvermögen 17, 194*
Augenfarbe 130
Ausschnittreparatur 100 f.
Austauschwert 119
Autoradiografie 62, 194*
Autoradiogramm 153 f.
Autoradiographie 87, 91
Autosomen 111, 194*
Axon 170, 194*
Axon, marklos 170
Axon, markhaltig 170

B

BACH Johann Sebastian 168
Bacillus thurigiensis 156
Bäckerhefe 78
Bahnung, synaptisch 183
Bakterien 148, 169
Bakterienchromosom 148
Bakterienzelle 16 f.
Bakteriochlorophyll 86
Bakteriophage 148
Bandenmuster 111
Basenanaloga 101
Basenaustausch 100
Basen-Deletion 101
Basen-Insertion 101
Basenpaarung 126
Basentriplett 92
Basiskonzept 6 f., 32, 80, 124, 164, 188
BEADLE George 95
Benigne 104
Bierherstellung 159, 169
Biokatalysatoren 82
Biokatalyse 40
Biomasse 52 f., 83, 194*
Biomembran 19, 20 f., 24 f., 34, 194*
Biomoleküle 18 f., 34
Blattfarbstoffe 56 f.
Blütenfarbe 124
Bluterkrankheit (Hämophilie A) 136
Blutgruppe 138, 145, 166
Bluttransfusion 166
Blutzellen 37
Bombykol 6
Brachydaktylie (Kurzfingrigkeit) 134
Brennstoff, fossil 51
Brenztraubensäure 68
Bruttogleichung 60, 71, 73

C

C_4-Pflanze 81
Calciumionenkanäle 176, 184

CALVIN 55, 62, 87
CALVIN-Zyklus 62 f., 194*
CAM-Pflanze 81
cAMP 181, 184, 192
Carotin 28, 56 f.
Carrier 24, 34, 194*
cDNA 151, 166
Cellulose 19, 34 f., 64
Centriolen 26
Centromer 110
Chemotherapie 104
Chiasma 119
Chiasmata 127
Chimäre 167
Chitin 19
Chlorophyll 28, 52, 54, 56 ff., 194*
Chloroplast 28 f., 34, 55, 59, 83, 87, 194*
Cholesterin 25
Chorea HUNTIGTON 166, 169
Chorionzottenbiopsie 142 f.
Choroplast 83
Chromatide 110
Chromatin 26, 106
Chromatographie 15, 194*
Chromosom 88, 105 ff., 110 ff., 120, 194*
Chromosomenmodell 105
Chromosomenmutation 100 ff., 126, 141
– numerisch 112
– strukturell 141
Chromosomentheorie 116
Chymosin 43, 159, 167
Citratzyklus 68 f., 72 f., 83, 194*
Codogener Strang 93
Codon 92, 194*
Coenzym A 72, 83
Cofaktor 46 f., 82, 194*
Cosubstrat 46 f., 82, 194*
Cotransport 24
CRICK F. 89 f.
Crossing-over 119 f., 127
Curare 178, 193
Cytokinese 107

Cytoplasma 16, 26, 194*
Cytosol 194*
Cytosin 89, 126
Cytoskelett 26
Cytostatika 104

D

Decarboxylierung, oxidativ 72 f.
Deletion 102 f., 141
Demenzerkrankung 186
Denaturierung 40, 152
Dendriten 170, 176
Deplasmolyse 22, 194*
Depolarisation 174, 177, 194*
Desaminierung 100, 129
Desmosomen 26
Diagnostik, pränatal 142 f.
Dichtegradientenzentrifugation 14, 90, 194*
Dictyosom 28 f., 195*
Differentialzentrifugation 14, 195*
Diffusion 22 f., 24, 195*
Diffusionspotential 179
dihybrid 115
Diplo-Y-Männer 164
diploid 88, 108, 195*
Dishabituation 184
Dissimilation 40, 64, 68 ff., 195*
DNA (Desoxyribonucleinsäure) 26, 88 ff., 92 f., 105 ff., 195*
DNA-Chip 160
DNA-Extrakt 105
DNA-Histon-Komplex 107
DNA-Ligase 91, 150
DNA-Polymerase III 91
DNA-Polymerase I 91
DNA-Reparatursystem 101, 104, 129
DNA-Replikation 90 f., 128
DNA-Polymerase 91, 164
DNS 88
dominant 114

Dominant-rezessiver Erbgang 114
Dominanz, unvollständig 122
Dopamin 187, 191
Doppelhelix-Modell 89
Dosiskompensation 111
DOWN-Syndrom 112
Dreipunktanalyse 120, 127
Drogen 180 f., 190 f.
Drosophila 102, 117 f., 120, 130
DUCHENNEsche Muskeldystrophie 136
Dünnschichtchromatografie 15, 58
Duplikation 103
Duplikation 102 f.
Durchstrahlungselektronenmikroskop 11

E

E 605 178, 189
*Eco*RI 150, 163
EDWARDS-Syndrom (Trisomie 18) 113, 168
Eichkurve 15
Ein-Chromatid-Chromosom 106, 108, 127
Ein-Gen-ein-Enzym-Hypothese 95
Ein-Gen-ein-Polypeptid-Hypothese 95
Eiweißstoffe 18
Eizelle 116
Elektronenmikroskop 91
Elektronenmikroskopie 10 f., 36
Elektronentransport 75
Elektronentransportkette 60
Elektrophorese 15, 153 f., 195*
Elektroporation 158
Elementarmembran 20

Embryonenschutzgesetz 161
Endknöpfchen 176 f., 184
Endocytose 25, 195*
Endoplasmatisches Retikulum (ER) 28, 195*
Endorphin 180, 188, 191
Endosymbiontentheorie 34, 83, 195*
Endprodukthemmung 43, 195*
Endproduktrepression 97
Energie 48 f.
Energiekopplung 50
Energiepflanzen 66
Energieträger 51, 83
Energieübertragung 50
Energieumwandlung 7
ENGELMANN, T.W. 56
Enhancer 99, 195*
Entropie 49, 195*
Entwicklung 7
Entzugserscheinungen 181
Enzym 40 ff., 70, 82, 124, 144, 195*
– allosterisch 84
– regulatorisch 43
Enzymaktivität 84
Enzymhemmung 42 f.
Enzymmangelkrankheiten 144
Enzymtechnik 43
Epidermiszellen 30
Epilepsie 185
Erbanlage 88
Erbgang
– autosomal-dominant 134
– autosomal-rezessiv 135
– dominant-rezessiv 127
– intermediär 127
Erbkrankheiten 111, 145, 160, 165 f.
Erregungsleitung 174 f., 190
– kontinuierlich 175, 190
– saltatorisch 175, 190

Erregungsübertragung 176 f., 191
Escherichia coli 16, 90 f., 93, 96, 126, 148, 150
Ethanol 77, 85
Ethische Diskussion 161
Ethylengycol 85
Eugenik 146
Eukaryoten 16 f., 83, 93, 98, 148, 195*
Euthanasie 146
Excitatorisches postsynaptisches Potential (EPSP) 177
Exocytose 25, 39, 195*
Exon 99, 126, 195*
Expressionsvektor 163

F

F-Faktor 148
FAD 72, 83
Familienstammbaum 134, 142, 166
Familienuntersuchungen 132
Farbänderung 125
Farbwechsel 125
Ferredoxin 60
Fettabbau 72
Filialgeneration 114
FISH-Technik 141
Flavinadenindinucleotid (FAD) 72
Flavr-Savr-Tomate 156
Fleischzartmacher 86
Fließgleichgewicht 48, 195*
Fluktuationstest 169
Fluoreszenz-in-situ-Hybridisierung (FISH) 141
Fluoreszenzfarbstoff 153
Flüssigmosaikmodell 21, 195*
Fotolyse 60, 195*
Fotometrie 15, 195*
Fotophoshorylierung 60

– nichtzyklisch 60
– zyklisch 60
Fotosynthese 52 ff., 57 ff., 67, 82 f., 195*
Fotosyntheseleistung 55
Fotosyntheseprodukte 64
Fotosyntheserate 67
Fotosystem 59, 195*
Freie Energie 49
Fruchtfliege (Drosophila) 116 f., 127
Funktion 6

G

G_0-Phase 107, 127
G_1-Phase 107, 127
G_2-Phase 107, 127
G6PDH-Mangelsyndrom 144
GALVANI 179
GDP 72
Gamma-Aminobuttersäure (GABA) 177, 187, 191
gap junction 26, 176
Gärung 68, 76 ff., 195*
Gärung, alkoholisch 76 ff.
Gedächtnis 182 f., 191
Gedächtnis, sensorisch 182
Gedächtnismoleküle 182
Gefrierbruchtechnik 13, 31, 195*
Gel-Elektrophorese 15
Gen 88, 120, 124, 130
Gen-Klonierung 150
Gen-Reparatur 100 f.
Genbalance 111
Genbegriff 95
Genbibliothek 151, 195*
Gendiagnose 160
Gendiagnostik 167
gene farming 157
Genetik 88 ff.
Genetische Beratung 142 f.
Genetischer Code 92 f., 128, 195*
Genetischer Fingerabdruck 154, 167, 195*
Genexpression 99, 195*
Genfähren 150
Genkarte 133

Genkartierung 120 f., 133
Genkopplung 118 f., 127, 168
Genmutation 102 f.
Genom 88, 195*
Genomgröße 133
Genommutation 103
Genotyp 88, 115, 132, 195*
Genregulation 96 ff., 129
Gensonde 166 f., 195*
Gentechnik 88, 140, 148 f., 150 f., 155 f., 166 f., 196*
Gentechnologie 146, 166
Gentherapie 160, 167, 196*
Gentransfer 151, 158, 163, 196*
Gesamtbilanz 62, 68
Gesamtvergrößerung 9
Geschlechtsbestimmung, modifikatorisch 123
Geschlechtschromosomen 111
Geschlechtszellen 129
Gliazellen 170
Glucose 19, 34, 62 f., 68 ff., 76 f., 96
Glucoseabbau 69, 83, 144
Glykogen 34
Glykokalyx 21
Glykolyse 68 ff., 76, 83, 196*
GOLGI-Apparat 28, 39, 196*
GOLGI-Vesikel 25, 28
Gonosomen 111, 196*
Grana 28
Grenzplasmolyse 30
Großhirnrinde 187
Grüne Gentechnik 156, 196*
Grundzustand 57
Guanin 89, 126
Guanosindiphosphat (GDP) 72

H

Habituation 184
Hämoglobin 18, 95, 126

Hämophille A (Bluterkrankheit) 136
haploid 108, 196*
Harnstoff 44
HAUSER Kaspar 140
Hautfarbe 139
Hautkrebserkrankungen 101
HEBB Donald 183
Hefe 77
hemizygot 111, 136, 196*
Hemmung
– kompetitiv 42, 82
– nichtkompetitiv 42, 82
Heritabilitätskoeffizient 139
Heroin 181, 191
heterozygot 114, 127, 196*
Heterozygotentest 144
Hexokinase 85
Hfr-Zelle 148
HILL-Reaktion 55
Hippocampus 183
HIPPOKRATES 146
Hitzeschockgene 129
Hitzeschockproteine 129
Holoenzym 46
Homogenisierung 14, 196*
homozygot 114, 127, 196*
Honigbiene 124
Humangenetik 88, 132 f., 134, 146, 166 f.
Humangenom-Projekt 133
Hummel 193
Hybridisierung 154
Hydrolyse 105
hydrophil 19
hydrophob 19
Hyperpolarisation 174, 196*
hypertonisch 23
hypotonisch 23

I

Industriepflanzen 66
Information 6
Inhibitor 42, 82, 84
Inhibitorische postsynaptische Potenziale (IPSP) 177

Insulin 38
intermediär 122
Interneuronen 184
Interphase 107, 196*
Intron 99, 126, 196*
In-vitro-Fertilisation (IVF) 143, 196*
Inversion 103
isotonisch 23
Isotop 55, 90

J

JAKOB 96 f.

K

Kalorimeter 68
Kanalproteine 174
Karyogramm 88, 110, 112, 196*
Karzinogen 104, 196*
Karzinom 104, 196*
katabolisch 48, 196*
Katabolismus 64, 196*
Kationenkanäle, transmittergesteuert 176
Katalase 44
Kettenabbruch-Methode 153, 155
Kettenabbruch-Mutation 100
Kiemenrückziehreflex 184
Kinderlähmung 185
klebrige Enden 150
KLINEFELTER-Syndrom 113
Klonierung 150, 196*
K_M-Wert 84
kodominant 138
Kohlenhydrate 18 f., 52, 63, 196*
Kohlenstoffdioxid 52
Kohlenstoffisotop 64
Kommunikation 6
Kompartimente 16
Konditionierung 184, 196*
Konduktorin 136
Konjugation 148, 169, 196*

Kopplungsbruch 119, 127
Kopplungsgruppe 118, 127
Korrekturlese-Aktivität 100
Krebsentstehung 104 f.
Krebszellen 104
Kretinismus 135
Kreuzung 120, 129 ff., 196*
Kreuzung, reziprok 131
Kreuzungsversuch 116, 127
Kryofixierung 13
Küchenzwiebel 22, 30, 37
Kurzfingrigkeit (Brachydaktylie) 134
Kurzzeitgedächtnis 182, 184

L

Labferment 159, 167
lac-Operon 96, 99, 126
Lactose 96 f.
Lamblia intestinalis 39
LANDSTEINER Karl 138
Langzeitgedächtnis 182
Langzeitpotenzierung (LTP) 183
Laubwald 53
Lebensmittel 159, 167
Leberzellen 30
Leckströme 173, 190
LEDERBERG, J. 148
Leihmutter 157
Leitbündel 64
Lernen 182 f., 191, 196*
Lernen, deklarativ 183
Lernkurve 182
Leseraster 126
Leseraster-Mutation 101, 126
Leukoplasten 28
Levkoje 130
Lichtabsorption 56
Lichtkompensationspunkt 67
Lichtmikroskop 9 f., 36
Lichtsättigung 67
Lipiddoppelschicht 21, 34
Lipid 18 f., 196*

lipophil 19
Liposomen 158
Lotus-Effekt 39
LTP 183
Lupe 9
Lysosom 25, 159

M

Maiszünsler 156
Malaria 144
Malonat 85
Maltose 19
Mangelmutante 95, 148
MARFAN-Syndrom 134
Markscheide (Myelinscheide) 170 f., 197*
Matrix 28
Medikamente 167, 180 f.
Meeresnacktschnecke *Aplysia* 183 f.
Mehrschrittmodell 104, 196*
Meiose 108 f., 112, 119, 127, 196*
Membran
– postsynaptisch 176
– präsynaptisch 176
– synaptisch 183
Membranfluss 25, 39
Membranlipid 20, 31
Membranpotenzial 34, 172 f., 179, 192 f., 196*
Membranprotein 20
MENDEL Gregor 88, 124
MENDELsche Regeln 88, 114 f., 118, 124, 127
MESELSON Matthew 90
MESELSON-STAHL-Experiment 90, 128
Messenger-RNA (mRNA) 93
Metaphase 104, 106, 127
Methadon 181
Methionin 94
Methylierung 99
MICHAELIS-MENTEN-Konstante (K_M) 84
Microinjektion 158
Mikroskopie 30
Mikrotubuli 26, 106, 196*

Milchsäurebakterien 76, 79, 159
Mimose 193
Mind-Map 6
MITCHELL-Hypothese 60, 82 f.
Mitochondrien 28 f., 34, 72, 83, 87, 196*
Mitochondrien-DNA (mt-DNA) 140
Mitose 106 f., 126, 196*
Modifikation 123, 196*
– fließend 123
– umschlagend 123
Molekulargenetik 88
MONOD 96 f.
monohybrid 114
Monosomie 112, 117 f.
MORGAN Einheiten (ME) 119
Morphin 181, 191
Morphium 180 f.
Mosaikgene 99, 126
motorische Steuerung 187
mRNA 93, 126
MS 185
mtDNA 140
Multiple Sklerose (MS) 185
Muskeldystrophie 136
Mutagen 100
Mutagenese 100 ff.
Mutanten 102, 117
Mutation 100 ff., 126, 197*
Mutationsrate 103
Mycoplasmen 16
Myoglobin 18
Myom 104, 197*

N

Nabelschnurpunktion 142 f.
Nachhaltigkeit 51
Nachtblindheit 145
NAD 62 f., 68, 72, 82 f., 197*
NADH 47, 50
Nagel-Patella-Syndrom 168
Nahrungskette 83

Nationalismus 146
Natrium-Kalium-Ionenpumpe 24, 35, 38, 173, 190
Natriumionenkanäle 174, 189
Nekrose 131
Nervenfaser 174
– markfrei 175
– markhaltig 175
Nervengift 178 f.
Nervenphysiologie 179
Nervensystem 188, 190
Nervenzelle 170 f., 179
Neuron 170 f., 188
Neurospora crassa 95
Nicotinamidadenindinucleotid (NAD) 46, 68
Nondisjunction 112, 197*
Nucleofilament 107, 127
Nucleotid 89, 197*
Nucleolus 111
Nucleosom 107
Numerische Chromosomenmutation 112 f.

O

OKAZAKI-Fragment 91
Onkogene 104, 197*
Oogenese 108, 197*
Operator 96 f., 197*
Operon 96 f., 197*
Opiat-Agonisten 181
Opiat-Antagonisten 181
Opiatrezeptoren 180 f.
Opium 180
Organisationsebenen 7
Osmose 22 f., 197*
Osmotischer Druck 23
Overshoot 174
Oxalacetat 72
oxidative Decarboxylierung 72 f.

P

Papain 86
Papierelektrophorese 15
Parentalgeneration 114
PARKINSON-Krankheit

187, 191
PARKINSON-Syndrom 186
Partikelpistole 158
PÄTAU-Syndrom
 (Trisomie 13) 113
PCR 152, 166f., 197*
Peptidbindung 18
Permeabilität, selektiv 173
Permeation 22
Peroxismen 28
Pflanzen, transgen 167
pH-Abhängigkeit 84
pH-Optimum 40, 82
Phänotyp 88, 114f., 132, 197*
Phänotyp 132
Phänotyp 114
Pharmaka 190
Phenylalanin 92, 135
Phenylketonurie (PKU) 135, 144
Phloem 64
Phloemtransport 64
Phosphofructokinase
 (PFK) 43, 82, 84
Phospholipide 19, 35
Phosphorsäureester 178
Phosphorylierung, oxidativ 74f.
Physostigmin 178
Pili 16, 148
Plaque 149
Plasmalemma 17, 21
Plasmid 148, 166, 197*
Plasmid, rekombinant 150
Plasmidvektor 163
Plasmodesmen 26
Plasmolyse 22, 30, 197*
Plastide 28, 197*
Poliomyelitis 185
Polydaktylie 145
Polygene Vererbung 122, 124, 127, 139
Polygenie 122, 124, 127, 139, 197*
– additiv 122, 139
– komplementär 122
Polymerase-Ketten-Reaktion (PCR) 152, 166f., 197*
Polyphänie 134f.
Polysaccharide 19, 34f.

Populationsgenetik 132
Potenzial, postsynaptisch 193
Potenzialänderung 174
Potenzialdifferenz 172
PRADER-WILLI-Syndrom 141
Prägung, genomisch 141
Präimplationsdiagnostik (PID) 143, 197*
Präparat 9
PRIESTLAY, Joseph 54
Primärprozesse 55
Primärstoffwechsel 124
Primärstruktur 18
Primer 151f.
Prokaryoten 83, 93, 96, 148
Prokaryoten 16f.
Promotor 93, 96, 98, 197*
Prophase 106, 127
Proplastid 28
prosthetische Gruppe 46, 197*
Protein 35, 93f., 197*
Protein-Fingerprinting 162
Proteinbiosynthese 93f., 197*
Proteinfilament 26
Proteinkinase 184
Proteinstrukturen 18
Proto-Onkogen 104
Protonengradient 60, 82f., 197*
Prozessierung 126
Puffbildung 98
Pyruvat 68, 71f.

Q

Quartärstruktur 19

R

Rachitis 137
Rassenwahn 147
Rasterelektronenmikroskopie 11
Reaktion 170
– endergonisch 49, 195*

– exergonisch 49, 195*
– lichtabhängig 55, 60f., 82, 87
– lichtunabhängig 55, 62f., 82
reaktionsspezifisch (wirkungsspezifisch) 41
Reaktionszentrum 59
Redoxpotenzial 74, 83
Redoxreaktionen 74
Redoxsystem 60, 86
Reduktionsteilung 108
Refraktärphase 174f., 197*
– absolut 175
– relativ 175
Regelung 7
Regenwald 53
Regulator 96f.
Reifeteilungen 108
Reiz 170
Rekombinante 119
Rekombinantion 108f., 149, 197*
– intrachromosomal 109
– interchromosomal 109
Reparaturmechanismen 126
Replikation 90f., 197*
– semikonservativ 126
Replikationsblase 91
Replikationsfehler 126, 129, 164
Replikationsgabel 91
Repolarisation 174
Repressor 97
Reproduktion 7
Reproduktionsmedizin 143
Resistenzgen 150, 161, 163
Respirationsquotient (RQ) 77
Restriktionsenzym 150, 154f., 197*
Restriktionsfragmentlängenpolymorphismus (RFLP) 154
Reverse Transkriptase 151, 167
Rezeptorzelle 170
rezessiv 114
RGT-Regel 40, 55, 82, 197*

Rhesusfaktor 138, 145, 166
Ribosom 93f., 197*
Ribulose-1,5-bisphosphat 62f., 82
Riesenaxon 174
RNA (Ribonucleinsäure) 26, 89, 92f., 197*
RNA-Polymerase 93
RNA-Prozessierung 99
Rohstoffe
– nachhaltig 83
– nachwachsend 66
Rote Gentechnik 157, 198*
Rotgrünblindheit 136
Rotgrünsehschwäche 136
Rückkopplungshemmung 43
Rückkreuzung 114f., 119f., 198*
Ruhepotenzial 172f., 190, 198*

S

S-Phase 107, 127
Saccharose 64
Salpetrige Säure 129
Sammeleffizienz 193
SANGER Frederik 153
Sauerkraut 79
Sauerstoffgas 52
Sauerstoffisotop 52
Schattenpflanzen 67
Schlüssel-Schloß-Prinzip 41, 82, 198*
Schmelzen der DNA 126
Schmerzbahn 180
Schutzimpfung 185
SCHWANNsche Zelle 170f., 190
Schwefelbakterien 81
Schwellenwert 174, 198*
Schwermetalle 45
Seidenspinner 6
Sekundärprozesse 55
Sekundärstoffwechsel 124
Sekundärstruktur 18
semipermeabel 20
Sequenzierung 133, 153, 198*

Serotonin 184
Sexuallockstoff 6
Sichelzellanämie 95, 102, 144, 164
Siebröhren 64
Soma 170
Sonde 151, 166f., 198*
Sonnenpflanzen 67
SOUTHERN-Blotting 154
Spalt, synaptisch 176
Spaltungsregel 115
Speicherzelle 36
Spendertier 157
Spermatogenese 108, 198*
Spermium 111, 116
Spleißen 99, 126
STAHL Franklin 90
Stammbaum 88, 132
Stammzellen, embryonal 167, 198*
Stärke (Amylose) 19, 28, 31, 54, 64, 169
Stärkeabbau 169
Startcodon 94
Sterbehilfe 146
Steuerung 7
Stofftransport 24f., 30, 37
Stoffumwandlung 7
Stoffwechsel 68ff., 82ff.
Stoppcodon 94
Stroma 28
Struktur 6
Strukturgene 96
Substrat 40, 198*
Substratinduktion 96
Substratkonzentration 84
Substratsättigung 42, 82
Substratspezifität 41, 82, 198*
Succinat-Dehydrogenase 85
Suchtmittel 180f.
Summation räumlich 177
Summation zeitlich 177
Synapse 170f., 176f., 184, 188, 191, 193, 198*
– chemisch 176, 191
– elektrisch 176
– erregend 191
– hemmend 191
Synapsengift 178
Synaptischer Spalt 192

T

T-DNA 156, 163
TATA-Box 98
TATUM Edward 95, 148
TAY-SACHS-Syndrom 166
Technik 51, 83
Telomere 111
Telophase 106, 127
Temperaturoptimum 40
Terminator 93
Tertiärstruktur 18
Tetrade 108f.
Thalassämie 165
Thermodynamik 49
Thioharnstoff 44
Thylakoide 28, 59, 198*
Thylakoidmembrane 61
Thymin 89, 126
Ti-Plasmid 156, 163
Tiere, transgen 157, 167
Tight junctions 26
Tintenfisch 172
Tollkirsche 178
Tracer-Verfahren 55, 64
Transduktion
– spezifisch 149, 198*
– unspezifisch 149, 198*
Transfer-RNA (tRNA) 94
Transformation 150, 166, 198*
Transgene
– Lebewesen 158
– Pflanzen 156
– Tiere 157, 167
Transkiption 93f., 126
Transkriptionsfaktor 99
Translation 94f., 126, 198*
Translokation 102f.
Transmitter 176f., 183f., 187, 198*
Transport
– aktiv 24, 34, 194*
– passsiv 23, 34
Transportsystem 24
Trepanation 185
Triple-X-Syndrom 113
Triplett 92
Trisomie 21 112
Tumor 104, 198*
Tumor-Supressor-Gen 104
Tundra 53
Turgor 22, 198*
TURNER-Syndrom 113

U

Ultradünnschnitt-Technik 12f., 198*
Ultrakurzzeitgedächtnis 142, 182
Ultraschalluntersuchung 142f.
ultraviolette Strahlung 100
Umweltfaktoren 67, 139
Unabhängigkeitsregel 115
Uniformitätsregel 114
Uracil 89
Urease 44

V

Vakuole 28, 30, 198*
VAN HELMONT, J. 54
Variabilität 6
Variationskurve 123
Vektor 150, 166, 198*
Verbindung, interkalierende 101
Verdauungstabletten 86
Vererbung 88
– autosomal 134
– X-chromosomal 136f., 145
Viren 148, 158

W

Wachstumsfaktoren 107
Wachstumskurve 77
Waschmittel 45
Wasserstoffperoxid 44, 84
Wasserstoffüberträger 68
WATSON, J.D. 89f.
Wildtyp 117
Wirkungsgrad 62, 74
Wirkungsspektrum 56, 198*
Wirkungsspezifität 41, 82, 198*

X

X-chromosomal-dominant 137, 145
X-chromosomal-rezessiv 136, 145, 166
X-Chromosom 111, 120
X-Chromosomen-gebundene Vererbung 136f., 145
X0-Monosomie 113
Xenotransplantation 161, 198*
Xylem 64

Y

Y-Chromosom 111

Z

Zellatmung 68, 83
Zellbiologie 8f.
Zelle
– eukaryotisch 34, 195*
– prokaryotisch 34, 197*
Zellkern 26f., 198*
Zellorganell 26f., 198*
Zellteilung 106f.
Zelltheorie 8, 198*
Zellverbindung 26f.
Zellwand 26, 198*
Zellzyklus 105f., 126f., 198*
Zentralvakuole 28
Zoochlorellen 81
Zwei-Chromatiden-Chromosom 106, 108, 119, 127
Zwillinge 139
Zwillingsforschung 132
Zwischenneuron 180
Zygote 108, 198*
Zyklus
– lysogen 149
– lytisch 149
Zytogenetik 106f.

Bildquellen

Titelbild.: Ralf Joos/Naturfoto-Online; 3.1: Maryann Frazie/NatureSource/Agentur Focus; 3.2: Prof. Dr. G. Wanner/Karly, München; 4.1: NAS/Biophoto Associates/Okapia KG, Frankfurt; 5.1: Lichtbild-Archiv Dr. Keil, Neckargemünd; 6.0: Maryann Frazie/NatureSource/Agentur Focus; 6.1: Harstrick/Mauritius, Mittenwald; 7.1: Okapia KG, Frankfurt; 8.0: Prof. Dr. G. Wanner/Karly, München; 8.1 B: A. Jung/Ernst Klett Verlag; 8.1 C: A. Jung/Ernst Klett Verlag; 9.1 C: A. Jung/Ernst Klett Verlag; 10.1 A: Prof. Dr. G. Wanner/Karly, München; 11.1 A: Dr. Heiner Jaksch/LEO Elektronenmikroskopie GmbH, Oberkochen; 11.1 B: Meckes/eye of science, Reutlingen; 15.2 B: Karly, München; 16.1 A: Lichtbild-Archiv Dr. Keil, Nec-kargemünd; 20.1 A: Aus: Strasburger - Lehrbuch der Botanik, 35. Aufl., 2002 c Spektrum Akademischer Verlag, Heidelberg, Berlin; 21.2 A: Ernst Klett Verlag; 21.2 B: Dr. Jastrow: Elektronenmikroskopischer Atlas; 22.1 A: Prof. Dr. G. Wanner/Karly, München; 22.1 C: Prof. Dr. G.Wanner/Karly, München; 27.1 A: Prof. Dr. G.Wanner/Karly, München; 27.2 A: Dr. Jastrow: Elektronenmikroskopischer Atlas; 29.1 A: Prof. Dr. G. Wanner/Karly, München; 29.2 A: Prof. Dr. G. Wanner/Karly, München; 36.5 B: aus: Kleinig/Sitte: Zellbiologie, 1999 © Elsevier GmbH, Spektrum Akademischer Verlag, Heidelberg; 36.5 C: Berkaloff u. a., Biologie und Physiologie der Zelle, Vieweg Verlag, Wiesbaden; 36.5 D: Okapia KG, Frankfurt; 36.5 E: Okapia KG, Frankfurt; 37.9 A – C: Eberhard Schmid/Z. E. Elektronenmikroskopie, Universität Ulm; 39.14 A: Prof. Barthlott, Nees Institut Bonn; 39.14 B: Prof. Barthlott, Nees Institut Bonn; 39.15: Alberts: Lehrbuch der Molekularen Zellbiologie, S. 27 oder Wehner/Gehring: Zoologie, S. 679; 40.1: Stano Kochan, Bratislava; 51.1: PreussenElektra AG, Hannover; 51.2: RWE AG, Essen; 51.3: Stadtwerke Hannover; 51.4: RWE AG, Essen; 51.5: WeberHaus, Rheinau-Linx; 51.6: PreussenElektra AG, Hannover; 51.7: Bundesministerium für Umwelt, Berlin; 51.8: Simper, Wennigsen; 52.1: Albinger/TopicMedia Service, Ottobrunn; 53.1 A: J. M. Borrero/Okapia KG, Frankfurt; 53.1 B: W. Wisniewski/TopicMedia Service, Ottobrunn; 53.1 C: TopicMedia Service, Ottobrunn; 54.2: akg-images, Berlin; 55.1 A: Tegen, Hambüren; 56.1 A: Väth, Bellenberg; 57.1: Prof. Dr. G. Wanner/Karly, München; 58.1: Minkus, Isernhagen; 58.4: Prof. Dr. G. Wanner/Karly, München; 66.1: Herbert Kehrer/Okapia KG, Frankfurt; 67.1 A: A. Wellmann/Okapia KG, Frankfurt; 67.1 C: TopicMedia Service, Ottobrunn; 77.1 A: D. Scharf, Peter Arnold Inc./Okapia KG, Frankfurt; 77.2: DSMZ – Deutsche Sammlung von Mikroorganismen und Zellkulturen GmbH, Braunschweig; 77.4: Minkus, Isernhagen; 78.3: D. Scharf/Peter Arnold/Okapia KG, Frankfurt; 79.6 B: Prof. Dr. G. Wanner/Karly, München; 87.17: Lichtbild-Archiv Dr. Keil, Neckargemünd; 88.0: NAS/Biophoto Associates/Okapia KG, Frankfurt; 88.1: Minkus, Isernhagen; 90.1 A: Bayer AG; 93.1 A: Bresch/Hausmann: Klassische und molekulare Genetik, Springer-Verlag; 98.1 A: Lichtbild-Archiv Dr. Keil, Neckargemünd; 102.1 A oben: Werner Layer/TopicMedia Service, Ottobrunn; 102.1 A unten: Gerard Lacz/TopicMedia Service, Ottobrunn; 102.1 B oben: NAS/Omikron/Okapia KG, Frankfurt; 102.1 B unten: Mauritius, Mittenwald; 102.1 C oben: Fritz Hanneforth/Okapia KG, Frankfurt; 102.1 C unten: Hans Reinhard/Okapia KG, Frankfurt; 103.1 A: Tony Wharton/Frank Lane Picture Agency/Corbis, Düsseldorf; 103.1 B: J. Beck/Mauritius, Mittenwald; 106.1 A – H: Lieder, Ludwigsburg; 109.2 A: Lichtbild-Archiv Dr. Keil, Neckargemünd; 110.1 A + B: Robba Enrico/TopicMedia Service, Ottobrunn; 111.2 A: NAS/Biophoto Associates/Okapia KG, Frankfurt; 112.1: Blank/action press, Hamburg; 112.2: Lieder, Ludwigsburg; 113.1 A: Dept. of clinical cytogenetics, Addenbrookes Hospital/Science Photo Library/Focus, Hmaburg; 126.1: Wohlgemuth, Bremen; 130.11: Prof. Krüger; 130.12: Prof. Dr. G. Wricke; 132.1: Kerscher/TopicMedia Service, Ottobrunn; 132.2: A. Reininger/Focus, Hamburg; 139.1 A: BAV/Helga Lade, Frankfurt; 141.2: Karly, München; 141.3: age/Zentrum für Humangenetik, Universität Bremen; 142.1: Mauritius, Mittenwald; 143.2 A: Mauritius, Mittenwald; 145.3 A: Karly, München; 147.2: akg-images, Berlin; 148.2 A: eye of science, Reutlingen; 159.2: Thomas Einberger/argum, München; 160.1 B: Scienion; 162.1 – 4: Dr. Braun, Neulingen; 166.2: L.D.Simon/PR ScienceSource/Okapia KG, Frankfurt; 167.1: Prof. Dr. F. Hoffmann, Universität Irvine, USA; 168.3: Lieder, Ludwigsburg; 170.0: Lichtbild-Archiv Dr. Keil, Neckargemünd; 170.1: Meckes/eye of science, Reutlingen; 172.1 A: IFA-Bilderteam, Ottobrunn; 174.1: Karly, München; 176.1: Phototake/Mauritius, Mittenwald; 178.1 A: Reinhard-Tierfoto, Heiligkreuzsteinach; 178.1 C: Reinhard/Okapia KG, Frankfurt; 179.3: Lieder, Ludwigsburg; 182.1 A: Patrick Landmann/SPL/Agentur Focus; 185.1: Carlos Munoz-Yague/Agentur Focus; 186.1 A + B: PD Dr. B.F. Tomandl, Klinik für Neuroradiologie, Gesundheit Nord GmbH, Bremen; 192.3: Fawcett, Friend/Science-Sou/Okapia KG, Frankfurt; 193.6 oben: Manfred Ruckszio/www.naturbildportal.de; 193.7 A + B: A. Greiner, Braunschweig

Es war nicht in allen Fällen möglich, die Inhaber der Bildrechte ausfindig zu machen und um Abdruckgenehmigung zu bitten. Berechtigte Ansprüche werden selbstverständlich im Rahmen der üblichen Konditionen abgegolten.